Pasquale & Ulisses

Gramática da Língua Portuguesa

Pasquale Cipro Neto

Professor de cursos pré-vestibulares na capital, no grande ABC e no interior do Estado de São Paulo. É colunista de jornais de grande circulação nacional.
É autor de obras didáticas e paradidáticas para o Ensino Médio.
É o idealizador e apresentador do programa Nossa Língua Portuguesa, da TV Cultura, de São Paulo.

Ulisses Infante

Doutor em Letras na área de Literatura Brasileira pela Universidade de São Paulo. Leciona desde 1980, com experiência em colégios e cursos pré-vestibulares na capital e no interior do estado de São Paulo.
É autor de obras para Ensino Fundamental e Ensino Médio.

editora scipione

editora scipione

Gerência editorial
Maria Teresa Porto

Responsabilidade editorial
Roberta Lombardi Martins

Edição
Roberta Vaiano

Assistência editorial
Carmela Ferrante Nunes
Amanda Valentín

Colaboração
Adriana Carneiro Rodrigues
Maria Sílvia Gonçalves
Renato Luiz Tresolavy

Supervisão de revisão
Miriam de Carvalho Abões

Revisão
Equipe Scipione

Edição de arte
Didier D. C. Dias de Moraes

Supervisão de arte
Sérgio Yutaka Suwaki

Coordenação de arte
Eber Alexandre de Souza

Programação visual de capa e miolo
Conexão Editorial

Ilustrações
Abê Fonseca e Vera Basile

Supervisão de iconografia
Cristiane Marques

Pesquisa iconográfica
Rose André

Editoração eletrônica
Ram Dikan, Wander Camargo
e Antonio C. Decarli

Avenida das Nações Unidas, 7221,
3º andar, Setor D – Pinheiros
São Paulo – SP – CEP 05425-902
Tel.: 4003-3061
www.scipione.com.br
atendimento@scipione.com.br

2020
ISBN 978-852627076-3 – AL
ISBN 978-852627077-0 – PR
3.ª EDIÇÃO
(10.ª impressão)

EDITORA AFILIADA

Dados Internacionais de Catalogação na Publicação (CIP)
(Câmara Brasileira do Livro, SP, Brasil)

Cipro Neto, Pasquale
Gramática da Língua Portuguesa / Pasquale Cipro Neto, Ulisses Infante. São Paulo: Scipione, 2008.

Bibliografia.

1. Português — Gramática (Ensino Médio) I. Infante, Ulisses. II. Título.

08–05666   CDD-469.507

Índice para catálogo sistemático:

1. Gramática: Português: Ensino Médio 469.507

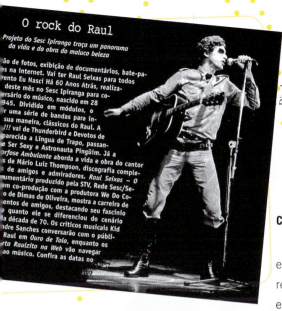

Apresentação

Caro leitor,

Além de comemorar dez anos de lançamento, esta nova edição da *Gramática da Língua Portuguesa* incorpora as diretrizes do Acordo Ortográfico da Língua Portuguesa, firmado entre os países de língua portuguesa em 1990 e implementado a partir de 2009.

Procuramos, mais uma vez, elaborar uma obra de estudo e consulta que possa servir de referência, o que creditamos à substancial renovação de textos e atividades, a qual mantém atualizada a relação do nosso trabalho com a língua falada e escrita no cotidiano brasileiro.

Nossa principal referência para o estudo dos variados tópicos gramaticais continua sendo a língua viva – textos de jornais e revistas, mensagens publicitárias, letras de músicas e obras literárias contemporâneas, que predominam como material de leitura e análise.

Os autores

SUMÁRIO

Introdução geral

Capítulo 1 — Conceitos Iniciais 8

1. O signo linguístico, 9 ▶ **2. Língua: unidade e variedade,** 10 ▶ **3. História e geografia da língua portuguesa,** 12 ▶ **4. A gramática,** 14 ▶ Divisão da gramática, 15 ▶ Morfossintaxe, 16

Parte 1 – Fonologia

Capítulo 2 — Fonologia 18

1. Conceitos básicos, 19 ▶ **2. Os fonemas da língua portuguesa,** 20 ▶ **3. Classificação dos fonemas da língua portuguesa,** 21 ▶ Vogais, 21 ▶ Semivogais, 22 ▶ Consoantes, 22 ▶ **4. Sílabas,** 24 ▶ **5. Encontros vocálicos,** 24 ▶ **6. Encontros consonantais,** 25 ▶ **7. Dígrafos,** 25 ▶ **8. Divisão silábica,** 27 ▶ Textos para análise, 29 ▶ Questões de exames e concursos, 32

Capítulo 3 — Ortografia 34

1. Conceitos básicos, 35 ▶ **2. O alfabeto português,** 35 ▶ **3. Orientações ortográficas,** 37 ▶ Noções preliminares, 37 ▶ Fonemas com mais de uma representação gráfica, 37 ▶ *O fonema /ʃ/ (letra x ou dígrafo ch),* 38 ▶ *O fonema /ʒ/ (letras g e j),* 39 ▶ *O fonema /z/ (letras s, x e z),* 40 ▶ *O fonema /s/ (letras s, c, ç e x ou dígrafos sc, sç, ss, xc e xs),* 42 ▶ Particularidades de algumas letras, 44 ▶ *A letra x,* 44 ▶ *As letras e e i,* 44 ▶ *As letras o e u,* 45 ▶ *A letra h,* 45 ▶ Nomes próprios, 46 ▶ Textos para análise, 48 ▶ Questões de exames e concursos, 48

Capítulo 4 — Acentuação 52

1. Conceitos básicos, 53 ▶ **2. Acentuação tônica,** 53 ▶ Prosódia, 54 ▶ **3. Acentuação gráfica,** 55 ▶ Os acentos, 55 ▶ Aspectos genéricos das regras de acentuação, 56 ▶ As regras básicas, 57 ▶ As regras especiais, 59 ▶ *Hiatos,* 60 ▶ *Ditongos,* 60 ▶ *Formas verbais seguidas de pronomes oblíquos,* 61 ▶ *Acentos diferenciais,* 61 ▶ *Quadro geral das regras de acentuação,* 63 ▶ Textos para análise, 65 ▶ Questões de exames e concursos, 68

Parte 2 – Morfologia

Capítulo 5 — Estrutura e Formação das Palavras 72

1. Morfemas, 73 ▶ **2. Classificação dos morfemas,** 74 ▶ Radicais, 74 ▶ Afixos, 74 ▶ Desinências, 75 ▶ Vogais temáticas, 75 ▶ Vogais ou consoantes de ligação, 75 ▶ **3. Estudo dos morfe-**

mas ligados às flexões das palavras, 76 ▶ Vogais temáticas, 76 ▶ Desinências, 77 ▶ **4. Processos de formação das palavras,** 79 ▶ **5. Estudo da derivação,** 79 ▶ Derivação prefixal (ou prefixação), 79 ▶ Derivação sufixal (ou sufixação), 80 ▶ Derivação parassintética (ou parassíntese), 80 ▶ Derivação regressiva, 81 ▶ Derivação imprópria, 82 ▶ **6. Prefixos,** 82 ▶ **7. Sufixos,** 86 ▶ Formam substantivos a partir de outros substantivos, 86 ▶ Formam substantivos de adjetivos, 89 ▶ Formam substantivos de verbos, 90 ▶ Formam substantivos e adjetivos de outros substantivos e adjetivos, 91 ▶ Formam adjetivos de substantivos ou de outros adjetivos, 92 ▶ Formam adjetivos de verbos, 94 ▶ Forma advérbios de adjetivos, 95 ▶ Formam verbos de substantivos e adjetivos, 95 ▶ Sufixos aumentativos, 96 ▶ Sufixos diminutivos, 97 ▶ Textos para análise, 99 ▶ **8. Estudo da composição,** 103 ▶ Tipos de composição, 103 ▶ Radicais e compostos eruditos, 104 ▶ **9. Outros processos de formação de palavras,** 112 ▶ Abreviação vocabular, 112 ▶ Siglonimização, 113 ▶ Palavra-valise, 114 ▶ Onomatopeia, 115 ▶ **10. Outros processos de enriquecimento do léxico,** 116 ▶ Neologismo semântico, 116 ▶ Empréstimos linguísticos, 117 ▶ Textos para análise, 118 ▶ Questões de exames e concursos, 121

Capítulo 6 — Estudo dos Verbos (I) 126

1. Introdução, 126 ▶ **2. Conceito,** 127 ▶ **3. Estrutura das formas verbais,** 127 ▶ **4. Flexões verbais,** 129 ▶ Flexão de número e pessoa, 129 ▶ Flexão de tempo e modo, 129 ▶ Flexão de voz, 130 ▶ **5. Conjugações,** 131 ▶ Paradigmas dos verbos regulares, 132 ▶ *Tempos simples,* 132 ▶ *Tempos compostos,* 135 ▶ **6. Formação dos tempos simples,** 137 ▶ Tempos derivados do presente do indicativo, 138 ▶ Tempos derivados do pretérito perfeito do indicativo, 140 ▶ Tempos e formas nominais derivados do infinitivo impessoal, 141 ▶ **7. Alguns verbos regulares que merecem destaque,** 143 ▶ Textos para análise, 146 ▶ Questões de exames e concursos, 149

Capítulo 7 — Estudo dos Verbos (II) 154

1. Introdução, 154 ▶ **2. Verbos irregulares,** 155 ▶ Verbos irregulares apenas na conjugação do presente do indicativo e tempos derivados, 155 ▶ *Primeira conjugação,* 155 ▶ *Segunda conjugação,* 156 ▶ *Terceira conjugação,* 158 ▶ Verbos irregulares no presente e no pretérito perfeito do indicativo e respectivos tempos derivados, 162 ▶ *Primeira conjugação,* 162 ▶ *Segunda conjugação,* 163 ▶ *Terceira conjugação,* 171 ▶ **3. Verbos defectivos,** 175 ▶ Primeiro grupo, 175 ▶ Segundo grupo, 176 ▶ **4. Verbos abundantes,** 178 ▶ **5. As particularidades da conjugação dos verbos e os dicionários,** 180 ▶ Textos para análise, 180 ▶ Questões de exames e concursos, 183

Capítulo 8 — Estudo dos Verbos (III) 189

1. Os modos verbais, 189 ▶ 2. Os tempos verbais, 190 ▶ Os tempos do indicativo, 190 ▶ *Presente, 190* ▶ *Pretérito imperfeito, 191* ▶ *Pretérito perfeito, 192* ▶ *Pretérito mais-que-perfeito, 192* ▶ *Futuro do presente, 192* ▶ *Futuro do pretérito, 193* ▶ Os tempos do subjuntivo, 195 ▶ *Presente, 195* ▶ *Pretérito imperfeito, 195* ▶ *Pretérito perfeito, 196* ▶ *Pretérito mais-que-perfeito, 197* ▶ *Futuro, 197* ▶ **3. Valor e emprego das formas nominais, 198** ▶ O infinitivo, 198 ▶ O particípio, 199 ▶ O gerúndio, 200 ▶ **4. As locuções verbais, 200** ▶ **5. O aspecto verbal, 201** ▶ Textos para análise, 202 ▶ Questões de exames e concursos, 204

Capítulo 9 — Estudo dos Substantivos 212

1. Conceito, 213 ▶ **2. Classificação, 213** ▶ Substantivos simples e compostos, 213 ▶ Substantivos primitivos e derivados, 214 ▶ Substantivos concretos e abstratos, 214 ▶ Substantivos comuns e próprios, 214 ▶ Substantivos coletivos, 215 ▶ **3. Flexões, 218** ▶ Flexão de gênero, 218 ▶ *Formação do feminino, 218* ▶ Flexão de número, 222 ▶ *Formação do plural, 223* ▶ Flexão de grau, 228 ▶ *Formação do grau, 228* ▶ Textos para análise, 229 ▶ Questões de exames e concursos, 232

Capítulo 10 — Estudo dos Artigos 236

1. Conceito, 236 ▶ **2. Classificação, 237** ▶ **3. Combinações dos artigos, 237** ▶ Textos para análise, 238 ▶ Questões de exames e concursos, 240

Capítulo 11 — Estudo dos Adjetivos 241

1. Conceito, 242 ▶ **2. Classificação, 242** ▶ **3. Adjetivos pátrios, 243** ▶ Adjetivos pátrios compostos, 247 ▶ **4. Correspondência entre adjetivos e locuções adjetivas, 249** ▶ **5. Flexões, 252** ▶ Flexão de gênero, 252 ▶ *Adjetivos biformes, 252* ▶ *Adjetivos uniformes, 253* ▶ Flexão de número, 253 ▶ Flexão de grau, 254 ▶ *Comparativo, 254* ▶ *Superlativo, 255* ▶ Textos para análise, 259 ▶ Questões de exames e concursos, 262

Capítulo 12 — Estudo dos Advérbios 265

1. Introdução, 265 ▶ **2. Conceito, 266** ▶ **3. Classificação, 267** ▶ Advérbios interrogativos, 268 ▶ **4. Flexão, 269** ▶ Grau comparativo, 269 ▶ Grau superlativo, 269 ▶ Textos para análise, 271 ▶ Questões de exames e concursos, 275

Capítulo 13 — Estudo dos Pronomes 279

1. Conceito, 279 ▶ **2. Pronomes pessoais, 280** ▶ Pronomes pessoais do caso reto, 280 ▶ Pronomes pessoais do caso oblíquo, 281 ▶ *Pronomes oblíquos átonos, 281* ▶ *Pronomes oblíquos tônicos, 282* ▶ A segunda pessoa indireta, 282 ▶ **3. Pronomes possessivos, 285** ▶ **4. Pronomes demonstrativos, 286** ▶ **5. Pronomes relativos, 289** ▶ **6. Pronomes indefinidos, 292** ▶ **7. Pronomes interrogativos, 293** ▶ Textos para análise, 294 ▶ Questões de exames e concursos, 296

Capítulo 14 — Estudo dos Numerais 303

1. Conceito, 304 ▶ **2. Quadros de numerais, 304** ▶ **3. Flexões, 306** ▶ **4. Emprego, 306** ▶ Textos para análise, 309 ▶ Questões de exames e concursos, 311

Capítulo 15 — Estudo das Preposições 313

1. Conceito, 313 ▶ **2. Classificação, 314** ▶ **3. Combinações e contrações, 315** ▶ Textos para análise, 317 ▶ Questões de exames e concursos, 318

Capítulo 16 — Estudo das Conjunções 322

1. Conceito, 323 ▶ **2. Classificação, 323** ▶ Textos para análise, 325 ▶ Questões de exames e concursos, 327

Capítulo 17 — Estudo das Interjeições 332

Conceito, 332 ▶ Textos para análise, 334

Parte 3 – Sintaxe

Capítulo 18 — Introdução à Sintaxe 338

1. Frase, oração, período, 339 ▶ **2. Tipos de frases, 339** ▶ **3. As frases e a pontuação, 341** ▶ Textos para análise, 344

Capítulo 19 — Termos Essenciais da Oração 346

1. Conceitos, 347 ▶ Sujeito e predicado, 347 ▶ Verbos nocionais e não nocionais, 348 ▶ Verbos transitivos e intransitivos, 348 ▶ **2. Tipos de sujeito, 350** ▶ Sujeito determinado, 350 ▶ Sujeito indeterminado, 351 ▶ Orações sem sujeito, 352 ▶ **3. Tipos de predicado, 354** ▶ Predicado verbal, 354 ▶ Predicado nominal, 354 ▶ Predicado verbo-nominal, 355 ▶ **4. Os termos essenciais e a pontuação, 356** ▶ Textos para análise, 358 ▶ Questões de exames e concursos, 361

Capítulo 20 — Termos Integrantes da Oração 368

1. Os complementos verbais, 368 ▶ Pronomes oblíquos como complementos verbais, 370 ▶ Objeto direto preposicionado, 370 ▶ Objetos pleonásticos, 371 ▶ **2. O complemento nominal, 372** ▶ **3. O agente da passiva, 374** ▶ As vozes verbais, 374 ▶ *Transformação de voz ativa em voz passiva, 375* ▶ *Funções do pronome se, 376* ▶ **4. Os termos integrantes e a pontuação, 379** ▶ Textos para análise, 380 ▶ Questões de exames e concursos, 382

Capítulo 21 — Termos Acessórios da Oração e Vocativo 389

1. Adjunto adverbial, 389 ▶ Algumas das circunstâncias expressas pelos adjuntos adverbiais, 390 ▶ Importância da preposição nas locuções adverbiais, 391 ▶ **2. Adjunto adnominal, 393** ▶ Como distinguir o adjunto adnominal do predicativo, 394 ▶ Como distinguir o adjunto adnominal

5

do complemento nominal, **395** ► **3. Aposto, 396** ► Classificação do aposto, **397** ► **4. Vocativo, 397** ► **5. Os termos acessórios, o vocativo e a pontuação, 398** ► Textos para análise, **400** ► Questões de exames e concursos, **403**

Capítulo 22 — Orações Subordinadas Substantivas 409

1. Conceitos básicos, 410 ► Período composto por subordinação, **410** ► Período composto por coordenação, **410** ► Período composto por subordinação e coordenação, **411** ► **2. Tipos de orações subordinadas, 412** ► Subordinadas substantivas, **412** ► Subordinadas adjetivas, **413** ► Subordinadas adverbiais, **413** ► Subordinadas desenvolvidas e reduzidas, **413** ► **3. Estudo das orações subordinadas substantivas, 414** ► Subjetivas, **415** ► Objetivas diretas, **415** ► Objetivas indiretas, **416** ► Completivas nominais, **417** ► Predicativas, **417** ► Apositivas, **417** ► **4. Pontuação das subordinadas substantivas, 418** ► Textos para análise, **419** ► Questões de exames e concursos, **421**

Capítulo 23 — Orações Subordinadas Adjetivas 425

1. Estrutura das orações subordinadas adjetivas, 426 ► Duplo papel do pronome relativo, **426** ► Adjetivas desenvolvidas e reduzidas, **426** ► **2. Aspectos semânticos: orações restritivas e explicativas, 427** ► **3. Pronomes relativos: usos e funções, 429** ► Que, **429** ► Quem, **430** ► O qual, os quais, a qual, as quais, **430** ► Cujo, cuja, cujos, cujas, **431** ► Onde, **431** ► Quanto, como, quando, **432** ► **4. As orações subordinadas adjetivas e a pontuação, 434** ► Textos para análise, **435** ► Questões de exames e concursos, **438**

Capítulo 24 — Orações Subordinadas Adverbiais 444

1. Introdução, 444 ► **2. Aspectos semânticos: as circunstâncias, 445** ► Causa, **445** ► Consequência, **446** ► Condição, **446** ► Concessão, **447** ► Comparação, **448** ► Conformidade, **449** ► Finalidade, **449** ► Proporção, **450** ► Tempo, **450** ► **3. Classificar sem decorar, 451** ► **4. As orações subordinadas adverbiais e a pontuação, 452** ► Textos para análise, **453** ► Questões de exames e concursos, **455**

Capítulo 25 — Orações Coordenadas 462

1. Orações sindéticas e assindéticas, 463 ► **2. Classificação das orações coordenadas sindéticas, 463** ► Aditivas, **463** ► Adversativas, **464** ► Alternativas, **464** ► Conclusivas, **465** ► Explicativas, **466** ► **3. Classificação baseada nas relações de sentido, 466** ► **4. As orações coordenadas e a pontuação, 468** ► Textos para análise, **470** ► Questões de exames e concursos, **472**

Capítulo 26 — Concordância Verbal e Nominal 477

1. Concordância verbal, 478 ► Regras básicas: sujeito composto, **478** ► Casos de sujeito simples que merecem destaque, **480** ► Casos de sujeito composto que merecem destaque, **483** ► O verbo e a palavra *se*, **485** ► Concordância com verbos de particular interesse, **485** ► *Haver e fazer*, **485** ► *Ser*, **486** ► Em-

prego do infinitivo, **487** ► *Infinitivo impessoal*, **488** ► *Infinitivo pessoal*, **488** ► **2. Concordância nominal, 490** ► Regras básicas, **490** ► Expressões e palavras que merecem estudo particular, **492** ► **3. Concordância ideológica, 494** ► Textos para análise, **495** ► Questões de exames e concursos, **499**

Capítulo 27 — Regência Verbal e Nominal 508

1. Introdução, 508 ► **2. Regência verbal, 509** ► Verbos intransitivos, **509** ► Verbos transitivos diretos, **509** ► Verbos transitivos indiretos, **510** ► Verbos indiferentemente transitivos diretos ou indiretos, **511** ► Verbos transitivos diretos e indiretos, **512** ► Verbos cuja mudança de transitividade pode implicar mudança de significado, **514** ► *Dois casos críticos*, **517** ► **3. Regência nominal, 519** ► Complemento sob a forma de oração reduzida de infinitivo, **521** ► **4. Complemento: o uso do acento indicador de crase, 522** ► Não ocorre crase, **523** ► Ocorre crase, **524** ► A crase é facultativa, **525** ► Casos sujeitos a verificação, **525** ► Textos para análise, **528** ► Questões de exames e concursos, **531**

Parte 4 – Apêndice

Capítulo 28 — Problemas Gerais da Língua Culta 538

1. Introdução, 539 ► **2. Forma e grafia de algumas palavras e expressões, 539** ► Que / quê, **539** ► Por que / por quê / porque / porquê, **539** ► Mas / mais, **540** ► Mal / mau, **541** ► Onde / aonde, **541** ► A par / ao par, **542** ► Ao encontro de / de encontro a, **542** ► A / há na expressão de tempo, **542** ► Acerca de / há cerca de, **543** ► Afim / a fim, **543** ► Demais / de mais, **543** ► Senão / se não, **543** ► Na medida em que / à medida que, **543** ► **3. O uso do hífen, 544** ► Palavras compostas, **545** ► Prefixos e elementos de composição, **546** ► *Regra geral*, **546** ► *Casos especiais em que também se usa o hífen*, **546** ► *Casos em que não se usará o hífen*, **547** ► **4. Colocação dos pronomes pessoais oblíquos átonos, 547** ► Ênclise, **548** ► Próclise, **548** ► Textos para análise, **549** ► Questões de exames e concursos, **551**

Capítulo 29 — Significação das Palavras 556

Relações de significado entre as palavras, 557 ► Textos para análise, **559** ► Questões de exames e concursos, **562**

Capítulo 30 – Noções Elementares de Estilística 567

1. Introdução, 567 ► **2. Recursos fonológicos, 568** ► **3. Recursos morfológicos, 568** ► **4. Recursos sintáticos, 569** ► **5. Recursos semânticos, 569** ► Textos para análise, **571** ► Questões de exames e concursos, **574**

Lista de Instituições Promotoras de Exames e Concursos 581

Bibliografia 583

Introdução geral

Capítulo 1

Conceitos iniciais

Guernica

A cultura humana opera incessantemente com elementos que representam a realidade, sejam eles verbais ou não verbais. Em abril de 1937, um bombardeio de três quartos de hora castiga uma desprotegida cidade na região basca da Espanha. O fato foi imortalizado por Pablo Picasso na tela que leva o nome da cidade destruída: *Guernica*. Com essa representação pictórica, o artista transmitiu à humanidade uma das mais dramáticas expressões da dor: os gestos e os gritos congelados na imagem contam uma história que jamais deve ser esquecida.

Nesta introdução, estudaremos, entre outros tópicos, o signo linguístico, a representação verbal dos elementos do mundo.

1. O signo linguístico

Na origem de toda a atividade comunicativa do ser humano está a **linguagem**, que é a capacidade de se comunicar por meio de uma língua. **Língua** é um sistema de signos convencionais usados pelos membros de uma mesma comunidade. Em outras palavras: um grupo social convenciona e utiliza um conjunto organizado de elementos representativos.

Um **signo linguístico** é um elemento representativo que apresenta dois aspectos: um significante e um significado, unidos num todo indissolúvel. Ao ouvir a palavra "árvore", você reconhece os sons que a formam. Esses sons se identificam com a lembrança deles que está presente em sua memória. Essa lembrança constitui uma verdadeira imagem sonora, armazenada em seu cérebro – é o **significante** do signo "árvore". Ao ouvir essa palavra, você logo pensa num "vegetal lenhoso cujo caule, chamado tronco, só se ramifica bem acima do nível do solo, ao contrário do arbusto, que exibe ramos desde junto ao solo". Esse conceito, que não se refere a um vegetal particular, mas engloba uma ampla gama de vegetais, é o **significado** do signo "árvore" – e também se encontra armazenado em sua memória.

Na arte moderna, são frequentes os casos em que o autor subverte a ordem das coisas, levando o espectador a refletir sobre a realidade. Na imagem criada por Magritte, a contradição entre o significante (neste contexto, as palavras *l'acace*: a acácia; *la lune*: a lua; *la neige*: a neve; *le plafond*: o teto; *l'orage*: a tempestade; *le désert*: o deserto) e o significado (neste contexto, os objetos representados: ovo; sapato; chapéu; vela; copo; martelo, respectivamente) destaca a natureza arbitrária do signo linguístico.

A interpretação dos sonhos
(A acácia, a lua, a neve, o teto, a tempestade, o deserto), René Magritte, 1930.

Ao empregar os signos que formam nossa língua, você deve obedecer a certas regras de organização que a própria língua lhe oferece. Assim, por exemplo, é perfeitamente possível antepor-se ao signo "árvore" o signo "uma", formando a sequência "uma árvore". Já a sequência "um árvore" contraria uma regra de organização da língua portuguesa, o que faz com que a rejeitemos. Perceba, pois, que os signos que constituem a língua obedecem a padrões determinados de organização. O conhecimento de uma língua engloba não apenas a identificação de seus signos, mas também o uso adequado de suas regras combinatórias.

Estudar a língua portuguesa é tornar-se apto a utilizá-la com eficiência na produção e interpretação dos textos com que se organiza nossa vida social. Por meio desses estudos, amplia-se o exercício de nossa sociabilidade – e, consequentemente, de nossa cidadania, que passa a ser mais lúcida. Ampliam-se também as possibilidades de fruição dos textos, seja pelo simples prazer de saber produzi-los de forma benfeita, seja pela leitura mais sensível e inteligente dos textos literários. Conhecer bem a língua em que se vive e pensa é investir no ser humano que você é.

2. Língua: unidade e variedade

Diversos fatores podem originar variações linguísticas:

a. **geográficos** – há variações entre as formas que a língua portuguesa assume nas diferentes regiões em que é falada. Basta pensar nas evidentes diferenças entre o modo de falar de um lisboeta e de um carioca, por exemplo, ou na expressão de um gaúcho em contraste com a de um cearense. Essas variações regionais constituem os **falares** e os **dialetos**. Nos últimos tempos, particularmente no Brasil, as formas regionais da língua portuguesa vêm sendo valorizadas como parte importante da ampla diversidade cultural do país. Isso tem levado ao surgimento de vocabulários e outras publicações como as que mostramos a seguir:

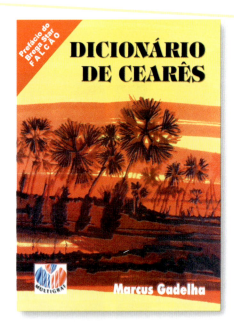
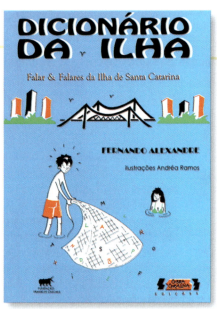

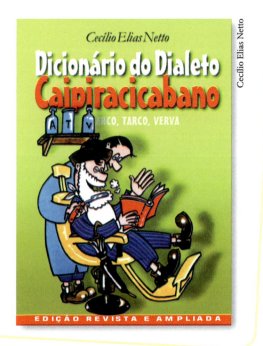

b. sociais – o português empregado pelas pessoas que têm acesso à escola e aos meios de instrução difere do português empregado pelas pessoas privadas de escolaridade. Algumas classes sociais, assim, dominam uma forma de língua que goza de prestígio, enquanto outras são vítimas de preconceito por empregarem formas de língua menos prestigiadas. Cria-se, dessa maneira, uma modalidade de língua – a **norma culta** –, que deve ser adquirida durante a vida escolar e cujo domínio é quase sempre solicitado para a ascensão profissional e social. O idioma é, portanto, um instrumento de dominação e discriminação social.

Também são socialmente condicionadas certas formas de língua que alguns grupos desenvolvem a fim de evitar a compreensão por parte daqueles que não pertencem ao grupo. O emprego dessas formas de língua proporciona o reconhecimento fácil dos integrantes de uma comunidade restrita, seja um grupo de estudantes, seja uma quadrilha de contrabandistas. Assim se formam as **gírias**, variantes linguísticas sujeitas a contínuas transformações.

Em CD

Caetano Veloso. Língua. In: *Velô*. (CD). Universal Music, 1984.
A música de Caetano Veloso, ao mesmo tempo em que nos faz refletir sobre nosso idioma, é um tributo apaixonado do artista a sua língua materna.

c. profissionais – o exercício de algumas atividades requer o domínio de certas formas de língua chamadas **línguas técnicas**. Abundantes em termos específicos, essas variantes têm seu uso praticamente restrito ao intercâmbio técnico de engenheiros, médicos, químicos, linguistas e outros especialistas.

UNIVERSO

■ **1.** *Definições gerais*
(s.m.) Etim.: lat. *universum*, conjunto das coisas, universo.
A. *Filosofia, metafísica*: conjunto de tudo o que existe no espaço e no tempo (distingue-se do mundo: há diversos mundos, mas um único universo).
B. *Psicologia*: conjunto das significações próprias de um indivíduo (ex.: o universo de um escritor).

■ **2.** *Definições particulares de filósofos*

COMTE
(A) "Não se reconheceu até o presente que a noção de universo, isto é, a consideração do conjunto dos grandes corpos que existem formando um sistema único, fundava-se essencialmente na opinião primitiva com relação à imobilidade da terra [...]. [Ela] se tornou essencialmente incerta e mesmo mais ou menos ininteligível." (*Curso de Filosofia Positiva*, Lição 22, p.361, Hermann.)

UTOPIA

■ **1.** *Definições gerais*
(s.f.) Etim.: termo criado pelo humanista inglês Thomas Morus (1478-1535) a partir do grego *ou*, não, e *topos*, lugar; que não está em nenhum lugar. A palavra Utopia designava, segundo Morus, uma cidade imaginária que desprezava o ouro.
A. *Filosofia*: projeto de uma sociedade ideal (ex.: falanstério de Fourier).
B. *Sentido pejorativo*: projeto julgado quimérico e irrealizável.

■ **2.** *Definições particulares de filósofos*

RUSS
"A utopia, isto é, o que não pertence a lugar nenhum, representa a parte de sonho de que somos portadores, parte de sonho indispensável para quem quer autenticamente construir o real." (*O Socialismo Utópico Francês*, p.189, Bordas.)

303

Existem palavras que assumem sentidos particulares quando empregadas no contexto de diferentes esferas do conhecimento.

d. situacionais – em diferentes situações comunicativas, um mesmo indivíduo emprega diferentes formas de língua. Basta pensar nas atitudes que assumimos em situações formais (por exemplo, um discurso numa solenidade de formatura) e em situações informais (uma conversa descontraída com amigos, por exemplo). A **fala** e a **escrita** também implicam profundas diferenças na elaboração de mensagens. A tal ponto chegam essas variações, que acabam surgindo dois códigos distintos, cada qual com suas especificidades: a **língua falada** e a **língua escrita**.

A língua literária

Quando o uso da língua abandona as necessidades práticas do cotidiano comunicativo e passa a incorporar preocupações estéticas, surge a língua literária. Nesse caso, a escolha e a combinação dos elementos linguísticos subordinam-se a atividades criadoras e imaginativas. Código e mensagem adquirem uma importância elevada, deslocando o centro de interesse para aquilo que a língua é em detrimento daquilo para que ela serve.

3. História e geografia da língua portuguesa

A formação, o desenvolvimento e a expansão da língua portuguesa estão obviamente vinculados à história dos povos que a criaram e ainda hoje a empregam e transformam.

O português é uma língua **neolatina**, **novilatina** ou **românica**, pois foi formado com base nas transformações verificadas no latim levado pelos dominadores romanos à região da Península Ibérica. Em seu desenvolvimento histórico, podem ser apontados os seguintes períodos:

a. protoportuguês – do século IX ao século XII. A documentação desse período é muito rara: são textos redigidos em latim bárbaro, nos quais se encontram algumas palavras portuguesas.

b. português histórico – do século XII aos dias atuais. Esse período subdivide-se em duas fases:
  ▶ fase arcaica: do século XII até ao século XV. Nessa fase, houve inicialmente uma língua comum ao noroeste da Península Ibérica (regiões da Galiza e norte de Portugal), o **galego-português** ou **galaico-português**, fartamente documentado em textos que incluem uma literatura de elevado grau de elaboração (a lírica galego-portuguesa). Com a separação política de Portugal e sua posterior expansão para o sul, o português e o galego se foram individualizando, transformando-se o primeiro numa língua nacional e o segundo numa das línguas que, na Espanha, coexistem com o castelhano;

Em *site*

<www.xunta.es/lingua>. Acesso em: 18 fev. 2008.
O galego é falado na região da Galícia (Espanha), onde é compreendido por cerca de 90% da população. Nesse *site*, é possível conhecer essa língua tão semelhante ao português e, ainda, detalhes sobre o lugar onde ela é falada, seu *status* legal, origem e história, competência e usos.

▶ fase moderna: do século XVI aos dias atuais. Devemos distinguir o **português clássico** (séculos XVI e XVII) do **português pós-clássico** (do século XVIII aos nossos dias). Na época do português clássico, tiveram início os estudos gramaticais e desenvolveu-se uma extensa literatura, em grande parte influenciada por modelos latinos. No período pós-clássico, a língua começou a assumir as características que hoje apresenta.

A partir do século XV, as navegações portuguesas iniciaram um longo processo de expansão linguística. Durante alguns séculos, a língua portuguesa foi levada a várias regiões do planeta por conquistadores, colonos e emigrantes. Atualmente, a situação do português no mundo é aproximadamente a seguinte:

a. em alguns países, é a língua oficial, o que lhe confere unidade, apesar da existência de variações regionais e da convivência com idiomas nativos. Incluem-se nesse caso Brasil, Portugal, Angola, Moçambique, Guiné-Bissau, Cabo Verde, São Tomé e Príncipe e Timor Leste;

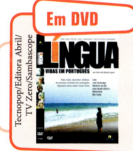

Em DVD

Vidas em português. Direção de Victor Lopes. Brasil: Paris Filmes, 2005. (91 min). Documentário acerca da trajetória e permanência da língua portuguesa nas mais diversas culturas do mundo. O elenco conta com a presença do prêmio Nobel de Literatura José Saramago, além de outras personalidades e de pessoas comuns que valorizam e reinventam nossa língua de cada dia.

b. em regiões da Ásia (Macau, Goa, Damão, Diu), é falado por uma pequena parcela da população ou deu origem a dialetos.

Não é difícil imaginar que uma língua falada em regiões tão distintas apresente diferenças de ordem lexical ou sintático-semânticas. Em outras palavras, é natural que, nas diferentes regiões, palavras sejam incorporadas a seu vocabulário por influências locais ou estrangeiras, que termos idênticos sejam utilizados com significados diversos ou que diferentes construções sintáticas ganhem força aqui ou ali.

Essa diversidade é inevitável e resulta de um processo normal de enriquecimento linguístico. A língua, no entanto, é uma só. São diferentes nações a falar o mesmo idioma, unidas pela identidade da língua. Para preservar essa unidade, os chamados países lusófonos – Portugal, Brasil, Timor Leste e os cinco países africanos – reconheceram a necessidade de se adotar uma ortografia comum, que facilitaria a circulação de textos escritos, a aprendizagem da grafia da língua nas diversas instituições de ensino existentes nos países lusófonos e preservaria, enfim, a origem comum.

As discussões em torno de um acordo remontam ao início do século passado. Em 1911 foi adotada em Portugal a primeira grande reforma ortográfica. Seguiram-se outras tentativas, entre Brasil e Portugal, em 1931, 1945, 1971/1973, 1986 e 1990. As duas últimas contaram também com a participação das nações africanas, portanto já na condição de países livres. Em reunião realizada em Lisboa, em 16 de dezembro de 1990, o acordo foi aprovado pelos sete países lusófonos. A entrada em vigor passava a depender da ratificação dos respectivos parlamentos, o que não aconteceu de imediato. Em 2004, o Brasil validou o acordo, seguido por Cabo Verde e São Tomé e Príncipe, que o fizeram em 2006. Mas apenas em 1990, com a assinatura de Portugal, o *Acordo Ortográfico da Língua Portuguesa* finalmente passou a vigorar.

> **Em *site***
>
>
>
> <www.cplp.org>. Acesso em: 18 fev. 2008.
> Conheça as atividades e as iniciativas da Comunidade dos Países de Língua Portuguesa (CPLP), criada em julho de 1996, em Lisboa, Portugal, cujos principais objetivos são "a promoção e a difusão da língua portuguesa". Participaram da fundação da Comunidade os sete países lusófonos: Angola, Brasil, Cabo Verde, Guiné-Bissau, São Tomé e Príncipe, Moçambique e Portugal. Em 2002, Timor Leste passou a integrar a CPLP.

Geoatlas. 32. ed. São Paulo: Scipione, 2006. p. 8/9. *Radix Gramática*. São Paulo: Scipione, 2007. p. 139.

4. A gramática

Gramática é uma palavra de origem grega formada a partir de *grámma*, que quer dizer "letra". Originalmente, gramática era o nome das técnicas de escrita e leitura. Posteriormente, passou a designar o conjunto das regras que garantem o uso modelar da língua – a chamada **gramática normativa**, que estabelece padrões de certo e errado, correto e incorreto, para as formas do idioma. Gramática também é, atualmente, a descrição científica do funcionamento de uma língua. Nesse caso, é chamada de **gramática descritiva**.

A gramática normativa estabelece a **norma culta**, ou seja, o padrão linguístico que socialmente é considerado modelar e é adotado para ensino nas escolas e para a redação dos documentos oficiais.

Há línguas que não têm forma escrita, como algumas línguas indígenas brasileiras. Nesses casos, o conhecimento linguístico é transmitido oralmente. Nas línguas que têm forma escrita, como é o caso do português, o papel da gramática normativa é apontar o que configura a existência de um padrão linguístico uniforme no qual se registre a produção cultural. Conhecer a norma culta é, portanto, uma forma de ter acesso a essa produção cultural e à linguagem oficial. Este é um livro dedicado ao ensino da norma culta da língua portuguesa em sua vertente brasileira.

Ciça. *Pagando o pato.* São Paulo: Circo Editorial, 1986. p. 100.

Na linguagem coloquial, a lei da economia opera reduções e transformações nas palavras, como se pode ver nos dois últimos quadrinhos desta tira. Embora não aceitáveis em situações formais, termos como esses possuem forte valor expressivo e comunicativo na linguagem do dia a dia.

Divisão da gramática

Divide-se a gramática em:

a. **fonologia** – estuda os fonemas ou sons da língua e as sílabas que esses fonemas formam. Fazem parte da fonologia a ortoepia ou ortoépia (estudo da articulação e pronúncia dos vocábulos), a prosódia (estudo da acentuação tônica dos vocábulos) e a ortografia (estudo da forma escrita das palavras);

A fonologia estuda os fonemas ou sons da língua, representados por letras na escrita. Na literatura, a repetição de certos sons pode proporcionar efeitos interessantes, como ocorre no poema "A onda", de Manuel Bandeira.

BANDEIRA, Manuel. *Poesia completa e prosa.* Rio de Janeiro: Aguilar, 1996. p. 354.

b. morfologia – estuda as palavras e os elementos que as constituem. A morfologia analisa a estrutura, a formação e os mecanismos de flexão das palavras, além de dividi-las em classes gramaticais;

c. sintaxe – estuda as formas de relacionamento entre palavras ou entre orações. Divide-se em sintaxe das funções, que estuda a estrutura da oração e do período, e sintaxe das relações, a qual inclui a regência, a colocação pronominal e a concordância.

Aventuras na História. São Paulo: Abril, ed. 28, dez. 2005. p. 66.

> A sintaxe estuda as relações entre palavras ou entre orações. Nesta tirinha, há referência à sintaxe de colocação das palavras. O humor está na mistura do sistema simbólico, que utiliza palavras, com a imitação da escrita egípcia que, muitas vezes, utilizava o desenho.

Em livro

CAMPOS, Carmem Lúcia; SILVA, Nilson Joaquim da. *Lições de gramática para quem gosta de literatura.* São Paulo: Panda Books, 2007.

Quem disse que gramática não pode render divertidas histórias? Nesta pequena coletânea de textos estão reunidos alguns dos maiores escritores brasileiros da atualidade. Eles contam histórias bem-humoradas sobre variados assuntos de nossa língua, como o "internetês", a nova linguagem criada pelos jovens usuários da rede mundial de computadores.

Morfossintaxe

A classificação morfológica de uma palavra só pode ser feita eficientemente se se observar sua função nas orações. Esse fato demonstra a profunda interligação existente entre a morfologia e a sintaxe. É por isso que se tem preferido falar atualmente em morfossintaxe, ou seja, a apreciação conjunta da classificação morfológica e da função sintática das palavras. O enfoque morfossintático da língua portuguesa será prioritário neste livro, uma vez que facilita a compreensão de muitos mecanismos da língua.

PARTE 1

FONOLOGIA

Capítulo 2

Fonologia

Clara, de Luli. *Folha de S.Paulo*, São Paulo, 13 jan. 2003. Folhateen, p. 12.

Neste capítulo, estudaremos basicamente os fonemas, que são as menores unidades linguísticas capazes de estabelecer diferenças de significado.

Com apenas uma troca de fonema, cria-se uma palavra totalmente distinta, como na história em quadrinhos (HQ) acima. A frase da HQ ("À noite todos os gatos são parcos") remete ao provérbio "À noite todos os gatos são pardos"; nessa operação linguística, *pardos* tornou-se *parcos* graças à substituição do fonema /d/ pelo fonema /k/.

1. Conceitos básicos

Fonologia é uma palavra formada por elementos gregos: *fono* ("som", "voz") e *log*, *logia* ("estudo", "conhecimento"). Significa literalmente "estudo dos sons". Os sons que essa parte da gramática estuda são os fonemas (*fono + ema*, "unidade sonora distintiva"). Para compreender claramente o que é um fonema, compare as palavras abaixo:

solit**á**rio   solid**á**rio

Lendo em voz alta as duas palavras, você percebe que cada uma das letras destacadas representa um som diferente. Como as palavras têm significados distintos e a única diferença **sonora** que apresentam é a provocada por esses dois sons, somos levados a concluir que o contraste entre esses dois sons é que produz a diferença de significado entre as duas palavras. Cada letra representa, no caso, um **fonema**, ou seja, uma unidade sonora capaz de estabelecer diferenças de significado.

Em outras palavras, os fonemas são os **sons característicos de uma determinada língua**. Com um número relativamente pequeno desses sons, cada língua é capaz de produzir milhares de palavras e infinitas frases.

Observe que falamos em **sons representados pelas letras**. Isso porque não se devem confundir fonemas e letras: os fonemas são **sons**; as letras são **sinais gráficos** que procuram representar esses sons. Essa representação, no entanto, nem sempre é perfeita:

a. há casos em que a mesma letra representa fonemas diferentes (como a letra *g*, em **g**aleria e **g**inástica);

b. há fonemas representados por letras diferentes (como o fonema que as letras *g* e *j* representam em **g**inástica e **j**iló);

c. há fonemas representados por duas letras (como em ba**rr**a ou a**ss**ar);

d. há casos em que uma letra representa dois fonemas (como o *x* de ane**x**o, que soa "ks");

e. há casos em que a letra não corresponde a nenhum fonema (o *h* de **h**élice, por exemplo).

QUINO. *Mafalda 8*. São Paulo: Martins Fontes, 2002. p. 76.

Nesta tirinha, as letras em destaque nas palavras *pre**ç**os*, *má**x**imos*, *nece**ss**idade* e *sen**s**atez* representam um único fonema. Já em *fi**x**ou*, a letra **x** representa dois sons (/ks/).

Para evitar dúvidas, acostume-se a ler as palavras em voz alta quando estiver estudando fonologia. Afinal, o que interessa nesse caso é o aspecto sonoro dessas palavras.

Atividade

Leia em voz alta as palavras abaixo e depois diga quantas letras e quantos fonemas cada uma delas possui:

a) hora

b) acesso

c) arrastar

d) tóxico

e) distinguir

f) querer

g) água

h) quarto

i) banho

j) obsessão

k) obcecado

l) queijinho

2. Os fonemas da língua portuguesa

Como não há necessariamente correspondência entre as letras e os fonemas, foi criado um sistema de símbolos em que a cada fonema corresponde apenas um símbolo. Esse sistema é o **alfabeto fonético**, muito usado no ensino de línguas para indicar a forma de pronunciar as palavras.

A língua portuguesa do Brasil apresenta um conjunto de 33 fonemas, que podem ser identificados no quadro a seguir. A cada um deles corresponde um único símbolo escrito do alfabeto fonético. Por convenção, esses símbolos são colocados entre barras oblíquas.

O uso dos símbolos para transcrição fonológica permite-nos perceber com clareza alguns problemas da relação entre fonemas e letras. Note, por exemplo, como o símbolo /k/ figura na transcrição tanto do som representado pela letra c em cara quanto pelas letras qu em quero.

FONEMAS DA LÍNGUA PORTUGUESA DO BRASIL E SUA TRANSCRIÇÃO FONOLÓGICA

	símbolo	exemplo	transcrição fonológica
consoantes	/p/	**p**aca	/paka/
	/b/	**b**ula	/bula/
	/t/	**t**ara	/tara/
	/d/	**d**ata	/data/
	/k/	**c**ara, **qu**ero, **k**artista	/kara/, /kɛro/, /kartista/
	/g/	**g**ola, **gu**erra	/gɔla/, /gɛRa/
	/f/	**f**aca	/faka/
	/v/	**v**ala, **W**agner	/vala/, /wagner/
	/s/	**s**ola, a**ss**a, mo**ç**a	/sɔla/, /asa/, /mosa/
	/z/	a**s**a, **z**ero	/aza/, /zɛro/
	/ʃ/	me**ch**a, **x**á	/mɛʃa/, /ʃa/
	/ʒ/	**j**aca, **g**ela	/ʒaka/, /ʒɛla/
	/m/	**m**ola	/mɔla/
	/n/	**n**ata	/nata/
	/ɲ/	ni**nh**o	/niɲo/
	/l/	**l**ata	/lata/
	/ʎ/	ca**lh**a	/kaʎa/
	/ɾ/	**M**ara	/mara/
	/R/	**r**ota, ca**rr**oça	/Rɔta/, /kaRɔsa/
semivogais	/j/	ca**i**, põ**e**, *y*ang	/kaj/, /põj/, /jang/
	/w/	pa**u**, pã**o**, **W**esley	/paw/, /pãw/, /wɛslej/

Parte 1 > > > FONOLOGIA > > >

símbolo	exemplo	transcrição fonológica
/a/	cá	/ka/
/ɛ/	mel	/mɛl/
/e/	seda	/seda/
/i/	rica	/Rika/
/ɔ/	sola	/sɔla/
/o/	soma	/soma/
/u/	gula	/gula/
/ã/	manta, maçã	/mãta/, /masã/
/ẽ/	tenda	/tẽda/
/ĩ/	cinta	/sĩta/
/õ/	conta, põe	/kõta/, /põj/
/ũ/	fundo	/fũdo/

À esquerda da tabela, em vertical: vogais

3. Classificação dos fonemas da língua portuguesa

Os fonemas da língua portuguesa são classificados em **vogais**, **semivogais** e **consoantes**. Esses três tipos de fonemas são produzidos por uma corrente de ar que pode fazer vibrar ou não as cordas vocais. Quando ocorre vibração, o fonema é chamado **sonoro**; quando não, o fonema é **surdo**. Além disso, a corrente de ar pode ser liberada apenas pela boca ou parcialmente também pelo nariz. No primeiro caso, o fonema é **oral**; no segundo, é **nasal**.

Vogais

As vogais são fonemas sonoros produzidos por uma corrente de ar que passa **livremente** pela boca. Em nossa língua, desempenham o papel de núcleo das sílabas. Em termos práticos, isso significa que em toda sílaba há necessariamente um único fonema vocálico.

As diferentes vogais resultam do diferente posicionamento dos músculos bucais (língua, lábios e véu palatino). Sua classificação é feita em função de diversos critérios:

a. quanto à **zona de articulação**, ou seja, de acordo com a região da boca em que se dá a maior elevação da língua; assim, podem ser **anteriores**, **centrais** e **posteriores**;

b. pela **elevação da região mais alta da língua**; podem ser **altas**, **médias** e **baixas**;

c. quanto ao **timbre**; podem ser **abertas** ou **fechadas**.

Além desses critérios, as vogais podem ser **orais** ou **nasais**. Todos os fonemas vocálicos são **sonoros**.

O quadro a seguir apresenta a classificação das vogais da língua portuguesa de acordo com esses critérios.

CLASSIFICAÇÃO DAS VOGAIS			
	anteriores	centrais	posteriores
altas	/i/ /ĩ/		/u/ /ũ/
médias fechadas	/e/ /ẽ/		/o/ /õ/
médias abertas		/ɛ/ ... /ɔ/	
baixas		/a/ /ã/	

Capítulo 2 > > > Fonologia > > >

21

Semivogais

Há duas semivogais em português, representadas pelos símbolos /j/ e /w/ e produzidas de forma semelhante às vogais altas /i/ e /u/. A diferença fundamental entre as vogais e as semivogais está no fato de que estas últimas não desempenham o papel de núcleo silábico. Em outras palavras: as semivogais necessariamente acompanham alguma vogal, com a qual formam sílaba.

As letras utilizadas para representar as semivogais em português são utilizadas também para representar vogais, o que cria muitas dúvidas. A única forma de diferenciá-las efetivamente é falar e ouvir as palavras em que surgem:

país – pais   baú – mau

Em *país* e *baú*, as letras *i* e *u* representam respectivamente as vogais /i/ e /u/. Já em *pais* e *mau*, essas letras representam as semivogais /j/ e /w/. Isso pode ser facilmente percebido se você observar como a articulação desses sons é diferente em cada caso; além disso, observe que *país* e *baú* têm ambas duas sílabas, enquanto *pais* e *mau* têm ambas uma única sílaba.

Em algumas palavras, encontramos as letras *e* e *o* representando as semivogais:

mãe (/mãj/)   pão (/pãw/)

Você irritado grita, chuta, fala palavrão.
O planeta irritado é um pouco diferente.

Nas palavras *palavrão* e *pouco*, a semivogal /w/ é representada pelas letras **o** (ã**o**) e **u** (o**u**).

Galileu. São Paulo: Globo, n. 199, fev. 2008. p. 91.

Consoantes

Para a produção das consoantes, a corrente de ar expirada pelos pulmões encontra obstáculos ao passar pela cavidade bucal. Isso faz com que as consoantes sejam verdadeiros "ruídos", incapazes de atuar como núcleos silábicos. Seu nome provém justamente desse fato, pois, em português, sempre **soam com** as vogais, que são os núcleos das sílabas.

A classificação das consoantes baseia-se em diversos critérios:

a. **modo de articulação** – indica o tipo de obstáculo encontrado pela corrente de ar ao passar pela boca. São **oclusivas** aquelas produzidas com obstáculo total; são **constritivas** as produzidas com obstáculo parcial. As constritivas subdividem-se em **fricativas** (o ar sofre fricção), **laterais** (o ar passa pelos lados da cavidade bucal) e **vibrantes** (a língua ou o véu palatino vibram);

b. ponto de articulação – indica o ponto da cavidade bucal em que se localiza o obstáculo à corrente de ar. As consoantes podem ser **bilabiais** (os lábios entram em contato), **labiodentais** (o lábio inferior toca os dentes incisivos superiores), **linguodentais** (a língua toca os dentes incisivos superiores), **alveolares** (a língua toca os alvéolos dos incisivos superiores), **palatais** (a língua toca o palato duro ou céu da boca) e **velares** (a língua toca o palato mole, ou véu palatino);

c. as consoantes podem ser **surdas** ou **sonoras**, de acordo com a vibração das cordas vocais, e ainda **orais** ou **nasais**, de acordo com a participação das cavidades bucal e nasal no seu processo de emissão.

O quadro a seguir aplica esses diversos critérios de classificação às consoantes da língua portuguesa.

Note que, em alguns casos, as consoantes distinguem-se uma da outra apenas pela vibração das cordas vocais. É o que ocorre, por exemplo, com /p/ e /b/ (compare *p*omba e *b*omba) ou /t/ e /d/ (compare *t*esta e *d*esta). Nesses casos, as consoantes são chamadas **homorgânicas**.

Neste poema, as palavras **solitário** e **solidário** diferenciam-se, quanto ao som, apenas pelas consoantes homorgânicas t/d (ambas linguodentais). Na terceira coluna, o poeta convida o leitor a escolher entre a solidariedade ou a solidão: basta completar as lacunas deixadas nas palavras com uma dessas consoantes e ler *solidário* ou *solitário*.

AZEREDO, Ronaldo. In: AZEVEDO FILHO, Leodegário A. de. (Org.).
Poetas do modernismo: antologia crítica.
Brasília: MEC/INL, 1972. v. 6, p. 196.

CLASSIFICAÇÃO DAS CONSOANTES

cavidades bucal e nasal		orais					nasais
modo de articulação	oclusivas		constritivas				
			fricativas		laterais	vibrantes	
cordas vocais	surdas	sonoras	surdas	sonoras	sonoras	sonoras	sonoras
ponto de articulação bilabiais	/p/	/b/					/m/
labiodentais			/f/	/v/			
linguodentais	/t/	/d/					/n/
alveolares			/s/	/z/	/l/	/r/	
palatais			/ʃ/	/ʒ/	/ʎ/		/ɲ/
velares	/k/	/g/				/R/	

Atividades

1. Classifique os fonemas representados pelas letras destacadas em vogais ou semivogais:

a) so**u**

b) sã**o**

c) l**u**ar

d) sit**u**e

e) mág**o**a

f) cã**e**s

g) ma**i**s

h) Ta**í**s

i) so**e**

j) longínq**u**o

2. Substitua as vogais orais representadas pelas letras destacadas nas palavras seguintes por vogais nasais:

a) m**a**to

b) s**e**da

c) c**i**to

d) p**o**te

e) m**u**do

3. Substitua cada uma das consoantes representadas pelas letras destacadas nas palavras seguintes pela respectiva consoante homorgânica:

a) **g**ado

b) **t**eto

c) **p**ato

d) **p**eixinho

e) **ch**ato

f) **v**ale

4. Leia atentamente, **em voz alta**, as palavras de cada par seguinte. Procure pronunciá-las nitidamente:

a) tom/tão

b) som/são

c) saia/ceia

d) comprido/cumprido

e) quatro/quadro

f) aceitar/ajeitar

g) xingar/gingar

4. Sílabas

As sílabas são conjuntos de um ou mais fonemas pronunciados numa única emissão de voz. Em nossa língua, o núcleo da sílaba é sempre uma vogal: não existe sílaba sem vogal e nunca há mais do que uma única vogal em cada sílaba. Cuidado com as letras *i* e *u* (mais raramente com as letras *e* e *o*), pois, como já vimos, elas podem representar também semivogais, que **não** são nunca núcleos de sílaba em português.

Agrupadas, as sílabas formam vocábulos. De acordo com o número de sílabas que os formam, os vocábulos podem ser:

a. monossílabos – formados por uma única sílaba:

é   há   ás   cá   mar   flor   quem   quão

b. dissílabos – apresentam duas sílabas:

a-í   a-li   de-ver   cle-ro   i-ra   sol-da   trans-por

c. trissílabos – apresentam três sílabas:

ca-ma-da   O-da-ir   pers-pi-caz   tungs-tê-nio   felds-pa-to

d. polissílabos – apresentam mais do que três sílabas.

bra-si-lei-ro   psi-co-lo-gi-a   a-ris-to-cra-ci-a   o-tor-ri-no-la-rin-go-lo-gis-ta

5. Encontros vocálicos

Os encontros vocálicos são agrupamentos de vogais e semivogais, sem consoantes intermediárias. É importante reconhecê-los para fazermos a correta divisão silábica dos vocábulos. Há três tipos de encontros:

a. hiato – é o encontro de duas vogais num vocábulo, como em *saída* (*sa-í-da*). Os hiatos são sempre separados quando da divisão silábica: *mo-o*, *ru-im*, *pa-ís*;

b. ditongo – é o encontro de uma vogal com uma semivogal ou de uma semivogal com uma vogal; em ambos os casos, vogal e semivogal pertencem obviamente a uma mesma sílaba. O encontro vogal + semivogal é chamado de **ditongo decrescente** (como em *moi-ta*, *cai*, *mói*). O encontro semivogal + vogal forma o **ditongo crescente** (como em *qual*, *pá-tria*, *sé-rio*). Os ditongos podem ser classificados ainda em **orais** (todos os apresentados até agora) e nasais (como em *mãe* ou *pão*);

c. tritongo – é a sequência formada por uma semivogal, uma vogal e uma semivogal, sempre nessa ordem. O tritongo pertence a uma única sílaba: *Pa-ra-guai*, *quão*. Os tritongos podem ser **orais** (*Paraguai*) ou **nasais** (*quão*).

> ### OBSERVAÇÕES
>
> **1.** A terminação *em* (/ẽj/) em palavras como *ninguém*, *alguém*, *também*, *porém* e a terminação *am* (/ãw/) em palavras como *cantaram*, *amaram*, *falaram* representam ditongos nasais decrescentes.
> **2.** É tradicional considerar hiato o encontro entre uma semivogal e uma vogal ou entre uma vogal e uma semivogal que pertencem a sílabas diferentes. Isso ocorre quando há contato entre uma vogal e um ditongo, como em *i-dei-a*, *io-iô*.
> **3.** Há alguns encontros vocálicos átonos e finais que são chamados de **instáveis** porque podem ser pronunciados como ditongos ou como hiatos: *ia* (pátria), *ie* (espécie), *io* (pátio), *ua* (árdua), *ue* (tênue), *uo* (vácuo). A tendência predominante é pronunciá-los como ditongos.

6. Encontros consonantais

O agrupamento de duas ou mais consoantes, sem vogal intermediária, recebe o nome de **encontro consonantal**. Há dois tipos básicos de encontros consonantais:

a. consoante + *l* ou *r* – são encontros que pertencem a uma mesma sílaba:

pra-to	**pla**-ca	**bro**-che	**blu**-sa	**trei**-no
a-**tle**-ta	**cri**-se	**cla**-ve	**fran**-co	**flan**-co

b. duas consoantes pertencentes a sílabas diferentes – é o que ocorre em:

a**b**-di-car	su**b**-so-lo	a**d**-vo-ga-do	a**d**-mi-tir	a**l**-ge-ma	cor-te

Há grupos consonantais que surgem no início dos vocábulos; são, por isso, inseparáveis:

pneu-mo-ni-a	**ps**i-co-se	**gn**o-mo

7. Dígrafos

A palavra **dígrafo** é formada por elementos gregos: *di*, "dois", e *grafo*, "escrever". O dígrafo ocorre quando duas letras são usadas para representar um único fonema. Também se pode usar a palavra **digrama** (*di*, "dois"; *gramma*, "letra") para designar essas ocorrências.

Podemos dividir os dígrafos da língua portuguesa em dois grupos: os consonantais e os vocálicos.

Capítulo 2 > > > Fonologia > > >

DÍGRAFOS CONSONANTAIS

dígrafo	símbolo	exemplos
ch	/ʃ/	**ch**uva, **Ch**ina
lh	/ʎ/	a**lh**o, mi**lh**o
nh	/ɲ/	so**nh**o, ve**nh**o
rr (usado unicamente entre vogais)	/R/	ba**rr**o, bi**rr**a, bu**rr**o
ss (usado unicamente entre vogais)	/s/	a**ss**unto, a**ss**ento, i**ss**o
sc	/s/	a**sc**ensão, de**sc**endente
sç	/s/	na**sç**o, cre**sç**a
xc	/s/	e**xc**eção, e**xc**esso
xs	/s/	e**xs**uar, e**xs**udar
gu	/g/	**gu**elra, á**gu**ia
qu	/k/	**qu**estão, **qu**ilo

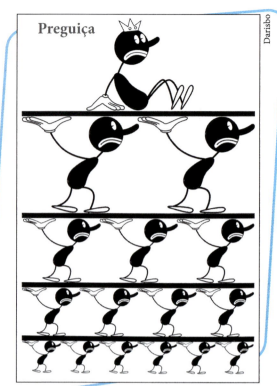

Front. São Paulo: Via Lettera, n. 7, maio 2001. p. 52.

> No título deste cartum, encontramos o dígrafo consonantal *gu*.

Gu e *qu* nem sempre representam dígrafos. Isso ocorre apenas quando, seguidos de *e* ou *i*, representam os fonemas /g/ e /k/: **gu**erra, **qu**ilo. Nesses casos, a letra *u* não corresponde a nenhum fonema. Em algumas palavras, no entanto, o *u* representa uma semivogal ou uma vogal: a**gu**entar, lin**gu**iça, fre**qu**ente, tran**qu**ilo (semivogal); averi**gu**e, ar**gu**i (vogal tônica) – o que significa que *gu* e *qu* não são dígrafos. Também não há dígrafo quando são seguidos de *a* ou *u*: **qu**ando, a**qu**oso, averi**gu**o.

DÍGRAFOS VOCÁLICOS

dígrafos	símbolo	exemplos
am/an	/ã/	c**am**po, s**an**gue
em/en	/ẽ/	s**em**pre, t**en**to
im/in	/ĩ/	l**im**po, t**in**gir
om/on	/õ/	r**om**bo, t**on**to
um/un	/ũ/	nenh**um**, s**un**ga

```
com     can
som     tem

con     ten     tam
tem     são     bem

        tom     sem
        bem     som
```

CAMPOS, Augusto de. *Tensão.* Disponível em: <www2.uol.com.br/augustodecampos/poemas.htm>. Acesso em: 25 fev. 2008.

> Leia em voz alta esse texto: em todas as sílabas que o compõem há um dígrafo vocálico.

Em *site*

<www2.uol.com.br/augustodecampos/poemas.htm>. Acesso em: 25 fev. 2008.

A fragmentação das palavras, o jogo com os sons, a criação de múltiplos significados, entre outros aspectos, foram utilizados pelos poetas concretistas para criar uma nova estética da palavra. Um dos maiores expoentes desse movimento artístico foi Augusto de Campos. Visite seu *site*, leia alguns de seus textos e ouça, em especial, o poema "Tensão", no qual se pode observar o trabalho com os dígrafos vocálicos.

8. Divisão silábica

A divisão silábica gramatical obedece a algumas regras básicas, que apresentaremos a seguir. Se você observar atentamente essas regras, vai perceber que os conceitos que estudamos até agora servem para justificá-las:

a. ditongos e tritongos pertencem a uma única sílaba:

au-tô-no-mo **ou**-to-no di-nh**ei**-ro U-ru-g**uai** i-g**uai**s

b. os hiatos são separados em duas sílabas:

d**u-e**-to a-mên-d**o-a** c**a-a**-tin-ga

c. os dígrafos *ch, lh, nh, gu* e *qu* pertencem a uma única sílaba:

chu-va mo-**lh**a es-ta-**nh**o **gu**el-ra a-**qu**e-la

d. as letras que formam os dígrafos *rr, ss, sc, sç, xs* e *xc* devem ser separadas:

ba**r-r**o a**s-s**un-to de**s-c**er na**s-ç**o e**s-x**u-dar e**x-c**e-to

e. os encontros consonantais que ocorrem em sílabas internas devem ser separados, excetuando-se aqueles em que a segunda consoante é *l* ou *r*:

con-vi**c**-ção as-**t**u-to a**p**-to cír-**c**u-lo ad-**m**i-tir ob-**t**u-rar
a-**pl**i-ca-ção a-**pr**e-sen-tar a-**br**ir re-**tr**a-to de-ca-**tl**o

Lembre-se de que os grupos consonantais que iniciam palavras não são separáveis:

gnós-ti-co **pn**eu-má-ti-co **mn**e-mô-ni-co

O conhecimento das regras de divisão silábica é útil para a **translineação** das palavras, ou seja, para separá-las no final das linhas. Quando houver necessidade da divisão, ela deve ser feita de acordo com as regras acima. Por motivos estéticos e de clareza, devem-se evitar vogais isoladas no final ou no início de linhas, como ***a**-sa* ou *Jundia-**í***. Vale ressaltar que na translineação de palavras compostas ou na combinação de palavras com hífen (como *vice-diretor* ou *ensiná-los*, por exemplo), o hífen deve ser repetido na linha seguinte, caso a partição no fim da linha coincida com o final de um dos elementos.

Ortoepia ou Ortoépia

Formado por elementos gregos (*orto*, "correto"; *epos*, "palavra"), **ortoepia** ou **ortoépia** é o nome que designa a parte da fonologia que cuida da correta produção oral das palavras. Colocamos a seguir uma relação que você deve ler cuidadosamente em voz alta: lembre-se de que estamos falando da forma de pronunciar essas palavras de acordo com o padrão culto da língua portuguesa, importante para você comunicar-se apropriadamente em vários momentos de sua vida.

advogado	cataclismo	meritíssimo
aforismo	digladiar	meteorologia
aterrissagem	disenteria	mortadela
adivinhar	empecilho	prazeroso, prazerosamente
babadouro	engajamento	privilégio
bebedouro	estourar (estouro, estouras etc.)	propriedade, próprio
bandeja	estupro, estuprar	prostração, prostrar
barganha	fratricídio	reivindicar
beneficência	frustração	roubar (roubo, roubas etc.)
beneficente	frustrar	lagarto
cabeçalho	lagartixa	salsicha
cabeleireiro	manteigueira	tireoide
caranguejo	mendigar, mendigo	umbigo

Em livro

PIGNATARI, Décio. *Poesia pois é poesia*. São Paulo: Ateliê, 2004.

Décio Pignatari foi um dos líderes do concretismo brasileiro, movimento literário nascido na década de 1950. Os concretistas fundaram uma nova maneira de fazer poesia, rompendo com a estrutura padrão do verso tradicional. O livro *Poesia pois é poesia* é um exemplar desse fazer poético em que a palavra se transforma em ícone sonoro e visual.

Atividades

1. Classifique os encontros vocálicos das palavras a seguir:

a) alguém
b) trouxeram
c) diáspora
d) Mooca
e) tuiuiú
f) Piauí
g) ideia
h) gênio
i) tireoide
j) claustrofobia
k) melancia
l) saíram
m) sobressai
n) sobressaí
o) iguais
p) circuito
q) balões
r) ação

2. Indique, nas palavras a seguir, os dígrafos consonantais e os encontros consonantais:

a) dígrama
b) adquirir
c) brita
d) nascer
e) excelente
f) massa
g) pleno
h) chave
i) crítico
j) nasça
k) flecha
l) bloqueio
m) interpretar
n) classificação
o) oftalmologista
p) pterodáctilo

3. Divida em sílabas as palavras seguintes:

a) substância
b) surpreendente
c) adquirir
d) adivinhar
e) ruim
f) gratuito
g) abscesso
h) atualização
i) psiquiatria
j) melancia
k) pneumático
l) adventício
m) introspecção
n) feldspato

Textos para análise

1

TORELLY, Aparício (o Barão de Itararé). *Almanhaque para 1949.* 3. ed. São Paulo: Imprensa Oficial de São Paulo/Edusp/Studioma, 2003. p. 81.

Quando o dinheiro fala, tudo cala.

"A palavras loucas, orelhas moucas."

"Antes calar que mal falar."

"Contra má sorte, coração forte."

"Muito riso, pouco siso."

Trabalhando o texto

1. Use o conceito de fonema que você aprendeu para comentar os efeitos sonoros presentes na máxima do Barão de Itararé. Compare-os aos efeitos sonoros dos provérbios.

2. Qual é a função desse recurso de linguagem nesse gênero?

Capítulo 2 >>> Fonologia >>> 29

2

A rede

Nenhum aquário é maior do que o mar
Mas o mar espelhado em seus olhos
Maior me causa o efeito
De concha no ouvido
Barulho de mar
Pipoco de onda
Ribombo de espuma e sal
Nenhuma taça me mata a sede
Mas o sarrabulho me embriaga

Mergulho na onda vaga
E eu caio na rede
E não tem quem não caia

Às vezes eu penso que sai dos teus olhos o feixe
De raio que controla a onda cerebral do peixe

Nenhuma rede é maior do que o mar
Nem quando ultrapassa o tamanho da terra

Nem quando ela acerta
Nem quando ela erra
Nem quando ela envolve todo o planeta
Explode e devolve pro seu olhar
O tanto de tudo que eu tô pra te dar
Se a rede é maior do que o meu amor
Não tem quem me prove

Às vezes eu penso que sai dos teus olhos o feixe
De raio que controla a onda cerebral do peixe

E eu caio na rede
Não tem quem não caia

Se a rede é maior do que o meu amor
Não tem quem me prove

Mameluco (Trama)/Trama

Lenine e Lula Queiroga. In: LENINE. *Na pressão* (CD). BMG, 1999.

Trabalhando o texto

1. Defina fonema a partir do contraste entre os vocábulos *feixe* e *peixe*.

2. Classifique os encontros vocálicos presentes nos versos ao lado:

"Nenhum aquário é maior que o mar
Mas o mar espelhado em seus olhos
Maior me causa o efeito
De concha no ouvido."

3. Retire do texto exemplos de:
   a) dígrafos consonantais;
   b) dígrafos vocálicos;
   c) encontros consonantais.

4. Explique a diferença entre os elementos em negrito nas palavras *a**qu**ário* e ***qu**em*.

5. Observe no texto o emprego das palavras *barulho*, *pipoco*, *ribombo* e *sarrabulho*. Por que a sonoridade delas adquire nesse texto um efeito de sentido particular?

6. Leia e releia em voz alta o verso "O tanto de tudo que eu tô pra te dar". Comente o efeito causado pela repetição de um determinado fonema nesse verso. Aponte outro verso em que ocorre o mesmo fenômeno.

7. Na sua opinião, a que rede o texto se refere? Justifique sua resposta a partir de elementos do próprio texto.

8. O sujeito lírico estabelece um contraste entre seu amor e uma das redes em que, inevitavelmente, acaba caindo. Em que consiste esse contraste? Na sua opinião, por que é importante para ele dar destaque a esse contraste?

3

O cérebro conhece bem o bê-a-bá

Não é só nos livros de ortografia que há distinção entre vogais e consoantes. Uma pesquisa da Universidade Harvard, nos Estados Unidos, mostrou que a diferença entre esses dois tipos de letra está gravada no fundo do cérebro, que os processa em áreas separadas. Os cientistas perceberam isso graças a uma infelicidade, pois testaram dois pacientes com lesões em duas regiões cerebrais. O resultado foi surpreendente – enquanto um dos doentes trocava uma vogal pela outra, mas não confundia as consoantes, o outro falhava nas consoantes, acertando as vogais. Ficou claro que esses dois tipos de letra são processados em lugares diferentes. "É mais uma peça que se coloca no quebra-cabeça da linguagem humana", disse o neurologista Alfonso Caramazza, um dos autores da experiência.

Superinteressante. São Paulo: Abril, ano 14, n. 3, mar. 2000. p. 21.

Trabalhando o texto

Utilize seus conhecimentos de fonologia para comentar a confusão que o texto acima estabelece entre letras e fonemas. Proponha formas de eliminar essa confusão a fim de tornar o texto mais preciso.

Em CD

Arnaldo Antunes. *Qualquer*. **(CD). Biscoito fino, 2006.**

O compositor e poeta Arnaldo Antunes explora neste seu sétimo CD solo a sonoridade das palavras, privilegiando principalmente sua voz. Para isso, dispensou o auxílio de bateria e percussão na composição das canções: todas elas são acompanhadas apenas por instrumentos de cordas e piano. Merecem atenção especial a música que dá nome ao CD e a composição "Hotel Fraternité", poema do alemão Hans Magnus Enzensberger. A primeira canção produz efeitos de sentido bastante particulares ao apoiar-se nos ritmos sonoros das palavras; na segunda, o compositor transforma uma citação erudita em canção popular sem que o poema original perca carga expressiva.

Questões de exames e concursos

1. (Correios/Conesul) A alternativa que apresenta as palavras corretamente separadas em sílabas é:

a) í - lu - sõ - es / pro - ve - nien - te

b) es - cor - rí - dos / la - men - tá - veis

c) e - qui - lí - bri - o / bil - he - te

d) muí - tí - ssi - mos / al - co - ol

e) mer - gu - lhan - do / nen - hum

2. (Pref. de Guarulhos-SP/FGV-SP) Nos vocábulos *intoxica*, *hexaedro* e *exator*, os valores de pronúncia que ocorrem são, respectivamente:

a) ch, z, cs   c) cs, cz, z

b) ch, cz, cs   d) cs, z, z

3. (Ceasa-MG/Fumarc) Assinale o vocábulo que contém cinco fonemas.

a) assunto   c) pilha

b) sangue   d) caqui

4. (TA-MG/Fundec) Assinale a alternativa em que as informações apresentadas para a palavra em destaque estejam totalmente corretas.

a) **hexacampeão:** 10 fonemas, um tritongo, um dígrafo

b) **companhia:** 7 fonemas, um encontro consonantal, um dígrafo

c) **português:** 8 fonemas, um ditongo crescente, um encontro consonantal

d) **quotista:** 8 fonemas, um encontro consonantal, um ditongo crescente.

5. (Unifesp) Na língua portuguesa escrita, quando duas letras são empregadas para representar um único fonema (ou som, na fala), tem-se um **dígrafo**. O dígrafo só está presente em todos os vocábulos de:

a) pai, minha, tua, esse, tragar

b) afasta, vinho, dessa, dor, seria

c) queres, vinho, sangue, dessa, filho

d) esse, amarga, silêncio, escuta, filho

e) queres, feita, tinto, melhor, bruta

6. (Efoa-MG) Assinale a alternativa que identifica os encontros vocálicos e consonantais presentes nos três grupos de palavras abaixo, na mesma ordem de ocorrência em cada um deles. Os três grupos apresentam os mesmos encontros vocálicos e consonantais, pela ordem.

I. poema, reino, pobre, não, chave

II. realize, perdeu, escrevê-lo, estão, que

III. dia, mais, contempla, então, lhe

a) ditongo crescente, ditongo crescente, encontro consonantal, ditongo decrescente, dígrafo

b) ditongo crescente, ditongo decrescente, encontro consonantal, dígrafo, encontro consonantal

c) ditongo decrescente, hiato, dígrafo, ditongo decrescente, encontro consonantal

d) hiato, ditongo crescente, encontro consonantal, ditongo decrescente, dígrafo

e) hiato, ditongo decrescente, encontro consonantal, ditongo decrescente, dígrafo

7. (PUC-SP) Nas palavras *enquanto*, *queimar*, *folhas*, *hábil* e *grossa*, constatamos a seguinte sequência de letras e fonemas:

a) 8-7, 7-6, 6-5, 5-4, 6-5

b) 7-6, 6-5, 5-5, 5-5, 5-5

c) 8-5, 7-5, 6-4, 5-4, 5-4

d) 8-6, 7-6, 6-5, 5-4, 6-5

e) 8-5, 7-6, 6-5, 5-5, 5-5

8. (PUC-SP) Indique a alternativa em que todas as palavras têm a mesma classificação no que se refere ao número de sílabas:

a) enchiam, saíam, dormiu, noite

b) feita, primeiro, crescei, rasteiras

c) ruído, saudade, ainda, saúde

d) eram, roupa, sua, surgiam

e) dia, sentia, ouviam, loura

9. (PUC-SP) Indique a alternativa onde constatamos, em todas as palavras, a semivogal *i*:

a) cativos, minada, livros, tirarem

b) oiro, queimar, capoeiras, cheiroso

c) virgens, decidir, brilharem, servir

d) esmeril, fértil, cinza, inda

e) livros, brilharem, oiro, capoeiras

10. (ITA-SP) Dadas as palavras:

1) des-a-ten-to   3) trans-tor-no

2) sub-es-ti-mar

constatamos que a separação silábica está correta:

a) apenas em 1.   d) em todas as palavras.

b) apenas em 2.   e) n.d.a.

c) apenas em 3.

Parte 1 >>> FONOLOGIA >>>

11. (ITA-SP) Dadas as palavras:

1) tung-stê-nio   3) du-e-lo

2) bis-a-vô

constatamos que a separação silábica está correta:

a) apenas em 1.   d) em todas as palavras.

b) apenas em 2.   e) n.d.a.

c) apenas em 3.

12. (UnB-DF) Marque a opção em que todas as palavras apresentam um dígrafo:

a) fixo, auxílio, tóxico, exame

b) enxergar, luxo, bucho, olho

c) bicho, passo, carro, banho

d) choque, sintaxe, unha, coxa

13. (Fasp-SP) Indique a alternativa cuja sequência de vocábulos apresenta, na mesma ordem, o seguinte: ditongo, hiato, hiato, ditongo:

a) jamais, Deus, luar, daí

b) joias, fluir, jesuíta, fogaréu

c) ódio, saguão, leal, poeira

d) quais, fugiu, caiu, história

14. (Fasp-SP) Assinale a alternativa que apresenta os elementos que compõem o tritongo:

a) vogal + semivogal + vogal

b) vogal + vogal + vogal

c) semivogal + vogal + vogal

d) semivogal + vogal + semivogal

15. (Acafe-SC) Assinale a alternativa onde há somente palavras com ditongos orais:

a) acordou, estações, distraído

b) coordenar, Camboriú, cidadão

c) falei, família, capitães

d) jamais, atribui, defendeis

e) comprimiu, vieram, averiguem

16. (USC-RS) A alternativa em que, nas três palavras, há um ditongo decrescente é:

a) água, série, memória

b) balaio, veraneio, ciência

c) coração, razão, paciência

d) apoio, gratuito, fluido

e) joia, véu, área

17. (Acafe-SC) Assinale, na sequência abaixo, a alternativa em que todas as palavras possuem dígrafos:

a) histórias, impossível, máscaras

b) senhor, disse, achado

c) passarinhos, ergueu, piedade

d) errante, abelhas, janela

e) homem, caverna, velhacos

18. (UFSC) A única alternativa que apresenta palavra com encontro consonantal e dígrafo é:

a) graciosa   d) cadeirinha

b) prognosticava   e) trabalhava

c) carrinhos

19. (Acafe-SC) Assinale a alternativa em que há erro na partição de sílabas:

a) en-trar, es-con-der, bis-a-vô, bis-ne-to

b) i-da-de, co-o-pe-rar, es-tô-ma-go, ré-gua

c) des-cen-der, car-ra-da, pos-so, a-tra-vés

d) des-to-ar, tran-sa-ma-zô-ni-co, ra-pé, on-tem

e) pre-des-ti-nar, ex-tra, e-xer-cí-cio, dan-çar

20. (FGV-SP) Cada uma das palavras abaixo apresenta separação silábica em um ponto. Assinale a alternativa em que não haja erro de separação.

a) transatlân-tico, in-terestadual, refei-tório, inex-cedível

b) trans-atlântico, o-pinião, inter-estadual, refeitó-rio

c) trans-atlântico, opi-nião, interestadu-al, in-excedível

d) transa-tlântico, opini-ão, interestadu-al, in-excedível

e) transatlânti-co, inter-estadual, re-feitório, inexce-dível

Capítulo 2 > > > Fonologia > > >

33

Capítulo 3

Ortografia

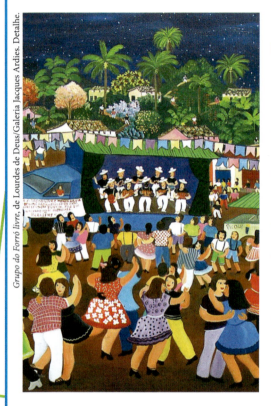

Grupo do Forró livre, de Lourdes de Deus/Galeria Jacques Ardies. Detalhe.

Cintura fina

Minha morena, venha pra cá
Pra dançar xote, se deita em meu cangote
E pode cochilar
Tu és mulher pra homem nenhum
Botar defeito, por isso satisfeito
Com você eu vou dançar

Vem cá, cintura fina, cintura de pilão
Cintura de menina, vem cá meu coração

Quando eu abraço essa cintura de pilão
Fico frio, arrepiado, quase morro de paixão
E fecho os olhos quando sinto o teu calor
Pois teu corpo só foi feito pros cochilos do amor

Zé Dantas e Luiz Gonzaga. In: GONZAGA, Luiz. *Luiz Gonzaga: 50 anos de chão*. CD BMG, 2002, v. 1, faixa 11. Disponível em: <www.luizluagonzaga.com.br>. Acesso em: 4 mar. 2008.

Xote, cochilos, paixão, fecho; cintura, dançar, coração, isso, satisfeito... No momento de grafar tais palavras, podemos hesitar. Afinal, que letra usar? *X* ou *ch*? *S*, *ss* ou *ç*?

Dúvidas como essas são frequentes no dia a dia do usuário da língua portuguesa. Neste capítulo estudaremos uma série de regras ortográficas que lhe possibilitarão ter mais certezas do que dúvidas em relação à grafia das palavras.

1. Conceitos básicos

A palavra **ortografia** (formada pelos elementos gregos *orto*, "correto", e *grafia*, "escrita") dá nome à parte da gramática que se preocupa com a correta representação escrita das palavras. É a ortografia, portanto, que fixa padrões de correção para a grafia das palavras. Atualmente, a ortografia em nossa língua obedece a uma combinação de critérios etimológicos (ligados à origem das palavras) e fonológicos (ligados aos fonemas representados).

É importante compreender que a ortografia é fruto de uma convenção. A forma de grafar as palavras é produto de acordos ortográficos que envolvem os diversos países em que a língua portuguesa é oficial. Grafar corretamente uma palavra significa, portanto, adequar-se a um padrão estabelecido por lei. As dúvidas quanto à correção devem ser resolvidas por meio da consulta a dicionários e publicações oficiais ou especializadas.

2. O alfabeto português

O alfabeto ou abecedário da nossa língua é formado por vinte e seis letras que, com pequenas modificações, foram copiadas do alfabeto latino. Essas vinte e seis letras são:

LETRAS DE IMPRENSA												
A a	B b	C c	D d	E e	F f	G g	H h	I i	J j	K k	L l	M m
N n	O o	P p	Q q	R r	S s	T t	U u	V v	W w	X x	Y y	Z z

GRAFIA CURSIVA												
Aa	Bb	Cc	Dd	Ee	Ff	Gg	Hh	Ii	Jj	Kk	Ll	Mm
Nn	Oo	Pp	Qq	Rr	Ss	Tt	Uu	Vv	Ww	Xx	Yy	Zz

ABC do sertão

Lá no meu sertão pros caboclo lê
Têm que aprender um outro abc
O jota é ji, o ele é lê
O esse é si, mas o erre
Tem o nome de rê
Até o ypsilon lá é pssilone
O eme é mê, o ene é nê
O efe é fê, o gê chama-se guê
Na escola é engraçado ouvir-se tanto "ê"
A, bê, cê, dê,
Fê, guê, lê, mê,
Nê, pê, quê, rê,
Tê, vê e zê.

Zé Dantas e Luiz Gonzaga. In: GONZAGA, Luiz. *Luiz Gonzaga: 50 anos de chão*. CD BMG, 2002, v. 2, faixa 11. Disponível em: <www.luizluagonzaga.com.br>. Acesso em: 4 mar. 2008.

A leitura das letras do alfabeto apresenta diferenças dependendo da região de origem do falante. Luiz Gonzaga e Zé Dantas mostram-nos de forma bem-humorada o jeito nordestino de pronunciá-las, tão legítimo como o de outras regiões do país. Como essa música foi criada antes do *Acordo Ortográfico da Língua Portuguesa* (1990), não aparecem nela as letras **k** e **w**, por exemplo. É interessante notar, porém, a menção à letra **y** e a forma curiosa como é pronunciada.

Capítulo 3 > > > Ortografia > > >

Em *site*

<www.luizluagonzaga.com.br>. Acesso em: 4 mar. 2008.
Luiz Gonzaga é um dos maiores cantores e compositores da nossa música popular. Vale a pena visitar seu *site* para conhecer um pouco mais de sua obra, ouvir sua voz, experimentar o sabor de suas letras e canções.

Além dessas letras, emprega-se, ainda, o Çç, que representa o fonema /s/ diante de *a*, *o* ou *u* em determinadas palavras. As letras Kk, Ww e Yy são utilizadas em abreviaturas, siglas, nomes próprios estrangeiros e seus derivados: *Franklin*, *Darwin*, *Taylor*, *km* (quilômetro), *kW* (quilowatt) etc. e passaram a fazer parte de nosso alfabeto com o *Acordo Ortográfico da Língua Portuguesa* (1990).

A letra *k* aparece também em palavras estrangeiras que ainda não foram aportuguesadas, mas que são de uso corrente, como *rock*.

Revista e. São Paulo: Sesc, n. 1, ano 12, jul. 2005. p. 29.

Em *site*

<www.raulrockclub.com.br>. Acesso em: 26 fev. 2008.
No *site* oficial do fã-clube de Raul Seixas, é possível ouvir suas canções, conhecer sua discografia, ler sobre sua vida e ver imagens do artista, falecido em 1989.

3. Orientações ortográficas

A competência para grafar corretamente as palavras está diretamente ligada ao contato íntimo com essas mesmas palavras. Isso significa que a frequência do uso é que acaba trazendo a memorização da grafia correta. Além disso, deve-se criar o hábito de esclarecer as dúvidas com as necessárias consultas ao dicionário.

Existem algumas orientações gerais que podem ser úteis e que devem constituir material de consulta para as atividades escritas que você desenvolver. Vamos a elas.

Noções preliminares

Entre os sons das palavras e também entre as letras que os representam podem ocorrer coincidências. Isso acontece quando duas (às vezes três) palavras apresentam identidade total ou parcial quanto à grafia e à pronúncia. Observe:

a. *luta* (substantivo) e *luta* (forma do verbo *lutar*) apresentam a mesma grafia e a mesma pronúncia. São palavras **homônimas**;

b. *almoço* (substantivo, nome de uma refeição) e *almoço* (forma do verbo almoçar) possuem a mesma grafia, mas pronúncia diferente. São palavras **homógrafas**;

c. *cesta* (substantivo) e *sexta* (numeral ordinal) possuem a mesma pronúncia, mas grafia diferente. São palavras **homófonas**.

Há ainda casos em que as palavras apresentam grafias ou pronúncias semelhantes, sem que, no entanto, ocorra coincidência total. São chamadas **parônimas** e costumam provocar dúvidas quanto ao seu emprego correto. É o caso, por exemplo, de pares como *flagrante/fragrante*, *pleito/preito*, *vultoso/vultuoso* e outros, cujo sentido e emprego estudaremos adiante.

Em CD

Gilberto Gil. Metáfora. In: *Gil Luminoso: voz e violão* (CD). Biscoito Fino, 2006.
A canção do compositor baiano sugere que não se pode exigir do poeta uma meta, pois, para ele, meta pode ser algo inatingível. Por isso Gil decreta: não se meta a exigir do artista revelações objetivas, já que a poesia lida com o imponderável, com a subjetividade. Atente ao trabalho do compositor com o recurso das palavras homógrafas.

Fonemas com mais de uma representação gráfica

A relação entre os fonemas e as letras não é de correspondência exata e permanente. Como a ortografia se baseia também na tradição e na etimologia das palavras, ocorrem problemas que já conhecemos, como a existência de diferentes formas de grafar um mesmo fonema. Estudaremos alguns desses problemas a partir de agora.

O fonema /ʃ/ (letra *x* ou dígrafo *ch*)

A letra *x* representa esse fonema:

a. após um ditongo:

ameixa	caixa	peixe	eixo	frouxo
trouxa	baixo	encaixar	paixão	rebaixar

Cuidado com a exceção *recauchutar* e seus derivados.

b. após o grupo inicial *en*:

enxada	enxaqueca	enxerido	enxame
enxovalho	enxugar	enxurrada	

Cuidado com *encher* e seus derivados (lembre-se de **ch**eio) e palavras iniciadas por *ch* que recebem o prefixo *en-*:

encharcar (de **ch**arco)	enchapelar (de **ch**apéu)
enchumaçar (de **ch**umaço)	enchiqueirar (de **ch**iqueiro)

c. após o grupo inicial *me*:

mexer	mexerica	mexerico	mexilhão	mexicano

A única exceção é *mecha*.

d. nas palavras de origem indígena ou africana e nas palavras inglesas aportuguesadas:

xavante	xingar	xique-xique	xará	xerife	xampu

ATENÇÃO

Escrevem-se com *x*: capixaba, bruxa, caxumba, faxina, graxa, laxante, muxoxo, praxe, puxar, relaxar, rixa, roxo, xale, xaxim, xenofobia, xícara.

Escrevem-se com *ch*: arrocho, apetrecho, bochecha, brecha, broche, chalé, chicória, cachimbo, comichão, chope, chuchu, chute, debochar, fachada, fantoche, fechar, flecha, linchar, mochila, pechincha, piche, pichar, salsicha, tchau.

Homofonia com o fonema /ʃ/

Há vários casos de palavras homófonas cuja grafia se distingue pelo contraste entre o *x* e o *ch*. Eis algumas delas:

com *ch*	com *x*
brocha (pequeno prego)	broxa (pincel para caiação de paredes)
chá (planta para preparo de bebida)	xá (título do antigo soberano do Irã)
chácara (propriedade rural)	xácara (narrativa popular em versos)
cheque (ordem de pagamento)	xeque (jogada do xadrez)
cocho (vasilha para alimentar animais)	coxo (capenga, imperfeito)
tacha (mancha, defeito; pequeno prego)	taxa (imposto, tributo)
tachar (colocar defeito ou nódoa em alguém)	taxar (cobrar impostos)

Parte 1 > > > FONOLOGIA > > >

A palavra *xeque* designa a jogada de xadrez que encerra a partida com a derrota do jogador que a recebe – Filipe – no caso dessa tirinha. Para designá-la, usa-se, indiferentemente, *xeque* ou *xeque-mate*.

QUINO. *Mafalda 8*. São Paulo: Martins Fontes, 2002. p. 75.

O fonema /ʒ/ (letras *g* e *j*)

A letra *g* somente representa o fonema /ʒ/ diante das letras *e* e *i*. Diante das letras *a*, *o* e *u*, esse fonema é necessariamente representado pela letra *j*.

Usa-se a letra *g*:

a. nos substantivos terminados em *agem*, *igem*, *ugem*:

agiotagem	aragem	barragem
contagem	coragem	garagem
malandragem	miragem	viagem
fuligem	impigem (ou impingem)	origem
vertigem	ferrugem	lanugem
rabugem	salsugem	

Cuidado com as exceções *pajem* e *lambujem*.

b. nas palavras terminadas em *ágio*, *égio*, *ígio*, *ógio*, *úgio*:

adágio	contágio	estágio	pedágio	colégio
egrégio	litígio	prestígio	necrológio	relógio
refúgio	subterfúgio			

Usa-se a letra *j*:

a. nas formas dos verbos terminados em *jar*:
arranjar (arranjo, arranje, arranjem)
despejar (despejo, despeje, despejem)
enferrujar (enferruje, enferrujem)
viajar (viajo, viaje, viajem)

b. nas palavras de origem tupi, africana, árabe ou exótica:

jê	jiboia	pajé	jirau
caçanje	alfanje	alforje	canjica
jerico	manjericão	Moji	

Em DVD

Tonico Pereira e Luís Mello em cena do filme *Caramuru: A invenção do Brasil*.

Caramuru: a invenção do Brasil. Direção de Guel Arraes. Brasil: Columbia, 2001. (85 min).

O filme de Guel Arraes é uma homenagem ao aniversário de 500 anos do Brasil. A história narra as peripécias de Diogo Alvares (Selton Mello), jovem pintor português que se envolveu no roubo de um mapa. Vítima de um naufrágio durante sua deportação, Diogo chega a um paraíso tropical onde conhece as belas índias Paraguaçu e Moema. Com elas, o degredado Diogo terá seu primeiro contato com a língua nativa e conhecerá algumas palavras que até hoje fazem parte de nosso vocabulário. *Caramuru: a invenção do Brasil* é uma aventura bem-humorada sobre um mito fundador de nossa terra.

c. nas palavras derivadas de outras que já apresentam *j*:

gorjear, gorjeio, gorjeta (derivadas de *gorja*)

laranjeira (de *laranja*)

lojinha, lojista (de *loja*)

rijeza, enrijecer (de *rijo*)

cerejeira (derivada de *cereja*)

lisonjear, lisonjeiro (de *lisonja*)

sarjeta (de *sarja*)

varejista (de *varejo*)

ATENÇÃO

Escrevem-se com *g*: aborígine, agilidade, algema, apogeu, argila, auge, bege, bugiganga, cogitar, drágea, faringe, fugir, geada, gengiva, gengibre, gesto, gibi, herege, higiene, impingir, monge, rabugice, tangerina, tigela, vagem.

Escrevem-se com *j*: berinjela, cafajeste, granja, hoje, intrujice, jeito, jejum, jerimum, jérsei, jiló, laje, majestade, objeção, objeto, ojeriza, projétil (ou projetil), rejeição, traje, trejeito.

Atividades

1. Complete as lacunas das frases a seguir com as letras apropriadas:

a) Os pei*es haviam sido encai*otados na origem.

b) Sentia-se rebai*ado porque os pneus de seu carro eram recau*utados.

c) A en*urrada causou muitos transtornos à população de bai*a renda. Muitas pessoas ficaram com seus pertences en*arcados.

d) Não me*a nisso! E não seja me*eriqueiro! Deixe as me*as do cabelo de sua irmã em paz!

e) Gastava um frasco de *ampu a cada banho.

f) A filha da fa*ineira pegou ca*umba. Foi por isso que a pobre senhora não veio trabalhar e não porque seja rela*ada, como você quer dar a entender com um mu*o*o.

g) Suas bo*e*as estavam ro*as de frio. E mesmo assim ela não queria usar o *ale que eu lhe oferecia.

2. Complete as lacunas das frases da coluna ao lado com as letras apropriadas:

a) Foi à feira e comprou *u*us, berin*elas, tan*erinas, *en*ibre e um quilo de va*em.

b) A via*em foi adiada por alguns dias. Os pais não querem que os filhos via*em com um tempo horrível destes.

c) Deixaram que a ferru*em tomasse conta de todos aqueles velhos objetos. É possível que deixem enferru*ar coisas tão bonitas e valiosas?

d) Sentiu forte verti*em durante a conta*em dos votos.

e) Sinto-me lison*eado com a homena*em prestada pelos vare*istas desta re*ião e garanto que nunca me faltará cora*em para prosseguir na luta.

f) Seu prestí*io declinava à proporção que a ori*em de seus bens era investigada.

g) Com a*ilidade, apanhou a ti*ela e encheu-a de ar*ila. A seguir, com alguns *estos, modelou alguma coisa que não consegui distinguir.

3. Escreva uma frase com cada uma das seguintes palavras:

tachar	taxar	cheque	xeque	cocho	coxo

O fonema /z/ (letras *s, x* e *z*)

A letra *s* representa o fonema /z/ quando é intervocálica, como em *asa, mesa, riso*.

Usa-se a letra *s*:

a. nas palavras que derivam de outras em que já existe *s*:

casinha	casebre	casinhola	casarão	casario (derivadas de *casa*)
lisinho	alisar	alisador (de *liso*)		
analisar	analisador	analisante (de *análise*)		

40   Parte 1 >>> FONOLOGIA >>>

b. nos sufixos:

▶ *-ês, -esa* (para indicação de nacionalidade, título, origem):

chinês	chinesa	marquês	marquesa	burguês	burguesa
calabrês	calabresa	duquesa	baronesa		

▶ *-ense, -oso, -osa* (formadores de adjetivos):

paraense	caldense	catarinense	portense	amoroso	amorosa
deleitoso	deleitosa	gasoso	gasosa	espalhafatoso	espalhafatosa

▶ *-isa* (indicador de ocupação feminina):

poetisa	profetisa	papisa	sacerdotisa	pitonisa

c. após ditongos:

lousa	coisa	causa	Neusa
ausência	Eusébio	náusea	

d. nas formas dos verbos *pôr* (e derivados) e *querer*:

pus	pusera	pusesse	puséssemos
repus	repusera	repusesse	repuséssemos
quis	quisera	quisesse	quiséssemos

Usa-se a letra *z*:

a. nas palavras derivadas de outras em que já existe *z*:

deslizar   deslizante (derivadas de *deslize*)

abalizado (de *baliza*)

razoável   arrazoar   arrazoado (de *razão*)

raiz   enraizar

b. nos sufixos:

▶ *-ez, -eza* (formadores de substantivos abstratos a partir de adjetivos):

rijeza	rigidez	nobreza	surdez
invalidez	intrepidez	sisudez	avareza
maciez	singeleza		

▶ *-izar* (formador de verbos) e *-ização* (formador de substantivos):

civilizar	civilização	humanizar	humanização
colonizar	colonização	realizar	realização
hospitalizar	hospitalização		

Não confunda com os casos em que se acrescenta o sufixo *-ar* a palavras que já apresentam *s*: ana-lisar, pesqui*s*ar, avi*s*ar.

Em muitas palavras, o fonema /z/ é representado pela letra *x*:

exagero	exalar	exaltar	exame	exato	exasperar
exausto	executar	exemplo	exequível	exercer	exibir
exílio	exímio	existir	êxito	exonerar	exorbitar
exorcismo	exótico	exuberante	inexistente	inexorável	

Capítulo 3 > > > Ortografia > > >

41

> **ATENÇÃO**
>
> **Escrevem-se com *s***: abu**s**o, aliá**s**, ani**s**, a**s**ilo, atrá**s**, atravé**s**, avi**s**o, bi**s**, bra**s**a, coli**s**ão, deci**s**ão, Eli**s**abete, eva**s**ão, extrava**s**ar, fu**s**ível, he**s**itar, I**s**abel, lilá**s**, mai**s**ena, ob**s**essão, ourive**s**aria, revi**s**ão, u**s**ura, va**s**o.
>
> **Escrevem-se com *z***: assa**z**, bati**z**ar (mas bati**s**mo), bisse**z**triz, bu**z**ina, catequi**z**ar (mas cateque**s**e), ci**z**ânia, coali**z**ão, cuscu**z**, gi**z**, go**z**o, pra**z**eroso, rego**z**ijo, talve**z**, va**z**ar, va**z**io, verni**z**.

Homofonia com o fonema /z/

Há palavras homófonas em que se estabelece distinção escrita por meio do contraste *s/z*:

co**z**er (cozinhar)   co**s**er (costurar)

pre**z**ar (ter em consideração)   pre**s**ar (prender, apreender)

tra**z** (forma do verbo *trazer*)   trá**s** (parte posterior)

DAVIS, Jim. *Garfield de bom humor*. Porto Alegre: L&PM, 2006. p. 55.

> *Cozido*, particípio do verbo *cozer* (cozinhar), distingue-se de *cosido*, particípio do verbo *coser* (costurar). Assim, nesta tirinha, escreveu-se adequadamente "repolho *cozido*" (com *z*), pois trata-se de *cozer* o repolho. Em outra situação, caso houvesse roupas rasgadas, poderia dizer-se que "Jon as havia *cosido*" e, nesse caso, a palavra é escrita com *s*.

O fonema /s/ (letras *s*, *c*, *ç* e *x* ou dígrafos *sc*, *sç*, *ss*, *xc* e *xs*)

Observe os seguintes procedimentos em relação à representação gráfica desse fonema:

a. a correlação gráfica entre *nd* e *ns* na formação de substantivos a partir de verbos:

asce**nd**er, asce**ns**ão   diste**nd**er, diste**ns**ão   expa**nd**ir, expa**ns**ão
suspe**nd**er, suspe**ns**ão   prete**nd**er, prete**ns**ão   te**nd**er, te**ns**ão
este**nd**er, exte**ns**ão   compree**nd**er, compree**ns**ão

b. a correlação gráfica entre *ced* e *cess* em nomes formados a partir de verbos:

ceder, **cess**ão   con**ced**er, con**cess**ão   inter**ced**er, inter**cess**ão
a**ced**er, a**cess**o   ex**ced**er, ex**cess**o, ex**cess**ivo

c. a correlação gráfica entre *ter* e *tenção* em nomes formados a partir de verbos:

abs**ter**, abs**tenção**   a**ter**, a**tenção**   con**ter**, con**tenção**
de**ter**, de**tenção**   re**ter**, re**tenção**

Observe as seguintes palavras em que se usa o dígrafo *sc*:

acre**sc**entar	acré**sc**imo	adole**sc**ência	adole**sc**ente
a**sc**ender (subir)	a**sc**ensão	a**sc**ensor	a**sc**ensorista
a**sc**ese	a**sc**etismo	a**sc**ético	con**sc**iência
cre**sc**er	de**sc**ender	di**sc**ente	di**sc**iplina
fa**sc**ículo	fa**sc**ínio	fa**sc**inante	pi**sc**ina
pi**sc**icultura	impre**sc**indível	intume**sc**er	ira**sc**ível
mi**sc**igenação	mi**sc**ível	na**sc**er	ob**sc**eno
o**sc**ilar	plebi**sc**ito	recrude**sc**er	remini**sc**ência
re**sc**isão	ressu**sc**itar	sei**sc**entos	su**sc**itar
tran**sc**ender			

Na conjugação dos verbos acima apresentados, surge **sç**: *nasço*, *nasça*; *cresço*, *cresça*.
Cuidado com *sucinto*, em que não se usa *sc*.

Em algumas palavras, o fonema /s/ é representado pela letra *x*:

au**x**ílio	au**x**iliar	conte**x**to	e**x**pectativa	e**x**pectorar
e**x**periência	e**x**perto (conhecedor, especialista)	e**x**piar (pagar)	e**x**pirar (morrer)	
e**x**por	e**x**poente	e**x**travagante	e**x**troversão	e**x**trovertido
se**x**ta	sinta**x**e	tê**x**til	te**x**tual	trou**x**e

Cuidado com *esplendor* e *esplêndido*.

Homofonia com o fonema /s/

Há casos em que se criam oposições de significado em razão do contraste gráfico. Observe:

acender (iluminar, pôr fogo)	ascender (subir)
acento (inflexão de voz ou sinal gráfico)	assento (lugar para se sentar)
caçar (perseguir a caça)	cassar (anular)
cegar (tornar cego)	segar (ceifar, cortar para colher)
censo (recenseamento, contagem)	senso (juízo)
cessão (ato de ceder)	seção ou secção (repartição ou departamento; divisão) e sessão (encontro, reunião)
concerto (acordo, arranjo, harmonia musical)	conserto (remendo, reparo)
espectador (o que presencia)	expectador (o que está na expectativa)
esperto (ágil, rápido, vivaz)	experto (conhecedor, especialista)
espiar (olhar, ver, espreitar)	expiar (pagar uma culpa, sofrer castigo)
espirar (respirar)	expirar (morrer)
incipiente (iniciante, principiante)	insipiente (ignorante)
intenção ou tenção (propósito, finalidade)	intensão ou tensão (intensidade, esforço)
paço (palácio)	passo (passada)

Podem ocorrer ainda os dígrafos *xc*, e, mais raramente, *xs*:

e**xc**eção	e**xc**edente	e**xc**eder	e**xc**elente	e**xc**esso
e**xc**êntrico	e**xc**epcional	e**xc**erto	e**xc**eto	e**xc**itar
e**xs**icar	e**xs**olver	e**xs**uar	e**xs**udar	

Capítulo 3 > > > Ortografia > > >

Particularidades de algumas letras

A letra *x*

Essa letra pode representar dois fonemas, soando como "ks":

aflu**x**o	ample**x**o	ane**x**ar	ane**x**o	asfi**x**ia	asfi**x**iar
a**x**ila	bo**x**e	clíma**x**	comple**x**o	conve**x**o	fi**x**o
fle**x**ão	flu**x**o	into**x**icar	láte**x**	ne**x**o	ortodo**x**o
ó**x**ido	parado**x**o	proli**x**o	refle**x**ão	refle**x**o	sa**x**ofone
se**x**agésimo	se**x**o	tó**x**ico	to**x**ina		

As letras *e* e *i*

a. Cuidado com a grafia dos ditongos:

▶ os ditongos nasais /ãj/ e /õj/ escrevem-se *ãe* e *õe*:

m**ãe**	m**ãe**s	c**ãe**s	p**ãe**s	cirurgi**ãe**s
capit**ãe**s	p**õe**	p**õe**m	dep**õe**	dep**õe**m

▶ só se grafa com *i* o ditongo /ãj/, interno: *c**ai**bra* (ou *câimbra*).

b. Cuidado com a grafia das formas verbais:

▶ as formas dos verbos com infinitivos terminados em *oar* e *uar* são grafadas com *e*:

abenço**e**	perdo**e**	mago**e**	atu**e**	continu**e**	efetu**e**

▶ as formas dos verbos com infinitivos terminados em *air*, *oer* e *uir* são grafadas com *i*:

ca**i**	sa**i**	dó**i**	ró**i**	mó**i**	corró**i**
influ**i**	possu**i**	retribu**i**	atribu**i**		

c. Cuidado com as palavras *s**e***, *s**e**não*, *s**e**quer*, *quas**e*** e *irr**e**quieto*.

Parônimos com *e* / *i*

A oposição *e* / *i* é responsável pela diferenciação de várias palavras:

com *e*	com *i*
área (superfície)	ária (melodia)
deferir (conceder)	diferir (adiar ou divergir)
delação (denúncia)	dilação (adiamento, expansão)
descrição (ato de descrever)	discrição (qualidade de quem é discreto)
descriminação (absolvição)	discriminação (separação)
emergir (vir à tona)	imergir (mergulhar)
emigrar (sair do país onde se nasceu)	imigrar (entrar em país estrangeiro)
eminente (de condição elevada)	iminente (inevitável, prestes a ocorrer)
vadear (passar a vau)	vadiar (andar à toa)

BROWNE, Dik. *O melhor de Hagar, o Horrível.* Porto Alegre: L&PM, 2006. p. 25.

O verbo *distorcer* significa mudar o sentido das palavras de outrem, desvirtuar, torcer, como ocorre na tirinha de Hagar. Já o verbo *destorcer* significa desfazer a torcedura, endireitar o que estava torcido.

As letras *o* e *u*

A oposição *o/u* é responsável pela diferença de significado entre várias palavras:

c**o**mprimento (extensão)	c**u**mprimento (saudação; realização)
s**o**ar (emitir som)	s**u**ar (transpirar)
s**o**rtir (abastecer)	s**u**rtir (resultar)

A letra *h*

É uma letra que não representa fonema. Seu uso se limita aos dígrafos *ch*, *lh* e *nh*, a algumas interjeições (ah, hã, hem, hip, hui, hum, oh) e a palavras em que surge por razões etimológicas. Observe algumas palavras em que surge o *h* inicial:

hagiografia	haicai	
hálito	halo	
hangar	harmonia	
harpa	haste	
hediondo	hélice	
Hélio	Heloísa	
hemisfério	hemorragia	
Henrique	herbívoro (mas erva)	
hérnia	herói	
hesitar	hífen	
hilaridade	hipismo	
hipocondria	hipocrisia	
hipótese	histeria	
homenagem	hóquei	
horror	Hortênsia	
horta	horto (jardim)	
hostil	humor	húmus

Vincent Van Gogh. *Homem e mulher num parque (O jardim do poeta)* (1888). Óleo sobre tela, 73 cm × 92 cm. Estados Unidos, propriedade particular.

Na palavra *homem*, a letra *h* não representa nenhum fonema.

Em *Bahia*, o *h* sobrevive por tradição histórica. Observe que nos derivados ele não é usado: *baiano, baianismo.*

Capítulo 3 > > > Ortografia > > >

Nomes próprios

Você deve ter notado que acrescentamos nomes próprios aos exemplos que vimos apresentando. Isso tem uma explicação muito simples: os nomes próprios, como qualquer palavra da língua, estão sujeitos às regras ortográficas. Existe, portanto, uma forma correta de grafar esses nomes. Se, no entanto, seu nome foi registrado com uma grafia equivocada, você pode usá-lo da forma como ele se encontra em seus documentos. Esse tem sido o uso mais frequente em nossa cultura. Além disso, a grafia dos nomes de todos os que se tornam publicamente conhecidos aparece corrigida em publicações feitas após a morte dessas pessoas.

Observe na relação seguinte mais alguns nomes próprios na sua grafia correta:

Aírton	Alcântara	Ânderson	Ângelo	Antônio	Artur	Baltasar
Cardoso	César	Elisa	Ênio	Félix	Filipe	Heitor
Helena	Hercílio	Hilário	Iberê	Inês	Íris	Isa
Isidoro	Jaci	Jacira	Jéferson	Juçara	Juscelino	Leo
Lis	Lisa	Luís	Luísa	Luzia	Macedo	Marisa
Míriam	Morais	Natacha	Odilon	Priscila	Rosângela	Selene
Sousa	Taís	Teresa	Zósimo			

Em livro

CAMARGO, José Eduardo Rodrigues; FONTENELLE, André Luis. *O Brasil das placas*. São Paulo: Panda Books, 2007.

Viajando a trabalho pelo Brasil afora, o jornalista José Camargo aproveitou todas as oportunidades que teve para fotografar as mais inusitadas e irreverentes placas, de órgãos oficiais ou não, que encontrou pelo caminho. Em companhia de outro jornalista, André Fontenelle, Camargo resolveu reunir as fotos em um livro, e o resultado é uma amostra do vigor que o registro oral tem no Brasil. Vale destacar que as placas selecionadas ultrapassam os erros de ortografia e de sintaxe: há no livro a exploração do *nonsense* das placas com duplo sentido, que não raro provocam o riso.

Atividades

1. Observe o sentido com que foram empregadas as palavras destacadas nas frases a seguir. Copie cada uma dessas palavras em seu caderno e procure atribuir-lhes sinônimos:

a) A imprensa reprovou o gesto **imoral** feito publicamente pelo governante.

É uma criança! Suas atitudes são **amorais**!

b) O **comprimento** do terreno não atendia às necessidades da construtora.

Ao chegar, fez um **cumprimento** discreto com a cabeça.

Exigem dele o **cumprimento** de tarefas muito difíceis.

c) O mergulhador **emergiu** trazendo uma ânfora.

O submarino **imergiu** por completo, desaparecendo da nossa vista.

d) O assaltante foi preso em **flagrante**.

Sua **fragrante** presença me faz pensar em flores campestres.

e) Cuidado para não lhe **infligir** uma desmoralização injusta!

Foi multado ao **infringir** pela duodécima vez a mesma lei do trânsito. E ainda acha que tem razão!

f) Seu **mandato** foi encerrado quando o oficial de justiça lhe apresentou o **mandado** de prisão.

g) O deputado resolveu abandonar a vida pública. Não se disputariam mais **pleitos**!

Organizou-se um cerimonioso **preito** para receber o governador.

h) O investimento foi **vultoso**; o retorno, praticamente nulo.

Seu rosto **vultuoso** fê-lo procurar um médico.

2. Copie as frases a seguir em seu caderno, fazendo a opção pelo homófono ou pelo parônimo adequado a cada caso:

a) Não sei o que é mais útil: (*) as próprias roupas ou (*) a própria comida. (*coser, cozer*)

b) É provável que poucas pessoas (*) nestas férias. O preço de uma (*) é proibitivo! (*viagem, viajem*)

c) O deputado foi (*) de fisiológico. Aliás, seu programa era (*) ainda mais os produtores e trabalhadores. (*taxado, tachado; tachar, taxar*)

d) Resolveu tomar uma chávena de (*) após ter-se encontrado com um lunático que dizia ser o (*) da Pérsia. (*chá, xá*)

e) Fui colocado em (*) quando o gerente da loja se recusou a aceitar meu (*). (*cheque, xeque*)

f) A (*) de terras aos posseiros foi decidida pela Assembleia Legislativa em (*) extraordinária. A legalização das doações deverá ser feita pela (*) competente do Ministério Público. (*cessão, seção, sessão*)

g) Não teve tempo de (*) as culpas antes de (*). (*espiar, expiar; espirar, expirar*)

h) Há (*) de fazer um (*) a cada dez anos. (*tenção, tensão; censo, senso*)

i) A (*) tecnologia naval brasileira não encontra estímulos ao seu desenvolvimento. (*insipiente, incipiente*)

j) A (*) da Câmara decretou que o deputado corrupto tivesse seu (*) (*). (*cessão, seção, sessão; mandado, mandato; caçado, cassado*)

k) A vontade de (*) socialmente o fazia um hipócrita inescrupuloso. Rendia (*) a diversos figurões, sem nenhuma exceção. (*acender, ascender; pleitos, preitos*)

l) Agiu com (*) ao ser convocado para fazer a (*) dos envolvidos no caso. (*descrição, discrição*)

m) Inutilmente, várias entidades protestaram contra a (*) pela qual os jurados haviam decidido. Afinal, tratava-se de um crime de (*) racial. (*descriminação, discriminação*)

n) Pediu-me que o ajudasse a (*) as despesas. (*descriminar, discriminar*)

o) Finalmente vai (*) o sinal! Com este calor, não paro de (*). (*soar, suar*)

3. Escolha da lista a seguir a letra ou dígrafo adequado para preencher cada uma das lacunas do texto abaixo:

g j c ç s ss sc z x ch ie

O rei da água doce

Os de* barracos de madeira da comunidade de Mapurilândia vão diminuindo de tamanho lentamente, à medida que as quatro canoas atrave*am o Paraná do Maiana, um bra*o de 16 quilômetros que liga o Rio Solimões a si mesmo. Levando redes de dormir, malhadeiras (redes de pesca), arpões, farinha, café e lanternas, os quatro pescadores entram no Cano do *enipapo, o pequeno rio que condu* ao Valentim, um dos cinco lagos em que a comunidade fa* o mane*o do pirarucu.

Seguindo a capri*o*a hidrografia da floresta, o cano fa* uma curva de 30 graus à direita, e revela, depois de meia hora de via*em, o primeiro obstáculo: dois troncos de mungubeiras atrave*am o ria*o. Eles *mergiram, como áreas inteiras de vár*ea, com a diminui*ão do nível das águas, no verão ama*ônico (junho a outubro). Com ma*ados e ter*ados (facões), os pescadores "toram" o tronco de bai*o. Depois de 25 quilômetros de trabalho e*tenuante, abre-se uma fenda sob o tronco de *ima, e os homens pa*am de canoa com as cabeças abai*adas.

Mais meia hora de via*em, e agora é a tapa*em (capim na superfície da água) que *mpede a pa*a*em. O mato é cortado a golpes de ter*ado e *mpurrado com os remos, numa peno*a trave*ia que con*ome 17 minutos. Os dois motores rabeta (de 5,5 cavalos) que impul*ionam as canoas (uma delas reboca outras duas) são desligados, e os pescadores entram remando em silêncio no ma*esto*o Lago Valentim-1. Nele, motores são proibidos, para evitar que os pei*es fu*am para o rio.

Pa*am-se de* minutos, e os pescadores per*ebem o primeiro pirarucu. O repórter e o fotógrafo (...) nada veem. Os ribeirinhos não só veem, mas ouvem, sentem, medem e pe*am. "É um grande", concluem. As quatro canoas formam um círculo ao seu redor. Os pescadores se equilibram nas proas, *mpunhando as hastes de três metros dos arpões. O tempo passa.

SANT'ANNA, Lourival. O rei da água doce. In: *Amazônia: grandes reportagens*
O Estado de S. Paulo. São Paulo: O Estado de S. Paulo, nov./dez. 2007. p. 26.

Textos para análise

1

Humor Brasil 500 anos. São Caetano do Sul: Virgo, 2000. p. 63.

Trabalhando o texto
Esse texto explora criativamente a paronímia. Explique como.

2

Editora Duetto

Colecione o Olhar Adolescente.
TAH BLZA :-))?

Mente&Cérebro: anatomia do sono. Edição especial. São Paulo: Duetto, [s.d.]. p. 83.

Trabalhando o texto
Que aspectos ortográficos chamam a atenção do leitor no texto desse anúncio? Comente a utilização desses caracteres fora do ambiente em que foram criados – a internet.

Questões de exames e concursos

1. (Correios/Conesul) A palavra *canjica* é grafada com *j*. Também deve ser escrita com *j*:
a) cere*eira
b) reló*io
c) verti*em
d) a*iota
e) estran*eiro

2. (Correios/Conesul) A palavra *discrição* é grafada com *ç*. Também deve ser grafada com *ç* a palavra da alternativa:
a) espe*ial
b) licen*a
c) con*olo
d) can*ada
e) proci*ao

3. (Badesc/Fepese) Assinale a alternativa em que todas as lacunas são preenchidas com *s*:
a) pobre*a, chinê*, reali*ar
b) prince*a, montê*, civili*ar
c) atra*ado, cortê*, anali*ar
d) suavi*ado, francê*, economi*ar

4. (Pref. de Contagem-MG/Fumarc) Em todas as alternativas, o erro de grafia pode ser explicado a partir do modo como essas palavras são pronunciadas, **exceto**:
a) supertição (em vez de superstição)
b) sombrancelha (em vez de sobrancelha)
c) reinvindicação (em vez de reivindicação)
d) despretenciosamente (em vez de despretensiosamente)

5. (TJ-SP/Vunesp) Assinale as alternativas corretas quanto ao uso e à grafia das palavras.

a) Na atual conjetura, nada mais se pode fazer.

b) O chefe deferia da opinião dos subordinados.

c) O processo foi julgado em segunda estância.

d) O problema passou despercebido na votação.

e) Os criminosos espiariam suas culpas no exílio.

6. (Badesc/Fepese) Assinale a alternativa que preenche corretamente as lacunas:

"* as informações pessoais poderá dar * a um controle * sobre o cidadão."

a) Computadorizar – ensejo – inexorável

b) Computadorisar – ensejo – inezorável

c) Computadorisar – encejo – inezorável

d) Compuradorizar – encejo – inexorável

7. (UEPB) Com relação aos conhecidos versos de Augusto dos Anjos (do poema Cismas do destino), transcritos abaixo, assinale o único item que **não** corresponde a um homônimo perfeito de outra classe gramatical.

"Ah! Com certeza, Deus me castigava!
Por toda a parte, como um réu confesso,
Havia um juiz que lia o meu processo
E uma forca especial que me esperava!"

a) "como"   d) "forca"

b) "parte"   e) "confesso"

c) "processo"

8. (Ufam) Assinale o item em que todos os vocábulos estão grafados corretamente:

a) berinjela, canjica, jenipapo, jerimum, gengibre

b) muxoxo, cochicho, xicória, xifópagos, xilófago

c) exceção, expansionismo, suscinto, ascenção, pretensioso

d) digladiar, requesito, cardial, substitue, previnir

e) chovisco, usofruto, bússula, óbolo, curtume

9. (FGV-SP) Assinale a alternativa em que a grafia de todas as palavras seja prestigiada pela norma culta:

a) auto-falante, bandeija, degladiar

b) advogado, frustado, estrupo, desinteria

c) embigo, mendingo, meretíssimo, salchicha

d) estouro, cataclismo, prazeiroso, privilégio

e) aterrissagem, babadouro, lagarto, manteigueira

10. (UFPE) Assinale a alternativa em que todas as palavras devem ser completadas com a letra indicada entre parênteses:

a) *ave, *alé, *ícara, *arope, *enofobia (x)

b) pr*vilégio, requ*sito, *ntitular, *mpedimento (i)

c) ma*ã, exce*ão, exce*o, ro*a (ç)

d) *iboia, *unco, *íria, *eito, *ente (j)

e) pure*a, portugue*a, cortê*, anali*ar (z)

11. (Pref. de Guarulhos-SP/FGV-SP) Assinale a alternativa em que todas as palavras estão erradas em relação à grafia com *-ção*, *-são* e *-ssão*.

a) permissão, conversão

b) obtenção, discussão

c) exceção, omissão

d) consecussão, ascenção

12. (Unifal-MG) Organizamos um (*) musical (*) e tivemos o (*) de contar com um público educado que teve o bom (*) de permanecer em silêncio durante o espetáculo.

a) conserto, beneficiente, privilégio, senso

b) concerto, beneficente, privilégio, censo

c) concerto, beneficente, privilégio, senso

d) conserto, beneficente, previlégio, senso

e) concerto, beneficiente, previlégio, censo

13. (Unifal-MG) Assinale a alternativa em que todas as palavras estão grafadas corretamente.

a) disenteria, páteo, siquer, goela

b) capoeira, empecilho, jabuticaba, destilar

c) boliçoso, bueiro, possue, crânio

d) borburinho, candieiro, bulir, privilégio

e) habitue, abutoe, quase, constróe

14. (Unifal-MG) Apenas uma das frases abaixo está totalmente **correta** quanto à ortografia. Assinale-a.

a) Espalhei as migalhas da torrada por todo o trageto.

b) Meu trabalho árduo não obteve hesito algum.

c) Quiz fazer coisas que não sabia.

d) Ao puxar os detritos, eles voaram no tapete persa.

e) Acrescentei algumas palavras ao texto que corrigi.

15. (UPM-SP) Aponte, entre as alternativas abaixo, a única em que todas as lacunas devem ser preenchidas com a letra *u*:

a) c*rtume, escap*lir, man*sear, sin*site

b) esg*elar, reg*rgitar, p*leiro, ent*pir

c) emb*lia, c*rtir, emb*tir, c*ringa

d) *rticária, s*taque, m*cama, z*ar

e) m*chila, tab*leta, m*ela, b*eiro

Capítulo 3 > > > Ortografia > > >

49

16. (PUCCamp-SP) Barbarismos ortográficos acontecem quando as palavras são grafadas em desobediência à lei ortográfica vigente. Indique a única alternativa que está de acordo com essa lei e, por isso, correta:

a) exceção, desinteria, pretensão, secenta

b) ascensão, intercessão, enxuto, esplêndido

c) rejeição, beringela, xuxu, atrazado

d) geito, mecher, consenso, setim

e) discernir, quizer, herbívoro, fixário

17. (Unicamp-SP) A linguagem é figura do entendimento (...). Os bons falam virtudes e os maliciosos, maldades (...). Sabem falar os que entendem as coisas: porque das coisas nascem as palavras e não das palavras as coisas.

O trecho citado, extraído da primeira gramática da língua portuguesa (Fernão de Oliveira, 1536), tinha, na primeira edição dessa obra, a seguinte ortografia:

A Lingoagem e figura do entendimento (...) os bos falão virtudes e os maliçiosos maldades (...) sabẽ falar os q̃ ẽtẽdẽ as cousas: porq̃ das cousas naçẽ as palauras e não das palauras as cousas.

A ortografia do português já foi, portanto, bem diferente da atual, e houve momentos em que as pessoas que escreviam gozavam de relativa liberdade na escolha das letras. Hoje em dia, a forma escrita da língua é regida por convenções ortográficas rígidas, que não devem ser desobedecidas em contextos mais formais.

Leia com atenção os trechos abaixo, tirados de edições de setembro de um jornal de São Paulo. Identifique as palavras em que foi violada a convenção ortográfica vigente. Escreva-as, em seguida, na forma correta.

a) Os atuais ministro e prefeito são amissíssimos de longa data.

b) Mais de metade desses policiais extrapola os limites do dever por serem mau preparados.

c) Desde o início, o animal preferido em carrosséis é o cavalo, mas há excessões.

18. (UEL-PR) O jovem falava com muita (*) e grande (*) de gestos.

a) expontaneidade, exuberância

b) espontaneidade, exuberancia

c) expontaniedade, exuberancia

d) espontaniedade, exuberância

e) espontaniedade, exuberância

19. (UEL-PR) A (*) entre os membros do partido acabou provocando uma (*) interna.

a) discidência, cisão   d) discidência, cizão

b) dissidência, cizão   e) dissidência, cisão

c) dissidência, cissão

20. (FCMSC-SP) Todos os documentos (*), sem (*), aparentavam grande (*).

a) inidônios, exceção, verossemelhança

b) inidônios, excessão, verossemelhança

c) inidônios, exceção, verossimilhança

d) inidôneos, excessão, verossimilhança

e) inidôneos, exceção, verossimilhança

21. (FCMSC-SP) Não (*) a porta desse (*), que ela já está meio (*).

a) puche, jeito, pensa   d) puxe, geito, pença

b) puxe, jeito, pensa   e) puxe, geito, pensa

c) puche, geito, pença

22. (Fuvest-SP)

a) Forme substantivos femininos a partir das palavras abaixo, empregando convenientemente *s* ou *z*:

limpo   defender   barão   surdo   freguês

b) Forme verbos a partir de:

análise   síntese   paralisia   civil   liso

23. (UFPR) Assinale a alternativa correspondente à grafia correta dos vocábulos: desli*e, vi*inho, atravé*, empre*a.

a) z, z, s, s   c) s, z, s, s   e) z, z, s, z

b) z, s, z, s   d) s, s, z, s

24. (Fuvest-SP) Preencha os espaços com as palavras grafadas corretamente.

A (*) de uma guerra nuclear provoca uma grande (*) na humanidade e a deixa (*) quanto ao futuro.

a) espectativa, tensão, exitante

b) espectativa, tenção, hesitante

c) expectativa, tensão, hesitante

d) expectativa, tenção, hezitante

e) espectativa, tenção, exitante

25. (UFV-MG) Observando a grafia das palavras destacadas nas frases abaixo, assinale a alternativa que apresenta erro:

a) Aquele **hereje** sempre põe **empecilho** porque é muito **pretencioso**.

b) Uma falsa meiguice encobria-lhe a **rigidez** e a falta de **compreensão**.

c) A **obsessão** é prejudicial ao **discernimento**.

d) A **hombridade** de caráter eleva o homem.

e) Eles **quiseram** fazer **concessão** para não **ridicularizar** o **estrangeiro**.

Parte 1 >>> FONOLOGIA >>>

26. (UEL-PR) As questões da prova eram (*), (*) de (*).

a) suscintas, apesar, difíceis

b) sucintas, apezar, dificeis

c) suscintas, apezar, dificeis

d) sucintas, apesar, difíceis

e) sucintas, apezar, difíceis

27. (USM-SP) Assinale a alternativa cujas palavras estão todas corretamente grafadas:

a) pajé, xadrês, flecha, misto, aconchego

b) abolição, tribo, pretensão, obsecado, cansaço

c) gorjeta, sargeta, picina, florescer, consiliar

d) xadrez, ficha, mexerico, enxame, enxurrada

e) pagé, xadrês, flexa, mecherico, enxame

28. (UFF-RJ) Assinale, nas séries abaixo, aquela em que pelo menos uma palavra contém erro de grafia:

a) capixaba, através, granjear

b) enxergar, primazia, cansaço, majestade

c) flexa, topázio, pagé, desumano

d) chuchu, Inês, dossel, gíria

e) piche, Teresinha, classicismo, jeito

29. (FCC-SP) Estavam (*) de que os congressistas chegassem (*) para a (*) de abertura.

a) receosos, atrasados, sessão

b) receosos, atrazados, seção

c) receiosos, atrasados, seção

d) receiosos, atrasados, sessão

e) receiosos, atrazados, sessão

30. (FCC-SP) A (*) das (*) levou à (*) dos trabalhos do departamento.

a) contençao, despezas, paralisaçao

b) contensão, despezas, paralisação

c) contenção, despesas, paralisação

d) contensão, despesas, paralização

e) contenssão, despesas, paralização

31. (Unimep-SP) Assinale a alternativa que contém o período cujas palavras estão grafadas corretamente:

a) Ele quiz analisar a pesquisa que eu realizei.

b) Ele quiz analizar a pesquisa que eu realizei.

c) Ele quis analisar a pesquisa que eu realizei.

d) Ele quis analizar a pesquisa que eu realisei.

e) Ele quis analisar a pesquisa que eu realisei.

32. (UPM-SP) Aponte a alternativa correta:

a) exceção, excesso, espontâneo, espectador

b) excessão, excesso, espontâneo, espectador

c) exceção, exceço, expontâneo, expectador

d) excessão, excesso, espontâneo, expectador

e) exeção, exeço, expontâneo, expectador

33. (UPM-SP) Assinale a alternativa que preencha os espaços corretamente.

Com o intuito de (*) o trabalho, o aluno recebeu algumas incumbências: (*) datas, (*) o conteúdo e (*) um estilo mais moderno.

a) finalisar, pesquisar, analisar, improvisar

b) finalizar, pesquisar, analisar, improvisar

c) finalizar, pesquizar, analisar, improvisar

d) finalisar, pesquisar, analizar, improvisar

e) finalizar, pesquisar, analisar, improvizar

34. (ITA-SP) Em qual das alternativas as palavras estão grafadas corretamente?

a) receoso, reveses, discrição, umedecer

b) antidiluviano, sanguissedento, aguarraz, atribue

c) ineludivel, engolimos, sobressaem, explendoroso

d) encoragem, rijeza, tecitura, turbo-hélice

e) dissensão, excurcionar, enxugar, asimétrico

35. (FCC-SP) Com (*) não raro (*), ele persegue a fama.

a) tenacidade, obscecado

b) tenacidade, obcecada

c) tenascidade, obscecada

d) tenascidade, obcecada

e) tenacidade, obsecada

36. (PUC-RJ) Preencha as lacunas com *s, ss, ç, sc, sç, xc* ou *x*:

a) Exigiu ser re*arcido da quantia que havia pago.

b) O perfume da vela re*endia por toda a casa.

c) A e*entricidade era sua característica mais marcante.

37. (ITA-SP) Examinando as palavras:

viajens   gorgeta   maizena   chícara

constatamos que:

a) apenas uma está escrita corretamente.

b) apenas duas estão escritas corretamente.

c) três estão escritas corretamente.

d) todas estão escritas corretamente.

e) nenhuma está escrita corretamente.

Capítulo 4

Acentuação

Superinteressante. São Paulo: Abril, fev. 2008, ed. 249. p. 87.

Lendo esse texto, você perceberá um fato (aparentemente) espantoso: a maioria das palavras não recebe acento gráfico.

O princípio que presidiu à elaboração das regras de acentuação do português foi justamente o da economia, reservando os acentos gráficos para as palavras minoritárias da língua.

1. Conceitos básicos

Neste capítulo, estudaremos as regras de acentuação. Elas foram criadas para estabelecer um sistema que organize a questão da tonicidade (intensidade de pronúncia) da sílaba portuguesa.

Quando você diz *café*, uma das sílabas é pronunciada com mais intensidade do que a outra.

Você deve ter percebido que a sílaba mais forte é *fé*, que é a tônica. A outra sílaba, *ca*, é fraca, ou seja, é pronunciada com pouca intensidade tonal. Por isso é átona. A parte da acentuação que estuda a posição dessas sílabas nas palavras recebe o nome de **acentuação tônica**.

Na língua escrita, há elementos que procuram representar a posição da sílaba tônica e outras particularidades, como timbre (abertura) e nasalização das vogais. Esses elementos são os chamados acentos gráficos. O estudo das regras que disciplinam o uso adequado desses sinais é a **acentuação gráfica**.

2. Acentuação tônica

Quem é que não conhece aquela famosa brincadeira que se faz com as palavras *sabia/sabiá*? "Você sabia que o sabiá sabia assobiar?" A brincadeira se baseia na diferente posição da sílaba tônica de *sabia* (bi) e de *sabiá* (á). Seria possível, ainda, acrescentar à brincadeira a palavra *sábia*, cuja sílaba tônica é *sá*.

Na língua portuguesa, a sílaba tônica pode aparecer em três diferentes posições; consequentemente, as palavras podem receber três classificações quanto a esse aspecto:

a. **oxítonas** – são aquelas cuja sílaba tônica é a última:

vo**cê**	ca**fé**	ji**ló**	al**guém**	nin**guém**	paul
ru**im**	carca**rá**	vata**pá**	an**zol**	con**dor**	

b. **paroxítonas** – são aquelas cuja sílaba tônica é a penúltima:

gente	pla**ne**ta	**ho**mem	**al**to	**âm**bar	**é**ter
dólar	**pe**dra	ca**mi**nho	a**má**vel	**tá**xi	**hí**fen
álbum	**ví**rus	**tó**rax			

c. **proparoxítonas** – são aquelas cuja sílaba tônica é a antepenúltima:

lágrima	**trân**sito	**xí**cara	**ú**mido	Al**cân**tara
mágico	**lâm**pada	**ó**timo	**mé**dico	fa**ná**tico

Você observou que, nos exemplos dados para os três casos, só há palavras com mais de uma sílaba. Com relação às de apenas uma sílaba, os chamados **monossílabos**, há divergências quanto a sua classificação tônica. Quando apresentam tonicidade, como no caso de *má*, *pó*, *fé*, há quem as considere simplesmente monossílabos tônicos. Outros preferem dizer que são "oxítonas de apenas uma sílaba". A questão é polêmica, mas a primeira tese (monossílabos tônicos) tem mais adeptos.

É importante destacar que só se percebe se um monossílabo é tônico ou átono pronunciando-o numa sequência de palavras, ou seja, numa frase. Experimente com o verbo *pôr* e a preposição *por*. Leia a frase "Fazer por fazer" e depois substitua o verbo *fazer* pelo verbo *pôr* ("Pôr por pôr"). Que tal? Fica clara a diferença entre o verbo, que é tônico, e a preposição, que é átona.

Capítulo 4 > > > Acentuação > > >

Qual é a sílaba tônica de *pele*? Como boa parte dos brasileiros pronuncia o segundo *e*? Como *i* ("peli"), não é? O *e* átono é pronunciado pela maioria dos brasileiros como *i*, e o *o* átono, como *u*.

> A classificação das palavras em oxítonas, paroxítonas ou proparoxítonas aplica-se às palavras com mais de uma sílaba. Já os vocábulos de apenas uma sílaba que apresentam tonicidade (como *pé*) são chamados monossílabos tônicos pela maioria dos gramáticos, ou de "oxítonas de apenas uma sílaba", como preferem alguns.

TORELLY, Aparício (o Barão de Itararé). *Almanhaque para 1949*. 3. ed. São Paulo: Imprensa Oficial de São Paulo/Edusp/Studioma, 2003. p. 38.

Veja ainda esta frase:

Há pessoas extremamente **más**, **mas** há outras extremamente boas.

Percebeu a diferença entre *más* e *mas*? A primeira é um monossílabo tônico; a segunda é um monossílabo átono.

Em português, existem algumas palavras dissílabas átonas, como a preposição *para*.

Prosódia

É muito comum a divergência entre a pronúncia praticada no dia a dia e a recomendada pelos dicionários e gramáticas. Quase ninguém pronuncia "dúplex" (paroxítona), como recomendaram os dicionários, durante um bom tempo. O que se ouve mesmo é "duplex" (oxítona), forma que as edições mais recentes dos dicionários finalmente abonaram. A parte da fonologia que estuda e fixa a posição da sílaba tônica é a **prosódia**. Quando ocorre um erro de prosódia, ou seja, a troca da posição da sílaba tônica, verifica-se o que se chama de **silabada**. É bom lembrar que a pronúncia culta sempre prevalece nesses casos.

Leia em voz alta as palavras a seguir, destacando a sílaba tônica. Procure memorizar e empregar a forma culta desses vocábulos.

São **oxítonas**:

| cate**ter** | con**dor** | ru**im** | ure**ter** | No**bel** | mis**ter** |

São **paroxítonas**:

| a**va**ro | aus**te**ro | azi**a**go | ci**clo**pe | filan**tro**po | i**be**ro |
| pu**di**co | juni**o**res | **lá**tex | re**cor**de | ru**bri**ca | **têx**til |

São **proparoxítonas**:

| ae**ró**lito | **ín**terim | a**rí**ete | **bá**varo | cri**sân**temo | **trâns**fuga |

Existem palavras que admitem dupla pronúncia:

a**cró**bata/acro**ba**ta   hie**ró**glifo/hiero**gli**fo   pro**jé**til/proje**til**

réptil/rep**til**   Oce**â**nia/Ocea**ni**a   tran**sís**tor/transis**tor**

xérox/xe**rox**

O melhor mesmo é não "chutar". Dúvidas quanto à prosódia devem ser resolvidas por meio de consulta a um bom dicionário.

Atividades

1. Classifique as palavras destacadas nas frases a seguir, de acordo com a posição da sílaba tônica:

   a) Declaro que **premio** apenas quem merece.

   b) Quem recebeu o **prêmio** não se surpreendeu.

   c) Sou **fotógrafo** e **fotografo** o que é digno de nota.

   d) **Anuncio** o que faço, e tal **anúncio** está à disposição de todos.

   e) Anos antes ele **cantara** no Teatro Municipal.

   f) Anunciaram que ele **cantará** no Teatro Municipal.

   g) Não **contem** com a participação dele. Ele alega que nosso movimento **contém** interesses particulares e que, por isso, não **está** disposto a contribuir para **esta** causa.

   h) Tudo não passou de um **equívoco**.

   i) Raramente me **equivoco**.

   j) Você conhece alguém que saiba tocar **cítara**?

   k) Ele **citara** o nome do amigo durante o primeiro depoimento. Todos aguardam para saber se ele o **citará** novamente.

2. Classifique os monossílabos destacados nas frases seguintes, de acordo com a tonicidade:

   a) O caminho **por** onde vou para casa é sempre o mesmo.

   b) Suas malas? Vou **pôr** onde houver espaço.

   c) **Que** tipo de candidato você elegeu na última eleição? E **por quê**?

   d) Eram pessoas **más**, **mas** poucos sabiam disso.

   e) Eles **se** conheceram **há** poucos meses.

   f) **Sê** feliz com teus sonhos, meu amigo, **e** constrói **a** tua vida.

3. Substitua cada uma das palavras ou expressões destacadas nas frases seguintes por uma única palavra. As palavras procuradas costumam oferecer problemas de prosódia; por isso, esteja atento e não cometa silabadas.

   a) O **grande pássaro andino** é o símbolo da América do Sul.

   b) Foi necessário introduzir um **instrumento médico tubular** em seu antebraço.

   c) É **necessário** fiscalizar a atividade dos prefeitos e vereadores.

   d) O sabor da comida não era **mau**, mas seu aspecto era desanimador.

   e) É um **indivíduo que evita o convívio social**. Sua conduta é **cheia de gravidade e seriedade**.

   f) Ele se diz um especialista em **leitura das mãos** e **leitura das cartas**. E jura que só presta serviços **que não custam nada**.

   g) A partida entre o time d**os mais jovens** e o time d**os mais velhos** bateu **a melhor marca** anterior de pontos marcados.

   h) Não foi possível obter a **assinatura abreviada** dos participantes do encontro.

   i) O **modelo** do avião estava em exposição nos arredores do **campo de pouso e decolagem**.

   j) Fomos e voltamos em poucos minutos; nesse **intervalo**, ele desapareceu.

3. Acentuação gráfica

Os acentos

A acentuação gráfica consiste na aplicação de certos sinais gráficos sobre algumas letras para representar o que foi estipulado pelas regras de acentuação, que estudaremos adiante. Esses sinais, que fazem parte dos diacríticos – além dos acentos, o trema, o til, o apóstrofo e o hífen –, são:

a. o **acento agudo** (´) – colocado sobre as letras *a, i, u* e sobre o *e* do grupo *em*, indica que essas letras representam as vogais tônicas da palavra: carcará, caí, súdito, armazém. Sobre as letras *e* e *o*, indica, além de tonicidade, timbre aberto:

   lépido   céu   léxico   herói

Capítulo 4 > > > Acentuação > > >   55

b. o **acento circunflexo** (^) – colocado sobre as letras *a*, *e* e *o*, indica, além de tonicidade, timbre fechado:

lâmpada   pêssego   supôs   êmbolo   Atlântico

c. o **trema** (¨) – utiliza-se apenas em palavras derivadas de nomes próprios estrangeiros:

mülleriano (de Müller)   hübneriano (de Hübner)

d. o **til** (~) – indica que as letras *a* e *o* representam vogais nasais:

alemã   órgão   portão   expõe   corações   ímã

e. o **acento grave** (`) – indica a ocorrência da fusão da preposição *a* com os artigos *a* e *as*, com os pronomes demonstrativos *a* e *as* e com a letra *a* inicial dos pronomes *aquele, aquela, aqueles, aquelas, aquilo*:

à   às   àquele   àquilo

Aspectos genéricos das regras de acentuação

As regras de acentuação foram criadas para sistematizar a leitura das palavras portuguesas. Seu objetivo é deixar claros todos os procedimentos necessários para que não se tenha nenhuma dúvida quanto à posição da sílaba tônica, o timbre da vogal, a nasalização da vogal.

As regras fundamentais de acentuação gráfica baseiam-se numa constatação que pode facilmente ser observada nas palavras que aparecem na canção "Onde anda você", de Hermano Silva e Vinicius de Moraes, cuja letra diz:

E por falar em saudade
Onde anda você?
Onde andam seus olhos
Que a gente não vê?
Onde anda esse corpo
Que me deixou morto
De tanto prazer?

E por falar em beleza
Onde anda a canção
Que se ouvia na noite
Dos bares de então
Onde a gente ficava
Onde a gente se amava
Em total solidão?

Hoje eu saio na noite vazia
Numa boemia sem razão de ser
Na rotina dos bares
Que apesar dos pesares
Me trazem você

E por falar em paixão
Em razão de viver
Você bem que podia me aparecer
Nesses mesmos lugares
Na noite, nos bares
Onde anda você?

© 1974 By Tonga (BMG Music Publishing Brasil Ltda.).

Disponível em: <www.viniciusdemoraes.com.br>.
Acesso em: 10 mar. 2008.

Há no texto cento e seis palavras. Você pode conferir, se não confiar na contagem. Aproveite e procure as palavras proparoxítonas do texto. Procurou? Quantas há? Nenhuma. Das palavras de mais de uma sílaba (sessenta e duas), quarenta e três são paroxítonas. Esses dados correspondem exatamente ao perfil básico da tonicidade das palavras da língua portuguesa: as proparoxítonas são pouco comuns, as paroxítonas são maioria e as oxítonas ocupam a vice-liderança.

Além disso, é possível observar que todas as paroxítonas do texto terminam em *a*, *e* e *o*, e nenhuma recebe acento gráfico. Esses fatos provam que as regras foram feitas para evitar a acentuação das palavras mais comuns na língua. Aliás, você deve ter percebido que, das cento e seis palavras do texto, apenas oito recebem algum tipo de acento, incluindo o til, e que só a palavra *você* apareceu quatro vezes.

E por que *você*, oxítona terminada em *e*, leva acento? Porque as oxítonas terminadas em *e* são menos numerosas que as paroxítonas terminadas em *e*. Para comprovar isso, basta verificar que quase todos os verbos apresentam pelo menos uma forma paroxítona terminada em *e* (fale, pense, grite, estude, corre, sofre, perde, vende, permite, dirige, assiste, invade). E o que se acentua, a maioria ou a minoria? A minoria, sempre a minoria.

Que tal, então, parar de dizer que há muitos acentos em português?

Em DVD

Vinicius. **Direção de Miguel Faria Jr. Brasil: Paramount, 2006. (124 min).**
Acompanhe neste DVD detalhes da vida e da obra de um dos nossos maiores poetas: Vinicius de Moraes. Intelectual reconhecido internacionalmente, Vinicius produziu uma obra inesquecível. São mais de quatrocentos poemas, além de músicas eternas como "Garota de Ipanema", composta em parceria com Tom Jobim. Acompanha o DVD um manuscrito de um poema em papel especial.

As regras básicas

Como vimos, as regras de acentuação gráfica procuram reservar os acentos para as palavras que se enquadram nos padrões prosódicos menos comuns da língua portuguesa. Disso, resultam as seguintes regras básicas:

a. proparoxítonas – são todas acentuadas. É o caso de:

lâmpada   Atlântico   Júpiter   ótimo   flácido   relâmpago   trôpego   lúcido   víssemos

Nessa tirinha, as palavras *japonésidos* e *antipátida*, inventadas por Miguelito, são proparoxítonas, como *antípodas* e *estúpido*.

QUINO. *Mafalda* 6. São Paulo: Martins Fontes, 2002. p. 37.

b. paroxítonas – são as palavras mais numerosas da língua e justamente por isso as que recebem menos acentos. São acentuadas as que terminam em:

▶ i, is
  táxi   beribéri   lápis   grátis

▶ us, um, uns
  vírus   bônus   álbum
  parabélum (arma de fogo)   álbuns   parabéluns

- l, n, r, x, ps

incrível	útil	próton	elétron	éter
mártir	tórax	ônix	bíceps	fórceps

- ã, ãs, ão, ãos

  | ímã | órfã | ímãs | órfãs | bênção | órgão | órfãos | sótãos |

- ditongo oral, crescente ou decrescente, seguido ou não de *s*

água	árduo	pônei	vôlei
cáries	mágoas	pôneis	jóqueis

c. oxítonas – são acentuadas as que terminam em:

- a, as

Pará	vatapá
estás	irás

- e, es

você	café
Urupês	jacarés

- o, os

jiló	avô
retrós	supôs

- em, ens

alguém	vintém
armazéns	parabéns

Camelô

Camelô: oxítona acentuada por terminar em *o*.

Cildo Meireles. *Camelô* (1998). Instalação com dimensões variáveis.

Arte e artistas plásticos no Brasil 2000. São Paulo: Metalivros, 2000. p. 57.

d. monossílabos tônicos – são acentuados os terminados em:

- a, as

pá	vá	gás	Brás

- e, es

pé	fé	mês	três

- o, os

só	xô	nós	pôs

Oposição entre oxítonas e paroxítonas

Verifique que as regras de acentuação criam um sistema de oposição entre as terminações das oxítonas e as das paroxítonas. Compare as palavras dos pares seguintes e note que os acentos das paroxítonas e os das oxítonas são mutuamente excludentes:

portas (paroxítona, sem acento)	atrás (oxítona, com acento)
pele (paroxítona, sem acento)	café (oxítona, com acento)
corpo (paroxítona, sem acento)	maiô (oxítona, com acento)
garantem (paroxítona, sem acento)	alguém (oxítona, com acento)
hifens (paroxítona, sem acento)	vinténs (oxítona, com acento)
táxi (paroxítona, com acento)	aqui (oxítona, sem acento)

Atividades

1. A relação a seguir é formada por palavras inventadas. Observe atentamente cada uma delas e, baseado no seu conhecimento sobre o sistema de regras de acentuação da língua portuguesa, coloque os acentos gráficos que julgar necessários:

a) astrider (proparaxítona)

b) sensinen (paroxítona)

c) felo (oxítona, *o* fechado)

d) nerta (oxítona, *a* nasal)

e) mardo (paroxítona)

f) aminho (proparoxítona)

g) carpips (paroxítona)

h) crestons (oxítona)

i) explons (paroxítona, *e* fechado)

j) mirmidens (paroxítona)

k) curquens (oxítona)

l) artu (paroxítona)

m) quistuns (oxítona)

n) arclovel (paroxítona, *o* aberto)

o) cipodeis (paroxítona, *o* aberto)

p) ormar (oxítona)

q) senser (paroxítona, *e* fechado)

r) lolux (oxítona)

s) atonde (paroxítona)

t) cliclex (paroxítona)

2. Nas frases seguintes, cada palavra ou expressão destacada substitui um monossílabo cujo número de letras vem indicado entre parênteses. Procure identificar esse monossílabo, grafando-o corretamente:

a) **Entregue** (2) os papéis a ele. Diga-lhe que não **coloquei** (3) minha rubrica em nenhum deles porque não concordo com as ideias expostas.

b) **Existem** (2) motivos para temer as pessoas **ruins** (3).

c) Ele nos faz uma visita a cada **trinta dias** (3).

d) **Colocou** (3) as mãos em operação e tentou desfazer os **emaranhados** (3) que as crianças haviam deixado na linha.

e) Comprou diversas **ferramentas para cavar** (3).

f) Hoje ele deu duro: espanou **poeira** (2), carregou botijões de **combustível para fogão de cozinha** (3), lavou o **piso** (4) e ainda **colocou** (3) nossa única **cabeça de gado** (3) no pasto.

g) Sentimos **pena** (2) e revolta.

3. No texto a seguir, os acentos de algumas palavras foram retirados. Leia-o atentamente e recoloque aqueles que estão faltando.

Tradiçao mutante

Cambinda Estrela, Sol Nascente, Elefante, Encanto do Dende, Cambinda Africano, Gato Preto, Linda Flor. No carnaval, varios grupos de maracatu incendeiam as ruas do Recife. O "cortejo real" e acompanhado por um conjunto de percussão com grandes tambores (afaya), caixas, tarois, gongues (agogos com uma campanula) e mineiros (especie de ganza ou chocalho).

Mas, apesar de toda a sua fama, experimente perguntar à populaçao: o que e maracatu? Poucos poderao responder.

Nem mesmo folcloristas e antropologos chegam a um consenso. Ha quem defina o maracatu como a parte festiva dos xangos (os candombles recifenses). Tambem e visto como folguedo ou simples agrupamento afrodescendente voltado para a diversao. Entretanto, e muito mais do que isso. Por meio de complexos arranjos politico-culturais, o maracatu envolve ao mesmo tempo diversao, lazer, constituiçao de identidades e afirmaçao religiosa.

LIMA, Ivaldo Marciano de França. Tradição mutante. *Revista de História da Biblioteca Nacional*. Rio de Janeiro: Sociedade de Amigos da Biblioteca Nacional(Sabin), ano 3, n. 29, fev. 2008. p. 72-4.

As regras especiais

Além dessas regras que você acabou de estudar e que se baseiam na posição da sílaba tônica e na terminação, há outras, que levam em conta aspectos específicos da sonoridade das palavras. Essas regras são aplicadas nos seguintes casos:

Capítulo 4 > > > Acentuação > > >   59

Hiatos

Quando a segunda vogal do hiato for *i* ou *u*, tônicos, acompanhados ou não de *s*, haverá acento:

| saída | proíbo | faísca | caíste | saúva | viúva |
| balaústre | carnaúba | país | aí | baú | Jaú |

Cuidado! Não haverá acento se:

▶ o *i* for seguido de *nh*; é o caso de *rainha, moinho, tainha, campainha*;

▶ a vogal *i* ou a vogal *u* se repetirem, como em *vadiice, sucuuba, mandriice, xiita*;

▶ a vogal *i* ou a vogal *u* forem precedidas de ditongo, como em *feiura, baiuca, boiuno*.

Quando, porém, a vogal *i* ou a vogal *u* do hiato forem precedidas de ditongo, mas constituírem palavras **oxítonas** e estiverem em posição final, seguidas ou não de *s*, **serão acentuadas**, como em *Piauí, teiú(s), tuiuiú(s)*.

Convém lembrar que:

▶ quando a vogal *i* ou a vogal *u* forem acompanhadas de outra letra que não seja *s*, não haverá acento: *ruim, juiz, paul, Raul, cairmos, contribuiu, contribuinte, cauim*.

Piauí. São Paulo: Abril, n. 17, fev. 2008. Capa.

Língua Portuguesa. São Paulo: Segmento, ano III, n. 28, fev. 2008. p. 62-3.

Na palavra *Piauí*, a vogal *i* do hiato é acentuada, pois está em posição final na palavra, apesar de ser precedida de ditongo (Pi-au-í). Já na palavra *raiz*, a vogal *i* não é acentuada graficamente, pois é acompanhada pela letra *z* na sílaba (ra-iz). No plural, porém, essa vogal deve receber acento agudo, pois permanece isolada na sílaba: ra-í-zes.

Depois do *Acordo Ortográfico da Língua Portuguesa* (1990), não mais se acentua a primeira vogal tônica nos grupos *ee* e *oo*: *veem, leem, creem, deem, releem, preveem, descreem, enjoo, voo, abotoo, magoo*.

Note que a terminação *eem* é exclusiva dos verbos *crer, dar, ler, ver* e derivados (*descrer, reler, prever, rever, antever* e outros). Não ocorre a terminação *eem* nos verbos *ter, vir* e derivados (*deter, entreter, manter, conter, reter, obter, abster, intervir, convir, provir* e outros).

Ditongos

Ocorre acento na vogal tônica dos ditongos *ei, eu, oi* desde que sejam abertos e em final de palavra (nas palavras oxítonas ou nos monossílabos), como em:

| anéis | aluguéis | coronéis | céu | herói |
| chapéu | réu | véu | troféu | anzóis |

Atenção! Não se acentuam graficamente os ditongos *ei* e *oi* tônicos das palavras paroxítonas, quer tenham timbre aberto, quer tenham timbre fechado. Assim, escrevem-se sem acento: *apoiam*, *heroico*, *joia*, *ideia*, *assembleia*, *colmeia*, *estoico*, *esferoide*, *geleia*, *baleia*, *cadeia*, *apoio (substantivo)*, *apoio (verbo)*, *jiboia*, *comboio*, *paranoico* etc.

Cuidado! Não haverá acento se o ditongo for aberto, mas não tônico: *chapeuzinho*, *heroizinho*, *aneizinhos*, *pasteizinhos*, *ideiazinha*. Você notou que, em todas essas palavras, a sílaba tônica é *zi*.

Após o *Acordo Ortográfico da Língua Portuguesa* (1990), não se coloca mais trema sobre a letra *u* pronunciada atonamente (semivogal) nos grupos *gue*, *gui*, *que*, *qui*, nos quais ocorre ditongo crescente:

unguento   tranquilo   consequência   arguir   linguística

Atenção! Nesses mesmos grupos (*gue, gui, que, qui*), a letra *u* pode ser pronunciada tonicamente. Nesse caso, ela é vogal. Observe, a seguir, a grafia de algumas dessas palavras e, entre parênteses, a sua pronúncia:

apazigue (*apazigúe*)   apaziguem (*apazigúem*)   averigue (*averigúe*)   averiguem (*averigúem*)

argui (*argúi*)   arguem (*argúem*)   oblique (*oblicúe*)   obliquem (*oblicúem*)

Formas verbais seguidas de pronomes oblíquos

Para acentuar as formas verbais associadas a pronomes oblíquos, leve em conta apenas o verbo, desprezando o pronome. Considere a forma verbal do jeito que você a pronuncia e aplique a regra de acentuação correspondente. Em *cortá-lo*, considere *cortá*, oxítona terminada em *a* e, portanto, acentuada. Em *incluí-lo*, considere *incluí*, em que ocorre hiato. Já em *produzi-lo*, não há acento, porque *produzi* é oxítona terminada em *i*.

Em CD

Kid Abelha. Ouvir estrelas. In: *Autolove*. (CD). Warner Music, 1998.
A música do grupo *pop* Kid Abelha é uma adaptação de um trecho do poema Via Láctea, de Olavo Bilac, um dos ícones do parnasianismo, movimento literário brasileiro que predominou no final do século XIX. Aproveite para conhecer a versão musicada do trecho do poema de Bilac enquanto observa a acentuação de algumas das palavras que o compõem, inclusive das formas verbais seguidas por pronomes oblíquos.

Acentos diferenciais

Existem algumas palavras que recebem acento excepcional, para que sejam diferenciadas, na escrita, de suas homófonas. São casos muito particulares e, por isso mesmo, pouco numerosos. Convém iniciar a relação lembrando o acento que diferencia a terceira pessoa do singular da terceira pessoa do plural do presente do indicativo dos verbos *ter* e *vir*:

ele tem – eles têm   ele vem – eles vêm

Com os derivados desses verbos, é preciso lembrar que há acento agudo na terceira pessoa do singular e circunflexo na terceira do plural do presente do indicativo:

ele detém – eles detêm   ele intervém – eles intervêm

ele mantém – eles mantêm   ele provém – eles provêm

ele obtém – eles obtêm   ele convém – eles convêm

Existe apenas um acento diferencial de timbre em português: *pôde* (terceira pessoa do singular do pretérito perfeito do verbo *poder*), diferencial de *pode* (terceira do singular).

Há ainda o verbo *pôr*, que recebe acento circunflexo para diferenciar-se da preposição *por*.

WATTERSON, Bill. *Felino, selvagem, psicopata, homicida.*
São Paulo: Bestt News, 1996. v. 1. p. 49.

O substantivo *pelo*, antes do *Acordo Ortográfico da Língua Portuguesa* (1990), levava acento circunflexo para diferenciar-se de *pelo* (forma do verbo *pelar* que se pronuncia com *e* aberto) e de *pelo* (contração de preposição e artigo).

Finalmente, vale registrar o acento diferencial optativo na palavra *fôrma* que, acredite, pode ser escrita com o acento circunflexo ou sem ele (*fôrma*, que se lê com *o* fechado), para diferenciar-se de *forma* (substantivo) e *forma* (verbo), estas pronunciadas com *o* aberto.

Desde o *Acordo Ortográfico da Língua Portuguesa* (1990), não são mais assinaladas com acento gráfico as palavras homógrafas relacionadas a seguir. Entre parênteses, há a indicação de timbre aberto (é/ó) ou fechado (ê/ô):

pola (ô) (substantivo)
pola (ó) (substantivo)
pola (contração arcaica de preposição e artigo)

polo (ô) (substantivo)
polo (ó) (substantivo)
polo (contração arcaica de preposição e artigo)

para (forma do verbo *parar*)
para (preposição)

coas, coa (formas do presente do indicativo do verbo *coar*)

coas, coa (preposição *com* + artigo *a* e *as*, respectivamente; essas formas são comuns em poesia)

pela, pelas (é) (formas do verbo *pelar*, ou substantivos)
pela, pelas (contrações de preposição e artigo)

pera (ê) (substantivo)
pera (é) (substantivo)
pera (preposição arcaica)

pero, Pero (ê) (substantivos)
pero (conjunção arcaica)

Quadro geral das regras de acentuação

Com observações sobre a situação de cada caso em relação ao *Acordo Ortográfico da Língua Portuguesa* (1990).

Proparoxítonas, paroxítonas, oxítonas e monossílabos tônicos

regra	exemplos	situação
Proparoxítonas: acentuam-se todas.	ônibus, câmara, úmido, simpático	mantida
Paroxítonas: acentuam-se as terminadas em:		
• i, is	táxi, lápis	
• us, um, uns	bônus, álbum, álbuns	mantida
• l, n, r, x, ps	útil, hífen, éter, bíceps	
• ã, ãs, ão, ãos	ímã(s), órgão(s)	
• ditongo oral	história(s), ciência(s), provérbio(s)	
Oxítonas: acentuam-se as terminadas em:		
• a, as	sofá, acarás	
• e, es	café, pontapés	mantida
• o, os	avô, jilós	
• em, ens	também, armazéns	
Monossílabos tônicos: acentuam-se os terminados em:		
• a, as	já, pás	mantida
• e, es	fé, pés, três, pré	
• o, os	só, pós, pró	

Acentuação do hiato

regra	exemplos	situação
O *i* e o *u* tônicos do hiato são acentuados quando isolados na sílaba ou acompanhados de *s*.	saída (sa-í-da), saíste (sa-ís-te), conteúdo (con-te-ú-do), balaústre (ba-la-ús-tre)	mantida
Não são acentuados quando, mesmo isolados na sílaba		
• forem seguidos de *nh*	rainha, bainha, moinho	mantida
• a vogal *i* ou *u* estiverem repetidas	xiita, sucuuba	mantida
• a vogal *i* ou *u* forem precedidas de ditongo	feiura (fei-u-ra), baiuca (bai-u-ca)	**nova!**
São acentuados, porém, quando forem antecedidos de ditongo, mas estiverem em posição final na palavra.	Piauí (Pi-au-í), teiú (tei-ú), tuiuiú (tui--ui-ú)	mantida
Não se acentuam quando formarem sílaba com outra letra que não seja *s*.	ruim (ru-im), juiz (ju-iz), Raul (Ra-ul), cairmos (ca-ir-mos), saindo (sa-in-do), saiu (sa-iu), cauim (cau-im)	mantida
Não se acentua a primeira vogal dos grupos *oo* e *ee*.	voo, coo, enjoo, abotoo, creem, leem, veem, deem, reveem	**nova!**

Capítulo 4 > > > Acentuação > > >

63

Acentuação do ditongo

regra	exemplos	situação
Acentua-se a vogal tônica dos ditongos abertos *ei*, *eu*, *oi* em final de palavra (oxítonas ou monossílabas).	anéis, papéis, réu, céu, réis, herói, anzóis, caracóis	mantida (É novo o fato de serem acentuados apenas em posição final na palavra.)
Não se acentuam os ditongos *ei* e *oi* tônicos das palavras paroxítonas.	ideia, joia, jiboia, geleia, comboio, apoio (subst.), apoio (verbo), heroico, assembleia	**nova!**

Trema

regra	exemplos	situação
Não se coloca o trema sobre a letra *u* pronunciada dos grupos *gu* ou *qu* seguidos de *i* ou *e*.	lingueta, sagui, unguento, consequência, sequestro, cinquenta	**nova!**
O trema permanece nas palavras derivadas de nomes estrangeiros usados com trema.	Müller – mülleriano	mantida

Acento agudo na vogal *u* tônica dos grupos *gue*, *gui*, *que*, *qui*

regra	exemplos	situação
Não se acentua a vogal *u* tônica dos grupos *gue*, *gui*, *que*, *qui* de alguns verbos (*averiguar*, *arguir*, *apaziguar*, *obliquar*).	averigue, apazigue, averiguem, apaziguem, oblique, obliquem, argui, arguem	**nova!**

Acentos diferenciais

regra	exemplos	situação
Verbos *ter* e *vir*: acentua-se a terceira pessoa do plural do presente do indicativo para diferenciar-se da terceira pessoa do singular.	ele tem – eles têm ele vem – eles vêm	mantida
Verbos *conter*, *obter*, *reter*, *deter*, *abster*, *convir*: a terceira pessoa do plural do presente do indicativo recebe acento circunflexo para diferenciar-se da terceira pessoa do singular, cuja sílaba tônica é marcada com acento agudo.	ele contém – eles contêm ele obtém – eles obtêm ele retém – eles retêm ele convém – eles convêm	mantida
Pôde / pode: a forma verbal *pôde* (terceira pessoa do singular do pretérito perfeito do indicativo do verbo *poder*; pronuncia-se com *o* fechado) recebe acento circunflexo para diferenciar-se de *pode* (terceira pessoa do singular do presente do indicativo do verbo *poder*; pronuncia-se com *o* aberto).	Ontem ele pôde resolver tudo. Hoje ele pode descansar.	mantida
Pôr / por: acentua-se o verbo *pôr* para diferenciar-se da preposição *por*.	Vou pôr o material aqui. Vou por este caminho.	mantida

regra	exemplos		situação
Não se acentuam as seguintes palavras homógrafas:	pola (ó) (substantivo)	pola (ô) (substantivo)	
	pola (contração arcaica de preposição e artigo) polo (ó) (substantivo)	polo (ô) (substantivo) polo (contração arcaica de preposição e artigo)	
	para (forma do verbo *parar*)	para (preposição)	
	coas, coa (formas do presente do indicativo do verbo *coar*)	coas, coa (preposição *com* + artigo *a* e *as*, respectivamente; essas formas são comuns em poesia)	nova!
	pela, pelas (é) (formas do verbo *pelar*, ou substantivos)	pela, pelas (contrações de preposição e artigo)	
	pelo, pelos (ê) (substantivos)	pelo (ê) (forma do verbo *pelar*)	
	pera (é) (substantivo) pera (ê) (substantivo)	pera (é) (substantivo) pera (preposição arcaica)	
	pero, pero (ê) (substantivos)	pero (conjunção arcaica)	
É opcional o acento diferencial em:	forma	fôrma	nova!

Textos para análise

1

QUINO. *Mafalda 6*. São Paulo: Martins Fontes, 2002. p. 31.

Trabalhando o texto

1. Há, na tirinha acima, algumas palavras com acento. Justifique seu emprego.

2. Explique o humor da tirinha.

2

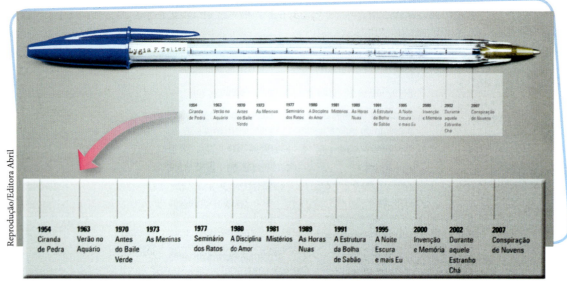

Superinteressante. São Paulo: Abril, ed. 249, fev. 2008. p. 4-5.

Trabalhando o texto

1. Relacione as palavras paroxítonas acentuadas terminadas em ditongo, presentes nesse anúncio.

2. As palavras paroxítonas terminadas em ditongo constituem o grupo mais numeroso entre as paroxítonas acentuadas graficamente. Faça uma pesquisa nos diversos textos que estiverem a seu alcance e observe se esse fato realmente se confirma. A que outro grupo de palavras não acentuadas elas se opõem?

3. Dentre tantas palavras paroxítonas terminadas em ditongo, há uma não acentuada nesse anúncio. Como você justifica esse fato?

3

Construção

Amou daquela vez como se fosse a última
Beijou sua mulher como se fosse a última
E cada filho seu como se fosse o único
E atravessou a rua com seu passo tímido

Subiu a construção como se fosse máquina
Ergueu no patamar quatro paredes sólidas
Tijolo com tijolo num desenho mágico
Seus olhos embotados de cimento e lágrima

Sentou pra descansar como se fosse sábado
Comeu feijão com arroz como se fosse príncipe
Bebeu e soluçou como se fosse um náufrago
Dançou e gargalhou como se ouvisse música

E tropeçou no céu como se fosse um bêbado
E flutuou no ar como se fosse um pássaro
E se acabou no chão feito um pacote flácido
Agonizou no meio do passeio público
Morreu na contramão atrapalhando o tráfego

Amou daquela vez como se fosse o último
Beijou sua mulher como se fosse a única
E cada filho seu como se fosse o pródigo
E atravessou a rua com seu passo bêbado
Subiu a construção como se fosse sólido
Ergueu no patamar quatro paredes mágicas
Tijolo com tijolo num desenho lógico
Seus olhos embotados de cimento e tráfego

Sentou pra descansar como se fosse um príncipe
Comeu feijão com arroz como se fosse o máximo
Bebeu e soluçou como se fosse máquina
Dançou e gargalhou como se fosse o próximo

E tropeçou no céu como se ouvisse música
E flutuou no ar como se fosse sábado
E se acabou no chão feito um pacote tímido
Agonizou no meio do passeio náufrago

Morreu na contramão atrapalhando o público

Amou daquela vez como se fosse máquina
Beijou sua mulher como se fosse lógico
Ergueu no patamar quatro paredes flácidas
Sentou pra descansar como se fosse um pássaro
E flutuou no ar como se fosse um príncipe
E se acabou no chão feito um pacote bêbado
Morreu na contramão atrapalhando o sábado.

HOLLANDA, Chico Buarque de. In: *Chico Buarque*.
São Paulo: Abril Educação, 1980. p. 28-9. Literatura Comentada.

Trabalhando o texto

1. Observe a última palavra de cada um dos versos do texto. Por que todas são acentuadas graficamente?

2. Por que as palavras do tipo a que se refere a questão anterior são todas acentuadas graficamente?

3. Além da última palavra de cada verso, só há uma outra acentuada no texto. Qual é e por que recebe acento gráfico?

4. A partir do que se vê no texto e nas três questões anteriores, pode-se concluir que em português as palavras que recebem acento gráfico são maioria ou minoria? Explique.

5. Observe estas palavras retiradas do texto:

| última | máquina | náufrago | música |
| público | tráfego | último | |

Se fosse eliminado o acento gráfico, as palavras continuariam existindo? Explique.

6. Que efeito causa o emprego de palavras de mesma acentuação tônica no final de cada verso? Comente.

7. "Morreu na contramão atrapalhando o sábado."
Por que se pode dizer que essa é uma maneira irônica e patética de sintetizar o espírito do texto?

Em *site*

<www.secrel.com.br/jpoesia/poesia.html>. Acesso em: 11 mar. 2008.
Magnífico *site* sobre crítica literária e poesia em língua portuguesa. O banco de dados do *Jornal da Poesia* não só apresenta poemas de nossos escritores consagrados, mas também letras de música dos maiores artistas de nossa MPB, como Caetano Veloso e Chico Buarque.

Questões de exames e concursos

1. (Badesc/Fepese) Assinalar a alternativa em que todas as palavras estejam com a acentuação gráfica correta.

a) benção – caráter – clímax – ambíguo

b) bênção – caráter – clímax – ambígüo

c) benção – carater – clímax – ambíguo

d) bênção – caráter – clímax – ambíguo

2. (Pref. de Contagem-MG/Fumarc) A alternativa em que **não** há erro de acentuação gráfica é:

a) Quanto aos juizes, não vejo como distraí-los.

b) O gerente vai transferí-los para outra agência.

c) Alguns itens da listagem anexa precisam ser alterados.

d) Como se escreve socioeconômico? Com ou sem hifen?

3. (Correios/ESPP) Assinale o grupo de palavras cuja acentuação esteja correta.

a) jabuti, ali, plástico, la.

b) Jundiaí, víla, bônus, sótão.

c) céu, pelô, atribui-lo, respeitosamente.

d) supérfluo, café, repórter, máquina.

4. (Ceasa-MG/Fumarc) Ambas as palavras são oxítonas em:

a) ruim / zombaria

b) mister / ibero

c) Nobel / ureter

d) rua / dia

5. (Pref. de Ilha Comprida-SP/Moura Melo) Indique a alternativa em que todos os vocábulos devem ser acentuados:

a) levedo, jovem, juri

b) taxi, juri, juiz

c) magoa, moeda, util

d) biceps, corroi, juri

6. (UPM-SP)

Breve história do tique

A palavra parece nascida da linguagem dos desenhos animados. Segundo alguns, sua clara origem onomatopaica derivaria do alemão *ticken*, que significa "tocar ligeiramente", ou de um termo da medicina veterinária que, já no século XVII, associava *ticq* e *ticquet* a um fenômeno no qual os cavalos sofrem uma súbita suspensão da respiração, seguida por um ruído: uma espécie de soluço que produz no animal comportamentos estranhos e sofrimento. Daí

a extensão a várias manifestações que têm em comum a rapidez, o caráter repetitivo e pouco controlável e a piora em situação de *stress*. (Rosella Castelnuovo)

A alternativa que associa corretamente a palavra à regra que justifica sua acentuação gráfica é:

a) veterinária: paroxítona terminada em *a*.

b) século: paroxítona terminada em *o*.

c) fenômeno: proparoxítona.

d) ruído: ditongo *uí*.

e) têm: forma da 3.ª pessoa do singular de um verbo.

7. (Unifesp) Indique a alternativa em que todas as palavras são acentuadas graficamente, segundo a mesma regra:

a) estômago, colégio, fábrica, lâmpada, inflexível

b) Virgílio, fúria, carícias, matéria, colégio

c) trópicos, lábios, fúria, máquinas, elétricas

d) sério, cérebro, Virgílio, sábio, lógico

e) Ésquilo, carícia, Virgílio, átomos, êmbolo

8. (FGV-SP) Assinale a alternativa cujas palavras estejam de acordo com as regras de acentuação gráfica:

a) avaro (sovina), ibero, perito, rubrica, aríete, ínterim

b) ávaro (sovina), íbero, perito, rúbrica, ariete, ínterim

c) ávaro (sovina), íbero, périto, rubrica, aríete, ínterim

d) avaro (sovina), íbero, perito, rúbrica, ariete, ínterim

e) avaro (sovina), íbero, perito, rubrica, aríete, ínterim

9. (Unifal-MG) Assinale a alternativa em que **todas** as palavras prescindem de acentuação gráfica, se forem seguidas as regras da gramática normativa atual:

a) até, ôlho-de-boi, êle

b) ôlho-de-boi, pôde, já

c) prêto, aquêle, capêta

d) até, já, dôido

e) êle, só, ninguém

10. (Unifenas-MG) A mesma regra de acentuação que vale para *rápida*, vale também para:

a) mutável, estaríamos, vírgula, admissíveis

b) vírgula, simbólica, símbolo, hieróglifos

c) ortográfico, colégios, egípcios, língua

d) básicos, difícil, colégios, língua

e) português, inglês, símbolos, língua

Parte 1 > > > FONOLOGIA > > >

11. (Faap-SP) Justifique a acentuação dos seguintes vocábulos:

a) históricos

b) índio

c) país

d) herói

12. (Acafe-SC) Assinale a alternativa **incorreta**:

a) Esôfago, órgão e afôito são palavras acentuadas graficamente.

b) Bêbado, bálsamo e binóculo são proparoxítonas.

c) Exausto, arroio e ofício são palavras trissílabas.

d) Lei e lua apresentam ditongo e hiato, respectivamente.

e) Caminho apresenta sete letras e seis fonemas.

13. (Cefet-PR) Observando a grafia e acentuação, indique a alternativa em que todas as palavras estão corretas:

a) privilégio, espontâneo, ressurreição

b) má-criação, abstração, exitação

c) maciço, sisudez, classissismo

d) acessor, sargeta, senzala

e) incursão, propenção, mixto

14. (Fuvest-SP) Assinale a alternativa em que o texto está acentuado corretamente.

a) A princípio, metia-me grandes sustos. Achava que Virgilia era a perfeição mesma, um conjunto de qualidades sólidas e finas, amorável, elegante, austera, um modêlo.

b) A princípio, metia-me grandes sustos. Achava que Virgília era a perfeição mesma, um conjunto de qualidades sólidas e finas, amorável, elegante, austera, um modelo.

c) A princípio, metia-me grandes sustos. Achava que Virgília era a perfeição mesma, um conjunto de qualidades solidas e finas, amoravel, elegante, austera, um modêlo.

d) A principio, metia-me grandes sustos. Achava que Virgilia era a perfeição mesma, um conjunto de qualidades sólidas e finas, amorável, elegante, austera, um modelo.

e) A princípio, metia-me grandes sustos. Achava que Virgília era a perfeição mesma, um conjunto de qualidades sólidas e finas, amoravel, elegante, austera, um modelo.

15. (Ceasa-MG/Fumarc) A palavra está acentuada **corretamente** em:

a) Eles intervém em medidas concretas.

b) Não vou pôr este livro na estante.

c) Elas creêm em outras imagens.

d) O prefeito sempre mantêm a palavra.

16. (Pref. de São Leopoldo-RS/Fumarc) Nas palavras *quanto* e *atuo*, encontram-se os seguintes encontros vocálicos, respectivamente:

a) ditongo crescente oral e hiato

b) ditongo crescente nasal e hiato

c) hiato e ditongo crescente oral

d) hiato e tritongo

17. (PUCCamp-SP) Assinale a série em que todos os vocábulos estão escritos de acordo com as normas vigentes de acentuação gráfica:

a) ítem, juízes, juri, córtex, magôo

b) Luís, vírus, eletron, hífens, espírito

c) espontâneo, táxi, rúbrica, bênção, apazigue

d) através, intuito, álbuns, varíola, sauna

e) dolar, zebú, rítmo, atraí-lo, bangalô

18. (PUCCamp-SP) Assinale a alternativa correspondente à frase em que **não** há nenhum erro de ortografia e acentuação.

a) Embora quisesse pôr o caso em discussão, hesitou muito ao perceber o constrangimento de todos.

b) À exceção do representante do corpo doscente, puzeram-se a favor da proposta do ex-reitor sòmente seus ex-discípulos.

c) Atraz de tanta segurança, estava a ocultar todo o ressentimento que remoia a anos.

d) De tanto remexer na memória o que lhe escapava à compreensão, já não sabia mais o quê dava tanta vida àquele amontoado de lembranças.

e) Arrependía-se sempre da rispidez com que a recebia, pois não precisava ser advinho para saber que dali há instantes choraria por ela.

19. (PUCCamp-SP) Assinale a alternativa correspondente à frase em que **não** há nenhum erro de ortografia e acentuação.

a) Estavam estranhando no seu geito, e não entendiam o por que de tanta controvérsia se ela já se pronunciara à favor da nova tese.

b) O trabalho supunha análise minuciosa de vários ítens, o que justificava a exigência de mais tempo para sua execução e de mais material à disposição dos pesquizadores.

c) Obrigado à fazer o que ninguém quiz, sentiu-se humilhado, mas de repente suspos que, atravéz da difícil tarefa, poderia alcançar notoriedade.

d) Pressentiu que eles não tinham percebido a extensão do problema que apontara, e pôde comprovar sua impressão quando se referiram àquilo que dissera, sem dar o devido peso a suas palavras.

e) Hora aqui, hora alí, corria atrás de suas pretensões, sem nenhum excrúpulo de tirar vantagem do que quer que fôsse.

20. (Unesp-SP) Justifique a acentuação nos seguintes vocábulos:
a) conveniência
b) também
c) matéria
d) espírito

21. (Unesp-SP) *Ruínas* é uma palavra acentuada. Explique por quê. A seguir, responda:
O vocábulo *ruim* deve ou não levar acento? Justifique.

22. (Imprensa Oficial-MG/PUC-MG) Todas as palavras recebem acento agudo pela mesma razão, **exceto**:
a) faísca
b) ícone
c) aí
d) ruína

23. (TA-MG/Fundec) Todas as palavras a seguir devem ser acentuadas graficamente, **exceto**:
a) hifen
b) item
c) biquini
d) juizes

24. (UPM-SP) Assinale a única alternativa em que nenhuma palavra é acentuada graficamente:
a) bonus, tenis, aquele, virus
b) repolho, cavalo, onix, grau
c) juiz, saudade, assim, flores
d) levedo, carater, condor, ontem
e) caju, virus, niquel, ecloga

25. (Banco do Nordeste/Vunesp) Assinale a alternativa em que as três palavras devam ser graficamente acentuadas, segundo as mesmas regras que justificam, respectivamente, a acentuação de *hálito*, *céu* e *gás*.
a) improbo, veu e has.
b) ambrosia, deu e carajas.
c) decano, reu e faz.
d) atono, judeu e ananas.
e) trapezio, camafeu e das.

26. (Cesgranrio-RJ) Assinale a opção em que os vocábulos obedecem à mesma regra de acentuação gráfica:
a) terás/límpida
b) necessário/verás
c) dá-lhes/necessário
d) incêndio/também
e) extraordinário/incêndio

27. (UFF-RJ) Só numa série abaixo estão todas as palavras acentuadas corretamente. Assinale-a.
a) rápido, séde, côrte
b) Satanás, ínterim, espécime
c) corôa, vatapá, automóvel
d) cometí, pêssegozinho, viúvo
e) lápis, raínha, côr

28. (FGV-RJ) Assinale a alternativa em que todas as palavras estão corretamente grafadas:
a) raiz, raízes, sai, apóio, Grajau
b) carretéis, funis, índio, hifens, atrás
c) juriti, ápto, âmbar, dificil, almoço
d) órfão, afável, cândido, caráter, Cristovão
e) chapéu, rainha, Bangú, fossil, conteúdo

29. (UFSC) Assinale a(s) proposição(ões) correta(s).

01. Os acentos gráficos em *corrupião*, *lá* e *baldeação* são justificados pela mesma regra.

02. São classificadas como oxítonas: *corrupião*, *poder* e *conduzi-lo*.

04. As palavras *beira*, *aérea* e *tédio* possuem a mesma classificação quanto à posição da sílaba tônica.

08. Os acentos gráficos dos vocábulos *você*, *protegê*-los e *contém* seguem as regras de acentuação das oxítonas.

16. Em *idade*, *ainda* e *fluido* temos três palavras com o mesmo número de sílabas.

32. As palavras *gratuito*, *debaixo* e *implicou* são trissílabas.

PARTE 2

MORFOLOGIA

Capítulo 5

Estrutura e formação das palavras

Cabelo

Cabelo, cabeleira
Cabeluda, descabela
Cabelo, cabeleira
Cabeluda, descabelada
Quem disse que o cabelo
Não sente

Quem disse que o cabelo
Não gosta de pente
Cabelo quando cresce é tempo
Cabelo embaraçado é vento
Cabelo vem lá de dentro
Cabelo é como pensamento
Quem pensa que cabelo é mato
Quem pensa que cabelo é pasto
Cabelo com orgulho é crina
Cilindros de espessura fina
Cabelo quer ficar pra cima
Laquê, fixador, gomalina
[...]

Jorge Ben Jor e Arnaldo Antunes.
Disponível em: <www.jorgebenjor.com.br>. Acesso em: 19 maio 2008.

Entre os elementos que formam a estrutura de uma palavra, encontra-se o radical, elemento comum a vários vocábulos. No caso da letra da música "Cabelo", temos o radical *cabel-* nas palavras *cabel*o, *cabel*eira, *cabel*uda, des*cabel*a e des*cabel*ada.

1. Morfemas

Sabemos que a morfologia estuda a estrutura, a formação, a classificação e as flexões das palavras. Neste capítulo, iniciamos nossos estudos de morfologia: vamos investigar a estrutura e os processos de formação das palavras de nossa língua.

Disponível em:
<www.scielo.br/scielo.php?pid=S0011-52581997000300003&script=sci_arttext&tlng, fazendo um splash>.
Acesso em: 5 jun. 2008.

Se tomarmos as palavras referentes a *governo* e pensarmos em outras que mantêm alguma semelhança com ela, poderemos encontrar o seguinte grupo:

governo
governa
desgoverno
desgovernado
governadores
governativa
governança
ingovernável
ingovernabilidade

Todas essas palavras têm pelo menos um elemento comum: a forma *govern-*. Além disso, em todas elas há elementos destacáveis, responsáveis pelo acréscimo de algum detalhe de significação. Compare, por exemplo, *governo* e *desgoverno*: o elemento inicial *des-* foi acrescentado à forma *governo*, trazendo o significado de "falta, ausência, carência".

Continuando esse trabalho de comparação entre as várias palavras que selecionamos, podemos depreender a existência de diversos elementos formadores:

govern-o
govern-a
des-govern-o
des-govern-a-do
govern-a-dor-es
govern-a-tiva
govern-ança
in-govern-á-vel
in-govern-a-bil-i-dade

Capítulo 5 >>> Estrutura e formação das palavras >>> 73

Cada um desses elementos formadores é capaz de fornecer alguma noção significativa à palavra que integra. Além disso, nenhum deles pode sofrer nova divisão. Estamos diante de unidades de significação mínimas, ou seja, elementos significativos indecomponíveis, a que damos o nome de **morfemas**.

Atividade

Comparando as palavras a seguir, mostre quais são os morfemas que as compõem:

a) desatualização

b) atualizar

c) atual

d) atualizado

e) atualizada

f) atualizados

g) atualmente

h) reatualizar

i) atualizador

2. Classificação dos morfemas

Radicais

É o morfema *govern-*, comum a todas as palavras observadas nos exemplos anteriores, que faz com que as consideremos palavras de uma mesma família de significação. Ao morfema comum de uma família de palavras chamamos **radical**; às palavras que pertencem a uma mesma família chamamos **cognatos**. O radical é a parte da palavra responsável por sua significação principal.

Optamos pelo uso do termo *radical* para designar o morfema que concentra a significação principal da palavra e que pode ser depreendido por meio de simples comparações entre palavras de uma mesma família. Intencionalmente, não empregamos o termo *raiz*, que está ligado à origem histórica das palavras. Para identificar a raiz de uma família de vocábulos é necessário um conhecimento específico de etimologia.

Afixos

Já sabemos que o morfema *des-*, que surge em *desgoverno*, é capaz de acrescentar ao significado da palavra *governo* a ideia de "negação, falta, carência". Dessa forma, o acréscimo do morfema *des-* cria uma nova palavra a partir de *governo*. A nova palavra formada tem o sentido de "falta, ausência de governo". De maneira semelhante, o acréscimo do morfema *-dor* à forma *governa-* criou a palavra *governador*, que significa "aquele que governa". Observe que *des-* e *-dor* são morfemas capazes de mudar o sentido do radical a que são anexados. Esses morfemas recebem o nome de **afixos**.

Quando são colocados antes do radical, como acontece com *des-*, os afixos recebem o nome de **prefixos**. Quando, como *-dor*, surgem depois do radical, os afixos são chamados de **sufixos**. Prefixos e sufixos são capazes de introduzir modificações de significado no radical a que são acrescentados. São também, em muitos casos, capazes de operar mudança de classe gramatical da palavra a que são acrescentados. Nas palavras que estamos analisando, merecem destaque alguns afixos:

prefixos	sufixos
des-, em **des**governo, **des**governado *in-*, em **in**governável, **in**governabilidade	*-vel*, em ingovern**ável** *-dor*, em governa**dor**es *-dade*, em ingovernabili**dade**

Parte 2 > > > MORFOLOGIA > > >

Desinências

Se você pluralizar a palavra *governo*, encontrará a forma *governos*. Isso nos mostra que o morfema *-s*, acrescentado ao final da forma *governo*, é capaz de indicar a flexão de número desse substantivo.

Tomando o verbo *governar* e conjugando algumas de suas formas, você perceberá modificações na parte final dessa palavra: *governa**va***, *governa**vas***, *governa**va***, *governá**vamos***, *governá**veis***, *governa**vam***. Essas modificações ocorrem à medida que o verbo vai sendo flexionado em número (singular/plural) e pessoa (primeira, segunda ou terceira). Também ocorrem se modificarmos o tempo e o modo do verbo (*governa**va**/governa**ra**/governa**sse***, por exemplo).

Podemos concluir, assim, que existem morfemas que indicam as flexões das palavras. Esses morfemas sempre surgem na parte final das palavras variáveis e recebem o nome de **desinências**. Há desinências **nominais** (indicam flexões nominais, ou seja, o gênero e o número) e desinências **verbais** (indicam flexões do verbo, como número, pessoa, tempo e modo).

Vogais temáticas

Observe que entre o radical *govern-* e as desinências verbais surge sempre o morfema *-a-*. Esse morfema que liga o radical às desinências é chamado **vogal temática**. Sua função é justamente a de ligar-se ao radical, constituindo o chamado **tema**. É ao tema (radical + vogal temática) que se acrescentam as desinências. Tanto os verbos como os nomes apresentam vogais temáticas.

Vogais ou consoantes de ligação

Há ainda um último tipo de morfema que podemos encontrar: as vogais ou consoantes de ligação. São morfemas que surgem por motivos eufônicos, ou seja, para facilitar ou mesmo possibilitar a leitura de uma determinada palavra. Temos um exemplo de vogal de ligação na palavra *ingovernabilidade*: o *-i-* entre os sufixos *-bil* e *-dade* facilita a emissão vocal da palavra. Outros exemplos de vogais e consoantes de ligação podem ser vistos nestas palavras:

gas**ô**metro
caf**e**teira
alv**i**negro
chal**e**ira
tecn**o**cracia
tric**o**tar
pa**u**lada

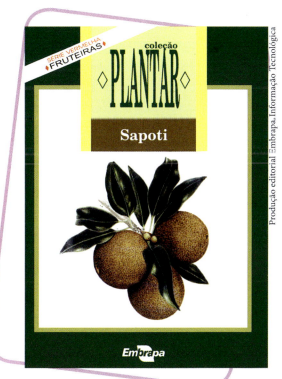

Na formação do nome da árvore que produz sapoti, o *sapotizeiro*, percebemos a presença da consoante de ligação *z* unindo o nome sapoti ao sufixo *-eiro* (sapoti + *z* + eiro). Essa consoante pode ser observada também em outros nomes de plantas: juazeiro (juá + *z* + eiro), abacaxizeiro (abacaxi + *z* + eiro), caquizeiro (caqui + *z* + eiro) etc.

SAPOTI. Coleção Plantar, 46. Brasília: Embrapa, 2005. Capa.

Atividade

Faça a depreensão e a classificação dos morfemas formadores das seguintes palavras e flexões:

a) realizar
b) irreal
c) real
d) realmente
e) realizável
f) realizava
g) realizáramos
h) realismo
i) realista

3. Estudo dos morfemas ligados às flexões das palavras

Vogais temáticas

A vogal temática é um morfema que se junta ao radical a fim de formar uma base à qual se ligam as desinências. Essa base é chamada **tema**.

Além de atuar como elemento de ligação entre o radical e as desinências, a vogal temática também marca grupos de nomes e de verbos. Isso significa que existem vogais temáticas nominais e vogais temáticas verbais.

a. vogais temáticas nominais – são -a, -e e -o, quando átonas finais, como nas palavras:

mesa	artista	busca	perda	escola
triste	base	combate	destaque	sorte
livro	tribo	amparo	auxílio	resumo

Nesses casos, não poderíamos pensar que essas terminações são desinências indicadoras de gênero, pois *livro*, *escola* e *sorte*, por exemplo, não sofrem flexão de gênero. É a essas vogais temáticas que se liga a desinência indicadora de plural: *carro-s*, *mesa-s*, *dente-s*.

Os nomes terminados em vogais tônicas (*sofá*, *café*, *caqui*, *mandacaru* e *cipó*, por exemplo) não apresentam vogal temática; podemos considerar que os terminados em consoante (*feliz*, *roedor*, por exemplo) têm o mesmo comportamento.

LAERTE. *Classificados: livro 2*. São Paulo: Devir, 2002. p. 38.

Quando átonas finais, as vogais -e, -a e -o classificam-se como vogais temáticas nominais. Isso ocorre nas palavras *análise*, *ano*, *hora* e *minuto*. Já as palavras *fóssil* e *milhão* não apresentam vogal temática.

b. **vogais temáticas verbais** – são *-a*, *-e* e *-i*, criando três grupos de verbos a que se dá o nome de conjugações. Assim, os verbos cuja vogal temática é *-a* pertencem à primeira conjugação; aqueles cuja vogal temática é *-e* pertencem à segunda conjugação e os que têm vogal temática *-i* pertencem à terceira conjugação.

Podemos perceber claramente a vogal temática atuando entre o radical e as desinências nos seguintes exemplos:

primeira conjugação

govern-**a**-va   atac-**a**-va   realiz-**a**-sse

segunda conjugação

estabelec-**e**-sse   cr-**e**-ra   mex-**e**-rá

terceira conjugação

defin-**i**-ra   imped-**i**-sse   ag-**i**-mos

Desinências

As desinências são morfemas que indicam as flexões de nomes e verbos, dividindo-se, por isso, em desinências nominais e verbais. Note que as desinências indicam flexões de uma mesma palavra, enquanto os afixos são usados para formar novas palavras. As flexões ocorrem obrigatoriamente quando precisamos inserir uma palavra numa sequência ou frase:

O ministro não foi convidado para a reunião.

Os ministros não foram convidados para a reunião.

A ministra não foi convidada para a reunião.

As ministras não foram convidadas para a reunião.

As flexões sofridas pelas palavras nas frases acima são obrigatórias para o estabelecimento da concordância. Já o uso de afixos não se deve a uma obrigatoriedade, mas sim a uma opção:

O ex-ministro não foi convidado para a reunião.

A ministra não foi convidada para as reuniõezinhas.

Não há nenhum mecanismo linguístico que torne obrigatório o uso do sufixo *-(z)inh* ou do prefixo *ex-* nessas duas frases. Além disso, *reuniãozinha* (plural "reuniõezinhas") e *ex-ministro* são duas palavras novas formadas a partir de *ministro* e *reunião*, respectivamente; já *ministros*, *ministra* e *ministras* são consideradas formas de uma mesma palavra, *ministro*.

a. **desinências nominais** – indicam o gênero e o número dos nomes. Para a indicação de gênero, o português costuma opor as desinências *-o*/*-a*:

garot**o**   garot**a**   menin**o**   menin**a**

Você já sabe como distinguir essas desinências das vogais temáticas nominais: lembre-se de que, enquanto as desinências são **comutáveis** (podem ser trocadas uma pela outra), as vogais temáticas não são (quem pensaria seriamente em formar "livra" ou "carra" para indicar formas "femininas"?).

Para a indicação de número, costuma-se utilizar o morfema *-s*, que indica o plural em oposição à ausência de morfema que indica o singular:

garot**o**   garot**os**   garot**a**   garot**as**

menin**o**   menin**os**   menin**a**   menin**as**

No caso dos nomes terminados em *-r* e *-z*, a desinência de plural assume a forma *-es*:

| mar | mar**es** | revólver | revólver**es** |
| cruz | cruz**es** | juiz | juíz**es** |

b. **desinências verbais** – em nossa língua, as desinências verbais pertencem a dois tipos distintos. Há aquelas que indicam o modo e o tempo verbais (desinências **modo-temporais**) e aquelas que indicam o número e a pessoa verbais (desinências **número-pessoais**). Observe, nas formas verbais abaixo, algumas dessas desinências:

estud-á-va-mos

estud-: radical

-á-: vogal temática

-va-: desinência modo-temporal (caracteriza o pretérito imperfeito do indicativo)

-mos: desinência número-pessoal (caracteriza a primeira pessoa do plural)

estud-á-sse-is

-sse-: desinência modo-temporal (caracteriza o pretérito imperfeito do subjuntivo)

-is: desinência número-pessoal (caracteriza a segunda pessoa do plural)

estud-a-ria-m

-ria-: desinência modo-temporal (caracteriza o futuro do pretérito do indicativo)

-m: desinência número-pessoal (caracteriza a terceira pessoa do plural)

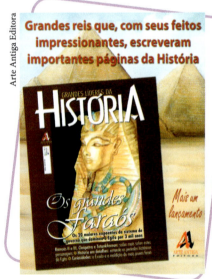

As desinências indicam as flexões obrigatórias das palavras, que as recebem para adaptar-se a outras na frase. No texto desse anúncio, observamos a presença da desinência nominal de número *-s*, que estabelece concordância entre as palavras dos seguintes grupos nominais da frase: "grande*s* rei*s*", "seu*s* feito*s* impressionante*s*" e "importante*s* página*s*". As desinências verbais *-ra* e *-m* (escreve-*ra*-*m*), modo-temporal e número-pessoal respectivamente, indicam uma ação passada real (pretérito perfeito do modo indicativo), praticada por um sujeito plural (*grandes reis* escreveram).

Mitologia grega. São Paulo: Arte Antiga, ano 1, n. 10, [s.d.]. Quarta capa.

Atividade

Aponte as desinências e as vogais temáticas das seguintes palavras e flexões:

a) amor, amores

b) deputado, deputada

c) comemorava, comemorávamos, comemorássemos

d) pusesse, puséramos, pusésseis

e) pente, pentes

f) garrafa, garrafas

g) boné, bonés

h) caso, casos

i) moço, moços

4. Processos de formação das palavras

A língua portuguesa apresenta dois processos básicos para formação de palavras: a derivação e a composição.

Há **derivação** quando, a partir de uma palavra primitiva, obtemos novas palavras (chamadas derivadas) por meio do acréscimo de afixos. Isso ocorre, por exemplo, quando, a partir da palavra primitiva *piche*, formamos *pichar*, da qual por sua vez se forma *pichação*, *pichador*; também ocorre quando obtemos *impessoal* a partir de *pessoal* ou *ineficiente* a partir de *eficiente*. Como veremos mais adiante, a derivação também pode ser feita pela supressão de morfemas ou pela troca de classe gramatical, mas nunca pelo acréscimo de radicais.

A **composição** ocorre quando formamos palavras pela junção de pelo menos dois radicais. Nesse sentido, diferencia-se da derivação, que não lida com radicais. As palavras resultantes do processo de composição são chamadas compostas, em oposição àquelas em que há um único radical, chamadas simples. Eis alguns exemplos de palavras compostas:

lobisomem (radicais de *lobo* e *homem*)

beija-flor (*beija* + *flor*)

girassol (*gira* + *sol*)

otorrinolaringologia (radicais eruditos *oto* + *rino* + *laringo* + *logia*)

5. Estudo da derivação

A derivação consiste basicamente na modificação de determinada palavra primitiva por meio do acréscimo de afixos. Dessa forma, temos a possibilidade de fazer sucessivos acréscimos, criando, a partir de uma base inicialmente simples, palavras de estrutura cada vez mais complexa:

escola

escolar

escolarizar

escolarização

subescolarização

Observe, assim, que a derivação deve ser vista como um processo extremamente produtivo da língua portuguesa, pois podemos incorporar os mesmos afixos a um número muito grande de palavras primitivas. Esses acréscimos podem alterar o significado da palavra (como em *escolarização/subescolarização*) e também mudar a classe gramatical da palavra (como em *escolarizar/escolarização*, que são, respectivamente, verbo e substantivo).

A derivação, quando decorre do acréscimo de afixos, pode ser classificada em três tipos: derivação prefixal, derivação sufixal e derivação parassintética.

Derivação prefixal (ou prefixação)

Resulta do acréscimo de prefixo à palavra primitiva, que tem seu significado alterado; veja, por exemplo, alguns verbos derivados de *pôr*:

repor   dispor   compor   contrapor

indispor   recompor   decompor

Capítulo 5 > > > Estrutura e formação das palavras > > >

Tradicionalmente, os estudiosos da língua portuguesa afirmam que a prefixação não produz mudanças de classe gramatical; na língua atual, entretanto, essas modificações têm ocorrido. Veja, por exemplo, as palavras *anti-inflação* e *interbairros*, que, em expressões como *pacto anti-inflação* e *transporte interbairros* atuam como adjetivos, apesar de terem sido formadas de substantivos.

Derivação sufixal (ou sufixação)

Resulta do acréscimo de sufixo à palavra primitiva, que pode sofrer alteração de significado ou mudança de classe gramatical. Em *unhada*, por exemplo, houve modificação de significado: o acréscimo do sufixo trouxe a noção de "golpe", "ataque feito com a unha", ou mesmo a ideia de "ferimento provocado pela unha". Já em *alfabetização*, o sufixo *-ção* transforma em substantivo o verbo *alfabetizar*. Esse verbo, por sua vez, já resulta do substantivo *alfabeto* pelo acréscimo do sufixo *-izar*.

Como já vimos, o acréscimo de afixos pode ser gradativo. Nada impede que, depois de obter uma palavra por prefixação, se forme outra por sufixação, ou vice-versa. Veja, por exemplo:

    desvalorização   (valor → valorizar → desvalorizar → desvalorização)

    indesatável   (desatar → desatável → indesatável)

    desigualdade   (igual → igualdade → desigualdade)

São palavras formadas por prefixação e sufixação ou por sufixação e prefixação.

A palavra *preguiçoso* é formada por sufixação (*preguiça* + *-oso*).

WALKER, Mort. *Recruta Zero: antologia com o melhor de todas as cinco décadas da série.* São Paulo: Opera Graphica, 2002. v. 5. p. 33.

Derivação parassintética (ou parassíntese)

Ocorre quando a palavra derivada resulta do acréscimo **simultâneo** de prefixo e sufixo à palavra primitiva. É um processo que dá origem principalmente a verbos, obtidos a partir de substantivos e adjetivos. Veja alguns exemplos de verbos obtidos de substantivos:

    abençoar   amaldiçoar   ajoelhar   apoderar
    avistar   apregoar   enfileirar   esfarelar
    abotoar   esburacar   espreguiçar   amanhecer
    anoitecer   acariciar   engatilhar   ensaboar
    enraizar   afunilar   apavorar   empastelar
    expatriar

Agora, alguns formados de adjetivos:

enrijecer	engordar	entortar	endireitar	envelhecer
esfriar	avermelhar	empobrecer	esclarecer	expropriar
apodrecer	amadurecer	aportuguesar	enlouquecer	
endurecer	amolecer	entristecer	empalidecer	

Não se deve confundir a derivação parassintética, em que o acréscimo de sufixo e prefixo é obrigatoriamente simultâneo, com casos como os das palavras *desvalorização* e *desigualdade*, que vimos há pouco. Nessas palavras, os afixos são acoplados em sequência; assim, como vimos, *desvalorização* provém de *desvalorizar*, que provém de *valorizar*, que por sua vez provém de *valor*.

É impossível fazer o mesmo com palavras formadas por parassíntese: não se pode, por exemplo, dizer que *expropriar* provém de "propriar" ou de "expróprio", pois tais palavras não existem na língua corrente; logo, *expropriar* provém diretamente de *próprio*, pelo acréscimo **concomitante** de prefixo e sufixo.

Derivação regressiva

Ocorre quando se retira a parte final de uma palavra primitiva, obtendo-se por essa redução uma palavra derivada. É um processo particularmente produtivo para a formação de substantivos a partir de verbos, principalmente os da primeira e os da segunda conjugações. Esses substantivos, chamados por isso **deverbais**, indicam sempre o nome de uma ação. O mecanismo para sua obtenção é simples: substitui-se a terminação verbal formada pela vogal temática + desinência de infinitivo (*-ar* ou *-er*) por uma das vogais temáticas nominais (*-a*, *-e* ou *-o*):

buscar → busca	alcançar → alcance	tocar → toque
apelar → apelo	censurar → censura	atacar → ataque
sacar → saque	chorar → choro	ajudar → ajuda
cortar → corte	abalar → abalo	recuar → recuo
perder → perda	debater → debate	afagar → afago
sustentar → sustento	vender → venda	resgatar → resgate

É interessante perceber que a derivação regressiva é um processo produtivo na língua coloquial: surgiram recentemente na língua popular palavras como *agito* (de *agitar*), *amasso* (de *amassar*) e *chego* (de *chegar*).

Os substantivos deverbais **são sempre nomes de ação**: isso é importante porque há casos em que é o verbo que se forma a partir do substantivo, como *planta* → *plantar*, *perfume* → *perfumar*, *escudo* → *escudar*. *Planta*, *perfume* e *escudo* não são nomes de ação; por isso, não são substantivos deverbais. Na verdade, eles é que são as palavras primitivas, enquanto os verbos são derivados.

Odeio quando rebatem o meu saque.

A palavra *saque*, um substantivo deverbal, designa *a ação de sacar*.

SCHULZ, Charles M. *Pequeno livro de estilo do Snoopy*. São Paulo: Conrad, 2004. p. 34-5.

Derivação imprópria

Ocorre quando determinada palavra, sem sofrer nenhum acréscimo ou supressão em sua forma, muda de classe gramatical. Isso acontece, por exemplo, nas frases:

> Não aceitarei um não como resposta.
>
> É um absurdo o que você está propondo.

Na primeira frase, *não*, um advérbio, converteu-se em substantivo. Na segunda, o adjetivo *absurdo* também se converteu em substantivo. Agora veja este exemplo:

> Você está falando bonito: o amar é indispensável.

O adjetivo *bonito* surge na função típica de um advérbio de modo, enquanto o verbo *amar* se converteu em substantivo.

> Na frase "Papo cabeça à venda", o substantivo *cabeça* é usado como adjetivo. Refere-se ao substantivo *papo*, atribuindo-lhe uma qualidade: papo com conteúdo, de pessoa muito inteligente e culta.

Pesquisa fapesp.
São Paulo: Fapesp, n. 112, jun. 2005. p. 99.

6. Prefixos

Os prefixos são morfemas que se colocam antes dos radicais basicamente a fim de modificar-lhes o sentido; raramente esses morfemas produzem mudanças de classe gramatical.

Os principais prefixos da língua portuguesa são de origem latina. Na relação que se segue, colocamos as diversas formas que esses prefixos costumam assumir, o tipo de modificação de significado que introduzem no radical e vários exemplos. Muitos desses prefixos originaram-se de preposições e advérbios, e não será difícil para você relacioná-los com preposições e advérbios da língua portuguesa. Leia a relação com cuidado, concentrando-se principalmente nos exemplos.

PREFIXOS LATINOS

prefixo e significado	exemplos
a-, ab-, abs- (separação, afastamento, privação)	abdicar, abjurar, abster, abstrair, abuso, abusar, amovível
a-, ad- (aproximação, direção, aumento, transformação)	achegar, abraçar, aproveitar, amadurecer, adiantar, avivar, adjunto, administrar, admirar, adventício, assimilar
além- (para o lado de lá, do lado de lá)	além-túmulo, além-mar, além-mundo
ante- (anterioridade no espaço ou no tempo)	antebraço, antepasto, antessala, antevéspera, antepor, anteontem

prefixo e significado	exemplos
aquém- (para o lado de cá, do lado de cá)	aquém-mar, aquém-fronteiras
bem-, **ben-** (de forma agradável, positiva ou intensa)	bem-aventurado, bem-vindo, benfeitor, benquisto, bem-apanhado, bem-apessoado, bem-nascido, bem-querer, bem-visto
circum-, **circun-** (ao redor de, em torno de)	circuncentro, circunscrever, circunvizinhança, circunvagar
cis- (posição aquém, do lado de cá)	cisandino, cisplatino, cisalpino
co-, **com-** (contiguidade, companhia, agrupamento)	coabitar, coadjuvante, coadquirir, condiscípulo, combater, correligionário, conjurar, consoante, confluência, compor, cooperar, corroborar, conviver, coirmão, co-herdeiro
contra- (oposição, ação conjunta, proximidade)	contra-atacar, contra-argumento, contradizer, contrapor, contraprova, contrabalançar, contracheque, contracultura, contraexemplo, contracapa, contracanto, contramestre
de- (movimento de cima para baixo)	decrescer, decompor, depor, depender, decapitar, deliberar, decair
des- (separação, ação contrária, negação, privação)	despedaçar, desfazer, desumano, desintegrar, desigual, desconforme, desobedecer, desmatar, desenganar, desunião, desfolhar
(às vezes, serve apenas para reforço)	desafastar, desinfeliz, desinquieto
dis-, **di-** (separação, movimento para diversos lados, negação)	difícil, dissidente, dilacerar, disseminar, distender, disforme, dissabor, divagar, difundir
e-, **es-**, **ex-** (movimento para fora, separação, transformação)	emigrar, evadir, expor, exportar, exprimir, expatriar, extrair, esquentar, esfriar, esburacar, ex-presidente, ex-ministro, ex--namorada
en-, **em-**, **i-**, **in-**, **im-** (posição interior, movimento para dentro)	enraizar, enterrar, embarcar, embeber, imigrar, irromper, importar
entre-, **inter-** (posição intermediária, reciprocidade)	entreabrir, entrechoque, entrelaçar, entrevista, entretela, entrever, interação, intercâmbio, intervir, interromper, intercalar
extra- (posição exterior, fora de)	extraconjugal, extrajudicial, extraoficial, extraordinário, extranumerário, extraterrestre, extravasar, extraviar
i-, **in-**, **im-** (negação, privação)	imoderado, inalterado, ilegal, ilegítimo, irrestrito, incômodo, inútil, incapaz, impuro, impróprio
intra- (posição interior)	intrapulmonar, intravenoso, intraocular
intro- (movimento para dentro)	introduzir, intrometer, intrometido, introverter, introjeção, intros-pecção
justa- (posição ao lado)	justapor, justaposição, justalinear
mal- (de forma irregular, desagradável ou escassa)	mal-humorado, mal-educado, mal-arrumado, mal-assombrado, malfeito, mal-assado, mal-aventurança, malcriado
ob-, **o-** (posição em frente, diante, oposição)	objeto, obstar, obstáculo, obstruir, obstrução, opor, oposição

Capítulo 5 > > > Estrutura e formação das palavras > > >

prefixo e significado	exemplos
per- (movimento através)	perpassar, percorrer, percurso, perfurar, perseguir, perdurar
pos-, **pós-** (posterioridade, posição posterior)	posfácio, pospor, pós-escrito, pós-graduação, pós-eleitoral
pre-, **pré-** (anterioridade, antecedência)	premeditar, preestabelecer, predizer, predispor, pré-história, pré-adolescente, pré-amplificador
pro-, **pró-** (movimento para a frente, a favor de)	promover, propelir, progredir, progresso, proeminente, proclamar, prosseguir, pró-socialista, pró-britânico, pró-anistia
re- (movimento para trás, repetição)	refluir, reagir, reaver, reeditar, recomeçar, reviver, renascer, reanimar
retro- (movimento para trás)	retroação, retrocesso, retroceder, retroativo, retrógrado, retrospectivo, retrovisor
semi- (metade de, quase, que faz o papel de)	semicírculo, semibreve, semicondutor, semiconsciente, semiescravidão, semianalfabeto, semivogal, semimorto
sob-, **so-**, **sub-**, **su-** (movimento de baixo para cima, inferioridade, quase, em direção a)	sobraçar, soerguer, soterrar, sujeitar, subjugar, submeter, subalimentado, subdesenvolvimento, subliteratura, sub-humano, submarino, subverter
sobre-, **super-**, **supra-** (posição acima ou em cima, excesso, superioridade)	sobrepor, superpor, sobrescrito, sobrescrever, sobrevir, supersensível, super-homem, supermercado, superdotado, supercivilização
soto-, **sota-** (debaixo, posição inferior)	soto-pôr, sota-vento, sota-proa, sota-voga, soto-soberania
tras-, **tres-**, **trans-** (movimento ou posição para além de, através)	traspassar ou transpassar, trasbordar ou transbordar, tresandar, tresvariar, transatlântico, transalpino, transandino, transplantar
ultra- (posição além de, em excesso)	ultrapassar, ultramar, ultravioleta, ultramicroscópico, ultraconservador, ultrarromântico, ultrassom, ultrassofisticado
vice- (em lugar de, em posição imediatamente inferior)	vice-presidente, vice-diretor, vice-cônsul, vice-almirante, vice-rei, vice-campeão, vice-artilheiro

PREFIXOS GREGOS

prefixo e significado	exemplos
an-, **a-** (privação, negação)	anarquia, anônimo, ateu, acéfalo, amoral, anestesia, afônico, anemia
an(a)- (movimento de baixo para cima, movimento inverso, repetição, afastamento, intensidade)	anacronismo, anagrama, análise, anabatista, anáfora, analogia, anatomia, anafilaxia
anf(i)- (de um e de outro lado, ao redor)	anfiteatro, anfíbio, anfípode
ant(i)- (ação contrária, oposição)	antagonista, antítese, antiaéreo, antípoda, antídoto, antipatia, anticonstitucional, anticorpo, antifebril, antimonárquico, antissocial

Parte 2 > > > MORFOLOGIA > > >

prefixo e significado	exemplos
ap(o)- (afastamento, separação)	apóstata, apogeu, apóstolo
arc(a), **arce-**, **arque-**, **arqui-** (superioridade, primazia)	arcanjo, arquiduque, arquétipo, arcebispo, arquimilionário
cata- (movimento de cima para baixo, oposição, em regressão)	cataclismo, catacumba, catarro, catástrofe, catadupa, catacrese, catálise, catarata
di(a)- (através, por meio de, separação)	diagnóstico, diálogo, dialeto, diâmetro, diáfano
dis- (mau estado, dificuldade)	dispneia, disenteria, dislalia, dispepsia
ec-, **ex-** (movimento para fora)	eclipse, exantema, êxodo
en-, **e-**, **em-** (posição interior, dentro)	encéfalo, emplastro, elipse, embrião
end(o)- (movimento para dentro, posição interior)	endocarpo, endotérmico, endoscópio
ep(i)- (posição superior, sobre, movimento para, posterioridade)	epiderme, epígrafe, epílogo, epicarpo, epidemia
eu-, **ev-** (bem, bom)	eufonia, eugenia, eufemismo, euforia, eutanásia, evangelho
hiper- (posição superior, excesso, além)	hipérbole, hipertensão, hipercrítico, hiperdesenvolvimento, hiperestesia, hipermercado, hipermetropia, hipertrofia, hipersônico
hip(o)- (posição inferior, escassez)	hipodérmico, hipótese, hipocalórico, hipogeu, hipoglicemia, hipotensão, hipoteca
met(a)- (mudança, sucessão, posterioridade, além)	metáfora, metamorfose, metafísica, metonímia, metacarpo, metátese, metempsicose
par(a)- (perto, ao lado de, elemento acessório)	paradoxo, paralelo, parágrafo, paramilitar, parábola, parâmetro
peri- (movimento ou posição em torno)	perífrase, periferia, período, perianto, pericarpo
pro- (movimento para diante, posição em frente ou anterior)	programa, prólogo, prognóstico, pródromo, próclise
sin-, **sim-** (ação conjunta, companhia, reunião, simultaneidade)	sinestesia, sincronia, síntese, sinônimo, sinfonia, simpatia, sintaxe

Atividades

1. Substitua cada conjunto destacado por uma única palavra, formada por prefixação.

a) O juiz **lerá novamente** os documentos do processo.

b) É necessário **fazer outra vez** todos os cálculos.

c) Depois de vários anos, vou **tornar a ver** meus pais.

d) Não havia motivo para **pôr** os interesses individuais **antes d**os interesses coletivos.

e) Deixou a todos **sem proteção**.

f) Seu comportamento **despido de honestidade** foi punido.

g) Queria uma liberdade **sem restrições**.

h) Os documentos foram **datados com antecedência**.

i) Depois de **passar além d**estes limites, descansaremos.

Capítulo 5 > > > Estrutura e formação das palavras > > >

85

2. Em cada item há dois grupos de palavras que podem ser substituídos por palavras formadas por prefixação. Proceda como no exercício anterior e, em seguida, crie frases com as palavras obtidas.

a) diz-se do que está debaixo da **terra**:
diz-se de quem é da mesma **terra**:

b) passar uma **linha** por baixo de uma palavra:
dispor em **linha** reta (em fileira ou um elemento ao lado de outro):

c) diz-se de quem viveu antes do período **histórico**:
diz-se do que é contrário à **história**:

d) diz-se de quem (ou do que) viveu antes do **Dilúvio**:
diz-se do que é posterior ao **Dilúvio**:

e) diz-se de quem viveu antes da chegada de Cristóvão **Colombo**:
diz-se de quem viveu após a chegada de Cristóvão **Colombo**:

f) diz-se do **emprego** que não oferece condições favoráveis ao trabalhador:
diz-se da falta de **emprego**:

3. Baseando-se em seu conhecimento do valor dos prefixos, procure explicar o significado das seguintes palavras:

a) reencontro, desencontro
b) premeditar, pressentir
c) importar, exportar
d) imigrante, emigrante
e) imergir, emergir, submergir
f) intersecção
g) imoral, amoral
h) circunlóquio, colóquio
i) cisandino, cisalpino, transandino, transalpino
j) cogestão
k) digressão, regressão, progressão
l) expatriar, repatriar
m) introvertido, extrovertido
n) prefácio, posfácio
o) refluxo, defluxo
p) introspecção, retrospecção
q) subestimar, sobre-estimar
r) ultraleve

7. Sufixos

Os sufixos são capazes de modificar o significado do radical a que são acrescentados. Uma de suas principais características é a de mudar a classe gramatical da palavra a que se agregam. Por isso vamos observar os principais sufixos da língua portuguesa em relações que colocam em evidência as diversas classes de palavras envolvidas no processo de derivação. Perceba que, como o sufixo é colocado depois do radical, a ele são incorporadas as desinências que indicam as flexões das palavras variáveis.

Formam substantivos a partir de outros substantivos

-ada

a. ferimento, golpe ou marca produzida por instrumento:

facada	punhalada	navalhada	martelada	pedrada	bicada
chifrada	dentada	unhada	penada	pincelada	

b. medida ou quantidade:

garfada	batelada	fornada	tigelada	carrada	colherada

c. multidão:

boiada	carneirada	estacada	ramada	papelada	meninada

Parte 2 > > > MORFOLOGIA > > >

d. alimentos ou bebidas:

cajuada	laranjada	limonada	cocada
marmelada	goiabada	feijoada	

e. movimentos ou atos rápidos, enérgicos ou de duração prolongada:

risada	gargalhada	cartada	jornada	noitada	temporada

-ado, -ato

▶ títulos honoríficos, territórios governados, cargos elevados, instituições:

viscondado	arcebispado	principado	pontificado	protetorado	condado	almirantado
eleitorado	apostolado	noviciado	bacharelado	reitorado	consulado	clericato
tribunato	sindicato	triunvirato	baronato	cardinalato		

-agem

a. noção coletiva:

folhagem	ferragem	plumagem	ramagem	pastagem

b. ação ou resultado da ação; estado:

aprendizagem	ladroagem	vadiagem

-al

a. sentido coletivo:

bananal	cafezal	feijoal	batatal	laranjal	morangal
pinhal	olival	jabuticabal	areal	lamaçal	lodaçal

b. relação, pertinência:

dedal	portal	pantanal

-alha

▶ noção coletiva de valor pejorativo:

gentalha	canalha	politicalha	miuçalha

-ama, -ame

▶ noção coletiva ou de quantidade:

dinheirama	mourama	velame	vasilhame	cordame

-aria, -eria

a. ramo de negócio ou estabelecimento:

chapelaria	livraria	alfaiataria	drogaria
tinturaria	confeitaria	leiteria	sorveteria

b. noção coletiva:

pedraria	sacaria	caixaria	fuzilaria
gritaria	infantaria (ou infantaria)		

c. atos ou resultados dos atos de certos indivíduos:

patifaria   velhacaria   pirataria   galantaria (ou galanteria)

-ário

a. atividade, ofício, profissão:

boticário   operário   secretário   bancário

b. lugar onde se coloca algo:

campanário   aquário   relicário   vestiário

c. noção coletiva:

rimário   anedotário   erário

-edo

a. sentido coletivo:

arvoredo   vinhedo   olivedo   passaredo

b. objeto isolado, de grande vulto:

penedo   rochedo

-eiro, -eira

a. ofícios e ocupações:

barbeiro   sapateiro   parteira   peixeiro   carteiro   bombeiro

sineiro   toureiro   marinheiro   livreiro   copeiro   pedreiro

b. nomes de árvores ou arbustos:

cajueiro   laranjeira   roseira   amendoeira   coqueiro   cafeeiro

pessegueiro   mangueira   jaqueira   goiabeira   craveiro   figueira

castanheiro (ou castanheira)   espinheiro (ou espinheira)

c. objetos ou lugares que servem para guardar:

cigarreira   manteigueira   paliteiro   cinzeiro   tinteiro

compoteira   açucareiro   agulheiro   saladeira

d. objetos de uso pessoal em geral:

pulseira   perneira   joelheira   munhequeira   banheira   chuteira

e. noção coletiva, de quantidade ou de intensidade:

nevoeiro   poeira   lameira   chuveiro   pedreira

carvoeira   ostreira   vespeiro   formigueiro   cabeleira

-ia

a. profissão, dignidade ou lugar onde se exerce profissão:

advocacia   baronia   chefia   chancelaria

delegacia   reitoria   diretoria

b. sentido coletivo:

confraria   clerezia   penedia

-io

▶ noção coletiva:

mulherio   rapazio   poderio   gentio

-ite

▶ inflamação:

bronquite   gastrite   rinite   estomatite   esplenite   otite   enterite

-ugem

▶ semelhança ou ideia de porção:

ferrugem   lanugem   penugem   babugem

-ume

a. noção coletiva, de quantidade ou intensidade:

cardume   negrume   azedume   chorume

b. ação ou resultado da ação:

curtume   urdume

Formam substantivos de adjetivos

Os substantivos derivados de adjetivos indicam qualidades, propriedades ou estados.

-dade

crueldade	maldade	bondade	divindade	sociedade	umidade
liberalidade	fragilidade	facilidade	legalidade	amabilidade	possibilidade
solubilidade					

-dão

mansidão   podridão   escuridão   gratidão

-ez, -eza

altivez	mudez	surdez	sordidez	intrepidez	honradez
mesquinhez	pequenez	pureza	firmeza	nobreza	fraqueza
estranheza	delicadeza	sutileza			

-ia

valentia   ufania   cortesia   alegria   melhoria

Capítulo 5 > > > Estrutura e formação das palavras > > >

-ice, -ície

velhice	meninice	criancice	beatice	tolice	modernice
calvície	canície	planície	imundice (ou imundície)		

-or

alvor	amargor	dulçor	negror

-tude

amplitude	magnitude	latitude	longitude

-ura

brancura	amargura	loucura	frescura
verdura	doçura	largura	espessura

Formam substantivos de verbos

-ança (-ância), -ença (-ência)

▶ nomes de ação ou de resultados dela; nomes de estado:

esperança	lembrança	vingança	constância	importância	relevância	crença
descrença	diferença	detença	regência	conferência	obediência	

-ante, -ente, -inte

▶ agente:

ajudante	emigrante	navegante	combatente	pretendente	ouvinte	pedinte

Em muitos casos, houve especialização de sentido:

poente	restaurante	estante	minguante	vazante	afluente

-dor, -tor, -sor, -or

▶ nome de agente ou de instrumento:

roedor	salvador	pescador	carregador	tradutor	jogador
poupador	investidor	investigador	inspetor	regador	aquecedor
raspador	interruptor	disjuntor	revisor		

-ção, -são, -ão

▶ ação ou resultado dela:

coroação	nomeação	posição	traição	adulação	consolação	obrigação
negação	declaração	audição	solução	invocação	extensão	agressão
repercussão	discussão	puxão	arranhão	escorregão		

-douro, -tório

▶ lugar ou instrumento para prática da ação:

miradouro	ancoradouro	desaguadouro	logradouro	matadouro	bebedouro
babadouro	purgatório	dormitório	laboratório	vomitório	oratório

-dura, -tura, -sura

▶ resultado ou instrumento da ação:

atadura	armadura	escritura	fechadura	clausura	urdidura
benzedura	mordedura	torcedura	pintura	magistratura	formatura

-mento

▶ ação, resultado da ação ou instrumento:

acolhimento	apartamento	pensamento	conhecimento	convencimento	esquecimento	fingimento
impedimento	ferimento	ornamento	instrumento	armamento	fardamento

Formam substantivos e adjetivos de outros substantivos e adjetivos

-ismo

a. doutrinas ou sistemas religiosos, filosóficos, políticos, artísticos:

calvinismo	bramanismo	budismo	materialismo	espiritismo	socialismo
capitalismo	federalismo	gongorismo	simbolismo	modernismo	impressionismo

b. maneira de proceder ou de pensar:

heroísmo	pedantismo	patriotismo	servilismo	ufanismo
nepotismo	filhotismo	arrivismo	oportunismo	revanchismo

c. formas de expressão que apresentam particularidades:

vulgarismo	latinismo	galicismo	arcaísmo	neologismo
solecismo	barbarismo			

d. terminologia científica:

magnetismo	galvanismo	alcoolismo	reumatismo	traumatismo

-ista

a. sectários de certas doutrinas:

calvinista	bramanista	budista	materialista	espiritista	socialista
capitalista	federalista	gongorista	simbolista	modernista	impressionista

b. ofícios, agentes:

flautista	florista	telefonista	maquinista
latinista	dentista	acionista	tenista
esportista			

> ### OBSERVAÇÃO
>
> A relação entre as palavras formadas pelos sufixos *-ismo* e *-ista* é óbvia:
>
> modernismo/modernista
> calvinismo/calvinista
>
> Note, no entanto, que não é uma relação obrigatória:
>
> protestantismo/protestante
> maometismo/maometano
> islamismo/islamita

c. adeptos de determinadas formas de agir ou pensar:

oportunista	golpista	saudosista	emancipacionista
revanchista	arrivista	desenvolvimentista	

d. nomes pátrios ou indicadores de origem:

nortista	sulista	paulista	santista
campista			

Formam adjetivos de substantivos ou de outros adjetivos

-aco

▶ estado íntimo; pertinência; origem:

maníaco   demoníaco   austríaco   siríaco

-ado

a. provido, cheio de:

barbado   ciliado   dentado

b. que tem caráter de:

adamado   afeminado   amarelado   avermelhado

-aico

▶ referência, pertinência; origem:

prosaico   onomatopaico   judaico   caldaico   aramaico

-al, -ar

▶ relação, pertinência:

dorsal	causal	substancial	anual	pessoal	escolar	palmar
vulgar	solar	lunar	consular	familial (ou familiar)		

-ano

a. pertinência; proveniência; relação com:

humano   mundano   serrano

b. adeptos de doutrinas estéticas, religiosas, filosóficas:

maometano   luterano   anglicano   camoniano   shakespeariano   horaciano

c. nomes pátrios:

americano   baiano   pernambucano   peruano   prussiano
açoriano   alentejano

-ão

▶ proveniência, origem:

alemão   coimbrão   beirão   aldeão

-eiro, -ário

▶ relação; posse; origem:

verdadeiro   rasteiro   costeiro   originário   ordinário   diário   subsidiário
tributário   mineiro   brasileiro

-engo, -enho, -eno

▶ relação; procedência, origem:

mulherengo	avoengo	solarengo	flamengo	ferrenho	estremenho	madrilenho
panamenho	portenho	nazareno	terreno	tirreno	chileno	

-ento

▶ provido ou cheio de; que tem o caráter de:

sedento	rabugento	peçonhento	cinzento	ciumento	corpulento	turbulento
opulento	barrento	vidrento				

-ês, -ense

▶ relação; procedência, origem:

francês	inglês	genovês	milanês	escocês	irlandês	paraense
cearense	maranhense	vienense	parisiense	catarinense	forense	

-eo

▶ relação; semelhança; matéria:

róseo	férreo

-esco, -isco

▶ referência; semelhança:

burlesco	dantesco	mourisco

-este, -estre

▶ relação:

agreste	celeste	campestre	terrestre	alpestre	silvestre

-eu

▶ relação; procedência, origem:

europeu	judeu	caldeu	hebreu	filisteu	cananeu

-ico, ício

▶ relação; procedência:

bíblico	melancólico	pérsico	céltico	britânico	ibérico	geométrico
alimentício	natalício					

-il

▶ referência; semelhança:

febril	infantil	senhoril	servil	varonil	estudantil	fabril

-ino

▶ relação; origem; natureza:

argentino	florentino	bizantino	cristalino	leonino	alabastrino
diamantino	londrino	bovino			

-ita

▶ relação; origem:

ismaelita israelita jesuíta

-onho

▶ propriedade; hábito:

medonho risonho enfadonho tristonho

-oso

▶ provido, cheio de; que provoca:

orgulhoso	furioso	desejoso	rigoroso	noticioso	leitoso	sulfuroso
montanhoso	pedregoso	temeroso	lamentoso	lastimoso	vergonhoso	angustioso

-tico

▶ relação:

aromático problemático asiático rústico

-udo

▶ provido de, cheio de ou com a forma de, muitas vezes com ideia de **desproporção**:

sisudo	pontudo	bicudo	peludo	cabeludo	narigudo	espadaúdo
repolhudo	bochechudo	carnudo	polpudo			

Formam adjetivos de verbos

-ante, -ente, -inte

▶ ação; qualidade; estado:

semelhante	tolerante	doente	resistente
constituinte	seguinte		

-io, -ivo

▶ ação; referência; modo de ser:

escorregadio	erradio	fugidio	tardio	prestadio	pensativo	lucrativo
fugitivo	afirmativo	negativo	acumulativo			

-iço, ício

▶ - referência; possibilidade de praticar ou sofrer ação:

abafadiço	movediço	quebradiço	alagadiço	metediço	acomodatício
factício	translatício	sub-reptício			

-doiro, -douro, -tório

▶ ação, muitas vezes de valor futuro; pertinência:

casadoiro   duradouro   vindouro   inibitório   preparatório   emigratório

-vel

▶ possibilidade de praticar ou sofrer ação:

desejável   vulnerável   remediável   substituível   suportável   louvável   admissível

reduzível   removível   corrigível   discutível

Forma advérbios de adjetivos

-mente

justamente   vaidosamente   livremente   burguesmente   perigosamente

firmemente   fracamente

Formam verbos de substantivos e adjetivos

-ar

murar   jardinar   telefonar   ancorar   ordenar   almoçar

-ear

sapatear   floretear   golpear   saborear   saquear   mastrear

folhear   sanear   clarear

-ejar

lacrimejar   gotejar   gaguejar   voejar

-entar

amolentar   aformosentar

-ecer, -escer

favorecer   escurecer   florescer   rejuvenescer

-ficar

falsificar   petrificar   exemplificar   fortificar   dignificar   purificar

-ilhar

dedilhar   fervilhar

-inhar

escrevinhar   cuspinhar

-iscar

chuviscar lambiscar

-itar

saltitar dormitar

-izar

organizar civilizar
harmonizar fertilizar
esterilizar tranquilizar
vulgarizar simpatizar
economizar arborizar

> ### OBSERVAÇÃO
>
> Os verbos novos da língua são criados pelo acréscimo da terminação *-ar* a substantivos e adjetivos. Essa terminação é formada pela vogal temática da primeira conjugação seguida pela desinência do infinitivo impessoal, atuando como um verdadeiro sufixo.
>
> Os demais sufixos costumam conferir detalhes de significado aos verbos que formam. Observe:
>
> - *-ear*: indica ação repetida (*cabecear, folhear*) ou ação que se prolonga (*clarear*). O mesmo acontece com *-ejar*: *gotejar, velejar*.
>
> - *-entar*: indica processo de atribuição de uma qualidade ou estado (*amolentar*). O mesmo se dá com *-ficar* e *-izar*: *clarificar, solidificar; civilizar, atualizar*.
>
> - *-iscar*: indica ação repetida e diminuída: *chuviscar, lambiscar*. O mesmo ocorre com *-itar* (*dormitar, saltitar*), *-ilhar* e outros. No caso de *-inhar*, muitas vezes há sentido depreciativo, como em *escrevinhar*.

Sufixos aumentativos

-ão, -eirão, -alhão, -zarrão

casarão	caldeirão	paredão	chapeirão	grandalhão
vagalhão	homenzarrão			

-aça, -aço, -uça

barcaça	barbaça	ricaço	doutoraço	mulheraço	dentuça

-alha

fornalha

-anzil

corpanzil

-aréu

fogaréu povaréu mundaréu

-arra, -orra

bocarra naviarra beiçorra cabeçorra

-astro

medicastro poetastro

-az, -alhaz, -arraz

ladravaz	linguaraz	fatacaz	machacaz	facalhaz	pratarraz

Sufixos diminutivos

-acho, -icho, -icha, -ucho

riacho	fogacho	governicho	barbicha	gorducho
papelucho	casucha			

-ebre

casebre

-eco, -eca, -ico, -ica

livreco	soneca	padreco	burrico	marica

-ejo

lugarejo	animalejo

-ela

ruela	viela	magricela

-elho, -ilho, -ilha

folhelho	rapazelho	pecadilho	tropilha

-ete, -eta, -eto

tiranete	fradete	artiguete	lembrete	diabrete	saleta
lingueta	esboceto				

-inho, -inha, -zinha, -zinho

livrinho	pratinho	branquinho	novinho
bonitinho	toquinho	caixinha	florzinha
vozinha			

-im

espadim	lagostim	camarim	tortim

-ino

pequenino

-isco, -usco

chuvisco	petisco	velhusco

-ito, -ita, -zito, -zita

casita	rapazito	copito	amorzito	jardinzito	florzita

-ola

rapazola	bandeirola	portinhola	fazendola

> **OBSERVAÇÃO**
>
> É fácil notar que muitas vezes os sufixos aumentativos e diminutivos sugerem deformidade (como em *beiçorra*, *cabeçorra*), admiração (*carrão*), desprezo (*asneirão*, *poetastro*, *artiguete*), carinho (*paizinho*, *pequenino*), intensidade (*alegrinho*), ironia (*safadinha*) e vários outros matizes semânticos. No caso dos sufixos pertencentes ao último grupo apresentado, temos a formação de diminutivos eruditos – diretamente importados do latim –, os quais são muito usados na terminologia científica.

Capítulo 5 > > > Estrutura e formação das palavras > > >

-ote, -oto, -ota

rapazote	caixote	velhote	fidalgote	saiote
perdigoto	velhota			

-ulo, -ula, -culo, -cula

glóbulo	grânulo	nódulo	célula	corpúsculo	minúsculo
homúnculo	montículo	opúsculo	versículo	radícula	gotícula
partícula	película	questiúncula	cânula		

Atividades

1. Responda a cada um dos itens a seguir com uma palavra formada por sufixação. Como se chama:

a) o golpe dado com a cabeça?

b) um grupo de rapazes?

c) o conjunto de eleitores de uma dada região?

d) a ação de lavar?

e) uma plantação de jabuticabeiras?

f) um grupo de políticos desonestos?

g) o estabelecimento onde se vendem queijos?

h) o comerciante de queijos?

i) a planta cujo fruto é o café?

j) o recipiente onde se guarda manteiga?

2. Substitua os verbos destacados por substantivos formados por derivação. Faça todas as modificações necessárias para obter frases inteligíveis.

a) Todos **decidiram** manter as reivindicações.

b) Todos decidiram **manter** as reivindicações.

c) Esperamos que os prazos estipulados **sejam cumpridos**.

d) Atenderemos a todos de acordo com a ordem segundo a qual **chegaram**. Não haverá exceções.

e) Continuaremos até que **tenhamos obtido** êxito.

f) Os moradores querem que as obras **sejam continuadas**.

g) Os representantes dos países envolvidos no processo recomendaram que as contas **fossem bloqueadas**.

h) Os representantes dos países envolvidos no processo **recomendaram** que as contas fossem bloqueadas.

3. Substitua as expressões destacadas por nomes formados por sufixação. Faça todas as modificações necessárias para obter frases inteligíveis.

a) **Aqueles que mantêm** esta entidade decidiram tomar providências **que saneiem** suas finanças.

b) É um candidato **que não se pode eleger**. Suas ideias privilegiam **aqueles que desrespeitam** as instituições.

c) **Aquelas que conduzem** o movimento **de reivindicação** devem ser cercadas por medidas que as protejam.

d) **Os que venceram** a competição receberão prêmios **que não se podem descrever**.

e) A presença **dos que defendem** nossa posição é fator **de que não se pode prescindir**.

f) Foi uma decisão que agradou aos que lutam para que a floresta **seja preservada**.

g) Ele entrou **de forma atabalhoada**.

4. Não é apenas na norma culta de nossa língua que os sufixos são usados para formar novas palavras: isso acontece também na língua portuguesa do cotidiano e dos veículos de comunicação de massa. Baseado em seu conhecimento do valor dos sufixos, explique o sentido das seguintes palavras:

a) tietar, tietagem

b) badalação, esnobação

c) sanduicheria, danceteria

d) roqueiro, grafiteiro

e) pichador, pichação

f) prefeiturável, ministeriável, presidenciável

g) carreata

h) bacanão, durão

Textos para análise

1

Seu "Afredo"

Seu Afredo (ele sempre subtraía o *l* do nome, ao se apresentar com uma ligeira curvatura: "Afredo Paiva, um seu criado...") tornou-se inesquecível à minha infância porque tratava-se muito mais de um linguista que de um encerador. Como encerador, não ia lá muito bem das pernas. Lembro-me que sempre depois de seu trabalho, minha mãe ficava passeando pela sala com uma flanelinha debaixo de cada pé, para melhorar o lustro. Mas como linguista, cultor do vernáculo e aplicador de sutilezas gramaticais, seu Afredo estava sozinho.

Tratava-se de um mulato quarentão, ultrarrespeitador, mas em quem a preocupação linguística perturbava às vezes a colocação pronominal. Um dia, numa fila de ônibus, minha mãe ficou ligeiramente ressabiada quando seu Afredo, casualmente de passagem, parou junto a ela e perguntou-lhe à queima-roupa, na segunda do singular:

– Onde *vais* assim tão elegante?

Nós lhe dávamos uma bruta corda. Ele falava horas a fio, no ritmo do trabalho, fazendo os mais deliciosos pedantismos que já me foi dado ouvir. Uma vez, minha mãe, em meio à lide caseira, queixou-se do fatigante ramerrão do trabalho doméstico. Seu Afredo virou-se para ela e disse:

– Dona Lídia, o que a senhora precisa fazer é ir a um médico e tomar a sua quilometragem. Diz que é muito bão.

De outra feita, minha tia Graziela, recém-chegada de fora, cantarolava ao piano enquanto seu Afredo, acocorado perto dela, esfregava cera no soalho. Seu Afredo nunca tinha visto minha tia mais gorda. Pois bem: chegou-se a ela e perguntou-lhe:

– Cantas?

Minha tia, meio surpresa, respondeu com um riso amarelo:

– É, canto às vezes, de brincadeira...

Mas um tanto formalizada, foi queixar-se a minha mãe, que lhe explicou o temperamento do nosso encerador:

– Não, ele é assim mesmo. Isso não é falta de respeito, não. É excesso de... gramática.

Conta ela que seu Afredo, mal viu minha tia sair, chegou-se a ela com ar disfarçado e falou:

– Olhe aqui, dona Lídia, não leve a mal, mas essa menina, sua irmã, se ela pensa que pode cantar no rádio com essa voz, 'tá redondamente enganada. Nem programa de calouro!

E a seguir, ponderou:

– Agora, piano é diferente. Pianista ela é!

E acrescentou:

– *Eximinista* pianista!

Setembro de 1953

MORAES, Vinicius de. *Poesia completa e prosa*. 3. ed. Rio de Janeiro: Nova Aguilar, 1998. p. 979-80.

Trabalhando o texto

1. Identifique o sufixo presente nas palavras *aplicador* e *encerador* e indique o tipo de modificação que produz nas palavras primitivas.

2. Identifique o afixo que surge na palavra *curvatura* e explique que tipo de modificação ele introduz na palavra primitiva.

3. Indique o afixo presente na palavra *sutileza* e explique que tipo de modificação ele introduz na palavra primitiva.

4. *Flanelinha* e *quarentão* apresentam que tipo de sufixos? Que noção esses afixos indicam nessas palavras, no contexto em que são empregadas no texto?

5. Aponte os afixos presentes na palavra *ultrarrespeitador* e explique as modificações que introduzem na palavra primitiva.

6. Explique o processo de formação da palavra *inesquecível*.

7. Qual a diferença de sentido entre *cantar* e *cantarolar*?

8. Retire do texto um caso de derivação regressiva.

9. Observe a última fala de seu Afredo no texto e explique por que a palavra aí destacada provoca humor.

10. Explique por que a "preocupação linguística" de seu Afredo "perturbava às vezes a colocação pronominal". Por que o problema de seu Afredo era "excesso de gramática"?

2

Para mascar com *chiclets*

Quem subiu, no novelo *do chiclets*,
ao fim do fio ou do desgastamento,
sem poder não sacudir fora, antes,
a borracha infensa e imune ao tempo;
imune ao tempo ou o tempo em coisa,
em pessoa, encarnado nessa borracha,
de tal maneira, e conforme ao tempo,
o *chiclets* ora se contrai ora se dilata,
e consubstante ao tempo, se rompe,
interrompe, embora logo se reemende,
e fique a romper-se, a reemendar-se,
sem usura nem fim, do fio de sempre.
No entanto quem, e saberente que ele
não encarna o tempo em sua borracha,
quem já ficou num primeiro *chiclets*
sem reincidir nessa coisa (ou nada).

2.
Quem pôde não reincidir no *chiclets*,
e saberente que não encarna o tempo:
ele faz sentir o tempo e faz o homem
sentir que ele homem o está fazendo.
Faz o homem, sentindo o tempo dentro,
sentir dentro do tempo, em tempo-firme,
e com que, mascando o tempo *chiclets*,
imagine-o bem dominado, e o exorcize.

MELO NETO, João Cabral de. *Poesias completas: 1940-1965*.
4. ed. Rio de Janeiro: José Olympio, 1986. p. 43.

Trabalhando o texto

1. Faça a depreensão dos morfemas presentes nas palavras *desgastamento* e *encarnado* e explique os processos de formação que lhes deram origem.

2. Quais afixos podem ser percebidos na palavra *consubstante*? Qual o sentido que tem essa palavra?

3. A aproximação das palavras *rompe* e *interrompe* revitaliza o valor do prefixo presente nesta última? Explique.

4. Retire do texto as palavras em que surge o prefixo *re-* e comente as modificações que ele produz nas palavras primitivas.

5. Qual o sentido da palavra *saberente*? Que tipo de afixo participa de sua formação?

6. É possível relacionar o prefixo presente na palavra *exorcizar* com o significado que tem essa palavra? Comente.

7. Os afixos são considerados um recurso muito eficiente para apresentar ideias e conceitos de forma sintética. Isso acontece no texto? Comente.

8. Explique a relação que o texto estabelece entre o *chiclets* e o tempo. Que tipo de dimensão adquire o ato de mascar *chiclets*?

3

Revista E. São Paulo: Sesc, ano 11, n. 12, jun. 2005. p. 16.

Trabalhando o texto

1. Indique os processos de formação de palavras presentes no texto.

2. Que efeito de sentido produz o processo de formação da palavra destacada em "democratização do *fazer* musical"?

4
Sociedade 24 horas

"A claridade do dia me incomoda, o barulho me impede de ter um sono tranquilo e o tempo de descanso é muito curto." A frase é de uma mulher de 45 anos que passa muitas noites em claro, não por insônia nem por diversão, mas porque é auxiliar de enfermagem de um hospital. Seu depoimento ilustra as dificuldades de quem trabalha à noite, em turnos regulares ou não. A maioria da população não tem ideia do que é isso e não se lembra de que, todas as noites, um grande número de pessoas trabalha para manter funcionando o atendimento de saúde, o tratamento de água e esgoto, a produção de alimentos, as lojas de conveniência, as portarias dos edifícios – a lista é enorme.

Poderíamos prescindir da produção e das atividades ininterruptas disponíveis 24 horas por dia? Apesar de ser uma tendência relativamente recente, surgida nos últimos dez anos, dificilmente abriríamos mão dessas conveniências.

MORENO, Claudia Roberta de Castro; FISHER, Frida Marina; ROTENBERG, Lúcia. Sociedade 24 horas. In: *Mente&cérebro: anatomia do sono.* São Paulo: Duetto, [s.d.], n. 13. p. 17.

Trabalhando o texto

1. Que substantivos do texto são formados de adjetivos?

2. Relacione os substantivos desse texto formados a partir de verbos.
   a) Um desses substantivos é formado sem a adição de sufixo. Qual?
   b) Destaque os sufixos dos demais substantivos e os significados que eles agregam à palavra primitiva.

3. Reescreva alguns trechos do texto, substituindo as palavras destacadas por verbos. Faça as modificações necessárias para que as frases sejam inteligíveis.

   a) "Seu **depoimento** ilustra as dificuldades de quem trabalha à noite, em turnos ou não."
   b) "[...] um grande número de pessoas trabalha para manter funcionando o **atendimento** de saúde, o **tratamento** de água e esgoto, a **produção** de alimentos"

4. Reescreva a frase a seguir, substituindo o verbo em destaque pelo adjetivo que se forma a partir dele. Faça as alterações necessárias para que a frase se torne inteligível.

"Poderíamos **prescindir** da produção e das atividades ininterruptas disponíveis 24 horas por dia?"

8. Estudo da composição

A composição produz palavras compostas a partir da aproximação de palavras simples. As palavras simples são aquelas em que há um único radical, como *amor* e *perfeito*. Para que ocorra o processo de composição, é necessário estabelecer entre essas palavras um vínculo permanente, que faz com que surja um novo significado: é o que ocorre quando formamos o composto *amor-perfeito*, que dá nome a uma flor. O significado não é o mesmo da expressão *amor perfeito*, na qual cada palavra mantém seu significado original: trata-se do sentimento amoroso manifestado de forma perfeita. Em *amor-perfeito* há uma única palavra que dá nome a um organismo vegetal.

A composição também pode ser feita por meio do uso de radicais que não têm vida independente na língua. Isso ocorre basicamente na formação de palavras que recebem o nome de compostos eruditos por serem formadas com radicais gregos e latinos. É o caso, por exemplo, de *democracia*, *patogênese*, *alviverde*, *agricultura* e outras, usadas principalmente na nomenclatura técnica e científica.

Tipos de composição

Quanto à forma que adquire a palavra composta, costumam-se apontar dois tipos de composição:

a. composição por justaposição – ocorre quando os elementos que formam o composto são simplesmente colocados lado a lado (justapostos), sem que se verifique qualquer alteração fonética em algum deles:

segunda-feira	para-raio	corre-corre	guarda-roupa
amor-perfeito	pé de moleque	girassol	passatempo

O que caracteriza a justaposição é a manutenção da integridade sonora das palavras que formam o composto, e não a forma de grafá-lo: *passatempo* e *girassol*, apesar de serem escritos sem hífen, são compostos por justaposição;

DAVIS, Jim. *Garfield de bom humor 6*. Porto Alegre: L&PM, 2006. p. 100.

A palavra *varapau* é exemplo de composição por justaposição. Os substantivos *vara* e *pau* mantiveram sua integridade fonética ao formar a palavra composta que nomeia uma peça de madeira forte e comprida. Em sentido figurado, no uso informal, designa a pessoa alta e magra.

b. composição por aglutinação – ocorre quando os elementos que formam o composto se aglutinam, o que significa que pelo menos um deles perde sua integridade sonora, sofrendo modificações. Observe os exemplos e note as transformações sofridas pelas palavras formadoras:

vinagre (vinho + acre)   aguardente (água + ardente)
pernalta (perna + alta)   planalto (plano + alto)

Também se incluem neste caso muitos compostos eruditos (como *retilíneo*, *crucifixo*, *ambidestro*, *demagogo* e outros), cuja identificação requer conhecimentos mais especializados.

As possibilidades de composição são imprevisíveis: podem-se formar compostos pelo relacionamento de palavras pertencentes a praticamente todas as classes gramaticais. Há, por exemplo, compostos formados por substantivo + substantivo (*porco-espinho*), substantivo + adjetivo (*amor-perfeito*), advérbio + adjetivo (*sempre-viva*), verbo + substantivo (*para-choque*).

A principal função do processo de composição é a criação de novas palavras para denominar novos objetos, conceitos ou ocupações. Essa função denominadora pode ser dada de forma descritiva ou metafórica. Palavras como *papel-alumínio*, *relógio-pulseira* ou *lava-louças* são descritivas porque buscam dar nome a objetos por meio de suas características ou finalidades mais relevantes. *Louva-a-deus* e *arranha-céu* são compostos de origem metafórica, pois resultam de um evidente uso figurado da linguagem.

O surgimento de novas palavras compostas na língua é constante, uma vez que a necessidade de encontrar nomes específicos para novos objetos e conceitos é ininterrupta. Dessa forma, podemos perceber na língua atual a transformação de expressões em novas palavras. Pense, por exemplo, na expressão *três em um*, que dá nome a certas combinações de aparelhos de som. Aliás, pense na própria expressão *aparelho de som*, que já é praticamente uma palavra composta (como *máquina de lavar* ou *máquina de costura*). Em alguns casos, podemos observar que já existe a consciência de que se está lidando com uma palavra composta, como é o caso de *ponto de vista* e *meio ambiente.*

Atividade

Identifique o processo de formação das seguintes palavras:

a) palidez

b) empalidecer

c) boquiaberto

d) mico-leão-dourado

e) invulnerável

f) pontiagudo

g) audiovisual

h) o recuo

i) o correntista fantasma

Radicais e compostos eruditos

O mecanismo da composição é utilizado para a formação de um tipo específico de palavras conhecidas como **compostos eruditos**, assim chamados porque em sua formação se utilizam elementos de origem grega e latina que foram diretamente importados dessas línguas. Por isso, esses compostos são também chamados de helenismos e latinismos eruditos. São palavras como *pedagogia* e *quiromancia* (formadas de elementos gregos) ou *arborícola* e *uxoricida* (formadas por elementos latinos), geralmente criadas para denominar objetos ou conceitos relacionados com as ciências e as técnicas. Muitas delas acabam se tornando cotidianas (*telefone*, *democracia* e *agricultura*, por exemplo).

Pesquisa Fapesp. São Paulo: Fapesp, n. 112, jun. 2005. p. 98.

No título do livro, a palavra *cardiologia* está escrita de forma a destacar os elementos que a compõem: *cardio* (coração) e *logia* (tratado, ciência).

Apresentamos a seguir duas relações de radicais gregos e duas relações de radicais latinos. A primeira relação de radicais gregos e a primeira relação de radicais latinos agrupa os elementos formadores que geralmente são colocados no início dos compostos; a segunda relação de radicais agrupa, em cada caso, os elementos formadores que costumam surgir na parte final dos compostos. Adotamos esse procedimento a fim de facilitar seu trabalho de consulta: ao encontrar determinado exemplo na relação dos radicais que costumam ser o primeiro elemento do composto, você poderá mais rapidamente verificar o valor do segundo elemento na relação dos radicais que costumam figurar no final dos compostos. Atente para o fato de que determinados radicais **costumam** aparecer em determinadas posições nos compostos; nada os impede de surgir em posição diferente.

Alguns dos radicais que colocamos nas relações a seguir são considerados prefixos por alguns autores; outros estudiosos preferem chamá-los "elementos de composição". Acreditamos que essas questões terminológicas são pouco importantes para você, que tem objetivos mais práticos. Observe que muitas palavras que fazem parte de suas aulas de Biologia, Química e Física podem ser encontradas nas relações a seguir; observe, principalmente, que o conhecimento do significado dos elementos que as constituem muitas vezes nos ajuda a compreender os conceitos e seres que denominam.

RADICAIS GREGOS
ELEMENTOS QUE GERALMENTE SURGEM NA PARTE INICIAL DO COMPOSTO

radical e significado	exemplos
acr-, **acro-** (alto, elevado)	acrópole, acrofobia, acrobata
aer-, **aero-** (ar)	aeródromo, aeronauta, aeróstato, aéreo
agro- (campo)	agrologia, agronomia, agrografia, agromania
al-, **alo-** (outro, diverso)	alopatia, alomorfia
andr-, **andro-** (homem, macho)	androceu, andrógino, androide, androsperma
anemo- (vento)	anemógrafo, anemômetro
angel-, **angelo-** (mensageiro, anjo)	angelólatra, angelogia
ant-, **anto-** (flor)	antologia, antografia, antoide, antomania
antropo- (homem)	antropógrafo, antropologia, filantropo
aritm-, **aritmo-** (número)	aritmética, aritmologia, aritmomancia

radical e significado	exemplos
arque- (primeiro, origem)	arquétipo, arquegônio
arqueo- (antigo)	arqueografia, arqueologia, arqueozoico
aster-, **astro-** (estrela, astro)	asteroide, astrólogo, astronomia
auto- (próprio)	autocracia, autógrafo, autômato
bari-, **baro-** (peso)	barômetro, barítono, barisfera
biblio- (livro)	bibliografia, biblioteca, bibliófilo
bio- (vida)	biografia, biologia, macróbio, anfíbio
caco- (mau)	cacofonia, cacografia
cali- (belo)	califasia, caligrafia
cardi-, **cardio-** (coração)	cardiologia, cardiografia
cin-, **cine-**, **cines-** (movimento)	cinestesia, cinemática
core-, **coreo-** (dança)	coreografia, coreógrafo
cosmo- (mundo)	cosmógrafo, cosmologia
cript-, **cripto-** (escondido)	criptônimo, criptograma
cris-, **criso-** (ouro)	crisálida, crisântemo
crom-, **cromo-** (cor)	cromossomo, cromogravura, cromoterapia
crono- (tempo)	cronologia, cronômetro, cronograma
datilo- (dedo)	datilografia, datiloscopia
demo- (povo)	demografia, democracia, demagogia
dinam-, **dinamo-** (força, potência)	dinamômetro, dinamite
eco- (casa)	ecologia, ecossistema, economia
eletro- (âmbar, eletricidade)	elétrico, eletrômetro
enter-, **entero-** (intestino)	enterite, enterogastrite
ergo- (trabalho)	ergonomia, ergometria
estere-, **estereo-** (sólido, fixo)	estereótipo, estereografia
estomat-, **estomato-** (boca, orifício)	estomatite, estomatoscópio
etno- (raça)	etnografia, etnologia
farmaco- (medicamento)	farmacologia, farmacopeia
filo- (amigo)	filósofo, filólogo
fisio- (natureza)	fisiologia, fisionomia
fono- (voz)	eufonia, fonologia
fos-, **foto-** (luz)	fósforo, fotofobia
gastr-, **gastro-** (estômago)	gastrite, gastrônomo
gen-, **geno-** (que gera)	genótipo, hidrogênio
geo- (terra)	geografia, geologia
ger-, **gero-** (velhice)	geriatria, gerontocracia
helio- (sol)	heliografia, helioscópio
hemi- (metade)	hemisfério, hemistíquio
hemo-, **hemato-** (sangue)	hemoglobina, hematócrito
hetero- (outro)	heterônimo, heterogêneo

radical e significado	exemplos
hidro- (água)	hidrogênio, hidrografia
hier-, **hiero-** (sagrado)	hieróglifo, hierosolimita
hipo- (cavalo)	hipódromo, hipopótamo
homo-, **homeo-** (semelhante)	homeopatia, homógrafo, homogêneo
icono- (imagem)	iconoclasta, iconolatria
ictio- (peixe)	ictiófago, ictiologia
iso- (igual)	isócrono, isósceles
lito- (pedra)	litografia, litogravura
macro- (grande)	macrocéfalo, macrocosmo
mega-, **megalo-** (grande)	megatério, megalomaníaco
melo- (canto)	melodia, melopeia
meso- (meio)	mesóclise, Mesopotâmia
micro- (pequeno)	micróbio, microcéfalo, microscópio
miso- (que odeia)	misógino, misantropo
mito- (fábula)	mitologia, mitômano
necro- (morto)	necrópole, necrotério
neo- (novo)	neolatino, neologismo
neuro-, **nevr-** (nervo)	neurologia, nevralgia
odonto- (dente)	odontologia, odontalgia
ofi-, **ofio-** (cobra, serpente)	ofiologia, ofiomancia
oftalmo- (olho)	oftalmologia, oftalmoscópio
onomato- (nome)	onomatologia, onomatopeia
ornit-, **ornito-** (ave)	ornitologia, ornitoide
oro- (montanha)	orogenia, orografia
orto- (reto, justo)	ortografia, ortodoxo
oste-, **osteo-** (osso)	osteoporose, osteodermo
oxi- (ácido, agudo)	oxítona, oxígono, oxigênio
paleo- (antigo)	paleografia, paleontologia
pan- (todos, tudo)	panteísmo, pan-americano
pato- (doença, sentimento)	patologia, patogenético, patético
pedi-, **pedo-** (criança)	pediatria, pedologia
piro- (fogo)	pirólise, piromania, pirotecnia
pluto- (riqueza)	plutomania, plutocracia
poli- (muito)	policromia, poliglota, polígrafo, polígono
potamo- (rio)	potamografia, potamologia
proto- (primeiro)	protótipo, protozoário
pseudo- (falso)	pseudônimo, pseudópode
psico- (alma, espírito)	psicologia, psicanálise
quiro- (mão)	quiromancia, quiróptero
rino- (nariz)	rinoceronte, rinoplastia

radical e significado	exemplos
rizo- (raiz)	rizófilo, rizotônico
sider- (ferro)	siderólito, siderurgia
sismo- (abalo, tremor)	sismógrafo, sismologia
taqui- (rápido)	taquicardia, taquigrafia
tax-, **taxi-**, **taxio-** (ordem, arranjo)	taxiologia, taxidermia
tecno- (arte, ofício, indústria)	tecnologia, tecnocracia, tecnografia
tele- (longe)	telegrama, telefone, telepatia
teo- (deus)	teocracia, teólogo
term-, **termo-** (calor)	termômetro, isotérmico
tipo- (figura, marca)	tipografia, tipologia
topo- (lugar)	topografia, toponímia
xeno- (estrangeiro)	xenofobia, xenomania
xilo- (madeira)	xilógrafo, xilogravura
zoo- (animal)	zoógrafo, zoologia

NUMERAIS

radical e significado	exemplos
mon-, **mono-** (um)	monarca, monogamia
di- (dois)	dipétalo, dissílabo
tri- (três)	trilogia, trissílabo
tetra- (quatro)	tetrarca, tetraedro
pent-, **penta-** (cinco)	pentatlo, pentágono
hexa- (seis)	hexágono, hexâmetro
hepta- (sete)	heptágono, heptassílabo
octo- (oito)	octossílabo, octaedro
enea- (nove)	eneágono, eneassílabo
deca- (dez)	decaedro, decalitro
hendeca- (onze)	hendecassílabo, hendecaedro
dodeca- (doze)	dodecassílabo
icos- (vinte)	icosaedro, icoságono
hecto-, **hecato-** (cem)	hectoedro, hecatombe, hectômetro, hectograma
quilo- (mil)	quilograma, quilômetro
miria- (dez mil, inumerável)	miriâmetro, miríade, miriápode

ELEMENTOS QUE GERALMENTE SURGEM NA PARTE FINAL DO COMPOSTO

radical e significado	exemplos
-agogia (condução)	pedagogia, demagogia
-agogo (que conduz)	demagogo, pedagogo
-algia (dor)	cefalalgia, nevralgia

radical e significado	exemplos
-arca (que comanda)	heresiarca, monarca
-arquia (comando, governo)	autarquia, monarquia
-astenia (debilidade)	neurastenia, psicastenia
-céfalo (cabeça)	macrocéfalo, microcéfalo
-ciclo (círculo)	biciclo, hemiciclo
-cracia (poder)	democracia, plutocracia, gerontocracia
-derme (pele)	endoderme, epiderme
-doxo (que opina)	ortodoxo, heterodoxo
-dromo (lugar para correr)	hipódromo, velódromo
-edro (base, face)	pentaedro, poliedro
-eido, -oide (forma, semelhança)	caleidoscópio, asteroide, aracnoide
-fagia (ato de comer)	aerofagia, antropofagia
-fago (que come)	antropófago, necrófago
-filia (amizade)	bibliofilia, lusofilia
-fobia (inimizade, aversão)	fotofobia, hidrofobia
-fobo (que tem aversão)	xenófobo, zoófobo
-foro (que leva ou conduz)	fósforo, semáforo
-gamia (casamento)	monogamia, poligamia
-gamo (que casa)	bígamo, polígamo
-glota, -glossa (língua)	poliglota, isoglossa
-gono (ângulo)	pentágono, polígono
-grafia (escrita, descrição)	ortografia, geografia
-grafo (que escreve)	calígrafo, polígrafo
-grama (escrito, peso)	telegrama, quilograma
-logia (discurso, tratado, ciência)	arqueologia, fonologia
-logo (que fala ou trata)	diálogo, teólogo
-mancia (adivinhação)	necromancia, quiromancia
-mania (loucura, tendência)	megalomania, piromania
-mano (louco, inclinado)	bibliômano, mitômano
-maquia (combate)	logomaquia, tauromaquia
-metria (medida)	antropometria, biometria
-metro (que mede)	hidrômetro, pentâmetro
-morfo (que tem forma de)	antropomorfo, polimorfo
-nomia (lei, regra)	agronomia, astronomia
-nomo (que regula)	autônomo, metrônomo
-orama (espetáculo)	panorama, cosmorama
-peia (ato de fazer)	melopeia, onomatopeia
-pólis, -pole (cidade)	Petrópolis, metrópole
-ptero (asa)	díptero, helicóptero
-scopia (ato de ver)	macroscopia, microscopia

radical e significado	exemplos
-scópio (instrumento para ver)	microscópio, telescópio
-sofia (sabedoria)	filosofia, teosofia
-stico (verso)	dístico, monóstico
-teca (lugar onde se guarda)	biblioteca, discoteca
-terapia (cura)	fisioterapia, hidroterapia
-tomia (corte, divisão)	dicotomia, neurotomia
-tono (tensão, tom)	barítono, monótono
-trof, -trofia (nutrição)	atrofia, hipertrofia

RADICAIS LATINOS
ELEMENTOS QUE GERALMENTE SURGEM NA PARTE INICIAL DO COMPOSTO

radical e significado	exemplos
agri-, agro- (campo)	agrícola, agricultura
ali- (asa)	alígero, alípede, aliforme
alti- (alto)	altissonante, altiplano
alvi- (branco)	alviverde, alvinegro
ambi- (ambos)	ambidestro
api- (abelha)	apicultura, apiário, apícola
arbori- (árvore)	arborícola
auri- (ouro)	auriverde, auriflama
avi- (ave)	avicultura
bel-, beli- (guerra)	belígero, beligerante
bis-, bi- (duas vezes)	bisavô
calori- (calor)	calorífero
cent- (cem)	centavo, centena, centopeia
cruci- (cruz)	crucifixo
curvi- (curvo)	curvilíneo
equi- (igual)	equilátero, equivalência
ferri-, ferro- (ferro)	ferrovia
fili- (filho)	filicídio, filial
fratri-, frater- (irmão)	fratricida, fraternidade
igni- (fogo)	ignívomo
lati- (grande, largo)	latifoliado, latitúndio
loco- (lugar)	locomotiva
matri- (mãe)	matrilinear, matriarcal
maxi- (muito grande)	maxidesvalorização, maxissaia
mili- (mil, milésima parte)	milípede, milímetro
mini- (muito pequeno)	minissaia, minifúndio
morti- (morte)	mortífero

radical e significado	exemplos
multi- (muito)	multiforme, multidimensional
nocti- (noite, trevas)	noctívago, nocticolor
nubi- (nuvem)	nubívago, nubífero
oni- (todo)	onipotente
patri- (pai)	patrilinear, patrilocal
pedi- (pé)	pedilúvio
pisci- (peixe)	piscicultor
pluri- (muitos)	pluriforme, plurisseriado
quadri- (quatro)	quadrimotor, quadrúpede
reti- (reto)	retilíneo
tri- (três)	tricolor
umbri- (sombra)	umbrívago, umbrífero
uni- (um)	uníssono
uxori- (esposa)	uxório, uxoricida
vermi- (verme)	vermífugo

ELEMENTOS QUE GERALMENTE SURGEM NA PARTE FINAL DO COMPOSTO

radical e significado	exemplos
-cida (que mata)	regicida, fratricida
-cola (que cultiva ou habita)	vitícola, arborícola
-cultura (ato de cultivar)	apicultura, piscicultura
-fero (que contém ou produz)	aurífero, flamífero
-fico (que faz ou produz)	benéfico, frigorífico
-forme (que tem forma de)	cuneiforme, uniforme
-fugo (que foge ou que faz fugir)	centrífugo, febrífugo
-gero (que contém ou produz)	armígero, belígero
-paro (que produz)	multíparo, ovíparo
-pede (pé)	palmípede, velocípede
-sono (que soa)	horríssono, uníssono
-vago (que anda)	nubívago, noctívago
-vomo (que expele)	fumívomo, ignívomo
-voro (que come)	carnívoro, herbívoro

OBSERVAÇÃO

Há palavras que combinam elementos gregos e latinos: *televisão*, *automóvel*, *genocídio*, *homossexual* e outras. São chamadas de **hibridismos**. Existem hibridismos em que se combinam elementos de origens bastante diversas, como *goiabeira* (tupi e português), *abreugrafia* (português e grego), *sambódromo* (quimbundo – uma língua africana – e grego), *surfista* (inglês e grego), *burocracia* (francês e grego) e outros. Como você vê, trata-se de palavras muito usadas no cotidiano comunicativo, o que torna absurda a intenção de certos gramáticos de considerar os hibridismos verdadeiras aberrações devido à sua origem "mestiça".

Atividades

1. Identifique os elementos formadores e dê o significado de cada um dos compostos dos grupos abaixo:

Grupo 1

a) democracia
b) gerontocracia
c) tecnocracia
d) plutocracia
e) talassocracia
f) teocracia
g) autocracia
h) aristocracia
i) burocracia

Grupo 2

a) quiromancia
b) oniromancia
c) piromancia
d) ornitomancia
e) onomatomancia
f) aritmomancia

Grupo 3

a) entomologia
b) zoologia
c) fitologia
d) geologia
e) ornitologia
f) ictiologia
g) biologia
h) filologia
i) fonologia
j) morfologia
k) cardiologia
l) ginecologia
m) psicologia
n) sociologia
o) teologia
p) antologia
q) neurologia
r) enologia
s) tecnologia

Grupo 4

a) cistalgia
b) ostealgia
c) cefalalgia
d) odontalgia
e) mialgia
f) otalgia
g) nevralgia

Grupo 5

a) anônimo
b) homônimo
c) heterônimo
d) criptônimo
e) pseudônimo
f) ortônimo

g) antropônimo
h) topônimo
i) sinônimo
j) antônimo

Grupo 6

a) sintaxe
b) cleptomania
c) megalomania
d) nefelibata
e) acrobata
f) acrofobia
g) tanatofobia
h) semáforo
i) economia
j) rinoceronte
k) hipopótamo
l) estereótipo
m) poliglota
n) ortopedia
o) hematófago
p) metafísica

Grupo 7

a) agricultura
b) piscicultura
c) triticultura
d) rizicultura
e) fruticultura
f) avicultura
g) apicultura

2. Reescreva as frases seguintes, substituindo as expressões destacadas por compostos eruditos:

a) Certos políticos têm **incontinência de linguagem**.

b) Sua **paixão exagerada pela música** fazia-o gastar muito em discos importados.

c) Era um especialista n**o estudo da escrita**.

d) Eis no que deu **o governo dos técnicos**.

e) Tal procedimento só é possível porque existe **um controle do mercado por algumas poucas empresas**.

f) É um animal **que se alimenta de sangue**.

g) Especializou-se n**o estudo dos insetos**.

h) É uma pessoa capaz de sofrer verdadeiras **mudanças de forma**.

i) Fazia questão de que suas roupas fossem **de uma só cor**.

j) **O estudo dos nomes de lugares e localidades** pode revelar muito sobre a história de uma região.

9. Outros processos de formação de palavras

Abreviação vocabular

A abreviação vocabular consiste na eliminação de um segmento de uma palavra a fim de se obter uma forma mais curta. Ocorre, portanto, uma verdadeira truncação, obtendo-se uma nova palavra cujo significado é o mesmo da palavra original. Esse processo é particularmente produtivo na redução de palavras muito longas:

cinematógrafo → cinema → cine	vestibular → vestiba
pneumático → pneu	metropolitano → metrô
otorrinolaringologista → otorrino	violoncelo → celo
telefone → fone	extraordinário → extra
automóvel → auto	psicologia → psico

Observe que a forma abreviada é de amplo uso coloquial, embora em muitos casos passe a fazer parte da língua escrita. Esse traço de coloquialidade pode ser sentido em abreviações como as que colocamos abaixo, impregnadas de emotividade (carinho, desprezo, preconceito, zombaria):

professor → fessor	rebuliço → rebu
japonês → japa	delegado → delega
confusão → confa	grã-fino → granfa
botequim → boteco	Florianópolis → Floripa
São Paulo → Sampa	chinês → china
português → portuga	militar → milico
comunista → comuna	neurose → neura

Há um certo tipo de abreviação que se vem tornando muito frequente na língua atual. Consiste no uso de um prefixo ou de um elemento de uma palavra composta no lugar do todo:

ex (por ex-namorada, ex-marido, ex-esposa)

vídeo (por videocassete)

máxi (por maxissaia ou maxidesvalorização)

mídi (para saia que chega até o joelho ou desvalorização cambial moderada)

vice (por vice-presidente, vice-governador, vice-prefeito e outros)

micro (por microcomputador)

míni (por minissaia)

O uso dos prefixos em substituição à palavra toda deve ocorrer dentro de contextos determinados, em que é possível estabelecer o significado que se pretende. Prefixos como *vice* ou *máxi* só adquirem sentido em função dos outros elementos do texto em que surgem.

Siglonimização

Essa palavra dá nome ao processo de formação de siglas. As siglas são formadas pela combinação das letras iniciais de uma sequência de palavras que constitui um nome:

FGTS – **F**undo de **G**arantia do **T**empo de **S**erviço

IOF – **I**mposto sobre **O**perações **F**inanceiras

CPF – **C**adastro de **P**essoas **F**ísicas

PIB – **P**roduto **I**nterno **B**ruto

As siglas incorporam-se de tal forma ao vocabulário do dia a dia, que passam a sofrer flexões e a produzir derivados. É frequente o surgimento de construções como *os peemedebistas* (membros do PMDB – Partido do Movimento Democrático Brasileiro), *os petistas* (membros do PT – Partido dos Trabalhadores), *campanha pró-FGTS*, e outras.

Capítulo 5 > > > Estrutura e formação das palavras > > >   113

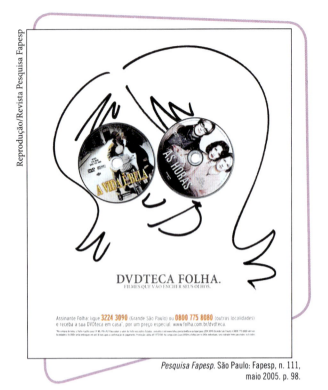

A criação da palavra *DVDteca* associa a sigla *DVD* ao radical grego *teca*, por analogia a *biblioteca* e *discoteca*, e para suprir uma necessidade de nomear algo novo: a coleção de DVDs.

Pesquisa Fapesp. São Paulo: Fapesp, n. 111, maio 2005. p. 98.

Algumas siglas provieram de outras línguas, principalmente do inglês:

UFO – **U**nidentified **F**lying **O**bject (objeto voador não identificado), que concorre com a criação nacional Ovni

VIP – **V**ery **I**mportant **P**erson (pessoa muito importante)

Aids – **A**dcquired **I**mmunological **D**eficiency **S**yndrome (síndrome da imunodeficiência adquirida). Em Portugal, emprega-se Sida, sigla formada do nome português da doença.

Há casos de siglas importadas que se transformaram em verdadeiras palavras. Algumas só são vistas como siglas se conhecermos sua origem:

Jipe – adaptação do inglês *Jeep*, que por sua vez originou-se de GP (*General Purpose* – uso geral)

Laser – de **L**ight **A**mplification by **S**timulated **E**mission of **R**adiation (amplificação da luz por emissão estimulada de radiação)

Radar – de **R**adio **D**etecting and **R**anging (detecção e busca por rádio)

Palavra-valise

A palavra-valise resulta do acoplamento de duas palavras, uma das quais pelo menos sofreu truncação. É também chamada **palavra-centauro** e permite a realização de verdadeiras acrobacias verbais. Observe:

brasiguaio ou **brasilguaio** – formada de *brasileiro* e *paraguaio* para designar o povo fronteiriço que vive entre os dois países, particularmente os brasileiros que retornaram do Paraguai atraídos pelo anúncio de reforma agrária

portunhol – formada de *português* e *espanhol* para designar a língua resultante da mistura dos dois idiomas

portinglês – formada de *português* e *inglês*, criada por Carlos Drummond de Andrade ("secretária portinglês")

tomarte – formada de *tomate* e *Marte*, criada por Murilo Mendes ("Ou tomarte, vermelho que nem Marte"); note a possibilidade de ver nessa palavra também a palavra arte

fraternura, **elefantástico** e **copoanheiro** – criações de Guimarães Rosa cuja formação não é difícil de perceber

proesia – formada de *prosa* e *poesia*, utilizada por Décio Pignatari com referência a uma das obras do escritor irlandês James Joyce

Em livro

GODOI, Marcílio. *Pequeno dicionário ilustrado de palavras invenetas.* São Paulo: Sagui, 2008.

Cada língua, sem exceção, é a expressão de uma concepção particular do mundo. As línguas são organismos vivos, dinâmicos, ou seja, estão sempre em transformação. O livro do jornalista Marcílio Godoi ratifica esse entendimento sobre língua ao criar um livro de palavras fictícias que explora com criatividade as mais variadas possibilidades de comunicação verbal em língua portuguesa, como a palavra "chiclética", um neologismo que significa "moral que se abandona com facilidade".

Note que a criação dessas palavras ocorre tanto na língua coloquial como na língua culta e literária. Na língua coloquial, o processo já produziu palavras como *bebemorar*, *Grenal* (clássico de futebol entre Grêmio e Internacional de Porto Alegre), *Atletiba* (Atlético Paranaense e Coritiba), *Sansão* (Santos e São Paulo), *Flaflu* (Flamengo e Fluminense), *Bavi* (Bahia e Vitória), *Comefogo* (Comercial e Botafogo, ambos de Ribeirão Preto). Na linguagem jornalística, há termos como *cantriz* (cantora/atriz), *estagflação* (estagnação/inflação) e *showmício* (*show*/comício); na literatura, além das palavras já citadas, há ainda criações como *noitícia* (Carlos Drummond de Andrade) ou *diversonagens suspersas*, de Paulo Leminski.

LAERTE. *Classificados: livro 2.* São Paulo: Devir, 2002. p. 7.

Do acoplamento das palavras *camelo* e *elástica* resultou *camelástica* – a palavra-valise que designa a cama elástica para camelos.

Onomatopeia

A onomatopeia ocorre quando se forma uma nova palavra por meio da imitação de sons. A palavra formada procura reproduzir um determinado som, adaptando-o ao conjunto de fonemas de que a língua dispõe. Dessa forma, surgem palavras como:

cacarejar	zumbir	arrulhar	crocitar	troar
tique-taque	teco-teco	reco-reco	pingue-pongue	xixi
quiquiquiri (pessoa ou coisa insignificante)			bla-bla-blá	zum-zum-zum
pimpampum			bangue-bangue (a partir do inglês *bang-bang*)	
trique-traque (fogo de artifício)			saci (nome de uma ave e, por extensão, de ente mitológico)	
cega-rega (cigarra; por extensão, pessoa tagarela)			chinfrim (coisa sem valor)	

Capítulo 5 >>> Estrutura e formação das palavras >>>

10. Outros processos de enriquecimento do léxico

Léxico é a palavra com que se costuma denominar o conjunto de palavras que integram uma língua. É, em termos práticos, um sinônimo de *vocabulário*, embora tecnicamente se possam estabelecer distinções entre as duas palavras. Os processos de criação de palavras que estudamos até aqui devem ter mostrado a você que há um constante enriquecimento lexical na língua, resultante principalmente do dinamismo das modificações culturais, que constantemente criam novos objetos, novos fatos, novos conceitos. Além disso, há outros fatores de pressão sobre a língua, como vínculos de dependência econômica e cultural, capazes de impor formas de pensar e de dizer que se manifestam também no vocabulário.

Os processos de criação lexical que vimos até agora operam transformações formais nas palavras, seja por meio do acréscimo ou supressão de morfemas, seja por meio da combinação de palavras inteiras para a formação de outras. São, basicamente, processos morfológicos, pois lidam com a forma das palavras.

Há outros processos de ampliação lexical na língua portuguesa. Como não são processos morfológicos, não vamos estudá-los pormenorizadamente, mas, por serem importantes, vamos falar um pouco sobre eles.

Neologismo semântico

Frequentemente, acrescentamos significados a determinadas palavras sem que elas passem por qualquer processo de modificação formal. Pense, por exemplo, na palavra *arara*, nome de uma ave, que também é usada para designar pessoa nervosa, irritada. **Arara**, com o sentido de "irritado, nervoso", é um neologismo semântico, ou seja, um novo significado que se soma ao que a palavra já possuía.

Essa forma de enriquecimento do vocabulário é extremamente produtiva. Em alguns casos, chega-se a perder a noção do significado inicial da palavra, passando-se a empregá-la apenas no sentido que foi um dia adicional. É o caso, por exemplo, de *emérito*, cujo sentido original é "aposentado", mas que atualmente se usa como "distinto", "elevado"; ou *dissabor*, cujo sentido original era "falta de sabor".

Perceba que a chamada derivação imprópria aproxima-se bastante desse processo de ampliação de significado. A derivação imprópria resulta da passagem de uma palavra a uma classe gramatical diferente sem modificações na sua forma. Na realidade, ocorre uma ampliação do significado original da palavra. Isso pode ser percebido em casos em que esse processo está tão cristalizado que chegamos a perder a noção do sentido e da classe originais da palavra. Pense, por exemplo, em palavras como *alvo* (em expressões como *tiro ao alvo*), *clara* (de ovo), *estreito* (acidente geográfico), *marginal* (bandido ou via pública), *santo* (pessoa virtuosa), *refrigerante* – você já notou que se trata de adjetivos convertidos em substantivos?

Vida Simples. São Paulo: Abril, ano 6, ed. 65, n. 4, 2008. p. 12.

> O primeiro significado de *papelão* é "papel grosso, mais ou menos rígido". Posteriormente, essa palavra assumiu o significado de "conduta vergonhosa", "fiasco", e foi incorporada ao vocabulário informal. *Papelão* é um exemplo de neologismo semântico.

Em DVD

José Dumont, ao centro, em cena do filme *Narradores de Javé*.

Narradores de Javé. Direção de Eliane Caffé. Brasil: Lumière, 2003. (100 min).

Ao saber da iminência de uma inundação que devastará a região, os moradores de um vilarejo decidem reunir histórias sobre os mitos fundadores de Javé, para provar que o lugar merece ser tombado pelo patrimônio histórico e, assim, evitar a tragédia. Como quase todos são analfabetos, a incumbência de produzir o documento é dada ao polêmico escrivão Antônio Biá, acusado de difamar a cidade em outras épocas. E o destaque do filme é o próprio Biá, personagem vivido por José Dumont. Com falas marcantes e cheias de criatividade e humor, ele revela o lado engraçado dos neologismos semânticos empregados nas mais inusitadas situações cotidianas.

Empréstimos linguísticos

O contato entre culturas produz efeitos também no vocabulário das línguas. No caso da língua portuguesa, podem-se apontar exemplos de palavras tomadas de línguas estrangeiras em tempos muito antigos. Esses empréstimos provieram de línguas célticas, germânicas e árabes ao longo do processo de formação do português na Península Ibérica. Posteriormente, o Renascimento e as navegações portuguesas permitiram empréstimos de línguas europeias modernas e de línguas africanas, americanas e asiáticas.

Depois desses períodos, o português recebeu empréstimos principalmente da língua francesa. Atualmente, a maior fonte de empréstimos é o inglês norte-americano. Deve-se levar em conta que muitos empréstimos da atual língua portuguesa do Brasil não ocorreram em Portugal e nas colônias africanas, onde a influência cultural e econômica dos Estados Unidos é menor.

As palavras de origem estrangeira geralmente passam por um processo de aportuguesamento fonológico e gráfico. Quando isso ocorre, muitas vezes deixamos de perceber que estamos usando um estrangeirismo. Pense em palavras como *bife*, *futebol*, *beque*, *abajur*, *xampu*, tão frequentes em nosso cotidiano que já as sentimos como portuguesas. Quando mantêm a grafia da língua de origem, as palavras costumam ser escritas entre aspas (na imprensa, costumam surgir em destaque – geralmente itálico: *spread*, *dumping*).

Atente para o fato de que os empréstimos linguísticos só fazem sentido quando são necessários. É o que ocorre quando surgem novos produtos ou processos tecnológicos. Ainda assim, esses empréstimos devem ser submetidos ao tratamento de conformação aos hábitos fonológicos e morfológicos da língua portuguesa. São condenáveis abusos de estrangeirismos decorrentes de afetação de comportamento ou de subserviência cultural. A imprensa e a publicidade muitas vezes não resistem à tentação de utilizar a denominação estrangeira de forma apelativa, como em expressões do tipo *os teens* (por adolescentes) ou *high technology system* (sistema de alta tecnologia).

Em CD

Gilberto Gil. Pela Internet. In: *Enciclopédia Musical Brasileira* **(CD). Warner Music, [s.d.].**

Lançada em 1996, "Pela Internet" foi uma das primeiras músicas a inaugurar a divulgação de canções pela internet no Brasil. Para essa composição, Gil abusa dos empréstimos linguísticos empregados na informática para construir um discurso sobre a revolução que a internet provocou ao transformar o mundo numa aldeia global repleta de possibilidades comunicativas.

Atividade

Explique e denomine o processo de formação das seguintes palavras:

a) INSS
b) "confa"
c) estresse
d) teco-teco
e) caipiródromo
f) sofatleta

Textos para análise

1

A microscopia eletrônica no setor de balística dá a palavra final em casos de laudos divergentes e já mudou o rumo de investigações importantes, como no caso da destruição dos documentos da ditadura militar na Base Aérea de Salvador. O laudo da polícia baiana afirmava que os documentos não haviam sido queimados na sala da Base Aérea, onde havia manchas escuras na parede. Outros laudos atestavam que a queima havia ocorrido na sala e que as manchas eram indícios do incêndio criminoso. Sara [*Sara Lenharo, 47 anos, coordenadora do setor de Balística do INC*], então, analisou amostras da parede e do chão e comprovou que a queima não ocorrera naquele local. As manchas tinham sido provocadas por fungos, não continham nenhuma espécie de fuligem.

Claudia. Mulheres do Brasil. São Paulo: Abril, ed. 558, mar. 2008. Edição especial. p 99.

Trabalhando o texto

1. A partir dos elementos de composição da palavra *microscopia*, explique o que ela significa.

2. Que processo originou a palavra *queima*? A que fato, citado anteriormente, ela se refere no texto?

3. Que importância tem esse procedimento – de utilizar uma palavra diferente para referir-se a termo(s) utilizado(s) anteriormente – na construção de um texto?

2

Concurso para professor titular
Faculdade de Odontologia de Piracicaba

Departamento de Diagnoóstico Oral
Área: Cirurgia bucomaxilofacial
Inscrições: Até 11 de julho
Disciplinas: Pré-Clínica IV, Pré-Clínica IX, Pré-Clínica VI, Pré-Clínica X
Cargo: Professor titular
Informações: Patrícia Aparecida Tomaz: atu@fop.unicamp.br e (19) 3412-5204

Pesquisa Fapesp. São Paulo: Fapesp, n. 112, jun. 2005. p. 98.

Trabalhando o texto

1. Identifique os elementos que compõem as palavras *odontologia* e *bucomaxilofacial* e explique seu significado.

2. Indique o significado do prefixo e do sufixo destacados nas palavras *diagnóstico* e *titular*. Qual o significado dessas palavras?

3. Como você justifica a utilização dessas palavras nesse tipo de texto?

3

O homem: as viagens

O homem, bicho da Terra tão pequeno
chateia-se na Terra
lugar de muita miséria e pouca diversão,
faz um foguete, uma cápsula, um módulo
toca para a Lua
desce cauteloso na Lua
pisa na Lua
planta bandeirola na Lua
experimenta a Lua
coloniza a Lua
civiliza a Lua
humaniza a Lua.

Lua humanizada: tão igual à Terra.
O homem chateia-se na Lua.
Vamos para Marte – ordena a suas máquinas.
Elas obedecem, o homem desce em Marte
pisa em Marte
experimenta
coloniza
civiliza
humaniza Marte com engenho e arte.

Marte humanizado, que lugar quadrado.
Vamos a outra parte?
Claro – diz o engenho
sofisticado e dócil.
Vamos a Vênus.

O homem põe o pé em Vênus,
vê o visto – é isto?
idem
idem
idem.

O homem funde a cuca se não for a Júpiter
proclamar justiça junto com injustiça
repetir a fossa
repetir o inquieto
repetitório.

Outros planetas restam para outras colônias.
O espaço todo vira Terra a terra.
O homem chega ao Sol ou dá uma volta
só para tever?
Não-vê que ele inventa
roupa insiderável de viver no Sol.
Põe o pé e:
mas que chato é o Sol, falso touro
espanhol domado.

Restam outros sistemas fora
do solar a col-
onizar.
Ao acabarem todos
só resta ao homem
(estará equipado?)

a difícilima dangerosíssima viagem
de si a si mesmo:
pôr o pé no chão
do seu coração
experimentar
colonizar

civilizar
humanizar
o homem
descobrindo em suas próprias inexploradas entranhas a perene, insuspeitada alegria de conviver.

ANDRADE, Carlos Drummond de. *As impurezas do branco.* 4. ed. Rio de Janeiro: José Olympio, 1978. p. 20-2.

Trabalhando o texto

1. De que forma o poema explora a sufixação nos últimos versos da primeira estrofe? Comente.

2. A palavra *quadrado* constitui um neologismo semântico? Comente.

3. Explique o significado da passagem "vê o visto" e
comente o valor adquirido pela palavra *visto* nesse
contexto.

4. Qual o sentido da palavra *fossa*? Analise sua utilização no poema.

5. Como foi formada a palavra *tever*? Que significados
ela sugere?

6. Que efeito produz a divisão *col-/onizar*?

7. Comente o uso da palavra *dangerosíssima*.

8. Que efeito produz a forma *con-viver*? Comente.

9. Qual viagem você considera mais importante para o
homem? A sideral ou a "dangerosíssima"? Por quê?

Questões de exames e concursos

1. (UFV) Leia o texto abaixo:

Mulher Tupperware [Da sabedoria popular]

S.f. A que tem orgulho de ser mulher. Que é ousada e audaciosa. Contemporânea. Vencedora. Que tem objetivos de vida e luta por eles.

Sintonizada com o seu tempo. Que rejeita imitações. Que aprecia o belo e o prático. De todas as raças. De todas as cores.

Veja, 5 mar. 1997.

"Que é ous**ada** e audaciosa."

"Sintoniz**ada** com o seu tempo."

Nos fragmentos acima, é **correto** afirmar que os elementos em destaque:

a) formam palavras compostas.
b) são formas livres.
c) são formas invariáveis.
d) estão ligados a uma base verbal.
e) têm diferente valor semântico.

2. (UFMT) **Instrução**: Leia os trechos da obra *Grande sertão: veredas*, publicada há 50 anos, do escritor mineiro Guimarães Rosa – geração de 45 – para responder às questões.

Eu ouvi aquilo demais. O pacto! Se diz – o senhor sabe. Bobeia. Ao que a pessoa vai, em meia-noite, a uma encruzilhada, e chama fortemente o Cujo – e espera. Se sendo, há-de que vem um pé de vento, sem razão, e arre se comparece uma porca com ninhada de pintos, se não for uma galinha puxando barrigada de leitões. Tudo errado, remedante, sem completação... O senhor imaginalmente percebe? O crespo – a gente se retém – então dá um cheiro de breu queimado. E o dito – o Coxo – toma espécie, se forma! Carece de se conservar coragem. Se assina o pacto. Se assina com o sangue de pessoa. O pagar é alma. Muito mais depois. O senhor vê, superstição parva? Estornadas!... Provei. Introduzi. (p. 45)

O demo, tive raiva dele? Pensei nele? Em vezes. O que era em mim valentia, não pensava; e o que pensava produzia era dúvidas de me-enleios. Repensava, no esfriar do dia. A quando é o do sol entrar, que então até é o dia mesmo, por seu remorso. Ou então, ainda melhor, no madrugal, logo no instante em que eu acordava e ainda não abria os olhos: eram só os minutos, e, ali durante, em minha rede, eu preluzia tudo claro e explicado. Assim: – Tu vigia, Riobaldo, não deixa o diabo te pôr sela... – isto eu divulgava. Aí eu queria fazer um projeto: como havia de escapulir dele, do Temba, que eu tinha mal chamado. Ele rondava por me governar? (p. 458)

ROSA, João Guimarães. *Grande sertão: veredas*. Rio de Janeiro: Nova Fronteira, 1986.

Sobre a renovação da linguagem empreendida por Rosa, assinale a afirmativa incorreta.

a) O trecho "Riobaldo, não deixa o diabo te pôr sela..." exemplifica a quebra da ordem canônica da língua portuguesa.
b) "Remedante", "completação", "imaginalmente" são exemplos de neologismos por sufixação, que altera a classe gramatical, mas conserva o sentido original do radical.
c) "Em vezes" e em "meia-noite" são expressões correntes na língua, utilizadas com nova regência.
d) "O Cujo", "o Coxo", "o demo", "o diabo", "o Temba", usados como sinônimos no texto, comprovam apropriação do vocabulário popular.
e) "Preluzia" e "me-enleios" exemplificam neologismos por prefixação, com alteração do sentido original.

3. (UPM-SP)

1 Curiosa palavra. Idoso. O que acumulou idade. [Também tem o
2 sentido de quem se apega à idade. Ou que a esbanja [(como gostoso
3 ou dengoso). Se é que não significa alguém que está [indo, alguém
4 em processo de ida. Em contraste com os que ficam, [os ficosos...

5 Preciso começar a agir como um idoso. Dizem que,
    [entre eles,

6 idoso não fala em quem chega à velhice como alguém
    [que está à

7 beira do túmulo. Dizem que está na zona de rebaixa-
    [mento. Vou ter

8 que aprender o jargão da categoria

Luis Fernando Verissimo

O texto propõe diferentes possibilidades de sentido para o sufixo **-oso**. A partir dessas possibilidades, considere as seguintes afirmações:

I. "Glorioso" exemplifica o emprego do sufixo em palavras que fazem referência a quem acumulou algo.

II. "Nervoso" exemplifica o sentido de "indivíduo apegado a algo".

III. Seguindo a lógica do neologismo apresentado pelo autor, "chegosos" poderia ser um termo aplicado aos recém-nascidos.

Assinale:

a) se apenas I e II estiverem corretas.

b) se apenas II e III estiverem corretas.

c) se apenas I e III estiverem corretas.

d) se I, II e III estiverem corretas.

e) se I, II e III estiverem incorretas.

4. (PUC-SP) *Recheio*, *fruta-do-conde* e *cruzamento* passaram, respectivamente, pelos seguintes processos de formação:

a) hibridismo, derivação sufixal e composição

b) derivação prefixal, composição e derivação sufixal

c) derivação prefixal, hibridismo e derivação sufixal

d) hibridismo, derivação sufixal e derivação prefixal

e) derivação sufixal, hibridismo e composição

5. (UERJ)

(...)

Mas pouca gente sabe o que é um lipograma. Lipo significa tirar, aspirar, esconder. Portanto, um lipograma é um texto que sofreu a lipoaspiração de uma letra. O autor resolve esconder essa letra por razões lúdicas. Já o grego Píndaro havia escrito uma ode, sem a letra "s". Os autores barrocos no século XVII também usavam este tipo de ocultação, porque estavam envolvidos com o ocultismo, com a cabala e com a numerologia.

(...)

ROMANO, Affonso de Sant'Anna. O Globo, 15 set. 1999.

Observando o trecho acima, identifique o processo de formação de palavras comum aos termos *ocultação* e *ocultismo* e explique a diferença de sentido entre eles.

6. (UERJ) Diga qual é a razão imediata por que *lisonjeado* é escrito com *j* e *margeado* é escrito com *g*.

7. (Enem)

Good-bye

"Não é mais boa noite, nem bom dia
Só se fala good morning, good night
Já se desprezou o lampião de querosene
Lá no morro só se usa a luz da Light
Oh yes!"

A marchinha "Good-bye", composta por Assis Valente há cerca de 50 anos, refere-se ao ambiente das favelas dos morros cariocas. A estrofe citada mostra:

a) como a questão do racionamento da energia elétrica, bem como a da penetração dos anglicismos no vocabulário brasileiro, iniciaram-se em meados do século passado.

b) como a modernidade, associada simbolicamente à eletrificação e ao uso de anglicismos, atingia toda a população brasileira, mas também como, a despeito disso, persistia a desigualdade social.

c) como as populações excluídas se apropriavam aos poucos de elementos de modernidade, saindo de uma situação de exclusão social, o que é sugerido pelo título da música.

d) os resultados benéficos da política de boa vizinhança norte-americana, que permitia aos poucos que o Brasil se inserisse numa cultura e economia globalizadas.

e) o desprezo do compositor pela cultura e pelas condições de vida atrasadas características do "morro", isto é, dos bairros pobres da cidade do Rio de Janeiro.

8. (Unifesp) *Pneumotórax*, palavra que dá título ao famoso poema de Manuel Bandeira, é vocábulo constituído de dois radicais gregos (*pneu*m[o]- + -*tóra*x). Significa o procedimento médico que consiste na introdução de ar na cavidade pleural, como forma de tratamento de moléstias pulmonares, particularmente a tuberculose. Tal enfermidade é referida no diálogo entre médico e paciente, quando o primeiro explica a seu cliente que ele tem "uma escavação no pulmão esquerdo e o pulmão direito *infiltrad*o". Esta última palavra é formada com base em um radical: *filtr*o.

Quanto à formação vocabular, o título do poema e o vocábulo *infiltrado* são constituídos, respectivamente, por:

a) composição e derivação prefixal e sufixal.

b) derivação prefixal e sufixal e composição.

c) composição por hibridismo e composição prefixal e sufixal.

d) simples flexão e derivação prefixal e sufixal.

e) simples derivação e composição sufixal e prefixal.

122   Parte 2 > > > MORFOLOGIA > > >

9. (UFSCar-SP) A revista *Veja*, referindo-se aos empresários brasileiros, na edição de 02.10.2002, às vésperas das eleições, utilizou o seguinte título para uma matéria:

Eles lularam na reta final.

Tomando como referência o contexto das eleições, responda:

a) Qual o significado da forma verbal *lularam*?

b) Do ponto de vista gramatical, por meio de que recurso o verbo da frase foi criado?

10. (UFPI)

(...)

"Esses monstros atuais, não os cativa Orfeu, a vagar, taciturno, entre o talvez e o se."

(...)

"Legado", Carlos Drummond de Andrade

As palavras *talvez* e *se* são formadas por:

a) derivação sufixal.

b) derivação prefixal.

c) derivação parassintética.

d) derivação imprópria.

e) composição.

11. (Unifal-MG) O vocábulo *almanaques*:

a) é de origem latina.

b) é erudito, composto de radicais gregos.

c) é erudito, híbrido, composto de radicais latino e grego.

d) é de origem árabe.

e) é uma composição erudita, com prefixo e radical latinos.

12. (Unifal-MG) Assinale as alternativas que contêm a correspondência correta entre o composto de origem grega e o seu significado.

a) anarquia = falta de cabeça

b) aristocracia = governo dos plebeus

c) teocracia = governo de religiosos

d) oligarquia = governo de um pequeno grupo

e) plutocracia = governo exercido por estrangeiros

13. (UFPE) Quanto à formação de palavras:

a) *preconceito* é formação parassintética.

b) *pluralismo* e *fragilidade* são formações sufixais.

c) *incontroverso*, *individual* e *interna* são formadas com o prefixo latino *in-*, com sentido de negação.

d) *ampliação*, *repetência*, *preparação* e *cidadania* são substantivos formados a partir de formas verbais.

e) em *fragilizar*, *modernizar* e *democratizar* o sufixo *-izar* forma verbos a partir de adjetivos.

14. (UFCE) Complete os espaços abaixo com o substantivo que corresponde ao verbo destacado nas passagens:

I. ... **acendeu** nela o desejo...

A (*) do desejo.

II. ... e **repetia** puxando-me...

A (*) do chamado.

III. ... um gesto que eu não **descrevo**

A (*) do gesto.

Marque a alternativa que completa corretamente os espaços acima:

a) acenção – repetisão – descrição

b) acensão – repetição – descreção

c) acenção – repetição – discrição

d) acensão – repetissão – descrisão

e) acensão – repetição – descrição

15. (UFCE) Empregando o sufixo *-mente*, substitua as expressões destacadas por uma só palavra, cujo sentido seja equivalente ao da expressão substituída.

a) **Pouco a pouco**, o poeta aprenderia a partir sem medo.

b) **Sem dúvida alguma**, a lua nova é mais alegre que a cheia.

c) Ele ganhou um novo quarto e a aurora, **ao mesmo tempo**.

d) Passou dez anos, **sem interrupção**, com a janela virada para o pátio.

e) O poeta, **por exceção**, prefere a lua nova.

16. (Unifal-MG) Assinale a alternativa que contém, pela ordem, o nome do processo de formação das seguintes palavras: *ataque*, *tributária* e *expatriar*.

a) prefixação, sufixação, derivação imprópria

b) derivação imprópria, sufixação, parassíntese

c) prefixação, derivação imprópria, parassíntese

d) derivação regressiva, sufixação, prefixação e sufixação

e) derivação regressiva, sufixação, parassíntese

17. (PUC-SP) O vocábulo *ostentando* apresenta em sua estrutura os seguintes elementos mórficos:

a) o radical *ostenta* e o prefixo *-ndo*.

b) o radical *ostent-*, a vogal temática *-a*, o tema *ostenta* e a desinência *-ndo*.

c) o prefixo *os-*, o radical *tent-*, a vogal temática *-a* e a desinência *-ndo*.

Capítulo 5 > > > Estrutura e formação das palavras > > >

123

d) o radical *ostenta*, o tema *ostent-* e a desinência *-ndo*.

e) o radical *-ndo*, o tema *ostent-* e a vogal temática *-a*.

18. (ESALq-SP) São palavras formadas por prefixação:

a) luminoso, fraternidade

b) liberdade, sonhador

c) conselheiro, queimado

d) linguagem, escravidão

e) percurso, ingrato

19. (PUC-SP) As palavras *azuladas*, *esbranquiçadas*, *bons-dias* e *lavagem* foram formadas, respectivamente, pelos processos de:

a) derivação parassintética, derivação prefixal e sufixal, composição por aglutinação, derivação prefixal e sufixal.

b) derivação sufixal, derivação parassintética, composição por justaposição, derivação sufixal.

c) derivação parassintética, derivação parassintética, composição por aglutinação, derivação sufixal.

d) derivação prefixal e sufixal, derivação prefixal, composição por justaposição, derivação parassintética.

e) derivação sufixal, derivação imprópria, composição por justaposição, derivação sufixal.

20. (Acafe-SC) Quanto à formação de palavras, aponte o exemplo que **não** corresponde à afirmação.

a) infeliz – derivação prefixal

b) inutilmente – derivação prefixal e sufixal

c) couve-flor – composição por justaposição

d) planalto – composição por aglutinação

e) semideus – composição por aglutinação

21. (Cefet-PR) Em qual das alternativas não há relação entre as duas colunas quanto ao processo de formação das seguintes palavras:

a) magoado — derivação sufixal

b) obscuro — derivação prefixal

c) infernal — derivação prefixal e sufixal

d) aterrador — derivação prefixal e sufixal

e) descampado — derivação parassintética

22. (Fuvest-SP) Foram formadas pelo mesmo processo as seguintes palavras:

a) vendavais, naufrágios, polêmicas

b) descompõem, desempregados, desejava

c) estendendo, escritório, espírito

d) quietação, sabonete, nadador

e) religião, irmão, solidão

23. (Fuvest-SP) Assinalar a alternativa que registra a palavra que tem o sufixo formador de advérbio.

a) desesperança   d) extremamente

b) pessimismo   e) sociedade

c) empobrecimento

24. (ITA-SP) Considere as seguintes significações:

> "nove ângulos"   "governo de poucos"
> "som agradável"   "dor de cabeça"

Escolha a alternativa cujas palavras traduzem os significados apresentados acima.

a) pentágono, plutocracia, eufonia, mialgia

b) eneágono, oligarquia, eufonia, cefalalgia

c) nonangular, democracia, cacofonia, dispneia

d) eneágono, aristocracia, sinfonia, cefalalgia

e) hendecágono, monarquia, sonoplastia, cefaleia

25. (ITA-SP) Considere as seguintes palavras, cujos prefixos são de origem grega:

> diáfano   endocárdio   epiderme   anfíbio

Qual alternativa apresenta palavras cujos prefixos, de origem latina, correspondem, quanto ao significado, aos de origem grega?

a) translúcido, ingerir, sobrepor, ambivalência

b) disseminar, intramuscular, superficial, ambiguidade

c) disjungir, emigrar, supervisão, bilíngue

d) transalpino, enclausurar, supercílio, ambicionar

e) percorrer, imergir, epopeia, ambivalência

26. (PUCCamp-SP) Sabendo-se que prefixo é um morfema que se antepõe ao radical, alterando sua significação, assinale a alternativa que apresenta as quatro palavras iniciadas por um prefixo.

a) perfazer, decifrar, disparidade, reposição

b) retidão, dissonância, divindade, insatisfação

c) discorrer, entrever, perguntar, reler

d) inamovível, bisavô, comprimento, descansar

e) surpresa, asmático, esbravejar, anulação

27. (Cesgranrio-RJ) Assinale a opção em que o processo de formação de palavras está indevidamente caracterizado.

a) vagalume – composição

b) irritação – sufixação

Parte 2 > > > MORFOLOGIA > > >

c) cruzeiro – sufixação

d) baunilha – sufixação

e) palmeira – sufixação

28. (UFRJ) Assinale a alternativa cujo prefixo *sub* tem o sentido de "posterioridade".

a) sublinhar   d) subjacente

b) subsequente   e) submisso

c) subdesenvolvido

29. (Fuvest-SP) Assinale a alternativa em que uma das palavras **não** é formada por prefixação.

a) readquirir, predestinado, propor

b) irregular, amoral, demover

c) remeter, conter, antegozar

d) irrestrito, antípoda, prever

e) dever, deter, antever

30. (UPM-SP) Dentre as alternativas abaixo, assinale aquela em que ocorrem dois prefixos que dão ideia de negação.

a) impune, acéfalo   d) importar, soterrar

b) pressupor, ambíguo   e) ilegal, refazer

c) anarquia, decair

31. (UFF-RJ) O vocábulo *catedral*, do ponto de vista de sua formação, é:

a) primitivo.

b) composto por aglutinação.

c) derivado sufixal.

d) parassintético.

e) derivado regressivo de *catedrático*.

32. (PUC-SP) Assinale a classificação errada do processo de formação indicado.

a) o porquê   conversão ou derivação imprópria

b) desleal – derivação prefixal

c) impedimento – derivação parassintética

d) anoitecer – derivação parassintética

e) borboleta – primitivo

33. (UFPR) A formação do vocábulo destacado na expressão "o **canto** das sereias" é:

a) composição por justaposição.

b) derivação regressiva.

c) derivação sufixal.

d) palavra primitiva.

e) derivação prefixal.

34. (PUC-RJ) Relacione os sinônimos nas duas colunas abaixo e assinale a resposta correta.

1. translúcido   ( ) contraveneno

2. antídoto   ( ) metamorfose

3. transformação   ( ) diáfano

4. adversário   ( ) antítese

5. oposição   ( ) antagonista

a) 1, 3, 4, 2, 5   d) 1, 4, 5, 2, 3

b) 2, 3, 4, 5, 1   e) 4, 3, 1, 5, 2

c) 2, 3, 1, 5, 4

35. (UFSC) Assinale a alternativa em que o elemento mórfico em destaque está corretamente analisado.

a) menin**a** (-a) – desinência nominal de gênero

b) vend**e**ste (-e-) – vogal de ligação

c) gas**ô**metro (-o-) – vogal temática de segunda conjugação

d) ama**sse**m (-sse-) – desinência de segunda pessoa do plural

e) cantarí**eis** (-is) – desinência do imperfeito do subjuntivo

36. (FEI-SP) Dê o significado dos prefixos:

a) **anti**pático

b) **sim**pático

c) **a**pático

37. (UFSC) Relacione a coluna II com a coluna I, estabelecendo a correspondência entre o significado dos prefixos gregos e latinos.

coluna I   coluna II

1) **trans**porte   ( ) **hiper**trofia

2) **circun**lóquio   ( ) **para**sita

3) **bene**fício   ( ) **hipo**crisia

4) **supra**citado   ( ) **peri**feria

5) **sub**terrâneo   ( ) **diá**logo

6) **ad**vogado   ( ) **eu**genia

38. (UFPel-RS) Os vocábulos da primeira coluna possuem prefixos latinos; os da segunda, prefixos gregos. A alternativa em que os dois prefixos não se correspondem semanticamente é:

a) subdesenvolvimento   sintonia.

b) ambidestro   anfíbio.

c) previsão   programa.

d) infiel   anêmico.

e) transparente   diálogo.

Capítulo 5 > > > Estrutura e formação das palavras > > >

125

Capítulo 6

Estudo dos verbos (I)

QUINO. *Mafalda 6*. São Paulo: Martins Fontes, 2002. p. 56.

Embora seja sempre lembrado como palavra que denota ação, o verbo indica ainda uma série de outros fenômenos ou processos. Na tirinha desta página, por exemplo, *sou* indica caráter de estado, e *mandando* e *diplomamos* indicam ação.

O que distingue fundamentalmente os verbos são suas flexões, e não seus possíveis significados. O verbo é a classe de palavras que possui o maior número de flexões na língua portuguesa.

1. Introdução

Conjugar verbos é algo que faz parte da vida de qualquer indivíduo, alfabetizado ou não, escolarizado ou não; no entanto, nem sempre as pessoas se dão conta de que há nesse processo uma organização interna, um verdadeiro sistema, de que trataremos a seguir.

Os verbos desempenham uma função vital em qualquer língua, e no português não seria diferente. É em torno deles que se organizam as orações e os períodos; consequentemente, é em torno deles que se estrutura o pensamento.

Verbo significa, originariamente, "palavra". Esse significado pode ser notado em expressões como *abrir o verbo* ou *deitar o verbo*, utilizadas para indicar o uso abundante e desimpedido das palavras. Outra expressão muito conhecida é *verborragia*, utilizada para indicar uso desmedido de palavras. Uma pessoa verborrágica fala muito. E o que significa *comunicação verbal*? Comunicação com palavras.

Os verbos receberam esse nome justamente porque, devido sua importância na língua, foram considerados as palavras por excelência pelos gramáticos. Conjugar um verbo é, portanto, exercer o direito pleno de empregar a palavra.

O estudo de uma classe gramatical tão importante representa, obviamente, um passo decisivo para a obtenção de um desempenho linguístico mais satisfatório. Neste primeiro capítulo dedicado aos verbos, vamos concentrar nossa atenção nos paradigmas de conjugação, cujo conhecimento é indispensável à produção de textos representativos da modalidade culta do português.

Em DVD

Babel. Direção de Alejandro Gonzales Iñarritu. EUA: Warner, 2007. (143 min).

Algumas pessoas, por razões diversas, não dispõem da capacidade de utilizar a comunicação verbal em suas vidas. Elas são pessoas especiais que enfrentam dolorosos desafios em busca de aceitação social. Babel, uma emocionante história de pessoas que não se conhecem e que, mesmo separadas pela distância e pela cultura, têm seus destinos ligados, apresenta os dramas de uma personagem com deficiência auditiva que luta contra as próprias limitações em busca da felicidade em um mundo cada vez mais intolerante e avesso à comunicação.

2. Conceito

Verbo é a palavra que se flexiona em número (singular/plural), pessoa (primeira, segunda, terceira), modo (indicativo, subjuntivo, imperativo), tempo (presente, pretérito, futuro) e voz (ativa, passiva, reflexiva). Pode indicar ação (*fazer, copiar*), caráter de estado (*ser, ficar*), fenômeno natural (*chover, anoitecer*), ocorrência (*acontecer, suceder*), desejo (*aspirar, almejar*) e outros processos.

O que caracteriza o verbo são suas flexões, e não seus possíveis significados. Observe que palavras como *feitura, cópia, chuva, acontecimento* e *aspiração* têm conteúdo muito próximo ao de alguns verbos mencionados acima; não apresentam, porém, as mesmas possibilidades de flexão que esses verbos possuem.

3. Estrutura das formas verbais

Há três tipos de morfemas que participam da estrutura das formas verbais: o radical, a vogal temática e as desinências.

a. radical – é o morfema que concentra o significado essencial do verbo:

estud-ar   **vend**-er   **permit**-ir
am-ar   **beb**-er   **part**-ir
cant-ar   **escond**-er **proib**-ir

Você notou que, para obter o radical de um verbo, basta eliminar as duas últimas letras do infinitivo. Podem-se antepor prefixos ao radical:

des-**permit**-ir   re-**vend**-er

b. **vogal temática** – é o morfema que permite a ligação entre o radical e as desinências. Em português, há três vogais temáticas:

▶ **-a-** – caracteriza os verbos da primeira conjugação:

solt-**a**-r   deix-**a**-r   perdo-**a**-r

▶ **-e-** – caracteriza os verbos da segunda conjugação:

esquec-**e**-r   sofr-**e**-r   viv-**e**-r

O verbo *pôr* e seus derivados (*supor, depor, repor, compor* etc.) pertencem à segunda conjugação, pois sua vogal temática é *-e-*, obtida da forma portuguesa arcaica *poer*, do latim *ponere*.

▶ **-i-** – caracteriza os verbos da **terceira conjugação**:

assist-**i**-r; permit-**i**-r, decid-**i**-r.

O conjunto formado pelo radical e pela vogal temática recebe o nome de **tema**.

c. **desinências** – são morfemas que se acrescentam ao tema para indicar as flexões do verbo.

Há desinências número-pessoais e desinências modo-temporais:

falá-sse-mos

falá-: tema   (radical + vogal temática)

-sse-: desinência modo-temporal   (indica o modo – subjuntivo – e o tempo – pretérito imperfeito – em que o verbo está conjugado)

-mos: desinência número-pessoal   (indica que o verbo se refere à primeira pessoa do plural)

Você conhecerá as outras desinências verbais quando apresentarmos os modelos das conjugações.

BROWNE, Dik. *Hagar, o Horrível*. Porto Alegre: L&PM, 2007. v. 4. p. 70.

Na frase dessa tira, há duas desinências modo-temporais: *-sse* (em *tivessem*) é desinência do pretérito imperfeito do subjuntivo; *-ria* (em *seria*) é desinência do futuro do pretérito do indicativo. Além delas, destacamos também duas desinências número-pessoais: *-m* (em *saberem*) é desinência de terceira pessoa do plural e *–mos* (em *estamos*) é desinência de primeira pessoa do plural.

Combinando seus conhecimentos sobre a estrutura dos verbos com o conceito de sílaba tônica, você poderá facilmente descobrir o que são formas verbais rizotônicas e arrizotônicas. Nas formas **rizotônicas**, o acento tônico está no radical do verbo: es**tu**do, compre**en**dam, con**si**go, por exemplo.

Nas formas **arrizotônicas**, o acento tônico não está no radical, mas na terminação verbal: *estud**ei***, *vend**erão**, *conseguir**í**amos*.

4. Flexões verbais

Você já sabe que os verbos apresentam flexão de número, pessoa, modo, tempo e voz. Vamos agora estudar mais minuciosamente essas flexões.

Flexão de número e pessoa

Os verbos podem se referir a um único ser ou a mais de um ser; no primeiro caso, estão no **singular**; no segundo, no **plural**. Essa indicação de número é acompanhada pela indicação da pessoa gramatical a que o verbo se refere. Observe:

estudo	forma da primeira pessoa do singular
estudas	forma da segunda pessoa do singular
estuda	forma da terceira pessoa do singular
estudamos	forma da primeira pessoa do plural
estudais	forma da segunda pessoa do plural
estudam	forma da terceira pessoa do plural

Essas indicações de número e pessoa são claramente identificadas quando se relaciona cada forma verbal acima com o pronome pessoal correspondente:

eu estudo	**nós** estudamos
tu estudas	**vós** estudais
ele/ela estuda	**eles/elas** estudam

No português atual do Brasil, o pronome *tu*, de segunda pessoa, tem uso limitado a algumas regiões, muitas vezes de forma diferente da que prega a gramática oficial. É comum o emprego de formas como "tu foi", "tu pega", "tu falou". O pronome é de segunda pessoa, mas o verbo é conjugado na terceira. O pronome *vós* aparece em textos literários ou litúrgicos.

Para o tratamento direto, difundiu-se no Brasil o emprego dos pronomes *você/vocês*, que levam o verbo para a terceira pessoa:

ele/ela/você estuda	eles/elas/vocês estudam

Flexão de tempo e modo

No momento em que se fala ou escreve, o processo verbal pode estar em plena ocorrência, pode já estar concluído ou pode ainda não ter ocorrido. Essas três possibilidades básicas, mas não únicas, são expressas pelos três tempos verbais: o presente, o pretérito (que pode ser perfeito, imperfeito ou mais- -que-perfeito) e o futuro (que pode ser do presente ou do pretérito). Compare as formas *estudo*, *estudei* e *estudarei* para perceber essa distribuição em três tempos básicos.

A indicação de tempo está geralmente ligada à indicação de modo, ou seja, a expressão da atitude de quem fala ou escreve em relação ao conteúdo do que fala ou escreve. Quando se considera uma certeza o que é falado ou escrito, utilizam-se as formas do modo indicativo (são exemplos *estudo*, *estudei*, *estudava*, *estudarei*).

Capítulo 6 > > > Estudo dos verbos (I) > > >   129

As formas do modo subjuntivo indicam que o conteúdo do que se fala ou escreve é tomado como incerto, duvidoso, hipotético (*estudasse*, por exemplo).

Além disso, o verbo pode exprimir um desejo, uma ordem, um apelo: nesse caso, utilizam-se as formas do modo imperativo (*estude/não estude*, por exemplo). O modo imperativo é dividido em duas formas: o afirmativo e o negativo. Não se conjuga a primeira pessoa do singular do imperativo, por motivo óbvio.

Laerte. *Classificados: livro 2*. São Paulo: Devir, 2002. p. 5.

Todas as formas verbais dessa tira (*pule*, *rasteje*, *pague*) estão no modo imperativo e indicam uma ordem dirigida ao interlocutor.

O esquema a seguir apresenta os modos e tempos verbais da língua portuguesa:

- **modo indicativo**
  - presente (eu estudo)
  - pretérito
    - perfeito (eu estudei)
    - imperfeito (eu estudava)
    - mais-que-perfeito (eu estudara)
  - futuro
    - do presente (eu estudarei)
    - do pretérito (eu estudaria)
- **modo subjuntivo**
  - presente (que eu estude)
  - pretérito imperfeito (se eu estudasse)
  - futuro (quando/se eu estudar)
- **modo imperativo**
  - presente
    - afirmativo (estuda [tu])
    - negativo (não estudes [tu])

OBSERVAÇÃO

Os verbos possuem, além dos modos e tempos já apresentados, três **formas nominais**: o infinitivo (pessoal e impessoal), o gerúndio e o particípio. Essas formas são chamadas nominais porque podem assumir comportamento de nomes (substantivos, adjetivos e advérbios) em determinados contextos. No caso do verbo *estudar*, temos:

- infinitivo
  - pessoal (estudar, estudares...)
  - impessoal (estudar)
- gerúndio (estudando)
- particípio (estudado)

O esquema acima apresenta apenas os chamados **tempos simples**; além deles, há os **tempos compostos**, que apresentaremos mais adiante.

Flexão de voz

A voz verbal indica fundamentalmente se o ser a que o verbo se refere é agente ou paciente do processo verbal. Há três situações possíveis:

a. voz ativa – o ser a que o verbo se refere é o agente do processo verbal. Em "O Juventus derrotou o Corinthians", a forma verbal *derrotou* está na voz ativa porque *o Juventus* é o agente do processo verbal.

b. **voz passiva** – o ser a que o verbo se refere é o paciente do processo verbal. Em "O Corinthians foi derrotado pelo Juventus", a locução verbal *foi derrotado* está na voz passiva porque o Corinthians é o paciente da ação verbal.

Há duas formas de voz passiva em português: a voz passiva **analítica**, em que ocorre uma locução verbal formada pelo verbo *ser* mais o particípio do verbo principal (como em "O técnico *foi demitido* do clube"), e a voz passiva **sintética**, em que se utiliza o pronome *se* ao lado do verbo em terceira pessoa (como em "*Alugam-se* casas na praia"). Essas duas formas de voz passiva serão estudadas detalhadamente nos capítulos dedicados à sintaxe.

c. **voz reflexiva** – o ser a que o verbo se refere é, ao mesmo tempo, agente e paciente do processo verbal, pois age sobre si mesmo. Em "O rapaz cortou-se com uma tesoura", a forma verbal *cortou-se* está na voz reflexiva, pois *o rapaz* é, a um só tempo, agente e paciente: ele cortou a si mesmo.

Atividades

1. Indique os morfemas presentes em cada uma das formas verbais a seguir:

a) falássemos

b) pensáramos

c) estudarei

d) perderias

e) decidissem

f) produzo

g) tratávamos

h) permitistes

2. Indique o tempo, o modo, o número e a pessoa de cada uma das formas verbais destacadas nas frases a seguir:

a) Não **trataríamos** de alguém como ele.

b) Ninguém **relatara** nada a ela.

c) Se você ao menos **provasse**...

d) Talvez **obtenhas** o que nós não **obtivemos**.

e) Se eu o **localizar**, **transmitirei** seu recado.

f) **Queixava**-se constantemente de que ninguém ali **dava** importância a ele.

g) **Pedistes** a verificação de vossos projetos?

h) **Digo** o que **penso**.

5. Conjugações

Quando se fala em conjugar um verbo, fala-se em dispor sistematizadamente todas as formas que ele pode assumir ao ser flexionado. Isso se faz com a exposição dos diversos tempos e modos de acordo com uma ordem convencionada. Observe que se trata de um recurso didático ligado à memorização e à observação de particularidades morfológicas.

Os verbos da língua portuguesa podem ser divididos em três grupos de flexões, as chamadas **conjugações**, identificadas respectivamente pelas vogais temáticas *-a-*, *-e-* e *-i-*. Para cada uma dessas conjugações, há um modelo – chamado de **paradigma** – que indica as formas verbais consideradas regulares. De acordo com a relação que estabelecem com esses paradigmas, os verbos podem ser classificados em:

a. **regulares** – obedecem precisamente a um paradigma da respectiva conjugação;

b. **irregulares** – não seguem nenhum paradigma da respectiva conjugação: podem apresentar irregularidades no radical e/ou nas terminações. Os verbos *ser* e *ir*, por apresentarem profundas alterações nos radicais em sua conjugação, são chamados **anômalos**;

c. **defectivos** – não são conjugados em determinadas pessoas, tempos ou modos;

Capítulo 6 > > > Estudo dos verbos (I) > > >

d. abundantes – apresentam mais de uma forma para determinada flexão.

Os verbos empregados para, com o infinitivo, o gerúndio ou o particípio, formar as locuções verbais ou os tempos compostos (*devo ir/estava falando/tinha procurado*) são chamados de **auxiliares**. Os quatro mais usados nessa função são *ser, estar, ter* e *haver*. A conjugação desses quatro verbos, rica em particularidades, será apresentada mais adiante, quando estudarmos os principais verbos irregulares.

O outro verbo do tempo composto ou locução verbal é chamado de **principal**. Na prática, torna-se fácil identificar o auxiliar e o principal: o auxiliar é sempre o primeiro; o principal é sempre o segundo.

Paradigmas dos verbos regulares

Você encontrará a seguir paradigmas dos verbos regulares das três conjugações. Foram tomados como modelos os verbos *estudar* (primeira conjugação), *vender* (segunda conjugação) e *partir* (terceira conjugação).

Para conjugar qualquer verbo regular basta substituir o radical do verbo usado como exemplo pelo radical do verbo que se pretende conjugar. A vogal temática e as desinências não se alteram.

Tempos simples

MODO INDICATIVO		
presente		
estudo	vendo	permito
estudas	vendes	permites
estuda	vende	permite
estudamos	vendemos	permitimos
estudais	vendeis	permitis
estudam	vendem	permitem
pretérito imperfeito		
estudava	vendia	permitia
estudavas	vendias	permitias
estudava	vendia	permitia
estudávamos	vendíamos	permitíamos
estudáveis	vendíeis	permitíeis
estudavam	vendiam	permitiam
pretérito perfeito		
estudei	vendi	permiti
estudaste	vendeste	permitiste
estudou	vendeu	permitiu
estudamos	vendemos	permitimos
estudastes	vendestes	permitistes
estudaram	venderam	permitiram

pretérito mais-que-perfeito

estudara	vendera	permitira
estudaras	venderas	permitiras
estudara	vendera	permitira
estudáramos	vendêramos	permitíramos
estudáreis	vendêreis	permitíreis
estudaram	venderam	permitiram

futuro do presente

estudarei	venderei	permitirei
estudarás	venderás	permitirás
estudará	venderá	permitirá
estudaremos	venderemos	permitiremos
estudareis	vendereis	permitireis
estudarão	venderão	permitirão

futuro do pretérito

estudaria	venderia	permitiria
estudarias	venderias	permitirias
estudaria	venderia	permitiria
estudaríamos	venderíamos	permitiríamos
estudaríeis	venderíeis	permitiríeis
estudariam	venderiam	permitiriam

MODO SUBJUNTIVO

presente

estude	venda	permita
estudes	vendas	permitas
estude	venda	permita
estudemos	vendamos	permitamos
estudeis	vendais	permitais
estudem	vendam	permitam

pretérito imperfeito

estudasse	vendesse	permitisse
estudasses	vendesses	permitisses
estudasse	vendesse	permitisse
estudássemos	vendêssemos	permitíssemos
estudásseis	vendêsseis	permitísseis
estudassem	vendessem	permitissem

futuro

estudar	vender	permitir
estudares	venderes	permitires
estudar	vender	permitir
estudarmos	vendermos	permitirmos
estudardes	venderdes	permitirdes
estudarem	venderem	permitirem

MODO IMPERATIVO

afirmativo

estuda tu	vende tu	permite tu
estude você	venda você	permita você
estudemos nós	vendamos nós	permitamos nós
estudai vós	vendei vós	permiti vós
estudem vocês	vendam vocês	permitam vocês

negativo

não estudes tu	não vendas tu	não permitas tu
não estude você	não venda você	não permita você
não estudemos nós	não vendamos nós	não permitamos nós
não estudeis vós	não vendais vós	não permitais vós
não estudem vocês	não vendam vocês	não permitam vocês

FORMAS NOMINAIS

infinitivo impessoal

estudar	vender	permitir

infinitivo pessoal

estudar	vender	permitir
estudares	venderes	permitires
estudar	vender	permitir
estudarmos	vendermos	permitirmos
estudardes	venderdes	permitirdes
estudarem	venderem	permitirem

gerúndio

estudando	vendendo	permitindo

particípio

estudado	vendido	permitido

Comentários

a. Tome cuidado especial com as formas verbais que recebem acento gráfico, pois a omissão desse acento pode causar problemas na língua escrita:

- analise atentamente as formas de primeira e segunda pessoas do plural dos vários tempos e compreenda que algumas devem ser acentuadas porque são proparoxítonas;
- atente para as formas do futuro do presente do indicativo que são acentuadas graficamente (oxítonas terminadas em *-a*, *-as* – estudarás, estudará; venderás, venderá; permitirás, permitirá) e perceba que a omissão desse acento causa confusão com as formas correspondentes do pretérito mais-que-perfeito do indicativo (paroxítonas – estudaras, estudara; venderas, vendera; permitiras, permitira).

b. Compare a terceira pessoa do plural do pretérito perfeito do indicativo com a terceira pessoa do plural do futuro do presente: a primeira é paroxítona e termina em *-am* (estudaram, venderam, permitiram); a segunda é oxítona e termina em *-ão* (estudarão, venderão, permitirão).

c. Compare a segunda pessoa do singular com a segunda pessoa do plural do pretérito perfeito do indicativo: a primeira termina em *-ste* (estudaste, vendeste, permitiste); a segunda termina em *-stes* (estudastes, vendestes, permitistes).

d. Atente para as particularidades do modo imperativo: não se conjuga a primeira pessoa do singular; além disso, na terceira pessoa se utilizam os pronomes *você/vocês, senhor/senhores*, ou qualquer outro pronome de tratamento.

Em CD

Pitty. Admirável chip novo. In: *Admirável chip novo* **(CD). Deckdisc, 2003.**
A cantora baiana Pitty debutou em carreira solo em grande estilo com *Admirável chip novo*, trabalho elogiado pelo público e pela crítica especializada. A faixa que dá nome ao disco é influência do livro homônimo do escritor Aldous Huxley, um de seus autores favoritos. O refrão dessa faixa, muito criativa por sinal, apresenta uma interessante sequência de verbos no imperativo sugerindo que somos vítimas inconscientes de um sistema que nos domina e explora.

Tempos compostos

MODO INDICATIVO

pretérito perfeito		pretérito mais-que-perfeito	
tenho/hei		tinha/havia	
tens/hás		tinhas/havias	
tem/há	estudado, vendido, permitido	tinha/havia	estudado, vendido, permitido
temos/havemos		tínhamos/havíamos	
tendes/haveis		tínheis/havíeis	
têm/hão		tinham/haviam	

Capítulo 6 >>> Estudo dos verbos (I) >>> 135

futuro do presente		futuro do pretérito	
terei/haverei		teria/haveria	
terás/haverás		terias/haverias	
terá/haverá	estudado, vendido, permitido	teria/haveria	estudado, vendido, permitido
teremos/haveremos		teríamos/haveríamos	
tereis/havereis		teríeis/haveríeis	
terão/haverão		teriam/haveriam	

MODO SUBJUNTIVO

pretérito perfeito		pretérito mais-que-perfeito	
tenha/haja		tivesse/houvesse	
tenhas/hajas		tivesses/houvesses	
tenha/haja	estudado, vendido, permitido	tivesse/houvesse	estudado, vendido, permitido
tenhamos/hajamos		tivéssemos/houvéssemos	
tenhais/hajais		tivésseis/houvésseis	
tenham/hajam		tivessem/houvessem	

futuro	
tiver/houver	
tiveres/houveres	
tiver/houver	estudado, vendido, permitido
tivermos/houvermos	
tiverdes/houverdes	
tiverem/houverem	

FORMAS NOMINAIS

infinitivo impessoal (pretérito)	
ter/haver	estudado, vendido, permitido

infinitivo pessoal (pretérito)	
ter/haver	
teres/haveres	
ter/haver	estudado, vendido, permitido
termos/havermos	
terdes/haverdes	
terem/haverem	

gerúndio (pretérito)	
tendo/havendo	estudado, vendido, permitido

Comentários

a. Note que os tempos compostos são formados pelos verbos auxiliares *ter* e *haver* mais o particípio do verbo principal. Apenas os auxiliares se flexionam.

b. No Brasil, há uma acentuada tendência ao emprego do auxiliar *ter*; o uso do auxiliar *haver* restringe-se à língua formal falada ou escrita.

c. O pretérito mais-que-perfeito composto do indicativo é largamente usado no português falado e escrito do Brasil, confinando a forma simples (que lhe é equivalente) ao uso escrito formal ou a expressões populares, como "Quisera eu!", "Quem me dera!" etc.

d. As formas compostas do infinitivo e do gerúndio têm valor de pretérito.

Atividades

1. Complete as lacunas das frases seguintes com a forma verbal indicada entre parênteses:

a) Se efetivamente (*), serias mais insistente. (*necessitar*, pretérito imperfeito do subjuntivo)

b) Seu pai não (*) às reuniões com frequência. (*comparecer*, pretérito imperfeito do indicativo)

c) O diretor não nos (*) ontem. (*auxiliar*, pretérito perfeito do indicativo)

d) Você sempre (*) às oito horas? (*chegar*, presente do indicativo)

e) Quem (*) esta rotina tão tranquila? (*alterar*, futuro do pretérito do indicativo)

f) Já fazia muito tempo que eu (*) a importância de ser solidário. (*perceber*, pretérito mais-que-perfeito do indicativo)

g) Não te (*) em situação delicada se me prestares ajuda? (*colocar*, futuro do presente do indicativo)

h) Talvez eu (*) alguma alteração no seu ânimo. (*perceber*, presente do subjuntivo)

i) Quando (*) a verdade, mostrai-a a todos. (*descobrir*, futuro do subjuntivo)

2. Complete as lacunas com as formas verbais solicitadas entre parênteses:

a) Quando você (*) o trabalho, poderá sair. (*terminar*, futuro composto do subjuntivo)

b) (*) constantemente, mas ainda não conseguiste êxito. (*insistir*, pretérito perfeito composto do indicativo)

c) Nós já (*) aquelas entidades assistenciais alguns anos atrás. (*ajudar*, pretérito mais-que-perfeito composto do indicativo)

d) É provável que tudo (*) até então. (*acabar*, pretérito perfeito composto do subjuntivo)

e) Será que (*) em todos os meus exames até dezembro? (*passar*, futuro do presente composto do indicativo)

f) Se (*) antes, teríamos obtido a vaga. (*comparecer*, pretérito mais-que-perfeito composto do subjuntivo)

g) Tudo (*) como imagináramos se ele não tivesse desistido no último momento. (*ocorrer*, futuro do pretérito composto do indicativo)

3. Passe para o plural cada uma das frases seguintes, mantendo o tempo e o modo dos verbos.

a) Eu gostava de caminhar à beira-mar.

b) Fazias sempre questão de ajudar.

c) Ele estivera acamado.

d) Até ontem, eu desconhecia que voltaras.

e) Se quisesses, eu não seria infeliz.

f) Se fosses solidário, eu teria melhor sorte.

g) Ele dormirá aqui amanhã.

h) Você chegou às três horas?

i) Ele fixara o encontro com antecedência.

j) Ela fixará o encontro com antecedência.

k) Agiste como te recomendei?

6. Formação dos tempos simples

Depois de observar os tempos e modos dos verbos regulares, é importante você saber que existe uma maneira eficiente, racional e organizada de conjugá-los. Basta empregar os conceitos de tempos primitivos e tempos derivados e explorar as relações entre eles:

a. tempos primitivos – são tempos cujos radicais ou temas são usados na formação de outros tempos. É o caso do **presente do indicativo** e do **pretérito perfeito do indicativo**. Além deles, o **infinitivo impessoal** é usado na formação de outros tempos;

b. tempos derivados – são aqueles cujos radicais ou temas são obtidos de um dos tempos primitivos ou do infinitivo impessoal. Com exceção do presente e do pretérito perfeito do indicativo e do infinitivo impessoal, todos os tempos e formas nominais são derivados.

O conhecimento da conjugação dos tempos primitivos e da forma como se obtém a partir deles a conjugação dos tempos derivados constitui um instrumento muito útil para evitar erros de conjugação. Com a prática e a repetição, o processo se tornará automático. Você perceberá que, em alguns casos, como na formação do imperativo e na obtenção de certos tempos de alguns verbos irregulares, esse processo de conjugação é eficiente e seguro.

Tempos derivados do presente do indicativo

O presente do indicativo forma o presente do subjuntivo; dos dois, é formado o modo imperativo:

a. **presente do subjuntivo** – forma-se a partir do radical da primeira pessoa do singular do presente do indicativo. Esse radical é obtido pela eliminação da desinência *-o* da primeira pessoa do singular (*estud-o*, *cant-o*, *conheç-o*, *venh-o*, *dig-o*); a ele, acrescentam-se as desinências *-e*, *-es*, *-e*, *-emos*, *-eis*, *-em*, para verbos da primeira conjugação, e *-a*, *-as*, *-a*, *-amos*, *-ais*, *-am*, para verbos da segunda e terceira conjugações;

b. **imperativo afirmativo** – a segunda pessoa do singular e a segunda pessoa do plural são retiradas diretamente do presente do indicativo, suprimindo-se o *-s* final: tu estudas → estuda tu; vós estudais → estudai vós. As formas das demais pessoas são exatamente as mesmas do presente do subjuntivo. Lembre-se de que não se conjuga a primeira pessoa do singular no modo imperativo;

c. **imperativo negativo** – todas as pessoas são idênticas às pessoas correspondentes do presente do subjuntivo.

ESQUEMA DE FORMAÇÃO DOS TEMPOS DERIVADOS DO PRESENTE DO INDICATIVO (exemplo: verbo *optar*)			
presente do indicativo	**imperativo afirmativo**	**imperativo negativo**	**presente do subjuntivo**
opt-o	–	–	opt-e
optas[-s]	opta	não optes	opt-es
opta	opte	não opte	opt-e
optamos	optemos	não optemos	opt-emos
optais[-s]	optai	não opteis	opt-eis
optam	optem	não optem	opt-em

Comentários

a. Lembre-se de que, para os verbos da segunda e terceira conjugações, as desinências do presente do subjuntivo são *-a*, *-as*, *-a*, *-amos*, *-ais*, *-am*.

b. Observe atentamente as diferenças entre as segundas pessoas do imperativo afirmativo e as segundas pessoas do imperativo negativo. Para passar uma frase do imperativo afirmativo para o negativo e vice-versa não basta acrescentar ou retirar um *não*: opta/não optes; optai/não opteis.

c. É muito comum na língua coloquial o emprego das formas verbais de segunda pessoa do singular do imperativo afirmativo com o pronome *você*: "– Vem pra Caixa você também!", por exemplo, fez parte de um famoso texto publicitário poucos anos atrás. Essa mistura de tratamentos não é admissível na língua culta; nesse registro linguístico, deve-se uniformizar o tratamento na segunda pessoa ("Vem... tu") ou na terceira pessoa ("Venha... você").

As formas do imperativo *seja* e *conte* mantêm a uniformidade de tratamento: ambas são formas de terceira pessoa, ligadas ao pronome elíptico *você*.

GONSALES, Fernando. Níquel Náusea. *Folha de S.Paulo*, São Paulo, 26 jun. 2003. p. E13.

Atividades

1. Passe para a forma negativa:
   a) Procura-me.
   b) Procure-me.
   c) Entoa aquela velha canção de ninar.
   d) Entoe aquela velha canção de ninar.
   e) Conta o que viste.
   f) Conte o que viu.
   g) Aciona os motores.
   h) Acione os motores.
   i) Estende os panos.
   j) Estenda os panos.
   k) Sai daí!
   l) Saia daí!
   m) Belisca-me para eu perceber que estou acordado.
   n) Belisque-me para eu perceber que estou acordado.
   o) Assiste ao filme!
   p) Assista ao filme!

2. Passe as frases da atividade anterior para o plural. A seguir, passe-as para a forma negativa.

3. Leia atentamente o texto seguinte, trecho da canção "Nosso estranho amor", de Caetano Veloso:

"Não quero sugar todo seu leite
Nem quero você enfeite do meu ser
Apenas te peço que respeite
O meu louco querer

Não importa com quem você se deite
Que você se deleite seja com quem for
Apenas te peço que aceite
O meu estranho amor

Ah! Mainha, deixa o ciúme chegar
Deixa o ciúme passar
E sigamos juntos
Ah! Neguinha, deixa eu gostar de você
Pra lá do meu coração
Não me diga nunca não
[...]"

Disponível em: <www.caetanoveloso.com.br>. Acesso em: 9 jun. 2008.

O que ocorre com as formas de tratamento empregadas no texto? De que maneira o modo imperativo é marcado por essas formas? Comente, explicando os efeitos obtidos no texto e apresentando maneiras de adequá-lo à língua culta.

4. Explique a formação do modo imperativo a partir do presente do indicativo. Use o verbo *suar* como exemplo.

Em *site*

<www.caetanoveloso.com.br>. Acesso em: 21 abr. 2008.
Todo mundo pelo menos já ouviu falar em Caetano Veloso. Mas pouca gente conhece detalhes de sua vida e de sua carreira. Hoje, graças ao *site* oficial do cantor e compositor baiano, isso ficou mais fácil. A página oferece conteúdo completo e diversificado. Você encontra aqui a biografia do artista, fotos da carreira, discos, DVD, clipes e letras de todas as canções. É possível até acompanhar sua agenda e ficar por dentro das últimas notícias sobre o músico.

Tempos derivados do pretérito perfeito do indicativo

O pretérito perfeito do indicativo fornece o tema para a formação de três outros tempos: o pretérito mais-que-perfeito do indicativo, o pretérito imperfeito do subjuntivo e o futuro do subjuntivo. Para obter o tema do pretérito perfeito, basta retirar a desinência *-ste* da forma correspondente à segunda pessoa do singular (*estuda*-ste, *vende*-ste, *parti*-ste, *trouxe*-ste, *soube*-ste); a seguir, acrescentam-se a esse tema as desinências características de cada um dos três tempos derivados:

a. **pretérito mais-que-perfeito do indicativo**: *-ra, -ras, -ra, -ramos, -reis, -ram*

b. **pretérito imperfeito do subjuntivo**: *-sse, -sses, -sse, -ssemos, -sseis, -ssem*

c. **futuro do subjuntivo**: *-r, -res, -r, -rmos, -rdes, -rem*

As desinências dos tempos derivados são as mesmas para as três conjugações.

ESQUEMA DE FORMAÇÃO DOS TEMPOS DERIVADOS DO PRETÉRITO PERFEITO DO INDICATIVO
(exemplo: verbo *fazer*)

pretérito perfeito do indicativo	pretérito mais-que-perfeito do indicativo	pretérito imperfeito do subjuntivo	futuro do subjuntivo
fiz	**fize**-ra	**fize**-sse	**fize**-r
fize-ste	**fize**-ras	**fize**-sses	**fize**-res
fez	**fize**-ra	**fize**-sse	**fize**-r
fizemos	**fizé**-ramos	**fizé**-ssemos	**fize**-rmos
fizestes	**fizé**-reis	**fizé**-sseis	**fize**-rdes
fizeram	**fize**-ram	**fize**-ssem	**fize**-rem

WATTERSON, Bill. *Felino, selvagem, psicopata, homicida.* São Paulo: Best News, 1996. v. 1. p. 21.

A forma verbal *pudesse*, pretérito imperfeito do subjuntivo, deriva do pretérito perfeito do indicativo (pude, **pude**ste, pôde, pudemos, pudestes, puderam). No texto, ela indica um fato hipotético (*pudesse conviver*); já as formas *posso*, *é*, *fez* e *ouvi* expressam certeza, pois estão conjugadas no modo indicativo.

Atividades

1. Quais os tempos derivados do pretérito perfeito do indicativo? Explique sua formação usando o verbo *ir* como exemplo.

2. Observe a frase a seguir:

"Se você não se manter calmo, poderá fazer algo errado".

Sabendo que o verbo *manter* segue o modelo de conjugação do verbo *ter*, procure adequar a frase ao lado ao padrão culto da língua portuguesa. Utilize o esquema de formação de tempos derivados a partir do pretérito perfeito do indicativo para comprovar a eficácia de sua correção.

Tempos e formas nominais derivados do infinitivo impessoal

O infinitivo impessoal (*estudar*, *vender*, *permitir*) é a base para a formação de três tempos do modo indicativo: o pretérito imperfeito, o futuro do presente e o futuro do pretérito. Além disso, é base também das formas nominais: o infinitivo pessoal, o particípio e o gerúndio.

a. **pretérito imperfeito do indicativo** – forma-se pelo acréscimo das terminações *-ava*, *-avas*, *-ava*, *-ávamos*, *-áveis*, *-avam* (para os verbos da primeira conjugação) ou *-ia*, *-ias*, *-ia*, *-íamos*, *-íeis*, *-iam* (para os verbos da segunda e terceira conjugações) ao radical do infinitivo impessoal (*estud-ar*, *vend-er*, *permit-ir*);

b. **futuro do presente do indicativo** – forma-se pelo acréscimo das desinências *-rei*, *-rás*, *-rá*, *-remos*, *-reis*, *-rão* ao tema do infinitivo impessoal (*estuda-r*, *vende-r*, *permiti-r*);

c. **futuro do pretérito do indicativo** – forma-se pelo acréscimo das desinências *-ria*, *-rias*, *-ria*, *-ríamos*, *-ríeis*, *-riam* ao tema do infinitivo impessoal;

d. **infinitivo pessoal** – acrescentam-se as desinências *-es* (para a segunda pessoa do singular) e *-mos*, *-des*, *-em* (para as três pessoas do plural) ao infinitivo impessoal (*estudar-*, *vender-*, *permitir-*);

e. **particípio regular** – acrescenta-se a desinência *-ado* (para verbos da primeira conjugação) ou *-ido* (para verbos da segunda e terceira conjugações) ao radical do infinitivo impessoal;

f. **gerúndio** – acrescenta-se a desinência *-ndo* ao tema do infinitivo impessoal.

ESQUEMA DE FORMAÇÃO DOS TEMPOS E FORMAS NOMINAIS DERIVADOS DO INFINITIVO IMPESSOAL (exemplo: verbo *cantar*)		
infinitivo impessoal	**particípio**	**pretérito imperfeito do indicativo**
cant-ar (radical)	**cant**-ado	**cant**-ava
		cant-avas
		cant-ava
		cant-ávamos
		cant-áveis
		cant-avam

Capítulo 6 > > > Estudo dos verbos (I) > > >

141

infinitivo impessoal	futuro do presente do indicativo	futuro do pretérito do indicativo	gerúndio
canta-r (tema)	canta-rei	canta-ria	canta-ndo
	canta-rás	canta-rias	
	canta-rá	canta-ria	
	canta-remos	canta-ríamos	
	canta-reis	canta-ríeis	
	canta-rão	canta-riam	

Bravo! São Paulo: Abril, ano 10, n. 111, nov. 2006. p. 35.

"Assim a gente vai adiante: recuando e avançando, recuando um pouco para poder avançar. Quem dá um salto muito grande tem que ficar esperando todo mundo vir atrás."

Paulinho da Viola

Os verbos *recuar*, *avançar* e *esperar* são usados no gerúndio por Paulinho da Viola: *recuando*, *avançando* e *esperando* (formas verbais caracterizadas pela terminação *-ndo*). Observe como esses verbos exprimem, nesse caso, processos em andamento. Já os verbos no infinitivo (*poder*, *avançar*, *ficar*, *vir*) exprimem os processos propriamente ditos.

infinitivo impessoal	infinitivo pessoal
cantar	cantar
	cantar-es
	cantar
	cantar-mos
	cantar-des
	cantar-em

OBSERVAÇÃO GERAL

Alguns poucos verbos não obedecem a um ou outro dos esquemas expostos; isso, no entanto, não chega a afetar a grande eficiência desses mecanismos de conjugação. Quando estudarmos os verbos irregulares, faremos menção às exceções mais importantes.

Comentários

a. Para os verbos da segunda e terceira conjugações, as desinências são diferentes das que surgem no esquema de formação do particípio e pretérito imperfeito do indicativo: *-ido* para o particípio e *-ia*, *-ias*, *-ia*, *-íamos*, *-íeis*, *-iam* para o imperfeito.

b. Atente para o fato de que o infinitivo pessoal e o futuro do subjuntivo têm origens diferentes, o que implicará diferenças formais significativas em alguns verbos, como *fazer* (fazer, fazeres; fizer, fizeres), *expor* (expor, expores; expuser, expuseres), *dizer* (dizer, dizeres; disser, disseres) e outros.

Atividades

1. Preencha as lacunas com as formas verbais solicitadas entre parênteses:

a) Você nunca (*) de nada! (*reclamar*, pretérito imperfeito do indicativo)

b) Desde o ano passado, o time não (*) uma partida com tanta facilidade. (*vencer*, pretérito imperfeito do indicativo)

c) Não (*) a ideia de ter de partir justamente quando lhe (*) uma oportunidade daquelas. (*aceitar*, pretérito imperfeito do indicativo; *surgir*, pretérito imperfeito do indicativo)

d) Não (*) minha inteligência para defender causa tão sórdida! *(empregar,* futuro do presente do indicativo)

e) Quem (*) contra nossa união? (*tramar*, futuro do pretérito do indicativo)

f) (*) a questão, (*) dar prosseguimento a nossos projetos. (*solucionar*, particípio; *poder*, futuro do pretérito do indicativo)

g) Dirigiu-se a nós (*) de nossa inoperância e (*) nosso despreparo. (*reclamar*, gerúndio; *denunciar*, gerúndio)

h) Depois que nos identificamos, ela fez o possível e o impossível para (*) em sua casa. (*ficar*, infinitivo pessoal)

2. Identifique as formas verbais destacadas na frase a seguir e explique por meio dos esquemas de formação de tempos verbais a origem de cada uma delas:

Se você não **fizer** o que determina o manual de instruções, será impossível para os técnicos **fazer** o serviço.

7. Alguns verbos regulares que merecem destaque

O verbo *optar* é um típico verbo regular cuja conjugação apresenta detalhes importantes. Atente principalmente no presente do indicativo e tempos derivados: a pronúncia culta das formas verbais aí presentes é **op**to, **op**tas, **op**ta, **op**tam; **op**te, **op**tes, **op**te, **op**tem. O mesmo vale para os verbos captar, adaptar, raptar, compactar etc. O problema é prosódico e não morfológico e ocorre de forma semelhante no verbo obstar: **obs**to, **obs**tas, **obs**ta, **obs**tam; **obs**te, **obs**tes, **obs**te, **obs**tem.

Alguns outros verbos regulares cuja pronúncia culta merece destaque são:

APAZIGUAR	
presente do indicativo	**presente do subjuntivo**
apazi**gu**o	apazi**gu**e
apazi**gu**as	apazi**gu**es
apazi**gu**a	apazi**gu**e
apazi**gu**amos	apazi**gu**emos
apazi**gu**ais	apazi**gu**eis
apazi**gu**am	apazi**gu**em

Comentários

a. O verbo *averiguar* apresenta exatamente as mesmas características tônicas, que, aliás, são iguais às de quase todos os verbos terminados em -*uar*, como *continuar*, *efetuar*, *habituar* etc.

b. Atente na acentuação tônica dessas formas verbais. As três pessoas do singular e a terceira do plural são formas rizotônicas: o acento tônico recai na vogal **u** (contin**u**o, apazig**u**o, efet**u**e, apazig**u**e, habi-

Capítulo 6 > > > Estudo dos verbos (I) > > >

143

t**u**em, apazig**u**em). A primeira e a segunda pessoa do plural são arrizotônicas: o acento tônico recai na vogal **a** ou na vogal **e**: apazigu**a**mos, continu**a**mos, efetu**a**is, apazigu**a**is (presente do indicativo), habitu**e**mos, apazigu**e**mos, habitu**e**is, apazigu**e**is (presente do subjuntivo).

c. Antes do Acordo Ortográfico (1990), as formas *apazigue*, *apazigues*, *apazigue* e *apaziguem* recebiam acento gráfico sobre o **u** para indicar sua tonicidade ("apazigúe", "apazigúes", "apazigúe", "apazigúem"). Com o Acordo, esses acentos foram eliminados. As formas *apaziguemos* e *apazigueis* recebiam trema sobre o **u** para marcar a necessidade de pronunciá-lo como semivogal ("apazigüemos", "apazigüeis"). O emprego do trema foi abolido em situações como essas.

ENXAGUAR	
presente do indicativo	**presente do subjuntivo**
en**x**águo	en**x**águe
en**x**águas	en**x**águes
en**x**água	en**x**águe
enxagu**a**mos	enxagu**e**mos
enxagu**a**is	enxagu**e**is
en**x**águam	en**x**águem

Comentários

a. Os verbos *aguar*, *desaguar* e *minguar* têm comportamento tônico semelhante.

b. Atente para a acentuação gráfica destas formas verbais: enxáguo, enxáguas, enxáguam, enxágue, enxágues, enxágue, enxáguem. Antes do Acordo Ortográfico (1990), as formas do presente do subjuntivo recebiam trema sobre o **u** do grupo **gu** ("enxágüe", "enxágües", "enxágüe", "enxagüemos", "enxagüeis", "enxágüem"), já que ele é pronunciado; após a assinatura do acordo, o trema foi abolido nesses casos.

c. Alguns autores registram para esse grupo a ocorrência, em algumas regiões do mundo lusófono, do mesmo comportamento prosódico dos verbos *averiguar* e *apaziguar* (*enxaguo, enxaguas, enxagua; aguo, aguas, agua* – todas com intensidade tonal na vogal *u*), ou seja, o comportamento padrão dos verbos terminados em *-uar*.

DIGNAR	
presente do indicativo	**presente do subjuntivo**
digno	**dig**ne
dignas	**dig**nes
digna	**dig**ne
dig**na**mos	dig**ne**mos
dig**nais**	dig**neis**
dignam	**dig**nem

Comentários

a. Esse verbo é mais empregado em sua forma pronominal (*dignar-se*).

b. Apresentam a mesma acentuação tônica os verbos *impugnar* e *indignar-se*.

Parte 2 > > > MORFOLOGIA > > >

presente do indicativo	presente do subjuntivo
mob**í**lio	mob**í**lie
mob**í**lias	mob**í**lies
mob**í**lia	mob**í**lie
mobili**a**mos	mobili**e**mos
mobili**ais**	mobili**eis**
mob**í**liam	mob**í**liem

MOBILIAR

Há também verbos foneticamente regulares, mas irregulares no que diz respeito à manutenção da estrutura formal. É o caso, por exemplo, do verbo *dirigir*: dirijo, diriges, dirige, dirigimos, dirigis, dirigem; dirija, dirijas, dirija, dirijamos, dirijais, dirijam. É fácil conjugar esse verbo oralmente; as dificuldades surgem no momento de escrever as formas verbais. É necessário, então, substituir a letra *g*, que faz parte do radical (*dirig-*), pela letra *j*, justamente para manter o padrão fonético. Se fosse mantida a letra *g* do radical em toda a conjugação de verbos como *dirigir*, *agir*, *fugir*, *fingir*, haveria formas como "eu dirigo", "eu ago", "eu fugo", "eu fingo", "que eu diriga", "que eu fuga".

Você notou que só será necessário trocar o *g* por *j* diante de *a* e *o*.

Para eliminar essas dificuldades, você deve dominar com segurança as relações (já estudadas em nosso livro!) entre fonemas e letras. Os problemas surgem, obviamente, nos verbos que apresentam letras que servem para representar mais de um fonema ou naqueles que apresentam fonemas que podem ser representados por mais de uma letra.

É o caso dos verbos cujo infinitivo se escreve com *c*, *ç*, *g*, *gu*:

- fi**c**ar: fi**c**o, fi**qu**e; fi**qu**ei, fi**c**aste;
- des**c**er: des**ç**o, des**ç**a; des**c**i, des**c**este;
- ati**ç**ar: ati**ç**o, ati**c**e; ati**c**ei, ati**ç**aste;
- carre**g**ar: carre**g**o, carre**gu**e; carre**gu**ei, carre**g**aste;
- fin**g**ir: fin**j**o, fin**g**es; fin**g**i, fin**g**iste;
- er**gu**er: er**g**o, er**gu**es; er**gu**i, er**gu**este.

Merecem destaque *extinguir* e *distinguir*: nesses verbos, como em *erguer*, as letras *gu* representam um dígrafo. Ao conjugá-los, obtêm-se as formas *extingo, extingues, extingue* etc.; *distingo, distingues, distingue* etc. Portanto você não deve pronunciar a letra *u* durante a conjugação desses verbos.

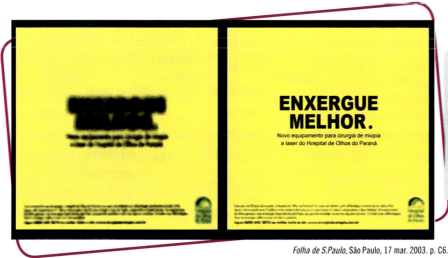

Em algumas formas de sua conjugação, o verbo *enxergar* apresenta o dígrafo *gu*, como neste anúncio. (À esquerda, o texto ficou ilegível propositalmente, pois o anunciante é o Hospital de Olhos do Paraná.)

Folha de S.Paulo, São Paulo, 17 mar. 2003. p. C6.

Atividades

1. Complete as lacunas com as formas verbais solicitadas entre parênteses:

a) É provável que (*) a esperança depois destes tempos negros. (*renascer*, presente do subjuntivo)

b) (*) imediatamente! Tu não tens mais nada a fazer aqui! (*fugir*, imperativo afirmativo)

c) Parece imprescindível que os senadores (*) com seriedade neste momento delicado. (*agir*, presente do subjuntivo)

d) Não é recomendável que você (*) seu próprio sucessor. (*indicar*, presente do subjuntivo)

e) Ela quer uma cor que (*) as dimensões da obra. (*realçar*, presente do subjuntivo)

f) É provável que eles (*) suas contas antes do vencimento. (*pagar*, presente do subjuntivo)

g) Não creio que se (*) um monumento típico do antigo regime. (*reerguer*, presente do subjuntivo)

2. Complete as lacunas com as formas verbais solicitadas entre parênteses. A seguir, leia atentamente as frases **em voz alta**, prestando atenção à forma culta de pronunciar essas formas verbais:

a) Eu não (*) esse eterno candidato de seus velhos comparsas. (*distinguir*, presente do indicativo)

b) Nada (*) a que alteremos nosso procedimento. (*obstar*, presente do indicativo)

c) É mais do que provável que as fontes de energia (*) até o final do próximo século. (*minguar*, presente do subjuntivo)

d) Você nunca (*) as roupas depois da aplicação desses produtos? (*enxaguar*, presente do indicativo)

e) Essas manifestações populares espontâneas talvez (*) num movimento mais organizado. (*desaguar*, presente do subjuntivo)

f) A nova lei não (*) determinações anteriores. (*extinguir*, pretérito perfeito do indicativo)

g) (*) de forma consciente para não se arrependerem depois. (*optar*, imperativo afirmativo)

Textos para análise

1

Primeiras passadas

[...]

Hora de comer

A prática da corrida exige cuidados especiais com a alimentação. O cardápio diário do novo corredor deve ser composto de pelo menos 60% de carboidratos (cereais, leguminosas, frutas e massas), entre 15% a 20% de proteínas (leite e derivados, ovos e carnes magras) e 20% a 25% de gorduras (de preferência as poli-insaturadas, presentes nos óleos vegetais). Além disso, é preciso ficar atento à manutenção dos estoques de energia antes, durante e após o exercício. Confira algumas orientações de Flávia Abdallah, nutricionista do ambulatório de medicina do esporte do Hospital das Clínicas.

Antes do treino: consuma alimentos ricos em carboidratos com baixo índice glicêmico, como uma fruta ou uma barra de cereais, 30 minutos antes do treino. Não se deve correr em jejum. Caso você tenha feito uma refeição mais pesada (almoço, por exemplo), aguarde de três a quatro horas antes de treinar.

Durante o treino: exercícios com mais de uma hora de duração exigem que você consuma carboidrato durante a atividade. Prefira os géis de carboidratos e a maltodextrina (energético solúvel em água), que são rapidamente absorvidos pelo organismo. Consuma um sachê a cada hora de exercício.

Depois: o processo de recuperação envolve a reposição dos estoques de glicogênio perdidos no exercício. Para isso, coma carboidratos com alto índice glicêmico imediatamente após a atividade. Opções: sucos e vitaminas, torrada com mel, caldo de cana e banana.

Revista 02. São Paulo: Esfera BR Mídia, n. 22, fev. 2005. p. 12.

Trabalhando o texto

1. A que pessoa(s) referem-se as formas verbais *exige*, *deve*, *exigem* e *prefira*?

2. Destaque do texto as formas verbais que exprimem os processos propriamente ditos.

3. Aponte as formas verbais que estão no modo imperativo nesse texto. Qual o papel desse modo num texto como esse?

4. Além do modo imperativo, que outro tempo e modo destacam-se no texto? Procure justificar seu emprego, tendo em vista a intenção com que o texto foi produzido.

2

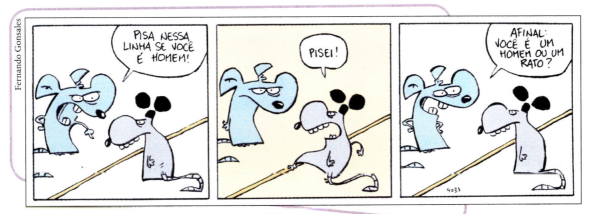

GONSALES, Fernando. *Níquel Náusea: tédio no chiqueiro.* São Paulo: Devir, 2006. p. 31.

Trabalhando o texto

1. Tomando-se como referência a norma culta da linguagem, pode-se dizer que houve uma inadequação de linguagem na primeira fala dessa tirinha. Aponte-a e, em seguida, adapte-a à norma culta.

2. Nessa mesma fala, a personagem usa o verbo *ser* no presente do indicativo ("se você *é* homem"). Que diferença de sentido haveria se o verbo fosse usado no futuro do subjuntivo ("se você *for* homem")?

3. Você diria que, em vista da situação de linguagem da tirinha, a linguagem utilizada pela personagem é aceitável? Justifique sua resposta.

3

Verbos sujeitos

Olhos pra te rever
Boca pra te provar
Noites pra te perder
Mapas pra te encontrar

Fotos pra te reter
Luas pra te esperar
Voz pra te convencer
Ruas pra te avistar

Calma pra te entender
Verbos pra te acionar
Luz pra te esclarecer
Sonhos pra te acordar

Taras pra te morder
Cartas pra te selar
Sexo pra estremecer
Contos pra te encantar

Silêncio pra te comover
Música pra te alcançar
Refrão pra te enternecer
E agora só falta você

Meus verbos sujeitos ao seu modo de me acionar
Meus verbos em aberto pra você me conjugar
Quero, vou, fui, não vi, voltei,
Mas sei que um dia, de novo, eu irei...

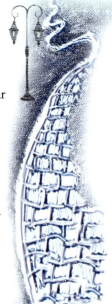

Christiaan Oyens e Zélia Duncan. Disponível em:
<http://www2.uol.com.br/zeliaduncan>. Acesso em: 9 jun. 2008.

Trabalhando o texto

1. Aponte os verbos regulares citados nas primeiras cinco estrofes do texto.

2. Aponte os verbos irregulares citados nas primeiras cinco estrofes do texto.

3. Em que modo, tempo, número e pessoa estão as formas verbais *quero* e *vou*?

4. Em que modo, tempo, número e pessoa estão as formas verbais *fui*, *vi* e *voltei*?

5. Em que modo, tempo, número e pessoa está a forma verbal *irei*?

6. Há uniformidade de tratamento no texto? Explique.

7. "Meus verbos sujeitos ao seu modo de me acionar"

   Nesse verso, o sujeito lírico se refere ao conceito tradicional de que "verbo é a palavra que indica ação". A partir dos próprios verbos enumerados pelo sujeito lírico, mostre como esse conceito não é preciso.

8. "Meus verbos em aberto pra você me conjugar"
   Que quer dizer *conjugar* nesse verso? Explique.

9. Seus verbos também estão sujeitos à vontade de alguém? Você também está em aberto para que alguém conjugue? Comente.

Em livro

MAIA, Salomão. *Dicionário de verbos de* Os sertões. São Paulo: Edições Demócrito Rocha, 2008.

Os sertões é um clássico da literatura sertaneja. O livro foi escrito por Euclides da Cunha, até então jornalista de *O Estado de S. Paulo*, em meio aos desdobramentos do Conflito de Canudos, levante popular liderado por Antônio Conselheiro. Em suas mais de 700 páginas podem ser encontrados mais de 3 000 verbos, todos eles catalogados pelo advogado Salomão Maia. O objetivo do autor foi o de facilitar o acesso à densa obra de Euclides da Cunha para aqueles leitores pouco afeitos à singular prosa euclidiana.

Questões de exames e concursos

1. (PUC-SP) Leia atentamente o texto abaixo, a fim de responder às duas questões que o seguem.

Yahoo tenta comprar AOL e barrar avanço do Google

O Yahoo **negocia** com a Time Warner a compra do *site* America Online (AOL), segundo a revista *Fortune*. A compra **seria** uma tentativa de chamar atenção dos investidores e tirar o foco do Google. O Yahoo **era** líder em buscas na internet até a chegada do Google, que **detém** o domínio desse mercado.

O Estado de S. Paulo, 30 out. 2006.

Em relação aos verbos destacados no texto, é possível afirmar que:

a) todos estão no modo subjuntivo e, por isso, expressam os fatos como possibilidades.

b) todos estão no modo indicativo, no entanto, **seria** expressa o fato como possibilidade.

c) **negocia** e **detém** estão no modo indicativo, ao passo que **seria** e **era** estão no subjuntivo; por isso, os primeiros expressam os fatos como verdades, enquanto os últimos os expressam como possibilidades.

d) **negocia** e **detém** estão no modo imperativo, ao passo que **seria** e **era** estão no modo indicativo; por isso, os primeiros expressam os fatos como ordens, enquanto os últimos os expressam como verdades.

e) **negocia**, **era** e **detém** estão no modo indicativo, ao passo que **seria** está no modo subjuntivo; por isso, os primeiros expressam os fatos como possibilidades, enquanto o último o expressa como verdade.

2. (UFRRJ)

Texto II

No princípio do fim

Há ruídos que não se ouvem mais:

– o grito desgarrado de uma locomotiva na madrugada

– os apitos dos guardas-noturnos quadriculando como

um mapa a cidade adormecida

– os barbeiros que faziam cantar no ar suas tesouras

– a matraca do vendedor de cartuchos

– a gaitinha do afiador de facas

– todos esses ruídos que apenas rompiam o silêncio.

E hoje o que mais se precisa é de silêncios que

interrompam o ruído.

Mas que se há de fazer?

Há muitos – a grande maioria – que já nasceram no barulho. E nem sabem, nem notam, por que suas mentes são tão atordoadas, seus pensamentos tão confusos. Tanto que, na sua bebedeira auricular, só conseguem entender as frases repetitivas da música *pop*. E, se esta nossa "civilização" não arrebentar, acabamos um dia perdendo a fala – para que falar? para que pensar? – ficaremos apenas no batuque: "Tan! tan! tan! tan! tan!"

QUINTANA, Mario. *Prosa e verso.* 6. ed. São Paulo: Globo, 1989.

Que tempo e modo verbais Mário Quintana explora nos versos quatro e sete? Justifique o seu emprego, relacionando-os à discussão promovida por esse autor no texto.

3. (Fuvest-SP) Leia o trecho de uma canção de Cartola, tal como registrado em gravação do autor:

(...)

Ouça-me bem, amor,
Preste atenção, o mundo é um moinho,
Vai triturar teus sonhos tão mesquinhos,
Vai reduzir as ilusões a pó.

Preste atenção, querida,
De cada amor tu herdarás só o cinismo
Quando notares, estás à beira do abismo
Abismo que cavaste com teus pés.

Cartola, "O mundo é um moinho".

a) Na primeira estrofe, há uma metáfora que se desdobra em outras duas. Explique o sentido dessas metáforas.

b) Caso o autor viesse a optar pelo uso sistemático da segunda pessoa do singular, precisaria alterar algumas formas verbais. Indique essas formas e as respectivas alterações.

4. (Ufam) Assinale o item em que os vocábulos verbais **não** apresentam vogal temática:

a) punires, punísseis

b) escrevendo, vindo

c) premiou, premiaram

d) nomeio, nomeie

e) venceria, venceremos

5. (Fuvest-SP) Entre as mensagens abaixo, a única que está de acordo com a norma escrita culta é:

a) Confira as receitas incríveis preparadas para você. Clica aqui!

b) Mostra que você tem bom coração. Contribua para a campanha do agasalho!

c) Cura-te a ti mesmo e seja feliz!

d) Não subestime o consumidor. Venda produtos de boa procedência.

e) Em caso de acidente, não siga viagem. Pede o apoio de um policial.

6. (UFC) Assinale a alternativa que apresenta a sequência correta em relação ao valor sintático-semântico dos verbos destacados na frase abaixo.

> Tia Matilda **sentiu** (1) o vento, **olhou** (2) as folhas secas e **caminhou** (3) em silêncio.

a) ação – processo – processo

b) processo – ação – estado

c) processo – ação – ação

d) estado – estado – processo

e) estado – processo – ação

7. (FGV-SP) Dentre as alternativas abaixo, aponte aquela em que haja uniformidade de tratamento.

a) Sai daí! Você não deve ficar nessa parte do circo, que é muito perigosa. Chegue mais perto do palco. Aproxime-se sem medo.

b) Saia daí! Você não deve ficar nessa parte do circo, que é muito perigosa. Chega mais perto do palco. Aproxime-se sem medo.

c) Sai daí! Tu não deves ficar nessa parte do circo, que é muito perigosa. Chega mais perto do palco. Aproxima-te sem medo.

d) Sai daí! Vós não deveis ficar nessa parte do circo, que é muito perigosa. Chegai mais perto do palco. Aproximai-vos sem medo.

e) Sai daí! Tu não deve ficar nessa parte do circo, que é muito perigosa. Chega mais perto do palco. Aproxime-se sem medo.

8. (Ufes)

Neologismo
Manuel Bandeira

"Beijo pouco, falo menos ainda.
Mas invento palavras
Que traduzem a ternura mais funda
E mais cotidiana.
Inventei, por exemplo, o verbo teadorar.
Intransitivo:
Teadoro, Teodora."

Assinale a alternativa em que a forma destacada pertence à mesma categoria de palavras de que faz parte a inventada por Manuel Bandeira:

a) Prometi acabar com [...] o **sem-vergonhismo** atrás do forte e acabei. (Dias Gomes)

b) Este momento há de ficar para sempre nos anais e **menstruais** da história de Sucupira. (Dias Gomes)

c) [...] Aí, nem olhei para Joca Ramiro – eu achasse, ligeiro demais, que Joca Ramiro não estava aprovando meu **saimento**. (Guimarães Rosa)

d) [...] Um dos **principalmente** da minha plataforma política é a pacificação da família sucupirana. (Dias Gomes)

e) [...] Ele **xurugou** – e, vai ver quem e o quê, jamais se saberia. (Guimarães Rosa)

9. (UFC) No quadro abaixo, apresenta-se uma lista de verbos em ordem alfabética.

> atribuir   chamar   dizer   escrever   existir
> fluir   lidar   merecer   ser   transformar

Preencha as lacunas abaixo usando, **sem repetir**, os verbos do quadro acima, no presente do indicativo, de maneira que as frases fiquem corretas, segundo a norma gramatical, e aceitáveis do ponto de vista semântico.

(1) ... muitos que se (2) ... poetas, mas,
na verdade, não o (3) ... .

Os verdadeiros poetas (4) ... com a emoção.
O que eles (5) ...

(6) ...-se, com justiça, poesia.

O sonho, a fantasia, a alegria, a dor, tudo se (7) ...
em verso. E em verso, a vida, quer alegre,
quer triste, (8) ... .

Já aqueloutros não (9) ... o nome de poetas que
se lhes (10) ...

10. (Unifal-MG) Leia os versos abaixo e responda ao que se pede.

"Convive com teus poemas, antes de escrevê-los. Tem paciência, se obscuros. Calma, se te provocam."

Caso o poeta tivesse optado pela forma *você*, em vez de *tu*, a alternativa que contém as mudanças **corretas** seria:

a) Conviva com teus poemas, antes de escrevê-los. Tenha paciência, se obscuros. Calma, se o provocam.

b) Convive com seus poemas, antes de escrevê-los. Tende paciência, se obscuros. Calma, se lhe provocam.

c) Conviva com seus poemas, antes de escrevê-los. Tenha paciência, se obscuros. Calma, se o provocam.

d) Convivei com seus poemas, antes de escrevê-los. Tenha paciência, se obscuros. Calma, se lhe provocam.

e) Convivei com vossos poemas, antes de escrevê-los. Tende paciência, se obscuros. Calma, se vos provocam.

11. (ESALq-SP) Considerando os verbos destacados nas frases abaixo, relacione a coluna da esquerda com a da direita. Depois marque a sequência numérica que corresponde à resposta certa.

( ) Ser livre – como **diria** o famoso conselheiro – é não ser escravo.

( ) **Somos**, pois, criaturas nutridas de liberdade.

( ) Diz-se que o homem **nasceu** livre.

( ) Diz-se que **renunciar** à liberdade é renunciar à própria condição humana.

( ) Os papagaios vão pelos ares até onde os meninos de outrora não acreditavam que se **pudesse** chegar com um fio de linha.

( ) Os loucos que sonharam sair de seus pavilhões usando a fórmula do incêndio para **chegarem** à liberdade, morreram.

(1) infinitivo impessoal

(2) presente do indicativo

(3) infinitivo pessoal

(4) futuro do pretérito do indicativo

(5) imperfeito do subjuntivo

(6) perfeito do indicativo

a) 4-2-6-1-5-3

b) 5-6-2-4-1-3

c) 3-5-2-6-4-1

d) 6-2-4-1-3-5

e) 3-6-5-2-1-4

12. (PUC-SP) Nos trechos:

Vejam, continuou ele, como não dá.

e

Cante esta, convidou o major.

alterando-se o sujeito dos verbos destacados para *tu* e depois para *vós*, teremos, respectivamente:

a) vê – canta
vede – cantai

b) vejas – cantes
vejais – cantais

c) vês – cantas
vedes – cantais

d) veja – cante
vejai – cantei

e) vês – cantas
vede – cantai

13. (PUC-SP) Em relação aos trechos:

A questão **era** conseguir o Engenho Vertente, ...

e

Ele **tinha** os seus planos na cabeça. **Via** as usinas de Pernambuco crescendo de capacidade...

se substituirmos os verbos destacados pelo futuro do pretérito do indicativo, teremos:

a) fora, tivera, vira.

b) seria, teria, veria.

c) seria, teria, viria.

d) fora, teria, veria.

e) será, terá, verá.

14. (Fuvest-SP) Preencha os claros da frase transformada com as formas adequadas dos verbos assinalados na frase original.

Original:
Para você **vir** à Cidade Universitária é preciso **virar** à direita ao **ver** a ponte da Alvarenga.

Transformada:
Para tu (*) à Cidade Universitária é preciso que (*) à direita quando (*) a ponte da Alvarenga.

a) vir – vire – ver

b) vires – vires – veres

c) venhas – vires – vejas

d) vir – virar – ver

e) vires – vires – vires

15. (UEM-PR) Assinale toda vez que os verbos do imperativo, em cada dupla, se referirem à mesma pessoa.

01 a) Enxágua a louça, mana.
b) Filha, seja mais otimista!

02 a) Crede sempre no bem!
b) Não digais tudo o que vem à mente.

04 a) Sigamos nosso caminho...
b) Criemos nosso destino!

08 a) Papai, descola uma grana aí.
b) Psiu! vem mais perto, vem.

16. (PUC-SP) Observe os verbos *dizer*, *rolar* e *varrer*, assim empregados:

> dizei-me   rolai   varrei

a) Indique em que modo e pessoa estão conjugados.

b) Mantendo o modo, conjugue os referidos verbos na 3.ª pessoa do singular.

17. (UFRGS) Substituir a expressão destacada por um verbo.

a) Este texto **é proveniente** de um programa teatral.

b) **Somos inclinados** a crer que ele diz a verdade.

18. (Unimep-SP) "Não fales! Não bebas! Não fujas!" Passando tudo para a forma afirmativa, teremos:

a) Fala! Bebe! Foge!

b) Fala! Bebe! Fuja!

c) Fala! Beba! Fuja!

d) Fale! Beba! Fuja!

e) Fale! Bebe! Foge!

19. (UFV-MG) Dada a lista de verbos: ser, estar, ter, haver, continuar, permanecer, ficar, amar, dever, partir, dar, ir, vir, dormir e arguir, distribua-os em conjugações e depois explique o critério adotado.

Primeira conjugação: ...

Segunda conjugação: ...

Terceira conjugação: ...

Escreva agora o critério adotado para a distribuição dos verbos em três conjugações distintas.

20. (Vunesp-SP) Observe a frase abaixo:

A grosseria de Deus me feria e insultava-me.

Transcreva-a no:

a) pretérito perfeito do indicativo;

b) pretérito mais-que-perfeito do indicativo.

21. (Vunesp-SP) "(...) mas, a quinhentos metros, tudo se torna muito reduzido: sois uma pequena figura sem pormenores; vossas amáveis singularidades fundem-se numa sombra neutra e vulgar."

Transcreva o trecho acima:

a) no futuro do pretérito do indicativo, mantendo a segunda pessoa do plural;

b) na segunda pessoa do singular, mantendo o modo e o tempo verbais do texto de Cecília Meireles.

22. (Unimep-SP) "Assim eu **quereria** a minha última crônica: que **fosse** pura como esse sorriso." (Fernando Sabino)

Assinale a série em que estão devidamente classificadas as formas verbais em destaque.

a) futuro do pretérito, presente do subjuntivo

b) pretérito mais-que-perfeito, pretérito imperfeito do subjuntivo

c) pretérito mais-que-perfeito, presente do subjuntivo

d) futuro do pretérito, imperfeito do subjuntivo

e) pretérito perfeito, futuro do pretérito

23. (Fuvest-SP) "(*) em ti, mas nem sempre (*) dos outros."

a) creias, duvides

b) crê, duvidas

c) creias, duvidas

d) creia, duvide

e) crê, duvides

24. (UCS-RS) "Não (*) os dons que recebeste; (*) sempre que a felicidade se (*) aos poucos."

a) esquece, lembre, constrói

b) esqueça, lembra, constrói

c) esqueça, lembre, constrói

d) esqueças, lembra, constrói

e) esqueças, lembre, constrói

25. (Fame/Fupac-MG) Em: "**Sei** de uma moça... Se alguém **escrevesse** a sua história, **diriam** como o senhor (...)", há verbos empregados respectivamente no:

a) presente do indicativo, pretérito imperfeito do subjuntivo, futuro do pretérito do indicativo.

b) presente do indicativo, pretérito imperfeito do indicativo, futuro do pretérito do indicativo.

c) presente do indicativo, pretérito imperfeito do indicativo, pretérito imperfeito do subjuntivo.

d) presente do indicativo, futuro do pretérito do indicativo, pretérito imperfeito do indicativo.

e) presente do indicativo, futuro do pretérito do subjuntivo, pretérito imperfeito do subjuntivo.

26. (Fecap-SP) Numa das alternativas, há formas rizotônicas. Assinale-a.

a) virei, respeitou, estava

b) comprando, negaceou, virou

c) conto, entra, imagina

d) pensou, tossindo, fazia

e) respondi, serrar, elogiando

Parte 2 > > > MORFOLOGIA > > >

27. (UFSCar-SP) O acordo não (*) as reivindicações, a não ser que (*) os nossos direitos e (*) da luta.

a) substitui, abdicamos, desistimos

b) substitue, abdicamos, desistimos

c) substitui, abdiquemos, desistamos

d) substitui, abdiquemos, desistimos

e) substitue, abdiquemos, desistamos

28. (Fuvest-SP) Reescreva o texto mudando o tratamento para a terceira pessoa.

"Donde houveste, ó pelago revolto, Esse rugido teu?"

29. (PUCCamp-SP) Reescreva, passando para o futuro do presente, toda a oração:

"... e somem-se logo nas trevas do esquecimento."

30. (Faap-SP) Destaque os verbos dos versos que seguem, indicando em que pessoa, tempo e modo estão.

"Ilumina,
Ilumina,
Ilumina,
Meu peito, canção.
Dentro dele
Mora um anjo,
Que ilumina
O meu coração.
Ai, ai, amor,
Misterioso segredo,
Entra na vida da gente,
Iluminando..."

31. (FGV-SP) A segunda pessoa do singular do imperativo do verbo *submergir*:

a) submerja   c) submerge

b) submerjas   d) n.d.a.

32. (FCC-SP) Para que você (*) isso, precisa ser ambicioso; quem (*) sem que (*), certamente é ambicioso.

a) deseja, deseja, estima

b) deseje, deseja, estime

c) deseje, deseja, estima

d) deseja, deseje, estime

e) deseje, deseje, estima

33. (UFMG) Qual dos verbos destacados não se acha no infinitivo?

a) Os avós devem **ter-se modernizado** também.

b) A ideia de **ser montado** – e por mim – não era das mais aprazíveis.

c) Estranho apartamento, se **juntarmos**, em sua representação, os móveis modernos aos objetos remotos.

d) Um desejo de nos **pacificarmos**, de **atingirmos** a bondade e a compreensão, nos tornava indiferentes à matéria cotidiana.

e) Luís engoliu o pão com geleia como se fosse o último alimento sobre a terra, e sua salvação dependesse de **tê-lo ingerido**.

34. (UFF-RJ) Assinale a série em que estão devidamente classificadas as formas verbais em destaque:

"Ao **chegar** da fazenda, espero que já **tenha terminado** a festa."

a) futuro do subjuntivo, pretérito perfeito do indicativo

b) infinitivo, presente do subjuntivo

c) futuro do subjuntivo, presente do subjuntivo

d) infinitivo, pretérito imperfeito do subjuntivo

e) infinitivo, pretérito perfeito do subjuntivo

Capítulo 6 > > > Estudo dos verbos (I) > > >

153

Capítulo 7

Estudo dos verbos (II)

DAVIS, Jim. *Garfield de bom humor 6*. Porto Alegre: L&PM, 2006. p. 29.

Neste capítulo, vamos continuar o estudo dos verbos, dedicando especial atenção aos verbos irregulares, defectivos e abundantes. No texto dessa tirinha, vemos um verbo abundante: *salvar*, que possui duas formas para o particípio — *salvado* e *salvo*.

No decorrer do capítulo, conheceremos diversos outros verbos, sempre recorrendo aos esquemas de tempos primitivos e tempos derivados, que você já aprendeu no capítulo 6.

1. Introdução

No capítulo anterior, você estudou os paradigmas dos verbos regulares das três conjugações (*-ar*, *-er*, *-ir*) e o esquema de formação dos tempos simples. A partir de agora, é necessário que você identifique as formas verbais típicas de cada tempo e modo com segurança; também é fundamental que você domine com desenvoltura todos os mecanismos da relação que existe entre os tempos primitivos e os derivados.

Neste capítulo, vamos observar detalhadamente os principais verbos irregulares, defectivos e abundantes de nossa língua. Esse estudo terá como base o esquema de formação dos tempos simples.

2. Verbos irregulares

Você já sabe que os verbos irregulares são aqueles que não seguem os paradigmas das conjugações, ou seja, apresentam variações de forma nos radicais e/ou nas desinências. Para que o estudo desses verbos se torne mais fácil e prático, tenha sempre em mente o esquema de formação dos tempos simples, pois as irregularidades dos tempos primitivos geralmente se estendem aos tempos derivados correspondentes. Por isso vamos organizar nosso estudo a partir desse esquema de formação dos tempos simples.

Verbos irregulares apenas na conjugação do presente do indicativo e tempos derivados

Você encontrará a seguir os principais verbos que apresentam irregularidades no presente do indicativo e, consequentemente, no presente do subjuntivo e no imperativo. Serão conjugados apenas o presente do indicativo e o presente do subjuntivo desses verbos: para obter o imperativo, basta seguir o esquema já conhecido. Faremos comentários sempre que for necessário chamar sua atenção para alguma particularidade.

Primeira conjugação

RECEAR	
presente do indicativo	**presente do subjuntivo**
recei-o	**recei**-e
receias	**recei**-es
receia	**recei**-e
receamos	recee-mos
receais	recee-is
receiam	**recei**-em

INCENDIAR	
presente do indicativo	**presente do subjuntivo**
incendei-o	**incendei**-e
incendeias	**incendei**-es
incendeia	**incendei**-e
incendiamos	incendiemos
incendiais	incendieis
incendeiam	**incendei**-em

Comentários

a. Atente para a primeira e a segunda pessoas do plural, em que o radical apresenta modificação.

b. Seguem o modelo de *recear* todos os verbos terminados em *-ear*:

apear	atear	arrear	bloquear	cear
enlear	folhear	frear	hastear	granjear
lisonjear	passear	semear	titubear	

Capítulo 7 > > > Estudo dos verbos (II) > > >

155

c. Os verbos terminados em *-iar* são regulares, com exceção de *mediar, ansiar, remediar, incendiar, odiar* e seus derivados. Um derivado importante de *mediar* é *intermediar*.

BROWNE, Dik. *O melhor de Hagar, o Horrível 4*. Porto Alegre: L&PM, 2007. p. 60.

O verbo *odiar* é irregular e é conjugado como o verbo *incendiar*. Veja a forma da terceira pessoa do plural do presente do indicativo: *odeiam*.

Em livro

Browne, Dik. *O melhor de Hagar, o Horrível.* São Paulo: L&PM, 2005. (L&PM Pocket).

Criado em 1973, Hagar é uma caricatura bem-humorada dos antigos *vikings*, guerreiros conhecidos pela força e bravura. Ao contrário de seus parentes históricos, Hagar é um sujeito rude e grosseirão, um *viking* às avessas, pois só está preocupado em salvar sua pele durante as batalhas para poder tomar sua cerveja em paz. O livro reúne cerca de duzentas tiras que retratam, quase sempre com espírito descontraído ou mordaz, o ambiente medieval de bruxas, guerreiros, carrascos e castelos.

Segunda conjugação

LER

presente do indicativo	presente do subjuntivo
lei-o	**lei**-a
lês	**lei**-as
lê	**lei**-a
lemos	**lei**-amos
ledes	**lei**-ais
leem	**lei**-am

Comentários

a. Atente para as formas da segunda e terceira pessoas do plural do presente do indicativo.

b. Seguem esse modelo os verbos *reler, crer* e *descrer*.

C. O pretérito perfeito do indicativo desses verbos é regular:

li	cri
leste	creste
leu	creu
lemos	cremos
lestes	crestes
leram	creram

PERDER

presente do indicativo	presente do subjuntivo
perc-o	**perc**-a
perdes	**perc**-as
perde	**perc**-a
perdemos	**perc**-amos
perdeis	**perc**-ais
perdem	**perc**-am

Comentário

Não confunda *perda* (substantivo) com *perca* (forma verbal):

É possível que ele **perca** o emprego.

A **perda** do emprego levará o pobre homem ao desespero.

REQUERER

presente do indicativo	presente do subjuntivo
requeir-o	**requeir**-a
requeres	**requeir**-as
requer	**requeir**-a
requeremos	**requeir**-amos
requereis	**requeir**-ais
requerem	**requeir**-am

Comentário

O pretérito perfeito do indicativo desse verbo é regular:

requeri	requeremos
requereste	requerestes
requereu	requereram

Consequentemente o pretérito mais-que-perfeito do indicativo, o imperfeito do subjuntivo e o futuro do subjuntivo também são regulares:

eu requerera	se eu requeresse	quando eu requerer

VALER	
presente do indicativo	**presente do subjuntivo**
valh-o	**valh**-a
vales	**valh**-as
vale	**valh**-a
valemos	**valh**-amos
valeis	**valh**-ais
valem	**valh**-am

Comentário

Segue essa conjugação o verbo *equivaler*.

Terceira conjugação

DIVERTIR	
presente do indicativo	**presente do subjuntivo**
divirt-o	**divirt**-a
divertes	**divirt**-as
diverte	**divirt**-a
divertimos	**divirt**-amos
divertis	**divirt**-ais
divertem	**divirt**-am

Comentário

Atente para a irregularidade desse verbo: a primeira pessoa do singular do presente do indicativo apresenta *i* em lugar do *e* do radical do infinitivo. Há muitos outros verbos que apresentam esse mesmo comportamento:

aderir	advertir	compelir	competir	conferir
despir	digerir	discernir	divergir	expelir
ferir	inserir	investir	perseguir	preferir
referir	repelir	repetir	seguir	sentir
servir	sugerir	vestir		

PROGREDIR	
presente do indicativo	**presente do subjuntivo**
progrid-o	**progrid**-a
progrides	**progrid**-as
progride	**progrid**-a
progredimos	**progrid**-amos
progredis	**progrid**-ais
progridem	**progrid**-am

Comentário

A troca do *e* do infinitivo pelo *i* só não ocorre na primeira e segunda pessoas do plural. Seguem esse modelo:

agredir   denegrir   prevenir   regredir   transgredir

DORMIR

presente do indicativo	presente do subjuntivo
durm-o	**durm**-a
dormes	**durm**-as
dorme	**durm**-a
dormimos	**durm**-amos
dormis	**durm**-ais
dormem	**durm**-am

Comentário

Seguem esse modelo *cobrir* e seus derivados (*descobrir, encobrir, recobrir*), além de *engolir* e *tossir*.

PEDIR

presente do indicativo	presente do subjuntivo
peç-o	**peç**-a
pedes	**peç**-as
pede	**peç**-a
pedimos	**peç**-amos
pedis	**peç**-ais
pedem	**peç**-am

Comentário

Seguem esse modelo: *despedir, impedir, medir. Ouvir* apresenta conjugação semelhante:

ouço	ouça
ouves	ouças
ouve	ouça

FUGIR

presente do indicativo	presente do subjuntivo
fuj-o	**fuj**-a
foges	**fuj**-as
foge	**fuj**-a
fugimos	**fuj**-amos
fugis	**fuj**-ais
fogem	**fuj**-am

Comentário

Seguem esse modelo:

acudir	bulir	consumir	cuspir
entupir	sacudir	subir	sumir

POLIR

presente do indicativo	presente do subjuntivo
pul-o	**pul**-a
pules	**pul**-as
pule	**pul**-a
polimos	**pul**-amos
polis	**pul**-ais
pulem	**pul**-am

Comentário

Segue esse modelo o verbo *sortir*.

Comentário geral

Há alguns verbos que apresentam particularidades na terceira pessoa do singular do presente do indicativo. Como essas particularidades não ocorrem na primeira pessoa do singular, não interferem nos tempos derivados do presente do indicativo. São os verbos terminados em *-air* (*cair*, *decair*, *sair*, por exemplo), *-oer* (*doer*, *moer*, *roer*) e *-uir* (*atribuir*, *contribuir*, *retribuir*). Em todos esses verbos, a terceira pessoa do singular do presente do indicativo apresenta desinência *-i* e não *-e*:

cai	decai	sai	dói	mói
rói	atribui	contribui	retribui	

Isso explica por que muita gente se equivoca na grafia de formas verbais como *atribui*, *possui*, *mói*, *substitui*, colocando *-e* no lugar do *-i* final. Nos verbos terminados em *-uzir* (*conduzir*, *produzir*, *reduzir*, *traduzir*), essa mesma flexão não apresenta a desinência *-e*:

conduz	produz	reduz	traduz

Atividades

1. Observe o modo e o tempo verbais destas frases:

Quase sempre **freio** meu ímpeto no momento certo.

É necessário que você **freie** seu ímpeto no momento certo.

Complete as lacunas das frases a seguir utilizando os verbos indicados nos mesmos tempos e modos apresentados nas frases-modelo:

a) Não (*) fogo ao mato seco! Não provoco queimadas! (*atear*)

É necessário que não se (*) fogo ao mato seco! Não se devem provocar queimadas!

b) Os garotos daquele bairro frequentemente (*) a praça com seus carros. Isso não é certo! (*bloquear*)

Algo tem de ser feito para que os garotos daquele bairro não (*) mais a praça com seus carros.

c) Sempre (*) os cabelos imediatamente depois que os lavo. (*pentear*)

É recomendável que você (*) os cabelos imediatamente depois de lavá-los.

d) (*) que não poderei participar do evento. (*recear*)

Não quero que você (*) participar do evento.

e) Ela (*) todas as noites com o pai. (*passear*)

É necessário que você (*) com seu pai.

f) Notei que não (*) no momento de exigires teus direitos. (*titubear*)

É imprescindível que não (*) no momento de exigir teus direitos.

2. Passe para o plural cada uma das frases a seguir:

a) Ceio diariamente. Tu não ceias?

b) Sempre folheio um livro. Tu não folheias nunca?

c) Freio com firmeza antes das curvas. Tu não freias?

d) Não granjeio simpatias com facilidade. Tu granjeias?

e) Nunca lisonjeio ninguém. Tu lisonjeias?

f) Não semeio ventos para não colher tempestades. Tu semeias?

3. Observe o modo, o tempo, o número e a pessoa das formas verbais da frase-modelo. A seguir, complete as lacunas utilizando formas verbais flexionadas como as do modelo.

Não **denuncio** ninguém. Não quero que você **denuncie**.

a) Não (*) confusões com meus vizinhos. Não quero que você (*). (*criar*)

b) Não (*) desconhecidos. Não quero que você (*). (*credenciar*)

c) Não (*) com inescrupulosos. Não quero que você (*). (*negociar*)

d) Não (*) esse tipo de transação. Não quero que você (*). (*intermediar*)

e) Não (*) os individualistas. Não quero que você (*). (*premiar*)

f) Não (*) ninguém. Não quero que você (*). (*odiar*)

g) Não (*) conquistar o que não mereço. Não quero que você (*). (*ansiar*)

h) Não (*) aos quatro cantos minhas conquistas. Não quero que você (*). (*anunciar*)

i) Não (*) o que não tem remédio. Não quero que você (*). (*remediar*)

j) Não (*) o ânimo com promessas vãs. Não quero que você (*). (*incendiar*)

4. Passe para o plural as frases do exercício anterior.

5. Siga o modelo:

Não **creio** em propostas mirabolantes. É pouco provável que eles **creiam**.

a) Não descreio das palavras dele. É pouco provável que você (*).

b) Não leio essas revistas. É pouco provável que tu (*).

c) Quando posso, releio as melhores obras. É pouco provável que vocês não (*).

d) Nunca perco um bom jogo de futebol. É pouco provável que tu (*).

e) Requeiro o estrito cumprimento de meus direitos. É pouco provável que vocês não (*).

f) Não valho tão pouco! É pouco provável que vocês (*).

6. Observe o modelo:

Sempre **advirto** quem não age de acordo com o regulamento. É bom que você também **advirta**.

a) Nunca (*) aos modismos ditados pelos meios de comunicação. É bom que você também não (*). (*aderir*)

b) Não (*) ninguém a fazer o que não quer. É bom que você também não (*). (*compelir*)

c) Sempre (*) o troco. É bom que você também (*). (*conferir*)

d) Nunca (*) pelo simples prazer de divergir. É bom que você também não (*). (*divergir*)

e) Sempre me (*) com as crianças. É bom que você também se (*). (*divertir*)

f) Nunca (*) o amor-próprio de ninguém. É bom que você também não (*). (*ferir*)

g) Não me (*) daquilo em que creio. É bom que você também não se (*) daquilo em que crê. (*despir*)

h) Sempre (*) o que meus princípios determinam. É bom que você também (*) o que determinam os seus. (*seguir*)

i) Só (*) o que me deixa à vontade. É bom que você também só (*) o que o deixa à vontade. (*vestir*)

7. Observe o modelo:

É inadmissível que alguém o (*). (**perseguir**)

É inadmissível que alguém o **persiga**.

a) É imperativo que você o (*). (*prevenir*)

b) É essencial que nós (*). (*progredir*)

c) É inaceitável que a situação social do país (*). (*regredir*)

d) É insuportável que se (*) a lei continuamente. (*transgredir*)

e) É desnecessário que (*) a imagem dele. (*denegrir*)

f) É improvável que ela (*) estas peças de roupa. (*cerzir*)

8. Observe o modelo:

O diretor da área financeira do Banco Central não quer que se (*) esse tipo de falcatrua. (**encobrir**)

O diretor da área financeira do Banco Central não quer que se **encubra** esse tipo de falcatrua.

a) Espero que você não (*) essas agressões. (*engolir*)

b) O terapeuta sugere que nós (*) melhor. (*dormir*)

c) Aquele professor, rabugentíssimo, não permite nem mesmo que alguém (*) durante a aula. (*tossir*)

d) Ela espera que eu não (*) seus segredos. (*descobrir*)

e) Os executivos querem que os consumidores (*) os prejuízos advindos da má administração das empresas. (*cobrir*)

f) O mestre de obras acha melhor que se (*) a parede com algum produto impermeabilizante. (*recobrir*)

9. Observe o modelo:

Fique à vontade e (*) o que achar melhor. (**pedir**)

Fique à vontade e **peça** o que achar melhor.

a) Pegue o disco e (*) a música. (*ouvir*)

b) Interfira com rigor e (*) essa trapaça. (*impedir*)

c) Leve os instrumentos e (*) todo o terreno. (*medir*)

d) Compareça à secretaria e (*) dos funcionários. (*despedir-se*)

e) Crie coragem e (*) esses degraus. (*subir*)

f) Saia já daí e (*) depressa. (*fugir*)

g) Levante-se, (*) a roupa e (*) de uma vez. (*sacudir; sumir*)

h) Mexa-se e (*) os que precisam. (*acudir*)

i) Mantenha a calma e não (*) com quem está quieto. (*bulir*)

j) Civilize-se e não (*) no chão. (*cuspir*)

10. Reescreva as frases do exercício anterior, passando-as para a segunda pessoa do singular.

Verbos irregulares no presente e no pretérito perfeito do indicativo e respectivos tempos derivados

Apresentamos a seguir vários verbos que mostram irregularidades tanto no presente do indicativo e tempos derivados, como no pretérito perfeito do indicativo e tempos derivados. Na conjugação de alguns verbos mais problemáticos, aparece também o pretérito imperfeito do indicativo.

Primeira conjugação

ESTAR					
presente do indicativo	**presente do subjuntivo**	**pretérito perfeito do indicativo**	**pretérito mais--que-perfeito do indicativo**	**pretérito imperfeito do subjuntivo**	**futuro do subjuntivo**
estou	esteja	estive	**estive**-ra	**estive**-sse	**estive**-r
estás	estejas	**estive**-ste	**estive**-ras	**estive**-sses	**estive**-res
está	esteja	esteve	**estive**-ra	**estive**-sse	**estive**-r
estamos	estejamos	estivemos	**estivé**-ramos	**estivé**-ssemos	**estive**-rmos
estais	estejais	estivestes	**estivé**-reis	**estivé**-sseis	**estive**-rdes
estão	estejam	estiveram	**estive**-ram	**estive**-ssem	**estive**-rem

Comentários

a. O presente do subjuntivo não utiliza o radical do presente do indicativo. Isso ocorre com os poucos verbos cuja primeira pessoa do singular do presente do indicativo termina em *-ei* ou em *-ou* (*sei/saiba, dou/dê, hei/haja, vou/vá, sou/seja*), além do verbo *querer* (*quero/queira*). A conjugação do imperativo segue o esquema estudado.

b. Atente para as formas do presente do subjuntivo: na língua culta, deve-se usar *esteja* e não "esteje".

> Observe o verbo *estar* conjugado na terceira pessoa do singular do pretérito imperfeito do subjuntivo: estivesse.

Revista *Istoé*, São Paulo, 19 jun. 2002. p. 121.

DAR					
presente do indicativo	presente do subjuntivo	pretérito perfeito do indicativo	pretérito mais--que-perfeito do indicativo	pretérito imperfeito do subjuntivo	futuro do subjuntivo
dou	dê	dei	**de**-ra	**de**-sse	**de**-r
dás	dês	**de**-ste	**de**-ras	**de**-sses	**de**-res
dá	dê	deu	**de**-ra	**de**-sse	**de**-r
damos	demos	demos	**dé**-ramos	**dé**-ssemos	**de**-rmos
dais	deis	destes	**dé**-reis	**dé**-sseis	**de**-rdes
dão	deem	deram	**de**-ram	**de**-ssem	**de**-rem

Segunda conjugação

APRAZER					
presente do indicativo	presente do subjuntivo	pretérito perfeito do indicativo	pretérito mais--que-perfeito do indicativo	pretérito imperfeito do subjuntivo	futuro do subjuntivo
apraz-o	**apraz**-a	aprouve	**aprouve**-ra	**aprouve**-sse	**aprouve**-r
aprazes	**apraz**-as	**aprouve**-ste	**aprouve**-ras	**aprouve**-sses	**aprouve**-res
apraz	**apraz**-a	aprouve	**aprouve**-ra	**aprouve**-sse	**aprouve**-r
aprazemos	**apraz**-amos	aprouvemos	**aprouvé**-ramos	**aprouvé**-ssemos	**aprouve**-rmos
aprazeis	**apraz**-ais	aprouvestes	**aprouvé**-reis	**aprouvé**-sseis	**aprouve**-rdes
aprazem	**apraz**-am	aprouveram	**aprouve**-ram	**aprouve**-ssem	**aprouve**-rem

Comentários

a. A única irregularidade no presente do indicativo desse verbo e dos que a ele se assemelham – *prazer*, *comprazer* e *desprazer* – é a terceira pessoa do singular, que não apresenta a desinência -*e*.

Capítulo 7 > > > Estudo dos verbos (II) > > >

163

b. *Desprazer* e *prazer* seguem o modelo de *aprazer* em todos os tempos. Acredite: *prazer* é verbo ("Prou-ve a Deus que o filho não sofresse") e geralmente é usado apenas na terceira pessoa do singular e na terceira pessoa do plural.

c. *Comprazer* segue o modelo de *aprazer*. No pretérito perfeito do indicativo e tempos derivados, pode também ser conjugado regularmente; há, portanto, duas formas possíveis para esses tempos: *com-prouve/comprazi, comprouveste/comprazeste...*

CABER					
presente do indicativo	presente do subjuntivo	pretérito perfeito do indicativo	pretérito mais--que-perfeito do indicativo	pretérito imperfeito do subjuntivo	futuro do subjuntivo
caib-o	**caib**-a	coube	**coube**-ra	**coube**-sse	**coube**-r
cabes	**caib**-as	**coube**-ste	**coube**-ras	**coube**-sses	**coube**-res
cabe	**caib**-a	coube	**coube**-ra	**coube**-sse	**coube**-r
cabemos	**caib**-amos	coubemos	**coubé**-ramos	**coubé**-ssemos	**coube**-rmos
cabeis	**caib**-ais	coubestes	**coubé**-reis	**coubé**-sseis	**coube**-rdes
cabem	**caib**-am	couberam	**coube**-ram	**coube**-ssem	**coube**-rem

DIZER					
presente do indicativo	presente do subjuntivo	pretérito perfeito do indicativo	pretérito mais--que-perfeito do indicativo	pretérito imperfeito do subjuntivo	futuro do subjuntivo
dig-o	**dig**-a	disse	**disse**-ra	**disse**-sse	**disse**-r
dizes	**dig**-as	**disse**-ste	**disse**-ras	**disse**-sses	**disse**-res
diz	**dig**-a	disse	**disse**-ra	**disse**-sse	**disse**-r
dizemos	**dig**-amos	dissemos	**dissé**-ramos	**dissé**-ssemos	**disse**-rmos
dizeis	**dig**-ais	dissestes	**dissé**-reis	**dissé**-sseis	**disse**-rdes
dizem	**dig**-am	disseram	**disse**-ram	**disse**-ssem	**disse**-rem

Comentários

a. Seguem esse modelo os derivados: *bendizer, condizer, contradizer, desdizer, maldizer, predizer.*

b. Os futuros do indicativo desse verbo e seus derivados são irregulares, já que perdem a sílaba *ze*: *direi, dirá, contradirei, desdirá* são formas do futuro do presente; *diria, contradiria, desdiria, bendiríamos* são formas do futuro do pretérito.

c. O particípio desse verbo e seus derivados é irregular: *dito, bendito, contradito...*

FAZER					
presente do indicativo	**presente do subjuntivo**	**pretérito perfeito do indicativo**	**pretérito mais- -que-perfeito do indicativo**	**pretérito imperfeito do subjuntivo**	**futuro do subjuntivo**
faç-o	**faç**-a	fiz	**fize**-ra	**fize**-sse	**fize**-r
fazes	**faç**-as	**fize**-ste	**fize**-ras	**fize**-sses	**fize**-res
faz	**faç**-a	fez	**fize**-ra	**fize**-sse	**fize**-r
fazemos	**faç**-amos	fizemos	**fizé**-ramos	**fizé**-ssemos	**fize**-rmos
fazeis	**faç**-ais	fizestes	**fizé**-reis	**fizé**-sseis	**fize**-rdes
fazem	**faç**-am	fizeram	**fize**-ram	**fize**-ssem	**fize**-rem

Comentários

a. Seguem esse modelo: *desfazer, liquefazer, perfazer, rarefazer, satisfazer, refazer.*

b. Os futuros do indicativo desse verbo e seus derivados são irregulares, já que perdem a sílaba *ze*: *farei, refará, satisfaremos, desfarão* são formas do futuro do presente; *faria, desfaria, refaríamos, satisfariam* são formas do futuro do pretérito.

c. O particípio desse verbo e seus derivados é irregular: *feito, desfeito, liquefeito, satisfeito.*

HAVER					
presente do indicativo	**presente do subjuntivo**	**pretérito perfeito do indicativo**	**pretérito mais- -que-perfeito do indicativo**	**pretérito imperfeito do subjuntivo**	**futuro do subjuntivo**
hei	haja	houve	**houve**-ra	**houve**-sse	**houve**-r
hás	hajas	**houve**-ste	**houve**-ras	**houve**-sses	**houve**-res
há	haja	houve	**houve**-ra	**houve**-sse	**houve**-r
havemos/hemos	hajamos	houvemos	**houvé**-ramos	**houvé**-ssemos	**houve**-rmos
haveis/heis	hajais	houvestes	**houvé**-reis	**houvé**-sseis	**houve**-rdes
hão	hajam	houveram	**houve**-ram	**houve**-ssem	**houve**-rem

Comentários

a. O presente do subjuntivo não utiliza o radical do presente do indicativo (*hei/haja*).

b. O imperativo é obtido de acordo com o esquema conhecido.

c. O verbo é abundante, já que no presente do indicativo há duas formas para a primeira e a segunda do plural.

PODER					
presente do indicativo	presente do subjuntivo	pretérito perfeito do indicativo	pretérito mais--que-perfeito do indicativo	pretérito imperfeito do subjuntivo	futuro do subjuntivo
poss-o	**poss**-a	pude	**pude**-ra	**pude**-sse	**pude**-r
podes	**poss**-as	**pude**-ste	**pude**-ras	**pude**-sses	**pude**-res
pode	**poss**-a	pôde	**pude**-ra	**pude**-sse	**pude**-r
podemos	**poss**-amos	pudemos	**pudé**-ramos	**pudé**-ssemos	**pude**-rmos
podeis	**poss**-ais	pudestes	**pudé**-reis	**pudé**-sseis	**pude**-rdes
podem	**poss**-am	puderam	**pude**-ram	**pude**-ssem	**pude**-rem

Comentário

A terceira pessoa do singular do pretérito perfeito do indicativo (*pôde*) recebe acento circunflexo, diferencial de timbre de *pode*, terceira do singular do presente do indicativo.

PÔR						
presente do indicativo	presente do subjuntivo	pretérito imperfeito do indicativo	pretérito perfeito do indicativo	pretérito mais-que--perfeito do indicativo	pretérito imperfeito do subjuntivo	futuro do subjuntivo
ponh-o	**ponh**-a	punha	pus	**puse**-ra	**puse**-sse	**puse**-r
pões	**ponh**-as	punhas	**puse**-ste	**puse**-ras	**puse**-sses	**puse**-res
põe	**ponh**-a	punha	pôs	**puse**-ra	**puse**-sse	**puse**-r
pomos	**ponh**-amos	púnhamos	pusemos	**pusé**-ramos	**pusé**-ssemos	**puse**-rmos
pondes	**ponh**-ais	púnheis	pusestes	**pusé**-reis	**pusé**-sseis	**puse**-rdes
põem	**ponh**-am	punham	puseram	**puse**-ram	**puse**-ssem	**puse**-rem

Comentários

a. Atente para a diferença entre a terceira pessoa do singular e a terceira pessoa do plural do presente do indicativo (*põe/põem*).

b. Analise com atenção as formas do pretérito imperfeito do indicativo.

c. Destaque-se a grafia das formas de toda a família; não existe a letra **z**.

pus	pusemos	puseram
puser	pusermos	puserem
pusesse	puséssemos	pusessem

d. O fato de o verbo *pôr* receber acento (diferencial da preposição *por*) não significa que seus derivados também serão acentuados (*depor*, *propor*, *impor* etc.). Nenhum derivado de *pôr* é acentuado.

e. Preste atenção às formas do futuro do subjuntivo ("Se você puser a carta no correio", e não "Se você pôr a carta no correio").

f. Todos os derivados do verbo *pôr* seguem exatamente esse modelo de conjugação. Eis alguns deles:

antepor	compor	contrapor	decompor	descompor
depor	dispor	expor	impor	indispor
interpor	opor	pospor	predispor	pressupor
propor	recompor	repor	sobrepor	supor
transpor				

Portanto, empregando a língua culta, diga ou escreva "Se você compuser uma canção", e não "Se você compor uma canção"; "Se eles expuserem os quadros", e não "Se eles exporem os quadros".

g. O particípio do verbo *pôr* e derivados é irregular: *posto, anteposto, composto, decomposto, deposto*.

Nessa tirinha, *puser* está na primeira pessoa do singular do futuro do subjuntivo do verbo *pôr*: "Quando (eu) puser as mãos nele". Importante notar que todas as formas dos tempos derivados do pretérito perfeito do indicativo desse verbo, que apresentam o som de /z/, são grafadas com a letra *s* (*pusera, puséramos, pusesse, pusessem, puser, pusermos* etc.), do mesmo modo que a forma primitiva que lhes dá origem, *puseste*.

Disponível em: <www2.uol.com.br/laerte/tiras/index-gatos.html>. Acesso em: 11 jun. 2008.

QUERER

presente do indicativo	presente do subjuntivo	pretérito perfeito do indicativo	pretérito mais-que-perfeito do indicativo	pretérito imperfeito do subjuntivo	futuro do subjuntivo
quero	queira	quis	**quise**-ra	**quise**-sse	**quise**-r
queres	queiras	**quise**-ste	**quise**-ras	**quise**-sses	**quise**-res
quer	queira	quis	**quise**-ra	**quise**-sse	**quise**-r
queremos	queiramos	quisemos	**quisé**-ramos	**quisé**-ssemos	**quise**-rmos
quereis	queirais	quisestes	**quisé**-reis	**quisé**-sseis	**quise**-rdes
querem	queiram	quiseram	**quise**-ram	**quise**-ssem	**quise**-rem

Comentários

a. O presente do subjuntivo não utiliza o radical da primeira pessoa do singular do presente do indicativo (*quero/queira*).

b. Atente para a grafia; não existe a letra *z* em nenhuma forma do verbo *querer*:

quis	quisemos	quiseram
quiser	quisermos	quiserem
quisesse	quiséssemos	quisessem

c. Como já vimos, *requerer* não segue a conjugação de *querer*. É irregular na primeira pessoa do singular do presente do indicativo (*requeiro*) e nas formas derivadas (*requeira, requeiramos, requeiram*). É regular no pretérito perfeito do indicativo e formas derivadas:

requeri	requereu	requereram
requeresse	requerêssemos	requeressem

SABER

presente do indicativo	presente do subjuntivo	pretérito perfeito do indicativo	pretérito mais--que-perfeito do indicativo	pretérito imperfeito do subjuntivo	futuro do subjuntivo
sei	saiba	soube	**soube**-ra	**soube**-sse	**soube**-r
sabes	saibas	**soube**-ste	**soube**-ras	**soube**-sses	**soube**-res
sabe	saiba	soube	**soube**-ra	**soube**-sse	**soube**-r
sabemos	saibamos	soubemos	**soubé**-ramos	**soubé**-ssemos	**soube**-rmos
sabeis	saibais	soubestes	**soubé**-reis	**soubé**-sseis	**soube**-rdes
sabem	saibam	souberam	**soube**-ram	**soube**-ssem	**soube**-rem

Comentário

O presente do subjuntivo não apresenta o radical da primeira pessoa do singular do presente do indicativo (*sei/saiba*).

SER

presente do indicativo	presente do subjuntivo	pretérito imperfeito do indicativo	pretérito perfeito do indicativo	pretérito mais-que--perfeito do indicativo	pretérito imperfeito do subjuntivo	futuro do subjuntivo
sou	seja	era	fui	**fo**-ra	**fo**-sse	**fo**-r
és	sejas	eras	**fo**-ste	**fo**-ras	**fo**-sses	**fo**-res
é	seja	era	foi	**fo**-ra	**fo**-sse	**fo**-r
somos	sejamos	éramos	fomos	**fô**-ramos	**fô**-ssemos	**fo**-rmos
sois	sejais	éreis	fostes	**fô**-reis	**fô**-sseis	**fo**-rdes
são	sejam	eram	foram	**fo**-ram	**fo**-ssem	**fo**-rem

Comentários

a. O verbo *ser* é considerado anômalo, por apresentar grandes irregularidades. Atente para os diferentes radicais que existem em sua conjugação (*sou/era/fui*).

b. O presente do subjuntivo não se forma a partir do radical do presente do indicativo (*sou/seja*). O imperativo do verbo *ser* é o único que não obedece integralmente ao esquema conhecido. As duas segundas pessoas (*tu* e *vós*) do imperativo afirmativo apresentam formas independentes: *sê* (tu) e *sede* (vós).

TER						
presente do indicativo	presente do subjuntivo	pretérito imperfeito do indicativo	pretérito perfeito do indicativo	pretérito mais-que--perfeito do indicativo	pretérito imperfeito do subjuntivo	futuro do subjuntivo
tenh-o	**tenh**-a	tinha	tive	**tive**-ra	**tive**-sse	**tive**-r
tens	**tenh**-as	tinhas	**tive**-ste	**tive**-ras	**tive**-sses	**tive**-res
tem	**tenh**-a	tinha	teve	**tive**-ra	**tive**-sse	**tive**-r
temos	**tenh**-amos	tínhamos	tivemos	**tivé**-ramos	**tivé**-ssemos	**tive**-rmos
tendes	**tenh**-ais	tínheis	tivestes	**tivé**-reis	**tivé**-sseis	**tive**-rdes
têm	**tenh**-am	tinham	tiveram	**tive**-ram	**tive**-ssem	**tive**-rem

Comentários

a. Seguem esse modelo os derivados:

ater	conter	deter	entreter	manter
reter	obter	suster		

b. Note a diferença gráfica entre a terceira pessoa do singular e a terceira pessoa do plural do presente do indicativo: *ele tem/eles têm.* Nos verbos derivados, a diferenciação se faz de outra maneira: *ele contém/eles contêm, ele mantém/eles mantêm.*

TRAZER					
presente do indicativo	presente do subjuntivo	pretérito perfeito do indicativo	pretérito mais--que-perfeito do indicativo	pretérito imperfeito do subjuntivo	futuro do subjuntivo
trag-o	**trag**-a	trouxe	**trouxe**-ra	**trouxe**-sse	**trouxe**-r
trazes	**trag**-as	**trouxe**-ste	**trouxe**-ras	**trouxe**-sses	**trouxe**-res
traz	**trag**-a	trouxe	**trouxe**-ra	**trouxe**-sse	**trouxe**-r
trazemos	**trag**-amos	trouxemos	**trouxé**-ramos	**trouxé**-ssemos	**trouxe**-rmos
trazeis	**trag**-ais	trouxestes	**trouxé**-reis	**trouxé**-sseis	**trouxe**-rdes
trazem	**trag**-am	trouxeram	**trouxe**-ram	**trouxe**-ssem	**trouxe**-rem

Comentário

Os futuros do indicativo desse verbo são irregulares, já que perdem a sílaba *ze: trarei, trarás, trará...* (para o futuro do presente); *traria, trarias, traria...* (para o futuro do pretérito).

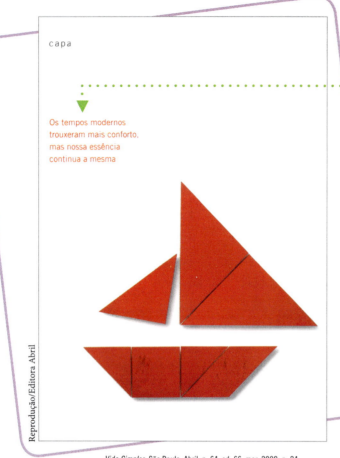

Vida Simples. São Paulo: Abril, n. 64, ed. 66, mar. 2008. p. 24.

VER					
presente do indicativo	presente do subjuntivo	pretérito perfeito do indicativo	pretérito mais--que-perfeito do indicativo	pretérito imperfeito do subjuntivo	futuro do subjuntivo
vej-o	**vej**-a	vi	**vi**-ra	**vi**-sse	**vi**-r
vês	**vej**-as	**vi**-ste	**vi**-ras	**vi**-sses	**vi**-res
vê	**vej**-a	viu	**vi**-ra	**vi**-sse	**vi**-r
vemos	**vej**-amos	vimos	**ví**-ramos	**ví**-ssemos	**vi**-rmos
vedes	**vej**-ais	vistes	**ví**-reis	**ví**-sseis	**vi**-rdes
veem	**vej**-am	viram	**vi**-ram	**vi**-ssem	**vi**-rem

Comentários

a. Atente para a forma da terceira pessoa do plural do presente do indicativo: *veem*. Não confunda com a forma correspondente do verbo vir: *vêm*.

b. Seguem esse modelo os derivados: *antever, entrever, prever, rever*.

c. O particípio de *ver* e derivados é irregular: *visto, previsto, revisto*.

d. *Prover*, que significa "abastecer, suprir", segue a conjugação do verbo *ver* apenas no presente do indicativo e formas derivadas:

provejo	proveja
provês	provejas
provê	proveja
provemos	provejamos
provedes	provejais
proveem	provejam

Nos demais tempos, *prover* é absolutamente regular:

provi	proveu	proveram (pretérito perfeito do indicativo)
provera	provêramos	provêreis (pretérito mais-que-perfeito do indicativo)
provesse	provêssemos	provessem (pretérito imperfeito do subjuntivo)
provermos	proverdes	proverem (futuro do subjuntivo)

> Embora não pertençam ao mesmo paradigma de conjugação, os verbos *ver* e *ler* apresentam formas similares nas terceiras pessoas do presente do indicativo: *vê/lê (singular)* e *veem/leem (plural)*.

Nova Escola. São Paulo: Abril, ano XXII, n. 207, nov. 2007. Capa.

Terceira conjugação

IR

presente do indicativo	presente do subjuntivo	pretérito imperfeito do indicativo	pretérito perfeito do indicativo	pretérito mais-que--perfeito do indicativo	pretérito imperfeito do subjuntivo	futuro do subjuntivo
vou	vá	ia	fui	**fo**-ra	**fo**-sse	**fo**-r
vais	vás	ias	**fo**-ste	**fo**-ras	**fo**-sses	**fo**-res
vai	vá	ia	foi	**fo**-ra	**fo**-sse	**fo**-r
vamos	vamos	íamos	fomos	**fô**-ramos	**fô**-ssemos	**fo**-rmos
ides	vades	íeis	fostes	**fô**-reis	**fô**-sseis	**fo**-rdes
vão	vão	iam	foram	**fo**-ram	**fo**-ssem	**fo**-rem

Comentários

a. O verbo *ir* também é considerado anômalo, dadas as acentuadas irregularidades que apresenta. Note a variação dos radicais (*vou, ia, fui*).

b. Atente para a diferença entre a segunda pessoa do plural do presente do indicativo e a segunda pessoa do plural do presente do subjuntivo: *ides/vades*.

c. As formas do pretérito perfeito e tempos derivados dos verbos *ir* e *ser* são idênticas; somente pelo contexto em que se encontram é que se pode perceber de qual verbo se trata:

Fui ao cinema e fui maltratado pelo bilheteiro.

A primeira forma *fui* é do verbo *ir*; a segunda é do verbo *ser*. Ponha a frase no futuro para que se evidencie a diferença:

Irei ao cinema e serei maltratado pelo bilheteiro.

d. O verbo *ir*, além de anômalo, é considerado abundante, já que apresenta duas formas para um mesmo caso (nós *vamos* ou *imos*, no presente do indicativo).

VIR						
presente do indicativo	presente do subjuntivo	pretérito imperfeito do indicativo	pretérito perfeito do indicativo	pretérito mais-que- -perfeito do indicativo	pretérito imperfeito do subjuntivo	futuro do subjuntivo
venh-o	**venh**-a	vinha	vim	**vie**-ra	**vie**-sse	**vie**-r
vens	**venh**-as	vinhas	**vie**-ste	**vie**-ras	**vie**-sses	**vie**-res
vem	**venh**-a	vinha	veio	**vie**-ra	**vie**-sse	**vie**-r
vimos	**venh**-amos	vínhamos	viemos	**vié**-ramos	**vié**-ssemos	**vie**-rmos
vindes	**venh**-ais	vínheis	viestes	**vié**-reis	**vié**-sseis	**vie**-rdes
vêm	**venh**-am	vinham	vieram	**vie**-ram	**vie**-ssem	**vie**-rem

Comentários

a. Atente para a diferença gráfica entre as terceiras pessoas do presente do indicativo: *ele vem/eles vêm*. Compare essas formas com as correspondentes do verbo *ver*: *ele vê/eles veem*.

b. Seguem esse modelo os verbos *advir, convir, desavir-se* (desentender-se), *intervir, provir, sobrevir*. Nesses verbos, a diferenciação gráfica entre as terceiras pessoas do presente do indicativo se faz de outra maneira: *ele convém/eles convêm, ele intervém/eles intervêm*. Atente nas formas desses verbos no pretérito perfeito e tempos derivados:

Eu intervim na discussão entre os dois.

O problema só será resolvido se você intervier.

c. O particípio de *vir* e derivados é irregular: *vindo, convindo, intervindo*. Essa família de verbos é a única da língua portuguesa que apresenta particípio e gerúndio iguais:

Vem vindo a madrugada. (gerúndio)

Já tinham vindo todos os alunos. (particípio)

172   Parte 2 >>>MORFOLOGIA >>>

Atividades

1. Observe o modelo:

Estou muito cansado. Não acredito que você não (*). (**estar**)

Estou muito cansado. Não acredito que você não **esteja**.

a) Estamos muito chateados. Não é possível que vocês não (*).

b) Estou muito contente. Não é possível que tu não (*).

c) Estás muito alegre. Não é possível que ela não (*).

d) Estais muito preocupados. É possível que eles também (*).

e) Estou muito ansioso! É impossível que vós não (*).

f) Eles estão muito satisfeitos. Não é possível que nós não (*).

2. Observe o modelo:

Jamais (*) lá; se um dia (*), ficará satisfeito. (**ir**)
Jamais **foi** lá; se um dia **for**, ficará satisfeito.

a) Jamais (*) lá; se um dia (*), ficaremos satisfeitos. (*estar*)

b) Jamais (*) seu donativo; se um dia (*), será bem-vindo. (*dar*)

c) Jamais nos (*) esse comportamento; se um dia nos (*), teremos abandonado nossos princípios. (*aprazer*)

d) Jamais (*) três carros nessa garagem; se um dia (*), será um verdadeiro milagre. (*caber*)

e) Jamais (*) esse tipo de coisa; se um dia (*), terei mudado de nome. (*dizer*)

f) Jamais o (*); se um dia o (*), terás mais orgulho de ti. (*contradizer*)

g) Jamais (*) esse tipo de proposta; se um dia (*), poderás arrepender-te. (*fazer*)

h) Jamais (*) suas vontades; se um dia (*), ficarei desapontado comigo. (*satisfazer*)

i) Jamais (*) algo entre eles; se um dia (*), será uma surpresa. (*haver*)

j) Jamais (*) sua presença; se um dia (*), teremos mudado de opinião. (*querer*)

k) Jamais (*) a verdade; se um dia (*), ficará desiludida. (*saber*)

l) Jamais (*) infelizes; se um dia (*), farão o possível para que as coisas mudem. (*ser*)

m) Jamais ele (*) seus amigos; se um dia (*), serão bem-vindos. (*trazer*)

3. Observe o modelo:

Se eu (*) escolher, (*) aqui definitivamente. (**poder, ficar**).

Se eu **pudesse** escolher, **ficaria** aqui definitivamente.

a) Se nós (*) os causadores da tragédia, (*) nossa responsabilidade. (*ser; assumir*)

b) Se ele (*) auxílio, nós (*) o carro e (*) a viagem. (*trazer; consertar; continuar*)

c) Se a roupa (*), você (*) com ela à reunião. (*caber; ir*)

d) Se ele se (*) a ajudar, as coisas (*) mais fáceis. (*dispor; ser*)

e) Se o diretor nos (*) mais tempo, (*) o trabalho. (*dar; terminar*)

f) Se seu procedimento (*) com o cargo que ocupa, não (*) tantos protestos. (*condizer; haver*)

g) Se a mistura se (*), a experiência (*) um sucesso. (*liquefazer; ser*)

h) Se todos os convidados (*) ao concerto, o teatro (*) superlotado. (*ir; ficar*)

i) Se nós (*), (*) uma oportunidade a ela. (*poder; dar*)

j) Se você (*), nossa vida (*) melhor. (*querer; ser*)

k) Se eles (*) a verdade, (*) revoltados. (*saber; ficar*)

l) Se ninguém (*) lá, não (*) problema para cancelar o evento. (*estar; haver*)

m) Se ele a (*) com essa roupa, (*) enlouquecido. (*ver; ficar*)

n) Se você (*) a serenidade, (*) condição de pensar melhor. (*manter; ter*)

4. Reescreva as frases a seguir, substituindo a forma verbal composta pela forma verbal simples correspondente. Há alguma alteração de significado nas frases com a substituição?

a) Eles jamais **tinham vindo** aqui.

b) Ele **tinha feito** aquilo por vingança.

c) **Havíamos trazido** o equipamento necessário para

Capítulo 7 > > > Estudo dos verbos (II) > > >

173

a experiência.

d) **Tinha havido** um problema com o motor do carro.

e) Ela o **tinha visto** com outra mulher na festa.

f) **Tinhas anteposto** teus interesses aos da classe.

g) Notamos que o ar se **tinha rarefeito**.

h) Nada se **tinha apurado** até então.

i) Nunca **tínhamos estado** ali.

j) Soubemos que ele **havia dito** a verdade no tribunal.

k) Custou-me crer que todo o estoque **havia cabido** numa única caixa.

l) Já **havias ido** lá?

m) Percebi que ele se **havia mantido** sereno durante o debate e que um simples gesto seu **havia detido** os mais nervosos.

5. Reescreva as frases propostas, transformando os tempos verbais de acordo com o modelo:

Ele sempre **toma** atitudes estranhas.
Ele sempre **tomava** atitudes estranhas.

a) Eu sempre **ponho** os livros na biblioteca.

b) Ela sempre **dispõe** de argumentos irrefutáveis.

c) Sempre **contrapomos** teses consistentes ao que ele **diz**.

d) Você sempre **supõe** erros dos adversários.

e) Nós sempre **vamos** ao teatro.

f) Ele sempre **vem** a este restaurante.

g) Essas atitudes não **convêm** a ninguém.

h) **Prevemos** um futuro melhor.

i) Nunca **revês** teu projeto de vida?

j) Ela nunca se **indispõe** com os pais?

k) Você não se **predispõe** a interceder?

l) Você nunca **intervém** nessa briga?

m) De que **provém** sua desconfiança?

6. Observe o modelo:

Se eu (*), (*) à Grécia. (**poder; ir**)
Se eu **puder**, **irei** à Grécia.

a) Se ele se (*) a ajudar, tudo (*) bem. (*dispor; terminar*)

b) Se você (*) favoravelmente a nós, (*) absolvidos. (*depor; ser*)

c) Se nós nos (*) um com o outro, (*) a sociedade. (*indispor; desfazer*)

d) Se você não se (*) financeiramente, (*) para a casa paterna. (*recompor; voltar*)

e) Se (*) as últimas barreiras, (*) nossa esperança transformar-se em realidade. (*transpor; ver*)

f) Se a substância se (*), (*) um precipitado escuro no fundo do tubo de ensaio. (*decompor; surgir*)

g) Se você a (*), (*) que não é mais a mesma pessoa. (*ver; perceber*)

h) Se nós (*) os cálculos, (*) os resultados para os acionistas. (*rever; trazer*)

i) Se você (*) suas vontades, (*) sua própria futilidade. (*satisfazer; perceber*)

j) Se ninguém se (*) veementemente, ele não (*). (*opor; desistir*)

k) Se (*) nosso projeto, (*) a adesão de todos. (*expor; obter*)

l) Se tu nos (*) as provas documentais, (*) apoio a tua causa. (*trazer; dar*)

m) Se o interesse da sociedade se (*) aos privilégios individuais, (*) um novo país. (*sobrepor; haver*)

n) Se você (*) o ímpeto, certamente (*) o melhor possível. (*conter; fazer*)

7. Utilize os verbos entre parênteses no tempo e modo apresentados na frase-modelo:

Ele ainda não **compôs** nenhuma canção de sucesso.

a) Eu não (*) nenhum recurso. (*interpor*)

b) Ela não se (*) a colaborar? (*predispor*)

c) Por que você não (*) para pôr ordem na casa? (*intervir*)

d) Poucos (*) durante a discussão. (*intervir*)

e) Criticaram-me porque não (*) no conflito. (*intervir*)

f) De onde (*) esse material suspeitíssimo? (*provir*)

g) Os congressistas (*) que aquela não era a melhor forma de redigir a lei. (*convir*)

h) Por que te (*) a um projeto tão inovador? (*opor*)

i) As maiores empresas não (*) no processo. (*intervir*)

j) Eu me (*) com os colegas por não aceitar o sistema de trabalho vigente. (*desavir*)

k) Todos desejam saber por que você não (*) na briga. (*intervir*)

l) Não (*) porque não nos convocaram. (*intervir*)

m) Os líderes (*) que nenhum outro recurso deveria ser tentado. (*convir*)

n) Os alunos se (*) calados durante a conferência. No final, não se (*) e externaram, com aplausos calorosos, a admiração pelo escritor. (*manter; conter*)

3. Verbos defectivos

Chamam-se defectivos os verbos que não possuem conjugação completa, ou seja, deixam de ser flexionados em algumas formas.

O fator determinante da classificação de um verbo como defectivo é a falta de uso de determinadas formas, o que normalmente tem razões de natureza morfológica ou eufônica. Se fosse completo, o verbo *falir*, por exemplo, apresentaria, no presente do indicativo, *eu falo, tu fales, ele fale*. *Falo* é forma do presente do indicativo de *falar*; *fales* e *fale* são do presente do subjuntivo do mesmo verbo *falar*. Teríamos formas iguais para verbos diferentes, o que pode ser a razão para que as flexões de um deles (as do verbo de uso menos frequente, falir, no caso) não sejam usadas pelos falantes. Convém dizer que esse argumento não se aplica a todos os verbos que apresentam formas iguais. *Trazer* e *tragar*, por exemplo, não são defectivos, mas apresentam formas idênticas (*trago* é primeira pessoa do singular do presente do indicativo dos dois verbos). *Ir* e *ser* também apresentam formas idênticas (*fui, fora, fosse, for*), mas não são defectivos. Se fosse completo, o verbo *computar* apresentaria no presente do indicativo formas como *computo, computas, computa* – palavras de sonoridade um tanto quanto "suspeita". Por isso o verbo *computar* é dado nas gramáticas e dicionários como defectivo.

Esses motivos nem sempre conseguem impedir o uso efetivo de formas verbais consideradas oficialmente "erradas". O próprio verbo *computar* é um exemplo disso. Com o desenvolvimento e a popularização dos computadores, não há quem não diga *computa*. Na prática, esse verbo acaba sendo conjugado em todos os tempos, modos e pessoas.

Insistimos em que os preceitos colocados pela gramática normativa nem sempre condizem com o uso cotidiano da língua, mas, no texto formal escrito, é recomendável que você procure seguir o que as gramáticas e os dicionários consagram como frequente no padrão culto da língua.

Por fim, convém deixar claro que um verbo é considerado defectivo porque não se registra o uso de todas as suas flexões (e não o contrário, ou seja, não há registro do uso de todas as flexões de um verbo porque ele é defectivo).

Você verá a seguir que o problema dos verbos defectivos ocorre basicamente no presente do indicativo e formas derivadas (presente do subjuntivo e imperativos).

Para estudar os verbos defectivos, convém dividi-los em dois grupos.

Primeiro grupo

Verbos que, no presente do indicativo, deixam de ser conjugados apenas na primeira pessoa do singular. Consequentemente, não apresentam presente do subjuntivo e imperativo negativo. O imperativo afirmativo se limita às pessoas diretamente provenientes do presente do indicativo (*tu* e *vós*). É o caso, entre outros, dos verbos:

abolir	aturdir	banir	carpir	colorir	
delinquir	demolir	exaurir	explodir	extorquir	retorquir

ABOLIR

presente do indicativo	imperativo afirmativo
eu —	—
tu aboles	abole tu
ele abole	—
nós abolimos	—
vós abolis	aboli vós
eles abolem	—

Segundo grupo

Verbos que, no presente do indicativo, são conjugados apenas na primeira e na segunda pessoas do plural (*nós* e *vós*). Quando você procura um verbo deste grupo no dicionário, costuma encontrar explicações técnicas como "no presente do indicativo, só é conjugado nas formas arrizotônicas". Você já sabe que forma arrizotônica é aquela em que a tonicidade está fora do radical, como em *falamos*. A tonicidade está no *-a-*, fora do radical (*fal-*).

Os verbos deste grupo não possuem presente do subjuntivo e imperativo negativo. O imperativo afirmativo se limita à forma diretamente retirada do presente do indicativo. É o caso dos verbos:

adequar	aguerrir	combalir	comedir-se
falir	fornir	foragir-se	precaver
reaver	remir		

FALIR	
presente do indicativo	**imperativo afirmativo**
eu –	–
tu –	–
ele –	–
nós falimos	–
vós falis	fali vós
eles –	–

ADEQUAR	
presente do indicativo	**imperativo afirmativo**
eu –	–
tu –	–
ele –	–
nós adequamos	–
vós adequais	adequai vós
eles –	–

Comentário

Alguns autores registram a conjugação do verbo *adequar* nas formas arrizotônicas do presente do subjuntivo (*adequemos*, *adequeis*); o que permitiria também a conjugação dessas mesmas formas do imperativo negativo e da primeira do plural do imperativo afirmativo.

PRECAVER	
presente do indicativo	**imperativo afirmativo**
eu –	–
tu –	–
ele –	–
nós precavemos	–
vós precaveis	precavei vós
eles –	–

Comentário

Precaver não deriva de *ver*, nem de *vir*. Não existem as formas "precavejo, precavo, precavenho". No pretérito perfeito do indicativo e tempos derivados, comporta-se como verbo regular: *precavi, precaveste, precaveu...*

REAVER	
presente do indicativo	**imperativo afirmativo**
eu –	–
tu –	–
ele –	–
nós reavemos	–
vós reaveis	reavei vós
eles –	–

Comentário

Na prática, pode-se dizer que *reaver* é conjugado como *haver*, mas só existe nas formas em que o verbo *haver* apresenta a letra *v*. Observe com atenção o pretérito perfeito do indicativo:

reouve	reouvemos
reouveste	reouvestes
reouve	reouveram

Comentários gerais

a. Convém repetir que os verbos defectivos têm conjugação completa nos pretéritos e futuros. São mais do que corretas formas como as seguintes:

aboli	adequei	explodi	fali
precavi	demoli	aboliu	adequou
explodiu	faliu	precaveu	demoliu

b. Para suprir uma forma dada como inexistente, costuma-se recorrer a verbos sinônimos ou a expressões equivalentes. Em vez de dizer "Eu me precavo/precavenho/precavejo", diga "Eu me acautelo/previno"; em vez de "A empresa fale", diga "A empresa vai à falência/vai falir"; no lugar de "O texto se adequa", pode-se usar "O texto se adapta/é adequado".

c. São considerados defectivos também os **verbos impessoais** e os **unipessoais**, conjugados apenas em algumas formas por questão de significado. Não se costuma dizer, por exemplo, "Eu chovo", ou "Ela geou". *Chover* e *gear*, como todos os verbos que indicam fenômenos naturais, são impessoais e, por isso, não têm sujeito e são conjugados apenas na terceira pessoa do singular. Também são impessoais os seguintes verbos:

amanhecer	anoitecer	chuviscar	estiar
alvorecer	orvalhar	relampejar	trovejar
ventar			

Os verbos unipessoais exprimem vozes de animais e são geralmente conjugados na terceira pessoa do singular e na terceira pessoa do plural:

O cão latia insistentemente.

Os cavalos relinchavam, assustados.

Observe que também não se costuma dizer "Eu relincho", ou "Tu latiste". Outros verbos unipessoais exprimem acontecimento, necessidade:

acontecer	convir	ocorrer	suceder

É possível empregar os verbos impessoais e unipessoais em sentido figurado. É o que ocorre em frases como:

Quando esse dia chegar, os brasileiros amanhecerão para um novo tempo.

Choveram faltas violentas durante o jogo.

4. Verbos abundantes

Verbos abundantes são aqueles que apresentam mais de uma forma para determinada flexão. Esse fenômeno costuma ocorrer no particípio, em que, além das formas regulares, terminadas em -ado ou -ido, surgem as **formas irregulares**, também chamadas **curtas** ou **breves**. Observe a relação a seguir:

	infinitivo impessoal	particípio regular	particípio irregular
primeira conjugação	aceitar	aceitado	aceito
	entregar	entregado	entregue
	enxugar	enxugado	enxuto
	expressar	expressado	expresso
	expulsar	expulsado	expulso
	findar	findado	findo
	isentar	isentado	isento
	limpar	limpado	limpo
	matar	matado	morto
	salvar	salvado	salvo
	segurar	segurado	seguro
	soltar	soltado	solto
segunda conjugação	acender	acendido	aceso
	benzer	benzido	bento
	eleger	elegido	eleito
	morrer	morrido	morto
	prender	prendido	preso
	suspender	suspendido	suspenso
terceira conjugação	emergir	emergido	emerso
	expelir	expelido	expulso
	exprimir	exprimido	expresso
	extinguir	extinguido	extinto
	imergir	imergido	imerso
	imprimir	imprimido	impresso
	inserir	inserido	inserto
	omitir	omitido	omisso
	submergir	submergido	submerso

Comentários

a. A tradição da língua diz que os particípios regulares são empregados geralmente com os auxiliares *ter* e *haver*; os particípios irregulares são geralmente empregados com os auxiliares *ser* e *estar*:

ter/haver elegido   ter/haver imprimido   ser/estar eleito   ser/estar impresso

Nota-se, no entanto, larga tendência de alteração dessa "regra", seja na língua do dia a dia, seja na língua culta, em que se registram construções como "Por ter salvo/aceito/entregue" e outras.

b. *Ganhar*, *gastar* e *pagar* são abundantes: *ganhado/ganho*; *gastado/gasto*; *pagado/pago* são seus particípios. As formas irregulares são usadas com os auxiliares *ser*, *estar*, *ter* e *haver*; as formas regulares, somente com *ter* e *haver*:

ter/haver/ser/estar ganho, gasto, pago

ter/haver ganhado, gastado, pagado

c. *Abrir* (e derivados), *cobrir* (e derivados), *escrever* (e derivados) apresentam particípios irregulares:

aberto	reaberto	entreaberto	coberto
recoberto	encoberto	descoberto	escrito
reescrito	subscrito		

Atividades

1. Nas frases a seguir, seria preciso empregar um verbo defectivo justamente numa das flexões condenadas pela língua culta. Sugira formas de completar as frases, utilizando sinônimos ou locuções verbais:

a) É possível que se (*) aquela casa na semana que vem. (*demolir*)

b) É desejável que se (*) essa exigência descabida. (*abolir*)

c) É provável que se (*) aquele muro. (*colorir*)

d) É possível que as fontes de energia se (*) antes do tempo previsto. (*exaurir*)

e) É indispensável que se (*) daqui todo foco de corrupção. (*banir*)

2. Proceda como no exercício anterior.

a) É indispensável que eu (*) meus documentos. (*reaver*)

b) É preciso que nós nos (*). (*precaver*)

c) É desejável que os novos funcionários se (*) às necessidades da empresa. (*adequar*)

d) Eu sempre me (*) contra riscos. (*precaver*)

e) Muitas pessoas não (*) sua linguagem à situação em que se encontram. (*adequar*)

f) Ele só (*) seus direitos quando recorre à justiça. (*reaver*)

3. Utilize os verbos entre parênteses no tempo e modo do modelo:

O retirante não se precaveu contra as dificuldades da viagem.

a) Ela (*) o patrimônio perdido? (*reaver*)

b) Eu não me (*) e (*) prejuízos com a enchente. (*precaver*; *ter*)

c) Nós (*) tudo o que nos pertencia. (*reaver*)

d) Você (*) a carga ao espaço disponível? (*adequar*)

e) O Congresso ainda não (*) muitas das leis do tempo da ditadura. (*abolir*)

f) Muitas empresas (*) por causa da queda do poder aquisitivo da classe média. (*falir*)

g) Ela se (*) e (*) o pior. (*precaver*; *afastar*)

h) A herdeira (*) os bens deixados pelo pai. (*reaver*)

i) (*) o que nos pertencia. (*reaver*)

4. Preencha as lacunas com a forma apropriada do particípio verbal. Indique as frases em que se pode usar mais de uma forma.

a) O candidato foi (*) com mais de duzentos mil votos. Muitos dos que o haviam (*) na eleição anterior votaram nele novamente. (*eleger*)

b) Ele jamais foi (*) pelos colegas de trabalho. Diziam que no passado ele tinha (*) gordas propinas de uma poderosa multinacional. (*aceitar*)

c) O imposto já foi (*). Menos mal, porque todo o dinheiro deste mês já foi (*), e não há perspectiva de que outro seja (*). (*pagar*; *gastar*; *ganhar*)

d) Àquela altura, já poderia ter (*) seus débitos, se não tivesse (*) todo o dinheiro que tinha (*). (*pagar*; *gastar*; *ganhar*)

e) Assim que cheguei, fui informado de que a polícia já havia (*) e já o tinha (*). (*chegar*; *pegar*)

f) Ele havia (*) o portão. De lá, podia ver o que se passava sem ser (*). Dessa forma, foi-lhe possível certificar-se de tudo o que havia sido (*) e (*) pelo ex-proprietário do imóvel. Valera a pena ter (*)! (*entreabrir*; *ver*; *dizer*; *escrever*; *vir*)

Capítulo 7 > > > Estudo dos verbos (II) > > >   179

5. As particularidades da conjugação dos verbos e os dicionários

Você estudou neste capítulo os principais verbos irregulares, defectivos e abundantes. Você deve ter notado que vários desses verbos são de uso muito frequente – como *pôr, ver, vir, ser, haver, estar*. Nesses casos, é necessário que você esteja apto a usá-los com segurança a fim de não desrespeitar o padrão culto da língua. Você estudou também verbos de uso mais limitado – como *cerzir, carpir, remir*. Nesses casos, é bastante provável que, mesmo depois de tê-los visto em nosso livro, você tenha alguma dúvida quando precisar empregá-los.

Eles estão aqui justamente para constituir um arquivo que você possa consultar a fim de esclarecer suas incertezas. É pouco provável que um dia você precise usar um verbo como *moscar*, geralmente pronominal (*moscar-se*). Mas, se realmente for necessário, consulte um dicionário. Reproduzimos, a seguir, o verbete *moscar* do dicionário de Aurélio Buarque de Holanda Ferreira (versão eletrônica). Além do significado do verbo, você encontra valiosas informações sobre sua conjugação:

moscar
[De *mosca* + *-ar²*.] Bras. Joc.
Verbo intransitivo.
1. V. comer mosca (2).
2. Fig. Desaparecer, sumir-se, safar-se:
"nada mais tenho que fazer aqui! Musco-me! Ponho-me ao fresco!" (Aluísio Azevedo, *O mulato*, p. 246). [Irreg. O *o* da raiz muda-se em *u* nas f. rizotônicas. Além disso, o *c* transforma-se em *qu* antes de *e* (v. trancar). Pres. ind.: *musco, muscas, musca, moscamos, moscais, muscam*; imperat.: *musca, moscai*, etc.; pres. subj.: *musque, musques, musque, mosquemos, mosqueis, musquem*. Cf. *moscaria*, s. f.]

FERREIRA, Aurélio Buarque de Holanda. Dicionário eletrônico. Parte integrante do *Novo dicionário Aurélio*. 3. ed. rev. e atual. Curitiba: Positivo/Positivo Informática, 2004.

Textos para análise

1

Um dia

1) sujar o pé de areia pra depois lavar na água
2) esperar o vaga-lume piscar outra vez
3) ouvir a onda mais distante por trás da mais próxima
4) não esperar nada acontecer
5) se chover, tomar chuva
6) caminhar
7) sentir o sabor do que comer
8) ser gentil com qualquer pessoa
9) barbear-se no final do dia
10) ao se deitar para dormir, dormir

ANTUNES, Arnaldo. In: *Boa companhia:* poesia. São Paulo: Companhia das Letras, 2003. p. 46.

Trabalhando o texto

1. Os verbos do texto estão no infinitivo. Reescreva o poema de forma que um sujeito de primeira pessoa desenvolva as ações e os processos expressos pelos verbos.

2. Como você interpreta o fato de todos os verbos do texto estarem no infinitivo?

Em *site*

<www.arnaldoantunes.com.br>. Acesso em: 14 abr. 2008.

Músico, compositor, poeta, autor. São inúmeras as atividades de Arnaldo Antunes, todas elas desempenhadas com muito talento e perspicácia. Compositor de letras precisas e poeta de sensibilidade aguçada, Arnaldo é mesmo um artista completo. O *site* oficial do autor é de imensa valia para os fãs do ex-Titãs e também, é claro, para aqueles que querem conhecê-lo mais de perto. A página contém biografia, letras de músicas, fotos, discos e a programação de sua agenda.

2

"Haja o que houver"

No folclore linguístico do futebol, não faltam delícias como "fez que foi e acabou fondo", "Comigo ou sem migo o time vai ganhar", "Haja o que hajar" etc. Não se sabe se essas frases realmente foram ditas, apesar de muita gente jurar de pés juntos que as ouviu.

Pois bem. A brincadeira com "hajar" serve de mote para que falemos mais um pouco do verbo "haver".

* * *

"A União se desfazerá..."

Num título jornalístico publicado na semana passada, foi empregada a forma "desfazerá": "A União se desfazerá de parte das ações...". Talvez seja bom dizer logo que no lugar de "desfazerá" deveria ter sido empregada a forma "desfará". Mas isso é secundário. O que de fato interessa é tentar entender o que nos leva a empregar formas verbais "inexistentes".

CIPRO NETO, Pasquale. *Inculta e bela 4*. São Paulo: Publifolha, 2003. p. 30 e 108.

Trabalhando o texto

1. Você consegue entender por que em algumas situações somos levados a empregar formas verbais "inexistentes"? Procure explicar, baseado nos conhecimentos que adquiriu até agora, os mecanismos que levam à utilização de formas verbais como "fondo", "hajar" e "desfazerá".

3

Haiti

Quando você for convidado pra subir no adro

Da Fundação Casa de Jorge Amado

Pra ver do alto a fila de soldados, quase todos pretos

Dando porrada na nuca de malandros pretos

De ladrões mulatos e outros quase brancos

Tratados como pretos

Só pra mostrar aos outros quase pretos

(E são quase todos pretos)

E aos quase brancos pobres como pretos

Como é que pretos, pobres e mulatos

E quase brancos quase pretos de tão pobres são tratados

E não importa se olhos do mundo inteiro

Possam estar por um momento voltados para o largo

Onde os escravos eram castigados

E hoje um batuque um batuque

Com a pureza de meninos uniformizados de escola secundária em dia de parada

E a grandeza épica de um povo em formação

Nos atrai, nos deslumbra e estimula

Não importa nada: nem o traço do sobrado

Nem a lente do Fantástico, nem o disco de Paul Simon

Ninguém, ninguém é cidadão

Se você for ver a festa do Pelô, e se você não for

Pense no Haiti, reze pelo Haiti

O Haiti é aqui

O Haiti não é aqui

E na TV se você vir um deputado em pânico mal dissimulado

Diante de qualquer, mas qualquer mesmo, qualquer qualquer

Plano de educação que pareça fácil

Que pareça fácil e rápido

E vá representar uma ameaça de democratização

Do ensino de primeiro grau

E se esse mesmo deputado defender a adoção da pena capital

E o venerável cardeal disser que vê tanto espírito no feto

E nenhum no marginal

E se, ao furar o sinal, o velho sinal vermelho habitual

Notar um homem mijando na esquina da rua sobre um

Saco brilhante de lixo do Leblon

E quando ouvir o silêncio sorridente de São Paulo

Diante da chacina

111 presos indefesos, mas presos são quase todos pretos

Ou quase pretos, ou quase brancos quase pretos de tão pobres

E pobres são como podres e todos sabem como se tratam os Pretos

E quando você for dar uma volta no Caribe

E quando for trepar sem camisinha

E apresentar sua participação inteligente no bloqueio a Cuba

Pense no Haiti, reze pelo Haiti

O Haiti é aqui

O Haiti não é aqui.

GIL, Gilberto & VELOSO, Caetano. Disponível em:
<www.caetanoveloso.com.br>. Acesso em: 11 jun. 2008.

Trabalhando o texto

1. Em que modo, tempo, pessoa e número está a forma verbal *for*, do primeiro verso do texto?

2. Em que modo, tempo, pessoa e número está a forma verbal destacada em "E na TV se você **vir** um deputado em pânico mal dissimulado"? A que verbo pertence essa forma? De que tempo ela é obtida?

3. O que diferencia a forma verbal *ver*, do terceiro verso, da forma verbal analisada na questão anterior?

4. Das formas verbais *subir*, *mostrar*, *defender*, *furar*, *notar*, *ouvir* e *apresentar*, algumas pertencem ao futuro do subjuntivo e outras, ao infinitivo. Releia atentamente o texto e separe-as em dois grupos.

182   Parte 2 > > > MORFOLOGIA > > >

5. Observando a forma verbal *pareça*, diga se o verbo *parecer* é regular ou irregular. Explique.

6. Em que modo e tempo está a forma verbal destacada em "E não importa se olhos do mundo inteiro / **Possam** estar por um momento voltados para o largo"? Como se obtém essa forma?

7. Em que modo e tempo está a forma verbal em "E o venerável cardeal **disser** que vê tanto espírito no feto / E nenhum no marginal"? Como se obtém essa forma?

8. A canção nos fala de uma realidade social em que o preconceito racial é evidente. Aponte passagens do texto em que é possível identificar esse fato.

9. O texto afirma que "Ninguém, ninguém é cidadão". Relacione a ideia contida nessa frase com as noções de "democratização do ensino", "adoção da pena capital" e desobediência aos sinais de trânsito ("furar o sinal, o velho sinal vermelho habitual").

10. Afinal, o Haiti é aqui ou não é?

Questões de exames e concursos

1. (UFRN)

"As obras que a República manda editar para a propaganda de suas riquezas e excelências, logo que são impressas completamente, distribuem-se a mancheias (1) por quem as queira. Todos as aceitam e logo passam adiante, por meio de venda. Não julgue o meu correspondente que os "sebos" as aceitem. São tão mofinas, tão escandalosamente mentirosas, tão infladas de um otimismo de encomenda que ninguém as compra, por sabê-las falsas e destituídas de toda e qualquer honestidade informativa, de forma a não oferecer nenhum lucro aos revendedores de livros, por falta de compradores.

Onde o meu leitor poderá encontrá-las, se quer ter informações mais ou menos transbordantes de entusiasmo pago, é nas lojas de merceeiros (2), nos açougues, nas quitandas, assim mesmo em fragmentos, pois todos as pedem nas repartições públicas para vendê-las a peso aos retalhistas de carne verde, aos vendeiros e aos vendedores de couves.

Contudo, a fim de que o meu delicado missivista não fique fazendo mau juízo a meu respeito, vou dar-lhe algumas informações sobre o poderoso e rico país da Bruzundanga."

LIMA BARRETO, Afonso Henriques de. *Os Bruzundanga*s. Rio/São Paulo/Fortaleza: ABC Editora, 2005. p. 33.

(1) em abundância (2) donos de mercearia

No trecho abaixo, as formas verbais em destaque estão no tempo presente.

"As obras que a República *manda* editar [...], logo que *são impressas* [...],

distribuem-se [...] por quem as *queira*."

Observando-se o registro culto da língua e a coerência temporal, a conversão desse presente em passado levaria as formas verbais, respectivamente, às seguintes flexões:

a) tinha mando – eram imprimidas – distribuíram-se – queria

b) mandou – foram impressas – eram distribuídas – quis

c) mandava – eram impressas – distribuíam-se – quisesse

d) havia mandado – foram imprimidas – foram distribuídas – quisera

2. (Unifesp) Instrução: Leia o poema de Bocage para responder à questão.

Olha, Marília, as flautas dos pastores
Que bem que soam, como estão cadentes!
Olha o Tejo a sorrir-se! Olha, não sentes
Os Zéfiros brincar por entre flores?
Vê como ali, beijando-se, os Amores
Incitam nossos ósculos ardentes!
Ei-las de planta em planta as inocentes,
As vagas borboletas de mil cores.
Naquele arbusto o rouxinol suspira,
Ora nas folhas a abelhinha para,
Ora nos ares, sussurrando, gira:
Que alegre campo! Que manhã tão clara!
Mas ah! Tudo o que vês, se eu te não vira,
Mais tristeza que a morte me causara.

Leia os versos e analise as considerações sobre as formas verbais neles destacadas.

I. *Olha*, Marília, as flautas dos pastores... – Como o eu lírico faz um convite à audição das flautas dos pastores, poderia ser empregada a forma ***Ouça***, no lugar de ***Olha***.

Capítulo 7 > > > Estudo dos verbos (II) > > >

183

II. **Vê** como ali, beijando-se, os Amores... – A forma verbal, no imperativo, expressa um convite do eu lírico para que a amada se delicie, junto a ele, com o belo cenário.

III. Mas ah! Tudo o que **vês**... – A forma verbal, também no imperativo, sugere que, neste ponto do poema, a amada já viu tudo o que o seu amado lhe mostrou.

Está correto o que se afirma apenas em

a) I.   b) II.   c) III.   d) I e II.   e) I e III.

3. (Pref. de Contagem-MG/Fumarc) Atentando para a *flexão verbal*, a alternativa correta é:

a) Os policiais, não se sabe por quê, não interviram na confusão.

b) Se ela vir ainda hoje à sessão de ensino, conseguirá matricular-se.

c) Se eu os ver no aeroporto, entregar-lhes-ei a encomenda de V. Exa.

d) Requeiro, por essa razão, a devolução das parcelas a que tenho direito.

4. (Pref. de Contagem-MG/Fumarc) Do ponto de vista da *flexão verbal*, a estrutura correta é:

a) O sindicato intermedia as relações entre patrões e empregados, buscando soluções que atendam a ambas as partes.

b) Esse filtro, ao contrário do que se divulga na embalagem do produto, não retêm todo tipo de impurezas.

c) Se o Banco Central não tivesse intervindo a tempo, o dólar, ao que tudo indica, teria continuado em queda.

d) Se ele não recompor o quadro de pessoal até o fim do mês, o cronograma será seriamente afetado.

5. (Correios/ESPP) Em "Quero em teus lábios beber" e "Vem, anjo, minha donzela", passando-se os verbos *querer* e *vir* para a 2.ª pessoa do plural, no imperativo afirmativo, obtêm-se:

a) queiras e venhas   c) quererias e virias
b) querei e vinde   d) querereis e vindes

6. (Fuvest-SP) Dos verbos destacados, só está corretamente empregado o que aparece na frase:

a) A atual administração quer **crescer** a arrecadação do IPTU em 40%.

b) A economia latino-americana se modernizou sem que a estrutura de renda da região **acompanhou** as transformações.

c) Se **fazer** previsões sobre a situação econômica já era difícil antes das eleições, agora ficou ainda mais complicado.

d) A indústria ficará satisfeita só quando vender metade do estoque e **transpor** o obstáculo dos juros.

e) Por mais que os leitores se **apropriam** de um livro, no final, livro e leitor tornam-se uma só coisa.

7. (Ufam) Assinale o item em que há ERRO na forma verbal:

a) O grande líder reouve a tempo o prestígio abalado.

b) Bem que ele se precaviu, mas o colega foi mais esperto.

c) Abstende-vos de julgar o próximo.

d) Eles se têm desavindo frequentemente.

e) São os filhos que proveem as necessidades da casa.

8. (Ufes)

Revista *Veja*, São Paulo, 25 jul. 2001.

O verbo *reter* deve ser conjugado como o verbo *ter*. Logo, o correto é *retiver*.

Os diálogos abaixo apresentam desvios de uso da linguagem, como ocorre no quadrinho acima, EXCETO:

a) – Maria, você viu Fernando? Preciso de falar com ele.
   – Não. Se eu o **ver**, dou seu recado.

b) – Paulo, por que não veio à escola ontem?
   – Falaram que não **deveriam haver** aulas.

c) – A chefia imediata compareceu à reunião?
   – Sim, e **interveio** nas discussões com sucesso.

d) – Há quantos anos você não vem a Vitória?
   – **Fazem** mais ou menos dois anos.

e) – O que o Senhor e a Senhora desejam?
   – Nós **vimos** aqui para requerer o diploma de graduação.

9. (FGV-SP) A primeira pessoa do singular do presente do indicativo dos verbos indignar-se, *afrouxar*, *caber* e *extinguir* é, respectivamente:

a) indiguino-me, afroxo, caibo, extínguo.

b) indigno-me, afrouxo, caibo, extingo.

c) indigno-me, afróxo, cabo, extínguo.

d) indiguino-me, afrouxo, cabo, extínguo.

e) indigno-me, afrouxo, caibo, extínguo.

10. (FGV-SP) Assinale a alternativa em que é **incorreto** o uso do particípio regular ou irregular.

a) Não haveria mais o que discutir, pois o mancebo havia entregado o livro para Íris.

b) Aquiles sentiu um puxão nas fraldas da camisa, que estavam soltas. O ajudante do delegado aproximou-se e cochichou que ele seria solto em poucos minutos.

c) Era verdade que a fruta parecia passada, que recendia a podre. Lozardo provocou o pároco, mas percebeu que logo todas as luzes seriam acesas. Afastou-se da fruteira.

d) A lei tinha já extinto qualquer penalidade para aquele ato, que não mais era considerado ilícito.

e) José Américo tinha soltado o freio da motocicleta, para evitar acidente maior. Mesmo assim, as consequências da queda foram bastante sérias.

11. (Unifal-MG) Mesmo que nós (*), não conseguiríamos que eles (*) os papéis que os chefes (*) em segredo.

a) interviéssemos, requeressem, mantêm

b) intervíssemos, requeressem, mantêm

c) interviéssemos, requisessem, mantêm

d) intervíssemos, requisessem, mantém

e) interviéssemos, requeressem, manteem

12. (Unifal-MG) Assinale a alternativa que contém a forma correta dos verbos *medir*, *valer*, *caber* e *datilografar*, na primeira pessoa do singular do presente do indicativo, pela ordem.

a) meço, valo, cabo, datilógrafo

b) meço, valho, caibo, datilografo

c) mido, valo, caibo, datilógrafo

d) mido, valho, caibo, datilografo

e) meço, valho, caibo, datilógrafo

13. (FSA-SP) Dentre as frases abaixo, assinale a que apresentar erro na flexão dos verbos.

a) Ele não creu em nenhuma das histórias contadas por nós.

b) Quando eu vir seu pai, avisá-lo-ei sobre a dívida.

c) Será muito melhor para todos, se você manter a calma.

d) Eles intervieram em nossa disputa, depois de um tempo.

e) Assim que puserdes a roupa no armário, poderemos sair.

14. (UFRPE/UFPE) Relacione as frases cujos verbos destacados estão no mesmo tempo, modo e pessoa gramatical.

1 Que todo homem é um diabo não há mulher que o **negue**.

2 **Vem**, eu te farei da minha vida participar.

3 **Ide** em paz, o Senhor vos acompanhe.

4 Estou preso à vida e **olho** meus companheiros.

5 Tu não me **tiraste** a natureza... Tu mudaste a natureza.

( ) **Cala** essa canção soturna.

( ) **Interrogai**-as agora que os reis tremem no seu trono.

( ) **Debruço**-me na grade da banca e respiro penosamente.

( ) **Trouxeste**-a para o pé de mim.

( ) Mesmo assim elas procuram um diabo que as **carregue**.

A sequência correta é:

a) 3, 2, 4, 5 e 1.   d) 1, 4, 5, 3 e 2.

b) 4, 3, 2, 1 e 5.   e) 2, 3, 4, 5 e 1.

c) 5, 1, 4, 2 e 3.

15. (Unifal-MG) Assinale a alternativa em que o verbo está conjugado de forma **correta** na norma culta.

a) O juiz não interviu no resultado do jogo.

b) Só um jogador manteu a calma na confusão.

c) Quando seu pai ver seu boletim, vai ficar alegre.

d) Eu requeri transferência para outra escola.

e) Quando ela vir de São Paulo e ver você, vai gostar.

16. (Acafe-SC) Corrija a frase. Depois, justifique.

Eles não reaveram os seus bens.

17. (Acafe-SC) Somente uma das opções está **incorreta**. Assinale a:

a) leio – lês – lê – lemos – ledes – leem

b) valho – vales – vale – valemos – valeis – valem

c) venho – vens – vem – vimos – vindes – vêm

d) vou – vais – vai – vamos – ides – vão

e) divirjo – diverges – diverge – divergimos – divergides – divergem

18. (PUCCamp-SP) Assinale a alternativa em que os verbos estejam correta e adequadamente empregados.

a) Quando você o vir, dize-lhe que já demos nossa contribuição, para que sirvamos de exemplo a todos.

Capítulo 7 > > > Estudo dos verbos (II) > > >

185

b) Quando você o ver, diz-lhe que já demos nossa contribuição, para que sirvamos de exemplo a todos.

c) Quando você o ver, diga-lhe que já demos nossa contribuição, para que sirvamos de exemplo a todos.

d) Quando você o vir, diga-lhe que já demos nossa contribuição, para que sirvamos de exemplo a todos.

e) Quando você o vir, diz-lhe que já demos nossa contribuição para que servimos de exemplo a todos.

19. (PUCCamp-SP) Assinale a alternativa em que os verbos estão correta e adequadamente empregados.

a) Para que possamos discutir tudo com calma, pretendo vir às cinco horas, a não ser que não dê para sair em tempo e tenha de deixar nosso encontro para mais tarde.

b) Quero que vocês tentam novamente e progridam nesses estudos, para que comprovamos a validade dessa nova teoria.

c) Se supormos que eles desistem do empreendimento na hora da decisão final, talvez devemos providenciar outros profissionais que estejam realmente interessados.

d) Será que existem cientistas que retêm o segredo que fará com que, numa bela manhã, acordamos sem a ameaça da guerra atômica?

e) Quando eles proporem o acordo que tanto aguardamos, é necessário que nos comprometemos a cumprir nossa parte.

20. (PUC-SP) Em relação aos versos:

"**És**, a um tempo, esplendor e sepultura:"

"Que **tens** o trom e o silvo da procela"

e

"Em que da voz materna **ouvi**: meu filho!",

se substituirmos os verbos destacados pelo presente do subjuntivo, teremos:

a) sejas, tenhas, ouças.

b) serias, terias, ouvirias.

c) sejais, tenhais, ouçais.

d) fores, tiveres, ouvires.

e) fôreis, tivéreis, ouvíreis.

21. (Unimep-SP) Alguns verbos apresentam irregularidades no radical da 1.ª pessoa do singular do indicativo presente. A alternativa que contém as formas verbais corretas é:

a) requeiro (requerer), ouço (ouvir), valho (valer)

b) digo (dizer), medo (medir), trago (trazer)

c) meço (medir), digo (dizer), perdo (perder)

d) caibo (caber), perco (perder), requero (requerer)

e) posso (poder), cabo (caber), valo (valer)

22. (Unimep-SP) Quando você o (*), (*)-lhe que eu já (*) os livros que me haviam roubado. A alternativa que preenche corretamente as lacunas é:

a) vir, diga, reouve

b) vir, diz, reouve

c) ver, diga, reavi

d) ver, diz, reouve

e) ver, dize, reavi

23. (Unicamp-SP) Nas suas aulas de gramática, você deve ter estudado a conjugação dos verbos irregulares. Esse conhecimento é necessário na escrita padrão. Nos trechos abaixo encontram-se formas verbais inadequadas:

I [Os astecas] não só conheciam o banho de vapor, tão prezado na Europa, como mantiam o hábito de banhar-se diariamente. (*Superinteressante*, out. 1992)

II Um grupo de defesa dos direitos civis ameaçou intervir se o juiz Mike Mc Spaden ir adiante com seu plano de aprovar o pedido de castração. (*Folha de S.Paulo*, 13 fev. 1992)

a) Identifique as formas verbais inadequadas.

b) Que formas deveriam ter sido empregadas?

c) Como se poderia explicar a ocorrência das formas inadequadas nos trechos acima?

24. (UFV-MG) Segundo o exemplo, assinale a alternativa correta:

Jogar? Jogai vós.

Faça o mesmo com os verbos: *trazer, tragar, ir, ler*.

a) trazei, tragai, ide, lede

b) tragam, traguem, vão, leiam

c) trazeis, tragais, ides, ledes

d) tragais, tragueis, vades, leiais

e) traze, traga, vão, leia

25. (UEL-PR) Requeiro a dispensa de taxa concedida aos que (*), como eu, os bens que (*).

a) reouveram, pleiteiaram

b) reaveram, pleiteiaram

c) rehouveram, pleiteiaram

d) reouveram, pleitearam

e) rehaveram, pleitearam

26. (Unicamp-SP) No texto abaixo, ocorre uma forma que é inadequada em contextos formais, especialmente na escrita.

Trombada

Lula e Meneguelli divergem sobre o pacto. Concordam em negociar, mas Lula só aprova um acordo se o governo retirar a medida provisória dos salários, suspender os vetos à lei da Previdência e repor perdas salariais.

(Painel, *Folha de S.Paulo*, 21 set. 1990)

a) Identifique essa forma e reescreva o trecho em que ocorre, de modo a adequá-lo à modalidade escrita.

b) Como se poderia explicar a ocorrência de tal forma (e outras semelhantes), dado que os falantes não "inventam" formas linguísticas sem alguma motivação?

27. (UEL-PR) Ainda que vários fatores (*) a seu favor, estava claro que ele não (*) as consequências que (*) de seu impensado gesto.

a) intervissem, previra, adveriam
b) interviessem, prevera, adviriam
c) intervissem, prevera, adviriam
d) intervissem, prevera, adveriam
e) interviessem, previra, adviriam

28. (UEL-PR) Os ouvintes (*)-se de opinar, temendo que se (*) as críticas e os ânimos não se (*).

a) absteram, mantivessem, refazessem
b) absteram, mantessem, refizessem
c) abstiveram, mantivessem, refizessem
d) absteram, mantessem, refazessem
e) abstiveram, mantessem, refizessem

29. (Fuvest-SP) Assinale a alternativa que preenche corretamente as lacunas: Não (*) cerimônia, (*) que a casa é (*), e (*) à vontade.

a) faças, entre, tua, fique
b) taça, entre, sua, fique
c) faças, entra, sua, fica
d) faz, entra, tua, fica
e) faça, entra, tua, fique

30. (Fatec-SP) Aponte o emprego errado do verbo destacado.

a) Se a resposta **condissesse** com a pergunta...
b) Poucos **reaveram** o que arriscaram em jogos.
c) Não que não **antepuséssemos** alguém a você.
d) Não tenha dúvida, **refaremos** tantas vezes quantas forem necessárias.
e) Se não nos **virmos** mais... tenha boas férias.

31. (Cesgranrio-RJ) Assinale o período em que aparece uma forma verbal incorretamente empregada com relação à norma culta da língua.

a) Se o compadre trouxesse a rabeca, a gente do ofício ficaria exultante.
b) Quando verem o Leonardo, ficarão surpresos com os trajes que usava.
c) Leonardo propusera que se dançasse o minueto da corte.
d) Se o Leonardo quiser, a festa terá ares aristocráticos.
e) O Leonardo não interveio na decisão da escolha do padrinho do filho.

32. (Fuvest-SP) Assinale a alternativa em que uma forma verbal foi empregada incorretamente.

a) O superior interveio na discussão, evitando a briga.
b) Se a testemunha depor favoravelmente, o réu será absolvido.
c) Quando eu reouver o dinheiro, pagarei a dívida.
d) Quando você vir Campinas, ficará extasiado.
e) Ele trará o filho, se vier a São Paulo.

33. (FCC-SP) Não te (*) com essas mentiras que (*) da ignorância.

a) aborreces, proveem
b) aborreça, provém
c) aborreças, provêm
d) aborreça, proveem
e) aborreças, provêm

34. (Cesesp-PE) Assinale a alternativa que estiver incorreta quanto à flexão dos verbos:

a) Ele teria pena de mim se aqui viesse e visse o meu estado.
b) Paulo não intervém em casos que requeiram profunda atenção.
c) O que nós propomos a ti, sinceramente, convém tc.
d) Se eles reouverem suas forças, obterão boas vitórias.
e) Não se premiam os fracos que só obteram derrotas.

35. (FMPA-MG) Complete as lacunas com os verbos *intervir* e *deter* no pretérito perfeito do indicativo.

A polícia (*) no assalto e (*) os ladrões.

36. (Fuvest-SP) Reescreva as frases abaixo, substituindo convenientemente as formas verbais destacadas pelos verbos colocados entre parênteses.

a) Se você se **colocasse** em meu lugar, perceberia melhor o problema. (pôr)
b) Quando **descobrirem** o logro em que caíram, ficarão furiosos. (ver)

37. (Fuvest-SP) Reescreva as frases abaixo, obedecendo ao modelo:

Se ele voltou cedo, eu também voltei.

Se ele voltar cedo, eu também voltarei.

a) Se ele viu o filme, eu também vi.

b) Se tu te dispuseste, eu também me dispus.

38. (UCS-RS) Assinale a alternativa que preenche corretamente as lacunas:

Se tudo (*) conforme ele (*), o trabalho já (*).

a) for feito, preveu, vai ser concluído

b) fosse feito, prevera, teria sido concluído

c) é feito, preveu, estaria pronto

d) tivesse sido feito, havia previsto, estaria concluído

e) tiver sido feito, preverá, será concluído

39. (FGV-SP) (*), homem! (*) à criatura que me deixe, que (*).

a) corre, dize, se não aflija

b) corra, diz, se não aflija

c) corre, dize, não aflija-se

d) corra, diz, não se aflija

e) corre, dizei, não aflija

40. (FCMSC-SP) Nas alternativas estão as flexões do imperativo de cinco verbos. Assinale a alternativa em que há erro.

a) saber: sabe/saiba/saibamos/sabei/saibam

b) ver: vê/vide/vejamos/vejais/vejam

c) ir: vai/vá/vamos/ide/vão

d) ouvir: ouve/ouça/ouçamos/ouvi/ouçam

e) valer: vale/valha/valhamos/valei/valham

41. (FEI-SP) Na expressão "Deus te favoreça", substitua o verbo *favorecer* por:

a) abençoar;   b) ouvir;   c) proteger.

42. (FCMSC-SP) Assinale a alternativa correta quanto ao uso de verbos abundantes.

a) Por haver aceitado as normas, o candidato foi aceito na Faculdade.

b) Por haver morto o passarinho, o menino chorou. Realmente, o bicho estava bem morto.

c) Foi elegido pelas mulheres apesar de haver eleito a maioria dos homens.

d) O pastor tinha emergido os crentes depois de ter emergido ele mesmo pelo bispo. Era emersão que não acabava mais.

e) Todos os casos serão omitidos da pauta tal como você já tivera omisso os seus casos ontem.

43. (USCS-SP) Assinale a alternativa que corresponde ao que se pede:

– verbo *ver* – 3.ª pessoa do singular do pretérito mais--que-perfeito do indicativo

– verbo *ser* – 3.ª pessoa do singular do presente do subjuntivo

– verbo *haver* – 3.ª pessoa do singular do pretérito perfeito do indicativo

– verbo *vir* – 2.ª pessoa do singular do imperativo afirmativo

a) vera, seja, houve, vem

b) vera, seja, havi, venha

c) vira, seja, houve, vem

d) vira, seje, houve, venha

e) vira, seje, havi, vem

44. (FCC-SP) Ele (*) que lhe (*) muitas dificuldades, mas enfim (*) a verba para a pesquisa.

a) receara, opusessem, obtera

b) receara, opusessem, obtivera

c) receiara, opossem, obtivera

d) receiara, opossem, obtera

e) receara, opossem, obtera

45. (FCC-SP) Caso (*) realmente interessado, ele não (*) de faltar.

a) estiver, haja   d) estivesse, havia

b) esteja, houve   e) estiver, houver

c) estivesse, houvesse

46. (Unilus-SP) Assinale a alternativa que se encaixe no período seguinte:

Se você (*) e o seu irmão (*), quem sabe você (*) o dinheiro.

a) requeresse, interviesse, reouvesse

b) requisesse, intervisse, reavesse

c) requeresse, intervisse, reavesse

d) requeresse, interviesse, reavesse

e) requisesse, intervisse, reouvesse

47. (FCC-SP) Quem (*) o Pedro, ou pelo menos (*) falar com ele, (*)-o em meu nome.

a) ver, poder, advirta   d) ver, puder, adverta

b) vir, puder, adverta   e) vir, poder, adverta

c) vir, puder, advirta

48. (FCC-SP) Sem que ninguém tivesse (*), o próprio menino (*)-se contra os falsos amigos.

a) intervindo, precaviu   d) intervido, precaveio

b) intervindo, precaveio   e) intervindo, precaveu

c) intervido, precaveu

Capítulo 8

Estudo dos verbos (III)

BROWNE, Dik. *O melhor de Hagar, o Horrível.* Porto Alegre: L&PM, 1997. v. 1. p. 48.

Depois de estudar detidamente os mecanismos de conjugação e os principais verbos irregulares e defectivos, você vai investigar o funcionamento dos modos e tempos verbais no uso efetivo, ou seja, nas frases e textos de nossa língua.

Nosso objetivo é fazer você refletir sobre o valor e o significado das diferentes formas verbais, tornando-o apto a empregá-las com precisão e sensibilidade. Na tira desta página, por exemplo, verifica-se a flexão dos tempos e dos modos verbais, de acordo com as exigências contextuais: no primeiro quadrinho o modo indicativo representando ações pretérita e futura; no segundo, o modo subjuntivo sinalizando uma possibilidade. Observa-se também a locução verbal empregada notadamente com valor de futuro.

1. Os modos verbais

Em português, existem três modos verbais: o indicativo, o subjuntivo e o imperativo.

O **modo indicativo** é empregado quando se dá como certo, real ou verdadeiro o conteúdo daquilo que se fala ou escreve:

Faz muito calor nesta época do ano.

Fez muito calor no último verão.

O serviço meteorológico informa que **fará** muito calor neste verão.

O **modo subjuntivo** é empregado quando se dá como provável, duvidoso ou hipotético o conteúdo daquilo que se fala ou escreve:

Talvez **faça** muito calor neste verão.

Se **fizesse** calor nestes dias, a safra estaria perdida.

O **modo imperativo** é empregado para exprimir ordem, pedido, súplica, conselho:

"**Cala** a boca, Bárbara!"

"Seu garçom, **faça** o favor de me trazer depressa..."

Socorram-me!

"**Vai** e **diz** a ela as minhas penas..."

De um modo geral, podem-se relacionar os modos verbais a três atitudes diferentes de quem fala ou escreve: o indicativo mostra uma atitude mais objetiva diante dos fatos e processos, que são apresentados como fenômenos positivos e independentes; o subjuntivo traduz a expressão de conteúdos emocionais (o desejo, a dúvida, a incerteza), impregnando os fatos e processos com a subjetividade de quem fala ou escreve; o imperativo procura impor o processo verbal ao interlocutor, com a intenção de que este aja de acordo com aquilo que o emissor da mensagem pretende.

Atividade

Observe o emprego dos verbos destacados em cada um dos pares de frases a seguir. Justifique o modo verbal empregado em cada caso:

a) Ele **vem** diariamente.

É possível que ele **venha** hoje.

b) Estou certa de que **foi** ele o culpado de tudo.

Acredito que **tenha sido** ele o culpado de tudo.

c) Ele **era** indicado para todas as atividades.

Talvez não **fosse** ele o indicado para todas as atividades.

d) Eu a **verei** amanhã.

Quando a **vir** outra vez, direi a ela toda a verdade.

e) Todo cidadão que efetivamente **ama** seu país é capaz de julgá-lo com critério.

Todo cidadão que efetivamente **ame** seu país é capaz de julgá-lo com critério.

f) Ainda que ele **seja** aparentemente discreto, está envolvido no escândalo.

Seja discreto, não se deixe envolver em escândalos.

2. Os tempos verbais

Os tempos do indicativo

Presente

a. Já foi comum definir-se o presente do indicativo como o "tempo que indica processos verbais que se desenvolvem simultaneamente ao momento em que se fala ou escreve":

Estou em São Paulo.

Não **confio** nele.

b. Na verdade, o presente do indicativo vai muito além de seu valor específico, básico. Pode também expressar processos habituais, regulares, ou aquilo que tem validade permanente:

Tomo banho diariamente.

Durmo pouco.

Todos os cidadãos **são** iguais perante a lei.

A Terra **gira** em torno do Sol.

> A forma verbal *têm*, no presente do indicativo, expressa um fato que tem validade permanente, segundo o anunciante. (Atente mais uma vez para o acento em *têm*, necessário porque esse verbo está conjugado na terceira pessoa do plural.)

IstoÉ, São Paulo, 10 jul. 2002. p. 80-1.

c. O presente do indicativo pode ser empregado para narrar fatos passados, conferindo-lhes atualidade. É o chamado **presente histórico**:

No dia 17 de dezembro de 1989, pela primeira vez em quase trinta anos, o povo brasileiro **elege** diretamente o presidente da República. Iludida pelos meios de comunicação, a população não **percebe** que **está** diante de um farsante. Mas a verdade não **demora** a chegar. O presidente-atleta logo **mostra** quem **é**. Seu braço direito, PC Farias, **saqueia** o país. **Forma**-se uma Comissão Parlamentar de Inquérito, que **investiga** as atividades ilícitas da dupla. Em alguns meses, os escândalos apurados **são** tantos que só **resta** ao aventureiro renunciar.

d. O presente também pode ser usado para indicar um fato futuro próximo e de realização tida como certa:

Daqui a pouco, a gente **volta**.

Embarco no próximo sábado.

e. Utilizado com valor imperativo, o presente constitui uma forma delicada e familiar de pedir ou ordenar alguma coisa:

Artur, agora você **se comporta** direitinho.

Depois vocês **resolvem** esse problema para mim.

Pretérito imperfeito

a. O pretérito imperfeito tem várias aplicações. Pode transmitir uma ideia de continuidade, de processo que no passado era constante ou frequente:

Estavam todos muito satisfeitos com o desempenho da equipe.

Entre os índios, as mulheres **plantavam** e **colhiam**; os homens **caçavam** e **pescavam**.

Naquela época, eu **almoçava** lá todos os dias.

b. Ao nos transportarmos mentalmente para o passado e procurarmos falar do que então era presente, também empregamos o pretérito imperfeito do indicativo:

Eu **admirava** a paisagem. A vida **passava** devagar. Quase nada se **movia**. Uma pessoa **aparecia** aqui, um cão **latia** ali, mas, no geral, tudo **era** muito quieto.

c. O imperfeito é usado para exprimir o processo que estava em desenvolvimento quando da ocorrência de outro:

O Sol já **despontava** quando a escola **entrou** na passarela.

A torcida ainda **acreditava** no empate quando o time **levou** o segundo gol.

d. Usado no lugar do presente do indicativo, o pretérito imperfeito denota cortesia:

Queria pedir-lhe uma gentileza.

e. Pode substituir o futuro do pretérito, tanto na linguagem coloquial como na literária:

Se ele pudesse, **largava** tudo e **ficava** com ela.

"Se eu fosse você, eu **voltava** pra mim."

Pretérito perfeito

a. O pretérito perfeito simples exprime os processos verbais concluídos e localizados num momento ou período definido do passado. Veja os exemplos:

Em 1983, o campeão brasileiro da Segunda Divisão **foi** o Juventus.

O concerto **foi encerrado** às vinte e três horas.

Os primeiros imigrantes italianos **chegaram** ao Brasil no século passado.

Atente para a distinção entre o pretérito imperfeito e o pretérito perfeito simples:

Quando o **encontrava**, **ficávamos** horas conversando.

Quando o **encontrei**, **ficamos** horas conversando.

Tinha certeza de que não seria aprovado.

Teve certeza de que não seria aprovado.

b. O pretérito perfeito composto exprime processos que se repetem ou se prolongam até o presente:

Tenho visto coisas em que ninguém acredita.

Os professores não **têm conseguido** melhores condições de trabalho.

Pretérito mais-que-perfeito

O pretérito mais-que-perfeito exprime um processo que ocorreu antes de outro processo passado:

Era tarde demais quando ela percebeu que ele se **envenenara**. (ou: ele se **tinha/havia envenenado**.)

O fato de ele ter-se envenenado é anterior ao fato de ela ter percebido. *Envenenara* é, por isso, mais-que-perfeito, ou seja, mais velho que o perfeito (*percebeu*).

Na linguagem do dia a dia, usa-se muito pouco a forma simples do pretérito mais-que-perfeito. É comum, entretanto, na linguagem formal e literária, bem como em algumas expressões cristalizadas ("Quem me dera!"; "Quisera eu"). Quando usado no lugar do futuro do pretérito do indicativo ou do pretérito imperfeito do subjuntivo, o mais-que-perfeito simples confere solenidade à expressão:

"E, se mais mundo **houvera**, lá **chegara**." (Camões)

Compare com:

E, se mais mundo **houvesse**, lá **chegaria**.

Futuro do presente

a. O futuro do presente simples expressa basicamente processos tidos como certos ou prováveis, mas que ainda não se realizaram no momento em que se fala ou escreve:

Será realizada amanhã a partida decisiva.

Estarei lá no próximo ano.

Jamais a **terei** a meu lado.

b. Pode-se usar esse tempo com valor de imperativo, com tom enfático e categórico:

"Não furtarás!"

Você ficará aqui a noite toda.

c. Em outros casos, essa forma imperativa parece mais branda e sugere a necessidade de que se adote certa conduta:

Você **compreenderá** a minha atitude.

Pagarás quando puderes.

d. O futuro do presente simples também pode expressar dúvida ou incerteza em relação a fatos do presente:

Ela **terá** atualmente trinta e cinco anos.

Será Cristina quem está lá fora?

e. Quando expressa circunstância de condição, o futuro do presente se relaciona com o futuro do subjuntivo para indicar processos cuja realização é tida como possível:

Se **tiver** dinheiro, **pagarei** à vista.

Se **houver** pressão popular, as reformas sociais **virão**.

f. O futuro do presente simples é muito pouco usado na linguagem cotidiana. Em seu lugar, é normal o emprego de locuções verbais com o infinitivo, principalmente as formadas pelo verbo *ir*:

Vou chegar (em vez de **chegarei**) daqui a pouco.

Estes processos **vão ser** (em vez de **serão**) analisados pelo promotor.

g. O futuro do presente composto expressa um fato ainda não realizado no momento presente, mas já passado em relação a outro fato futuro. Observe:

Quando estivermos lá, o dia já **terá amanhecido**.

Quando eu voltar ao trabalho, você já **terá entrado** em férias.

Futuro do pretérito

a. O futuro do pretérito simples expressa processos posteriores ao momento passado a que nos estamos referindo:

Concluí que não **seria** feliz ao lado dela.

Muito tempo depois, **chegaria** a sensação de fracasso.

b. Também se emprega esse tempo para expressar dúvida ou incerteza em relação a um fato passado:

Estariam lá mais de vinte mil pessoas.

Ela **teria** vinte anos quando gravou o primeiro disco.

c. O futuro do pretérito se relaciona com o pretérito imperfeito do subjuntivo para indicar processos tidos como hipotéticos ou como de difícil concretização:

Se ele quisesse, tudo **seria** diferente.

Viveria em outro lugar se pudesse.

d. O futuro do pretérito composto expressa um processo encerrado posteriormente a uma época passada que mencionamos no presente:

Partiu-se do pressuposto de que às cinco horas da tarde o comício já **teria sido encerrado**.

Anunciou-se que no dia anterior o jogador já **teria assinado** contrato com o outro clube.

e. Esse tempo também expressa dúvida sobre fatos passados:
Teria sido ele o mentor da fraude?

f. Quando expressa circunstância de condição, o futuro do pretérito composto relaciona-se com o pretérito mais-que-perfeito do subjuntivo, exprimindo processos hipotéticos ou de realização desejada, mas já impossível:

Se ele me tivesse procurado antes, eu o **teria ajudado**.

O país **teria melhorado** muito se tivessem sido feitos investimentos na educação e na saúde.

"Ali, deitada, divagou:
se **fosse** eu, **teria escolhido** lírios."

FREIRE, Marcelino (Org.). *Os cem menores contos brasileiros do século*. São Paulo: Ateliê Editorial, 2004.
Disponível em: <www.nordesteweb.com/not04_0604/ne_not_20040424e.htm>. Acesso em: 1 maio 2008.

Neste microconto de Adriana Falcão, que possui menos de 50 letras, a relação de impossibilidade fica estabelecida pelo emprego do futuro do pretérito composto articulado ao modo subjuntivo.

Em livro

FREIRE, Marcelino (Org.). *Os cem menores contos brasileiros do século*. São Paulo: Ateliê Editorial, 2004.

O conto é uma narrativa mais curta que o romance ou a novela e, consequentemente, desenvolve um enredo menos complexo do que esses gêneros mais populares. Só que o livro organizado pelo microcontista Marcelino Freire leva essa definição muito a sério: todos os contos reunidos aqui passaram por um rigoroso processo de seleção: nenhum podia passar de cinquenta letras, sem levar em conta pontuação, título e espaço. O resultado disso é uma prova incontestável de que criatividade, lirismo e concisão combinam muito bem com a boa produção literária.

Atividades

1. Complete as lacunas com as formas adequadas dos verbos indicados entre parênteses. Em alguns casos, pode haver mais de uma opção.

a) Não (*) ontem ao teatro com eles porque já (*) anteontem. (*ir*)

b) Nós (*) à estação logo depois que o trem (*). (*chegar*; *sair*)

c) Todos (*) que o ano se (*) em quatro estações. (*saber*; *dividir*)

d) Quando jovem, eu (*) cedo e (*) no parque. Hoje, (*) pouco e mal e não (*) disposição para nada. (*acordar*; *correr*; *dormir*; *ter*)

e) Todos os domingos ele (*) aqui e (*) se alguém (*) de alguma coisa. (*vir*; *perguntar*; *precisar*)

f) Depois daquilo, não me (*) e (*), exigindo que ele parasse. (*conter*; *gritar*)

g) Ele sempre (*) aos colegas que se empenhem. (*sugerir*)

h) Ele sempre (*) aos colegas que se empenhassem. (*sugerir*)

i) Dali onde (*), (*) o céu claro e (*) o canto dos pássaros. A manhã (*) linda! (*estar*; *ver*; *ouvir*; *ser*)

j) Antes do advento do "futebol-força", todas as equipes (*) um jogador cerebral. A bola (*) mansa, a categoria (*), os jogos não (*) violentos. (*) a pena ir aos estádios. (*ter*; *rolar*; *imperar*; *ser*; *valer*)

k) Assim que (*) a porta, (*) que algo estranho se (*) naquele recinto. (*abrir*; *notar*; *passar*)

2. Preencha as lacunas com as formas adequadas dos verbos indicados entre parênteses. Em alguns casos, pode haver mais de uma opção.

a) No próximo sábado, (*) cedo e (*) o primeiro ônibus para o Rio de Janeiro. (*acordar*; *pegar*)

b) Tudo (*) muito diferente se você ouvisse nossos conselhos. (*ser*)

c) Tudo (*) muito diferente se você ouvir nossos conselhos. (*ser*)

d) Quem (*) aqui durante a madrugada para estragar o jardim? (*vir*)

e) O Corinthians (*) da fila em 1977; dois anos depois, (*) de novo o Campeonato Paulista. (*sair*; *ganhar*)

f) Tu não (*) sem o meu consentimento! (*sair*)

g) Quando ela chegar, (*) tudo arrumado. (*encontrar*)

h) Quando chegarmos à cidade, tudo já (*). (*terminar*)

i) Quando chegássemos à cidade, tudo já (*). (*terminar*)

j) Muitos anos depois, ele (*) repetindo as mesmas palavras, que (*) as mesmas ideias. (*continuar*; *expressar*)

k) Tudo (*) ser diferente se eles não tivessem tentado nos enganar. (*poder*)

3. Nos grupos de frases a seguir, você encontrará tempos verbais diferentes exprimindo ideias semelhantes. Procure explicar as diferenças de sentido e de emprego entre as frases de cada conjunto.

a) Farei isso amanhã.
Faço isso amanhã.

b) Segue até o fim!
Agora segues até o fim.
Seguirás até o fim!

c) Se ele colaborasse, eu dava um jeito na situação.
Se ele colaborasse, eu daria um jeito na situação.

d) Não fora a intervenção do diretor, ficáramos a ver navios.
Não fosse a intervenção do diretor, ficaríamos a ver navios.

4. Relate uma passagem de sua vida em um parágrafo. Use a terceira pessoa e o chamado presente histórico.

5. Conte em um parágrafo alguma coisa que frequentemente acontecia em sua infância. A seguir, observe os tempos verbais empregados e justifique seu uso.

Os tempos do subjuntivo

Presente

O presente do subjuntivo normalmente expressa processos hipotéticos, que muitas vezes estão ligados ao desejo, à suposição:

"Quero que tudo **vá** para o inferno!"

Suponho que ela **esteja** em Roma.

Caso você **vá** lá, não deixe que o explorem.

Talvez ela **esteja** aqui amanhã.

Ficam excluídos os que não **amem** a cultura.

Pretérito imperfeito

a. O imperfeito do subjuntivo expressa processos de limites imprecisos, anteriores ao momento em que se fala ou escreve:

Fizesse sol ou chovesse, não dispensava uma volta no parque.

Os baixos salários que o pai e a mãe ganhavam não permitiam que ele **estudasse**.

Capítulo 8 > > > Estudo dos verbos (III) > > >

b. O imperfeito do subjuntivo é o tempo que se associa ao futuro do pretérito do indicativo quando se expressa circunstância de condição ou concessão:

Se ele **fosse** politizado, não votaria naquele farsante.

Embora se **esforçasse**, não conseguiria a simpatia dos colegas.

c. Também se relaciona com os pretéritos perfeito e imperfeito do indicativo:

Sugeri-lhe que não **vendesse** a casa.

Esperava-se que todos **aderissem** à causa.

Se eu não te amasse tanto assim

(...)
Se eu não te amasse tanto assim
Talvez perdesse os sonhos
Dentro de mim
E vivesse na escuridão
Se eu não te amasse tanto assim
Talvez não visse flores
Por onde eu vim
Dentro do meu coração

Herbert Vianna. Disponível em: <www.webletras.com.br/musica/herbert-vianna/se-eu-nao-te-amasse-tanto-assim>. Acesso em: 8 maio 2008.

Na letra dessa canção nota-se a imprecisão do pretérito imperfeito do subjuntivo (*amasse*, *perdesse*, *vivesse*, *visse*) ao expressar hipóteses, reforçada pelo emprego de *talvez* por duas vezes.

Em CD

Gilberto Gil. Tenho sede. In: *Unplugged* **(CD). Warner Music, 1994.**
A singela canção "Tenho sede", escrita por Dominguinhos e Anastácia e gravada originalmente por Gil em 1975, oferece um agradável exercício de percepção do emprego de um dos modos verbais da língua portuguesa.

Pretérito perfeito

Só ocorre na forma composta e expressa processos anteriores tidos como concluídos no momento em que se fala ou escreve:

Imagino que ela já **tenha procurado** uma solução.

Pretérito mais-que-perfeito

a. Também só ocorre na forma composta. Expressa um processo anterior a outro processo passado:

Esperei que **tivesse exposto** completamente sua tese para contrapor meus argumentos.

b. Esse tempo pode associar-se ao futuro do pretérito simples ou composto do indicativo quando são expressos fatos irreais e hipotéticos do passado:

Se eu me **tivesse apresentado** na data combinada, já seria funcionário da empresa.

Mesmo que ela o **tivesse procurado**, ele não a teria recebido.

Futuro

a. Na forma simples, indica fatos possíveis, mas ainda não concretizados no momento em que se fala ou escreve:

Quando **comprovar** sua situação, será inscrito.

Quem **obtiver** o primeiro prêmio receberá bolsa integral.

Se ela **for** a Siena, não quererá mais sair de lá.

b. Esse tempo geralmente se associa ao futuro do presente do indicativo quando se expressa circunstância de condição:

Se **fizer** o regime, emagrecerá rapidamente.

c. O futuro do subjuntivo composto expressa um processo futuro que estará terminado antes de outro, também futuro:

Quando **tiverem concluído** os estudos, receberão o diploma.

Iremos embora depois que ela **tiver adormecido**.

Atividades

1. Preencha as lacunas com a forma adequada dos verbos entre parênteses. Em alguns casos, pode haver mais de uma opção.

a) Talvez todas as blusas (*) na gaveta. (*caber*)

b) É inacreditável que (*) ele o autor do projeto. (*ser*)

c) Se o árbitro não (*) os ânimos, as consequências seriam imprevisíveis. (*conter*)

d) Desejo que você já (*) a bateria de testes quando eu tiver regressado. (*encerrar*)

e) Depois que tudo (*) resolvido, poderemos dormir o sono dos justos. (*estar*)

f) Quando eles (*) os cálculos, descobrirão grossas falcatruas. (*rever*)

2. Observe o modelo; a seguir, aplique-o às frases apresentadas.

Leio o manual.

Sugiro-lhe que **leia** o manual.

Sugeri-lhe que **lesse** o manual.

a) Faço um bom chá.

b) Vejo um bom filme.

c) Trago respostas convincentes.

d) Redijo claramente.

e) Confiro o dinheiro.

f) Mostro o melhor caminho.

3. Reescreva as frases a seguir, alterando os tempos verbais de maneira semelhante ao modelo. Explique a mudança de sentido obtida.

Suponho que ela **tenha participado** da conversa.

Supunha que ela **tivesse participado** da conversa.

a) Suponho que ele tenha convencido os filhos.

b) Suponho que a empresa tenha superado as dificuldades.

Capítulo 8 > > > Estudo dos verbos (III) > > >

197

c) Suponho que tenhamos eliminado todas as dúvidas.

d) Suponho que hajam visto os melhores filmes.

4. Mude as formas verbais que estão no presente para o pretérito imperfeito do subjuntivo. Explique a mudança de sentido obtida.

É possível que todos **aceitem**.

Era possível que todos **aceitassem**.

a) É provável que ela adote a criança.

b) É insuportável que não se elimine o cólera do país.

c) É imprescindível que participemos do evento.

d) É indispensável que façamos o convite.

e) É necessário que todos permaneçam unidos.

f) É preciso que se altere o calendário.

g) É inacreditável que ele se deixe envolver.

5. Observe o modelo; a seguir, aplique-o às frases apresentadas. Explique a mudança de sentido obtida.

Se você **fizer** o trabalho, ele o recompensará.

Se você **fizesse** o trabalho, ele o recompensaria.

Se você **tivesse feito** o trabalho, ele o teria recompensado.

a) Se você quiser, certamente fará melhor.

b) Se ele requerer novo exame, conseguirá.

c) Se você previr os obstáculos, irá até o fim da prova.

d) Se a população lutar por seus direitos, surgirão governantes mais capazes.

e) Se os governantes fizerem o que devem, este país será grandioso.

f) Se forem satisfeitas as necessidades sociais elementares, o país crescerá.

3. Valor e emprego das formas nominais

O verbo apresenta três formas nominais: o infinitivo, o gerúndio e o particípio. Você já sabe que essas formas são chamadas nominais porque podem ter comportamento de nomes (substantivos, adjetivos e advérbios) em certas situações.

O infinitivo

a. O infinitivo apresenta o processo verbal em si mesmo, sem nenhuma noção de tempo ou modo. É a forma utilizada para nomear os verbos:

É proibido **conversar** com o motorista.

Estudar é um direito de qualquer cidadão.

Quero **ver** você daqui a dez anos.

b. É normal a transformação do infinitivo em substantivo pelo uso de um determinante:

"Quando você foi embora, fez-se noite em meu **viver**".

Quando usado como substantivo, o infinitivo pode apresentar flexão de número:

São muitos os **falares** brasileiros.

c. Em português, o infinitivo pode ser pessoal ou impessoal. Quando se emprega o pessoal, o processo verbal é relacionado a algum ser:

Perguntei-lhe se havia algo para **eu ler**.

Com o impessoal, o processo verbal não é restrito a um ser em particular:

Ler é obrigação de qualquer cidadão.

No primeiro exemplo, pode-se notar que o infinitivo *ler* se refere ao mesmo ser a que se refere a forma *perguntei*: eu. No segundo exemplo, não há qualquer referência desse tipo: trata-se do processo verbal considerado em si mesmo.

Parte 2 > > > MORFOLOGIA > > >

d. O infinitivo pessoal pode flexionar-se para concordar em número e pessoa com o ser a que se refere:
Ela deseja saber se há algo para **lermos**.

Essa flexão pode ocorrer até mesmo em situações em que o infinitivo tenha papel nominal:
O **comparecermos** atrasados será tomado como menoscabo.

e. Em sua forma composta, o infinitivo tem valor de passado, indicando um processo já concluído no momento em que se fala ou escreve:
Ter trabalhado duro permitiu-nos belas viagens à Itália.

Emprego do infinitivo impessoal: *estudar*, *conhecer* e *viajar* não se referem a nenhum ser; expressam o processo verbal considerado em si mesmo. Observe ainda: *disseminar*, *conhecer*, *valorizar* e *respeitar* no primeiro parágrafo do texto e *participar* e *fazer* no segundo.

Superinteressante. São Paulo: Abril, n. 252, maio 2008. p. 61.

O particípio

O particípio é a forma nominal que tem, simultaneamente, características de verbo e de adjetivo.

a. Sua natureza verbal se manifesta nas locuções verbais, nos tempos compostos e em orações reduzidas:
Se ele me tivesse **avisado**, teria **conseguido** resolver a situação.
Terminada a festa, o abatimento tomará conta de todos.
Calado num canto, ele nos observava atentamente.

A casa será **desocupada** até terça-feira.
Não existe nada que possa ser **comprovado**.

Observe que nas duas últimas frases o particípio pode apresentar um processo completo anterior a outro (o abatimento tomará conta de todos após o término da festa) ou um processo que é simultâneo a outro (ele estava calado enquanto nos observava).

b. O particípio assume função de adjetivo quando caracteriza substantivos:
Tem comportamento **destacado** no dia a dia do Congresso.
Tem atuação **destacada** no dia a dia do Congresso.

Em *agredido*, *assaltado*, *sequestrado*, *violentado*, *metralhado*, *esquartejado* e *morto* nota-se a característica verbal do particípio; em *perdida*, a característica nominal (de adjetivo). Observe a flexão de gênero na concordância com o substantivo feminino *bala*. Dos verbos, somente o particípio apresenta flexão de gênero.

ANGELI. *Fim da miséria*. Disponível em: <http://josiasdesouza.folha.blog.uol.com.br/arch2007-03-25_2007-03-31.html>. Acesso em: 8 maio 2008.

- *Boas novas! Se até amanhã eu não for agredido, assaltado, sequestrado, violentado, metralhado, esquartejado ou morto por uma bala perdida... começo num novo emprego!*

Em site

<www.uol.com.br/angeli>. Acesso em: 27 abr. 2008.

Arnaldo Angeli Filho, conhecido apenas por Angeli, é um dos maiores cartunistas brasileiros. Criador dos personagens Wood & Stoock e Rê Bordosa, entre outros, Angeli também é famoso pelas charges político-sociais contundentes e de humor aguçado que produz para o jornal *Folha de S.Paulo*, onde trabalha há pouco mais de três décadas. Seu *site* oficial contém parte de sua produção e uma impagável biografia não autorizada do ex-presidente Fernando Henrique Cardoso.

O gerúndio

Além da natureza verbal, pode desempenhar função de advérbio e de adjetivo.

a. Atua como verbo nas locuções verbais e orações reduzidas. Indica normalmente um processo em curso ou prolongado:

Estou **ouvindo** o disco que você me deu.   Está **estudando** para melhorar profissionalmente.

b. Sua característica de advérbio pode ser percebida em frases em que indica circunstância de modo:

O atleta cruzou **sorrindo** a linha de chegada.

c. O uso do gerúndio com valor de adjetivo é menos comum. Ocorre quando se liga a um substantivo, caracterizando-o:

"Eu vi o menino **correndo**/eu vi o tempo **correndo** ao redor do caminho daquele menino." (Caetano Veloso)

d. A forma composta do gerúndio tem valor de pretérito e indica processo já concluído no momento em que se fala ou escreve:

Tendo feito, por telefone, várias reclamações que não foram atendidas, resolvi ir pessoalmente à Administração Regional.

4. As locuções verbais

As formas nominais dos verbos são muito utilizadas na formação das **locuções verbais** ou **perífrases verbais**, conjuntos de verbos que, numa frase, desempenham papel equivalente ao de um verbo único. Nessas locuções, o último verbo, chamado principal, sempre é empregado numa de suas formas nominais; as flexões de tempo, modo, número e pessoa se dão nos verbos auxiliares:

Nenhum aluno **poderá sair** antes do término da prova.   É provável que ele **seja convocado** para a Copa.

Está havendo uma profunda transformação na sociedade.   **Começou a gritar** sem nenhuma explicação.

Nossa língua apresenta uma grande variedade dessas locuções, que exprimem os mais variados "tons" de significado. Os auxiliares *ter* e *haver* são empregados na formação dos chamados tempos compostos, dos quais já falamos detalhadamente. *Ser* (*estar*, em algumas construções) é usado nas locuções verbais que exprimem a voz passiva analítica do verbo, da qual também já falamos. *Poder* e *dever* são auxiliares que exprimem a potencialidade ou a necessidade de que determinado processo se realize ou não. Observe:

Pode ocorrer algo surpreendente durante o jogo.   Eles **podem estudar**.

Deve ocorrer algo surpreendente durante o jogo.   Eles **devem estudar**.

A esses dois, podemos acrescentar *querer,* que exprime vontade, desejo:

Quero ver um novo país.

Outros auxiliares largamente usados são:

| começar a | deixar de | voltar a | continuar a |
| pôr-se a | ir | vir | estar |

As locuções verbais possibilitam dar mais precisão ao processo verbal. Em *está pedindo,* a locução formada pelo verbo *estar* seguido do gerúndio do verbo principal (pedir) indica um processo que se prolonga. O gerúndio é uma forma nominal bastante utilizada na linguagem cotidiana, às vezes até de forma exagerada.

Superinteressante. São Paulo: Abril, ed. 229, ago. 2006. p. 13.

5. O aspecto verbal

Já sabemos que os verbos são capazes de transmitir informações relacionadas ao modo, ao tempo, ao número, à pessoa e à voz. Uma outra informação que os verbos conseguem transmitir diz respeito ao aspecto, ou seja, à duração do processo verbal.

Durante o estudo do valor e do emprego dos tempos verbais, você pôde perceber as diferenças entre o pretérito perfeito e o pretérito imperfeito do indicativo: o primeiro indica processos concluídos e localizados num momento ou período do passado; o segundo, processos verbais cujos limites imprecisos sugerem que estavam em desenvolvimento. Na verdade, a diferença básica entre esses tempos é de aspecto, conceito que se liga à duração do processo verbal:

Quando o **encontrei**, saudei-o.

O aspecto é imperfeito, porque o processo não tem limites claros, prolongando-se no passado por período impreciso de tempo.

Quando o **encontrava**, saudava-o.

O aspecto é perfeito, porque o processo está concluído.

Se você voltar às considerações feitas sobre o valor dos tempos verbais, vai notar que essa informação sobre a duração do processo verbal não é restrita aos pretéritos perfeito e imperfeito do indicativo, mas também está presente em outros tempos. O presente do indicativo e o presente do subjuntivo, por exemplo, apresentam aspecto imperfeito, pois não impõem limites precisos ao processo verbal:

Tomo banho todos os dias.

Espera-se que ele **tome** banho todos os dias.

Já o pretérito mais-que-perfeito, como o próprio nome indica, apresenta aspecto perfeito em suas formas do indicativo e do subjuntivo, pois traduz processos já concluídos e anteriores a outros, também já concluídos:

Quando chegamos lá, encontramos a mensagem que o andarilho **deixara** uma semana antes.

Se **tivesse acordado** antes, teria conseguido fazer o exame.

Outra informação aspectual que a oposição entre perfeito e imperfeito pode fornecer diz respeito à localização do processo no tempo. Os tempos perfeitos podem ser usados para exprimir processos localizados num ponto preciso do tempo:

> No instante em que o **vi**, **chamei**-o.
>
> **Tinha**-o **saudado** assim que o **vira**.

Já os tempos imperfeitos podem indicar processos frequentes e repetidos:

> Sempre que **viajava**, **fazia** detalhada revisão no carro.

Atividades

1. Complete as lacunas com uma das formas nominais dos verbos apresentados.

a) (*) as provas, teriam início as férias. (*encerrar*)

b) Saiu da sala (*). (*esbravejar*)

c) (*) os problemas, poderemos descansar. (*resolver*)

d) Eles vêm (*) pela estrada principal; por isso, vou-me (*) pela estrada secundária. (*vir*; *ir*)

e) Haviam (*) seus nomes nas paredes; agora, teriam de (*) todas elas. (*escrever*; *pintar*)

f) Trouxe o livro para tu (*). (*examinar*)

2. Use verbos auxiliares para completar as lacunas das frases a seguir. Atente para as indicações de tempo fornecidas pelo sentido de cada frase para completá-las corretamente.

a) (*) vir aqui todos os sábados.

b) (*) fazer ginástica depois de vários meses de ócio.

c) (*) reclamar da vida quando percebi que aborrecia meus amigos.

d) Mal (*) amanhecer, os apitos das fábricas (*) tocar.

e) (*) feito o possível para realizar meus sonhos e ainda me restam muitos deles.

f) (*) ser que nada disso seja decisivo para o país, mas ainda assim (*) ser feito.

Textos para análise

Educação

1

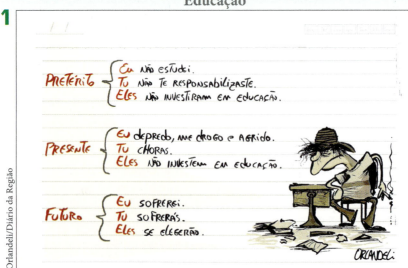

ORLANDELI. *Educação*. Disponível em: <http://orlandeli.com.br>. Acesso em: 8 maio 2008.

Trabalhando o texto

1. O que a charge sugere? Observe atentamente a imagem, o texto, a réplica do "papel", o tipo da letra.

2. Em que modo verbal estão conjugados os verbos que aparecem no texto? O que esse modo costuma indicar? Qual é o nome completo dos tempos verbais apresentados?

3. Quem os pronomes pessoais estão representando? Como se explicaria o pronome de terceira pessoa utilizado no plural, quando seria de se esperar o pronome no singular?

4. Reescreva a segunda frase do texto, trocando o pronome *tu* por *eu*, *nós* e *eles*.

5. Os verbos *investir* e *agredir* são irregulares, apresentam particularidades em sua conjugação. Quais?

6. Se você conjugar o verbo *drogar* na primeira pessoa do pretérito perfeito, que alteração ocorrerá na grafia da forma verbal?

7. Comparando as conjugações do pretérito e do presente, o que se observa com relação à terceira pessoa? Explique o que ocorre.

8. Qual o objetivo do cartunista Orlandeli ao criar essa charge?

9. Substitua os verbos que estão conjugados por estes:

Pretérito: Eu (esforçar-se); tu (ensinar); eles (fazer a obrigação).

Presente: Eu (aprender); tu (tranquilizar-se); eles (vangloriar-se).

Futuro: Eu (formar-se); tu (beneficiar-se); eles (eleger-se).

10. Explique a aparente contradição da última conjugação do texto: "eles se elegerão", considerando o todo da charge.

2

Governador do DF "demite" o gerúndio por decreto

Se bobear, o governador "demo" José Roberto Arruda (DF) logo, logo vai estar virando um personagem folclórico. Abespinhado com o uso abusivo do gerúndio, Sua Excelência fez publicar no *Diário Oficial* um decreto em que demite das repartições públicas de Brasília a forma nominal do verbo, formada, em português, pelo sufixo *-ndo*.

Em viagem ao exterior, Arruda ainda não pôde explicar a excentricidade. Ele estará falando à imprensa tão logo retorne ao Brasil. Antes, pediu à sua assessoria para estar repassando aos jornalistas as razões que motivaram o decreto. Os auxiliares do governador disseram que o objetivo do chefe é apenas o de estar fazendo uma provocação.

Se a coisa funcionar, Arruda acha que estará vacinando seu governo contra o gerundismo. O governador não quer mais estar ouvindo de seus auxiliares algumas desculpas encontradiças nas secretarias do GDF. Não raro, subordinados de Arruda respondem às suas cobranças com expressões que o irritam sobremaneira. Coisas assim: "Vamos estar providenciando...", "Vou estar confirmando os dados...".

O decreto de Arruda, por inócuo, logo estará sendo desrespeitado. Já nasceu condenado a estar virando anedota. Eis a íntegra:

Decreto n. 28.314, de 28 de setembro de 2007

Demite o gerúndio do Distrito Federal, e dá outras providências.

O governador do Distrito Federal, no uso das atribuições que lhe confere o artigo 100, incisos VII e XXVI, da Lei Orgânica do Distrito Federal, DECRETA.

Art. 1.° – Fica demitido o Gerúndio de todos os órgãos do Governo do Distrito Federal.

Art. 2.° – Fica proibido a partir desta data o uso do gerúndio para desculpa de INEFICIÊNCIA.

Art. 3.° – Este Decreto entra em vigor na data de sua publicação.

Art. 4.° – Revogam-se as disposições em contrário.

Brasília, 28 de setembro de 2007.

119.° da República e 48.° de Brasília

JOSÉ ROBERTO ARRUDA

SOUZA, Josias de. Governador do DF "demite" o gerúndio por decreto. In: Nos bastidores do poder. *Folha Online*, 2 out. 2007. Disponível em: <http://josiasdesouza.folha.blog.uol.com.br/arch2007-09-30_2007-10-06.html>. Acesso em: 11 maio 2008.

Trabalhando o texto

1. Segundo o jornalista, "o decreto de Arruda, por inócuo, logo estará sendo desrespeitado".

Você concorda com a opinião dele? Por quê?

2. Estabeleça uma relação entre o assunto tratado no texto e a maneira como foi redigido.

3. Em "Fica demitido" e "fica proibido", que forma nominal aparece?

4. Ao baixar o decreto n. 28.314, o governador Arruda fez uso de suas atribuições legais. Você acredita que a demissão do gerúndio irá resolver os problemas que ele enfrenta com seus subordinados?

5. O gerundismo já foi apontado como uma das pragas da comunicação moderna. Devemos eliminar o gerúndio de nossas falas e de nossos textos? Escreva um parágrafo sobre isso.

Questões de exames e concursos

1. (UFRJ)

Bem no fundo

no fundo, no fundo,
bem lá no fundo,
a gente gostaria
de ver nossos problemas
resolvidos por decreto
a partir desta data,
aquela mágoa sem remédio
é considerada nula
e sobre ela – silêncio perpétuo

extinto por lei todo o remorso,
maldito seja quem olhar pra trás,
lá pra trás não há nada,
e nada mais

mas problemas não se resolvem,
problemas têm família grande,
e aos domingos saem todos a passear
o problema, sua senhora
e outros pequenos probleminhas

<small>LEMINSKI, Paulo. *Distraídos venceremos*. 3. ed. São Paulo: Brasiliense, 1990.</small>

O poema de Paulo Leminski estrutura-se em três momentos de significação, que podem ser assim caracterizados: hipótese (1.ª estrofe); decreto (2.ª e 3.ª estrofes); conclusão reflexiva (4.ª estrofe).

Nomeie o recurso formal que expressa a hipótese no primeiro momento do texto.

2. (Fuvest-SP)

Décadas atrás, vozes bem afinadas cantavam no rádio esta singela quadrinha de propaganda:

As rosas desabrocham
Com a luz do sol,

E a beleza das mulheres
Com o creme Rugol.

Os versos nunca fizeram inveja a Camões, mas eram bonitinhos. E sabe-se lá quantas senhoras não foram atrás do creme Rugol para se sentirem novinhas em folha, rosas resplandecentes.

<small>(Quintino Miranda)</small>

a) Reescreva o primeiro parágrafo do texto, substituindo "Décadas atrás" por "Ainda hoje" e transpondo a forma verbal para a voz passiva. Faça as adaptações necessárias.

b) Que expressões da quadrinha justificam o emprego de novinhas em folha e de resplandecentes, no comentário feito pelo autor do texto?

3. (UFSC)

Poema desentranhado da história dos particípios

[...]
A partir do século XVI   (1)
Os verbos ter e haver esvaziaram-se de sentido
Para se tornarem exclusivamente auxiliares
E os particípios passados
Adquirindo em consequência um sentido ativo   (5)
Imobilizaram-se para sempre em sua forma indeclinável.

<small>MORAES, Vinicius de. *Nova antologia poética*. São Paulo: Companhia das Letras, 2005. p. 220.</small>

204 Parte 2 > > > MORFOLOGIA > > >

Com base no TEXTO, assinale a(s) proposição(ões) CORRETA(S).

01. O poema faz menção ao uso de *ter* e *haver* como verbos auxiliares na Língua Portuguesa, conforme os que aparecem em destaque nas sentenças: "Eles **tinham** tido muitos amigos na infância" e "O inspetor não **havia** falado sobre o caso".

02. No poema, o vocábulo "adquirindo" (verso 5) é um exemplo de verbo no particípio, uma vez que não se flexiona em relação ao sujeito da frase, "os particípios passados" (verso 4).

04. Os versos 5 e 6 do poema citam duas características do particípio usado como auxiliar: o fato de terem sentido ativo e de não sofrerem flexão.

08. Quando, no segundo verso, o poeta diz que "os verbos *ter* e *haver* esvaziaram-se de sentido", ele faz referência a sentenças do tipo "Tem alguém aí?" e "Houve um grande show ontem à noite".

16. Pode-se inferir a partir do texto que, do século XVI em diante, os verbos *ter* e *haver* são utilizados exclusivamente para formar a voz passiva, já que o sentido ativo é mantido pelo verbo principal.

32. Segundo o poema, os particípios passaram a ser responsáveis pelo sentido, uma vez que os verbos ter e haver tornaram-se "exclusivamente auxiliares" (verso 3).

4. (FGV-SP) Em qual das alternativas não há a necessária correlação temporal das formas verbais?

a) A festa aconteceu no mesmo edifício em que transcorrera o passamento de José Mateus, vinte anos antes.

b) Quando Estela descer da carruagem, poderia acontecer-lhe uma desgraça se o cocheiro não dispuser adequadamente o estribo.

c) Tendo visto o pasto verde, o cavalo pôs-se a correr sem que alguém pudesse controlá-lo.

d) Pelo porte, pelo garbo, todos perceberam que Antônio Sé fora militar de alta patente.

e) Se o policial não tivesse intervindo a tempo, teria ocorrido a queda do canhão.

5. (Enem)

"Narizinho correu os olhos pela assistência. Não podia haver nada mais curioso. Besourinhos de fraque e flores na lapela conversavam com baratinhas de mantilha e miosótis nos cabelos. Abelhas douradas, verdes e azuis, falavam mal das vespas de cintura fina – achando que era exagero usarem coletes tão apertados. Sardinhas aos centos criticavam os cuidados excessivos que

as borboletas de toucados de gaze tinham com o pó das suas asas. Mamangavas de ferrões amarrados para não morderem. E canários cantando, e beija-flores beijando flores, e camarões camaronando, e caranguejos caranguejando, tudo que é pequenino e não morde, pequeninando e não mordendo."

LOBATO, Monteiro. *Reinações de Narizinho.* São Paulo: Brasiliense, 1947.

No último período do trecho, há uma série de verbos no gerúndio que contribuem para caracterizar o ambiente fantástico descrito. Expressões como *camaronando*, *caranguejando* e *pequeninando* e *não mordendo* criam, principalmente, efeitos de:

a) esvaziamento de sentido.

b) monotonia do ambiente.

c) estaticidade dos animais.

d) interrupção dos movimentos.

e) dinamicidade do cenário.

6. (UFU-MG) Numere a 2.ª coluna de acordo com a 1.ª.

I. "O fato é que o futebol não **havia previsto** a realidade da globalização".

II. "... já **tornava** híbridos os torneios e contaminava as torcidas futebolísticas".

III. "... **virei** um seguidor apaixonado do Senegal".

IV. "Os contratos não **vêm** mais com a chancela do Estado..."

( ) O tempo verbal indica ação permanente.

( ) O tempo verbal denota um fato passado, mas não concluído.

( ) O tempo verbal denota um fato passado já concluído.

( ) O tempo verbal denota um fato passado que poderia ter acontecido após outro fato passado.

Assinale a alternativa que apresenta a sequência correta.

a) I, IV, II, III

b) IV, II, III, I

c) II, I, III, IV

d) III, IV, I, II

7. (UFF-RJ)

"**Tenho passado** a vida a criar deuses que morrem logo, ídolos que depois derrubo – uma estrela no céu, algumas mulheres na terra..." (*Caetés*, Graciliano Ramos).

O emprego da forma verbal destacada acima indica, de modo particular:

a) a repetição da ação até o presente.

Capítulo 8 > > > Estudo dos verbos (III) > > >

205

b) a ocorrência da ação em um passado distante.

c) a necessidade de que a ação ocorra no presente.

d) a atenuação de uma afirmativa sobre determinada ação.

e) a informação de que a ação teve início e fim no passado.

8. (UPM-SP)

Assinale a alternativa correta:
a) No último quadrinho, as expressões faciais da mãe e da menina revelam, respectivamente, surpresa e fúria.

b) O humor do texto é gerado pelo fato de a menina empregar o verbo *viver* em duas acepções.

c) Há revolta da garota contra a aceitação, por parte da mãe, do papel subalterno reservado à mulher na sociedade contemporânea.

d) A forma verbal vivesse traz a informação implícita de que a garota considera que a mãe não vive de fato.

e) Os três primeiros quadrinhos mostram as tarefas que, naquele dia, a mãe de Mafalda terá pela frente: passar roupas, arrumar a sala, lavar a louça.

9. (Fuvest-SP) "Ao trazer a discussão para o campo jurídico, o antigo magistrado tentou amenizar o que dissera; a rigor, no entanto, suscitou dúvidas cruéis: que quer dizer 'por sua própria força'? Será a força física do possuidor, ou essa mais aquela que a ela se soma pelo emprego de armas?"

Observando no texto as formas verbais destacadas, é correto concluir que:

a) *tentou* denota evento contemporâneo de *dissera*.

b) *dissera* situa o evento em ponto do tempo anterior a *tentou*.

c) *será* indica evento imediatamente posterior a *tentou*.

d) *soma* situa o evento referido no mesmo ponto do tempo indicado em *será*.

e) *dissera* descreve o quadro em que ocorrem os eventos denotados pelas demais formas.

10. (Fuvest-SP)

"(...) O antropólogo Claude Lévi-Strauss detestou a Baía de Guanabara
Pareceu-lhe uma boca banguela.
E eu, menos a conhecera mais a amara?
Sou cego de tanto vê-la, de tanto tê-la estrela
O que é uma coisa bela?"

Caetano Veloso, *O estrangeiro*.

a) Na linguagem literária, muitas vezes, o mais-que-perfeito do indicativo substitui outras formas verbais, como no verso: "E eu, menos a conhecera mais a amara?". Reescreva-o, usando as formas que o mais-que-perfeito substituiu.

b) Tanto *sou* como *é* são formas do presente do indicativo. Apesar disso, a visão de tempo que elas transmitem não é a mesma em uma e outra. Em que consiste essa diferença?

11. (Fuvest-SP)

"Por onde passava, ficava um fermento de desassossego, os homens não reconheciam as suas mulheres, que subitamente se punham a olhar para eles, com pena de que não tivessem desaparecido, para enfim poderem procurá-los. Mas esses mesmos homens perguntavam, Já se foi, com uma inexplicável tristeza no coração, e se lhes respondiam, Ainda anda por aí, tornavam a sair com a esperança de a encontrar naquele bosque, na seara alta, banhando os pés no rio ou despindo-se atrás dum canavial, tanto fazia, que do vulto só os olhos gozavam, entre a mão e o fruto há um espigão de ferro, felizmente ninguém mais teve de morrer."

José Saramago, *Memorial do convento*.

Nesta narrativa, o emprego predominante do imperfeito do indicativo visa a:

a) destacar os elementos descritivos inseridos, trazendo-os para o primeiro plano.

b) apresentar a peregrinação de Blimunda como um fenômeno dinâmico e contínuo.

c) desenhar como pano de fundo os traços de cenário em que decorre a ação.

d) marcar o tom dissertativo, em contraposição ao tom descritivo dos trechos em que ocorre o perfeito.

e) levar a entender Blimunda como personagem consciente do decorrer do tempo.

12. (Fuvest-SP) Considerando a necessidade de correlação entre tempos e modos verbais, assinale a alternativa em que ela foge às normas da língua escrita padrão.

a) A redação de um documento exige que a pessoa conheça uma fraseologia complexa e arcaizante.

b) Para alguns professores, o ensino de língua portuguesa será sempre melhor, se houver domínio das regras de sintaxe.

c) O ensino de Português tornou-se mais dinâmico depois que textos de autores modernos foram introduzidos no currículo.

d) O ensino de Português já sofrera profundas modificações, quando se organizou um Simpósio Nacional para discutir o assunto.

e) Não fora a coerção exercida pelos defensores do purismo linguístico, todos teremos liberdade de expressão.

13. (Fuvest-SP)

"Eles pediram que a Petrobras garanta que não haverá inquéritos administrativos contra os grevistas."

Folha de S.Paulo, São Paulo, 3 jun. 1995.

a) Redija a frase acima de duas maneiras diferentes, situando o pedido referido em duas perspectivas diversas, conforme o início dado:

I Eles haviam pedido que a Petrobras...

II Se eles tivessem pedido, a Petrobras...

b) Cada nova frase irá permitir uma interpretação diferente, em relação à atitude dos que pedem e à atitude da Petrobras. Exponha as interpretações, indicando o mecanismo gramatical que leva a cada uma delas.

14. (Unicamp-SP) Publicadas à exata distância de um século pelo jornal *O Estado de S. Paulo,* as duas notícias transcritas a seguir têm em comum o fato de se referirem a catástrofes provocadas pelo mau tempo. No momento de sua publicação, as duas notícias se referiam a acontecimentos recentes, mas os recursos gramaticais empregados para expressar passado recente diferem de uma notícia para a outra.

29/11/1895: *Constantinopla* – Tem havido no Mar Negro grande tempestade, naufragando grande número de embarcações. Até agora o mar tem arrojado à praia mais de 80 cadáveres, que estão sendo recolhidos.

Há um século. *O Estado de S. Paulo.*

29/11/1995: *Campinas* – Um tornado com ventos de 180 quilômetros por hora destruiu anteontem a cobertura do ginásio multidisciplinar da Universidade Estadual de Campinas (...)

O Tornado rompeu presilhas de aço de uma polegada de espessura. Ele levantou e retorceu a estrutura do telhado, também de aço, de 100 metros de extensão e 200 toneladas. (...) Dez árvores foram arrancadas com a raiz e os ventos arremessaram longe vidros da Biblioteca Central.

Tornado provoca destruição na Unicamp. *O Estado de S. Paulo.*

a) Transcreva, das duas notícias, as expressões que situam os fatos relatados no passado.

b) Como seria redigida, hoje, a primeira notícia?

c) Redija uma continuação para uma notícia escrita hoje, que começasse por "Tem havido no Mar Negro...".

15. (Fuvest-SP) Os verbos estão corretamente empregados apenas na frase:

a) No cerne de nossas heranças culturais se encontram os idiomas que as transmitem de geração em geração e que assegurem a pluralidade das civilizações.

b) Se há episódios traumáticos em nosso passado, não poderemos avançar a não ser que os encaramos.

c) Estresse e ambiente hostil são apenas alguns dos fatores que possam desencadear uma explosão de fúria.

d) A exigência interdisciplinar impõe a cada especialista que transcenda sua própria especialidade e que tome consciência de seus próprios limites.

e) O que hoje talvez possa vir a tornar-se uma técnica para prorrogar a vida, sem dúvida amanhã possa vir a tornar-se uma ameaça.

16. (Fuvest-SP)

"Se eu **convencesse** Madalena de que ela não tem razão... Se lhe **explicasse** que **é** necessário vivermos em paz... Não me **entende**. Não nos entendemos. O que vai acontecer **será** muito diferente do que **esperamos**."

No trecho acima, a personagem reflete sobre fatos presentes. Se ela os colocasse no passado, como ficariam os verbos destacados?

a) tivesse convencido – foi – entendeu – seria – esperaríamos

b) convencesse – seria – entendia – será – esperássemos

c) convencesse – era – entenderia – seria – esperávamos

d) convencia – era – entendia – seria – esperávamos

e) tivesse convencido – era – entendia – seria – esperávamos

17. (Fuvest-SP) "Ficam desde já excluídos os sonhadores, os que amem o mistério e procurem justamente esta ocasião de comprar um bilhete na loteria da vida."

Se a primeira frase fosse volitiva, e o segundo e terceiro verbos destacados conotassem ação no plano da realidade, teríamos, respectivamente, as seguintes formas verbais:

a) fiquem, amassem, procurassem.

b) ficavam, tenham amado, tenham procurado.

c) ficariam, amariam, procurariam.

d) fiquem, amam, procuram.

e) ficariam, tivessem amado, tivessem procurado.

18. (UFSCar-SP) Leia o texto seguinte.

Desculpe-nos pela demora em responder a sua reclamação sobre a sua TV de plasma. Precisávamos ter a certeza de que a nossa matriz aqui no Brasil estaria nos enviando a referida peça. Na próxima semana, estaremos fazendo uma revisão geral no aparelho e vamos estar enviando ele para o senhor. Atenciosamente...

Texto do e-mail de uma empresa, justificando
o atraso em consertar um aparelho eletrônico.

Observa-se, nesse texto, um problema de estilo comum nas correspondências comerciais e nas comunicações de *telemarketing* e também um desvio da norma padrão do português do Brasil.

a) Identifique o problema de estilo e redija o trecho em que ele ocorre, corrigido.

b) Identifique o desvio e redija o trecho em que ele ocorre, corrigido.

19. (UFG) No modo indicativo há três tempos simples que indicam passado: o pretérito perfeito, o pretérito imperfeito e o pretérito mais-que-perfeito.

Redija uma frase para cada um desses tempos verbais do pretérito, explicando seu emprego.

20. (Unimep-SP) Assinale a alternativa em que a oração destacada indica que um fato é anterior a outro em relação ao momento em que o emissor fala.

a) Assim que tomar banho, vou-me deitar.

b) Caso você o encontre, dê-lhe minhas lembranças.

c) Quando cheguei, todos já haviam saído.

d) Se você quiser, irei ao seu escritório.

e) Enquanto trabalhava, cantava.

21. (Vunesp-SP) Alternativa cuja forma verbal destacada exprime futuridade com relação ao tempo passado em que se situam as ações narradas:

a) "(...) contemplou o lugar onde tantas vezes se **aprestara** para os seus breves triunfos no trapézio."

b) "(...) a despedida iminente, só ele **sentia**."

c) "Em algum ponto do corpo ou da alma, doía-lhe ver o lugar do qual se **despedia** (...)"

d) "No dia seguinte, **desarmariam** o Circo..."

e) "(...) os que lá se encontravam tinham respondido friamente à saudação dele, como se **fizessem** um favor."

22. (UFMG) Em todas as alternativas, a lacuna pode ser preenchida com o verbo indicado entre parênteses, no subjuntivo, exceto em:

a) Olhou para o cão, enquanto esperava que lhe (*) a porta. (*abrir*)

b) Por que foi que aquela criatura não (*) com franqueza? (*proceder*)

c) É preciso que uma pessoa se (*) para encurtar a despesa. (*trancar*)

d) Deixa de luxo, minha filha, será o que Deus (*). (*querer*)

e) Se isso me (*) possível, procuraria a roupa. (*ser*)

23. (FCC-SP) Mesmo que você lhe (*) um acordo amigável, ele não (*).

a) proponha, aceitará

b) propor, aceitava

c) proporia, aceitaria

d) proporá, aceitará

e) propôs, aceitava

24. (UEL-PR) Pode ser que eu (*) levar as provas, se você (*) tudo para que eu (*) onde estão.

a) consiga, fará, descobriria

b) consiga, fizer, descubra

c) consigo, fizer, descobrir

d) consigo, fizer, descubro

e) consigo, fará, descobrirei

25. (Cesgranrio-RJ) Não há a devida correlação temporal das formas verbais em:

a) Seria conveniente que o leitor ficasse sem saber quem era Miss Dollar.

b) É conveniente que o leitor ficaria sem saber quem é Miss Dollar.

c) Era conveniente que o leitor ficasse sem saber quem foi Miss Dollar.

d) Será conveniente que o leitor fique sem saber quem é Miss Dollar.

e) Foi conveniente que o leitor ficasse sem saber quem era Miss Dollar.

26. (UFSCar-SP)

Observe o texto seguinte, um fragmento de *Festival de abóboras geladas.*

Modo de preparo

Numa panela funda, colocar a água, o adoçante, o suco de laranja, o cravo, a canela e o anis-estrelado. Deixar ferver por 15 minutos. Juntar os pedaços de abóbora na calda e cozinhar por 20 minutos. Desligar o fogo e deixar na panela por 12 horas. Depois, colocar em uma compoteira. Levar à geladeira por aproximadamente 1 hora, antes de servir.

Lucília Diniz, Doces light. Adaptado.

O texto está redigido no infinitivo, visando a não identificar, individualmente, as pessoas que devem praticar essas ações.

a) Redija esse texto utilizando o imperativo, para o mesmo efeito.

b) Redija novamente o texto, utilizando, agora, o pronome se, para o mesmo efeito.

27. (Cesgranrio-RJ) Assinale a opção em que a forma verbal não tem valor imperativo.

a) Lança teu grito ao vento da procela.

b) Bandeira – talvez rasgue-te a metralha.

c) Ergue-te ó luz! estrela para o povo.

d) Traze a bênção de Deus ao cativeiro.

e) Levanta a Deus do cativeiro o grito!

28. (FCC-SP) É possível que (*) novidades interessantes, que (*) e (*) ao mesmo tempo.

a) surjam, divertem, instruam

b) surjam, divirtam, instruam

c) surjam, divirtam, instruem

d) surgem, divertem, instruem

e) surgem, divirtam, instruem

29. (Fei-SP) Com relação à frase: "Todos perceberam que João Fanhoso dera rebate falso.", responda:

a) Em que tempo está a forma verbal *dera*?

b) Como se justifica o seu emprego?

30. (Cesgranrio-RJ) Assinale a opção que completa corretamente as lacunas da seguinte frase: "Quando (*) mais aperfeiçoado, o computador certamente (*) um eficiente meio de controle de toda a vida social".

a) estivesse, será

b) estiver, seria

c) esteja, era

d) estivesse, era

e) estiver, será

31. (FCMSC-SP) Se eu conseguir (*) as pessoas no lugar assim que elas (*), tudo estará em ordem.

a) manter, chegarão

b) manter, cheguem

c) mantiver, chegarem

d) manter, chegariam

e) mantiver, chegam

32. (FCMSC-SP) Não (*) preguiçoso: (*) os livros nessa mesa e (*) logo recomeçar o trabalho.

a) sê, ponha, vem

b) sê, põe, venha

c) sejas, põe, vem

d) sejas, ponha, venha

e) seja, põe, vens

33. (PUCCamp-SP) Preencha as lacunas com os verbos *vir*, *ver* (futuro do subjuntivo) e *entregar* (futuro do indicativo).

a) Se eu (*) e (*) Mário, (*) o livro a ele.

b) Se tu (*) e (*) Mário, (*) o livro a ele.

c) Se ele (*) e (*) Mário, (*) o livro a ele.

d) Se nós (*) e (*) Mário, (*) o livro a ele.

e) Se vós (*) e (*) Mário, (*) o livro a ele.

f) Se eles (*) e (*) Mário, (*) o livro a ele.

34. (UFMG) Qual o valor do futuro do pretérito na frase seguinte: "Quando chegamos ao colégio, em 1916, a cidade teria apenas cinquenta mil habitantes."?

(*Contos de aprendiz*, p. 23.)

a) fato futuro, anterior a outro futuro

b) fato futuro, relacionado com o passado

c) suposição, relativamente a um momento do futuro

d) suposição, relativamente a um momento do passado

e) configuração de um fato já passado

35. (UFRJ)

Na contramão dos carros ela vem pela calçada, solar e musical, para diante de um pequeno jardim, uma folhagem, na entrada de um prédio, colhe uma flor inesperada, inspira e ri, é a própria felicidade – passando a cem por hora pela janela. Ainda tento vê-la no espelho mas é tarde, o eterno relance. Sua imagem quase embriaga, chego no trabalho e hesito, por que não posso conhecer aquilo? – a plenitude, o perfume inusitado no meio do asfalto, oculto e óbvio. Sempre minha cena favorita.

Ela chegaria trazendo esquecimentos, a flor no cabelo. Eu estaria à espera, no jardim.

E haveria tempo.

CASTRO, Jorge Viveiros de. *De todas as únicas maneiras & outras.* Rio de Janeiro: 7Letras, 2002. p. 113.

Ao longo do texto, utilizam-se dois tempos verbais. Identifique-os e justifique o emprego de cada um, considerando a experiência narrada no texto.

36. (UFV-MG)

Leia o texto abaixo e responda à questão:

A grande catástrofe

No princípio era o Verbo. O verbo Ser. Conjugava-se apenas no infinito. Ser, e nada mais.

Intransitivo absoluto.

Isto foi no princípio. Depois transigiu, e muito. Em vários modos, tempos e pessoas. Ah, nem queiras saber o que são as pessoas: eu, tu, ele, nós, vós, eles...

Principalmente eles!

E, ante essa dispersão lamentável, essa verdadeira explosão do SER em seres, até hoje os anjos ingenuamente se interrogam por que motivo as referidas pessoas chamam a isso de CRIAÇÃO...

QUINTANA, Mário. *Prosa e verso.* Rio de Janeiro: Globo, 1983.

Com base na leitura do texto, considere as afirmativas abaixo:

I.	O autor admite o verbo Ser como *"Intransitivo absoluto"*, mas ele pode ser empregado também como verbo de ligação.
II.	O uso da linguagem literária presente no poema produz um efeito poético ao associar a palavra *"infinito"* com uma das formas nominais dos verbos.
III.	A forma verbal *"queiras"* aparece flexionada na 2.ª pessoa do plural do presente do subjuntivo.

É CORRETO o que se afirma em:

a) I, II e III.

b) II e III, apenas.

c) I e II, apenas.

d) III, apenas.

e) II, apenas.

37. (Aman-RJ) Há uma frase com incorreção de flexão verbal. Assinale-a.

a) É preciso que nos penteamos bem para a cerimônia.

b) Convém que vades ver vosso pai doente.

c) Ele freou o carro bem perto da criança que corria.

d) Desavieram-se os dois amigos, ante a vitória do Corinthians.

e) Todas as frases acima estão incorretas.

38. (ITA-SP) Assinale o caso em que o verbo estiver empregado corretamente:

a) Se você não requiser a tempo, perderá a inscrição.

b) Circundemos todo o quarteirão e não o encontramos.

c) São soluções por que todos ansiam.

d) Ainda que me tivesse abstido de ir, de que adiantaria?

e) Atenhai-vos ao que vos for pedido.

39. (ITA-SP) Assinale o caso em que o verbo destacado estiver correto:

a) Eu me precavo deve ser substituído por eu me precavejo.

b) Eu me precavenho contra os dias de chuva.

c) Eu reavi o que perdera há dois anos.

d) Problemas graves me reteram no escritório.

e) Nenhuma das frases é correta.

Parte 2 > > > MORFOLOGIA > > >

40. (ITA-SP) Assinale o caso em que o verbo estiver empregado corretamente:

a) Foram eles que não susteram o peso; faltou-lhes equilíbrio.

b) Quando o ver, avise-me, por obséquio.

c) Se você não prover, quem proverá?

d) Quando advir o que previ, dar-me-ás razão.

e) Ainda que provejeis agora, será bastante tarde.

41. (Fuvest-SP) Escreva na folha de respostas as formas dos verbos indicados que preencham corretamente as lacunas:

a) Quando eu (*) os livros, nunca mais os emprestarei. (*reaver*)

b) Os alienados sempre (*) neutros. (*manter-se*)

c) As provas que (*) mais erros seriam comentadas. (*conter*)

d) Quando ele (*) uma canção de paz, poderá descansar. (*compor*)

42. (FCC-BA) Transpondo para a voz passiva a frase: "A assembleia aplaudiu com vigor as palavras do candidato", obtém-se a forma verbal:

a) foi aplaudido.　　d) estava aplaudindo.

b) aplaudiu-se.　　e) tinha aplaudido.

c) foram aplaudidas.

43. (FCC-SP) Os sentimentos altruístas (*) e (*) a aperfeiçoar-se, à medida que o homem se (*) tornando um ser social.

a) nasceram, continuarão, foi

b) nasceram, continuaram, for

c) nascem, continuam, vai

d) nascem, continuam, foi

e) nasceram, continuam, ia

44. (FCC-SP) Se eu (*) isso, se (*) os meus direitos, não (*) que me desafiem novamente.

a) quiser, requerer, consentirei

b) querer, requerer, consentirei

c) quizer, requerer, consentirei

d) quiser, requerer, consintirei

e) quiser, requiser, consentirei

45. (Unifesp-SP) Na frase "Cada um tem o time que quiser", o verbo *querer* se apresenta conjugado:

a) no infinitivo impessoal.

b) no modo subjuntivo, tempo pretérito imperfeito, primeira pessoa do singular.

c) no modo indicativo, tempo futuro do pretérito, terceira pessoa do singular.

d) no modo subjuntivo, tempo futuro, terceira pessoa do singular.

e) no infinitivo pessoal, terceira pessoa do singular.

46. (FCC-SP) Se (*) o material necessário, anotaremos tudo o que vocês (*) no dia em que nos (*) novamente.

a) obtivermos, propuzerem, veremos

b) obtivéssemos, proporem, virmos

c) obtermos, propuserem, vermos

d) obtivermos, propuserem, virmos

e) obtermos, proporem, virmos

47. (FCC-SP) (*) tranquilo se esta pasta (*) todos os documentos.

a) ficaria, continha

b) ficaria, contivesse

c) ficava, continha

d) ficaria, contesse

e) ficaria, conter

48. (TJ-SC/TJ-SC) Examine as proposições abaixo, preencha as lacunas com a forma verbal adequada, a partir das indicações entre parênteses, e assinale a opção correta, observando a sequência:

I. _____ seu *e-mail* para ser mais rápida nossa correspondência. (*Mande-me* / *Manda-me*)

II. Não _____ : a consciência denunciar-te-à. (*mente* / *mintas*)

III. Se tu _____ o trabalho, a nota poderá melhorar. (*refazeres* / *refizeres*)

IV. Elas não se acanham em dizer o que lhes _____. (*convêm* / *convém*)

V. Onde andaste até agora? _____ concluir logo o trabalho! (*Vá* / *Vai*)

a) Mande-me – mente – refazeres – convêm – Vá

b) Manda-me – mintas – refazeres – convêm – Vá

c) Mande-me – mintas – refizeres – convém – Vai

d) Manda-me – mente – refizeres – convém – Vai

49. (Memorial-SP/Empasial) A opção em que a forma verbal está correta é:

a) Se pores tudo em ordem, ficarei satisfeito.

b) O superior interveio na discussão, evitando a briga.

c) Não se premiam os fracos que só obteram derrotas.

d) Se a testemunha depor favoravelmente, o réu será absolvido.

e) Disse ser falsas aquelas assinaturas.

Capítulo 8 > > > Estudo dos verbos (III) > > >

211

Capítulo 9

Estudo dos substantivos

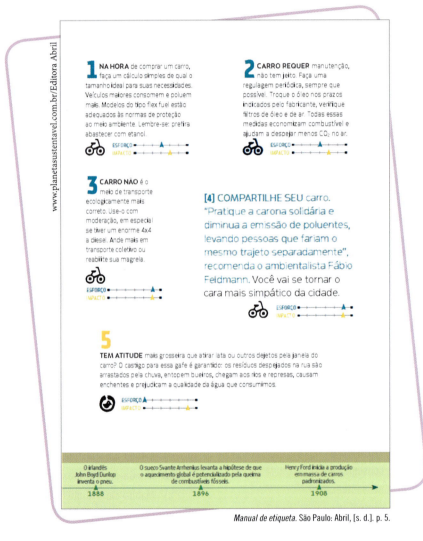

Manual de etiqueta. São Paulo: Abril, [s. d.]. p. 5.

Os substantivos são elementos fundamentais nos textos que produzimos, pois eles designam os seres a que nos referimos. Na mensagem do *Manual de etiqueta* para um planeta sustentável, os substantivos *atitude, lata, dejetos, janela, carro, castigo, gafe, resíduos, rua, chuva, bueiros, rios, represas, enchentes, qualidade, água, esforço* e *impacto* constituem um universo cujos elementos eles nomeiam: os objetos produzidos pelo homem, fatos, estados e certos procedimentos humanos em relação ao meio ambiente.

1. Conceito

Substantivo é a palavra que nomeia os seres. O conceito de seres deve incluir os nomes de pessoas, de lugares, de instituições, de grupos, de indivíduos e de entes de natureza espiritual ou mitológica:

mulher	sociedade	vegetação	alma
Maria	senado	paineira	sereia
Brasil	cidade	cavalo	saci
Teresina	comunidade	cidadão	

Além disso, deve incluir os nomes de ações, estados, qualidades, sensações, sentimentos:

acontecimento	honestidade	amor
correria	miséria	liberdade
encontro	integridade	cidadania

Não se pode esquecer que a palavra "substantivo" é da mesma família de "substância", "substancial". Não é por acaso que o substantivo tem o nome que tem. Em "mulher bonita" por exemplo, o núcleo — isto é, a substância — está em "mulher" (substantivo), e não em "bonita" (adjetivo). Como nomeia tudo que existe (real ou imaginário), o substantivo é, em última instância, a "substância" do planeta.

Em livro

RAMOS, Ricardo. *Circuito fechado*. Rio de Janeiro: Martins, 1972.

É fácil perceber que os substantivos são elementos fundamentais para qualquer tipo de texto. Mas será que é possível escrever um conto, por exemplo, utilizando apenas substantivos? Será que eles podem ser autossuficientes para a construção de um texto coerente? Ricardo Ramos, filho de Graciliano Ramos, autor de *Vidas secas*, prova que sim. Neste livro, ele mostra a força dessa classe gramatical ao mesmo tempo que lança um olhar crítico sobre o homem e sua relação com o cotidiano.

2. Classificação

Quanto à sua **formação**, os substantivos são classificados em simples e compostos, primitivos e derivados. Quanto ao seu **significado** e **abrangência**, em concretos e abstratos, comuns e próprios.

Substantivos simples e compostos

Os substantivos simples apresentam um único radical em sua estrutura:

chuva	livreiro	flor
livro	guarda	desenvolvimento

Já os substantivos compostos apresentam pelo menos dois radicais em sua estrutura:

guarda-chuva	couve-flor	pernilongo
guarda-livros	floricultura	palma-de-santa-rita

Substantivos primitivos e derivados

Os substantivos que não provêm de nenhuma outra palavra da língua são chamados primitivos:

árvore	carta	folha
dente	flor	pedra

Os substantivos formados a partir de outras palavras da língua são chamados derivados:

arvoredo	carteiro	folhagem	cartada
florista	dentista	florada	pedreira

Substantivos concretos e abstratos

Os substantivos que dão nome a seres de existência independente (reais ou imaginários) são chamados concretos. São exemplos de substantivos concretos:

armário	formiga	homem
abacateiro	Deus	vento
cidade	sereia	Brasil

Note que são considerados concretos os substantivos que nomeiam divindades ou seres fantásticos, pois, existentes ou não, são tomados sempre como seres dotados de vida própria.

Os substantivos que dão nome a estados, qualidades, sentimentos ou ações são chamados abstratos. São exemplos de substantivos abstratos:

tristeza	amor	maturidade
atenção	clareza	beijo
ética	abraço	honestidade
conquista	paixão	brancura

Em todos esses casos, nomeiam-se conceitos cuja existência depende sempre de um ser para manifestar-se: é necessário alguém ser ou estar triste para a tristeza manifestar-se; é necessário alguém beijar ou abraçar para que ocorra um beijo ou um abraço.

Substantivos comuns e próprios

Os substantivos que designam todo e qualquer indivíduo de uma espécie de seres são chamados comuns. É o caso de substantivos como:

homem	montanha	professor
mulher	planeta	país
rio	animal	estrela

Aqueles que designam um indivíduo particular de uma determinada espécie são chamados próprios:

José	Coimbra	Angola
Ana	Marte	Gibraltar
Araguaia	Simão	Brasil

Parte 2 > > > MORFOLOGIA > > >

O substantivo próprio *Zero* designa um único recruta no regimento: aquele que está de guarda, com características tão particulares que o sargento Tainha é capaz de identificá-lo pelo tipo de abordagem feita à sua aproximação.

WALKER, Mort. *Recruta Zero: antologia com o melhor de todas as cinco décadas da série.* São Paulo: Opera Graphica, 2002. v. 5, p. 76.

Em CD

Titãs. Nome aos bois. In: *Titãs 84-94 Dois* (CD). Warner-Wea, 1994.
A letra da música "Nome aos bois" é mais do que inusitada: a canção foi composta com base em uma avalanche de substantivos próprios, personalidades polêmicas que marcaram à sua maneira – alguns com mais destaque, outros com menos – a história do século XX. Stálin, Erasmo Dias, Franco, Dulcídio Vanderley Boschillia fazem parte da lista de nomes lembrados pelo grupo Titãs.

Substantivos coletivos

Há um tipo de substantivo comum que nomeia conjuntos de seres de uma mesma espécie: é o chamado substantivo coletivo. Colocamos a seguir uma relação dos principais coletivos da língua portuguesa; lendo-a atentamente, você vai perceber que muitos deles são de uso bastante comum e facilitam a construção de frases mais concisas e precisas.

COLETIVOS QUE INDICAM GRUPOS DE PESSOAS

coletivo	conjunto de	coletivo	conjunto de
assembleia	pessoas reunidas	choldra	assassinos ou malfeitores
banca	examinadores	chusma	pessoas em geral
banda	músicos	claque	pessoas pagas para aplaudir
bando	desordeiros ou malfeitores	clero	religiosos
batalhão	soldados	colônia	imigrantes
camarilha	bajuladores	comitiva	acompanhantes
cambada	desordeiros ou malfeitores	corja	ladrões ou malfeitores
caravana	viajantes ou peregrinos	coro	cantores
caterva	desordeiros ou malfeitores	corpo	eleitores, alunos, jurados

coletivo	conjunto de	coletivo	conjunto de
elenco	atores de uma peça ou filme	plêiade	poetas ou artistas
falange	tropas, anjos, heróis	plantel	atletas
horda	bandidos, invasores	prole	filhos
junta	médicos, examinadores, credores	quadrilha	ladrões ou malfeitores
júri	jurados	roda	pessoas em geral
legião	soldados, anjos, demônios	ronda	policiais em patrulha
leva	presos, recrutas	súcia	desordeiros ou malfeitores
malta	malfeitores ou desordeiros	tertúlia	amigos, intelectuais
multidão	pessoas em geral	tripulação	aeroviários ou marinheiros
orquestra	músicos	tropa	soldados, pessoas
pelotão	soldados	turma	estudantes, trabalhadores, pessoas em geral
plateia	espectadores		

COLETIVOS QUE INDICAM CONJUNTOS DE ANIMAIS OU VEGETAIS

coletivo	conjunto de	coletivo	conjunto de
alcateia	lobos	matilha	cães de caça
buquê	flores	molho	verduras
cacho	frutas	ninhada	filhotes de aves
cáfila	camelos	nuvem	insetos (gafanhotos, mosquitos etc.)
cardume	peixes		
colmeia	abelhas	panapaná	borboletas
colônia	bactérias, formigas, cupins	plantel	animais de raça
enxame	abelhas, vespas, marimbondos	ramalhete	flores
fato	cabras	rebanho	gado em geral
fauna	animais de uma região	récua	animais de carga
feixe	lenha, capim	réstia	alhos ou cebolas
flora	vegetais de uma região	revoada	pássaros
junta	bois	tropa	animais de carga
manada	animais de grande porte	vara	porcos

COLETIVOS QUE INDICAM OUTROS TIPOS DE CONJUNTOS

coletivo	conjunto de	coletivo	conjunto de
acervo	obras artísticas	arquipélago	ilhas
antologia	trechos literários selecionados	arsenal	armas e munições
armada	navios de guerra	atlas	mapas

Parte 2 > > > MORFOLOGIA > > >

coletivo	conjunto de	coletivo	conjunto de
baixela	objetos de mesa	esquadrilha	aviões
bateria	peças de guerra ou de cozinha; instrumentos de percussão	frota	navios, aviões ou veículos em geral (ônibus, táxis, caminhões etc.)
biblioteca	livros catalogados	girândola	fogos de artifício
cancioneiro	poemas, canções	hemeroteca	jornais e revistas arquivados
cinemateca	filmes	molho	chaves
constelação	estrelas	pinacoteca	quadros
enxoval	roupas	trouxa	roupas
esquadra	navios de guerra	vocabulário	palavras

Atividades

1. Reescreva cada uma das frases a seguir, substituindo a palavra destacada por um substantivo abstrato e fazendo todas as transformações necessárias.

   a) Era um sujeito tão **altivo** que nos indignava.

   b) Seu olhar é tão **triste** que ficamos tentados a ajudá-lo.

   c) Seu caráter era tão **rijo** que impressionava até mesmo seus adversários.

   d) Todos sentem que seu coração é **nobre**.

   e) É um material tão **rígido** que suporta os maiores esforços.

2. Substitua os adjetivos dados pelos substantivos correspondentes e, em seguida, crie uma frase para cada item.

   a) honesto

   b) participativo e fiscalizador

   c) questionador

   d) claro (dotado de luz)

   e) claro (inteligível)

   f) inquieto

   g) suscetível

3. Nas frases seguintes, substitua as expressões destacadas por substantivos coletivos.

   a) O **grupo de jogadores** do clube não é dos melhores.

   b) O **grupo de condôminos reunidos** decidiu cortar despesas.

   c) Devemos proteger o **conjunto de animais** e o **conjunto de vegetais** desta região.

   d) A empresa aérea prometeu renovar seu **conjunto de aeronaves**.

   e) Formou-se um **grupo de médicos experientes** para estudar o caso.

   f) O **conjunto dos jurados** condenou-o por crime de corrupção.

   g) Um **grupo de músicos** alegrou a festa.

   h) Aonde quer que fosse, o ministro era acompanhado por um **grupo de bajuladores**.

   i) As palmas que se ouviam provinham de um **grupo de pessoas pagas para aplaudir**.

   j) Aonde quer que fosse, o ministro era acompanhado por um **grupo de acompanhantes e auxiliares**.

   k) O **grupo de atores** da peça é dos melhores.

   l) Naquela fotografia, ele aparece rodeado de um numeroso **grupo de filhos e filhas**.

   m) A biblioteca teve seu **conjunto de obras literárias** ampliado recentemente. Também foi finalmente instalado um **arquivo de jornais e revistas**.

   n) Comprei uma **seleção de poemas e crônicas** de Carlos Drummond de Andrade.

4. Construa frases com os seguintes coletivos:

bando	cambada	caterva	choldra
chusma	corja	malta	multidão
quadrilha	súcia	turma	

Quais desses coletivos têm valor pejorativo?

Capítulo 9 > > > Estudo dos substantivos > > >

217

3. Flexões

Flexão de gênero

Os substantivos em português podem pertencer ao gênero masculino ou ao gênero feminino. São masculinos os substantivos a que se pode antepor o artigo *o*:

o homem	o gato	o dia
o menino	o mar	o pó

São femininos os substantivos a que se pode antepor o artigo *a*:

a mulher	a gata	a semana
a menina	a terra	a mesa

O uso das palavras *masculino* e *feminino* costuma provocar confusão entre a categoria gramatical de gênero e a característica biológica dos sexos. Para evitar essa confusão, observe que definimos gênero como um fato ligado à concordância das palavras em seu relacionamento linguístico: *pó*, por exemplo, é um substantivo masculino pela concordância que estabelece com o artigo *o*, e não porque se possa pensar num possível comportamento sexual das partículas de poeira. Só faz sentido relacionar o gênero ao sexo quando se trata de palavras que designam pessoas e animais, como os pares *professor/professora* ou *gato/gata*. Ainda assim, essa relação não é obrigatória, pois há palavras que, mesmo pertencendo exclusivamente a um único gênero, podem indicar seres do sexo masculino ou feminino. É o caso de *criança*, palavra do gênero feminino que pode designar seres dos dois sexos.

Formação do feminino

Substantivos biformes

Os substantivos que designam seres humanos ou animais podem apresentar uma forma para o masculino e outra para o feminino; são, por isso, considerados substantivos biformes. Essas duas formas podem apresentar um mesmo radical ou radicais diferentes.

No caso dos substantivos biformes que apresentam um mesmo radical, a formação do feminino está ligada principalmente à terminação da forma masculina:

a. A maior parte dos substantivos terminados em *-o* átono forma o feminino pela substituição desse *-o* por *-a*:

menino/menina	gato/gata	pombo/pomba

Destaquem-se os pares *galo/galinha* e *maestro/maestrina*.

b. A maior parte dos substantivos terminados em consoante forma o feminino pelo acréscimo da desinência *-a*:

freguês/freguesa	remador/remadora	deus/deusa
camponês/camponesa	professor/professora	juiz/juíza

Destaquem-se os pares *ator/atriz*, *czar/czarina* e *imperador/imperatriz*; para *embaixador*, existem as formas *embaixatriz* (esposa do embaixador) e *embaixadora* (mulher que ocupa o cargo).

218   Parte 2 > > > MORFOLOGIA > > >

c. A maior parte dos substantivos terminados em *-ão* forma o feminino pela substituição de *-ão* por *-ã* ou *-oa*:

cidadão/cidadã   anfitrião/anfitriã   órfão/órfã

leão/leoa   leitão/leitoa

Nos aumentativos, a substituição é por *-ona*:

sabichão/sabichona   valentão/valentona

Destaquem-se os pares:

sultão/sultana   cão/cadela   ladrão/ladra

perdigão/perdiz   barão/baronesa

d. Alguns substantivos ligados a títulos de nobreza, ocupações ou dignidades formam femininos em *-esa*, *-essa*, *-isa*:

abade/abadessa   cônsul/consulesa   poeta/poetisa

conde/condessa   duque/duquesa   profeta/profetisa

visconde/viscondessa   barão/baronesa   sacerdote/sacerdotisa

e. Alguns substantivos terminados em *-e* formam o feminino com a substituição desse *-e* por *-a*:

mestre/mestra   elefante/elefanta   infante/infanta

monge/monja   parente/parenta

f. Alguns substantivos apresentam formações irregulares para o feminino:

avô/avó   silfo/sílfide   réu/ré

herói/heroína   rei/rainha   marajá/marani

Entre os substantivos biformes cujas formas masculinas e femininas apresentam radicais diferentes, merecem destaque os seguintes pares:

a. relativos a seres humanos:

cavaleiro/amazona   frei/sóror ou soror   padrasto/madrasta

cavalheiro/dama   genro/nora   padrinho/madrinha

compadre/comadre   homem/mulher   pai/mãe

frade/freira   marido/mulher

b. relativos a animais:

boi, touro/vaca   carneiro/ovelha   zangão ou zângão/abelha

bode/cabra   cavalo/égua

Substantivos comuns de dois (ou comuns de dois gêneros)

Há substantivos que apresentam uma única forma para os dois gêneros; são, por isso, chamados de **uniformes**. Nesses casos, a distinção entre a forma masculina e a feminina é feita pela concordância com um artigo ou outro determinante: *o agente/a agente*; *aquele jornalista/aquela jornalista*. Esses substantivos são tradicionalmente conhecidos como comuns de dois ou comuns de dois gêneros. Eis alguns exemplos:

o/a agente   o/a dentista   o/a intérprete

o/a artista   o/a estudante   o/a jornalista

o/a camarada   o/a gerente   o/a mártir

o/a colega   o/a imigrante   o/a pianista

o/a cliente   o/a indígena   o/a suicida

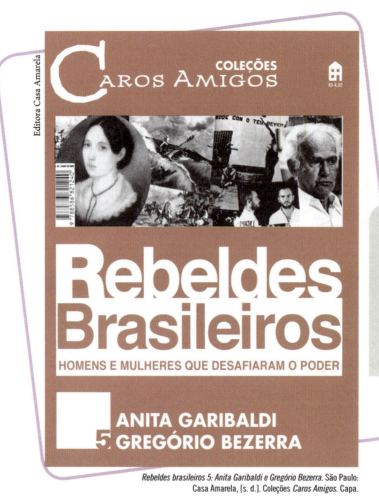

O substantivo *rebelde* pode referir-se a homem ou a mulher. Observe que o adjetivo *brasileiros*, que se refere a *rebeldes*, está no masculino plural, pois refere-se a homens e mulheres rebeldes de nossa história — nesse exemplar, trata de Anita Garibaldi e Gregório Bezerra. Se se referisse a apenas uma mulher, o título seria *Rebelde brasileira*; se tratasse apenas de um homem, seria *Rebelde brasileiro*.

Rebeldes brasileiros 5: Anita Garibaldi e Gregório Bezerra. São Paulo: Casa Amarela, [s. d.]. Coleções *Caros Amigos*. Capa.

Substantivos sobrecomuns e epicenos

Há ainda substantivos que designam seres humanos, animais ou vegetais e que são sempre do mesmo gênero, quer se refiram a seres do sexo masculino, quer se refiram a seres do sexo feminino. Os substantivos de um único gênero que se referem a seres humanos são tradicionalmente conhecidos como sobrecomuns. Eis alguns exemplos:

o cônjuge	a testemunha	o indivíduo
a criança	a criatura	a vítima

Os substantivos de um único gênero que designam animais e algumas plantas são tradicionalmente conhecidos como epicenos. Eis alguns exemplos:

a águia	a cobra	o jacaré
a baleia	o besouro	a palmeira
a borboleta	o crocodilo	o mamoeiro

O gênero dos substantivos sobrecomuns e epicenos é sempre o mesmo; o que pode variar é o sexo do ser a que se referem. Quando se quer especificar esse sexo, constroem-se expressões como "criança do sexo masculino"; "um mamoeiro macho", "um mamoeiro fêmea"; "um macho de jacaré", "uma fêmea de jacaré". As palavras *macho* e *fêmea* podem concordar em gênero com o substantivo a que se referem: "onça macho" ou "onça macha", "tigre fêmea" ou "tigre fêmeo".

Substantivos de gênero vacilante

Há muitos substantivos cujo emprego, mesmo na língua culta, apresenta oscilação de gênero. Em alguns casos, pode-se recomendar a adoção de um dos dois gêneros; em outros, consideram-se aceitáveis ambos os usos. Apresentamos a seguir os principais casos:

a. gênero masculino

o aneurisma	o clã	o eczema	o matiz
o apêndice	o dó	o guaraná	o plasma
o champanha	o eclipse	o magma	o tracoma

b. gênero feminino

a agravante	a couve	a comichão	a entorse
a aguardente	a couve-flor	a derme	a gênese
a alface	a cal	a dinamite	a omoplata
a bacanal	a cataplasma	a ênfase	a sentinela

c. usados em ambos os gêneros

o/a aluvião	o/a caudal	o/a personagem
o/a tapa	o/a amálgama	o/a sabiá
o/a suéter	o/a usucapião	

Gênero e mudança de significado

Há substantivos cuja mudança de gênero acarreta mudança de significado. Observe a seguir os principais casos:

o cabeça: chefe, líder

a cabeça: parte do corpo ou de um objeto, pessoa muito inteligente

o capital: conjunto de bens

a capital: cidade onde se localiza a sede do Poder Executivo

o crisma: óleo usado num dos sacramentos religiosos

a crisma: cerimônia religiosa

o cura: sacerdote

a cura: ato ou efeito de curar

o língua: intérprete

a língua: músculo do aparelho digestivo; idioma

o moral: ânimo, brio

a moral: conjunto de valores e regras de comportamento

o cisma: separação, dissidência

a cisma: preocupação, suspeita

o grama: unidade de massa

a grama: relva, planta rasteira

o lente: professor

a lente: instrumento óptico

Atividades

1. Complete as frases abaixo de acordo com o modelo proposto.

A polícia buscava um **homem** e acabou encontrando **uma mulher**.

a) Queria um compadre e acabou encontrando (*).

b) Queriam contratar um cavaleiro e acabaram contratando (*).

c) Não gostava do genro, mas adorava (*).

d) Não só não caçou marajás, como acabou criando (*).

e) Esperavam absolver o réu e acabaram condenando (*).

f) Aguardava carta de um parente e acabou recebendo a de (*).

g) Não aceitaram o novo cônsul; faziam questão de que fosse (*).

h) Não encontrou o anfitrião; agradeceu, então, (*).

i) Meu filho será um cidadão consciente; minha filha será (*).

j) Os músicos não aceitaram o novo maestro: queriam o retorno da (*).

k) Aguardávamos a chegada do novo embaixador quando fomos surpreendidos pela notícia de que era (*).

l) Cada rapaz da turma é um valentão; cada moça, (*).

m) Cada rapaz da turma é um cavalheiro; cada moça, (*).

2. Complete as frases a seguir de acordo com o modelo proposto.

Ele não consegue distinguir **um gato** de **uma gata**.

a) Ele não consegue distinguir um boi de (*).

b) Ele não sabe distinguir um carneiro de (*).

c) Ele não pode distinguir um bode de (*).

d) Ele não é capaz de distinguir um cão de (*).

e) Ele não tem capacidade para distinguir um elefante de (*).

f) Ele é incapaz de distinguir um leitão de (*).

g) Ele não distingue um pavão de (*).

h) Ele não saberia distinguir um perdigão de (*).

3. Complete as lacunas das frases a seguir de forma a estabelecer a concordância de gênero.

a) Senti muit* dó quando vi (*) couves e (*) alfaces que o granizo destruíra.

b) Abriu (*) champanha que comprara na véspera. Depois, proferiu um discurso em que cada palavra era dita com muit* ênfase. Todos os membros d* clã o aplaudiram.

c) Sua saúde era muito problemática: superad* (*) eczema, surgiu-lhe (*) tracoma. Depois, sofreu (*) entorse, quebrou (*) omoplata, extraiu (*) apêndice. Morreu quando lhe estourou (*) aneurisma.

d) Foi condenado com (*) agravante: vendeu aguardente falsificad* anos a fio.

e) O pênalti foi marcado e a bola, colocada na marca d* cal.

f) (*) guaraná vendid* nas farmácias é considerad* um estimulante.

4. Estabeleça a concordância de gênero nas frases a seguir.

a) (*) cabeça da rebelião foi decapitad*. (*) cabeça foi expost* em praça pública.

b) Tod* (*) capital da empresa está aplicad* em bancos d* capital do país.

c) (*) cura confessou-se incapaz de proporcionar remédios para (*) cura dos pacientes.

d) (*) moral dos jogadores era pequen*.

e) Quem sabe consigamos construir (*) moral mais voltad* para a eliminação das desigualdades sociais?

f) Quant* gramas de ouro teriam sido espalhados pel* grama?

Flexão de número

Os substantivos flexionam-se também em número: podem assumir a forma do singular (referem-se a um único ser ou a um único conjunto de seres) ou do plural (referem-se a mais de um ser ou conjunto de seres).

Parte 2 > > > MORFOLOGIA > > >

Formação do plural

Substantivos simples

a. Acrescenta-se a desinência -s aos substantivos terminados em vogal, ditongo oral ou ditongo nasal -ãe:

casa/casas	peru/perus	pai/pais
dente/dentes	sofá/sofás	lei/leis
saci/sacis	ipê/ipês	herói/heróis
cipó/cipós	maçã/maçãs	mãe/mães

Destaquem-se as formas *avôs* (o avô materno e o paterno) e *avós* (casal formado por avô e avó, ou plural de *avó*; também indica os antepassados de um modo geral).

b. A maioria dos substantivos terminados em -*ão* forma o plural substituindo essa terminação por -*ões* (incluem-se nesse grupo os aumentativos):

balão/balões	eleição/eleições	figurão/figurões
botão/botões	leão/leões	sabichão/sabichões
coração/corações	opinião/opiniões	vozeirão/vozeirões

Os paroxítonos terminados em -*ão* e alguns poucos oxítonos e monossílabos formam o plural pelo simples acréscimo de -*s*:

sótão/sótãos	cidadão/cidadãos	chão/chãos
bênção/bênçãos	cristão/cristãos	grão/grãos
órfão/órfãos	irmão/irmãos	vão/vãos
órgão/órgãos	mão/mãos	

Alguns substantivos terminados em -*ão* formam o plural substituindo essa terminação por -*ães*:

alemão/alemães	capitão/capitães	pão/pães
cão/cães	charlatão/charlatães	sacristão/sacristães
capelão/capelães	escrivão/escrivães	tabelião/tabeliães

Em alguns casos, há mais do que uma forma aceitável para esses plurais; a tendência da língua portuguesa atual do Brasil é utilizar a forma de plural em -*ões*:

ancião – anciões, anciães, anciãos	verão – verões, verãos
guardião – guardiões, guardiães	anão – anões, anãos
ermitão – ermitões, ermitães, ermitãos	vilão – vilões, vilãos

c. Acrescenta-se a desinência -s aos substantivos terminados em -*m*. Essa letra é substituída por *n* na forma do plural:

homem/homens	jardim/jardins	som/sons	atum/atuns

d. Os substantivos terminados em -*r* e -*z* formam o plural com o acréscimo de -*es*:

mar/mares	raiz/raízes
açúcar/açúcares	rapaz/rapazes
hambúrguer/hambúrgueres	cruz/cruzes

Destaquem-se os plurais de *caráter*, *júnior* e *sênior*: carac**te**res, juni**o**res e seni**o**res, formas em que ocorre deslocamento da sílaba tônica.

Capítulo 9 > > > Estudo dos substantivos > > >

e. Os substantivos terminados em *-s* formam o plural com acréscimo de *-es*; quando paroxítonos ou proparoxítonos, são invariáveis – o que faz com que a indicação de número passe a depender de um artigo ou outro determinante:

gás/gases   obus/obuses   um lápis/dois lápis
mês/meses   o atlas/os atlas   algum ônibus/vários ônibus
país/países   o pires/os pires   o vírus/os vírus

f. Os substantivos terminados em *-al*, *-el*, *-ol* e *-ul* formam o plural pela transformação do *-l* dessas terminações em *-is*:

canal/canais   álcool/álcoois   papel/papéis
paul/pauis   anzol/anzóis

Destaquem-se os plurais de *mal*, *real* (quando nome de moeda) e *cônsul*, respectivamente *males*, *réis* e *cônsules*. Para *gol*, já houve quem propusesse *goles* ou *gois*, mas a forma consagrada pelo uso é *gols*, estranha aos mecanismos da língua portuguesa.

QUINO. *Mafalda 8*. São Paulo: Martins Fontes, 2002. p. 66.

Nessa tira, vemos plurais com três terminações diferentes: *ns*, *s*, *eis*, correspondendo respectivamente às terminações do singular *m* (barragem), *l* (túnel) e vogais *a* e *o* (fábrica, estrada, aqueduto).

g. Os substantivos oxítonos terminados em *-il* trocam o *-l* pelo *-s*; os paroxítonos trocam essa terminação por *-eis*:

barril/barris   fóssil/fósseis   ardil/ardis
projétil/projéteis   funil/funis   réptil/répteis
fuzil/fuzis

Além das formas paroxítonas apresentadas acima, existem as formas oxítonas *projetil* e *reptil*, que fazem os plurais *projetis* e *reptis*, também oxítonos.

h. Os substantivos terminados em *-n* formam o plural pelo acréscimo de *-s* ou *-es*:

abdômen/abdomens ou abdômenes   gérmen/germens ou gérmenes
hífen/hifens ou hífenes   líquen/liquens ou líquenes

No português do Brasil, há acentuada tendência para o uso das formas obtidas pelo acréscimo de *-s*. Observe que, quando paroxítonas, essas formas de plural não recebem acento gráfico.

Destaque-se *cânon*, cujo plural é a forma *cânones*.

i. Os substantivos terminados em -x são invariáveis; a indicação de número depende da concordância com algum determinante:

o tórax/os tórax   um clímax/alguns clímax

Existem alguns substantivos terminados em -x que apresentam formas variantes terminadas em -ce; nesses casos, deve-se utilizar a forma plural da variante:

o cálix ou cálice/os cálices   o códex ou códice/os códices

j. Nos diminutivos formados pelo acréscimo do sufixo -zinho (mais raramente -zito), a formação do plural deve ser feita tanto na terminação do substantivo primitivo (com posterior supressão do -s) como na do sufixo:

balãozinho/balõezinhos   colarzinho/colarezinhos

anzolzinho/anzoizinhos   papelzinho/papeizinhos

pãozinho/pãezinhos   florzinha/florezinhas

No caso de diminutivos formados a partir de substantivos terminados em -r, há acentuada tendência na língua atual do Brasil para limitar-se o plural à terminação da forma derivada:

colarzinho/colarzinhos   florzinha/florzinhas   mulherzinha/mulherzinhas

Essa forma de plural ainda encontra alguma resistência na norma culta.

Metafonia

Há muitos substantivos cuja formação do plural não se manifesta apenas por meio de modificações morfológicas, mas também implica alteração fonológica. Nesses casos, ocorre um fenômeno chamado metafonia, ou seja, a mudança de som entre uma forma e outra. Trata-se da alternância do timbre da vogal, que é fechado na forma do singular e aberto na forma do plural. Observe os pares a seguir:

singular (ô)	plural (ó)	singular (ô)	plural (ó)
aposto	apostos	caroço	caroços
corno	cornos	corpo	corpos
corvo	corvos	esforço	esforços
fogo	fogos	forno	fornos
imposto	impostos	jogo	jogos
miolo	miolos	olho	olhos
osso	ossos	ovo	ovos
poço	poços	porco	porcos
porto	portos	posto	postos
povo	povos	reforço	reforços
socorro	socorros	tijolo	tijolos

É importante que você observe a pronúncia culta desses plurais quando estiver utilizando a língua falada em situações formais.

Substantivos compostos

A formação do plural dos substantivos compostos depende da forma como são grafados, do tipo de palavras que formam o composto e da relação que estabelecem entre si.

Capítulo 9 > > > Estudo dos substantivos > > >

Os substantivos compostos que são grafados ligadamente (sem hífen) comportam-se como os substantivos simples:

aguardente/aguardentes

malmequer/malmequeres

girassol/girassóis

pontapé/pontapés

O plural dos substantivos compostos cujos elementos são ligados por hífen costuma provocar muitas dúvidas e discussões. Algumas orientações são dadas a seguir.

a. Nos compostos em que o primeiro elemento é um verbo ou uma palavra invariável (geralmente um advérbio) e o segundo elemento é um substantivo ou um adjetivo, coloca-se apenas o segundo elemento no plural:

beija-flor/beija-flores

alto-falante/alto-falantes

bate-boca/bate-bocas

grão-duque/grão-duques

sempre-viva/sempre-vivas

abaixo-assinado/abaixo-assinados

Assemelham-se a esses substantivos aqueles formados pelo acréscimo de um prefixo ligado por hífen:

vice-presidente/vice-presidentes

auto-observação/auto-observações

recém-nascido/recém-nascidos

ex-namorado/ex-namorados

b. Nos compostos em que os dois elementos são variáveis, ambos vão para o plural:

guarda-civil/guardas-civis

boia-fria/boias-frias

cota-parte/cotas-partes

sexta-feira/sextas-feiras

mão-boba/mãos-bobas

peso-mosca/pesos-moscas

Nos casos em que o segundo elemento dá ideia de finalidade ou semelhança ou limita o primeiro, manda a tradição que só se pluralize o primeiro. Note que isso se restringe aos substantivos compostos formados por dois substantivos:

pombo-correio/pombos-correio

salário-família/salários-família

banana-maçã/bananas-maçã

escola-modelo/escolas-modelo

café-concerto/cafés-concerto

navio-escola/navios-escola

No português do Brasil, ocorre também a pluralização dos dois elementos mesmo nesse caso. É o que se nota quando se consulta o *Novo Dicionário Aurélio da Língua Portuguesa*, versão eletrônica, de 2004, em que alguns dos substantivos acima surgem com duas formas abonadas para o plural (*salários-família* e *salários-famílias*, por exemplo).

O substantivo composto *pau-rosa* apresenta duas formas de plural: *paus-rosa* e *paus-rosas*.

Pesquisa Fapesp. São Paulo: Fapesp, n. 111, maio 2005. p. 64.

c. Nos compostos em que os elementos formadores são unidos por preposição, apenas o primeiro elemento vai para o plural:

palma-de-santa-rita/palmas-de-santa-rita mula sem cabeça/mulas sem cabeça

pé de moleque/pés de moleque pão de ló/pães de ló

d. Nos compostos formados por palavras repetidas ou onomatopaicas, apenas o segundo elemento varia:

reco reco/reco recos tique taque/tique taques

tico tico/tico ticos pingue pongue/pingue pongues

e. Merecem destaque os seguintes substantivos compostos:

o bota-fora/os bota-fora o faz de conta/os faz de conta

o topa-tudo/os topa-tudo o arco-íris/os arco-íris

o louva-a-deus/os louva-a-deus o salva-vidas/os salva-vidas

o diz que diz/os diz que diz o pisa-mansinho/os pisa-mansinho

E também:

o bem-te-vi/os bem-te-vis o bem-me-quer/os bem-me-queres

Atividades

1. Complete as frases de acordo com o modelo proposto.

Não posso comprar sequer um **funil**. Como quer que eu compre vários **funis**?

a) Não posso formar sequer um único jardim. Como quer que eu forme vários (*)?

b) Nunca soltei um único balão. Como quer que eu solte vários (*)?

c) Não conheço um único figurão. Como quer que eu lhe apresente vários (*)?

d) Infelizmente, não consegui encontrar um único cidadão de verdade nesta classe. Como quer que eu lhe aponte vários (*)?

e) Não conheço um único capitão do exército. Como quer que eu lhe apresente vários (*)?

f) Não posso comprar sequer um hambúrguer. Como quer que eu compre vários (*)?

2. Complete as frases de acordo com o modelo proposto.

Não quebrou só um **pires**: quebrou todos os **pires**.

a) Não roubaram só um barril: roubaram todos os (*).

b) Não deixaram só um leão fugir: deixaram todos os (*).

c) Não fraudaram só uma eleição: fraudaram todas as (*).

d) Não ludibriou só um cidadão: ludibriou todos os (*).

e) Não comeu apenas um pão: comeu todos os (*).

f) Não é amigo de um escrivão e de um tabelião apenas: é amigo de todos os (*).

g) Não corrompeu apenas um caráter: corrompeu todos os (*).

h) Não promoveu tão somente um júnior para o time principal: promoveu todos os (*).

i) Não depredaram apenas um ônibus: depredaram todos os (*).

j) Não lançaram só um projétil: lançaram todos os (*).

k) Não lançaram somente um projetil: lançaram todos os (*).

l) Não se esqueceu apenas de um hífen: esqueceu-se de todos os (*).

m) Não devorou um pastelzinho apenas: devorou todos os (*).

3. Leia atentamente em voz alta as frases a seguir.

a) Comeu as uvas e jogou os caroços no lixo.

b) Não aceitaremos um novo aumento de impostos. É bom que o governo abra os olhos e realize esforços mais sérios para controlar suas contas.

Capítulo 9 > > > Estudo dos substantivos > > >

227

c) Não se instalam chiqueiros de porcos nas proximidades de poços.

d) Compramos fogos de artifício para a festa de abertura dos jogos estudantis.

e) Acredito na convivência harmoniosa dos diferentes povos.

f) Um médico que passava por ali prestou os primeiros socorros às vítimas do acidente.

4. Complete as frases de acordo com o modelo. Em várias frases, você terá mais de uma opção correta.

Costumava viajar todas as (*). (*quinta-feira*)

Costumava viajar todas as **quintas-feiras**.

a) Tinha direito a vários (*). (*salário-família*)

b) Nunca tinha visto tantos (*) ao mesmo tempo. (*beija-flor*)

c) Sua intervenção pôs fim a todos os (*). (*bate-boca*)

d) Anunciaram seu nome por intermédio dos (*). (*alto-falante*)

e) Os (*) provenientes de várias regiões do país reivindicavam a punição do deputado corrupto. (*abaixo-assinado*)

f) Venho aqui todas as (*). (*segunda-feira*)

g) Vários (*) transformaram-se em presidentes da República no Brasil. (*vice-presidente*)

h) Os (*) partiram para Pequim. (*recém-casado*)

i) Ocorreu mais um acidente com caminhões que transportavam (*). Isso é jeito de se transportar gente! (*boia-fria*)

j) Passou mal após ter comido várias (*) e várias (*). (*banana-maçã/manga-rosa*).

k) Combinaram várias (*). (*palavra-chave*)

l) Tiveram de comprar vários (*) para mobiliar a casa. (*guarda-roupa*)

m) Ele já perdeu três (*) este ano. (*guarda-chuva*)

n) Seu canteiro de (*) está primoroso! (*couve-flor*)

o) É o autor de várias (*). (*obra-prima*)

p) Vários (*) construíram seus ninhos nos postes de iluminação. (*joão-de-barro*)

q) Fotografaram várias (*) em sua viagem pela Amazônia. (*vitória-régia*)

r) Vários (*) japoneses foram interceptados pelos ativistas do *Greenpeace*. (*navio-fábrica*)

s) Os (*) da empresa haviam sido roubados. (*livro-caixa*)

t) Não se deviam construir esses (*) em cidades tão pequenas! (*arranha-céu*)

u) Vários (*) do banco foram acusados de corrupção. (*ex-diretor*)

v) Teve de instalar vários (*) para proteger as instalações da fábrica. (*para-raios*)

w) Assisto a todos os (*) de que tenho notícia. (*bumba meu boi*)

Flexão de grau

Os substantivos podem ser modificados a fim de exprimir intensificação, exagero, atenuação, diminuição ou mesmo deformação de seu significado. Essas modificações, que constituem as variações de grau do substantivo, são tradicionalmente consideradas um mecanismo de flexão. Você perceberá, no entanto, que não se trata de mecanismos de flexão – obrigatórios para a manutenção da concordância nas frases –, mas sim de processos de derivação e de caracterização sintática.

Formação do grau

Os graus aumentativo e diminutivo dos substantivos podem ser formados por dois processos:

a. sintético – consiste no acréscimo de sufixos aumentativos ou diminutivos à forma normal do substantivo. É, na verdade, um típico caso de derivação sufixal:

rato   rat**ão** (aumentativo sintético)   rat**inho** (diminutivo sintético)

b. analítico – a forma normal do substantivo é modificada por adjetivos que indicam aumento ou diminuição de proporções. É um caso típico de determinação sintática:

rato   rato **grande** (aumentativo analítico)   rato **pequeno** (diminutivo analítico)

No uso efetivo da língua, as formas sintéticas de indicação de grau são geralmente empregadas para conferir valores afetivos aos seres nomeados pelos substantivos. Observe formas como as seguintes:

amigão	partidão	bandidaço	mulheraço
livrinho	ladrãozinho	rapazola	futebolzinho

Em todas elas, o que interessa é transmitir dados como carinho, admiração, ironia ou desprezo, e não noções ligadas ao tamanho físico dos seres nomeados.

Atividades

1. Procure indicar o sentido de cada uma das palavras destacadas nas frases a seguir.

   a) É um **sujeitinho**.
   b) É um **mulherão**!
   c) É um **timaço**!
   d) É um **timeco**!
   e) Não passa de um **beberrão**.
   f) Vou passar uns **diazinhos** na praia.
   g) Que **gentalha**!
   h) Por que você se envolve com essa **gentinha**?
   i) O **Carlito** chegou ontem à noite.
   j) Ele pegou um **peixão**! Quatro quilos!
   k) A namorada dele é um **peixão**!

2. Que palavras você pode usar para descrever as dimensões avantajadas ou diminutas de:

   a) uma boca?
   b) um corpo?
   c) um nariz?
   d) uma casa?
   e) um pé?
   f) uma mão?
   g) um cão?
   h) um gato?
   i) um homem?
   j) uma mulher?
   k) um animal?

Textos para análise

1

Elegia lírica

(...)

A minha namorada é tão bonita, tem olhos como besourinhos do céu
Tem olhos como estrelinhas que estão sempre balbuciando aos passarinhos...
É tão bonita! tem um cabelo fino, um corpo menino e um andar pequenino
E é a minha namorada... vai e vem como uma patativa, de repente morre de amor
Tem fala de S e dá a impressão que está entrando por uma nuvem adentro...
Meu Deus, eu queria brincar com ela, fazer comidinha, jogar nai ou nentes

Rir e num átimo dar um beijo nela e sair correndo
E ficar de longe espiando-lhe a zanga, meio vexado, meio sem saber o que faça...
A minha namorada é muito culta, sabe aritmética, geografia, história, contraponto
E se eu lhe perguntar qual a cor mais bonita ela não dirá que é a roxa, porém
[brique.
Ela faz coleção de cactos, acorda cedo vai para o trabalho
E nunca se esquece que é a menininha do poeta.
Se eu lhe perguntar: Meu anjo, quer ir à Europa? ela diz: Quero se mamãe for!
Se eu lhe perguntar: Meu anjo, quer casar comigo? ela diz... – não, ela não
[acredita.
É doce! gosta muito de mim e sabe dizer sem lágrimas: Vou sentir tantas saudades
[quando você for...
É uma nossa senhorazinha, é uma cigana, é uma coisa
Que me faz chorar na rua, dançar no quarto, ter vontade de me matar e de ser
[presidente da república.
É boba, ela! tudo faz, tudo sabe, é linda, ó anjo de Domremy!
Deem-lhe uma espada, constrói um reino; deem-lhe uma agulha, faz um crochê
Deem-lhe um teclado, faz uma aurora, deem-lhe razão, faz uma briga...!
E do pobre ser que Deus lhe deu, eu, filho pródigo, poeta cheio de erros
Ela fez um eterno perdido...
(...)

MORAES, Vinicius de. *Poesia completa e prosa*. 3. ed. Rio de Janeiro: Nova Aguilar, 1998. p. 272-3.

Trabalhando o texto

1. Aponte no texto substantivos formados por derivação imprópria.

2. Aponte substantivos formados por derivação regressiva.

3. Aponte no texto substantivos compostos.

4. O poeta utiliza diminutivos para referir-se à namorada. Dê exemplos de substantivos no diminutivo sintético e analítico.

5. Analise o emprego do diminutivo no poema.

6. Predominam no texto substantivos abstratos ou concretos? Que efeito produz a utilização desse tipo de substantivo para descrever a amada?

Em DVD

Sociedade dos poetas mortos. Direção de Peter Weir. EUA: Disney Video, 1989. (129 min).

Para muitos alunos, estudar literatura é uma atividade pouco interessante, enfadonha, que não proporciona prazer, mesmo quando o objeto de estudo seja um poema de Vinicius de Moraes. Pode ser que tenha faltado a esses estudantes um professor que os instigasse a olhar o mundo e a arte de maneira autônoma, e que não os pressionasse com autoritarismos castradores. E é esse professor que os alunos de uma tradicional escola americana conhecem em seu curso de língua e literatura. Depois do encontro, e superadas todas as desconfianças iniciais, eles aprenderão a conhecer toda a sensibilidade contida em cada poesia.

2

Rebento

Rebento, substantivo abstrato,
O ato, a criação, o seu momento,
Como uma estrela nova e seu barato
Que só Deus sabe lá, no firmamento.

Rebento, tudo que nasce é rebento,
Tudo que brota, que vinga, que medra,
Rebento raro como flor na pedra,
Rebento farto como trigo ao vento.

Outras vezes rebento simplesmente
No presente do indicativo,
Como a corrente de um cão furioso,
Como as mãos de um lavrador ativo.

Às vezes, mesmo perigosamente,
Como acidente em forno radioativo,
Às vezes, só porque fico nervoso,
Rebento,
Às vezes somente porque estou vivo.
Rebento, a reação imediata
A cada sensação de abatimento.
Rebento, o coração dizendo "bata",
A cada bofetão do sofrimento.
Rebento, esse trovão dentro da mata
E a imensidão do som desse momento.

Gilberto Gil. In. GÓES, Fred de (Org.). *Gilberto Gil*. São Paulo: Abril Educação, 1982. p. 65. (Literatura comentada).

Trabalhando o texto

1. Explique por que *rebento* é, na primeira estrofe do texto, um substantivo abstrato.

2. Na segunda estrofe do texto, *rebento* continua sendo um substantivo abstrato? Explique.

3. Qual o sentido de *rebento* nas três últimas vezes em que aparece no texto?

4. Com o que se relaciona o conteúdo do texto?

5. Há, na segunda estrofe, uma série de sinônimos. Aponte-os e procure indicar as sutis diferenças de significado que apresentam. Se necessário, consulte um dicionário apropriado.

6. Releia em voz alta os dois últimos versos da segunda estrofe. Há algo especial quanto à sonoridade desse trecho? Comente.

7. Boa parte da riqueza das imagens do texto provém das comparações. Faça um levantamento das várias comparações empregadas e comente a impressão causada por elas.

8. Você também rebenta às vezes? De que forma?

Capítulo 9 > > > Estudo dos substantivos > > >

231

Questões de exames e concursos

1. (FGV-SP) Assinale a alternativa em que a flexão dos compostos esteja de acordo com a norma culta.

a) Leões de chácara, prontos-socorros, quartas-feiras, guardas-noturnos.

b) Leões de chácaras, pronto-socorros, quartas-feira, guarda-noturnos.

c) Leões de chácara, pronto-socorros, quartas-feiras, guardas-noturno.

d) Leões de chácaras, prontos-socorros, quartas-feiras, guardas-noturnos.

e) Leões de chácara, pronto-socorros, quarta-feiras, guardas-noturno.

2. (Udesc) Analise as frases abaixo, observando a expressão grifada e o seu significado.

I – Ele vivia *à toa.* = sem fazer nada

II – Ele é um homem *à toa.* = que vive sem trabalho

III – *Em princípio* suas ideias parecem boas. = no começo

IV – O meu *dia a dia* é movimentado. = substantivo comum

V – Meu amigo mora em uma *caixa de fósforos* = recipiente com palitos

Assinale a alternativa **correta**.

a) Somente a afirmativa III é verdadeira.

b) Somente as afirmativas I, III e IV são verdadeiras.

c) Somente as afirmativas II e IV são verdadeiras.

d) Somente as afirmativas III e V são verdadeiras.

e) Somente as afirmativas I e IV são verdadeiras.

3. (Badesc/Fepese) Considere as frases abaixo:

O cônjuge se aproximou.

O servente veio atender-nos.

O gerente chegou cedo.

Não está claro se é homem ou mulher:

a) no primeiro período

b) no segundo período

c) no terceiro período

d) no primeiro e no segundo períodos

4. (TJ-SP/Vunesp) Desejava o diploma, por isso lutou para obtê-lo. Substituindo-se as formas verbais de desejar, lutar e obter pelos respectivos substantivos a elas correspondentes, a frase correta é:

a) O desejo do diploma levou-o a lutar por sua obtenção.

b) O desejo do diploma levou-o à luta em obtê-lo.

c) O desejo do diploma levou-o à luta pela sua obtenção.

d) Desejoso do diploma foi à luta pela sua obtenção.

e) Desejoso do diploma foi lutar por obtê-lo.

5. (Câmara de Ouro Preto-MG/Fumarc) **Não** é exemplo de substantivo feminino:

a) cal

b) champanha

c) libido

d) omoplata

6. (Pref. de Ilha Comprida-SP/Moura Melo) Assinale a opção em que os plurais estejam corretos:

a) mangas-rosa, guarda-roupas, guardas-civis

b) pingue-pongues, bens-amados, cos-autores

c) cobras-cega, couve-flores, primeiro-ministros

d) peixes-espadas, guardas-noturnos, amor-perfeitos

7. (Pref. de Ilha Comprida-SP/Moura Melo) Indique a alternativa na qual o plural dos pares de palavras esteja correto:

a) escrivão/escrivões – adeus/adeus

b) mal/males – pagão/pagões

c) repórter/repórteres – cidadão/cidadões

d) cirurgião/cirurgiões – cônsul/cônsules

8. (Pref. de Ilha Comprida-SP/Moura Melo) Indique a alternativa em que todos os substantivos sejam primitivos:

a) caça – planalto – flor

b) água – sapato – ferro

c) pesca – pé – altivez

d) nadar – motorista – casebre

9. (Pref. de Ilha Comprida-SP/Moura Melo) Os substantivos **clero**, **ninhada** e **réstia** são, respectivamente, coletivos de:

a) sacerdotes, passarinhos, alhos/cebolas

b) bispos, passarinhos, papel

c) bispos, pintos, papel

d) sacerdotes, pintos, alhos/cebola

Parte 2 >>> MORFOLOGIA >>>

Texto para a questão 10:

Os leitores estarão lembrados do que o compadre dissera quando estava a fazer castelos no ar a respeito do afilhado, e pensando em dar-lhe o mesmo ofício que exercia, isto é, daquele arranjei-me, cuja explicação prometemos dar. Vamos agora cumprir a promessa. Se alguém perguntasse ao compadre por seus pais, por seus parentes, por seu nascimento, nada saberia responder, porque nada sabia a respeito. Tudo de que se recordava de sua história reduzia-se a bem pouco. Quando chegara à idade de dar acordo da vida achou-se em casa de um barbeiro que dele cuidava, porém que nunca lhe disse se era ou não seu pai ou seu parente, nem tampouco o motivo por que tratava da sua pessoa. Também nunca isso lhe dera cuidado, nem lhe veio a curiosidade de indagá-lo. Esse homem ensinara-lhe o ofício, e por inaudito milagre também a ler e a escrever. Enquanto foi aprendiz passou em casa do seu... mestre, em falta de outro nome, uma vida que por um lado se parecia com a do fâmulo*, por outro com a do filho, por outro com a do agregado, e que afinal não era senão vida de enjeitado, que o leitor sem dúvida já adivinhou que ele o era. A troco disso dava-lhe o mestre sustento e morada, e pagava-se do que por ele tinha já feito.

(*) **fâmulo:** empregado, criado

Manuel Antônio de Almeida, *Memórias de um sargento de milícias.*

10. (Fuvest-SP) No excerto, temos derivação imprópria ou conversão (emprego de uma palavra fora de sua classe normal) no seguinte trecho:

a) fazer castelos no ar

b) daquele arranjei-me

c) dar acordo da vida

d) nem tampouco o motivo

e) por inaudito milagre

11. (FSA-SP) Dentre as frases abaixo, escolha aquela em que há, de fato, flexão de grau para o substantivo.

a) O advogado deu-me seu cartão.

b) Deparei-me com um portão, imenso e suntuoso.

c) Moravam num casebre, à beira do rio.

d) A abelha, ao picar a vítima, perde seu ferrão.

e) A professora distribuiu as cartilhas a todos os alunos.

12. (PUC-SP) Indique a alternativa correta no que se refere ao plural dos substantivos compostos *casa-grande*, *flor-de-cuba*, *arco-íris* e *beija-flor*.

a) casa-grandes, flor-de-cubas, os arco-íris, beijas-flor

b) casas-grandes, flores-de-cuba, arcos-íris, beijas-flores

c) casas-grande, as flor-de-cubas, arcos-íris, os beija-flor

d) casas-grande, flores-de-cuba, arcos-íris, beijas-flores

e) casas-grandes, flores-de-cuba, os arco-íris, beija-flores

13. (Cefet-PR) Assinale a alternativa em que há gênero aparente na relação masculino/feminino dos pares.

a) boi – vaca

b) homem – mulher

c) cobra macho – cobra fêmea

d) o capital – a capital

e) o cônjuge (homem) – o cônjuge (mulher)

14. (Cefet-PR) Assinale a alternativa em que a palavra tem o gênero indicado incorretamente.

a) a tapa

b) a grama

c) o hélice

d) o crisma

e) n.d.a.

15. (Cefet-PR) Das opções a seguir, assinale a que apresenta um substantivo que só tem uma forma no plural.

a) guardião

b) espião

c) peão

d) vulcão

e) cirurgião

16. (Unimep-SP) O plural de *fogãozinho* e *cidadão* é:

a) fogãozinhos e cidadãos.

b) fogãosinhos e cidadãos.

c) fogõezinhos e cidadãos.

d) fogõezinhos e cidadões.

e) fogõesinhos e cidadões.

17. (UEL-PR) Viam-se (*) junto aos (*) do jardim.

a) papelsinhos, meios-fio

b) papeizinhos, meios-fios

c) papeisinhos, meio-fios

d) papelzinhos, meio-fios

e) papeizinhos, meio-fios

18. (PUC-SP) Assinale a alternativa incorreta.

a) *Borboleta* é substantivo epiceno.

b) *Rival* é comum de dois gêneros.

c) *Omoplata* é substantivo masculino.

d) *Vítima* é substantivo sobrecomum.

e) n.d.a.

19. (UniFMU-SP) Indique a alternativa em que só aparecem substantivos abstratos.

a) tempo, angústia, saudade, ausência, esperança, imagem

b) angústia, sorriso, luz, ausência, esperança, inimizade

c) inimigo, luto, luz, esperança, espaço, tempo

d) angústia, saudade, ausência, esperança, inimizade

e) espaço, olhos, luz, lábios, ausência, esperança, angústia

20. (UPM-SP) Numere a segunda coluna de acordo com o significado das expressões da primeira coluna e assinale a alternativa que contém os algarismos na sequência correta.

(1) o óleo santo   ( ) a moral

(2) a relva   ( ) a crisma

(3) um sacramento   ( ) o moral

(4) a ética   ( ) o crisma

(5) a unidade de massa   ( ) a grama

(6) o ânimo   ( ) o grama

a) 6, 1, 4, 3, 5, 2

b) 6, 3, 4, 1, 2, 5

c) 4, 1, 6, 3, 5, 2

d) 4, 3, 6, 1, 2, 5

e) 6, 1, 4, 3, 2, 5

21. (UPM-SP) Indique o período que não contém um substantivo no grau diminutivo.

a) Todas as moléculas foram conservadas com as propriedades particulares, independentemente da atuação do cientista.

b) O ar senhoril daquele homúnculo transformou-o no centro de atenções na tumultuada assembleia.

c) Através da vitrina da loja, a pequena observava curiosamente os objetos decorados expostos à venda, por preço bem baratinho.

d) De momento a momento, surgiam curiosas sombras e vultos apressados na silenciosa viela.

e) Enquanto distraía as crianças, a professora tocava flautim, improvisando cantigas alegres e suaves.

22. (UPM-SP) Assinale a alternativa em que a flexão do substantivo composto está errada.

a) os pés de chumbo

b) os corre-corre

c) as públicas-formas

d) os cavalos-vapor

e) os vaivéns

23. (ITA-SP) Dadas as palavras:

1. esforços

2. portos

3. impostos

verificamos que o timbre da vogal tônica é aberto:

a) apenas na palavra 1.

b) apenas na palavra 2.

c) apenas na palavra 3.

d) apenas nas palavras 1 e 3.

e) em todas as palavras.

24. (UFJF-MG) Assinale a alternativa em que aparecem substantivos simples, respectivamente, concreto e abstrato.

a) água, vinho

b) Pedro, Jesus

c) Pilatos, verdade

d) Jesus, abaixo-assinado

e) Nova Iorque, Deus

25. (ITA-SP) Dadas as sentenças:

1. Ele não chegou a falar com a Presidenta.

2. Ele sofreu um entorse grave.

3. A tracoma é uma doença contagiosa.

deduzimos que:

a) apenas a sentença 1 está correta.

b) apenas a sentença 2 está correta.

c) apenas a sentença 3 está correta.

d) todas estão corretas.

e) n.d.a.

26. (UFF-RJ) Assinale a única frase em que há erro no que diz respeito ao gênero das palavras.

a) O gerente deverá depor como testemunha única do crime.

b) A personagem principal do conto é o Seu Rodrigues.

c) Ele foi apontado como a cabeça do motim.

d) O telefonema deixou a anfitriã perplexa.

e) A parte superior da traqueia é o laringe.

27. (UPM-SP) Assinale a alternativa em que há um substantivo cuja mudança de gênero não altera o significado.

a) cabeça, cisma, capital

b) águia, rádio, crisma

c) cura, grama, cisma

d) lama, coral, moral

e) agente, praça, lama

28. (UFF-RJ) Numa das frases seguintes, há uma flexão de plural totalmente errada. Assinale-a.

a) Os escrivães serão beneficiados por essa lei.

b) O número mais importante é o dos anõezinhos.

c) Faltam os hifens nesta relação de palavras.

d) Fulano e Beltrano são dois grandes caráteres.

e) Os reptis são animais ovíparos.

29. (UPM-SP) Relacione as duas colunas, de acordo com a classificação dos substantivos, e assinale a alternativa correta.

(1) padre	( ) próprio
(2) seminário	( ) coletivo
(3) Dias	( ) derivado
(4) ano	( ) comum

a) 3, 4, 2, 1

b) 1, 2, 4, 3

c) 1, 3, 4, 2

d) 3, 2, 1, 4

e) 2, 4, 3, 1

30. (UFU-MG) Dentre os plurais de nomes compostos aqui relacionados, há um que está errado. Qual?

a) escolas-modelo

b) quebra-nozes

c) chefes de sessões

d) guardas-noturnos

e) redatores-chefes

31. (UPM-SP) Numa das opções, uma das palavras apresenta erro de flexão. Indique-a.

a) mãos de obra, obras-primas

b) guardas-civis, afro-brasileiros

c) salvos-condutos, papéis-moeda

d) portas-bandeira, mapas-múndi

e) salários-família, vice-diretores

32. (Unimep-SP) Classificam-se como substantivos as palavras destacadas, exceto em:

a) "... o **idiota** com quem os moleques mexem...".

b) "... visava a me acostumar à morna **tirania**...".

c) "**Adeus**, volto para meus caminhos...".

d) "... conheço até alguns **automóveis**...".

e) "... todas essas **coisas** se apagarão em lembranças...".

33. (Acafe-SC) A alternativa em que o plural dos nomes compostos está empregado corretamente é:

a) pé de moleques, beija-flores, obras-primas, navios-escolas.

b) pés de moleques, beija-flores, obras-primas, navios-escolas.

c) pés de moleque, beija-flores, obras-primas, navios-escola.

d) pé de moleques, beija-flores, obras-primas, navios-escola

e) pés de moleques, beija-flores, obras-prima, navios-escolas.

34. (UFV-MG) Assinale a alternativa em que há erro na flexão de número.

a) as águas-marinhas, as públicas-formas, os acórdãos

b) abajures, caracteres, os ônus

c) autosserviços, alto-falantes, lilases

d) capitães-mor, sabiás-pirangas, autos de fé

e) guardas-florestais, malmequeres, Ave-Marias

Capítulo 9 > > > Estudo dos substantivos > > >

235

Capítulo 10

Estudo dos artigos

GONSALES, Fernando. Níquel Náusea. *Folha de S.Paulo*, São Paulo, 20 jan. 2003. p. E7.

A opção pelo artigo definido ou indefinido depende, em geral, do contexto maior em que se insere a frase. Daí o emprego do artigo indefinido ao apresentar-se o animal e do definido no segundo quadrinho (*o dono*), pois o leitor já sabe que se trata do dono do cachorro mencionado no primeiro quadrinho. Nos textos, muitas vezes, as informações novas, precedidas de artigos indefinidos, são posteriormente recuperadas e antecedidas por artigos definidos.

1. Conceito

Artigo é a palavra que acompanha o substantivo, servindo basicamente para generalizar ou particularizar o sentido desse substantivo. É o que se nota no contraste entre:

um cidadão/**o** cidadão   **um** portão/**o** portão

um animal/**o** animal   **uma** flor/**a** flor

Em muitos casos, o artigo é essencial na especificação do gênero e do número do substantivo:

O jornalista recusou o convite d**o** representante d**os** artistas.

A jornalista recusou o convite d**a** representante d**as** artistas.

A empresa colocou em circulação **o** ônibus de três eixos.

A empresa colocou em circulação **os** ônibus de três eixos.

Quando antepostos a palavras de qualquer classe gramatical, os artigos as transformam em substantivos. Nesses casos, ocorre a chamada derivação imprópria, que já estudamos:

É **um falar** que não tem fim.

O assalariado vive **um sofrer** interminável.

O aqui e **o agora** nem sempre se conjugam favoravelmente.

2. Classificação

Em função de sua capacidade de generalizar ou particularizar o sentido do substantivo com que se relaciona, o artigo é classificado como definido e indefinido.

O **artigo indefinido** indica seres quaisquer dentro de uma mesma espécie; seu sentido é genérico. Assume as formas *um, uma*; *uns, umas*:

Gosto muito de animais: queria ter **um** cachorro, **uma** gata, **uns** tucanos e **umas** araras.

O **artigo definido** indica seres determinados dentro de uma espécie; seu sentido é particularizante. Assume as formas *o, a*; *os, as*:

Meu vizinho gosta muito de animais: você precisa ver **o** cachorro, **a** gata, **os** tucanos e **as** araras que ele tem em casa.

Não se pode esquecer que a palavra **artigo** é de origem latina e pertence à família de "articular, articulação".

Depois dessa informação, não fica difícil entender por que o artigo tem esse nome.

3. Combinações dos artigos

É muito frequente a combinação dos artigos definidos e indefinidos com preposições. O quadro seguinte apresenta a forma assumida por essas combinações.

preposições	artigos			
	o, os	**a, as**	**um, uns**	**uma, umas**
a	ao, aos	à, às	–	–
de	do, dos	da, das	dum, duns	duma, dumas
em	no, nos	na, nas	num, nuns	numa, numas
por (per)	pelo, pelos	pela, pelas	–	–

As formas *à* e *às* indicam a fusão da preposição *a* com os artigos definidos *a* e *as*. A fusão de vogais idênticas é conhecida por **crase**. O uso do acento grave, que indica a ocorrência da crase, será estudado na parte de nosso livro dedicada à sintaxe.

Comentário

- As formas *pelo(s)/pela(s)* resultam da combinação dos artigos definidos com a forma *per*, equivalente a *por*.

Atividades

1 Os artigos são responsáveis por diversos detalhes de significação nas diferentes situações comunicativas em que são empregados. Leia atentamente as frases seguintes e comente o valor dos artigos destacados.

a) Estou levando produtos d**a** região.
b) O menino estava tão encabulado que não sabia o que fazer com **as** mãos. Em poucos instantes, pôs-se a chorar e a chamar pel**a** mãe.
c) A carne está custando três reais **o** quilo.
d) Aquele era **o** momento de minha vida.
e) Aquilo sim é que é **um** homem.
f) Deve ter passado **uma** meia hora desde que ele saiu.
g) Ela tem **um** talento!

2 Explique as diferenças de significado entre as frases de cada par.

a) Todo dia ele faz isso.
Todo o dia ele faz isso.

b) Pedro não veio.
O Pedro não veio.

c) Essa caneta é minha.
Essa caneta é a minha.

d) O dirigente sindical apresentou reivindicações dos trabalhadores na reunião.
O dirigente sindical apresentou as reivindicações dos trabalhadores na reunião.

e) Chico Buarque, grande compositor brasileiro, é também escritor.
Chico Buarque, o grande compositor brasileiro, é também escritor.

Em CD

Chico Buarque. *Perfil* **(CD). Globo Universal/Som Livre, 2003.**
Coletânea com algumas das mais famosas canções do cantor, compositor e também escritor Chico Buarque. Inclui "Roda viva", "Mulheres de Atenas" e "Cálice", esta última composta por Chico e Gilberto Gil durante o período de terror instalado pela ditadura militar no Brasil.

Textos para análise

1

Joaquín Salvador Lavado/Quino/Mafalda

QUINO. *Toda Mafalda*. São Paulo: Martins Fontes, 1993. p. 67.

Trabalhando o texto

1. No terceiro quadrinho, a que classe pertencem as palavras em destaque? Qual a intenção do autor ao destacá-las?

2. Reescreva o pensamento de Miguelito que está no balão do terceiro quadrinho, explicitando a decepção dele.

Em *site*

<www.quino.com.ar>. Acesso em: 6 abr. 2008.
O argentino Joaquín Salvador Lavado, mais conhecido como Quino, é um dos cartunistas mais famosos de todo o mundo. Sua criação mais conhecida é a perspicaz garotinha Mafalda que, segundo Umberto Eco, escritor e crítico literário, é uma "heroína iracunda que rejeita o mundo assim como ele é [...] reivindicando o seu direito de continuar sendo uma menina que não quer se responsabilizar por um universo adulterado pelos pais". Conheça um pouco mais os trabalhos de Quino visitando seu *site* oficial. Versão em português.

2

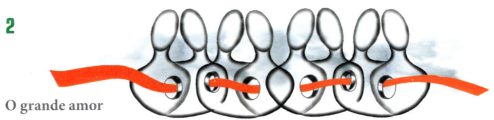

O grande amor

Haja o que houver
Há sempre um homem para uma mulher
E há de sempre haver
Para esquecer um falso amor
E uma vontade de morrer

Seja como for
Há de vencer o grande amor
Que há de ser no coração
Como um perdão para quem chorou.

(Antônio Carlos Jobim & Vinicius de Moraes. In: MORAES, Vinicius de. *Poesia completa e prosa.* 3. ed. Rio de Janeiro: Nova Aguilar, 1998. p. 764.)

Trabalhando o texto

1. No segundo verso da canção, os substantivos *homem* e *mulher* são usados em sentido genérico ou específico? Comente.

2. *Coração*, no penúltimo verso, é usado em sentido genérico ou específico? Comente.

3. Comente o efeito produzido pelo contraste entre os artigos em "um falso amor" e "o grande amor".

4. Há, na sua opinião, "o grande amor" de que fala a canção?

Em livro

MAMMI, Lorenzo; NESTROVSKI, Arthur Rosenblat; TATIT, Luiz. *Três canções de Tom Jobim.* São Paulo: Cosac Naify, 2004.

Em 2004, o Brasil relembrou com saudade o décimo aniversário de morte do cantor e compositor Tom Jobim. Em virtude da data, três renomados críticos literários lançaram uma obra em que analisam toda a poesia e a tradição erudita que marcaram a obra de Tom. Três canções serviram de objeto de estudo: "Sabiá", "Gabriela" e a imortal "Águas de março".

3

BROWNE, Dik. *O melhor de Hagar, o Horrível.* Porto Alegre: L&PM, v. 4, 2007. p. 85.

Trabalhando o texto

- Explique por que o substantivo *bebê* aparece antecedido de artigo indefinido no primeiro quadrinho e de artigo definido no segundo.

Questões de exames e concursos

1. (Fuvest-SP)

"Ele é o homem,
eu sou apenas uma mulher."

Nesses versos, reforça-se a oposição entre os termos *homem* e *mulher*.
a) Identifique os recursos linguísticos utilizados para provocar esse reforço.
b) Explique por que esses recursos causam tal efeito.

2. (EEM-SP) A palavra *homem* aparece duas vezes na frase que segue, com significados diferentes. Explique essa diferença.

"Suponho que nunca teria visto um homem e não sabia, portanto, o que era o homem."

(Machado de Assis)

3. (Fatec-SP) Indique o erro quanto ao emprego do artigo.
a) Em certos momentos, as pessoas as mais corajosas se acovardam.
b) Em certos momentos, as pessoas mais corajosas se acovardam.
c) Em certos momentos, pessoas as mais corajosas se acovardam.
d) Em certos momentos, as mais corajosas pessoas se acovardam.

4. (UPM-SP) Assinale a alternativa em que há erro.
a) Li a notícia no *Estado de S. Paulo*.
b) Li a notícia em *O Estado de S. Paulo*.
c) Essa notícia, eu a vi em *A Gazeta*.
d) Vi essa notícia em *A Gazeta*.
e) Foi em *O Estado de S. Paulo* que li a notícia.

5. (UPM-SP) Em qual das alternativas o artigo definido feminino corresponderia a todos os substantivos?
a) sósia, doente, lança-perfume
b) dó, telefonema, diabete
c) clã, eclipse, pijama
d) cal, elipse, dinamite
e) champanha, criança, estudante

6. (UFU-MG) Em uma das frases, o artigo definido está empregado erradamente. Em qual?
a) A velha Roma está sendo modernizada.
b) A "Paraíba" é uma bela fragata.
c) Não reconheço agora a Lisboa do meu tempo.
d) O gato escaldado tem medo de água fria.
e) O Havre é um porto de muito movimento.

7. (ITA-SP) Determine o caso em que o artigo tem valor de qualificativo.
a) Estes são os candidatos de que lhe falei.
b) Procure-o, ele é o médico! Ninguém o supera.
c) Certeza e exatidão, estas qualidades não as tenho.
d) Os problemas que o afligem não me deixam descuidado.
e) Muita é a procura; pouca, a oferta.

Capítulo 11

Estudo dos adjetivos

Veja. São Paulo: Abril, ano 41, ed. 2061, n. 20, 21 maio 2008. p. 119.

Para conceituar adjetivo, é necessário observar a estreita relação que se estabelece entre adjetivo e substantivo. No anúncio que você vê nesta página, os substantivos *bodas*, *amor* e *cidade* aparecem adjetivados, respectivamente, por uma locução (*de papel*), uma palavra (*inesperado*) e uma oração (*que não deveria existir*). Nos três casos, a caracterização é imprescindível para a construção do sentido do texto.

1. Conceito

Adjetivo é a palavra que caracteriza o substantivo, atribuindo-lhe qualidades (ou defeitos) e modos de ser, ou indicando-lhe o aspecto ou o estado:

sindicato **fictício**, **eficiente**, **deficitário**, **representativo**

SUBSTANTIVO × ADJETIVO

Observe que é necessário apresentar a relação que se estabelece entre o substantivo e o adjetivo para poder conceituar este último. Na realidade, substantivos e adjetivos podem apresentar características semelhantes e, em muitas situações, a distinção entre ambos só é possível a partir de elementos fornecidos pelo contexto:

O jovem brasileiro tornou-se participativo.
O brasileiro jovem enfrenta dificuldades para ingressar no mercado de trabalho.

Na primeira frase, *jovem* é substantivo, e *brasileiro* é adjetivo. Na segunda, invertem-se esses papéis: *brasileiro* é substantivo, e *jovem* passa a ser adjetivo. Ser adjetivo ou ser substantivo não decorre, portanto, de características morfológicas da palavra, mas de sua atuação efetiva numa frase da língua.

Há conjuntos de palavras que têm o valor de um adjetivo: são as **locuções adjetivas**. Essas locuções são geralmente formadas por uma preposição e um substantivo ou por uma preposição e um advérbio; para muitas delas, existem adjetivos equivalentes:

conselho **de pai** (= paterno)

inflamação **da boca** (= bucal)

atitude **sem qualquer cabimento**

alma **em frangalhos**

jornal **de ontem**

gente **de longe**

Por fim, não se pode esquecer que o prefixo existente na palavra **adjetivo** é o mesmo de "advogado, adjacente, adjunto" etc. e que a raiz (latina) de **adjetivo** é a mesma de **jazer**. Em suma, o adjetivo tem esse nome porque "jaz (fica, está) ao lado". De quem? De um substantivo, é claro.

2. Classificação

Quanto a sua estrutura e formação, os adjetivos têm classificação idêntica à dos substantivos: são primitivos ou derivados, simples ou compostos.

Os **adjetivos primitivos** não são formados por derivação de nenhuma outra palavra: deles é que se formam outras palavras. São exemplos:

azul	branco	brando	claro	curto
grande	livre	triste	verde	

Os **adjetivos derivados** são aqueles formados por derivação de outras palavras:

cheiroso	invisível	infeliz	esverdeado
desconfortável	azulado	entristecido	

Os **adjetivos simples** apresentam um único radical em sua estrutura. É o caso de todos os exemplos apontados no item anterior. Os **compostos** apresentam pelo menos dois radicais em sua estrutura:

ítalo-brasileiro	luso-africano	socioeconômico
político-institucional	sul-rio-grandense	

3. Adjetivos pátrios

Os adjetivos referentes a países, estados, regiões, cidades ou localidades são conhecidos como adjetivos pátrios. Conhecê-los é importante para evitar erros e construir frases mais concisas. Por isso, leia com atenção as relações de adjetivos pátrios colocadas a seguir. Para facilitar seu estudo, dividimos esses adjetivos em quatro blocos; os que se referem ao Brasil, os que se referem a Portugal e outros países de língua portuguesa, os que se referem à América e os que se referem aos demais países e continentes. Nos dois primeiros blocos, procuramos fornecer os adjetivos pátrios referentes aos estados, às principais regiões, às capitais de estado e principais cidades, além das formas que costumam provocar dúvidas. Nos dois últimos blocos, fornecemos apenas as formas que costumam provocar dúvidas.

ADJETIVOS PÁTRIOS REFERENTES AO BRASIL

estado ou cidade	adjetivo pátrio	estado ou cidade	adjetivo pátrio
Acre	acriano	Macapá	macapaense
Alagoas	alagoano	Maceió	maceioense
Amapá	amapaense	Manaus	manauense ou manauara
Amazonas	amazonense	Marajó (ilha)	marajoara
Anápolis (GO)	anapolino	Maranhão	maranhense
Angra dos Reis (RJ)	angrense	Mato Grosso	mato-grossense
Aracaju	aracajuano ou aracajuense	Mato Grosso do Sul	mato-grossense-do-sul
		Minas Gerais	mineiro
Bahia	baiano	Natal	natalense ou papa-jerimum
Belém (PA)	belenense	Niterói	niteroiense
Belo Horizonte	belo-horizontino	Novo Hamburgo (RS)	hamburguense
Boa Vista	boa-vistense	Palmas (TO)	palmense
Brasil	brasileiro	Pará	paraense ou paroara
Brasília	brasiliense	Paraíba	paraibano
Cabo Frio (RJ)	cabo-friense	Paraná	paranaense
Campo Grande	campo-grandense	Pernambuco	pernambucano
Ceará	cearense	Petrópolis (RJ)	petropolitano
Cuiabá	cuiabano	Piauí	piauiense
Curitiba	curitibano	Poços de Caldas (MG)	caldense
Duas Barras (RJ)	bibarrense	Porto Alegre	porto-alegrense
Espírito Santo	espírito-santense ou capixaba	Porto Velho	porto-velhense
Florianópolis	florianopolitano	Recife	recifense
Fortaleza	fortalezense	Rio de Janeiro (estado)	fluminense
Goiânia	goianiense	Rio de Janeiro (cidade)	carioca
Goiás	goiano	Rio Branco	rio-branquense
João Pessoa	pessoense	Rio Grande do Norte	rio-grandense-do-norte, norte-rio-grandense ou potiguar
Juiz de Fora (MG)	juiz-forano, juiz-de-forano ou juiz-forense		

Capítulo 11 > > > Estudo dos adjetivos > > >

243

estado ou cidade	adjetivo pátrio	estado ou cidade	adjetivo pátrio
Rio Grande do Sul	rio-grandense-do-sul, sul-rio-grandense ou gaúcho	São Luís	são-luisense ou ludovicense
Rondônia	rondoniense ou rondoniano	São Paulo (estado)	paulista
		São Paulo (cidade)	paulistano
Roraima	roraimense	Sergipe	sergipano
Salvador (BA)	salvadorense ou soteropolitano	Teresina	teresinense
		Tocantins	tocantinense
Santa Catarina	catarinense, catarineta ou barriga-verde	Três Corações (MG)	tricordiano
		Três Rios (RJ)	trirriense
Santarém (PA)	santareno	Vitória (ES)	vitoriense

Em livro

Editora Global

Contos Tradicionais do Brasil

CASCUDO, Luís da Câmara. *Contos tradicionais do Brasil*. 12. ed. São Paulo: Global, 2004.

A grandeza do Brasil é diretamente proporcional à riqueza cultural e folclórica que seu povo apresenta. O livro do folclorista Câmara Cascudo é uma amostra dessa riqueza que marca nossa nação. Estão registradas nesse livro cem histórias populares, colhidas diretamente da boca do povo. São contos de pobretões que conquistam princesas, de criminosos denunciados por cantos de pássaros... O que não falta é a conhecida malícia e a fértil imaginação de cada brasileiro.

ADJETIVOS PÁTRIOS REFERENTES A PORTUGAL, PAÍSES E TERRITÓRIOS DE LÍNGUA PORTUGUESA

país ou território	adjetivo pátrio	país ou território	adjetivo pátrio
Açores	açoriano	Diu	diuense, diense e dioense
Alentejo	alentejano	Douro	duriense
Algarve	algarvio ou algarviense	Entre Douro e Minho	interamnense
Angola	angolano ou angolense	Estremadura	estremenho
Aveiro	aveirense	Évora	eborense
Beira	beirão ou beirense	Faro	farense
Beja	bejense	Funchal	funchalense
Braga	bracarense, brácaro ou braguês	Goa	goano, goês, goense
		Guimarães	vimaranense
Bragança	bragantino, bragançano, braganção, brigantino ou bragancês	Guiné-Bissau	guineense
		Leiria	leiriense
Cabo Verde	cabo-verdiano ou cabo-verdense	Lisboa	lisboeta, lisbonense, olisiponense ou ulissiponense
Castelo Branco	albicastrense	Luanda	luandense
Coimbra	coimbrão, conimbricense, conimbrigense ou colimbriense	Macau	macaense ou macaísta
		Madeira	madeirense

244

Parte 2 > > > MORFOLOGIA > > >

país ou território	adjetivo pátrio	país ou território	adjetivo pátrio
Minho	minhoto	Setúbal	setubalense
Moçambique	moçambicano	Timor	timorense
Portalegre	portalegrense	Trás-os-Montes	trasmontanos ou transmontanos
Porto	portuense		
Ribatejo	ribatejano	Viana do Castelo	vianense ou vianês
Santarém	santareno, escalabitano		
São Tomé e Príncipe	são-tomense ou são-tomsense	Vila Real	vila-realense
		Viseu	visiense

ADJETIVOS PÁTRIOS REFERENTES ÀS AMÉRICAS

país ou cidade	adjetivo pátrio	país ou território	adjetivo pátrio
Alasca	alasquense ou alasquiano	Havana	havanês
		Honduras	hondurenho
Assunção	assuncionenho	La Paz	pacenho
Bogotá	bogotano	Lima	limenho
Boston	bostoniano	Manágua	managuenho ou managuense
Buenos Aires	buenairense, bonaerense ou portenho		
		Montevidéu	montevideano
Caracas	caraquenho	Nicarágua	nicaraguense ou nicaraguano
Caribe	caribenho		
Chicago	chicaguense	Nova Iorque	nova-iorquino
Costa Rica	costa-riquenho ou costa-riquense	Panamá	panamenho
		Patagônia	patagão
El Salvador	salvadorenho	Porto Rico	porto-riquenho
Equador	equatoriano	Quito	quitenho
Estados Unidos	estadunidense, norte-americano ou ianque	Suriname	surinamês
		Tegucigalpa	tegucigalpenho
Guatemala	guatemalteco	Terra do Fogo	fueguino
Guiana	guianense	Trinidad e Tobago	trinitário

OUTROS ADJETIVOS PÁTRIOS

país, cidade ou região	adjetivo pátrio	país, cidade ou região	adjetivo pátrio
Afeganistão	afegão ou afegane	Bangladesh	bengali
Andaluzia	andaluz	Barcelona	barcelonês ou barcelonense
Argélia	argelino ou argeliano		
Armênia	armênio	Baviera	bávaro
Azerbaijão	azerbaijano	Belém (Jordânia)	belemita
Bagdá	bagdali	Bélgica	belga

Capítulo 11 > > > Estudo dos adjetivos > > >

245

país, cidade ou região	adjetivo pátrio	país, cidade ou região	adjetivo pátrio
Bielorrússia	bielorrusso	Letônia	leto ou letão
Bilbau	bilbaíno	Lituânia	lituano
Bizâncio	bizantino	Madagáscar	malgaxe
Bulgária	búlgaro	Madri	madrilenho ou madrilense
Cairo	cairota		
Camarões	camaronês	Málaga	malaguenho
Canárias	canarino	Malásia	malaio
Cartago	cartaginês ou púnico	Malta	maltês
Catalunha	catalão	Manchúria	manchu
Ceilão	cingalês	Mântua	mantuano
Chipre	cipriota	Meca	mecano
Congo	congolês	Moldávia	moldávio
Córsega	corso	Mônaco	monegasco
Costa do Marfim	marfinense	Mongólia	mongol ou mongólico
Croácia	croata	Nápoles	napolitano ou partenopeu
Curdistão	curdo	Nazaré	nazareno
Damasco	damasceno	Nova Zelândia	neozelandês
Egito	egípcio	País de Gales	galês
Estônia	estoniano	Parma	parmesão ou parmense
Etiópia	etíope	Pequim	pequinês
Florença	florentino	San Marino	samarinês
Galiza	galego	Sardenha	sardo
Geórgia	georgiano	Somália	somali
Hungria	húngaro ou magiar	Tadjiquistão	tadjique
Índia	indiano ou hindu	Tirol	tirolês
Israel	israelense ou israelita	Trento	tridentino
Japão	japonês ou nipônico	Túnis	tunisino
Java	javanês ou jau	Ucrânia	ucraniano
Jerusalém	hierosolimita ou hierosolimitano	Varsóvia	varsoviano
		Zâmbia	zâmbio

Nas tabelas deste capítulo, você encontrará o adjetivo pátrio referente a *Nova Zelândia*.

LAERTE. Piratas do Tietê. *Folha de S.Paulo*, São Paulo, 27 mar. 2002. p. E5.

Adjetivos pátrios compostos

Em muitas situações, é necessário utilizar adjetivos pátrios compostos, como *euro-asiático, anglo--americano, ítalo-francês*. Nesses casos, o primeiro dos elementos do composto assume uma forma reduzida, de origem geralmente erudita. Note que nem todos os adjetivos pátrios possuem formas reduzidas: as principais se encontram no quadro a seguir.

FORMAS REDUZIDAS DE ADJETIVOS PÁTRIOS			
país, região ou continente	**adjetivo pátrio**	**país, região ou continente**	**adjetivo pátrio**
África	afro-	Europa	euro-
Alemanha	germano- ou teuto-	Finlândia	fino-
América	américo-	França	franco-
Ásia	ásio-	Galiza	galaico- ou galego-
Austrália	australo-	Grécia	greco-
Áustria	austro-	Índia	indo-
Bélgica	belgo-	Inglaterra	anglo-
Brasil	brasilo-	Itália	ítalo-
China	sino-	Japão	nipo-
Dinamarca	dano-	Portugal	luso-
Espanha	hispano-		

Atividades

1. Explique a diferença entre os adjetivos pátrios destacados.

a) Ele é **fluminense**, mas não é **carioca**.

b) Nem todo **paulista** é **paulistano**.

c) Eu pensava que ele fosse **belenense**. Na verdade, ele é **belemita**.

d) Não confunda as coisas: ela é **portuense** e não **portenha**.

e) Todo **brasileiro** é **brasiliense**?

2. Substitua os adjetivos pátrios destacados por formas equivalentes.

a) Ela é **norte-rio-grandense**; o marido, **sul-rio-grandense**.

b) Meu filho é **catarinense**; minha filha, **espírito-santense**.

c) Há anos não vejo meu amigo **salvadorense**.

d) A seleção **húngara** encantou o mundo na Copa de 1954.

e) Elogia-se muito a vida noturna **buenairense**.

f) Procura-se imitar o estilo de vida **estadunidense**.

g) A tecnologia **japonesa** invadiu o mundo.

3. Complete as frases a seguir com os adjetivos pátrios correspondentes às expressões entre parênteses.

a) As praias (*) são inesquecíveis. (de *Florianópolis*)

b) O entardecer (*) muitas vezes realça a solidão do poder. (de *Brasília*)

c) O carnaval (*) atrai muitos turistas. (*de Salvador*)

d) O clima (*) é muito apreciado. (*de Petrópolis*)

e) No ano passado, conheci a capital (*); este ano, vou conhecer a capital (*). (*do Piauí/do Maranhão*)

f) Um velho amigo (*) mostrou-me a beleza arquitetônica da cidade. (*de São Luís*)

g) Trouxe algumas peças de cerâmica (*) como lembrança de minhas aventuras (*). (*de Marajó/do Pará*)

h) Para ele, não basta dizer que é (*): é necessário acrescentar que é (*). (*de Goiás/de Goiânia*)

i) Como andam as economias (*) e (*)? (*de Tocantins/de Rondônia*)

j) Qual a população (*)? E a (*)? (*do Acre/de Rio Branco*)

4. Substitua os asteriscos pelos adjetivos pátrios referentes aos locais lusófonos indicados.

a) Tenho um amigo (*) e outro (*). Preciso fazer amigos (*) e (*). (*de Angola/de Moçambique/da Guiné-Bissau/de Cabo Verde*)

b) Em sua viagem a Portugal, você conheceu o litoral (*)? E as praias (*)? (*da Estremadura/do Algarve*)

c) Fui conhecer as belezas (*) e as maravilhas (*). (*de Braga/do Entre Douro e Minho*)

d) Já provaste o azeite (*)? (*da Beira*)

e) As tradições (*) são comparáveis às (*) e às (*). (*do Porto/de Coimbra/de Lisboa*)

f) Seu amigo português é (*)? Eu o supunha (*). (*de Castelo Branco/de Viseu*)

5. Para completar as frases a seguir, empregue os adjetivos pátrios relativos às Américas.

a) Seu sonho (*) converteu-se num pesadelo (*). Ele embarcou no avião errado! (*de Nova Iorque/de Assunção*)

b) A população (*) é pequena. (*da Terra do Fogo*)

c) Parece ter chegado ao fim a guerra civil (*). (*de El Salvador*)

d) Nosso basquete derrotou novamente o time (*), mas perdeu do time (*). (*de Porto Rico/dos Estados Unidos*)

e) Vou dar um passeio pela América Central: quero conhecer as realidades (*), (*) e (*). (*da Nicarágua/da Guatemala/do Panamá*)

f) A infraestrutura urbana (*) é tão precária quanto a (*). Aliás, o mesmo se pode dizer da (*) e da de muitas capitais de estado (*). (*de La Paz/de Lima/de Quito/do Brasil*)

6. Substitua o adjetivo pátrio pelo nome dos locais a que eles se referem, fazendo as adaptações necessárias.

a) Napoleão era corso.

b) Foi à Itália estudar dialetos sardos; acabou especializando-se em arte florentina.

c) As guerras púnicas ocupam boa parte dos livros de história antiga.

d) Eu sabia que ele era espanhol. Desconhecia se era galego ou andaluz.

e) Ele é israelense? É hierosolimita(no)?

f) Ela é síria? É damascena?

g) As decisões do Conselho tridentino espalharam terror pela Europa.

h) Uma das princesas monegascas costuma envolver-se em escândalos.

i) Ele é letão, lituano ou estoniano?

7. Que adjetivos pátrios compostos você empregaria para designar:

a) um acordo entre Alemanha e Itália?

b) um tratado entre China e Vietnã?

c) uma iniciativa conjunta entre a Finlândia e a Lituânia?

d) uma literatura comum à Galiza e Portugal?

e) uma exposição reunindo artistas da África e da América?

f) um império que abrangesse Áustria e Hungria?

g) uma cultura comum a gregos e romanos?

h) uma empresa formada por investidores da Bélgica e do Brasil?

i) um instituto de pesquisa financiado pelos governos da Inglaterra e da França?

8. Depois de conhecer melhor os adjetivos pátrios, você pode tentar explicar alguns nomes frequentes em nosso dia a dia. Por que será, por exemplo, que:

a) um certo tipo de queijo se chama parmesão?

b) um time de futebol se chama Fluminense?

c) um certo tipo de cão se chama pequinês?

d) certo tipo de canção se chama malaguenha?

e) certo tipo de linguiça se chama calabresa?

Em DVD

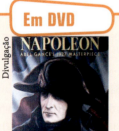

Napoleão. **Direção de Abel Gance. França: Silver Screen, 2008. (235 min).**

O principal personagem da História da França tem sua vida narrada desde a infância neste DVD do aclamado diretor Abel Gance, originalmente lançado em 1927. Odiado e admirado por seus inimigos, idolatrado por seus seguidores, Napoleão começa sua carreira militar ao fazer parte da Revolução Francesa. A partir daí, o jovem Bonaparte torna-se um estrategista ímpar, colecionando vitórias por onde passava.

4. Correspondência entre adjetivos e locuções adjetivas

Há muitos adjetivos que mantêm certa correspondência de significado com locuções adjetivas, e vice-versa. É o caso dos exemplos já citados *paterno/de pai* e *bucal/da boca*. A correspondência de significado nesses casos não significa que a substituição da locução pelo adjetivo correspondente seja sempre possível. Tampouco a substituição contrária é sempre admissível. *Colar de marfim*, por exemplo, é uma expressão cotidiana: seria pouco recomendável passar a dizer *colar ebúrneo* ou *ebóreo*, pois esses adjetivos têm uso restrito à linguagem literária. *Contrato leonino* é uma expressão usada na linguagem jurídica: é muito pouco provável que os advogados passem a dizer *contrato de leão*. Em outros casos, a substituição é perfeitamente possível, transformando a equivalência entre adjetivos e locuções adjetivas em mais uma ferramenta para o aprimoramento dos textos, pois oferece possibilidades de variação vocabular. É o que ocorre na sequência de frases a seguir:

A população **das cidades** tem aumentado demasiadamente no Brasil. Isso tem conduzido ao caos **urbano**.

Fornecemos a seguir uma relação de locuções adjetivas e adjetivos correspondentes. Muitos desses adjetivos são de origem erudita, tendo uso restrito à linguagem técnica ou literária. Baseando-se em sua experiência linguística, procure detectar os casos em que o adjetivo e a locução podem ser substituídos um pelo outro sem grandes alterações de sentido.

A locução adjetiva *de ponta* (usada na expressão *tecnologia de ponta*, que significa "tecnologia avançada") não tem nenhum adjetivo equivalente. (O personagem caricaturado é George W. Bush, presidente dos Estados Unidos na época do ataque da coalizão anglo-americana ao Iraque, ocorrido no início de 2003.)

O Pasquim 21, 1.º abr. 2003. p. 2.

LOCUÇÕES ADJETIVAS E ADJETIVOS CORRESPONDENTES

locução	adjetivo	locução	adjetivo
de abdômen	abdominal	de intestino	celíaco ou entérico
de abelha	apícola	de inverno	hibernal
de águia	aquilino	de irmão	fraternal ou fraterno
de aluno	discente	de lado	lateral
de ano	anual	de lago	lacustre
de asno	asinino	de leão	leonino
da audição	ótico ou auditivo	de lebre	leporino
de bispo	episcopal	de leite	lácteo ou láctico
de boca	bucal ou oral	de lobo	lupino
de boi	bovino	de lua	lunar ou selênico
de cabelo	capilar	de macaco	simiesco
de cabra	caprino	de mãe	maternal ou materno
do campo	rural, campesino, bucólico	de manhã	matinal
		de marfim	ebúrneo ou ebóreo
de cão	canino	de mármore	marmóreo
de cavalo	equino ou equídeo	de mestre	magistral
de chumbo	plúmbeo	de monge	monacal
de chuva	pluvial	de morte	mortal ou letal
de cidade	citadino ou urbano	de nádegas	glúteo
de cinza	cinéreo	de nariz	nasal
de coração	cardíaco ou cordial	de neve	níveo ou nival
de crânio	craniano	de noite	noturno
de criança	pueril ou infantil	de nuca	occipital
de diamante	diamantino ou adamantino	de olho	ocular
		de orelha	auricular
de estômago	estomacal ou gástrico	de osso	ósseo
de estrela	estelar	de ouro	áureo
de face	facial	de ovelha	ovino
de fera	ferino	de pai	paternal ou paterno
de fígado	figadal ou hepático	de paixão	passional
de filho	filial	de pedra	pétreo
de fogo	ígneo	de pele	epidérmico ou cutâneo
de frente	frontal	de pescoço	cervical
de garganta	gutural	de porco	suíno ou porcino
de gato	felino	de prata	argênteo
de gesso	gípseo	de professor	docente
de guerra	bélico	de proteína	proteico
de homem	viril ou humano	de pulmão	pulmonar
de idade	etário	dos quadris	ciático
de ilha	insular	de rim	renal

locução	adjetivo	locução	adjetivo
de rio	fluvial	de umbigo	umbilical
de rocha	rupestre	de veias	venoso
de selva	silvestre	de velho	senil
de serpente	ofídico	de vento	eólio
de sintaxe	sintático	de verão	estival
de sonho	onírico	de víbora	viperino
de tarde	vesperal ou vespertino	de vidro	vítreo
da terra	terreno, terrestre, telúrico	de virgem	virginal
de tórax	torácico	de visão	óptico ou ótico
de touro	taurino	da voz	vocal

Atividades

1. Explique o sentido dos adjetivos destacados.

a) São rios de regime **nival** e **pluvial**.

b) Há quem acredite que ter um comportamento **viril** equivale a deixar de agir como ser **humano**.

c) Nosso vizinho tem um grave problema **cardíaco**. É uma pena, pois ele é uma pessoa muito **cordial**.

d) O corpo **discente** da escola resolveu apoiar as reivindicações do corpo **docente**.

e) Trouxeram-nos um quilo de mel **silvestre**.

f) Estão querendo dinamitar a gruta em que há inscrições **rupestres**!

g) Seu inimigo **figadal** vive sofrendo de males **hepáticos**.

h) Infelizmente, a criança nasceu com lábios **leporinos**.

i) Percebeu que estava tornando-se **senil** quando as dores **renais**, **cervicais** e **ciáticas** não o abandonaram mais.

j) Não toque nisso! É um veneno **letal**!

k) Foi condenado pelo crime **passional** que cometeu há dois anos.

l) Fale alto: ele tem um sério problema **ótico**.

m) Não adianta gesticular diante dele: ele tem um sério problema **ótico**.

2. Releia as frases *l* e *m* no exercício anterior e proponha formas de substituir os termos destacados por outros que evitem ambiguidades.

3. Complete as frases seguintes com os adjetivos correspondentes às locuções entre parênteses.

a) Todos admiram seu andar (*). Eu tenho medo de sua língua (*). (*de gata/de víbora*)

b) Saiu para sua caminhada (*) e acabou voltando somente na hora da refeição (*). (*da manhã/da tarde*)

c) Houve um significativo crescimento nos rebanhos (*), (*), (*) e (*). (*de bois/de ovelhas/de cabras/de porcos*)

d) Seus problemas (*) e (*) requerem os cuidados de um especialista. (*de estômago/de intestino*)

e) Passou por uma cirurgia (*). (*da boca*)

f) A população (*) apresenta distribuição (*) equilibrada. (*das ilhas/de idade*)

g) Após o acidente, foi levado ao hospital com fortes dores (*) e suspeita de traumatismo (*). (*do tórax/do crânio*)

h) A navegação (*) é muito praticada no Norte do país. (*dos rios*)

i) É um alimento de elevado teor (*). Pena que seja inacessível à população mais pobre! (*de proteínas*)

j) Cobravam de mim um comportamento (*), como se me houvessem tratado com atenções (*) ou (*). (*de filho/de mãe/de pai*)

Capítulo 11 > > > Estudo dos adjetivos > > >

251

5. Flexões

Os adjetivos se flexionam em gênero e número e apresentam variações de grau bem mais complexas que as dos substantivos.

Flexão de gênero

O adjetivo concorda em gênero com o substantivo a que se refere:

um comportamento estranho	uma atitude estranha
um jornalista ativo	uma jornalista ativa

Os adjetivos também são classificados em biformes e uniformes.

Adjetivos biformes

Possuem uma forma para o gênero masculino e outra para o gênero feminino. A formação do feminino desses adjetivos costuma variar de acordo com a terminação da forma masculina, de modo semelhante ao que acontece com os substantivos.

a. Os adjetivos terminados em *-o* trocam essa terminação por *-a*:

ativo/ativa	branco/branca	honesto/honesta

Em alguns casos, além da mudança na terminação, há alteração no timbre da vogal tônica, que de fechado passa a aberto:

brioso/briosa	formoso/formosa	grosso/grossa

b. Os adjetivos terminados em *-ês*, *-or* e *-u* geralmente recebem a terminação *-a*:

português/portuguesa	sedutor/sedutora	cru/crua

Atente para as seguintes palavras, que são invariáveis:

hindu	cortês	pedrês	incolor
multicor	bicolor	tricolor	

O mesmo ocorre com estas formas comparativas:

maior	melhor	menor	pior
superior	inferior	anterior	posterior

Destaque-se também o par *mau/má*.

c. Os adjetivos terminados em *-ão* trocam essa terminação por *-ã*, *-ona* e, mais raramente, por *-oa*:

são/sã	chorão/chorona	beirão/beiroa
catalão/catalã	comilão/comilona	

d. Os adjetivos terminados em *-eu* trocam essa terminação por *-eia*; os terminados em *-éu*, por *-oa*:

plebeu/plebeia	ilhéu/ilhoa
ateu/ateia	tabaréu/tabaroa

Destaquem-se *judeu/judia* e *sandeu/sandia*.

e. Nos adjetivos compostos formados por dois adjetivos, apenas o último elemento sofre flexão; aqueles em que o segundo elemento é um substantivo são invariáveis:

cidadão luso-brasileiro   clínica médico-dentária
cidadã luso-brasileira   tecido amarelo-ouro
casaco verde-escuro   roupa amarelo-ouro
saia verde-escura   papel verde-mar
consultório médico-dentário   tinta verde-mar

Destaquem-se *surdo-mudo*, em que variam os dois elementos, e *azul-marinho*, em que não há variação:

rapaz surdo-mudo   moça surda-muda
termo azul-marinho   calça azul-marinho

Adjetivos uniformes

Animal, no título deste período, atua como adjetivo modificador de *universo* e é uniforme.

Universo animal. São Paulo: Abril, set. 2004, p. 73.

São os adjetivos que possuem uma única forma para o masculino e o feminino:

pássaro frágil   empresa agrícola
ave frágil   planejamento agrícola
ator ruim   vida exemplar
atriz ruim   comportamento exemplar

São uniformes os adjetivos compostos em que o segundo elemento é um substantivo:

casaco amarelo-limão   carro verde-garrafa
camisa amarelo-limão   bicicleta verde-garrafa

Também são uniformes os compostos *azul-marinho* e *azul-celeste*.

Flexão de número

O adjetivo concorda em número com o substantivo a que se refere:

governante capaz   governantes capazes
salário digno   salários dignos

A formação do plural dos adjetivos simples segue as mesmas regras da formação do plural dos substantivos simples.

Capítulo 11 > > > Estudo dos adjetivos > > >

A formação do plural dos adjetivos simples segue as mesmas regras da formação do plural dos substantivos simples. *Morais, espirituais, artísticos* e *humanos* se flexionam para concordar com o substantivo *valores*.

QUINO. *Toda Mafalda*. São Paulo: Martins Fontes, 1993. p. 120.

Já o plural dos adjetivos compostos segue os mesmos procedimentos da variação de gênero (masculino/feminino) dos adjetivos simples:

a. Nos adjetivos compostos formados por dois adjetivos, apenas o segundo elemento vai para o plural:

tratado luso-brasileiro   intervenção médico-cirúrgica
tratados luso-brasileiros   intervenções médico-cirúrgicas

Destaque-se novamente *surdo-mudo*:

rapaz surdo-mudo   rapazes surdos-mudos

b. Os adjetivos compostos em que o segundo elemento é um substantivo são invariáveis também em número:

recipiente verde-mar   uniforme amarelo-canário
recipientes verde-mar   uniformes amarelo-canário

Também são invariáveis *azul-marinho* e *azul-celeste*:

camisa azul-marinho   camiseta azul-celeste
camisas azul-marinho   camisetas azul-celeste

> **OBSERVAÇÃO**
>
> Os adjetivos que indicam cores e são formados pela expressão *cor de* + substantivo são invariáveis em gênero e número, mesmo quando a expressão *cor de* estiver subentendida:
>
> papel cor-de-rosa   papéis cor-de-rosa
> giz [cor de] laranja   gizes [cor de] laranja
> carro [cor de] creme   carros [cor de] creme
> camisa [cor de] cinza   camisas [cor de] cinza

Flexão de grau

Os adjetivos variam em grau quando se deseja comparar ou intensificar as características que atribuem. Há, portanto, dois graus do adjetivo: o comparativo e o superlativo.

Comparativo

Nesse grau, compara-se a mesma característica atribuída a dois ou mais seres ou duas ou mais características atribuídas a um mesmo ser. O comparativo pode ser de **igualdade**, de **superioridade** ou de **inferioridade**, e é formado por estruturas analíticas de que participam advérbios e conjunções. Observe as frases seguintes:

- comparativo de igualdade

    Ele é **tão exigente quanto** justo.

    Ele é **tão exigente quanto** (ou **como**) seu irmão.

- comparativo de superioridade

  Estamos **mais atentos (do) que** eles.

  Estamos **mais atentos (do) que** ansiosos.

- comparativo de inferioridade

  Somos **menos passivos (do) que** eles.

  Somos **menos passivos (do) que** tolerantes.

Os adjetivos *bom*, *mau*, *grande* e *pequeno* têm formas sintéticas para o grau comparativo de superioridade – *melhor*, *pior*, *maior* e *menor*, respectivamente:

> Essa solução é **melhor (do) que** a outra.
>
> Minha voz é **pior (do) que** a sua.
>
> O descaso pela miséria é **maior (do) que** o senso humanitário.
>
> A preocupação social é **menor (do) que** a ambição individual.

As formas analíticas correspondentes (*mais bom, mais mau, mais grande, mais pequeno*) só devem ser usadas quando se comparam duas características de um mesmo ser:

> Ele é **mais bom (do) que** inteligente.
>
> Todo corrupto é **mais mau (do) que** esperto.
>
> Meu salário é **mais pequeno (do) que** justo.
>
> Este país é **mais grande (do) que** equilibrado.

Atente para o fato de que as formas *menor* e *pior* são comparativos de superioridade, pois equivalem a *mais pequeno* e *mais mau*, respectivamente.

Superlativo

Nesse grau, a característica atribuída pelo adjetivo é intensificada de forma relativa ou absoluta.

No grau **superlativo relativo**, essa intensificação é feita em relação a todos os demais seres de um conjunto. O superlativo relativo pode exprimir *superioridade* ou *inferioridade* e é sempre expresso de forma analítica:

- superlativo relativo de superioridade

  Ele é **o mais atento de** todos.

  Ele é **o mais exigente de** todos os irmãos.

- superlativo relativo de inferioridade

  Você é **o menos crítico de** todos.

  Você é **o menos passivo de** todos os amigos.

As formas do superlativo relativo de superioridade dos adjetivos *bom*, *mau*, *grande* e *pequeno* também são sintéticas: *o melhor*, *o pior*, *o maior* e *o menor*.

No grau **superlativo absoluto**, intensifica-se a característica atribuída pelo adjetivo a um determinado ser, transmitindo ideia de excesso. O superlativo absoluto pode ser **analítico** ou **sintético**:

a. o superlativo absoluto analítico é formado normalmente com a participação de um advérbio:

> Você é **muito crítico**.
>
> Ele é **demasiadamente exigente**.
>
> Somos **excessivamente tolerantes**.

b. o superlativo absoluto sintético é expresso com a participação de sufixos. O mais comum deles é *-íssimo*; nos adjetivos terminados em vogal, esta desaparece ao ser acrescentado o sufixo do superlativo:

Trata-se de um artista **originalíssimo**.

Ele é **exigentíssimo**.

Seremos **tolerantíssimos**.

> No trecho desse sumário observam-se ocorrências do superlativo relativo de superioridade e de inferioridade. Em todas elas está subentendida a relação com os demais seres de um conjunto: *o menor* submarino *de todos*; *a maior tela de* vídeo *de todas*. Vale lembrar que *maior* e *menor* são formas sintéticas dos adjetivos *grande* e *pequeno*, respectivamente.

Vários adjetivos possuem formas irregulares para exprimir o grau superlativo absoluto sintético. Muitas dessas irregularidades ocorrem porque o adjetivo, ao receber o sufixo, reassume a forma latina. É o caso dos terminados em *-vel*, que assumem a terminação *-bilíssimo* (*volúvel, volubilíssimo; indelével, indelebilíssimo*). Na relação a seguir, você encontrará muitas formas irregulares do superlativo absoluto sintético. Observe que algumas são de uso comum (*facílimo* e *dificílimo*, por exemplo), enquanto outras pertencem à linguagem formal (*acérrimo, pulquérrimo*, por exemplo).

TECNOLOGIA

105 O maior satélite de telecomunicações em órbita 54

106 O maior número de perguntas ao vivo 55

107 O menor submarino 55

108 A maior velocidade em terra . .55

109 A menor calculadora 55

110 O avião mais rápido 56

111 O endereço de internet mais caro56

112 A substância sólida menos densa57

113 A maior tela de vídeo 57

114 O maior site de busca na internet 57

115 O vírus de computador mais disseminado 58

116 O trem de passageiros mais veloz 58

117 A menor câmera de segurança .58

118 O maior produtor de spam . .59

119 O menor mouse 59

120 O computador mais poderoso no espaço .59

121 A maior enciclopédia online . .59

O livro dos recordes da Super. São Paulo: Abril, dez. 2004. p. 5. Edição de Colecionador da Superinteressante.

Reprodução/Editora Abril

FORMAS DO SUPERLATIVO ABSOLUTO SINTÉTICO DIGNAS DE NOTA

adjetivo	superlativo absoluto sintético	adjetivo	superlativo absoluto sintético
acre	acérrimo	audaz	audacíssimo
ágil	agílimo ou agilíssimo	benéfico	beneficentíssimo
agradável	agradabilíssimo	benévolo	benevolentíssimo
agudo	acutíssimo ou agudíssimo	bom	boníssimo ou ótimo
alto	altíssimo ou supremo	capaz	capacíssimo
amargo	amaríssimo ou amarguíssimo	célebre	celebérrimo
amável	amabilíssimo	cruel	crudelíssimo
amigo	amicíssimo	difícil	dificílimo
antigo	antiquíssimo	doce	dulcíssimo ou docíssimo
áspero	aspérrimo	eficaz	eficacíssimo
atroz	atrocíssimo	fácil	facílimo

256   Parte 2 > > > MORFOLOGIA > > >

adjetivo	superlativo absoluto sintético	adjetivo	superlativo absoluto sintético
feliz	felicíssimo	pobre	paupérrimo ou pobríssimo
feroz	ferocíssimo	possível	possibilíssimo
fiel	fidelíssimo	pródigo	prodigalíssimo
frágil	fragílimo ou fragilíssimo	próspero	prospérrimo
frio	frigidíssimo ou friíssimo	provável	probabilíssimo
geral	generalíssimo	público	publicíssimo
grande	máximo	pudico	pudicíssimo
humilde	humílimo	pulcro	pulquérrimo
incrível	incredibilíssimo	rústico	rusticíssimo
infame	infamérrimo	sábio	sapientíssimo
inimigo	inimicíssimo	sagrado	sacratíssimo
jovem	juveniilíssimo	salubre	salubérrimo
livre	libérrimo	sensível	sensibilíssimo
magnífico	magnificentíssimo	simpático	simpaticíssimo
magro	macérrimo ou magríssimo	simples	simplícimo ou simplicíssimo
manso	mansuetíssimo		
mau	péssimo	soberbo	superbíssimo
miserável	miserabilíssimo	tenaz	tenacíssimo
miúdo	minutíssimo	tenro	teneríssimo
negro	nigérrimo ou negríssimo	terrível	terribilíssimo
nobre	nobilíssimo	veloz	velocíssimo
notável	notabilíssimo	visível	visibilíssimo
pequeno	mínimo	volúvel	volubilíssimo
perspicaz	perspicacíssimo	voraz	voracíssimo
pessoal	personalíssimo	vulnerável	vulnerabilíssimo

Os adjetivos terminados em -io não precedido de e formam o superlativo absoluto sintético em -iíssimo:

sério – seriíssimo

necessário – necessariíssimo **mas**

frio – friíssimo

feio – feíssimo

cheio – cheíssimo

Modernamente, também se aceitam (e se registram) as seguintes formas:

seríssimo   sumaríssimo   primaríssimo

Atividades

1. Complete as frases a seguir com a forma apropriada dos adjetivos colocados entre parênteses.

a) Apesar de ser uma dentista (*), possuía já uma (*) clientela. (*recém-formado/numeroso*)

b) Comprei uma camisa (*) e um chapéu (*) para desfilar no Carnaval. (*amarelo-claro/cor-de-rosa*)

c) Aquela moça é (*). Onde já se viu dar tanto dinheiro por uma motocicleta (*)! (*sandeu/amarelo-limão*)

d) Todas aquelas famílias (*) são de origem (*). (*sulino/europeu*)

e) Sou do tempo em que se usava camisa (*), calça (*) e sapatos (*) como uniforme nos colégios (*). (*branco/azul-marinho/preto/estadual*)

f) A alma daquela criatura é (*). (*azul-celeste*)

g) A atual conjuntura (*) levou aquela tradicional empresa (*) à falência. (*socioeconômico/anglo-saxão*)

h) A pobreza (*) parece não sensibilizar a comunidade (*). (*latino-americano/ítalo-franco-germânico*)

i) Vários jovens (*) ganharam medalhas nas olimpíadas para deficientes físicos. (*surdo-mudo*)

j) Sua presença (*) sequer foi notada pela bela jovem (*) que ele pretendia paquerar. (*incolor/norueguês*)

k) Ele diz que uma ordem (*) o obriga a adotar uma prática tão (*). (*superior/conservador*)

l) A jovem estava perfeitamente (*) quando saiu daqui. (*são*)

2. Complete as lacunas das frases a seguir com a forma apropriada dos adjetivos entre parênteses.

a) Várias clínicas (*) foram fiscalizadas durante a semana. (*médico-cirúrgico*)

b) Ele é um excêntrico. As paredes de sua casa são (*), suas camisas costumam ser (*); além disso, ele costuma exibir uma boina (*). Apelidaram-no "Amarelão". (*amarelo-canário/amarelo-ouro/amarelo-limão*)

c) Os métodos (*) pelos especialistas não têm sido (*). Talvez sejam (*) medidas menos (*) para resolver o problema. (*empregado/eficaz/necessário/tradicional*)

d) Várias entidades (*) de defesa dos direitos (*) protestaram contra as ações (*). (*latino-americano/humano/policial*)

e) Alguns torneios (*) (*) foram (*) devido à falta de empresas (*). (*esportivo/afro-asiático/suspenso/patrocinador*)

f) Mulheres (*) fizeram um protesto contra a discriminação de que são vítimas quando procuram emprego. (*surdo-mudo*)

g) Os documentos do ano passado estão nas pastas (*); os deste ano, nas pastas (*). (*azul-marinho/azul-celeste*)

h) Ela tem cabelos (*) e olhos (*). Não há como confundi-la com outra. (*castanho-escuro/azul-turquesa*)

i) Aquelas cortinas (*) dão um tom trágico ao ambiente. É melhor substituí-las por outras mais (*). (*vermelho-sangue/sóbrio*)

j) Olhos (*) e cabelos (*): é assim que a imagino em meus devaneios. (*verde-esmeralda/castanho-claro*)

k) Suas roupas (*) e seus gestos (*) renderam muitos comentários (*). (*lilás/audaz/venenoso*)

3. Complete as frases de acordo com o modelo:

É um poema belo. Não: é **belíssimo**!

a) A vida é frágil. Não: é (*).

b) Era um homem talentoso. Não: era (*).

c) É um jogador ágil. Não: é (*).

d) Foi um lugar agradável. Não: foi (*).

e) Será uma pessoa amável. Não: será (*).

f) É uma moeda antiga. Não: é (*).

g) É um corredor audaz. Não: é (*).

h) Seria um homem bom. Não: seria (*).

i) É uma solução boa. Não: é (*)

j) É uma criança doce. Não: é (*).

k) Teria sido um animal feroz. Não: teria sido (*).

l) Fora um espírito livre. Não: fora (*).

m) É um sujeito magro. Não: é (*).

n) É um país pobre. Não: é (*).

o) Tinha sido uma pessoa simpática. Não: tinha sido (*).

p) É uma alma volúvel. Não: é (*).

4. Na língua coloquial, utilizamos formas superlativas nem sempre aceitáveis na língua formal. Observe algumas dessas formas coloquiais nas frases a seguir; depois, reescreva as frases utilizando o superlativo absoluto apropriado à língua formal.

a) É um piloto hiperveloz!

b) Crianças subnutridas têm uma constituição vulnerável, vulnerável.

c) Ela adotou uma posição supercrítica.

d) É superpossível que a gente vá viajar.

e) Tem uma cabeça arquipequena!

f) É um cão supermanso.

g) Ele é arquiamigo de meu irmão.

h) É uma planta fragilzinha.

i) Saiu daqui felizinho da silva!

j) É um cara sabidão!

Parte 2 > > > MORFOLOGIA > > >

Textos para análise

1

Trabalhando o texto

Observando as palavras que compõem o anúncio, faça uma consideração sobre a estratégia de convencimento utilizada pelo anunciante.

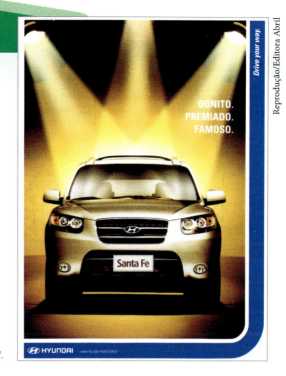

Veja. São Paulo: Abril, n. 17, 30 abr. 2008. p. 17.

2

"Os cariocas" e "os portenhos"

[...] Expressiva parcela do povo de Salvador sabe que o adjetivo pátrio relativo à capital da Bahia é "soteropolitano", palavra que vem de "Soterópolis", soma de *sotérion* (que significa "salvação") com *polis* ("cidade"). Fora de Salvador, a proporção certamente se inverte, ou seja, pouca gente conhece o termo. O *Aurélio* dá "Soterópolis" como "helenização do nome da cidade de Salvador". "Helenizar" é "adaptar ao caráter grego". Lembre-se de que "helênico" diz respeito à Grécia antiga.

Outro exemplo interessante vem da bela São Luís. O adjetivo pátrio relativo à capital do Maranhão é "ludovicense". O motivo? "Ludovico" e "Luís" são farinha do mesmo saco. Explica o *Dicionário Etimológico de Nomes e Sobrenomes*, de Mansur Guérios, que "Luís" vem do germânico *ludwig* ("guerreiro célebre"). Latinizada, essa forma transformou-se em "Ludovicus". Você acaba de descobrir que o célebre músico Ludwig van Beethoven, entre nós, seria Ludovico ou Luís.

É bom dizer que também existem as formas "salvadorense" (para Salvador) e "são-luisense" (para São Luís). Também é bom dizer que não se deve confundir "salvadorense" com "salvadorenho", que se refere a El Salvador, país da América Central.

E onde entram os cariocas, citados no título do texto?

CIPRO NETO, Pasquale. *Inculta e bela 4*. São Paulo: Publifolha, 2003. p. 64-5.

Trabalhando o texto

1. Responda você à pergunta feita para o leitor: que relação a palavra carioca poderia estabelecer com o que está afirmado anteriormente no texto?

2. Consultando a lista de adjetivos pátrios referentes ao Brasil, que outros adjetivos poderiam ter entrado nessa discussão?

3. Qual a provável razão de existirem as formas "salvadorense" e "são-luisense", além de soteropolitano e ludovicense?

4. Retomando o estudo realizado no capítulo 5, escreva quais são os principais sufixos utilizados na formação dos adjetivos pátrios.

3

Duas pessoas se esbarram com violência no centro da cidade. Sem jeito, o homem pede desculpas e percebe que a mulher olha insistentemente para cima:

[...]

– Viu aquilo?

Ele olhou de novo para cima, com mais interesse do que na primeira vez, mas só percebeu o que atraía a atenção da mulher quando ela disse:

– Que absurdo. Nunca vi coisa igual. Hérnia sem "h"!!!

Então ele fixou os olhos na placa da loja, bem no meio dela, e exclamou também:

– Que absurdo. Hérnia sem "h"!!!

Só aí notou que estava diante de uma mulher linda, uma das mais lindas que já tinha visto. Nesse momento, lembrando-se do encontro que tinha, chegou a dar dois passos para o lado, aflito para sair logo dali, mas parou, enfeitiçado, quando ela convidou:

– Quer ver outro absurdo?

Ele disse que queria ver, sim, e deixou-se levar por ela até uma esquina onde uma tabuleta, na calçada, trazia o cardápio de um restaurante vegetariano. Ali, ela pôs o dedo em cima de uma palavra e exclamou, com indignação:

– Chuchu com "x"! Não é uma loucura? Quem escreveu isto fugiu da escola...

Depois, moveu o dedo até outra palavra, um pouco acima, e acusou:

– Não é um crime isto? Berinjela com "g"!

Ele, apesar de não ser muito versado em jotas e gês, concordou. Era um crime. A mulher falava com tanta firmeza que só podia ser professora de português. Ela confirmou que era, quando ele perguntou. E disse ter apontado os erros da tabuleta ao dono do restaurante, que já havia prometido sua substituição.

Ela garantiu que, apesar dos erros da tabuleta, a comida lá era muito boa, ideal para quem queria manter-se saudável e em forma, e ele resolveu almoçar ali com ela, depois de telefonar para adiar o encontro de negócios. Já gozando as primeiras delícias da paixão, sentiu-se infeliz quando ela, ao saber que seu nome era Sárvio, franziu o rosto.

– Foi um erro de registro – ele explicou. – Era para ser Sálvio.

Ele não pôde franzir o rosto quando ela disse o nome. Que defeito podia haver em Ana Lúcia?

Enquanto comia sem vontade aqueles vegetais que ela devorava como se fosse uma coelhinha, recebeu outro golpe.

– Você sempre foi assim? – ela quis saber.

– Assim como?

– Assim gordinho.

– N... não. Eu engordei um pouco nos últimos dois anos. Antes, as pessoas me consideravam magérrimo.

– Magérrimo? Ah, eu não acredito.

– Não acredita por quê? Eu tenho fotos desse tempo.

– Você não entendeu. Você podia até ter cinquenta quilos, dois anos atrás. Mas magérrimo você não era.

Enquanto Sárvio se perguntava se, mesmo com toda aquela beleza, a mulher tinha o direito de duvidar assim de sua palavra, Ana Lúcia continuou:

– Magérrimo ninguém pode ser.

– Como assim? Do que você está falando?

– Estou falando da gramática. Pelas normas gramaticais, um homem pode ser (*) ou (*). Magérrimo, não. Magérrimo é uma forma condenada pela maioria dos filólogos.

– Fi... Filólogos?

Tentando lembrar o que era mesmo um filólogo, Sárvio, mais do que nunca, se sentiu burro, muito burro, burríssimo.

[...]

DREWNICK, Raul. A professora. In: CAMPOS, Carmen Lucia da Silva; SILVA, Nílson Joaquim da (Orgs.). *Lições de gramática para quem gosta de literatura.* São Paulo: Panda Books, 2007. p. 58-61.

Trabalhando o texto

1. Complete as duas lacunas do texto com as formas adequadas do adjetivo *magro*.

2. No trecho "Só aí notou que estava diante de uma mulher linda, uma das mais lindas que já tinha visto.", em que grau encontra-se o adjetivo? Assim flexionado, que efeito causa?

3. Existe uma gradação na frase "Sárvio, mais do que nunca, se sentiu burro, muito burro, burríssimo.". O que a provoca?

4. Reescreva a frase, empregando os adjetivos *sábio*, *célebre* e *sensível* no lugar de burro.

4

Mundo novo, vida nova

Buscar um mundo novo, vida nova
E ver, se dessa vez, faço um final feliz
Deixar de lado
Aquelas velhas histórias
O verso usado
O canto antigo
Vou dizer adeus
Fazer de tudo e todos bela lembrança
Deixar de ser só esperança
E por minhas mãos, lutando, me superar
Vou traçar no tempo meu próprio caminho
E assim abrir meu peito ao vento
Me libertar
De ser somente aquilo que se espera
Em forma, jeito, luz e cor
E vou
Vou pegar um mundo novo, vida nova
Vou pegar um mundo novo, vida nova

Luiz Gonzaga Júnior. Disponível em: <www.gonzaguinha.com.br>.
Acesso em: 20 jun. 2008.

Trabalhando o texto

1. Utilize o título da canção para explicar como se relacionam adjetivos e substantivos.

2. *Final* e *feliz* são duas palavras que costumam andar juntas. Classifique-as morfologicamente. A seguir, utilize a palavra *final* numa frase em que tenha classificação morfológica diferente da que tem no texto.

3. Observe as expressões *velhas histórias* e *canto antigo*. Se mudarmos a posição das palavras ("histórias velhas" e "antigo canto"), ocorrerão também mudanças de significado? Comente.

4. Abrir o peito ao vento, libertar-se, encontrar um mundo novo, uma vida nova: essas propostas lhe parecem interessantes? O que você pensa sobre elas?

Em CD

Gonzaguinha. *Eu acredito é na rapaziada* **(CD). EMI, 2007.**
Gonzaguinha, filho do também músico Luiz Gonzaga, foi um cantor engajado em seu tempo, crítico mordaz da ditadura militar que marcou a história brasileira nos anos 1970. Também compôs músicas líricas, obras que ainda hoje fazem parte do cancioneiro popular, como "Começaria tudo outra vez" e sambas-enredo, como "O que é o que é".

Questões de exames e concursos

1. (ITA-SP) Durante a Copa do Mundo deste ano, foi veiculada, em programa esportivo de uma emissora de TV, a notícia de que um apostador inglês acertou o resultado de uma partida, porque seguiu os prognósticos de seu burro de estimação. Um dos comentaristas fez, então, a seguinte observação:

"Já vi muito comentarista burro, mas burro comentarista é a primeira vez".

Percebe-se que a classe gramatical das palavras se altera em função da ordem que elas assumem na expressão.

Assinale a alternativa em que isso **NÃO** ocorre:

a) obra grandiosa

b) jovem estudante

c) brasileiro trabalhador

d) velho chinês

e) fanático religioso

2. (FGV-SP) Aponte a alternativa em que corretamente se faz a concordância dos termos destacados.

a) disputas **sino-soviética**, informações **econômico-financeiras**, camisas **azul-piscinas**, camisas **pastéis**

b) disputas **sino-soviéticas**, informações **econômicas-financeiras**, camisas **azuis-piscinas**, camisas **pastéis**

c) disputas **sinas-soviéticas**, informações **econômicas-financeiras**, camisas **azul-piscina**, camisas **pastéis**

d) disputas **sino-soviéticas**, informações **econômicas-financeiras**, camisas **azul-piscinas**, camisas **pastéis**

e) disputas **sino-soviéticas**, informações **econômico-financeiras**, camisas **azul-piscina**, camisas **pastel**

3. (FGV-SP) Aponte a alternativa que traga os superlativos absolutos sintéticos de acordo com a norma culta.

a) celebérrimo, crudelésimo, dulcíssimo, nigérrimo, nobilíssimo

b) celebésimo, crudelíssimo, dulcíssimo, nigérrimo, nobérrimo

c) celebérrimo, crudelíssimo, dulcíssimo, nigérrimo, nobilíssimo

d) celebríssimo, cruelérrimo, dulcésimo, negérrimo, nobérrimo

e) celebríssimo, crudelérrimo, dulcíssimo, negérrimo, nobérrimo

4. (Fuvest-SP) "(...) No fundo o imponente castelo. No primeiro plano a íngreme ladeira que conduz ao castelo. Descendo a ladeira numa disparada louca o fogoso ginete. Montado no ginete o apai-

xonado caçula do castelão inimigo de capacete prateado com plumas brancas. E atravessada no ginete a formosa donzela desmaiada entregando ao vento os cabelos cor de carambola."

(A. de Alcântara Machado, Carmela.)

"(...) Íamos, se não me engano, pela rua das Mangueiras, quando voltando-nos, vimos um carro elegante que levavam a trote largo dois fogosos cavalos. Uma encantadora menina, sentada ao lado de uma senhora idosa, se recostava preguiçosamente sobre o macio estofo e deixava pender pela cobertura derreada do carro a mão pequena que brincava com um leque de penas escarlates."

(José de Alencar, Lucíola.)

Nesses excertos, observa-se que a maioria dos substantivos são modificados por adjetivos ou expressões equivalentes.

Comparando os dois textos:

a) aponte em cada um deles o efeito produzido por tal recurso linguístico;

b) justifique sua resposta.

5. (Febasp) "Os homens são **os melhores fregueses**" – *os melhores* encontra-se no grau:

a) comparativo de superioridade.

b) superlativo relativo de superioridade.

c) superlativo absoluto sintético.

d) superlativo absoluto analítico de superioridade.

6. (PUC-RJ)

Descobrimento

(Mário de Andrade)

Abancado à escrivaninha em São Paulo
Na minha casa da rua Lopes Chaves
De sopetão senti um friúme por dentro.
Fiquei trêmulo, muito comovido
Com o livro palerma olhando pra mim.

Não vê que me lembrei lá no norte, meu Deus!
               [muito longe de mim,
Na escuridão ativa da noite que caiu,
Um homem pálido, magro de cabelo escorrendo nos olhos
Depois de fazer uma pele com a borracha do dia,
Faz pouco se deitou, está dormindo.
Esse homem é brasileiro que nem eu...

ANDRADE, Mário de. *Poesias completas*. Belo Horizonte: Villa Rica, 1993. p. 203.

No poema **Descobrimento**, certos substantivos encontram-se qualificados por adjetivos inusitados. Retire do texto UMA dessas combinações incomuns, explicando por que tem um efeito especial.

7. (Unimep-SP) Em algumas gramáticas, o adjetivo vem definido como sendo "a palavra que modifica o substantivo". Assinale a alternativa em que o adjetivo destacado contraria a definição.

a) Li um livro **lindo**.

b) Beber água é **saudável**.

c) Cerveja **gelada** faz mal.

d) Gente **fina** é outra coisa!

e) Ele parece uma pessoa **simpática**.

8. (Fatec-SP) Indique a alternativa em que não é atribuída a ideia de superlativo ao adjetivo.

a) É uma ideia agradabilíssima.

b) Era um rapaz alto, alto, alto.

c) Saí de lá hipersatisfeito.

d) Almocei tremendamente bem.

e) É uma moça assustadoramente alta.

9. (FEI-SP) Siga o modelo:

modificação **da paisagem**: modificação **paisagística**

a) água **da chuva**

b) exageros **da paixão**

c) atitudes **de criança**

d) soro **contra veneno de serpente**

10. (EEM-SP) Dê o superlativo absoluto sintético de:

a) feliz;   b) livre.

11. (EEM-SP) Faça conforme o modelo:

alma **de fora**: alma **exterior**

a) imagem **do espelho**   c) imposição **da lei**

b) parede **de vidro**   d) comprimento **da linha**

12. (EPM-SP) Dê os adjetivos equivalentes às expressões em destaque.

a) programa **da tarde**

b) ciclo **da vida**

c) representante **dos alunos**

13. (EEM-SP) Passe para o plural.

a) borboleta azul-clara;

b) borboleta cor de laranja.

14. (ITA-SP) Dadas as afirmações de que os adjetivos correspondentes aos substantivos:

1. enxofre   2. chumbo   3. prata

são, respectivamente,

1. sulfúreo   2. plúmbeo   3. argênteo

verificamos que está (estão) correta(s):

a) apenas a afirmação 1

b) apenas a afirmação 2

c) apenas a afirmação 3

d) apenas as afirmações 1 e 2

e) todas as afirmações

15. (UnB-DF) Relacione a primeira coluna à segunda.

(1) água   ( ) pluvial

(2) chuva   ( ) ebúrneo

(3) gato   ( ) felino

(4) marfim   ( ) aquilino

(5) prata   ( ) argênteo

(6) rio

(7) não consta da lista

A sequência correta é:

a) 7, 7, 3, 1, 7.   c) 2, 4, 3, 7, 5.

b) 6, 3, 7, 1, 4.   d) 2, 4, 7, 1, 7.

16. (ITA-SP) Os superlativos absolutos sintéticos de *comum*, *soberbo*, *fiel*, *miúdo* são, respectivamente:

a) comuníssimo, super, fielíssimo, minúsculo

b) comuníssimo, sobérrimo, fidelíssimo, minúsculo

c) comuníssimo, superbíssimo, fidelíssimo, minutíssimo

d) comunérrimo, sobérrimo, fidelíssimo, miudérrimo

e) comunérrimo, sobérrimo, fielíssimo, minutíssimo

17. (ITA-SP) Os adjetivos *lígneo*, *gípseo*, *níveo*, *braquial* significam, respectivamente:

a) lenhoso, feito de gesso, alvo, relativo ao braço

b) lenhoso, feito de gesso, nivelado, relativo ao crânio

c) lenhoso, rotativo, abalizado, relativo ao crânio

d) associado, rotativo, nivelado, relativo ao braço

e) associado, feito de gesso, abalizado, relativo ao crânio

18. (UPM-SP) Aponte a alternativa incorreta quanto à correspondência entre a locução e o adjetivo.

a) glacial (de gelo); ósseo (de osso)

b) fraternal (de irmão); argênteo (de prata)

c) farináceo (de farinha); pétreo (de pedra)

d) viperino (de vespa); ocular (de olho)

e) ebúrneo (de marfim); insípida (sem sabor)

19. (ITA-SP) O plural de *terno azul-claro*, *terno verde-mar* é, respectivamente:

a) ternos azuis-claros, ternos verdes-mares.

b) ternos azuis-claros, ternos verde-mares.

c) ternos azul-claro, ternos verde-mar.

d) ternos azul-claros, ternos verde-mar.

e) ternos azuis-claro, ternos verde-mar.

Capítulo 11 > > > Estudo dos adjetivos > > >

263

20. (UFJF-MG) Marque:

a) se I e II forem verdadeiras.

b) se I e III forem verdadeiras.

c) se II e III forem verdadeiras.

d) se todas forem verdadeiras.

e) se todas forem falsas.

"... eu não sou propriamente um autor defunto, mas um defunto autor..."

I. No primeiro caso, *autor* é substantivo; *defunto* é adjetivo.

II. No segundo caso, *defunto* é substantivo; *autor* é adjetivo.

III. Em ambos os casos, tem-se um substantivo composto.

21. (Cesgranrio-RJ) Assinale a alternativa em que o termo *cego(s)* é um adjetivo.

a) "Os cegos, habitantes de um mundo esquemático, sabem aonde ir..."

b) "O cego de Ipanema representava naquele momento todas as alegorias da noite escura da alma..."

c) "Todos os cálculos do cego se desfaziam na turbulência do álcool."

d) "Naquele instante era só um pobre cego."

e) "... da Terra que é um globo cego girando no caos."

22. (UFSC) Observe as proposições abaixo:

01. Poucos autores escrevem poemas herói-cômicos.

02. Os cabelos castanhos-escuros emolduravam-lhe o semblante juvenil.

04. Vestidos vermelhos e amarelo-laranja foram os mais vendidos na exposição.

08. As crianças surdo-mudas foram encaminhadas à clínica para tratamento.

16. Discutiu-se muito a respeito de ciências político-sociais na última assembleia dos professores.

32. As sociedades luso-brasileira adquiriram novos livros de autores portugueses.

Marque as frases corretas e some os valores que lhes são atribuídos.

23. (Unimep-SP) O adjetivo está mal flexionado em grau em:

a) livre: libérrimo

b) magro: macérrimo

c) doce: docílimo

d) triste: tristíssimo

e) fácil: facílimo

24. (Cefet-PR) Siga o exemplo:

Não chame a torre de alta, mas de altíssima.
Não considero sua atitude nobre, mas (*).

25. (MPE-PR/UFPA) Há situações em que o adjetivo muda de sentido, caso seja colocado antes ou depois do substantivo. Observe:

Lá se vão os pobres meninos
Pelas ruas da cidade.
Meninos pobres,
pelas ruas da cidade rica.

Qual é o significado da primeira e da segunda ocorrência da palavra pobres no trecho acima?

a) humildes/modestos

b) mendigos/sem recursos

c) dignos de pena/improdutivos

d) dignos de compaixão/desprovidos de recursos

e) ingênuos/sem posses

26. (UPM-SP) Assinale a alternativa em que ambos os adjetivos não se flexionam em gênero.

a) elemento motor, tratamento médico-dentário

b) esforço vão, passeio matinal

c) juiz arrogante, sentimento fraterno

d) cientista hindu, homem célebre

e) costume andaluz, manual lúdico-instrutivo

27. (UFF-RJ) Das frases abaixo, apenas uma apresenta adjetivo no comparativo de superioridade. Assinale-a.

a) A palmeira é a mais alta árvore deste lugar.

b) Guardei as melhores recordações daquele dia.

c) A Lua é menor do que a Terra.

d) Ele é o maior aluno de sua turma.

e) O mais alegre dentre os colegas era Ricardo.

28. (UFU-MG) O autor de D. Casmurro afirma que "José Dias amava os superlativos. Era um modo de dar feição monumental às ideias". Dentre os vários superlativos empregados por José Dias, assinale a única alternativa em que ocorre um emprego não previsto pela gramática normativa.

a) "Se soubesse, não teria falado, mas falei pela veneração, pela estima, pelo afeto, para cumprir um dever amargo, *amaríssimo*..."

b) "Que ideia é essa? O estado dela é *gravíssimo*, mas não é mal de morte, e Deus pode tudo."

c) "Sua mãe é uma santa, seu tio é um cavalheiro *perfeitíssimo*."

d) "... porque ela é um anjo, *anjíssimo*..."

e) "Oh! As leis são *belíssimas*."

29. (UFU-MG) Relativamente à concordância dos adjetivos compostos indicativos de cor, uma, dentre as seguintes alternativas, está errada. Qual?

a) saia amarelo-ouro

b) papel amarelo-ouro

c) caixa vermelho-sangue

d) caixa vermelha-sangue

e) caixas vermelho-sangue

264   Parte 2 > > > MORFOLOGIA > > >

Capítulo 12

Estudo dos advérbios

QUINO. *Mafalda 6*. São Paulo: Martins Fontes, 2002. p. 76.

Na fala do pai de Mafalda, o advérbio *aí* indica o lugar onde ela está. Na irônica resposta da garota, a referência a esse mesmo lugar é feita por uma locução adverbial: *na frente da televisão*. Ou seja, o lugar onde apenas se pode pensar se o tal aparelho doméstico estiver desligado...

1. Introdução

Na palavra *advérbio*, assim como na palavra *adjetivo*, existe o prefixo latino *ad*, que indica ideia de "proximidade", "contiguidade". Portanto o nome praticamente já diz o que é o advérbio: é palavra capaz de caracterizar o processo verbal, indicando circunstâncias em que esse processo se desenvolve. É o caso, por exemplo, da palavra *humildemente*, que, no "Poema só para Jaime Ovalle", de Manuel Bandeira, caracteriza o processo expresso pela forma verbal *pensando*:

"E fiquei pensando, humildemente pensando na vida e nas mulheres que amei".

O papel básico dos advérbios é, por isso, relacionar-se com os verbos da língua, caracterizando os processos expressos por eles. Essa caracterização pode ter finalidade descritiva, procurando representar objetivamente os dados da realidade. Quando se diz, por exemplo, que todos estavam "dormindo profundamente", descreve-se a maneira intensa como todos dormiam.

A caracterização adverbial pode, no entanto, indicar a subjetividade de quem analisa um evento: o advérbio deixa de ter papel descritivo e passa a traduzir sentimentos e julgamentos de valor de quem escreve ou fala. É o que se verifica, por exemplo, no poema "Madrugada", de Ferreira Gullar:

> Do fundo de meu quarto, do fundo
> de meu corpo
> clandestino
> ouço (não vejo) ouço
> crescer no osso e no músculo da noite
> a noite
>
> A noite ocidental obscenamente acesa
> sobre meu país dividido em classes

O advérbio *obscenamente* é um ótimo exemplo desse outro valor dos advérbios. Modificando o adjetivo *acesa*, ele transmite um forte juízo de valor.

Em livro

Gullar, Ferreira. ***Muitas vozes***. São Paulo: José Olympio Editora, 2000.

Este livro é considerado pela crítica especializada a obra de maturidade de Ferreira Gullar. O autor de *A luta corporal* e *Poema sujo*, obras-primas da poesia brasileira, reuniu aqui 54 poemas que abordam temas diversos, como infância, sexo, vida e morte. O título do livro é sugestivo: as "muitas vozes" a que se refere Gullar são as vozes que influenciaram sua formação poética, vozes que aparecem na construção de cada poema, vozes do concretismo, do poema-espacial, do aforismo, do cordel...

2. Conceito

Advérbio é a palavra que caracteriza o processo verbal, exprimindo circunstâncias em que esse processo se desenvolve. Observe:

"**Hoje não** ouço **mais** as vozes daquele tempo." (circunstâncias de tempo, negação e tempo, respectivamente)

"Todos os maridos funcionam **regularmente**." (circunstância de modo)

Diferentemente do que seu nome indica, o advérbio não é modificador exclusivo do verbo. Os advérbios de intensidade e os de modo podem modificar também adjetivos e advérbios:

Esse é o procedimento **menos** adequado para quem se diz **politicamente** correto.
(o advérbio *menos* modifica o adjetivo *adequado*; o advérbio *politicamente* modifica o adjetivo *correto*)

Ela procedeu muito **mal**.
(o advérbio *muito* modifica o advérbio *mal*)

Na tirinha, o advérbio *bem* modifica o adjetivo *econômico*. A ênfase na intensidade, naturalmente dada pelo advérbio, é acentuada pelo falante ao prolongar a emissão da palavra. Graficamente, a ênfase é representada pela repetição do *e* e pelo destaque dado à palavra.

LAERTE. *Classificados: livro 3*. São Paulo: Devir, 2004. p. 10.

Em alguns casos, os advérbios podem se referir a uma oração inteira; nessa situação, normalmente transmitem a avaliação de quem fala ou escreve sobre o conteúdo da oração:

Infelizmente, o Congresso não aprovou o projeto.

Lamentavelmente, ele não estará conosco na próxima semana.

As **locuções adverbiais** são conjuntos de duas ou mais palavras que têm valor de advérbio. Geralmente, são formadas por preposição e substantivo ou por preposição e advérbio:

Moravam **lá**.	Acordei **cedo**.	Fiquem **aqui**.
Moravam **ao lado da estação**.	Acordei **no meio da noite**.	Fiquem **por perto**.

3. Classificação

Os advérbios e locuções adverbiais são classificados de acordo com as circunstâncias que expressam. Na relação a seguir, você encontrará as principais circunstâncias adverbiais e alguns advérbios e locuções que podem exprimi-las.

Há três ocorrências de advérbios nessa tirinha: *no fundo do prato* é locução adverbial de lugar e modifica o verbo *estar* ("está *no fundo do prato*"); *não* é advérbio de negação e modifica o verbo *tomar* ("se você *não* tomar a sopa"); *rápido*, originalmente um adjetivo, neste caso modifica um verbo (*tomar*), funcionando, assim, como advérbio de modo ("se você não tomar... *rápido*").

GONSALES, Fernando.
Níquel Náusea: tédio no chiqueiro.
São Paulo: Devir, 2006. p. 8.

a. lugar

aqui	aí	ali	cá	lá	acolá
além	longe	perto	dentro	adiante	defronte
onde	acima	abaixo	atrás	em cima	de cima
à direita	à esquerda	ao lado	de fora	por fora	
alhures (= em outro lugar)		nenhures (= em nenhum lugar)		algures (= em algum lugar)	

b. tempo

hoje	ontem	anteontem	amanhã	atualmente	brevemente
sempre	nunca	jamais	cedo	tarde	antes
depois	logo	já	agora	ora	então
outrora	aí	quando	à noite	à tarde	de manhã
de vez em quando	às vezes	de repente	hoje em dia		

c. modo

bem	mal	assim	depressa	devagar	frente a frente
às claras	às pressas	à vontade	à toa	de cor	face a face
de mansinho	de cócoras	em silêncio	com rancor	sem medo	
rapidamente	lentamente	facilmente (e a maioria dos vocábulos terminados em *-mente*)			

d. afirmação

sim	decerto	certamente	efetivamente	seguramente
realmente	sem dúvida	por certo	com certeza	

e. negação

não	absolutamente	tampouco	de modo algum	de jeito nenhum

f. intensidade

muito	pouco	mais	menos	ainda	tão
bastante	assaz	demais	bem	tanto	de pouco
deveras	quanto	quase	apenas	mal	de todo

g. dúvida

talvez	porventura	acaso	quiçá
possivelmente		provavelmente	eventualmente

Você notou que as circunstâncias citadas acima podem ser expressas por um simples advérbio ou por uma locução adverbial. Há outras circunstâncias que só podem ser expressas por locuções, como a de causa e a de finalidade. Observe:

> Muitas crianças estão morrendo **de fome / devido à desnutrição / por razões ignóbeis**.
> (circunstância de causa)

> Preparou-se **para o exame / para aquela oportunidade**.
> (circunstância de finalidade)

Alguns gramáticos citam outras circunstâncias adverbiais. Muitas delas parecem subdivisões das apontadas acima, como a de frequência (subdivisão da circunstância de tempo).

Advérbios interrogativos

Os advérbios interrogativos são empregados em orações interrogativas diretas ou indiretas. Esses advérbios podem exprimir lugar, tempo, modo ou causa:

> **Onde** foram parar os livros?
> Quero saber **onde** foram parar os livros.

> **Quando** será a reunião?
> Quero saber **quando** será a reunião.

> **Como** proceder num momento tão importante?
> Quero saber **como** proceder num momento tão importante.

> **Por que** você aceita tudo passivamente?
> Quero saber **por que** você aceita tudo passivamente.

Você vai estudar mais detalhadamente as circunstâncias adverbiais nos capítulos relativos à sintaxe (adjuntos adverbiais e orações subordinadas adverbiais).

4. Flexão

Geralmente, os advérbios são considerados palavras invariáveis, por não apresentarem flexão de gênero e número. No entanto alguns deles – principalmente os de modo – apresentam variações de grau semelhantes às dos adjetivos.

Grau comparativo

Como ocorre com os adjetivos, o grau comparativo pode ser de igualdade, de superioridade e de inferioridade:

> Ele agia **tão friamente quanto** (ou **como**) o comparsa.
>
> Ele agia **mais friamente** (**do**) **que** o comparsa.
>
> Ele agia **menos friamente** (**do**) **que** o comparsa.

Para os advérbios *bem* e *mal*, as formas de comparativo são sintéticas (*melhor* e *pior*):

> Ele agia **melhor/pior** (**do**) **que** o comparsa.

Cuidado: diante de particípios que atuam como adjetivos, são empregadas as formas analíticas *mais bem* e *mais mal*:

> Ele é o **mais bem** informado dos jornalistas.
> (e não o *melhor* informado)
>
> Este edifício é o **mais mal** construído de todos.
> (e não o *pior* construído)

Grau superlativo

O superlativo dos advérbios é absoluto e pode ser formado de dois modos:

a. **analítico** – o superlativo é obtido por meio do uso de um advérbio de intensidade:

> Elc proccdcu **muito calmamente**.
>
> Investigaram **desleixadamente demais** as causas do acidente.
>
> Certamente estão **muito perto** da cidade procurada.

b. **sintético** – o superlativo é obtido por meio do uso do sufixo -*íssimo*:

> Ela crê **muitíssimo** em suas convicções.
>
> As transformações sociais estão ocorrendo **lentissimamente**.
>
> Acordo **cedíssimo** todos os dias.

Na linguagem coloquial e familiar, é comum o emprego do sufixo diminutivo para dar aos advérbios o valor superlativo:

> Amanhã vamos acordar **cedinho**.
>
> Ela faz tudo **devagarinho**.

Atividades

1. Aponte os advérbios e locuções adverbiais presentes nos trechos a seguir e classifique-os.

a) "No dia seguinte almoçamos num restaurante e tomamos três garrafas de tinto; depois, num bar fiquei a alisar ternamente a sua mão fina, de veias azuis." (Rubem Braga)

b) "Talvez um ruído de elevador, uma campainha tocando no interior de outro apartamento, o fragor de um bonde lá fora, sons de um rádio distante, vagas vozes – e, me lembro, havia um feixe de luz oblíquo dando no chão e na parte de baixo de uma porta, recordo vagamente a cor rósea da parede." (Rubem Braga)

c) "Se é difícil arrancar um *não* do brasileiro em geral, mais difícil ainda é arrancar um *sim* do mineiro em particular." (Fernando Sabino)

d) "Naquela solene ocasião, diante das figuras ilustres a olhar boquiabertas as dimensões ciclópicas do monumento, sobreveio a catástrofe providencial: a imensa massa de argila, amolecida pelos sucessivos baldes d'água que o escultor, temeroso de seu endurecimento, despejava sobre o trabalho, começou a desfazer-se feito melado, e de súbito desmoronou fragorosamente." (Fernando Sabino)

e) "Aos três meses de vida, passa muito bem o primeiro macaco-aranha nascido em cativeiro, proeza realizada no Centro de Primatologia, no Rio de Janeiro, único lugar do mundo onde essa espécie pode ser legalmente criada." (*Superinteressante*, mar. 1992.)

f) "O mestre-cervejeiro não é um profissional comum: em qualquer fábrica de bebida, pequena ou grande, ele é, desde os tempos da Idade Média, o guardião da receita da cerveja daquela marca e o responsável pela qualidade da bebida produzida ali." (*Globo Ciência*, abr. 1992.)

2. Troque as locuções adverbiais destacadas nas frases a seguir por advérbios terminados em *-mente*.

a) Recebeu-nos **com afeto**.

b) Agiu **com pudor**.

c) Sempre canta **com prazer**.

d) **Sem dúvida**, não há mais nada a fazer.

e) Ofendeu a todos **sem distinção**.

f) A política econômica atinge **sem piedade** os mais pobres.

g) Resolvi o problema **aos poucos**.

h) Estava lá **por acaso**.

i) Apresente a proposta **com nitidez**.

j) Entendem-se **sem palavras**.

3. Troque os advérbios terminados em *-mente* destacados nas frases seguintes por locuções adverbiais.

a) Conduzia a bola **habilmente**.

b) Os alunos receberam o professor **ruidosamente**.

c) Ele sofreu as consequências do que fez **impensadamente**.

d) Agiu **friamente**.

e) **Delicadamente**, beijei-lhe a mão.

f) **Repentinamente**, nuvens negras cobriram o céu.

g) Ofendia **despudoradamente** a quem o contradissesse.

h) **Frequentemente** se veem cobras nestas matas.

i) Desejava-a **intensamente**.

j) Não imaginava ter agido **ingenuamente**.

4. Substitua as expressões destacadas nas frases a seguir por advérbios.

a) **Por qual motivo** você não visita seu pai?

b) Não pensei isso **em nenhum instante**.

c) **Em que tempo** os homens serão melhores com os outros homens?

d) **Naquele lugar** existe vegetação nativa.

e) **Neste lugar** existe muita poluição visual.

f) O teatro fica **a grande distância**; o cinema, **a pequena distância**.

g) Saia **neste exato instante**!

h) Ela já me viu **em algum lugar**.

i) Ponha esse livro **em outro lugar**.

5. A palavra destacada tem valor diferente em cada uma das frases dos pares a seguir. Classifique-a.

a) Faça isso **direito**!

Entrou pelo lado **direito**.

b) Pagou **caro** o carro em que desfila pela cidade.

É um carro **caro**.

c) **Breve** nos veremos.

O discurso do presidente foi **breve**.

d) Fale **baixo**!

O salário médio no Brasil é **baixo**.

Parte 2 > > > MORFOLOGIA > > >

6. Classifique as palavras destacadas nas frases seguintes.

a) Ela está **meio** nervosa.
b) Passou **meio** dia na fila do banco.
c) Vai demorar a chegar, porque anda **meio** devagar.
d) Vendeu **caro** o que havia comprado **barato**. É um especulador!
e) Comprei um carro **barato** pelo preço de um **caro**.
f) Você é o **melhor** aluno da classe, mas seu irmão é o **pior**.
g) Escrevo **melhor** do que falo.

7. Quando se colocam diversos advérbios terminados em *-mente* um após o outro, recomenda-se que essa terminação seja usada apenas no último deles:

O novo tributo prejudicaria ampla e injustamente as pessoas de menor renda.

Pensando nisso, comente o emprego desse tipo de advérbios na seguinte frase do escritor português Fernando Namora:

"De repente, pus-me de pé e aproximei-me lentamente, ritmadamente, voluptuosamente, da janela." (Fernando Namora, apud CUNHA, Celso; CINTRA, Lindley.)

Em *site*

<www.tvcultura.com.br/aloescola/literatura/cronicas/rubembraga.htm.com.br>. Acesso em: 4 abr. 2008.

A crônica é um gênero literário que resulta da soma de jornalismo com literatura. O cronista é aquele escritor que ultrapassa o mero registro cotidiano dos fatos, uma vez que ele transforma esse registro em poesia. E é essa transformação que eleva uma simples notícia ou reportagem à categoria de literatura. A Literatura Brasileira está repleta de excelentes cronistas, como Rubem Braga, um dos maiores. O *site* indicado apresenta uma galeria de cronistas importantes e ensina você a fazer uma crônica com muito estilo!

Textos para análise

1

A pobre língua, deformada por novas manias

Então... Quantas vezes hoje você já começou uma frase com "Então..."? (E com uma misteriosa pausa logo depois de dizer "então..." – donde as reticências.) Em todas essas ocasiões, esse "então..." não significou absolutamente nada. Dizê-lo ou deixar de dizê-lo dava na mesma. Mas, se você o disse, é porque já chegou àquele perigoso estágio em que as palavras antecedem ao pensamento – tanto que nem se lembra de ter dito. Transfira isso para todas as vezes que falou sem pensar, opinou sem pensar ou acusou sem pensar, apenas porque as palavras se formaram espontaneamente na sua boca. Daí, digamos, a votar sem pensar é também um pulo.

Não tenho nenhuma birra generalizada contra o uso de "então". Como advérbio, fazendo as funções de nesse ou naquele tempo, é uma palavra linda: "O futebol de então era mais clássico". Mesmo como interjeição, dando continuidade a uma discussão suspensa e quase sempre significando um estímulo, tem tudo a ver: "Então, Fulano, vamos ou não vamos almoçar?". Mas tenho urticárias com esse abuso de entões como uma interjeição melíflua, que só serve para tapar um buraco na frase e não leva a lugar nenhum: "Então... Não sei se lavo o carro ou se vou comer um macarrão com a mamãe".

Assim como há pragas cíclicas de gafanhotos e de outros insetos na lavoura, "então..." é apenas uma das pragas recentes a infestar a língua. Nem é a pior. A pior, sem dúvida, é o abuso de "Com certeza!" – assim mesmo, com ponto de exclamação. O uso quase fanático de "Com certeza!" (de um ano para cá ou, pelo menos, foi então que o percebi) está quase condenando à morte outras expressões que, no passado, tanto nos valeram, como "Sem dúvida!", "Claro!", "Lógico!", "Óbvio!", "Positi-

vo!", "Certo!" e até mesmo o "Certamente!", para não falar do humilde e perfeito "Sim!". Não há nenhum motivo para "Com certeza!" monopolizar as afirmações do vocabulário, exceto o fato de que, num processo galopante de degeneração da língua, estamos falando como zumbis, e os jovens, talvez, mais do que todos.

Comicamente, as pessoas passaram a exclamar "Com certeza!" até mesmo quando a frase que se segue não dá certeza de coisa nenhuma. "Fulano, você já comprou o disco do Supla?" "Com certeza! Mas antes preciso pedir o dinheiro pro meu pai." As sílabas se formam magicamente no aparelho fonador e as frases saem com a maior facilidade pela boca, sem a mínima interferência cerebral. Não há relação entre o pensamento e a palavra. Todos os processos lógicos, desenvolvidos desde Aristóteles, são destruídos por uma rastaquera frase-feita, inventada e/ou adotada por não pensantes.

CASTRO, Ruy. "A pobre língua, deformada por novas manias". In: *Lições de gramática para quem gosta de literatura*. In: CAMPOS, Carmen Lucia da Silva; SILVA, Nílson Joaquim da (Orgs.). São Paulo: Panda Books, 2007. p. 63-4.

Trabalhando o texto

1 Aponte os advérbios e as locuções adverbiais indicativas de **tempo** presentes no texto. O que se pode observar?

2. Aponte os advérbios e as locuções adverbiais indicativas de **modo** presentes no texto.

3. Aponte a frase do texto que apresenta uma expressão adverbial indicativa de **companhia**.

4. No trecho "Nem é a pior", a que palavra se refere *pior*? Ela se classifica como advérbio ou como adjetivo? Dê um exemplo em que a palavra *pior* seja empregada na categoria que você descartou.

5. Considere esta passagem: "(...) estamos falando como zumbis, e os jovens, talvez, mais do que todos".

a) Que outros advérbios podem ser utilizados no lugar de *talvez*?

b) Que forma verbal está subentendida nesse trecho, após o advérbio?

6. Considere esta passagem: "de um ano para cá ou, pelo menos, foi então que o percebi".

a) A que se refere o advérbio *cá* nesse trecho?

b) Comente o emprego do advérbio *então* nessa passagem.

7. "Daí, digamos, a votar sem pensar é também um pulo."

a) A que se refere a palavra *daí* nessa frase?

b) Você concorda com essa afirmação?

Parte 2 > > >MORFOLOGIA > > >

Em livro e em CD

CASTRO, Ruy. *Carmen: uma biografia – a vida de Carmen Miranda, a brasileira mais famosa do século XX*. São Paulo: Companhia das Letras, 2005.

MIRANDA, Carmen. In: *Ruy Castro apresenta: Carmen canta sambas* (CD). EMI Music, 2006.

O texto da atividade 1 é de autoria do jornalista e biógrafo Ruy Castro. Em 2005, Castro publicou esta obra e organizou uma coleção de 4 CDs em homenagem à cantora. Morta aos 46 anos, vítima de seu próprio sucesso, Carmen cantou sambas, marchinhas e canções de Ary Barroso. O CD *Carmen canta Sambas* é o primeiro da lista. Os outros são *Os carnavais de Carmen*, *Carmen no cassino da Urca* e *Carmen canta Ary Barroso*.

2

Amazônia: grandes reportagens O Estado de S. Paulo. São Paulo: O Estado de S. Paulo, nov./dez. 2007. p. 58.

Trabalhando o texto

A que classe gramatical pertence a palavra *legal*? Como se justifica seu emprego na frase acima?

3

O martelo

As rodas rangem na curva dos trilhos
Inexoravelmente.
Mas eu salvei do meu naufrágio
Os elementos mais cotidianos.
O meu quarto resume o passado em todas as casas que habitei.
Dentro da noite
No cerne duro da cidade
Me sinto protegido.
Do jardim do convento
Vem o pio da coruja.
Doce como um arrulho de pomba.
Sei que amanhã quando acordar
Ouvirei o martelo do ferreiro
Bater corajoso o seu cântico de certezas.

BANDEIRA, Manuel. *Estrela da vida inteira*. 10. ed. Rio de Janeiro: José Olympio, 1983. p. 141.

Trabalhando o texto

1. Aponte um exemplo de advérbio de tempo e um de intensidade.

2. Aponte um exemplo de locução adverbial de lugar.

3. A palavra *inexoravelmente*, cujo *x* deve ser lido como o de *exame*, equivale a uma locução. Indique-a.

4. Na sua opinião, que efeito produz o fato de a palavra *inexoravelmente* ser a única do segundo verso?

5. A palavra *dentro* normalmente introduz ideia de lugar. No texto, a expressão "Dentro da noite" tem efetivamente a ideia de lugar? Comente.

6. Reescreva os dois últimos versos, substituindo *martelo* por *ferramenta*. Faça as adaptações necessárias.

7. No texto, a palavra *corajoso* tem valor de adjetivo ou de advérbio? Comente.

8. Pode-se entender o ranger inexorável das rodas como uma metáfora da passagem do tempo. Dessa forma, como se pode entender o "cântico de certezas" de que fala o poeta?

Em DVD

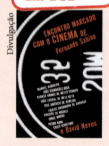

***Encontro marcado com o cinema de Fernando Sabino e David Neves.* Direção de Fernando Sabino e David Neves. Brasil: Biscoito Fino, 2006. (121 min).**

Além de cronista renomado, autor de *Encontro marcado*, um dos maiores clássicos da literatura contemporânea em língua portuguesa, Fernando Sabino foi também um amante de cinema. Produzido com a colaboração do diretor David Neves, o documentário de Sabino reúne curtas que revelam a intimidade e as características poéticas de alguns de nossos escritores, como Drummond, João Cabral de Melo Neto, Vinicius de Moraes e Manuel Bandeira.

Questões de exames e concursos

Texto para as questões 1 e 2.

(Udesc) Leia o texto abaixo, para responder às questões 1 e 2.

"Nada! Os apelos não encontraram eco nos ouvidos de ninguém. Só a solidão lhes era companheira, enquanto (...) o medo – e a angústia, e o frio – mais e mais lhes arrasava com os nervos. Marcolina, soluçando alto, começou a chamar também, e os gritos da mulher se casaram aos do homem, na comunhão do desespero."

1. A palavra **só** pode ser advérbio, como no texto, com a acepção de **somente**, ou adjetivo, equivalendo a **sozinho**.

Observe o emprego dessa palavra, nas frases abaixo.

(I) Marcolina ficou **só**, ao pé do pinheiro carregado.

(II) **Só** Mané Juca para sofrer tanto!

(III) Mané Juca fez **só** o que a mulher lhe pediu.

(IV) Ao entardecer, o homem, **só**, escalou o pinheiro.

Assinale a alternativa que contém a classificação **correta**, de cima para baixo.

a) (I) adjetivo; (II) adjetivo; (III) advérbio; (IV) adjetivo

b) (I) advérbio; (II) adjetivo; (III) adjetivo; (IV) advérbio

c) (I) adjetivo; (II) advérbio; (III) advérbio; (IV) adjetivo

d) (I) advérbio; (II) adjetivo; (III) advérbio; (IV) adjetivo

e) (I) adjetivo; (II) advérbio; (III) advérbio; (IV) advérbio

2. Assinale a alternativa **incorreta**.

a) Em **nada!** a exclamação reforça a negativa.

b) Em **soluçando alto** há ideia de reforço.

c) Em **e a angústia, e o frio** o primeiro **e** tem valor expressivo, podendo ser retirado, sem prejuízo para a correção gramatical da frase.

d) A expressão **mais e mais** apresenta ideia de progressão.

e) Em **também** há ideia de inclusão.

3. (UFRN) Com base no fragmento textual que segue, responda à questão.

"O esforço da vida humana, **desde** o vagido(*) do berço **até** o movimento do enfermo, no leito de agonia, buscando uma posição mais cômoda para morrer, é a seleção do agradável."

POMPEIA, Raul. O Ateneu. Rio/São Paulo/Fortaleza: ABC Editora, 2006. p. 91.

(*) choro de criança recém-nascida

No fragmento, as palavras sublinhadas indicam:

a) mudança de atitude.   c) limites temporais.

b) limites espaciais.   d) mudança de opinião.

4. (Unifesp) Instrução: Para responder à questão a seguir, leia versos da primeira e da quarta estrofe do poema de Hilda Hilst, publicados no livro *Do desejo*, em 1992.

I
Porque há desejo em mim, é tudo cintilância.
Antes, o cotidiano era um pensar alturas
Buscando Aquele Outro decantado
Surdo à minha humana ladradura.
Visgo e suor, pois nunca se faziam.
Hoje, de carne e osso, laborioso, lascivo
Tomas-me o corpo. E que descanso me dás
Depois das lidas. Sonhei penhascos
Quando havia o jardim aqui ao lado.
Pensei subidas onde não havia rastros.

IV
Por que não posso
Pontilhar de inocência e poesia
Ossos, sangue, carne, o agora

Instrução: O verso "Tomas-me o corpo. E que descanso me dás" é base para a questão.

No contexto, o termo *que* pode ser substituído por

a) quanto   d) qual

b) pouco   e) tal

c) algum

5. (PUC-SP)Para responder à questão proposta, leia atentamente o texto abaixo.

Depois de brincar de referendo... É hora de falar sério

Ganhe o NÃO ou ganhe o SIM, o problema do crime no Brasil vai continuar do mesmo tamanho. Durante quase um mês as autoridades submeteram o país à propaganda eleitoral de uma questão sobre a qual a opinião das pessoas, por mais bem-intencionadas, não tem o menor poder. O referendo das armas vai ser lembrado como um daqueles momentos em que um país entra em transe emocional e algumas pessoas se convencem de que basta uma torcida muito forte para que se produza um resultado positivo para a sociedade. Em finais de Copa do Mundo essa mobilização é muito apropriada. O referendo das armas no Brasil tem algo dessa ilusão coletiva de que se pode vencer um inimigo poderoso, o crime violento, apenas

Capítulo 12 > > > Estudo dos advérbios > > >   275

pela repetição de mantras e mediante sinais feitos com as mãos imitando o voo da pomba branca da paz. Infelizmente a vida real exige mais do que boas intenções para seguir o vetor do progresso social.

Ganhe o SIM ou o NÃO na proposta de proibir a comercialização de armas, continuará intacto e movimentado o principal caminho que elas percorrem das forjas do metal até as mãos dos bandidos. Esse caminho é a corrupção policial. Se quisesse efetivamente diminuir o número de armas em circulação o governo deveria ter optado por agir silenciosa e drasticamente dentro das organizações policiais. São conhecidos os expedientes usados por policiais corruptos que deixam as armas escaparem para as mãos dos bandidos em troca de dinheiro.

O caminho mais comum é a simples venda para os bandidos de armas ilegais apreendidas em operações policiais. A apreensão não é reportada ao comando policial e, em lugar de serem encaminhadas para destruição, elas são vendidas aos bandidos. É frequente criminosos serem soltos em troca de deixarem a arma com policiais. O mesmo vale para cidadãos pegos com armas ilegais ou sem licença para o porte. Eles são liberados pagando como pedágio a arma que portavam. Policiais corruptos também simulam o roubo, furto ou até a perda da arma oficial. Depois raspam sua numeração e a vendem. A corporação cuida de entregar-lhes uma nova, que pode vir a ter o mesmo destino. Enquanto esse tráfico não for interrompido, podem ser organizados milhares de referendos e o problema do crime continuará do mesmo tamanho.

SHELP, Diogo. *Veja*. São Paulo: Abril, 26 out. 2005. p. 62.

De acordo com o discurso gramatical tradicional, advérbio é palavra invariável que expressa circunstância e incide sobre verbos, adjetivos e até mesmo advérbios. No entanto, extrapolando esse discurso, sabe-se que, como modalizador, em vez de exprimir uma circunstância (tempo, lugar, intensidade etc.) relacionada a um verbo, advérbio ou adjetivo, o advérbio pode revelar estados psicológicos do enunciador. Isso se vê em:

a) "[...] basta uma torcida *muito* forte para que se produza um resultado positivo para a sociedade."

b) "*Infelizmente* a vida real exige mais do que boas intenções para seguir o vetor do progresso social."

c) "o governo deveria ter optado por agir *silenciosa e drasticamente* dentro das organizações policiais."

d) "A apreensão *não* é reportada ao comando policial [...]"

e) "*Depois* raspam sua numeração e a vendem."

6. (FGV-SP) Leia o texto para responder à questão.

A China detonou uma bomba e pouca gente percebeu o estrago que ela causou. Assim que abriu as portas para as multinacionais oferecendo mão de obra e custos muito baratos, o país enfraqueceu as relações de trabalho no mundo. Em uma recente análise, a revista inglesa The Economist mostra que a entrada da China, da Índia e da ex-União Soviética na economia mundial dobrou a força de trabalho. Com isso, o poder de barganha de sindicatos do mundo inteiro teria se esfacelado. Provavelmente por isso, diz a revista, salários e benefícios tenham crescido apenas 11% desde 2001 nas empresas privadas dos Estados Unidos, ante 17% nos cinco anos anteriores.

Você S/A. São Paulo: Abril, set. 2005.

Comente o efeito de sentido produzido pelo emprego do futuro do pretérito em – *o poder de barganha ... teria se esfacelado* – e do advérbio *provavelmente* (parte final do texto).

7. (UFC) Marque a alternativa que preenche corretamente todas as lacunas numeradas.

palavra	classificação morfológica	processo de formação
gradil	1	derivação sufixal
enferrujar	verbo	2
outrora	3	4

a) (1) substantivo (2) derivação sufixal (3) adjetivo (4) derivação sufixal

b) (1) adjetivo (2) derivação parassintética (3) adjetivo (4) composição

c) (1) adjetivo (2) derivação sufixal (3) advérbio (4) composição

d) (1) substantivo (2) derivação parassintética (3) adjetivo (4) derivação sufixal

e) (1) substantivo (2) derivação parassintética (3) advérbio (4) composição

8. (Ufam) Assinale o item em que a palavra *que* desempenha a função de advérbio:

a) Que fizeste dos meus livros?

b) Que bonitos olhos tens!

c) Que troféu ainda te falta?

d) Que és muito feliz, eu bem o sei.

e) Quase que você acerta tudo.

Parte 2 > > > MORFOLOGIA > > >

9. (FGV-SP) Observe a palavra destacada no seguinte período:

> A implicação é que esses países talvez se saíssem **melhores** economicamente se fossem mais parecidos entre si.

Essa palavra está sendo usada de acordo com a norma culta? Explique.

10. (UFMG) As expressões destacadas correspondem a um adjetivo, exceto em:

a) João Fanhoso anda amanhecendo **sem entusiasmo**.

b) Demorava-se **de propósito** naquele complicado banho.

c) Os bichos **da terra** fugiam em desabalada carreira.

d) Noite fechada sobre aqueles ermos perdidos da caatinga **sem fim**.

e) E ainda me vem com essa conversa de homem **da roça**.

11. (UFV-MG) Em todas as alternativas há dois advérbios, exceto em:

a) Ele permaneceu muito calado.

b) Amanhã, não iremos ao cinema.

c) O menino, ontem, cantou desafinadamente.

d) Tranquilamente, realizou-se, hoje, o jogo.

e) Ela falou calma e sabiamente.

12. (UFC) A opção em que há um advérbio exprimindo circunstância de tempo é:

a) Possivelmente viajarei para São Paulo.

b) Maria teria aproximadamente 15 anos.

c) As tarefas foram executadas concomitantemente.

d) Os resultados chegaram demasiadamente atrasados.

13. (FEI-SP) Substitua a expressão destacada por um advérbio de significação equivalente.

a) Recebeu a repreensão **sem dizer palavras**.

b) Falava sempre **no mesmo tom**.

c) Aceitou tudo **sem se revoltar**.

d) Trataram-me **como irmão**.

14. (Fuvest-SP) Reescreva a passagem "Humildemente pensando na vida..." substituindo o advérbio por uma locução adverbial equivalente.

15. (Unicamp-SP) Leia atentamente o seguinte trecho de uma entrevista:

> **Pergunta:** O Sr. fala em respeito à Constituição. Não é contraditório, então, colocar a não posse do vice Itamar em caso de *impeachment*?

> **Resposta:** Você não acha que um *impeachment* imposto não é rasgar a Constituição?

(Entrevista com o governador Antônio Carlos Magalhães.
IstoÉ, 24 jun. 1992.)

Se tomada literalmente, a fala de ACM tem um sentido que é o oposto do pretendido.

a) Qual o sentido literal da fala de ACM?

b) Reescreva a fala de ACM de forma a eliminar o eventual mal-entendido.

c) A forma da pergunta pode ter influenciado a forma da resposta. Qual a característica formal que torna a resposta de ACM semelhante à pergunta do repórter?

16. (Unimep-SP) Em "... um **aborrecimento** quando **os** vejo e gostaria de **não** vê-los mais" as palavras destacadas são, respectivamente:

a) adjetivo, artigo, advérbio.

b) adjetivo, pronome, pronome.

c) substantivo, pronome, advérbio.

d) substantivo, artigo, pronome.

e) verbo, pronome, preposição.

17. (Cesgranrio-RJ) Assinale a alternativa em que a preposição **com** traduz uma relação de instrumento.

a) "Teria sorte nos outros lugares, com gente estranha."

b) "Com o meu avô cada vez mais perto do fim, o Santa Rosa seria um inferno."

c) "Não fumava, e nenhum livro com força de me prender."

d) "Trancava-me no quarto fugindo do aperreio, matando-as com jornais."

e) "Andavam por cima do papel estendido com outras já pregadas no breu."

18. (Mapofei-SP) Lista dos advérbios:

bisonhamente	ironicamente
quixotescamente	desassombradamente
laconicamente	radicalmente
estoicamente	perfunctoriamente
sibilinamente	frugalmente
prolixamente	sofregamente
inexoravelmente	puerilmente
sutilmente	tacitamente

Capítulo 12 > > > Estudo dos advérbios > > >

Escolha, na lista da página anterior, o advérbio mais adequado a cada uma das ações abaixo enunciadas, de acordo com o modelo.

Falar com orgulho e arrogância

Falar **arrogantemente**.

a) Dizer com palavras enigmáticas e difíceis de compreender.

b) Falar de maneira franca e corajosa.

c) Exprimir-se com palavras excessivas.

d) Concordar sem dizer palavras.

e) Agir com a inexperiência de um principiante.

f) Agir com impaciência e ambição.

g) Agir como criança.

h) Insinuar com perspicácia e delicadeza.

i) Eliminar pela base.

j) Eliminar sem se render a rogos.

19. (PUC-SP) No trecho "Os trens **de** cana apitavam de quando em vez, mas **não** davam **vencimento** à **fome** das moendas", as palavras destacadas correspondem, morfologicamente, pela ordem, a:

a) preposição, advérbio, verbo, substantivo.

b) conjunção, advérbio, substantivo, adjetivo.

c) preposição, advérbio, adjetivo, adjetivo.

d) preposição, advérbio, verbo, advérbio.

e) preposição, advérbio, substantivo, substantivo.

20. (PUCCamp-SP) Os seus projetos são os .... elaborados, por isso garantem verbas .... para sua execução e evitam ....-entendidos.

a) melhor – suficientes – mal

b) mais bem – suficientes – mal

c) mais bem – suficiente – mal

d) melhor – suficientes – mau

e) melhor – suficiente – mau

21. (Vunesp-SP) Observe os seguintes fragmentos: "... viver em voz **alta**." e "... que ligasse o rádio um pouco **alto**...". Indique a classe gramatical das palavras destacadas e o processo de derivação que ocorre no segundo fragmento.

22. (UMC-SP) Em: "uma cerca **de pedra-seca**, do tempo dos escravos" e "Tudo é mato, crescendo **sem regra**.", as locuções destacadas são, respectivamente:

a) adjetiva e adjunto adnominal; adverbial e adjunto adverbial.

b) adverbial e objeto indireto; adjetiva e predicativo.

c) adjetiva e adjunto adverbial; adverbial e adjunto adnominal.

d) adjetiva e complemento nominal; adverbial e adjunto adnominal.

e) adverbial e adjunto adnominal; adjetiva e complemento nominal.

23. (Cesgranrio-RJ) Assinale a alternativa em que a locução destacada tem valor adjetivo.

a) "Comprei móveis e objetos diversos que entrei a utilizar **com receio**."

b) "Azevedo Gondim compôs **sobre ela** dois artigos."

c) "Pediu-me **com voz baixa** cinquenta mil-réis."

d) "Expliquei **em resumo** a prensa, o dínamo, as serras..."

e) "Resolvi abrir o olho para que vizinhos **sem escrúpulos** não se apoderassem do que era delas."

Parte 2 > > > MORFOLOGIA > > >

Capítulo 13

Estudo dos pronomes

Como um enunciador se faz representar no discurso? Pelo pronome pessoal *eu*. O *eu* pressupõe um *tu* (ou você, senhor/senhora), com quem *eu* dialoga, e ambos, nesse diálogo, costumam se referir a *ele*, uma terceira pessoa. Os pronomes estabelecem, ainda, relações espaciais ou temporais com o *eu*, este sempre tomado como ponto de referência: podem demonstrar, substituir ou referir-se ao próprio discurso. No caso do filme dirigido por Andrucha Waddington, *eu* representa Darlene, *tu* é Osias, seu parceiro, e *eles* são Zezinho e Ciro, conhecidos que passam a conviver com o casal.

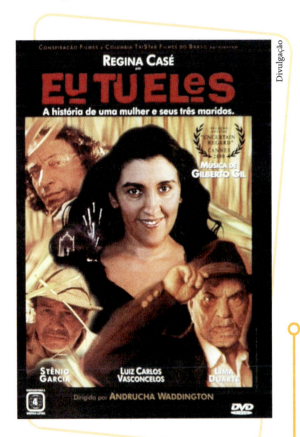

1. Conceito

Pronomes são palavras que representam os seres ou se referem a eles. Podem substituir os substantivos ou acompanhá-los, para tornar-lhes claro o sentido. Em "Eu pus os meus pés no riacho e acho que nunca os tirei" (da canção "Força estranha", de Caetano Veloso), o pronome *meus* acompanha o substantivo *pés*, indicando noção de posse. O pronome *os* substitui o substantivo *pés*.

Os pronomes permitem, ainda, identificar o ser como aquele que utiliza a língua no momento da comunicação (*eu*, *nós*), aquele a que a comunicação é dirigida (*tu*, *você*, *vós*, *vocês*, *Vossa Senhoria*, *senhor*) ou também como aquele ou aquilo que não participa do ato comunicativo, mas é mencionado (*ele*, *ela*, *aquilo*, *outro*, *qualquer*, *alguém* etc.). Assim empregados, os pronomes servem para indicar diretamente as **pessoas do discurso**.

O pronome também pode referir-se a um determinado ser, relacionando-o com as pessoas do discurso. Pode estabelecer outras relações, além da de posse, já citada, como a ideia de proximidade com a primeira pessoa (**esta** blusa, *isto*), com a segunda pessoa (**essa** blusa, *isso*) e com a terceira pessoa (**aquela** blusa, *aquilo*).

Há seis tipos de pronomes: pessoais, possessivos, demonstrativos, relativos, indefinidos e interrogativos. Você vai estudar agora cada um deles.

> ## OBSERVAÇÃO
>
> Quando um pronome faz as vezes de um substantivo, ou seja, quando o representa, é chamado de **pronome substantivo**. É o caso do pronome *os* do trecho da canção "Força estranha". Esse pronome, que substitui o substantivo *pés*, é, justamente por isso, pronome substantivo. Também há pronomes que acompanham os substantivos a fim de caracterizá-los ou determiná-los, atuando em funções típicas dos adjetivos. São, justamente por isso, chamados **pronomes adjetivos**. É o caso do pronome *meus*, do mesmo trecho. Esse pronome acompanha, determina o substantivo *pés*.

2. Pronomes pessoais

Os pronomes pessoais indicam diretamente as pessoas do discurso. Quem fala ou escreve assume os pronomes *eu* ou *nós*, emprega os pronomes *tu*, *vós*, *você*, *vocês*, *Vossa Excelência* ou algum outro pronome de tratamento para designar a quem se dirige e *ele*, *ela*, *eles* ou *elas* para fazer referência à pessoa ou ao assunto de que fala.

Os pronomes pessoais variam de acordo com as funções que exercem nas orações, dividindo-se em pronomes do **caso reto** e pronomes do **caso oblíquo**. Também são considerados pessoais os chamados pronomes de tratamento.

Para estudar os pronomes pessoais, será necessário fazer referências a vários termos da análise sintática. Se você tiver dúvidas sobre eles, procure esclarecê-las na parte do livro dedicada à sintaxe.

Pronomes pessoais do caso reto

São do caso reto os pronomes pessoais que nas orações desempenham a função de sujeito ou predicativo do sujeito:

	singular	plural
primeira pessoa	eu	nós
segunda pessoa	tu	vós
terceira pessoa	ele, ela	eles, elas

Na língua culta, formal – falada ou escrita –, esses pronomes não devem ser usados como complementos verbais. Frases como "Eu vi ele na rua", "Encontrei ela na praça", "Trouxeram eu até aqui", comuns na língua oral cotidiana, não são aceitas no padrão formal da língua. Na língua culta, devem ser usados os pronomes oblíquos correspondentes: "Eu o vi na rua", "Encontrei-a na praça", "Trouxeram-me até aqui".

Pronomes pessoais do caso oblíquo

São do caso oblíquo os pronomes pessoais que, nas orações, desempenham as funções de complemento verbal (objeto direto ou indireto) ou complemento nominal. A forma dos pronomes do caso oblíquo varia de acordo com a tonicidade com que são pronunciados nas frases da língua, dividindo-se em átonos e tônicos.

Pronomes oblíquos átonos

	singular	plural
primeira pessoa	me	nos
segunda pessoa	te	vos
terceira pessoa	o, a, se, lhe	os, as, se, lhes

a. Os pronomes *me*, *te*, *nos* e *vos* podem complementar verbos transitivos diretos ou indiretos. Em "Ela me ama", o *me* complementa o verbo *amar*, que não pede preposição (amar alguém). Em "O livro me pertence", o *me* complementa o verbo *pertencer*, transitivo indireto (pertencer a alguém).

b. Os pronomes *o*, *a*, *os* e *as* atuam exclusivamente como objetos diretos; as formas *lhe* e *lhes* como objetos indiretos. No padrão culto formal, não ocorre "Eu lhe amo".

c. Como os pronomes *me*, *te*, *nos* e *vos*, o pronome *se* pode ser objeto direto ou indireto. Nesse caso, é reflexivo, ou seja, indica que o sujeito pratica a ação sobre si mesmo ("Ela se destruiu"). Esses pronomes também podem assumir várias outras funções, que serão estudadas mais adiante, na parte dedicada à sintaxe.

d. Os pronomes *me*, *te*, *lhe*, *nos*, *vos* e *lhes* podem combinar-se com os pronomes *o*, *os*, *a*, *as*, dando origem a formas como estas:

mo	mos	ma	mas	to	tos	ta	tas
lho	lhos	lha	lhas	no-lo	no-los	no-la	no-las
vo-lo	vo-los	vo-la	vo-las				

Observe o uso dessas formas nos exemplos que seguem:

– Compraste o livro?

– Ora, entreguei-**to** ontem, não te lembras?

– Não deram a notícia a vocês?

– Não, não **no-la** deram.

No português falado no Brasil, essas combinações não são usadas. Na língua literária, no entanto, seu emprego não é raro, como se vê em Gonçalves Dias ("Não te esqueci, eu to juro."), ou em Fernando Pessoa ("Dobrada à moda do Porto fria? Não é prato que se possa comer frio, mas trouxeram-mo frio."). Na língua oral de Portugal, essas combinações ainda são frequentes.

e. Os pronomes *o*, *os*, *a*, *as* podem sofrer adaptações fonológicas depois de certas terminações verbais:

▶ quando o verbo termina em *-z*, *-s* ou *-r*, o pronome assume a forma *lo*, *los*, *la* ou *las*, ao mesmo tempo que a terminação verbal é suprimida:

fiz + o = fi-lo   fazeis + o = fazei-lo   dizer + a = dizê-la

Capítulo 13 > > > Estudo dos pronomes > > >

281

▶ quando o verbo termina em som nasal, o pronome assume as formas *no*, *nos*, *na*, *nas*:

viram + o = viram-no

retém + a = retém-na

repõe + os = repõe-nos

tem + as = tem-nas

Pronomes oblíquos tônicos

	singular	plural
primeira pessoa	mim	nós
segunda pessoa	ti	vós
terceira pessoa	ele, ela, si	eles, elas, si

a. Os pronomes oblíquos tônicos são sempre regidos por preposições, como *a*, *até*, *contra*, *de*, *em*, *entre*, *para*, *por*, *sem*. A combinação da preposição *com* com alguns desses pronomes originou as formas *comigo*, *contigo*, *consigo*, *conosco* e *convosco*. As preposições essenciais introduzem sempre pronomes oblíquos tônicos e nunca pronomes do caso reto. Por isso, preste atenção às frases abaixo, em que se exemplifica a forma culta de utilizar esses pronomes:

Não existe nada entre **mim** e **ti**.

Não foi comprovada nenhuma ligação entre **ti** e **ela**.

Não há nenhuma acusação contra **mim**.

Não saia sem **mim**.

b. Há construções em que a preposição, apesar de surgir anteposta a um pronome, rege a oração inteira, e não o pronome. Nesses casos, se o sujeito for um pronome, deverá ser do caso reto:

Trouxeram vários livros para **eu** ler.

Não saia sem **eu** permitir.

Note que as orações podem ser desdobradas, o que daria origem a "Trouxeram vários livros para que eu lesse" e "Não saia sem que eu permita". Não resta dúvida de que o pronome a ser empregado é mesmo do caso reto (*eu*).

c. As formas *conosco* e *convosco* são substituídas por *com nós* e *com vós* quando os pronomes pessoais são reforçados por palavras como *outros*, *mesmos*, *próprios*, *todos*, *ambos* ou algum numeral:

Ela terá de ir **com nós todos**.

Estavam **com vós outros** quando chegaram as encomendas?

Ele assegurou que viajaria **com nós dois**.

d. O pronome *si* é exclusivamente reflexivo no português do Brasil. O mesmo ocorre com a forma *consigo*. Observe seu emprego nas frases abaixo:

Ela é extremamente egoísta. Só é capaz de pensar em **si**.

Ele normalmente fala **consigo** mesmo em voz alta.

Em Portugal, esses pronomes são usados também como não reflexivos:

Pensei muito em **si** ontem.

Quero estar **consigo** hoje à noite.

A segunda pessoa indireta

A chamada segunda pessoa indireta ocorre quando se empregam pronomes que, apesar de indicarem o interlocutor (portanto, a segunda pessoa), exigem o verbo na terceira pessoa. É o caso dos chamados **pronomes de tratamento**, que podem ser observados no quadro seguinte.

Parte 2 > > > MORFOLOGIA > > >

pronome de tratamento	abreviatura	usado para se dirigir a
Vossa Alteza	V. A.	príncipes, duques
Vossa Eminência	V. Em.ª	cardeais
Vossa Excelência	V. Ex.ª	altas autoridades e oficiais-generais
Vossa Magnificência	V. Mag.ª	reitores de universidades
Vossa Majestade	V. M.	reis, imperadores
Vossa Santidade	V. S.	papa
Vossa Senhoria	V. S.ª	tratamento cerimonioso

a. Esses pronomes efetivamente representam uma forma indireta de tratamento de um interlocutor. As formas da relação acima devem ser usadas quando designamos a segunda pessoa do discurso, ou seja, o interlocutor; para designar a terceira pessoa, ou seja, aquela de quem se fala, é necessário substituir *Vossa* por *Sua*, obtendo os pronomes *Sua Alteza*, *Sua Eminência*, *Sua Excelência* etc.

b. Também são pronomes de tratamento *o senhor*, *a senhora* e *você*, *vocês*. *O senhor* e *a senhora* são empregados no tratamento cerimonioso; *você* e *vocês*, no tratamento familiar. *Você* e *vocês* são largamente empregados no português do Brasil, praticamente substituindo as formas *tu* e *vós*.

Em livro

DOMINGOS, Tânia Regina Eduardo. *Pronomes de tratamento do português do século XVI*. São Paulo: Annablume, 2001.

Rica análise dos pronomes de tratamento usados por nossos colonizadores durante o século XVI. A autora utiliza como objeto de estudo 12 autos de Gil Vicente, fundador do teatro português. Relações de inferioridade, superioridade, igualdade e intimidade dos pronomes são profundamente analisadas.

c. É importante notar que os pronomes de tratamento exigem o verbo e outros pronomes de terceira pessoa. Observe a frase seguinte:

Vossa Excelência apresentará **seu** projeto na sessão de hoje?

No caso de *você* e *vocês*, essas relações devem ser atentamente observadas.

d. As formas *você* e *vocês* podem ser usadas no papel de pronomes pessoais do caso reto (atuando como sujeito ou predicativo) ou no de pronomes pessoais do caso oblíquo (atuando como complementos verbais e nominais):

Você já foi a Roma?

O mais indicado para o cargo é **você**.

Vi **você** ontem na praça.

Darei as respostas a **você**.

Nunca houve nada entre mim e **você**.

e. Também se usam as formas oblíquas *o, a, os, as, lhe, lhes, se, si* e *consigo* em combinação com *você, vocês* (e outros pronomes de tratamento):

Você não foi porque não quis. Eu **o** havia avisado do encontro.

Já **lhe** disse várias vezes que **você** não deve insistir.

Você só é capaz de pensar em **si**? **Você** só se preocupa **consigo** mesmo?

f. No padrão formal culto, não ocorre a mistura dos tratamentos *tu* e *você*, como ocorre com frequência, no Brasil, na língua oral cotidiana. No padrão formal, não ocorrem frases como:

Se **você** precisar, vou **te** ajudar.

Em seu lugar, registram-se construções com tratamento uniforme:

Se **você** precisar, vou ajudá-**lo**. (ou ajudar **você**)

Se (**tu**) precisares, vou **te** ajudar.

Em CD

Djavan. Nem um dia. In: *Djavan: novelas* **(CD). Som Livre, 2001.**

Você aprendeu que, na língua culta, não se misturam os tratamentos *tu* e *você* em suas correspondentes formas oblíquas. Contudo, não é raro encontrar canções em que se registra esse processo. A bela canção de Djavan, "Nem um dia", contém um trecho em que ocorre esse procedimento.

---

g. Na língua coloquial, utiliza-se com frequência a forma *a gente* como pronome de primeira pessoa do plural, em geral com o verbo na terceira pessoa do singular:

Com o tempo, **a gente** aprende cada coisa!

Na língua formal, essa expressão é substituída por *nós*.

Atividades

1. Nas frases seguintes, ocorre ambiguidade decorrente do emprego de pronomes pessoais. Comente essas ambiguidades e proponha formas de eliminá-las.
   a) É preciso que refaça o que havia feito.
   b) João disse a Pedro que ele seria o escolhido.
   c) Eu afirmei a Caio que conseguiria resolver a questão.
   d) Ela me garantiu que obteria o cargo.
   e) Sílvia disse a Flávia que ela seria a última a sair.

2. Reescreva cada uma das frases seguintes, substituindo o termo destacado por um pronome pessoal oblíquo átono.
   a) Entregue **seus livros** aos colegas.
   b) Entregue seus livros **aos colegas**.
   c) Envie **seus textos** ao editor.
   d) Envie seus textos **ao editor**.
   e) Mostrei **o melhor caminho** aos turistas.
   f) Mostrei o melhor caminho **aos turistas**.
   g) Apresentei **as provas** no tribunal.
   h) Paguei **aos meus credores**.
   i) Paguei **os meus débitos**.

3. Substitua o termo em destaque por um pronome pessoal oblíquo átono. Anote, em seguida, quais adaptações foram necessárias para realizar-se a substituição.
   a) Pediram **esmola** aos rapazes.
   b) Pediram esmola **aos rapazes**.
   c) Mostraram **a realidade** ao pobre homem.
   d) Mostraram a realidade **ao pobre homem**.
   e) Devem destruir **a ponte**.
   f) Refiz **o trabalho**.

g) Metes **o nariz** onde não és chamado.

h) Mete **o nariz** onde não é chamado.

i) Você deve pôr **estas roupas** lá em cima.

j) Desejo ver **seus primos**.

4. As frases seguintes são frequentes na língua coloquial e familiar. Reescreva-as de acordo com o padrão culto da língua.

a) Vi ele ontem.

b) Encontrei ela no cinema.

c) Deixa eu quieto!

d) Ela deixou alguns livros pra mim dar uma olhada.

e) Está tudo acabado entre eu e você.

f) Mandaram eu sair da sala.

g) "Cantei pra ti dormir."

("Menina", Paulinho Nogueira)

h) Fizeram ele desistir da escola.

i) Trouxe ele aqui pra dar uma força pra gente.

5. Reescreva as frases de acordo com o modelo.

Trouxeram algumas revistas. Vou lê-las.

Trouxeram algumas revistas **para eu ler**.

a) Apresentaram algumas sugestões. Vou analisá-las.

b) Mandaram alguns documentos. Vou arquivá-los.

c) Recomendaram alguns procedimentos. Vou adotá-los.

d) Enviaram alguns exemplares. Vou examiná-los.

e) Deixaram várias fitas. Vou vê-las.

6. Complete as frases seguintes com a forma apropriada do pronome pessoal da primeira pessoa do singular.

a) Este fichário é para (*) fazer meus apontamentos.

b) Discutimos, mas no fim tudo ficou resolvido. Não há mais nada pendente entre (*) e ele.

c) É difícil para (*) aceitar sua ausência.

d) Quem trouxe isto para (*)?

e) Não vá sem (*).

f) Para (*) já está claro que foi ele o responsável pelo desvio das verbas.

g) Não tome nenhuma decisão sem (*) saber.

7. Passe para o plural o verbo destacado em cada uma das frases seguintes. Faça todas as modificações necessárias.

a) Não me **esqueço** de que ele não simpatiza comigo.

b) Não te **queixaste** de que ela não se preocupava contigo?

c) Não me **lembro** da presença de alguém comigo naquele momento.

d) Não te **recordas** das coisas ruins que te acontecem?

e) Não me **propus** a cuidar melhor de mim mesmo?

f) **Lembro**-me de que ela gostava de passear comigo.

g) Não te **lembras** de quem estava contigo naquela ocasião?

8. Leia atentamente as frases seguintes. A seguir, sugira soluções para os problemas pronominais que apresentam.

a) Querida, gosto muito de si.

b) Querida, gostaria muito de sair consigo.

c) Falei consigo ontem, não se lembra?

d) Apesar da distância que nos separa, creia que nunca me esqueço de si.

9. Uma campanha de prevenção da Aids empregava a frase "Se você não se cuidar, a Aids vai te pegar". É possível criticar a combinação de pronomes adotada? Comente.

3. Pronomes possessivos

Os pronomes possessivos fazem referência às pessoas do discurso, atribuindo-lhes a posse de algo. São os seguintes:

	singular	plural
primeira pessoa	meu, meus, minha, minhas	nosso, nossos, nossa, nossas
segunda pessoa	teu, teus, tua, tuas	vosso, vossos, vossa, vossas
terceira pessoa	seu, seus, sua, suas	seu, seus, sua, suas

a. A forma do possessivo depende da pessoa gramatical a que se refere. O gênero e o número concordam com o objeto possuído:

Dou **meu** apoio e **minha** solidariedade.

Meu e *minha* são pronomes possessivos relativos à primeira pessoa do singular, em sintonia com o pronome *eu*, também da primeira pessoa, implícito na forma verbal *dou*. Estão, respectivamente, no masculino e no feminino singular, em concordância com os substantivos *apoio* e *solidariedade*.

b. Os pronomes de tratamento utilizam os possessivos da terceira pessoa:

Vossa Excelência apresentou **sua** proposta na sessão de hoje?

Você deve encaminhar **seu** relatório à direção do colégio. Esteja certo de que **seus** colegas o apoiarão.

Na língua coloquial, a tendência é construir frases relacionando *você* com os possessivos da segunda pessoa do singular ("Você trouxe o teu livro?"). Essa tendência é evitada na língua formal falada ou escrita.

c. Em algumas construções, os pronomes pessoais oblíquos átonos assumem valor de possessivos:

Vou seguir-**lhe** os passos.

(= Vou seguir **seus/os seus** passos.)

"E além de tudo me deixou mudo o violão." (Chico Buarque, "A Rita")

(= ... deixou mudo **meu/o meu** violão.)

d. Observe que o artigo é optativo antes dos possessivos:

"Meu coração é um balde despejado" (Fernando Pessoa)

"**O** meu amor sozinho é assim como um jardim sem flor" (Carlos Lira e Vinicius de Moraes, "Primavera")

4. Pronomes demonstrativos

Os pronomes demonstrativos indicam a posição dos seres designados em relação às pessoas do discurso, situando-os no espaço, no tempo ou no próprio discurso. Apresentam-se em formas variáveis (em gênero e número) e invariáveis:

primeira pessoa	este, estes, esta, estas
	isto
segunda pessoa	esse, esses, essa, essas
	isso
terceira pessoa	aquele, aqueles, aquela, aquelas
	aquilo

a. As formas de primeira pessoa indicam proximidade de quem fala ou escreve:

Este rapaz é um velho companheiro.

Esta blusa que estou usando é confortável.

Os demonstrativos de primeira pessoa podem indicar também o tempo presente em relação a quem fala ou escreve:

Nestas últimas semanas, parece que o mundo mudou mais do que nos últimos séculos.

b. As formas *esse*, *esses*, *essa*, *essas* e *isso* indicam proximidade da pessoa a quem se fala ou escreve:

O que é **isso** que está em sua mão?

Nunca imaginei que **esse** corpo conseguisse suportar tanto trabalho.

"**Esse** seu olhar, quando encontra o meu,

fala de umas coisas..."

("Esse seu olhar", Tom Jobim)

Os demonstrativos de segunda pessoa também podem indicar o passado ou o futuro próximos de quem fala ou escreve:

Meu rendimento aumentou n**esses** meses.

(o emissor refere-se a meses que já passaram)

Meu rendimento aumentará n**esses** meses.

(o emissor refere-se a meses que virão)

c. Os pronomes *aquele*, *aqueles*, *aquela*, *aquelas* e *aquilo* indicam o que está distante tanto de quem fala ou escreve como da pessoa a quem se fala ou escreve:

Veja **aqueles** monumentos.

Quem é **aquela** moça que está do outro lado da rua?

Esses pronomes também podem indicar um passado vago ou remoto:

Naqueles tempos, o país era mais otimista.

Naquela época, podia-se ir aos estádios e voltar vivo.

No primeiro e no segundo quadrinhos, observa-se o pronome demonstrativo de primeira pessoa: *este* indica que o objeto está próximo do falante. No último quadrinho também há ocorrência do pronome possessivo de primeira pessoa: *meu*.

OBSERVAÇÃO

Os pronomes demonstrativos também podem estabelecer relações entre as partes do discurso, ou seja, podem relacionar aquilo que já foi dito numa frase ou texto com o que ainda se vai dizer. Observe:

Minha tese é **esta**: crescimento econômico só se justifica quando produz bem-estar social.

Crescimento econômico só se justifica quando produz bem-estar social. **Essa** é minha tese.

Este (e as outras formas de primeira pessoa) se refere ao que ainda vai ser dito na frase ou texto; *esse* (e as outras formas de segunda pessoa) se refere ao que já foi dito na frase ou texto.

Também se pode utilizar a oposição entre os pronomes de primeira pessoa e os de terceira na retomada de elementos anteriormente citados:

Um amigo visitou Miami e Roma. **Nesta** (em Roma), emocionou-se, tropeçou em história e teve uma verdadeira aula de civilização e cultura; n**aquela** (em Miami), comprou tênis e aparelhos eletrônicos.

d. Há alguns pronomes demonstrativos que desempenham papel importantíssimo no inter-relacionamento das partes que constituem frases e textos.

▶ *o, os, a, as* são pronomes demonstrativos quando podem ser substituídos por *isto, isso, aquilo* ou *aquele, aqueles, aquela, aquelas*. É o que se verifica em frases como:

Devemos transformar nosso quadro social: é preciso que **o** façamos logo.

(= ... é preciso que façamos **isso** logo.)

A que apresentar o melhor texto será aprovada.

(= **Aquela** que apresentar o melhor texto...)

Não se pode ignorar tudo **o** que já foi discutido.

(= ... tudo **aquilo** que já foi discutido.)

▶ *tal, tais* podem ter sentido próximo ao dos pronomes demonstrativos estudados acima ou de *semelhante, semelhantes*; nesses casos, são considerados pronomes demonstrativos, como ocorre nas frases:

Tal foi a constatação de todos, inevitável àquela altura.

(= **Essa** foi...)

Jamais supus que fossem capazes de proferir **tal** aberração!

(= ... **semelhante** aberração!)

▶ *semelhante, semelhantes* são demonstrativos quando equivalem a *tal, tais*:

Não se veriam **semelhantes** grosserias se as pessoas tivessem um mínimo de sensibilidade.

(= Não se veriam **tais** grosserias...)

▶ *mesmo, mesmos, mesma, mesmas; próprio, próprios, própria, próprias* são demonstrativos quando têm o sentido de "idêntico", "em pessoa":

Não é possível continuar insistindo nos **mesmos** erros.

Ela **própria** deve fiscalizar a mercadoria que lhe é entregue.

Atividades

1. Nas frases seguintes, há casos de ambiguidade decorrentes do emprego dos pronomes possessivos. Aponte essas ambiguidades e proponha formas de evitá-las.

a) Ao chegar à casa do primo, Sílvio encontrou-o com sua namorada.

b) Você deve esperar seu irmão e levá-lo em seu carro até o hospital.

2. Substitua os asteriscos das frases seguintes pelos pronomes possessivos adequados.

a) Você já expôs (*) conclusões?

b) Já expuseste (*) conclusões?

c) Você deve cuidar do que é (*).

d) Deves cuidar do que é (*).

e) Estou muito interessado em conhecê-la melhor: fale-me de (*) vida, de (*) hábitos, de (*) manias, de (*) predileções e de (*) aversões.

f) Estou muito interessado em conhecer-te melhor: fala-me de (*) vida, de (*) hábitos, de (*) manias, de (*) predileções e de (*) aversões.

g) Não me apareça com (*) habituais blasfêmias!

h) Não comeces com (*) queixas!

i) Tente não ser muito hostil em (*) críticas.

j) Tenta não ser muito hostil em (*) críticas.

3. A seguir, utilize os pronomes demonstrativos adequados para substituir os asteriscos destas frases.

a) (*) bola que tenho em minhas mãos foi a que esteve em disputa na partida decisiva do campeonato.

b) Por que você nunca lava (*) mãos?

c) Observe (*) que tenho (*) caixa: são frutas que colhi (*) pomar ali adiante.

d) Você consegue ver (*) rapazes lá do outro lado da rua?

e) Por favor, traga-me (*) livro que está aí do seu lado.
f) Por favor, ajude-me a carregar (*) caixas aqui.
g) Por favor, ajude-me a trazer até aqui (*) caixas que estão no outro andar.

4. Substitua os asteriscos das frases seguintes pelos pronomes demonstrativos adequados. Em alguns casos, haverá contração de preposições com os pronomes.
a) A grande verdade é (*): foi ele o mentor do plano.
b) Embora tenha sido o mentor do plano, ele nunca admitiu (*) fato.
c) Ninguém conseguiu provar sua culpa. Diante (*), o júri teve de absolvê-lo.
d) O país atravessa um momento delicado. (*) crise parece não ter fim.
e) Compramos um programa capaz de gerenciar os dados armazenados em nosso microcomputador. Um programa (*) é indispensável ao bom desempenho do equipamento.

f) Ademir da Guia e Roberto Dias foram dois dos mais elegantes jogadores da história do futebol brasileiro. (*) brilhou no São Paulo; (*), filho do genial Domingos da Guia, brilhou no Palmeiras.

5. Pronomes possessivos e demonstrativos muitas vezes são usados para exprimir detalhes interessantes de significação. Procure captar e comentar os detalhes expressos nas frases seguintes.
a) Ela deve estar com **seus** 40 anos.
b) Você não vai ter um de **seus** ataques de tosse justamente agora, vai?
c) O que quer aqui, **meu** senhor?
d) Ande logo, **minha** amada.
e) Ela não abre mão de **seu** batom.
f) O quê? Ela quer namorar **aquilo**?
g) O quê? **Este** é **aquele**?!
h) Aonde vai você com **essa** empáfia?

5. Pronomes relativos

Os pronomes relativos se referem a um termo anterior – chamado **antecedente** –, projetando-o na oração seguinte, subordinada a esse antecedente. Cumprem, portanto, duplo papel: substituem ou especificam um antecedente e introduzem uma oração subordinada. Atuam, assim, como pronomes e conectivos a um só tempo. Observe:

"Bebi o café que eu mesmo preparei." (Manuel Bandeira)

A palavra *que* é, na frase acima, um pronome relativo. O antecedente a que se relaciona é *o café*; a oração que se subordina a esse antecedente é "que eu mesmo preparei". Desdobrando o período composto acima em duas orações, percebemos claramente qual o papel desempenhado pelo pronome relativo *que*:

Bebi o café. **Eu mesmo preparei o café**.

Percebe-se que o relativo *que*, que introduz a segunda oração, substitui *o café*.

O antecente do pronome relativo *que* é o termo *teoria do caos*.

LAERTE. Disponível em: <www2.uol.com.br/laerte/tiras>.
Acesso em: 4 jun. 2008.

Os pronomes relativos da língua portuguesa são divididos em variáveis e invariáveis:

invariáveis	variáveis
que	o qual, os quais, a qual, as quais
quem	cujo, cujos, cuja, cujas
quando	quanto, quantos, quantas
como	
onde	

a. *Que* é, sem dúvida, o pronome relativo mais usado. Por isso, ele é chamado relativo universal. Pode ser usado com referência a pessoa ou coisa, no singular ou no plural:

Aqui está o amigo de **que** lhe falei.

Aqui estão os amigos de **que** lhe falei.

Aqui está o livro **que** lerei nas férias.

Aqui estão os livros **que** lerei nas férias.

b. *O qual*, *os quais*, *a qual* e *as quais* são exclusivamente pronomes relativos. Por isso constituem recurso didático largamente empregado para verificar se palavras como *que*, *quem* e *onde* (que podem pertencer a mais de uma classe de palavras) são pronomes relativos. São usados com referência a pessoa ou coisa por motivo de clareza ou depois de determinadas preposições:

Ele trabalha na maior unidade do grupo empresarial, **a qual** produz sofisticados equipamentos eletrônicos.

(O emprego de *que* nesse caso geraria ambiguidade, visto que poderia recuperar *unidade* ou *grupo*.)

As únicas teses sobre **as quais** ninguém tem dúvidas já foram discutidas e rediscutidas.

(Muitos autores não admitem o uso do *que* depois de *sobre* e outras preposições dissilábicas, como *para*.)

c. *Cujo* e suas flexões equivalem a *de que*, *do qual*, *de quem*. Normalmente, estabelecem relação de posse entre o antecedente e o termo que especificam:

Deve-se votar em candidatos **cujo** passado seja garantia de comportamento coerente.

(= o passado desses candidatos deve ser garantia...)

É um homem de **cujas** opiniões só se pode discordar.

(= das opiniões desse homem só se pode discordar.)

É importante notar que nunca se usa artigo depois de *cujo*: "cujo filho" e não "cujo o filho".

d. *Quem* refere-se a pessoa ou a algo personificado:

Este poeta, a **quem** o povo deveria respeitar, é o que melhor traduz a alma brasileira.

Este é meu cão, a **quem** prezo como companheiro.

e. *Onde* é pronome relativo quando equivale a *em que*; deve ser usado, portanto, unicamente na indicação de lugar:

Você conhece uma cidade brasileira **onde** se possa atravessar uma rua em segurança?

Quero que você veja a escola **onde** fiz meus primeiros garranchos.

f. *Quanto*, *quantos* e *quantas* são pronomes relativos quando usados depois dos pronomes indefinidos *tudo*, *todos* ou *todas*:

Trouxe **tudo quanto** me pediram.

Você deve perguntar a **todos quantos** estavam lá.

g. *Quando* e *como* são relativos que exprimem noções de tempo e modo, respectivamente:

É o momento **quando** o céu se torna infinitamente azul.

Não aceito a forma **como** ela tratou você na reunião.

É fácil observar que os pronomes relativos são elementos fundamentais para a boa articulação de frases e textos: sua propriedade de atuar como pronomes e conectivos simultaneamente favorece a síntese e evita a repetição de termos. Você poderá perceber melhor esse papel nas atividades que vêm adiante e no estudo das orações subordinadas adjetivas, na parte reservada à sintaxe.

> ## OBSERVAÇÃO
>
> Alguns autores defendem a existência de pronomes relativos sem antecedente, em frases como:
>
> > **Quem** não deve não teme.
> >
> > Ficou quieto **onde** o deixaram.
>
> Nesses casos, os pronomes *quem* e *onde* seriam equivalentes a *aquele que* e *no lugar em que*, respectivamente.

Atividades

1. Substitua os asteriscos das frases abaixo por pronomes relativos. Em alguns casos, você terá de colocar uma preposição antes do pronome.

a) O museu (*) o governo do estado quer recuperar é um dos mais importantes do país.

b) Aquela médica (*) me atendeu ontem é a diretora do hospital.

c) As provas (*) ele tentou mostrar que é inocente não convenceram ninguém.

d) As teses, (*) não duvido, foram rejeitadas por muitos dos presentes.

e) Este é o disco (*) repertório a crítica tem elogiado.

f) Aquela é a garota (*) irmão foi aprovado no vestibular.

g) Lá fica a sede da seita (*) líderes são acusados de charlatanismo.

h) Aquela é a casa (*) se ouvem barulhos estranhos.

i) Só ela sabe o nome do remédio (*) devo tomar.

2. Em cada item a seguir, você encontrará dois períodos simples. Leia-os atentamente. Depois, una-os em um único período, composto, utilizando um pronome relativo para efetuar essa transformação. Faça todas as alterações que julgar necessárias à obtenção de frases bem construídas.

a) Estudei algumas teses. Essas teses apresentam soluções inovadoras.

b) Não tive tempo para ler todos os livros. Esses livros têm sido elogiados pelos críticos.

c) Felizmente pude ver algumas peças. Um professor havia falado muito bem dessas peças.

d) Preciso escrever uma carta ao senador. Na última eleição, votei nesse senador.

e) É fundamental criar projetos sociais exequíveis. A eliminação da miséria deve ser a principal meta desses projetos.

f) É preciso criar uma nação. A justiça social deve prevalecer nessa nação.

g) Serão criados órgãos de incentivo à cultura. A principal finalidade desses órgãos será democratizar o acesso à cultura.

h) Só consigo repudiar políticos conservadores. Para esses políticos, a questão dos meninos de rua só se resolve com repressão policial.

i) Em toda eleição surgem candidatos oportunistas. Pouco se divulga sobre a vida desses candidatos.

3. Explique a ambiguidade da frase seguinte e proponha alguma forma de resolvê-la.

O projeto será encaminhado ao líder de uma das comissões, que deve estudar o assunto.

6. Pronomes indefinidos

Os pronomes indefinidos referem-se à terceira pessoa do discurso de forma vaga, imprecisa ou genérica. É o que se verifica, por exemplo, na frase:

Alguém esteve lá durante minha ausência e levou os documentos.

Não é difícil constatar que o pronome *alguém* faz referência a uma pessoa da qual se fala (uma terceira pessoa, portanto) de forma imprecisa, vaga. É um termo que indica um ser humano de cuja existência se tem certeza, mas cuja identidade não é conhecida.

Os pronomes indefinidos formam um grupo bastante numeroso. Alguns são variáveis; outros são invariáveis.

invariáveis	
alguém, ninguém	algo
tudo, nada	cada
outrem	mais, menos, demais

variáveis
algum, alguns, alguma, algumas
nenhum, nenhuns, nenhuma, nenhumas
todo, todos, toda, todas
outro, outros, outra, outras
muito, muitos, muita, muitas
pouco, poucos, pouca, poucas
certo, certos, certa, certas
vário, vários, vária, várias
tanto, tantos, tanta, tantas
quanto, quantos, quanta, quantas
um, uns, uma, umas
bastante, bastantes
qualquer, quaisquer

OBSERVAÇÃO

Se você analisar com atenção os pronomes indefinidos, vai perceber que existem alguns grupos que criam sistemas de oposição de sentido. É o caso, por exemplo, de:
- *algum / alguém / algo*, que têm sentido afirmativo, e *nenhum / ninguém / nada*, que têm sentido negativo;
- *todo / tudo*, que indicam uma totalidade afirmativa, e *nenhum / nada*, que indicam uma totalidade negativa;
- *alguém / ninguém*, que se referem a pessoa, e *algo / nada*, que se referem a coisa;
- *certo*, que particulariza, e *qualquer*, que generaliza.

Essa oposição de sentido é muito importante para construir frases e textos coerentes. Muitas vezes, a solidez e a consistência dos argumentos expostos dependem justamente dessa oposição. Verifique nas frases seguintes a força que os pronomes indefinidos destacados conferem às afirmações de que são parte:

Nada do que se apurou produziu **algum** resultado prático. E **ninguém** se beneficiou com os milhões investidos nesses projetos megalomaníacos.

Procure levar em conta **todas** as informações constantes do manual. Não há **nenhuma** possibilidade de que **algo** não possa ser resolvido com essas instruções.

Algumas pessoas não se convencem de que certos assuntos não devem ser discutidos por pessoas **quaisquer**.

A oposição entre os pronomes indefinidos *todos* e *ninguém* reforça o humor desta tira. Observar o emprego do pronome relativo *que*, antecedido do demonstrativo *o* no último quadrinho.

BROWNE, Dik. *O melhor de Hagar, o horrível*. Porto Alegre: L&PM, 2007. v. 4. p. 30.

a. Além desses pronomes, existem também as locuções pronominais indefinidas. Eis algumas delas:

cada um   cada qual   quem quer que   todo aquele que   tudo o mais

b. Os dicionários não dão ao pronome *qualquer* o sentido de *nenhum*, como se vê em "O time não tem qualquer possibilidade de classificação" (construção mais do que comum na língua corrente no Brasil). A construção recomendada é "O time não tem nenhuma possibilidade de classificação". Os dicionários dão a "qualquer" o valor de indeterminar, generalização:

A partir de amanhã, qualquer brasileiro poderá sacar suas cotas do PIS.

7. Pronomes interrogativos

Os pronomes *que, quem, qual* e *quanto*, na teoria indefinidos, são classificados particularmente como interrogativos porque são empregados para formular interrogações diretas ou indiretas:

Que foi isso?

Quero saber **que** foi isso.

Quem é esse rapaz?

Quero saber **quem** é esse rapaz.

Qual o melhor itinerário?

Quero saber **qual** é o melhor itinerário.

Quanto custa?

Quero saber **quanto** custa.

Atividades

1. Substitua as palavras ou expressões destacadas nas frases abaixo por pronomes indefinidos. Em alguns casos, você terá de fazer alterações na concordância para obter frases bem formadas.

a) Ela pensa que é dona de **todas as coisas**. É uma egocêntrica. **Nenhuma pessoa** a tolera.

b) Nenhuma pessoa deve transferir a **outras pessoas** as tarefas que lhe cabem.

c) Não é justo utilizar em proveito próprio os problemas das **outras pessoas**.

d) **Poucas pessoas** têm capacidade de discernir; **muitas pessoas** ainda se deixam enganar por promessas irrealizáveis.

e) Existe gente que não crê em **nenhuma coisa** nem em **nenhum ser humano**.

f) É inaceitável que se faça isso a **um ser humano**. **Nenhum ser humano** pode tolerar tanto escárnio.

2. Explique a diferença de sentido entre as expressões destacadas nas frases de cada um dos pares seguintes.

a) Aquilo tinha **algum valor** para ele.
   Aquilo não tinha **valor algum** para ele.

b) **Certas pessoas** têm pouco senso de ridículo.
   Escolha sempre as **pessoas certas**.

c) Você não vai oferecer **nada**?
   Saiu do restaurante sem ter provado **nada**.

d) **Outro dia** estive lá.
   Estive lá no **outro dia**.

e) É trabalho que pode ser feito por **qualquer um**.
   É trabalho que não pode ser feito por **um qualquer**.

f) "**Todo dia** ela faz tudo sempre igual."
   Ela faz tudo sempre igual **todo o dia**.

Capítulo 13 > > > Estudo dos pronomes > > >

Textos para análise

1

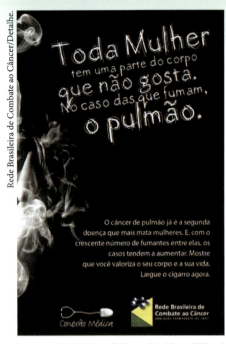

Jornal Metrô. São Paulo: Publimetro S. A., 12 mar. 2008. p. 6.

Trabalhando o texto

1. "Toda mulher tem uma parte do corpo que não gosta." Nesse trecho do anúncio ficou faltando uma palavra. Qual? Localize o pronome relativo.

2. "No caso das que fumam, o pulmão". Localize o pronome demonstrativo nesse trecho.

3. Aponte e classifique os pronomes presentes neste trecho: "O câncer de pulmão já é a segunda doença que mais mata mulheres. E, com o crescente número de fumantes entre elas, os casos tendem a aumentar. Mostre que você valoriza o seu corpo e a sua vida. Largue o cigarro agora."

4. Quais são os referentes dos pronomes *elas* e *você* analisados anteriormente?

2

Folheto de propaganda de circulação social.

Trabalhando o texto

1. Explique a quem se referem os pronomes *ela* e *ele* presentes no texto. Explique também como você descobriu essa informação.

2. O que é possível observar com relação às pessoas em que estão conjugadas as formas verbais?

3. Cite duas passagens que comprovem a mistura de tratamentos no texto.

4. O que causa estranheza nesta sequência: "desemprego, financeiro e quebra de lucro".

5. O folheto em questão atinge seu objetivo? Como isso se torna possível?

3

Vou tirar você do dicionário

Vou tirar do dicionário
A palavra você
Vou trocá-la em miúdos
Mudar meu vocabulário
E no seu lugar
Vou colocar outro absurdo
Eu vou tirar suas impressões digitais
  da minha pele
Tirar seu cheiro dos meus lençóis
O seu rosto do meu gosto
Eu vou tirar você de letra
Nem que tenha que inventar outra gramática
Eu vou tirar você de mim
Assim que descobrir
Com quantos nãos se faz um sim

Eu vou tirar o sentimento do meu pensamento
Sua imagem e semelhança
Vou parar o movimento
A qualquer momento procurar outra lembrança
Eu vou tirar, vou limar de vez
Sua voz dos meus ouvidos
Eu vou tirar você e eu de nós
O dito pelo não tido
Eu vou tirar você de letra
Nem que tenha que inventar outra gramática
Eu vou tirar você de mim
Assim que descobrir
Com quantos nãos se faz um sim

Itamar Assumpção & Alice Ruiz. In: DUNCAN, Zélia.
Intimidade. CD WEA 063015836-2, 1996.

Trabalhando o texto

1. A que palavra se refere o pronome destacado em "Vou trocá-**la** em miúdos"?

2. "E no **seu** lugar vou colocar outro absurdo."
A que ou a quem se refere o pronome destacado?

3. Retire do texto:
   a) um pronome de tratamento;
   b) quatro pronomes indefinidos;
   c) dois pronomes pessoais do caso reto;
   d) três pronomes pessoais do caso oblíquo.

4. "Eu vou tirar você e eu de nós." Empregado duas vezes no trecho, o pronome *eu* tem papéis distintos: um, próprio da forma reta; outro, não. Comente e explique o sentido do verso.

5. Ao tirar a palavra *você* do dicionário, está-se tirando uma pessoa específica ou toda uma possibilidade de relacionamento sentimental com outra pessoa? Comente.

6. A que classe gramatical pertencem normalmente as palavras *não* e *sim*? No texto, as palavras *nãos* e *sim* pertencem a essa classe? Comente.

7. No texto, a invenção de uma outra gramática atende a um objetivo específico. Em alguma outra situação você julga que seria necessário criar uma nova gramática? Explique.

Questões de exames e concursos

1. (FGV-SP) Leia os sete versos abaixo e responda às questões a eles pertinentes.

(1) Metafísica? Que metafísica têm aquelas árvores?

(2) A de serem verdes e copadas e de terem ramos

(3) E a de dar fruto na sua hora, o que não nos faz pensar,

(4) A nós, que não sabemos dar por elas.

(5) Mas que melhor metafísica que a delas,

(6) Que é a de não saber por que vivem

(7) Nem que o não sabem?

(Alberto Caeiro)

Nos quatro últimos versos, há várias ocorrências da palavra *que*. Sobre essa palavra, pode-se dizer:

a) No quinto verso, tem-se um pronome definido e uma conjunção comparativa.

b) No sétimo verso, tem-se um pronome relativo.

c) No quarto verso, tem-se um pronome relativo.

d) No sexto verso, tem-se uma conjunção comparativa e um pronome interrogativo.

e) No sexto verso, tem-se uma conjunção integrante e um advérbio.

2. (UEPB)

"(...) Quero ver-te de novo, contemplar-te muito, muito; quero-te bem unido a mim para, abraçados fortemente, eu te contar um segredo que só teus ouvidos podem escutar. (...)"

FARIA, Paula. Correspondência amorosa de Maria Lina.
In: Calendário. São Paulo: USP, maio 2006. p. 3.

Reescrevendo o enunciado acima e substituindo a 2.ª pessoa do discurso para a 3.ª pessoa, considerando a pessoa com quem se fala, a alternativa correta é:

a) Quero ver você de novo, contemplar-lhe muito, muito; quero-lhe bem unido a mim para, abraçados fortemente, eu contar a você um segredo que os ouvidos dele podem escutar.

b) Quero ver-lhe de novo, contemplar-lhe muito, muito; quero ele bem unido a mim para abraçados fortemente eu contá-lo um segredo que só os seus ouvidos podem escutar.

c) Quero vê-lo de novo, contemplá-lo muito, muito; quero você bem unido a mim para, abraçados fortemente, eu lhe contar um segredo que só seus ouvidos podem escutar.

d) Quero vê-lo de novo, contemplar ele muito, muito; quero-o bem unido a mim para, abraçados forte-

mente, eu contar-lhe um segredo que só seus ouvidos podem escutar.

e) Quero lhe ver de novo, contemplar você muito, muito; lhe quero bem unido a mim para, abraçados fortemente, eu contar a ele um segredo que só os ouvidos dele podem escutar.

3. (UEPG-PR)

Por que os nobres usavam cabelo comprido?

No Egito antigo, madeixas longas eram exclusividade dos de posição social superior. Quando não tinham cabeleiras, faraós e guerreiros simulavam o visual com mantos ou perucas, o que ajudava a distingui-los dos sacerdotes, que usavam corpo e cabeças raspados. "Um nobre não permitia que cortassem seu cabelo, mas um pobre não tinha como resistir a isto", diz Francisco Marshall, do Núcleo de História Antiga da UFRGS.

Foi Alexandre Magno quem rompeu com a tradição, exigindo dos guerreiros pelos tosados: a ideia era evitar que o inimigo os prendessem pelo cabelo.

FEIJÓ, Bruno Vieira. Superinteressante. São Paulo: Abril, out. 2005.

Identifique as classes de palavras e os respectivos empregos no texto e assinale o que for correto.

01) No primeiro período, **dos** tem valor de pronome demonstrativo e se refere aos substantivos – faraós e guerreiros.

02) No segundo período, o pronome **los** refere-se ao substantivo sacerdotes.

04) No segundo período, o adjetivo **raspados** pode concordar com cabeças (corpo e cabeças raspadas).

08) No terceiro período, **nobre** e **pobre** são substantivos.

16) No quarto período, o pronome **os** refere-se ao substantivo guerreiros.

4. (Uerj)

A lagartixa

A lagartixa ao sol ardente vive

E fazendo verão o corpo espicha:

O clarão de teus olhos me dá vida,

Tu és o sol e eu sou a lagartixa.

Amo-te como o vinho e como o sono,

Tu és meu copo e amoroso leito...

Mas teu néctar de amor jamais se esgota,

Travesseiro não há como teu peito.

Parte 2 > > > MORFOLOGIA > > >

Posso agora viver: para coroas

Não preciso no prado colher flores;

Engrinaldo melhor a minha fronte

Nas rosas mais gentis de teus amores.

Vale todo um harém a minha bela,

Em fazer-me ditoso ela capricha...

Vivo ao sol de seus olhos namorados,

Como ao sol de verão a lagartixa.

> AZEVEDO, Álvares de. *Poesias completas* (Ed. crítica de Péricles Eugênio da Silva Ramos/Org. de Iumna Maria Simon). Campinas: Unicamp/São Paulo: Imprensa Oficial do Estado, 2002.

Verifica-se, no poema, a alternância entre a 2.ª e a 3.ª pessoas do discurso. Explique essa alternância na construção do poema.

Texto para as questões 5 e 6.

Leia o fragmento abaixo, do conto "A cartomante", de Machado de Assis. Depois, responda às perguntas.

"Separaram-se contentes, ele ainda mais que ela. Rita estava certa de ser amada; Camilo, não só o estava, mas via-a estremecer e arriscar-se por ele, correr às cartomantes, e, por mais que a repreendesse, não podia deixar de sentir-se lisonjeado. A casa do encontro era na antiga Rua dos Barbonos, onde morava uma comprovinciana de Rita. Esta desceu pela Rua das Mangueiras na direção de Botafogo, onde residia; Camilo desceu pela da Guarda Velha, olhando de passagem para a casa da cartomante."

5. (FGV-SP) O texto oferece condições para indicar, com precisão, o significado do pronome *o* na seguinte oração: "...não só o estava...". Diga qual é esse significado. Explique qual defeito de estilo Machado de Assis evitou ao utilizar o pronome *o*.

6. (FGV-SP) Em "Esta desceu pela Rua das Mangueiras...", explique por que, no texto, se usou o pronome *esta* e não o pronome *ela*.

7. (UFC)

Canudos não se rendeu

Fechemos este livro.

Canudos não se rendeu. Exemplo único em toda a história, resistiu até o esgotamento completo. Expugnado palmo a palmo, na precisão integral do termo, caiu no dia 5, ao entardecer, quando caíram os seus últimos defensores, que todos morreram. Eram quatro apenas: um velho, dois homens feitos e uma criança, na frente dos quais rugiam raivosamente cinco mil soldados.

Forremo-nos à tarefa de descrever os seus últimos momentos. Nem poderíamos fazê-lo. Esta página, imaginamo-la sempre profundamente emocionante e trágica; mas cerramo-la vacilante e sem brilhos.

Vimos como quem vinga uma montanha altíssima. No alto, a par de uma perspectiva maior, a vertigem...

Ademais, não desafiaria a incredulidade do futuro a narrativa de pormenores em que se amostrassem mulheres precipitando-se nas fogueiras dos próprios lares, abraçadas aos filhos pequeninos?...

E de que modo comentaríamos, com a só fragilidade da palavra humana, o fato singular de não aparecerem mais, desde a manhã de 3, os prisioneiros válidos colhidos na véspera, e entre eles aquele Antônio Beatinho, que se nos entregara, confiante – e a quem devemos preciosos esclarecimentos sobre esta fase obscura da nossa história?

Caiu o arraial a 5. No dia 6 acabaram de o destruir, desmanchando-lhe as casas, 5 200, cuidadosamente contadas.

> CUNHA, Euclides da. A luta. In: *Os sertões*. São Paulo: Martin Claret, 2002. p. 532.

Transcreva do texto os termos aos quais se referem os elementos destacados nas frases abaixo.

a) "(...) quando caíram os **seus** últimos defensores (...)"

b) "(...) cerramo-**la** vacilante e sem brilhos."

c) "(...) desmanchando-**lhe** as casas (...)"

8. (Unicamp-SP)

O Partido X dedica-se a essa atividade mais do que nunca. Ocorre que ainda está longe do desejado, seja por falta de vontade, de vocação ou de incapacidade do partido. Entre outras razões, é por esse motivo que o dólar sobe.

> RODRIGUES, Fernando. *Folha de S.Paulo*, São Paulo, 25 set. 2002. Parcialmente adaptado.

Na primeira oração ocorre uma palavra (um pronome) que permite concluir que o trecho acima não é o início do texto de Fernando Rodrigues. Qual é a palavra e por que sua ocorrência permite tal conclusão?

9. (Ufam) Assinale o item em que há **erro** no emprego do pronome pessoal:

a) Recebidas as mangas, os meninos as repartiam irmãmente entre si.

b) Sempre me presenteava livros, dizendo-me que era para eu adquirir o hábito da leitura.

c) Estas deliciosas balas de mangarataia, eu as trouxe para ti levares ao Píndaro.

d) Os altruístas pensam menos em si e mais nos outros.

e) Leve o jornal consigo, Acácio. Já o li desde cedo.

10. (UFU-MG) Observe os trechos abaixo.

I. "Positivamente, era um diabrete Virgília, um diabrete angélico, se querem, mas era-**o** e então... Então apareceu o Lobo Neves, ..." (Machado de Assis)

II. "Meu pai ficou atônito com o desenlace e quer-me parecer que não morreu de outra coisa. Eram tantos os castelos que engenhara, tantos e tantíssimos os sonhos, que não podia vê-los assim esboroados, sem padecer um forte abalo no organismo. A princípio não quis crê-**lo**. Um Cubas! um galho da árvore ilustre dos Cubas! E dizia isto com tal convicção, que eu já então informado da nossa tanoaria, esqueci um instante a volúvel dama, para só contemplar aquele fenômeno, não raro, mas curioso: uma imaginação graduada em consciência." (Machado de Assis)

III. "Ela era menos escrupulosa que o marido; manifestava claramente as esperanças que trazia no legado, cumulava o parente de todas as cortesias, atenções e afagos que poderiam render, pelo menos, um codicilo. Propriamente, adulava-**o**: mas eu observei que a adulação das mulheres não é a mesma coisa que a dos homens." (Machado de Assis)

Assinale a **única** alternativa em que as palavras podem substituir os termos em destaque.

a) diabrete – desenlace – parente

b) angélico – pai – legado

c) Virgília – abalo – marido

d) diabrete – organismo – parente

e) angélico – desenlace – legado

11. (UFRRJ) "Há quem pense que as empresas jornalísticas, ao promover o uso de jornais na educação, **o** fazem unicamente com o objetivo de criar o leitor do futuro."

Em relação ao termo destacado, a classificação e a justificativa de seu uso são as seguintes:

a) artigo definido, pois determina um substantivo subentendido na oração.

b) pronome demonstrativo, pois substitui a ideia expressa pela oração anterior.

c) pronome pessoal, pois substitui um substantivo subentendido na oração anterior.

d) pronome demonstrativo, pois situa cronologicamente a ação do verbo *fazer*.

e) artigo definido, pois substantiva o verbo *fazer*, determinando-o.

12. (Fuvest-SP) Na frase "**Todo** homem é mortal, porém o homem **todo** não é mortal", o termo *todo* é empregado com significados diferentes.

a) Indique o sentido em cada uma das expressões.

b) Justifique sua resposta.

13. (UFV-MG) Das alternativas abaixo, apenas uma preenche de modo correto as lacunas das frases. Assinale-a.

Quando saíres, avisa-nos que iremos ... .
Meu pai deu um livro para ... ler.
Não se ponha entre ... e ela.
Mandou um recado para você e para ... .

a) contigo, eu, eu, eu

b) com você, mim, mim, mim

c) consigo, mim, mim, eu

d) consigo, eu, mim, mim

e) contigo, eu, mim, mim

14. (Fuvest-SP)

Conheci que (1) Madalena era boa em demasia...
A culpa foi desta vida agreste que (2) me deu uma alma agreste.
Procuro recordar o que (3) dizíamos.
Terá realmente piado a coruja? Será a mesma que (4) piava há dois anos?
Esqueço que (5) eles me deixaram e que (6) esta casa está quase deserta.

Nas frases acima, o *que* aparece seis vezes; em três delas é pronome relativo. Quais?

a) 1 – 2 – 4

b) 2 – 4 – 6

c) 3 – 4 – 5

d) 2 – 3 – 4

e) 2 – 3 – 5

15. (PUC-SP) Assinale a alternativa que preencha, pela ordem, corretamente as lacunas abaixo.

1. A espécie nova ... se referia Meyer era uma borboleta.

2. A espécie nova ... Meyer tratava era uma borboleta.

3. A espécie nova ... Meyer se maravilhava era uma borboleta.

4. A espécie nova ... Meyer descobriu era uma borboleta.

a) que, de que, com que, que

b) a que, de que, que, de que

c) a que, que, com que, a que

d) a que, de que, com que, que

e) de que, a que, que, a que

16. (PUC-SP) No trecho que a seguir transcrevemos, há vários pronomes.

"Com esta história eu vou me sensibilizar, e bem sei que cada dia é um dia roubado da morte. Eu não sou um intelectual, escrevo com o corpo. E o que escrevo é uma névoa úmida."

Identifique, nele, dois pronomes demonstrativos, um pronome pessoal do caso reto e um pronome pessoal do caso oblíquo.

17. (Unicamp-SP) No trecho que segue há uma passagem estruturalmente ambígua (isto é, uma passagem que poderia ser interpretada de duas maneiras, se ignorássemos o que é geralmente pressuposto sobre a vida de John Kennedy).

Identifique essa passagem, transcreva-a, aponte as duas interpretações possíveis e explique o que a torna ambígua do ponto de vista estrutural.

"E se os russos atacassem agora?", perguntou certa ocasião (...) Judith Exner, uma das incontáveis amantes de Kennedy, que, simultaneamente, mantinha um caso com o chefão mafioso Sam Giancana."

Veja. São Paulo: Abril, n. 1 002, 18 nov. 1987.

18. (Unimep-SP) "Eu não ... vi na festa do clube ontem. Os diretores não ... convidaram? Não ... disseram que era ontem? Eu ... avisei de que não podia confiar neles!"

a) o, o, o, o

b) o, lhe, lhe, o

c) o, o, lhe, o

d) lhe, lhe, lhe, lhe

e) lhe, lhe, o, o

19. (Unimep-SP)

I. Este é Renato.
II. Eu posso contar com a ajuda de Renato.

Se juntarmos as duas orações num só período, usando um pronome relativo, teremos:

a) Este é Renato, com quem eu posso contar com a ajuda dele.

b) Este é Renato, que eu posso contar com a ajuda dele.

c) Este é Renato, o qual eu posso contar com sua ajuda.

d) Este é Renato, com cuja ajuda eu posso contar.

e) Este é Renato, cuja ajuda eu posso contar.

20. (Unimep-SP)

I. Demos **a ele** todas as oportunidades.
II. Fizemos **o trabalho** como você orientou.
III. Acharam **os livros** muito interessantes.

Substituindo as palavras destacadas por um pronome oblíquo, temos:

a) I. Demos-lhe; II. Fizemo-lo; III. Acharam-los.

b) I. Demos-lhe; II. Fizemos-lo; III. Acharam-os.

c) I. Demos-lhe; II. Fizemo-lo; III. Acharam-nos.

d) I. Demo-lhe; II. Fizemos-o; III. Acharam-nos.

e) I. Demo-lhe; II. Fizemo-lhe; III. Acharam-nos.

21. (Unimep-SP) "A exposição ... inauguração assisti mostrou os lindos quadros ... me referi na nossa conversa do outro dia. Amanhã, haverá um leilão na mesma sala ... estão expostos."

A alternativa que preenche corretamente as lacunas é:

a) a cuja, aos quais, em que.

b) a cuja, os quais, na qual.

c) cuja, a que, em que.

d) a qual, aos quais, na qual.

e) à qual, que, que.

22. (Unimep-SP) "Os dados que ... enviei são confidenciais. Chame seu secretário e instrua-... a não falar nada. Peça-... que destrua as folhas o mais rápido possível. Vejo-... amanhã no escritório."

A alternativa que preenche corretamente as lacunas é:

a) o, o, lhe, lhe.

b) o, o, lhe, o.

c) lhe, lhe, lhe, o.

d) lhe, o, lhe, lhe.

e) lhe, o, lhe, o.

23. (Unimep-SP) "Este é um assunto entre ... . Não tem nada a ver ... ."

Assinale a alternativa que preenche corretamente as lacunas.

a) eu e ele, contigo

b) eu e ele, consigo

c) mim e ele, com você

d) mim e ele, consigo

e) mim e ti, consigo

Capítulo 13 > > > Estudo dos pronomes > > >

299

24. (Unimep-SP)

I. Coloquem **os móveis** no lugar.
II. Enviamos cartas **a vocês**.
III. Refez **a lição** que estava errada?

Substituindo as palavras destacadas por pronomes, teremos:

a) I. Coloquem-nos; II. Enviamos-lhes; III. Refê-la.

b) I. Coloquem-nos; II. Enviamo-lhes; III. Refê-la.

c) I. Coloquem-os; II. Enviamo-las; III. Refez-lhe.

d) I. Coloquem-os; II. Enviamos-lhes; III. Refi-la.

e) I. Coloque-os; II. Enviamo-los; III. Refez-lhe.

25. (UEL-PR) Foram divididos ... próprios os trabalhos que ... em equipe.

a) conosco, se devem realizar

b) com nós, devem-se realizar

c) conosco, devem realizar-se

d) com nós, se devem realizar

e) conosco, devem-se realizar

26. (UEL-PR) Para ... poder terminar a arrumação da sala, guardem ... material em outro lugar até que eu volte a falar ..., dizendo que já podem entrar.

a) eu, seu, com vocês

b) eu, vosso, convosco

c) eu, vosso, consigo

d) mim, seu, com vocês

e) mim, vosso, consigo

27. (Fuvest/FGV-SP) Assinale a alternativa que preenche corretamente as lacunas.

Tomo a liberdade de levar ao conhecimento de V. Exa. que os ... que ... foram encaminhados defendem causa justa e ficam a depender tão somente de ... decisão para que sejam atendidos.

a) abaixos-assinados, lhe, sua

b) abaixos-assinados, vos, vossa

c) abaixo-assinados, lhe, sua

d) abaixo-assinados, vos, vossa

e) abaixo-assinados, lhe, vossa

28. (Fuvest-SP) "Quanto a mim, se **vos disser** que li o bilhete três ou quatro vezes, naquele dia, **acreditai-o**, que é verdade; se vos disser mais que o reli no dia seguinte, antes e depois do almoço, **podeis crê-lo**, é a realidade pura. Mas se vos disser a comoção que tive, **duvidai** um pouco da asserção, e **não a aceiteis** sem provas."

Mudando o tratamento para a terceira pessoa do plural, as expressões destacadas passam a ser:

a) lhes disser; acreditem-no; podem crê-lo; duvidem; não a aceitem.

b) lhes disserem; acreditem-lo; podem crê-lo; duvidam; não a aceitem.

c) lhe disser; acreditem-no; podem crer-lhe; duvidam; não a aceitam.

d) lhe disserem; acreditam-no; possam crê-lo; duvidassem; não a aceiteis.

e) lhes disser; acreditem-o; podem crê-lo; duvidem; não lhe aceitem.

29. (UEL-PR) O suspeito do sequestro falava de forma evasiva, sem encarar os policiais, negando o **seu** envolvimento com o caso e dizendo desconhecer o local **onde se** achariam a vítima e o dinheiro do resgate.

As palavras destacadas na frase são, respectivamente:

a) pronome substantivo, advérbio de lugar, pronome reflexivo.

b) pronome adjetivo, pronome relativo, pronome apassivador.

c) pronome substantivo, advérbio de lugar, pronome apassivador.

d) pronome adjetivo, pronome relativo, pronome reflexivo.

e) pronome adjetivo, advérbio de lugar, pronome apassivador.

30. (Unicamp-SP) "(...) vejo na televisão e no rádio que o 'cujo' bateu asas e voou. Virou ave migratória."

O comentário acima, do escritor Otto Lara Resende (*Folha Ilustrada*, 8 nov. 1992), refere-se ao fato de que o uso do pronome relativo *cujo* é cada vez menos frequente. Isso faz com que os falantes, ao tentarem utilizar esse pronome na escrita, construam sequências sintáticas que levam a interpretações estranhas. Veja o exemplo seguinte:

"O povo não só quer o *impeachment* desse aventureiro chamado Collor, como o confisco dos bens nada honestos do sr. Paulo César Farias e companhia. E que a esse PFL e ao Brizola (cuja ficha de filiação ao PDT já rasguei) reste a vingança do povo..."

L. A. N. *Folha de S.Paulo*, 30 jul. 1992. Painel do Leitor.

a) O que L. A. N. pretendeu dizer com a oração entre parênteses?

b) O que ele disse literalmente?

c) Que tipo de conhecimento deve ter o leitor para entender o que L. A. N. quis dizer?

300   Parte 2 >>> MORFOLOGIA >>>

31. (Cefet-PR) Use *eu* ou *mim*.

"É difícil, para (*), esquecer tantas injustiças."

"Se é para (*) pagar, desista; não tenho dinheiro."

Texto para as questões 32 e 33.

Que me enganei, ora o vejo;

Nadam-te os olhos em pranto,

Arfa-te o peito, e no entanto

Nem me podes encarar;

Erro foi, mas não foi crime,

Não te esqueci, eu to juro:

Sacrifiquei meu futuro,

Vida e glória por te amar!

(Gonçalves Dias)

32. (Fuvest-SP) Em dois versos do texto, um pronome substitui toda uma oração. Aponte os versos em que isso ocorre.

33. (Fuvest-SP) Indique os dois versos do texto em que um pronome pessoal substitui um possessivo.

34. (UFMG) Em todas as alternativas, a expressão destacada pode ser substituída pelo pronome *lhe*, exceto em:

a) Tu dirás **a Cecília** que Peri partiu.

b) Cecília viu perto **a Isabel**.

c) O tiro fora destinado **a Peri** por um dos selvagens.

d) Cecília recomendou **a Peri** que estivesse quieto.

e) Peri prometeu **a D. Antônio** levar-te à irmã.

35. (ITA-SP) Dadas as sentenças:

1. Ela comprou um livro para mim ler.
2. Nada há entre mim e ti.
3. Alvimar, gostaria de falar consigo.

verificamos que está(estão) correta(s):

a) apenas a sentença 1.

b) apenas a sentença 2.

c) apenas a sentença 3.

d) apenas as sentenças 1 e 2.

e) todas as sentenças.

36. (FCMSC-SP) A carta vinha endereçada para ... e para ...; ... é que a abri.

a) mim, tu, por isso

b) mim, ti, porisso

c) mim, ti, por isso

d) eu, ti, porisso

e) eu, tu, por isso

37. (FCMSC-SP) São excelentes técnicos, ... colaboração não podemos prescindir.

a) cuja

b) de cuja

c) que a

d) de que a

e) dos quais a

38. (FCMSC-SP) Por favor, passe ... caneta que está aí perto de você; ... aqui não serve para ... desenhar.

a) aquela, esta, mim

b) esta, esta, mim

c) essa, esta, eu

d) essa, essa, mim

e) aquela, essa, eu

39. (Fuvest-SP)

Eu ... desconheço.

Roubaram-... o carro.

Os carros? Roubaram-... .

Não ... era permitido ficar na sala.

Obrigaram-... a sair daqui.

a) o, lhe, nos, lhe, nos

b) lhe, o, o, o, no

c) o, os, lhe, lhe, lhe

d) lhe, lhe, lhe, se, os

e) o, o, os, lhe, no

40. (Fuvest-SP)

a) Reescreva o período seguinte, substituindo o pronome destacado por outro, sem alterar o sentido da frase.

"O barbeiro não parou de falar, enquanto cortava os **meus** cabelos."

b) Empregando exatamente as mesmas palavras, reescreva a frase seguinte, alterando-a de modo a que adquira sentido negativo.

"Algum amigo me ajudará."

41. (Fuvest-SP) Destaque a frase em que o pronome relativo está empregado corretamente.

a) É um cidadão em cuja honestidade se pode confiar.

b) Feliz o pai cujo os filhos são ajuizados.

c) Comprou uma casa maravilhosa, cuja casa lhe custou uma fortuna.

d) Preciso de um pincel delicado, sem o cujo não poderei terminar meu quadro.

e) Os jovens, cujos pais conversam com eles, prometeram mudar de atitude.

42. (ITA-SP) Dadas as sentenças:

1. Confesso que fiquei fora de si quando recebi o telefonema.
2. O nome do sinal em forma de estrela (*) é asterístico.
3. Ela é uma pessoa bastante arvoada.

deduzimos que:

a) apenas a sentença 1 está correta.

b) apenas a sentença 2 está correta.

c) apenas a sentença 3 está correta.

d) todas estão corretas.

e) n. d. a.

43. (FEI-SP) Substitua os termos destacados pelos pronomes oblíquos correspondentes.

a) Encontraram **o corpo** na estufa.

b) Arrancara do peito **uma cruz de ametistas**.

c) A disposição das plantas não permite **um esconderijo**.

44. (UFJF-MG) Marque:

a) se I e II forem verdadeiras;

b) se I e III forem verdadeiras;

c) se II e III forem verdadeiras;

d) se todas forem verdadeiras;

e) se todas forem falsas.

Somente pronomes estão destacados em:

I. "**Algum** tempo hesitei se devia abrir **estas** memórias..."

II. "... duas considerações **me** levaram a adotar diferente método: a primeira é que **eu** não sou..."

III. "Moisés, **que** também contou a **sua** morte."

45. (Acafe-SC) Assinale a alternativa em que a palavra destacada exerce a função de pronome adjetivo.

a) Partiu sem ao menos dizer-**me** adeus.

b) Poderíamos reconhecê-lo com um dos **nossos** mártires.

c) Aquela não foi uma obra de arte, mas **esta** será?

d) Leio muito, porém não o que **me** desagrada.

e) Sempre serei assim, mesmo que não **me** aceites.

46. (PUC-SP) No trecho: "O presidente não recebeu ninguém, não havia nenhuma fotografia sorridente dele, nenhuma frase imortal, nada que fosse supimpa", tem-se:

a) quatro pronomes adjetivos indefinidos.

b) dois pronomes adjetivos indefinidos e dois pronomes substantivos indefinidos.

c) um pronome substantivo indefinido e três pronomes adjetivos indefinidos.

d) quatro pronomes substantivos indefinidos.

e) um pronome adjetivo indefinido e três pronomes substantivos indefinidos.

47. (Fuvest-SP) "Vi uma fotografia sua no metrô."

Explique pelo menos dois dos vários sentidos que podem ser atribuídos à frase acima.

48. (Fuvest-SP) Considere a validade das afirmações sobre o enunciado "cartas que não se escrevem".

I. O termo *que* retoma o seu antecedente, introduzindo uma oração que tem o valor de um modificador desse mesmo antecedente.

II. O termo *que* é agente e paciente do processo expresso pelo verbo escrever.

III. O enunciado não determina qual é o agente do processo expresso pelo verbo *escrever*.

a) Apenas a afirmação I está correta.

b) Apenas a afirmação II está correta.

c) Apenas as afirmações II e III estão corretas.

d) Apenas as afirmações I e III estão corretas.

e) Todas as três afirmações estão corretas.

49. (Fuvest-SP) Na frase seguinte, o indefinido *alguma* tem valor positivo: "Muitas vezes encontro sua lembrança em alguma esquina da cidade". Construa uma frase em que *alguma* tenha valor negativo, correspondendo a *nenhuma*.

50. (TRF-RJ/FCC) Sr. Ministro, se V. Ex.ª (......) ao diálogo, os acontecimentos decorrerão a (...) favor.

a) vos dispuser – vosso

b) se dispuser – vosso

c) vos dispusesdes – vosso

d) se dispuser – seu

e) vos dispuserdes – seu

51. (ECT-BA/ETC) Quanto ao emprego de pronomes, a alternativa incorreta é:

a) É difícil para mim aceitar tantas imposições.

b) Não há mais nada entre eu e ela.

c) Quero essa camisa branca que está na tua mão.

d) Ele trazia consigo a esperança da cura.

e) Quando V. S.ª for embora, leve consigo uma lembrança daqui.

Capítulo 14

Estudo dos numerais

TRICOLOR: campeão brasileiro pela quinta vez!

Eleito o banco número 1 em sustentabilidade.

Preço do trigo subiu 130% no último ano

Participe: são 500 prêmios e 50 viagens!

Fale o dobro de minutos e pague metade do preço!

Taxa de apenas 0,59%: compre agora e pague em até 36 meses...

PARCELE EM ATÉ 10 VEZES SEM JUROS NO CARTÃO.

Pague apenas 5 centavos o minuto!

Inflação em maio foi o triplo da de maio do ano passado

IDH: Brasil ocupa a 70.ª posição no ranking de 177 países

Terremoto de 7,9 graus na escala Richter mata mais de 69 mil na China

Preços de alimentos sobem 6% entre abril de 2007 e abril de 2008

Maio de 68: 30 anos de mudanças

Estima-se 750 000 desabrigados nos EUA

Game bate recorde: 3,6 milhões de unidades vendidas em 24 h!

Taxa Selic vai a 12,25%

Bom roteiro e bom elenco em Três vezes amor.

U ma das funções dos numerais é quantificar e ordenar os elementos do mundo do esporte, da economia, da cultura...

1. Conceito

Numeral é a classe de palavras que denota um número exato de coisas, seres ou conceitos ou indica a posição que ocupam numa determinada ordem. Quando apenas nomeia o número de seres, o numeral é chamado **cardinal** (*um, dois, três..., cinquenta, cem mil* etc.). Quando indica a ordem que o ser ocupa numa série, o numeral é chamado **ordinal** (*primeiro, segundo, terceiro..., quinquagésimo, centésimo milésimo* etc.).

Existem também os numerais **multiplicativos** e os numerais **fracionários**. Os multiplicativos exprimem aumentos proporcionais de quantidade, indicando números que são múltiplos de outros (*dobro, triplo, quádruplo* etc.). Os fracionários indicam a diminuição proporcional da quantidade, o seu fracionamento (*metade, um terço, um décimo* etc.).

2. Quadros de numerais

Apresentamos a seguir três quadros de numerais: no primeiro, você encontrará os cardinais e os ordinais, além dos algarismos arábicos e romanos; no segundo, os numerais multiplicativos; no terceiro, os fracionários. Após cada quadro faremos os comentários pertinentes.

NUMERAIS CARDINAIS E ORDINAIS			
algarismos			
arábicos	**romanos**	**cardinais**	**ordinais**
1	I	um	primeiro
2	II	dois	segundo
3	III	três	terceiro
4	IV	quatro	quarto
5	V	cinco	quinto
6	VI	seis	sexto
7	VII	sete	sétimo
8	VIII	oito	oitavo
9	IX	nove	nono
10	X	dez	décimo
11	XI	onze	décimo primeiro ou undécimo
12	XII	doze	décimo segundo ou duodécimo
13	XIII	treze	décimo terceiro
14	XIV	catorze ou quatorze	décimo quarto
15	XV	quinze	décimo quinto
16	XVI	dezesseis	décimo sexto
17	XVII	dezessete	décimo sétimo
18	XVIII	dezoito	décimo oitavo
19	XIX	dezenove	décimo nono
20	XX	vinte	vigésimo

algarismos			
arábicos	**romanos**	**cardinais**	**ordinais**
21	XXI	vinte e um	vigésimo primeiro
30	XXX	trinta	trigésimo
40	XL	quarenta	quadragésimo
50	L	cinquenta	quinquagésimo
60	LX	sessenta	sexagésimo
70	LXX	setenta	septuagésimo ou setuagésimo
80	LXXX	oitenta	octogésimo
90	XC	noventa	nonagésimo
100	C	cem	centésimo
200	CC	duzentos	ducentésimo
300	CCC	trezentos	trecentésimo
400	CD	quatrocentos	quadringentésimo
500	D	quinhentos	quingentésimo
600	DC	seiscentos	seiscentésimo ou sexcentésimo
700	DCC	setecentos	septingentésimo ou setingentésimo
800	DCCC	oitocentos	octingentésimo
900	CM	novecentos	nongentésimo
1 000	M	mil	milésimo
10 000	$\overline{X}$	dez mil	décimo milésimo
100 000	$\overline{C}$	cem mil	centésimo milésimo
1 000 000	$\overline{M}$	um milhão	milionésimo
1 000 000 000	$\overline{\overline{M}}$	um bilhão ou bilião	bilionésimo

Comentários

a. Atente na possibilidade de usar as formas *catorze* ou *quatorze*, *bilhão* ou *bilião*. Aliás, é bom saber que *bilhão*, no Brasil, significa "mil milhões" (10^9 ou 1 000 000 000); em Portugal, "um milhão de milhões" (10^{12} ou 1 000 000 000 000).

b. Atente na grafia das formas *dezesseis*, *dezessete*, *cinquenta* e *seiscentos*. A forma "cincoenta" é incorreta.

c. Atente nas formas cultas *octogésimo* e *trecentésimo*. A forma *tricentésimo* é aceita por alguns gramáticos e já se encontra dicionarizada – a segunda edição do *Novo Dicionário Aurélio*, por exemplo, abona essa forma.

> **OBSERVAÇÃO**
>
> No lugar de qualquer multiplicativo pode ser usada a combinação **numeral cardinal + vezes**. Essa combinação supre os casos em que não há formas especiais, como *treze vezes*, *quarenta e seis vezes*, *cinquenta e duas vezes*, etc.

NUMERAIS MULTIPLICATIVOS

duplo, dobro ou dúplice
triplo ou tríplice
quádruplo
quíntuplo
sêxtuplo
séptuplo
óctuplo
nônuplo
décuplo
undécuplo
duodécuplo
cêntuplo

NUMERAIS FRACIONÁRIOS	
meio ou metade	oitavo
terço	nono
quarto	décimo
quinto	onze avos
sexto	doze avos
sétimo	centésimo

> **○ OBSERVAÇÃO**
>
> Os numerais fracionários propriamente ditos são *meio* (ou *metade*) e *terço*. Os demais são na verdade expressos pelo ordinal correspondente (*quarto*, *quinto*, *centésimo*, por exemplo) ou pelo cardinal correspondente seguido da palavra *avos*: *onze avos*, *doze avos*, *vinte avos*, *quarenta avos*.

3. Flexões

a. Os numerais cardinais que variam em gênero são *um/uma*, *dois/duas* e os que indicam centenas, de *duzentos/duzentas* em diante: *trezentos/trezentas, quatrocentos/quatrocentas* etc.

b. Cardinais como *milhão*, *bilhão* (ou *bilião*), *trilhão* etc. variam em número: *milhões, bilhões* (ou *biliões*), *trilhões* etc. Os demais cardinais são invariáveis.

c. Os numerais ordinais variam em gênero e número:

primeiro	primeira	primeiros	primeiras
segundo	segunda	segundos	segundas
milésimo	milésima	milésimos	milésimas

d. Os numerais multiplicativos são invariáveis quando atuam em funções substantivas:

Fizeram **o dobro** do esforço e conseguiram **o triplo** de produção.

Quando atuam em funções adjetivas, flexionam-se em gênero e número:

Teve de tomar doses **triplas** do medicamento.

e. Os numerais fracionários flexionam-se em gênero e número:

um **terço**   uma **terça** parte   dois **terços**   duas **terças** partes

f. É comum na linguagem coloquial a indicação de grau nos numerais, traduzindo afetividade ou especialização de sentido. É o que ocorre em frases como:

Me empresta duzentinho...

Aquela revista já está custando duzentão.

Ele é sempre o primeirão nessas coisas.

É artigo de primeiríssima qualidade!

O time está arriscado a ir parar na segundona. (= Segunda Divisão)

4. Emprego

a. Para designar papas, reis, imperadores, séculos e partes em que se divide uma obra, quando o numeral vem depois do substantivo, utilizam-se os **ordinais** até décimo e a partir daí os **cardinais**.

Observe:

João Paulo II (segundo)	João XXIII (vinte e três)
D. Pedro II (segundo)	Luís XVI (dezesseis)
Ato II (segundo)	Capítulo XX (vinte)
Canto IX (nono)	Tomo XV (quinze)
Século VIII (oitavo)	Século XX (vinte)

b. Para designar leis, decretos e portarias, utiliza-se o ordinal até nono e o cardinal de dez em diante:

Artigo 1.º (primeiro) Artigo 10 (dez)
Artigo 9.º (nono) Artigo 21 (vinte e um)

Na capa deste livro, lê-se século vinte.

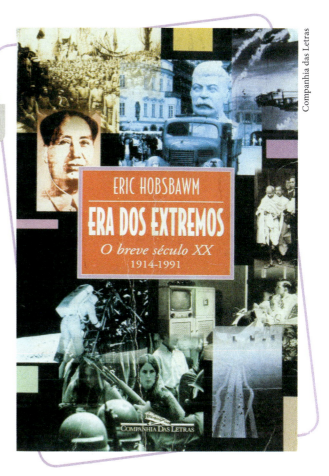

c. Para designar dias do mês, utilizam-se os cardinais, exceto na indicação do primeiro dia, que é tradicionalmente feita pelo ordinal:

Chegamos dia dois de setembro.

Chegamos dia primeiro de dezembro.

d. Quando o numeral estiver anteposto ao substantivo em algum dos casos descritos acima, será empregada a forma ordinal:

o décimo segundo capítulo

o vigésimo primeiro canto

o décimo terceiro artigo do código

o vigésimo segundo dia do mês de fevereiro

e. *Ambos/ambas* são considerados numerais. Significam "um e outro, os dois" (ou "uma e outra, as duas") e são largamente empregados para retomar pares de seres anteriormente citados:

Pedro e João parecem ter finalmente percebido a importância da solidariedade. **Ambos** agora participam das atividades comunitárias de seu bairro.

Podem-se utilizar também as formas enfáticas *ambos os dois*, *ambos a dois*, *ambos de dois*, *a ambos dois*.

f. Não se deve usar *um* antes de *mil*:

O serviço custaria mil reais.

"Um mil" e "hum mil" são formas tradicionais no preenchimento de cheques e devem limitar-se a esse uso.

g. *Milhão* e *milhar* são palavras masculinas; por isso, o artigo que se refere a elas deve ser masculino:

os dois milhões de doses de vacina
os cinco milhões de libras
os vinte milhões de mulheres
os dois milhares de crianças
os três milhares de mudas de árvores

h. *Um* é numeral cardinal quando realmente indica quantidade exata. Nesse caso, seu plural é *dois*:
Um cão é suficiente para proteger a casa.

Um é artigo indefinido quando indica um ser indeterminado. Nesse caso, seu plural é *uns* ou *alguns*:
Precisamos de um cão para proteger a casa.

Atividades

1. Escreva por extenso os numerais representados pelos algarismos seguintes.
a) 16
b) 17
c) 50
d) 2 834 496 016
e) 80.º
f) 206.º
g) 314.º
h) 1 305.º

2. Escreva por extenso os numerais representados por algarismos no parágrafo seguinte.

"O Brasil ocupa a porção centro-oriental da América do Sul, entre as latitudes 5°16'N e 33°45'S e as longitudes 34°47'W e 73°59'W. Sua área total é de 8 511 965 km², o que corresponde a 1,66% do globo terrestre, 5,77% dos continentes, 20,80% das Américas e 47% da América do Sul. É cortado ao norte pela linha do Equador, que atravessa os estados do Amazonas, Roraima, Pará e Amapá e, a 23°30' de latitude sul, pelo Trópico de Capricórnio, que atravessa o Mato Grosso do Sul, Paraná e São Paulo. Assim, a maior parte do seu território (93%) situa-se no hemisfério sul e na zona intertropical (92%). Possui 23 127 km de fronteiras, sendo 15 719 km com países vizinhos – a maior com a Bolívia (3 126 km) e a menor com o Suriname (593 km). Os restantes 7 408 km fazem limites com o Oceano Atlântico." (*Almanaque Abril - 2001*)

3. Escreva por extenso os numerais representados por algarismos nas frases seguintes.
a) Os poemas que você procura estão no volume IV da coleção.
b) Releia o artigo 32 da convenção do condomínio e depois tente justificar o que fez!
c) O episódio do Gigante Adamastor faz parte do Canto V de *Os Lusíadas*.
d) Você já leu alguma coisa sobre o papa Inocêncio VIII?
e) Quando participei da corrida de São Silvestre, cheguei em 333.º lugar.
f) Estamos comemorando o 502.º ano do descobrimento da América.

Em livro

OS LUSÍADAS

CAMÕES, Luís Vaz de. *Os Lusíadas*. São Paulo: Cultrix, 1999.

Dez cantos, 1 102 estrofes, organizadas em oitava rima (ABABABCC), que totalizam 8 816 versos, todos eles decassílabos. Números e rigidez formal que revelam a grandiosidade da epopeia de Luís Vaz de Camões, um dos maiores poetas da literatura portuguesa. Ao cantar "a glória do povo navegador português", elegendo para a empreitada Vasco da Gama e também o povo português como heróis, Camões eternizou a história do povo lusitano, sem deixar de criticar a ambição e a tirania dos reis e da burguesia ascendente.

4. Comente o valor dos numerais destacados.
a) Já lhe disse isso **um milhão** de vezes!
b) É artigo de **primeira**!
c) Isso é troca de **seis** por **meia dúzia**.
d) Comprou um carro de **segunda** e agora se arrepende.
e) Dou **dez** pela aparência e **zero** pela sutileza.

Textos para análise

1

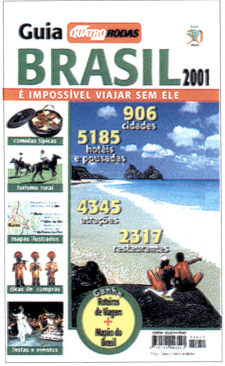

Os Caminhos da Terra. São Paulo: Abril, jan. 2001. p. 65.

Trabalhando o texto

Os numerais têm evidente destaque no texto publicitário ao lado. Qual a relação entre esse destaque e o próprio conceito de numeral?

2

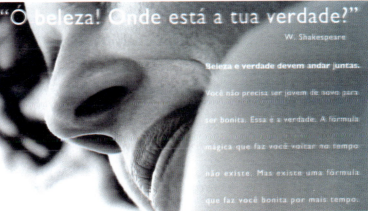
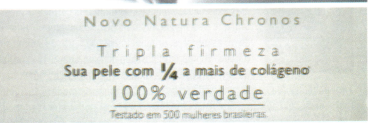

Veja, 21 maio 2008. p. 33./Detalhe.

Trabalhando o texto

1. Comente o efeito do jogo de sentido em torno da palavra *tempo*.

2. Relacione o texto desse anúncio com o *slogan*: "mulher bonita de verdade".

3. Identifique os numerais empregados nesse anúncio e classifique-os.

4. Comente a intenção do anunciante ao empregar esses numerais.

Capítulo 14 >>> Estudo dos numerais >>> 309

3
Podres poderes

Enquanto os homens exercem seus podres poderes
Motos e fuscas avançam os sinais vermelhos
E perdem os verdes
Somos uns boçais
Queria querer gritar setecentas mil vezes
Como são lindos, como são lindos os burgueses
E os japoneses
Mas tudo é muito mais

Será que nunca faremos senão confirmar
A incompetência da América Católica
Que sempre precisará de ridículos tiranos?
Será será que será que será que será
Será que essa minha estúpida retórica
Terá que soar, terá que se ouvir
Por mais zil anos?

Enquanto os homens exercem seus podres poderes
Índios e padres e bichas, negros e mulheres
E adolescentes
Fazem o carnaval

Queria querer cantar afinado com eles
Silenciar em respeito ao seu transe, num êxtase
Ser indecente
Mas tudo é muito mau

Ou então cada paisano e cada capataz
Com sua burrice fará jorrar sangue demais
Nos pantanais, nas cidades, caatingas
E nos gerais?

Será que apenas os hermetismos pascoais
Os tons, os mil tons, seus sons e seus dons geniais
Nos salvam, nos salvarão dessas trevas
E nada mais?

Enquanto os homens exercem seus podres poderes
Morrer e matar de fome, de raiva e de sede
São tantas vezes gestos naturais

Eu quero aproximar o meu cantar vagabundo
Daqueles que velam pela alegria do mundo
Indo mais fundo
Tins e bens e tais

Caetano Veloso. Disponível em: <www.caetanoveloso.com.br>.
Acesso em: 4 jul. 2008.

Trabalhando o texto

1. Comente o sentido do numeral *setecentas mil*, presente na primeira estrofe do texto.

2. "Por mais **zil** anos?"
A palavra destacada é um numeral?

3. Os mesmos "podres poderes" continuam a ser exercidos no mesmo Brasil? Comente.

Em DVD

Número 23. Direção de Joel Schumacher. Brasil: Playarte, 2008. (97 min).
Você aprendeu neste capítulo que os numerais servem para ordenar e quantificar as coisas. Mas além dessas funções, os numerais carregam superstições atribuídas por povos que acreditam que eles significam mais do que seu próprio valor. O número 7, por exemplo, é sagrado para diversas religiões, principalmente a cristã; o 13 virou sinônimo de morte ou de azar: nos Estados Unidos, alguns edifícios não contam com o 13.° andar. O filme *Número 23*, estrelado por Jim Carrey, enfatiza essa faceta enigmática dos números. Walter Sparrow, pai de família comum, ganha um livro da esposa chamado *O número 23*. O presente mudará sua vida: a história da obra narra a obsessão de um homem pelo número 23, e essa obsessão começa a atormentar Walter. Ao constatar que a narrativa se confunde com acontecimentos reais de seu cotidiano, Walter percebe que sua vida corre perigo.

Questões de exames e concursos

1. (UFU-MG) "Ana tomava remédio todos os dias em doses quíntuplas."

Identifique a alternativa apropriada entre as seguintes:

a) *quíntuplas* é um numeral cardinal

b) *quíntuplas* é um advérbio de quantidade

c) *quíntuplas* é um numeral multiplicativo

d) *quíntuplas* é um numeral fracionário

e) *quíntuplas* é um numeral ordinal

2. (CTA-SP) O ordinal *quadringentésimo septuagésimo* corresponde ao cardinal:

a) 47

b) 40 007

c) 407

d) 4 007

e) 470

3. (ITA-SP) Assinale o que estiver correto.

a) Seiscentismo se refere ao século XVI.

b) O algarismo romano da frase anterior se lê "décimo sexto".

c) Duodécuplo significa duas vezes; dodécuplo, doze vezes.

d) Ambos os dois é forma enfática correta.

e) Quadragésimo, quarentena, quadragésima, quaresma só aparentemente se referem a quarenta.

4. (Fasp-SP) Ele obteve o ... (123.º) lugar.

a) centésimo vigésimo terceiro

b) centésimo trigésimo terceiro

c) cento e vinte trigésimo

d) cento e vigésimo terceiro

5. (Vunesp-SP) Assinale o caso em que não haja expressão numérica de sentido indefinido.

a) Ele é o duodécimo colocado.

b) Quer que veja este filme pela milésima vez?

c) "Na guerra os meus dedos disparam mil mortes."

d) "A vida tem uma só entrada; a saída é por cem portas."

e) n.d.a.

6. (FSCS-SP) Associe o sentido ao respectivo numeral coletivo.

(1) período de seis anos ( ) dístico

(2) período de cinco anos ( ) decúria

(3) estrofe de dois versos ( ) sexênio

(4) período de cem anos ( ) centúria

(5) agrupamento de dez coisas ( ) lustro

7. (UniFMU-SP) *Triplo* e *tríplice* são numerais:

a) ordinal o primeiro e multiplicativo o segundo.

b) ambos ordinais.

c) ambos cardinais.

d) ambos multiplicativos.

e) multiplicativo o primeiro e ordinal o segundo.

8. (UniFMU-SP) Sabendo-se que os numerais podem ser cardinais, ordinais, multiplicativos e fracionários, podemos dar os seguintes exemplos:

a) uma (cardinal), primeiro (ordinal), Leão onze (multiplicativo) e meio (fracionário).

b) um (cardinal), milésimo (ordinal), undécuplo (multiplicativo) e meio (fracionário).

c) um (ordinal), primeiro (cardinal), Leão onze (multiplicativo) e meio (fracionário).

d) um (ordinal), primeiro (cardinal), cêntuplo (multiplicativo) e centésimo (fracionário).

e) um (cardinal), primeiro (ordinal), duplo (multiplicativo), não existindo numeral denominado fracionário.

9. (Acafe-SC) Assinale a alternativa **correta**.

a) Os substantivos *cão*, *tabelião*, *pão*, *alemão* e *cidadão* fazem o plural mudando *-ão* em *-ães*.

b) A torre é **altíssima**. A palavra destacada é adjetivo e está no grau superlativo absoluto analítico.

c) Vendi todos **os** livros a **uns** alunos. As palavras destacadas são pronomes definidos.

d) O **dobro** do meu dinheiro é igual à **metade** do teu. As palavras destacadas são numerais multiplicadores.

e) Levaram-**me** o caderno. A palavra destacada é pronome pessoal oblíquo.

10. (SSP-SP/ACP) Ao cardinal 888 corresponde o ordinal:

a) octingentésimo octogésimo oitavo.

b) octigentésimo octogésimo oitavo.

c) octingentésimo octagésimo oitavo.

d) octincentésimo octagésimo oitavo.

Capítulo 14 > > > Estudo dos numerais > > >

11. (Ufam) Assinale o item em que **não** é correto ler o numeral como vem indicado entre parênteses:

a) Pode-se dizer que no século IX (nono) o português já existia como língua falada.

b) Pigmalião reside na Casa 22 (vinte e duas) do antigo Beco do Saco do Alferes, em Aparecida.

c) Abram o livro, por favor, na página 201 (duzentos e um).

d) O que procuras está no art. 10 (dez) do código que tens aí à mão.

e) O Papa Pio X (décimo), cuja morte teria sido apressada com o advento da Primeira Guerra Mundial, foi canonizado em 1954.

12. (UFRN) Atente para o emprego do vocábulo *enésima* na frase a seguir e marque a alternativa correta:

Em uma das muitas entrevistas que deu sobre a sua participação nas Olimpíadas de Atlanta, Hortência afirmou, pela *enésima* vez, que estava indecisa sobre a sua volta à Seleção.

a) É uma variante do numeral ordinal correspondente a nove.

b) Tem sentido pejorativo.

c) Trata-se de gíria.

d) É um termo derivado do vocábulo ene.

e) Sua troca por milésima manteria a noção de quantidade indeterminada.

Capítulo 15

Estudo das preposições

WALKER, Mort. *Recruta Zero: antologia com o melhor de todas as cinco décadas da série.* Vinhedo: Opera Graphica, 2002. v. 5. p. 74.

As preposições conectam termos da oração indicando noções fundamentais à compreensão da frase: nos termos "de todas as raças" e "de lentes coloridas", a preposição *de* introduz expressões que especificam, respectivamente, *pessoas* e *binóculo* (palavra subentendida no texto). Algumas preposições possuem carga significativa marcante, capaz de determinar o sentido de uma frase. Compare, por exemplo, "fábricas ocupadas *sem* poluir o ar" com "fábricas ocupadas *em* poluir o ar" e observe como a mudança da preposição altera completamente o significado da expressão.

1. Conceito

Preposição é a palavra invariável que atua como conectivo entre palavras ou orações, estabelecendo sempre uma relação de subordinação. Isso significa que, entre os termos ou orações ligados por uma preposição, haverá uma relação de dependência, em que um dos termos, ou uma das orações, assume o papel de subordinante e o outro, de subordinado:

Obedeço **a**os meus princípios.
Continuo obediente **a**os meus princípios.
É uma pessoa **de** valor.
Tive de agir **com** cautela
subordinante / subordinado

Ao chegar, foi recebido pelo encarregado da seção.
subordinado / subordinante

Em alguns casos (particularmente nas locuções adverbiais), as preposições não apenas conectam termos da oração, mas também indicam noções fundamentais à compreensão da frase. Observe:

Saí **com** pressa.	Pus **sob** a mesa.	Estou **com** vocês.
Saí **sem** pressa.	Pus **sobre** a mesa.	Estou **contra** vocês.

É evidente a diferença de sentido entre as frases de cada um dos pares acima; também é evidente que essa diferença de sentido resulta da utilização de preposições diferentes, capazes de indicar noções diferentes ao estabelecer relações entre os termos das orações.

2. Classificação

As palavras da língua portuguesa que atuam exclusivamente como preposições são chamadas **preposições essenciais**. As preposições essenciais são:

a	ante	após	até	com
contra	de	desde	em	entre
para	perante	por	sem	sob
sobre	trás			

Não se deve confundir a preposição *a* com o artigo definido *a* e com o pronome *a*. A preposição é invariável; o artigo e o pronome se flexionam de acordo com o termo a que se referem:

Não dou atenção **a** mexericos. (preposição – observe que não estabelece concordância com o substantivo masculino plural mexericos)

As fofocas desses indivíduos, ignoro-**as**. (artigo definido e pronome – estabelecem concordância com o substantivo feminino plural *fofocas*)

No português atual, a preposição *trás* não é usada isoladamente; atua, sempre, como parte de outras expressões: *por trás*, *por trás de*, *para trás*.

Há palavras de outras classes gramaticais que, em determinados contextos, podem atuar como preposições. São, por isso, chamadas **preposições acidentais**. Podem atuar como preposições, por exemplo:

como (= na qualidade de)	conforme (= de acordo com)	consoante (= conforme)
exceto	fora	mediante
salvo	segundo (= conforme)	senão
tirante	visto (= por)	

Conjuntos de duas ou mais palavras que têm o valor de uma preposição são chamados de **locuções prepositivas**. A última palavra dessas locuções é sempre uma preposição. Eis alguns exemplos:

abaixo de	acerca de	acima de
ao lado de	a respeito de	de acordo com
dentro de	embaixo de	em cima de
em frente a	em redor de	graças a
junto a	junto de	perto de
por causa de	por cima de	por trás de

Parte 2 > > > MORFOLOGIA > > >

QUINO. *Mafalda 8.* São Paulo: Martins Fontes, 2002. p. 53.

Na fala de Filipe, no último quadrinho, podemos observar a presença da locução prepositiva *por trás d*(isso) formada pela preposição *trás*, que não é utilizada isoladamente.

3. Combinações e contrações

Várias preposições se ligam a palavras de outras classes gramaticais, passando a constituir um único vocábulo. Essas ligações, que ocorrem espontaneamente na língua falada, acabam se refletindo muitas vezes na língua escrita.

Ocorre **combinação** quando a preposição, ao unir-se a outra palavra, mantém todos os seus fonemas. É o que acontece entre a preposição *a* e o artigo masculino *o*, *os*: *ao*, *aos*.

Ocorre **contração** quando a preposição, ao unir-se a outra palavra, sofre modificações em sua estrutura fonológica. As preposições *de* e *em*, por exemplo, formam contrações com os artigos e com diversos pronomes, originando formas como as seguintes:

do	dos	da	das	num	nuns
numa	numas	disto	disso	daquilo	naquele
naqueles	naquela	naquelas			

As formas *pelo*, *pelos*, *pela*, *pelas* resultam da contração da antiga preposição *per* com os artigos definidos.

A contração da preposição *a* com os artigos ou pronomes demonstrativos *a*, *as* ou com o *a* inicial dos pronomes *aquele*, *aqueles*, *aquela*, *aquelas*, *aquilo* recebe o nome de **crase** (que é, aliás, o nome que se dá a toda contração de vogais idênticas) e é assinalada na escrita pelo acento grave:

| à | às | àquele | àqueles | àquela |
| àquelas | àquilo | | | |

Estudaremos detalhadamente o uso desse acento num outro capítulo de nosso livro.

Capítulo 15 > > > Estudo das preposições > > >

Atividades

1. Nas frases seguintes, identifique as preposições e indique o sentido da relação que estabelecem.

a) Não se deve ir à praia ao meio-dia!
b) Passei o dia à toa; à noite, senti-me vazio.
c) Como não reagir ante tanta desfaçatez?!
d) Várias pessoas seguiam após eles.
e) Após alguns minutos, resolvi intervir.
f) Estou decidido: agora, vou até o fim!
g) As discussões estão suspensas até segunda ordem.
h) Tomou as necessárias decisões com rapidez. Quando percebemos, já tinha voltado com o irmão.
i) Colava seu corpo contra o muro enquanto deslizava com agilidade.
j) Todas as provas até agora encontradas atuam contra eles.
k) Venho de longe, vou para longe...
l) Desde aquele tempo, pouco se tem feito pelos mais humildes.
m) Não desejava cair em descrédito perante a opinião pública.
n) Sobre o anoitecer chegamos a Ouro Preto.
o) Sob certos aspectos, ele está certo.
p) Trazia a arma sob a camisa.

2. Nas frases seguintes, indique o sentido da relação estabelecida pela preposição destacada.

a) Muita gente ainda morre **de** fome no Brasil. Há quem evite falar **d**isso.
b) Estou vindo **de** metrô para a escola.
c) Estou vindo **d**o metrô para a escola.
d) Acabei de chegar **n**o metrô.
e) Acabei de chegar **a**o metrô.
f) Eu caminhava calmamente **sob** este céu azul quando me ocorreu que ele poderia desabar **sobre** minha cabeça.
g) O país viveu **sob** uma ditadura durante muitos anos. Hoje há quem não queira mais falar **sobre** isso, como se o passado não fosse necessário à construção do futuro.

3. Classifique as palavras destacadas nas frases seguintes.

a) Vou sair daqui **a** pouco.
b) Eu o vi passar **há** pouco.
c) **Há** vários anos que não se investe em saúde e educação neste país.
d) Estamos **a** uma longa distância dos nossos objetivos sociais.
e) Passe-me **a** caneta, por favor. Eu **a** colocarei ali, **a** poucos centímetros da gaveta.

4. Leia atentamente cada uma das frases dos pares seguintes e explique a diferença de sentido existente em cada caso.

a) Tive de lutar contra o pai e contra o filho.
Tive de lutar contra o pai e o filho.
b) É uma medida favorável aos músicos e aos compositores.
É uma medida favorável aos músicos e compositores.

Em livro

MELO NETO, João Cabral de. *A educação pela pedra.* São Paulo: Alfaguara, 2008.

Vencedor do Prêmio Jabuti de 1966, o livro *A educação pela pedra* é a obra de maturidade do poeta pernambucano. João Cabral, o arquiteto das palavras, alia com maestria rigor estrutural e sensibilidade estética, e o resultado é a criação de figuras inesquecíveis da poesia brasileira. Com relação ao conteúdo do capítulo, vale a pena destacar o poema "Sobre o sentar/estar no mundo", em que Cabral confere ambiguidade ao sentido do verbo sentar ao omitir a preposição *em*.

Textos para análise

1

BROWNE, Dik. *O melhor de Hagar, o Horrível*. Porto Alegre: L&PM, 2006. p. 38.

Trabalhando o texto

1. Aponte as palavras que exigem a preposição *com* nessa tirinha.
2. Reescreva duas vezes a frase de Helga substituindo o verbo *casar* primeiramente por *separar-se* e depois por *ansiar*.
3. Em que consiste o humor da tirinha?

2

Lugar sem fim

A cor da terra de um lugar sem fim
Para no tempo de uma terra com fim
Encontra a casa em volta de mim
Perto do longe
A pensar em ti

A cor da terra de um lugar assim
Entra na casa, entra dentro de mim
Dentro das horas
Das horas sem fim

Fora do nada
A cor fica parada
E a terra sem mim

Fui ver, sem ver
O mar em frente
Meu amigo
Eu vou ter contigo
Para sempre

RAMIL, Kleiton; MELO E CASTRO, Eugénia.
Disponível em: <www2.uol.com.br/eugeniameloecastro>. Acesso em: 4 jul. 2008.

Trabalhando o texto

1. Aponte todas as preposições presentes na primeira estrofe do texto.
2. Aponte as locuções prepositivas presentes na segunda estrofe do texto.
3. Classifique morfologicamente a palavra *para*, do segundo verso. Qual é o significado dessa palavra no texto?
4. A construção "entrar dentro de" é considerada um pleonasmo vicioso, ou seja, uma repetição desnecessária e inútil de uma mesma ideia. Baseado em seu conhecimento sobre as preposições, explique por quê.
5. O texto nos fala de distância e aproximação. Aponte expressões que indicam essas ideias.

Capítulo 15 >>> Estudo das preposições >>>

Questões de exames e concursos

1. (UEM-PR)

Texto 1

Gente humilde

(Garoto, Vinicius de Moraes e Chico Buarque)

01 Tem certos dias
02 Em que eu penso em minha gente
03 E sinto assim
04 Todo o meu peito a apertar
05 Porque parece
06 Que acontece de repente
07 Com um desejo de eu viver
08 Sem me notar
09 Igual a como
10 Quando eu passo no subúrbio
11 Eu muito bem
12 Vindo de trem de algum lugar
13 E aí me dá
14 Como uma inveja dessa gente
15 Que vai em frente
16 Sem nem ter com quem contar

17 São casas simples
18 Com cadeiras na calçada
19 E na fachada
20 Escrito em cima que é um lar
21 Pela varanda
22 Flores tristes e baldias
23 Como a alegria
24 Que não tem onde encostar

Disponível em: <http://chicobuarque.letras.terra.com.br/letras/85972/>.
Acesso em: 12 set. 2006.

Texto 2

Subúrbio

(Chico Buarque)

01 Lá não tem brisa
02 Não tem verde-azuis
03 Não tem frescura nem atrevimento
04 Lá não figura no mapa
05 No avesso da montanha, é labirinto
06 É contrassenha, é cara a tapa
07 (...)
08 Casas sem cor
09 Ruas de pó, cidade
10 Que não se pinta
11 Que é sem vaidade

12 Lá não tem moças douradas
13 Expostas, andam nus
14 Pelas quebradas teus exus

15 Não tem turistas
16 Não sai foto nas revistas
17 Lá tem Jesus
18 E está de costas

19 Vai, faz ouvir os acordes do choro-canção
20 Traz as cabrochas e a roda de samba
21 Dança teu *funk*, o *rock*, forró, pagode, *reggae*
22 Teu *hip-hop*
23 Fala a língua do *rap*
24 Desbanca a outra
25 A tal que abusa
26 De ser tão maravilhosa

27 Não sai foto nas revistas
28 Lá tem Jesus
29 E está de costas

30 Vai, faz ouvir os acordes do choro-canção
31 Traz as cabrochas e a roda de samba
32 Dança teu *funk*, o *rock*, forró, pagode, *reggae*
33 Teu *hip-hop*
34 Fala a língua do *rap*
35 Desbanca a outra
36 A tal que abusa
37 De ser tão maravilhosa

Disponível em: <http://chicobuarque.letras.terra.com.br/letras/537331/>.
Acesso em: 12 set. 2006.

Assinale a alternativa **correta** quanto aos sentidos das preposições empregadas nos **textos 1** e **2**.

I. Em "Vindo **de** trem **de** algum lugar" (texto 1, linha 12), a preposição **de** expressa meio e distância espacial, respectivamente.

II. Em "**Em** que eu penso em minha gente" (texto 1, linha 2) e "Escrito **em** cima que é um lar" (texto 1, linha 20), a preposição **em** expressa tempo e lugar, respectivamente.

III. Em "**Sem** me notar" (texto 1, linha 8) e "Casas **sem** cor" (texto 2, linha 8), a preposição **sem** expressa condição e privação, respectivamente.

IV. Em "Sem nem ter **com** quem contar" (texto 1, linha 16) e "**Com** cadeiras na calçada" (texto 1, linha 18), a preposição **com** expressa expectativa de colaboração e instrumento, respectivamente.

Está(ão) correta(s)

a) apenas I e II.

b) apenas II e III.

c) apenas I, II e IV.

d) apenas I, III e IV.

e) apenas III e IV.

Parte 2 > > > MORFOLOGIA > > >

2. (Pref. de Ilha Comprida-SP/Moura Melo) Indique a opção que deve ser completada com preposição **a**:

a) O parque ... que elas visitaram é muito frequentado.

b) O oficial procura o cheque ... que visou ontem.

c) A secretária aspirava ... uma melhor colocação na empresa.

d) Os pacientes ... que o médico assiste, merecem mais atenção.

3. (UFMS)

A casualidade

(Carlos Herculano Lopes)

01 Em uma madrugada, quase de manhã, um
rapaz ainda jovem, entrando nos seus vinte e
cinco anos, pegou um táxi. Resultou que ele,
calado por índole ou costume, estava voltando
05 de uma festa na qual, entre amigos, havia
tomado umas cervejas. Talvez só isto, a sensação
de estar alegre, o tenha feito puxar conversa.
Era muito reservado com estranhos. Por sua vez
o motorista, acostumado a ouvir, deixou que
10 ele falasse. Aquele diálogo, provavelmente, não
passaria de um a mais dos tantos que se travam
noite adentro, se de repente o rapaz – sabe-se lá
por que – não houvesse confessado que era de
Santa Marta, onde, quando criança, um tal de
15 Jardel havia matado seu pai. O motorista, que
até então ouvia em silêncio, sem prestar muita
atenção, sentiu um calafrio, um leve tremor nos
lábios, e o volante vacilou, enquanto voltavam
na sua memória cenas de um crime que ele
20 tentava esquecer.

Prosa: para ler no ônibus, em casa, no trabalho, na escola, quando for dormir...
Belo Horizonte: Programa de Ensino, Pesquisa e
Extensão A Tela e o Texto, jun. 2005.

Assinale a(s) alternativa(s) correta(s).

(001) A contração da preposição **em** com o artigo indefinido **um(a)** (linha 1) possibilita a constituição de um único vocábulo, de uso espontâneo na língua falada.

(002) A substituição de **ainda** (linha 2) por "bem" não altera a ideia manifestada pela expressão da qual faz parte.

(004) No contexto linguístico em que se encontra, o verbo em destaque na expressão **havia** *tomado umas cervejas* (linhas 5 e 6) pode ser empregado no plural, pois "ele e seus amigos" é que **haviam** *tomado umas cervejas*.

(008) O pronome demonstrativo **isto** (linha 6) funciona como elemento de coesão ao remeter ao enunciado posterior: **a sensação de estar alegre** (linhas 6 e 7).

(016) Quanto ao som (fonema) representado pela letra **X**, a palavra **táxi** (linha 3) está para **puxar** (linha 7), assim como "exame" está para "exato".

4. (Fuvest)

Preciso que um barco atravesse o mar
lá longe
para sair dessa cadeira
para esquecer esse computador
e ter olhos de sal
boca de peixe
e o vento frio batendo nas escamas.
(...)

Marina Colasanti, *Gargantas abertas.*

Gosto e preciso de ti
Mas quero logo explicar
Não gosto porque preciso
Preciso sim, por gostar.

Mário Lago, <www.encantosepaixoes.com.br>.

a) Nos poemas acima, as preposições *para* e *por* estabelecem o mesmo tipo de relação de sentido? Justifique sua resposta.

b) Sem alterar o sentido do texto de Mário Lago, transcreva-o em prosa, em um único período, utilizando os sinais de pontuação adequados.

5. (Fuvest-SP) Ao ligar dois termos de uma oração, a preposição pode expressar, entre outros aspectos, uma relação temporal, espacial ou nocional. Nos versos:

Amor total e falho... Puro e impuro...
Amor de velho adolescente...

a preposição *de* estabelece uma relação nocional. Essa mesma relação ocorre em:

a) "Este fundo **de** hotel é um fim **de** mundo."

b) "A quem sonha **de** dia e sonha **de** noite, sabendo todo sonho vão."

c) "Depois fui pirata mouro, flagelo **da** Tripolitânia."

d) "Chegarei **de** madrugada, quando cantar a seriema."

e) "Só os roçados **da** morte compensam aqui cultivar."

6. (Fuvest-SP) "No final da Guerra Civil americana, o ex-coronel ianque (...) sai à caça do soldado desertor que realizou assalto a trem com confederados." (*O Estado de S. Paulo*, 15 set. 1995.)

O uso da preposição *com* permite diferentes interpretações da frase acima.

a) Reescreva-a de duas maneiras diversas, de modo que haja um sentido diferente em cada uma.

b) Indique, para cada uma das redações, a noção expressa pela preposição *com*.

Capítulo 15 > > > Estudo das preposições > > >

319

7. (Cesgranrio-RJ) Assinale a opção em que a preposição *com* traduz uma relação de instrumento.

a) "Teria sorte nos outros lugares, com gente estranha."

b) "Com o meu avô cada vez mais perto do fim, o Santa Rosa seria um inferno."

c) "Não fumava, e nenhum livro com força de me prender."

d) "Trancava-me no quarto fugindo do aperreio, matando-as com jornais."

e) "Andavam por cima do papel estendido com outras já pregadas no breu."

8. (Unimep-SP) "Depois **a** mãe recolhe as velas, torna **a** guardá-l**as** na bolsa." Os vocábulos destacados são, respectivamente:

a) pronome pessoal oblíquo, preposição, artigo.

b) artigo, preposição, pronome pessoal oblíquo.

c) artigo, pronome demonstrativo, pronome pessoal oblíquo.

d) artigo, preposição, pronome demonstrativo.

e) preposição, pronome demonstrativo, pronome pessoal oblíquo.

9. (Fuvest-SP) Na frase "Estamos a bordo" a preposição indica relação de lugar. Escreva duas frases em que o emprego dessa preposição indique, respectivamente:

a) relação de tempo habitual;

b) relação de instrumento.

10. (Fuvest-SP) Em "óculos sem aro", a preposição *sem* indica ausência, falta. Explique o sentido expresso pelas preposições destacadas em:

a) "Cale-se ou expulso a senhora **da** sala."

b) "Interrompa a lição **com** piadinhas."

11. (Cesgranrio-RJ) Assinale a opção cuja lacuna não pode ser preenchida pela preposição entre parênteses.

a) uma companheira desta, ... cuja figura os mais velhos se comoviam. (*com*)

b) uma companheira desta, ... cuja figura já nos referimos anteriormente. (*a*)

c) uma companheira desta, ... cuja figura havia um ar de grande dama decadente. (*em*)

d) uma companheira desta, ... cuja figura andara todo o regimento apaixonado. (*por*)

e) uma companheira desta, ... cuja figura as crianças se assustavam. (*de*)

12. (UFU-MG) "... foram intimados **a** comparecer...", "... não **a** fizeram...", "... **a** sua oração...". As três ocorrências de *a* são, respectivamente:

a) preposição, pronome, preposição.

b) artigo, artigo, preposição.

c) pronome, artigo, preposição.

d) preposição, pronome, artigo.

e) artigo, pronome, pronome.

13. (PUC-SP)

"... a folha **de um livro** retoma."

"como **sob o vento** a árvore que o doa."

"e nada finge vento **em folha de árvore**."

As expressões destacadas são introduzidas por preposições. Tais preposições são usadas, nesses versos, com a ideia de:

a) origem, lugar, especificação.

b) especificação, agente causador, lugar.

c) instrumento, especificação, lugar.

d) agente causador, especificação, lugar.

e) lugar, instrumento, origem.

14. (UPM-SP) Indique a oração que apresenta locução prepositiva.

a) Havia objetos valiosos sobre a pequena mesa de mármore.

b) À medida que os inimigos se aproximavam, as tropas inglesas recuavam.

c) Seguiu a carreira militar devido à influência do pai.

d) Agiu de caso pensado, quando se afastou de você.

e) De repente, riscou e reescreveu o texto.

15. (Cesgranrio-RJ) Assinale a opção que completa corretamente as lacunas da seguinte frase:

O controle biológico de pragas, ... o texto faz referência, é certamente o mais eficiente e adequado recurso ... os lavradores dispõem para proteger a lavoura sem prejudicar o solo.

a) do qual, com que

b) de que, que

c) que, o qual

d) ao qual, cujos

e) a que, de que

16. (UFV-MG) Assinale a opção cuja sequência completa **corretamente** as frases abaixo.

A lei ... se referiu já foi revogada.

Os problemas ... se lembraram eram muito grandes.

320 Parte 2 > > > MORFOLOGIA > > >

O cargo ... aspiras é muito importante.

O filme ... gostou foi premiado.

O jogo ... assistimos foi movimentado.

a) que, que, que, que, que
b) a que, de que, que, que, a que
c) que, de que, que, de que, que
d) a que, de que, a que, de que, a que
e) a que, que, que, que, a que

17. (Unisa-SP) Assinale a frase que **não** está correta.

a) Entre mim e ti tudo acabou.
b) Já lhe disse que entre nós nada é bom.
c) Entre ela e nós existe de tudo.
d) Entre eu e você deve haver respeito.
e) Não é possível haver dúvidas entre eles.

18. (ITA-SP) Considerando que o pronome relativo deve ser examinado em relação ao verbo que lhe vem imediatamente depois, quais frases abaixo estão corretas?

1. Apresento as provas do concurso de que fui por vós designado a elaborar.

2. Apresento as provas do concurso a que fui por vós designado a fiscalizá-lo.

3. Apresento as provas do concurso de cuja organização me destes a honra.

4. Apresento as provas do concurso para cuja fiscalização fui por vós designado.

a) Todas.
b) Apenas a 1 e a 3.
c) Apenas a 2 e a 4.
d) Apenas a 3 e a 4.
e) Apenas a 1 e a 2.

19. (PUCCamp-SP) O projeto, ... realização sempre duvidara, exigiria toda a dedicação ... fosse capaz.

a) do qual, a que
b) cuja a, da qual
c) de cuja, de que
d) que sua, de cuja
e) cuja, a qual

20. (PUCCamp-SP) Os folhetos ... não temos cópia são exatamente aqueles ... conteúdo ele se fixou.

a) que, cujo
b) de que, cujo o
c) de cujos, no qual
d) dos quais, em cujo
e) os quais, ao qual

21. (Unimep-SP) "De todas as garotas da classe, Paula foi **a** que mais me impressionou. Gostaria de ter ido **a** sua festa com ela. Eu **a** convidei, mas ela não aceitou."

As palavras destacadas são, respectivamente:

a) pronome oblíquo, artigo, preposição.
b) pronome demonstrativo, preposição, pronome oblíquo.
c) pronome oblíquo, preposição, pronome oblíquo.
d) pronome demonstrativo, preposição, artigo.
e) preposição, artigo, pronome demonstrativo.

22. (Unimep-SP) "... dois meses que não vejo Paulo. Soube que ele esteve ... beira de uma crise nervosa ... menos de cinco dias do vestibular." A alternativa que preenche corretamente as lacunas é:

a) há, a, a
b) há, à, a
c) há, à, à
d) a, a, à
e) a, à, a

23. (Unicamp-SP) No trecho abaixo, extraído de uma entrevista transcrita literalmente, há uma passagem que precisaria ser modificada para adequar-se ao português **escrito** culto.

Identifique essa passagem e reescreva-a na forma que lhe parecer mais adequada.

A Universidade é muito mais eficiente do que a indústria porque ela é o único organismo da sociedade que pode especular sem grande ônus. A Universidade é o único organismo que você pode abandonar uma pesquisa sem nenhum trauma (...).

24. (Unicamp-SP) Todos os trechos citados abaixo apresentam um problema semelhante. Diga que problema é esse e reescreva **um** dos trechos para adequá-lo à modalidade escrita da língua portuguesa.

1. Se a gente ler esta reportagem daqui a um ano a gente vai perceber as marcas que esta reportagem não é moderna (...). (amostra de escrita de aluno do 1.º grau)

2. Futebol, aquele esporte que faz o povo vibrar ao ver a vitória do time a qual se propõe a torcer. (amostra de escrita de aluno do 2.º grau)

3. Existem escolas que as aulas da noite são iluminadas à luz de velas... (boletim de greve da Associação dos Professores do Estado de São Paulo)

Capítulo 15 > > > Estudo das preposições > > >

321

Capítulo 16

Estudo das conjunções

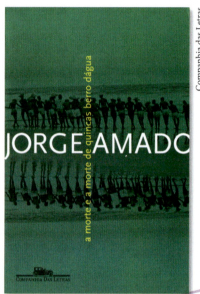

Juntamente com as preposições, as conjunções são **palavras relacionais**: unem orações ou termos de uma oração estabelecendo diversos tipos de relação entre eles. Nos títulos das imagens, a conjunção *ou* estabelece uma relação de alternância; já a conjunção *se* deixa no ar uma hipótese; *e* acrescenta uma ideia instigante (morre-se duas vezes?), enquanto *mas* faz uma ressalva. As relações que as conjunções estabelecem são de fundamental importância para a coesão e progressão textuais.

1. Conceito

Conjunções são palavras invariáveis que unem termos de uma oração ou unem orações. As conjunções podem relacionar termos de mesmo valor sintático ou orações sintaticamente equivalentes – as chamadas **orações coordenadas** – ou podem relacionar uma oração com outra que nela desempenha função sintática – respectivamente, uma **oração principal** e uma **oração subordinada**. Observe:

> Nossa realidade social é precária **e** nefasta.
>
> A situação social do país é precária, **mas** ainda existem aqueles que só buscam privilégios pessoais.
>
> Alguns brasileiros não percebem **que** a situação social do país é precária.

Na primeira frase, a conjunção *e* une dois termos equivalentes: *precária* e *nefasta*. Na segunda frase, a conjunção *mas* une duas orações coordenadas: "A situação social do país é precária" e "ainda existem aqueles que só buscam privilégios pessoais". É fácil perceber que cada uma dessas orações é completa em si mesma, podendo ser separada da outra por ponto.

Na terceira frase, a conjunção *que* une a oração "Alguns brasileiros não percebem" à oração "a situação social do país é precária". Note que o sentido do verbo *perceber*, presente na primeira oração, é complementado pela segunda oração da frase: *perceber* é, no caso, "perceber que a situação social do país é precária". Isso significa que a segunda oração é subordinada à primeira, pois atua como complemento do verbo dessa primeira oração. A conjunção *que* está unindo uma oração subordinada a sua oração principal.

São chamados **locuções conjuntivas** os conjuntos de palavras que atuam como conjunções. Essas locuções geralmente terminam em *que*:

visto que	desde que	ainda que
à medida que	à proporção que	por mais que

Os mesmos critérios de classificação aplicados às conjunções simples são aplicados às locuções conjuntivas.

2. Classificação

As conjunções são primeiramente classificadas em **coordenativas** e **subordinativas**, de acordo com o tipo de relação que estabelecem. As conjunções coordenativas ligam termos ou orações sintaticamente equivalentes. As conjunções subordinativas ligam uma oração a outra que nela desempenha função sintática; em outras palavras, ligam uma oração principal a uma oração que lhe é subordinada.

De acordo com o sentido das relações que estabelecem, as conjunções coordenativas são classificadas em:

a. aditivas – exprimem adição, soma:

e	nem	(não só...) mas também

b. adversativas – exprimem oposição, contraste:

mas	porém	contudo	todavia
entretanto	no entanto	não obstante	

Capítulo 16 > > > Estudo das conjunções > > >

323

c. alternativas – exprimem alternância ou exclusão:

ou   ou..., ou...   ora..., ora...

d. conclusivas – exprimem conclusão:

logo   portanto   por conseguinte   pois (posposto ao verbo)

e. explicativas – exprimem explicação:

pois (anteposto ao verbo) que   porque   porquanto

Já as conjunções subordinativas são classificadas em:

a. integrantes – introduzem orações subordinadas substantivas:

que   se   como

b. causais – exprimem causa:

porque   como   uma vez que   visto que   já que

c. concessivas – exprimem concessão:

embora   ainda que   mesmo que   conquanto   apesar de que

d. condicionais – exprimem condição ou hipótese:

se   caso   desde que   contanto que

e. conformativas – exprimem conformidade:

conforme   consoante   segundo   como

f. comparativas – estabelecem comparação:

como   mais... (do) que   menos... (do) que

g. consecutivas – exprimem consequência:

que   de sorte que   de forma que

h. finais – exprimem finalidade:

para que   a fim de que   que   porque

i. proporcionais – estabelecem proporção:

à medida que   à proporção que   ao passo que   quanto mais..., menos...

j. temporais (indicam tempo):

quando   enquanto   antes que   depois que

desde que   logo que   assim que

A classificação das conjunções deve ser feita com base em seu efetivo emprego nas frases da língua. Por isso, as relações que apresentamos não devem ser memorizadas: você deve consultá-las quando for necessário. O estudo efetivo do valor dessas conjunções só será possível quando observarmos atentamente sua atuação. Faremos isso nos capítulos de sintaxe dedicados ao período composto.

Atividades

1. Procure unir as orações de cada um dos pares seguintes utilizando uma conjunção coordenativa.

a) Este é um país rico. A maior parte de seu povo é muito pobre.

b) Você se preparou dedicadamente. Será bem-sucedido.

c) É um velho político corrupto. Não se deve reelegê-lo.

d) Fique descansado. Eu tomarei as providências necessárias.

e) Choveu durante a noite. As ruas estão molhadas.

f) Você pode apresentar suas propostas esta noite. Pode ficar remoendo-as sozinho por muitas noites.

g) Você deve conversar abertamente com ela sobre seus sentimentos. Deve esquecê-la definitivamente.

2. A classificação de uma conjunção só pode ser realizada satisfatoriamente com base em sua atuação efetiva numa frase. Observe os conjuntos de frases seguintes e procure indicar o tipo de relação estabelecido pela conjunção destacada.

a) **Como** chovesse, decidi adiar a partida.

Ele é compreensivo **como** um travesseiro.

Fiz tudo **como** combináramos.

b) A indignação foi tanta **que** produziu seguidas manifestações de rua.

Tivemos de sair correndo, **que** a situação ficou difícil!

Será que os brasileiros são mais alegres **que** os outros povos?

c) Por favor, fale mais alto, **que** eu também quero ouvir.

Outro, **que** não eu, suportaria calado tudo isso.

3. O emprego equivocado de uma conjunção prejudica a estruturação e a compreensão de frases e textos. Comente o uso da conjunção destacada na frase seguinte e proponha formas mais eficientes de reescrevê-la.

A maior parte dos trabalhadores brasileiros não recebe um salário digno, **mas** enfrenta problemas de sobrevivência.

Textos para análise

1

Agência Guimarães Profissionais

Trabalhando o texto

1. Explique o sentido da relação estabelecida pelas conjunções destacadas no texto ao lado.

2. Compare: Com esta dúvida você × Com esta decisão você... Observe o paralelismo das frases e explique o que possibilitou ao redator do anúncio trocar a palavra *dúvida* por *decisão*.

Capítulo 16 > > > Estudo das conjunções > > >

325

2

Disponível em: <http://dukechargista.blogspot.com/27052008>. Acesso em: 7 jun. 2008.

Trabalhando o texto

1. Localize a conjunção utilizada nessa charge e explique o sentido que adquire no contexto.

2. Explique também em que medida o emprego da conjunção provoca o humor da charge.

3

Moto-contínuo

Um homem pode ir ao fundo, do fundo, do fundo
Se for por você
Um homem pode tapar os buracos do mundo
Se for por você
Pode inventar qualquer mundo, como um vagabundo
Se for por você
Basta sonhar com você
Juntar o suco dos sonhos, encher um açude
Se for por você
A fonte da juventude correndo nas bicas
Se for por você
Bocas passando saúde com beijos nas bocas
Se for por você
Homem também pode amar e abraçar e afagar seu ofício porque
Vai habitar o edifício que faz pra você
E, no aconchego da pele, na pele, da carne, na carne entender
Que homem foi feito direito, do jeito que é feito o prazer
Homem constrói sete usinas, usando a energia
Que vem de você
Homem conduz a alegria que sai das turbinas
De volta a você
E cria o moto-contínuo, da noite pro dia,
Se for por você
E quando um homem já está de partida,
na curva da vida ele vê
Que o seu caminho não foi um caminho
Sozinho porque
Sabe que um homem vai fundo, e vai fundo, e vai fundo
Se for por você.

LOBO, Edu; BUARQUE, Chico. Disponível em: <www.chicobuarque.com.br>. Acesso em: 7 jul. 2008.

Trabalhando o texto

1. Classifique as palavras destacadas em "**Se** for por você" e "**Como** um vagabundo".

2. Classifique a palavra **porque** em suas duas ocorrências no texto.

3. Classifique as palavras destacadas nos versos seguintes:

    "Vai habitar o edifício **que** faz pra você
    E, no aconchego da pele, na pele, da carne, na
    [carne entender
    Que homem foi feito direito..."

4. Aponte no texto exemplos de conjunções coordenativas.

5. **Polissíndeto** é nome que se dá à repetição de uma mesma conjunção na coordenação de termos ou orações. Aponte exemplos no texto e procure relacionar essa figura de linguagem com o conteúdo do texto.

6. Explique o efeito da repetição de "**Se** for por você" no sentido global do texto.

7. O amor pode realmente originar um moto-contínuo? Qual sua opinião?

Em CD

Edu Lobo. *Cambaio*. (CD). Universal Music, 2002.

As canções do disco *Cambaio* foram originalmente criadas para a peça teatral homônima escrita por João e Adriana Falcão. Com letras de Chico Buarque e participações de Zizi Possi, Lenine e Gal Costa, Edu Lobo apresenta aqui uma das joias raras da música popular brasileira, um disco cheio de estilo e elegância que recebeu o Grammy latino de melhor álbum da música popular brasileira de 2002.

Questões de exames e concursos

1. (UEM-PR)

    Orkut.com – Termos de serviço

    01 (...) É necessário ter uma conta do Google
    02 para usar o orkut. Além disso, é necessário
    03 fornecer informações verdadeiras, exatas e
    04 completas ao efetuar a sua inscrição como membro
    05 do orkut.com. (...) É vedada a utilização do serviço
    06 orkut.com para quaisquer fins ilegais ou não
    07 autorizados.(...)
    08 Outros exemplos de uso ilegal ou não autorizado
    09 incluem, mas não se limitam a: (...)
    10 – enviar materiais de terceiros sem o seu
    11 prévio consentimento escrito;
    12 – direcionar um usuário (por exemplo por
    13 meio de um link) para materiais de terceiros sem o
    14 prévio consentimento escrito deles; (...)
    15 – enviar materiais que sejam ilegais ou
    16 promovam ou incentivem atividades ilícitas; ou
    17 – enviar informações falsas ou enganosas.
    18 Embora o orkut.com proíba tais condutas e
    19 conteúdos em seu *site*, você está ciente disso e
    20 concorda que poderá ser exposto a materiais desse
    21 tipo e que usará o serviço orkut.com por sua
    22 própria conta e risco. (...)
    23 A coleta e a utilização de informações
    24 pessoais são regidas pela nossa Política de
    25 Privacidade. Você compreende e concorda que o
    26 orkut.com pode acessar, registrar e divulgar as
    27 suas informações pessoais e o conteúdo de sua
    28 conta, caso solicitado por força da lei ou quando
    29 acreditarmos de boa-fé que tal acesso, registro ou
    30 divulgação são realmente necessários para atender

31 a um processo legal ou proteger os direitos, a

32 propriedade e/ou a segurança do orkut.com, de

33 seus afiliados ou do público em geral.

Disponível em: <http://www.orkut.com/Terms.aspx>. Acesso em: 12 set. 2006.

Assinale a alternativa **incorreta** quanto ao emprego dos elementos linguísticos.

a) Em "Embora o orkut.com proíba tais condutas e conteúdos em seu *site* (...)" (linhas 18-19), o elemento embora estabelece relação de concessão entre as orações.

b) Em "Outros exemplos de uso ilegal ou não autorizado incluem, mas não se limitam a:" (linhas 08-09), o elemento mas estabelece uma relação de contraste entre as orações.

c) Em "(...) caso solicitado por força da lei (...)" (linha 28), o elemento caso estabelece uma relação de condição entre as orações.

d) Em "(...) quando acreditarmos de boa-fé que tal acesso, registro ou divulgação (...)" (linhas 28-30), o elemento quando estabelece uma relação de tempo entre as orações.

e) Em "(...) enviar materiais que sejam ilegais ou promovam ou incentivem atividades ilícitas;" (linhas 15-16), o elemento ou estabelece uma relação de exclusão entre as orações.

2. (UEPB) A ausência de conectivos no texto abaixo acarreta problemas de coesão sequencial.

O futuro da Varig poderá ser decidido nesta semana ... o governo pague a conta.

O Brasil que pode dar certo mostrou sua face na semana passada. ... toda a comoção que cercou o leilão da venda da Varig, o governo manteve prudente distância da confusão. (...) O destino da maior empresa aérea brasileira está entregue à lei de Recuperação judicial, o mecanismo institucional adequado. Longe, ..., do discurso nacionalista que durante muito tempo premiou a incompetência local com favores desmedidos.

O Banco Nacional de Desenvolvimento Econômico e Social (BNDES) avisou que, ... venha a financiar parte da aquisição, não abrirá mão de suas normas. Não se poderá, ... aconteceu no passado, lançar mão do dinheiro público para fazer mais largo o sorriso privado.

Veja. São Paulo: Abril, 14 jun. 2006.

Indique a alternativa na qual estão listados os conectivos que preenchem, respectivamente, as lacunas do texto.

a) embora, Devido a, então, assim que, já que

b) a menos que, Embora, logo, caso, conforme

c) sem que, Devido a, pois, desde que, porque

d) sem que, Apesar de, portanto, caso, como

e) embora, Apesar de, portanto, uma vez que, visto que

3. (UEPB) Ao termo **como**, podemos atribuir diferentes classificações, de acordo com o contexto em que aparece; daí este poder ser: advérbio interrogativo, preposição e – a exemplo do excerto abaixo – conectivo:

Como é mais fácil o ex-astronauta Marcos Pontes viajar para a lua do que o PMDB aceitar a oferta, Lula também prometeu participação quercista no próximo e até mesmo no atual governo, com direito a ocupar postos relevantes como o Ministério da Saúde.

Veja. São Paulo: Abril, 7 jun. 2006.

Indique, dentre as opções abaixo, o excerto no qual este termo tem valor semelhante ao ilustrado:

a) "(...) Conta uma liderança pefelista: '**Como** antes de atender os petistas Duda foi marqueteiro de vários políticos, considerou-se melhor não ir fundo nesse assunto'." (*Veja*. São Paulo: Abril, 7 jun. 2006.)

b) "Além disso, lá (nos Estados Unidos) mentir é um comportamento possível de ser enquadrado **como** crime de perjúrio. Aqui, mente-se com a maior desfaçatez." (*Veja*. São Paulo: Abril, 7 jun. 2006.)

c) "(...) o You Tube (algo **como** 'você no tubo' – da TV ou do computador) foi inaugurado em fevereiro do ano passado COMO um serviço em que os usuários pudessem ver, compartilhar e comentar vídeos facilmente e sem interferir na caixa de e-mails alheia (...)." (*Veja*. São Paulo: Abril, 7 jun. 2006.)

d) "(...) Para ter a experiência completa, o usuário se cadastra e, **como** no onipresente Orkut, cria seu perfil e monta uma rede de amigos." (*Veja*. São Paulo: Abril, 7 jun. 2006.)

e) "(...) O elefante da inflação virou uma formiguinha. (...) COMO isso foi obtido? Num primeiro momento, com a engenhosidade do real. Depois com vigilância permanente do Banco Central (...)." (*Veja*. São Paulo: Abril, 12 jul. 2006.)

4. (UEPG)

Relembrando Kipling

SE

Se tu consegues conservar a calma
ao ler diariamente o teu jornal
e mesmo que te aperte e doa a alma
tu vais para o trabalho habitual;
se ao ver que aumenta sempre a ladroeira
consegues mesmo assim ter paciência
até quando é bem grande a roubalheira
como nas fraudes, lá na Previdência;
(...)

Se aguentas tudo isso e lá no fundo,
mesmo explorado, exausto e sem dinheiro,
pensas que este é o melhor lugar do mundo,
não és louco não, meu filho: és brasileiro!

SOARES Jô. *Veja*. São Paulo: Abril, 5 jun. 1991.

Considerando que os conectivos estabelecem relações sintáticas e semânticas entre as ideias do texto, assinale o que for correto.

01) *E mesmo que* estabelece relação de causalidade e pode ser substituído por *embora*.

02) As três ocorrências do *se* estabelecem uma relação de concessão (introduzem ideias opostas às expressas nas orações seguintes).

04) *Mesmo assim* estabelece relação de temporalidade e pode ser substituído por *ainda*.

08) *Mesmo* estabelece uma relação de modo e pode ser substituído por *contudo*.

16) *Como* estabelece uma relação de comparação e pode ser substituído por *semelhante às*.

5. (UFSCar-SP) Instrução: A questão refere-se ao texto seguinte.

Na minha opinião, existe no Brasil, em permanente funcionamento, não fechando nem para o almoço, uma Central Geral de Maracutaia. Não é possível que não exista. E, com toda a certeza, é uma das organizações mais perfeitas já constituídas, uma contribuição inestimável do nosso país ao patrimônio da raça humana. Nada de novo é implantado sem que surja no mesmo instante, às vezes sem intervalo visível, imediatamente mesmo, um esquema bem montado para fraudar o que lá seja que tenha sido criado. (...) Exemplo mais recente ocorreu em São Paulo, mas podia ser em qualquer outra cidade do país, porque a CGM é onipresente, não deixa passar nada, nem discrimina ninguém. Segundo me contam aqui, a prefeitura de São Paulo agora fornece caixão e enterro gratuitos para os doadores de órgãos, certamente os mais pobres. Basta que a família do morto prove que ele doou pelo menos um órgão, para receber o benefício. Mas claro, é isso mesmo, você adivinhou, ser brasileiro é meramente uma questão de prática. Surgiram indivíduos ou organizações que, mediante uma módica contraprestação pecuniária, fornecem documentação falsa, "provando" que o defunto doou órgãos, para que o caixão e o enterro sejam pagos com dinheiro público.

RIBEIRO, João Ubaldo. *O Estado de S. Paulo*, São Paulo, 18 set. 2005.

Assinale a alternativa em que a substituição das palavras grifadas mantém o mesmo sentido original do tre-

cho: "Exemplo mais recente ocorreu em São Paulo, **mas** podia ser em qualquer outra cidade do país, **porque** a CGM é onipresente."

a) Exemplo mais recente ocorreu em São Paulo, no entanto podia ser em qualquer outra cidade do país, uma vez que a CGM é onipresente.

b) Exemplo mais recente ocorreu em São Paulo, pois podia ser em qualquer outra cidade do país, já que a CGM é onipresente.

c) Exemplo mais recente ocorreu em São Paulo, podia, pois, ser em qualquer outra cidade do país, visto que a CGM é onipresente.

d) Exemplo mais recente ocorreu em São Paulo, apesar disso podia ser em qualquer outra cidade do país, assim que a CGM é onipresente.

e) Exemplo mais recente ocorreu em São Paulo, já que podia ser em qualquer outra cidade do país, à medida que a CGM é onipresente.

6. (Fuvest-SP) Nas frases abaixo, cada espaço pontilhado corresponde a uma conjunção retirada.

1. "Porém já cinco sóis eram passados ... dali nos partíramos."

2. ... estivesse doente faltei à escola.

3. ... haja maus nem por isso devemos descrer dos bons.

4. Pedro será aprovado ... estude.

5. ... chova sairei de casa.

As conjunções retiradas são, respectivamente:

a) quando, ainda que, sempre que, desde que, como.

b) quando, como, embora, desde que, ainda que.

c) como, que, porque, ainda que, desde que.

d) que, ainda que, embora, como, logo que.

e) que, quando, embora, desde que, já que.

7. (UEL-PR) Não gostava muito de novelas policiais; admirava, porém, a técnica de seus autores.

Comece com: Admirava a técnica...

a) visto como.   d) porquanto.

b) enquanto.   e) à medida que.

c) conquanto.

8. (UEL-PR) A serem considerados os resultados, o trabalho foi eficiente.

Comece com: O trabalho foi eficiente...

a) desde que.   d) embora.

b) ainda que.   e) por isso.

c) a menos que.

9. (PUC-SP) Assinale a alternativa que possa substituir, pela ordem, as partículas de transição dos períodos abaixo, sem alterar o significado delas.

"Em **primeiro lugar**, observemos o avô. **Igualmente**, lancemos um olhar para a avó. **Também** o pai deve ser observado. Todos são altos e morenos. **Consequentemente**, a filha também será morena e alta."

a) primeiramente, ademais, além disso, em suma.

b) acima de tudo, também, analogamente, finalmente.

c) primordialmente, similarmente, segundo, portanto.

d) antes de mais nada, da mesma forma, por outro lado, por conseguinte.

e) sem dúvida, intencionalmente, pelo contrário, com efeito.

10. (Cesgranrio-RJ) Assinale o período em que ocorre a mesma relação significativa indicada pelos termos destacados em "A atividade científica é tão natural **quanto qualquer outra atividade econômica**".

a) Ele era tão aplicado, que em pouco tempo foi promovido.

b) Quanto mais estuda, menos aprende.

c) Tenho tudo quanto quero.

d) Sabia a lição tão bem como eu.

e) Todos estavam exaustos, tanto que se recolheram logo.

11. (Fuvest-SP) "Podem acusar-me: estou com a consciência tranquila." Os dois-pontos (:) do período acima poderiam ser substituídos por vírgula, explicitando-se o nexo entre as duas orações pela conjunção:

a) portanto.

b) e.

c) como.

d) pois.

e) embora.

12. (PUC-SP) Em: "(...) ouviam-se amplos bocejos, fortes **como** o marulhar das ondas (...)" a partícula *como* expressa uma ideia de:

a) causa.

d) proporção.

b) explicação.

e) comparação.

c) conclusão.

13. (Fuvest-SP) "Que não pedes um diálogo de amor, é claro, **desde que impões** a cláusula da meia-idade."

O segmento destacado poderia ser substituído, sem alteração do sentido da frase, por:

a) desde que imponhas.

b) se bem que impões.

c) contanto que imponhas.

d) conquanto imponhas.

e) porquanto impões.

14. (PUCCamp-SP) Assinale a alternativa correspondente à frase em que ocorre uso **incorreto** de conjunção.

a) O homem criou a máquina para facilitar sua vida, e contudo ela correspondeu a essa expectativa.

b) Diga-lhe que abra logo a porta, que eu estou com pressa.

c) Ele tinha todas as condições para representar bem os colegas; nem todos lhe reconheciam os méritos, porém.

d) O problema é que ainda não se sabe se ele agiu conforme as normas da empresa.

e) Ao perceber o que tinham feito com seus livros, gritou que parecia um louco.

15. (PUC-SP) Nos trechos: "Vejo três meninas caindo rápidas, enfunadas, **como** se dançassem inda" e "(...) e a prima-dona com a longa cauda de lantejoulas riscando o céu **como** um cometa", as palavras destacadas expressam respectivamente ideias de:

a) comparação, objeto.

b) modo, origem.

c) modo, comparação.

d) comparação, instrumento.

e) consequência, consequência.

16. (PUC-SP) No período: "Da própria garganta saiu um grito de admiração, que Cirino acompanhou, **embora** com menos entusiasmo", a palavra destacada expressa uma ideia de:

a) explicação.

d) modo.

b) concessão.

e) consequência.

c) comparação.

17. (PUC-SP) No trecho: "É uma espécie... nova... completamente nova! **Mas já** tem nome... Batizei-**a** logo... Vou-**lhe** mostrar...", sob o ponto de vista morfológico, as palavras destacadas correspondem, pela ordem, a:

a) conjunção, preposição, artigo, pronome.

b) advérbio, advérbio, pronome, pronome.

c) conjunção, interjeição, artigo, advérbio.

d) advérbio, advérbio, substantivo, pronome.

e) conjunção, advérbio, pronome, pronome.

18. (Unicamp-SP) Identifique no texto abaixo:

1. o argumento utilizado pelo Ministro do Trabalho a favor da manutenção da legislação salarial que prevê reajustes indexados e automáticos;

330 Parte 2 > > > MORFOLOGIA > > >

2. a palavra que marca sintaticamente a oposição entre os assalariados que ganham pouco e aqueles que ganham muito;

3. a palavra que poderia ser substituída por *não obstante*.

Não há (...) como se cogitar do abandono do sistema de reajustes indexados e automáticos. (...) Em suas linhas gerais a legislação salarial deve ser mantida, por ser tecnicamente melhor do que as suas antecessoras. Impõe-se, entretanto, um tratamento adequado ao piso salarial nacional e sua completa e definitiva desvinculação de outros salários. Exige-se, ainda, o estreitamento do amplo arco de salários. Não é justo que, enquanto alguns são pagos à razão de meio, um, dois ou três salários mínimos, outros consigam ganhar cinquenta, cem, duzentas ou trezentas vezes mais. É fundamental, finalmente, que as negociações sindicais ou com as empresas sejam livres e responsáveis, tomando como parâmetro os dados objetivos da realidade.

PAZZIANOTO, Almir. *Folha de S.Paulo,* São Paulo, 30 nov. 1987.

19. (Unimep-SP) "Havendo tempo, irei à sua casa."

Comece com: Irei à sua casa, ...

a) se houvesse.
b) embora haja.
c) exceto se houver.
d) desde que houvesse.
e) caso haja.

20. (Vunesp-SP) ... a esposa estar, há muito tempo, longe de casa, o marido não sente sua falta, ... se rodeia de amigos, ... comemorar sua liberdade.

Observando a coerência na indicação das circunstâncias, assinalar a alternativa que preenche adequadamente as colunas.

a) em razão de; à proporção que; para.
b) apesar de; já que; a fim de.
c) na hipótese de; desde que; por.
d) não obstante; quando; sem.
e) no caso de; conforme; de modo a.

21. (Fecap-SP) Classifique a palavra como nas construções seguintes, numerando, convenientemente, os parênteses. A seguir, assinale a alternativa correta.

1. preposição
2. conjunção subordinativa causal
3. conjunção subordinativa conformativa
4. conjunção coordenativa aditiva
5. advérbio interrogativo de modo

( ) Perguntamos como chegaste aqui.
( ) Percorrera as salas como eu mandara.
( ) Tinha-o como amigo.
( ) Como estivesse muito frio, fiquei em casa.
( ) Tanto ele como o irmão são meus amigos.

a) 2, 4, 5, 3, 1.
b) 4, 5, 3, 1, 2.
c) 5, 3, 1, 2, 4.
d) 3, 1, 2, 4, 5.
e) 1, 2, 4, 5, 3.

22. (SSP-SP/ACP-SP) O amor não só faz bem **como** alimenta. A palavra grifada é uma conjunção

a) coordenativa adversativa.
b) subordinativa integrante.
c) coordenativa aditiva.
d) subordinativa comparativa.

23. (TJ-SP/Vunesp)

A região alvo da expansão das empresas, ..., das redes de franquias, é a Sudeste, ... as demais regiões também serão contempladas em diferentes proporções; haverá, ..., planos diversificados de acordo com as possibilidades de investimento dos possíveis franqueados.

A alternativa que completa, correta e respectivamente, as lacunas e relaciona corretamente as ideias do texto, é:

a) digo ... portanto ... mas.
b) como ... pois ... mas.
c) ou seja ... embora ... pois.
d) ou seja ... mas ... portanto.
e) isto é ... mas ... como.

24. (Correios/ESPP) Em "Penso, logo existo", a conjunção **logo** pode ser substituída sem alteração de sentido por:

a) mas.
b) embora.
c) portanto.
d) porque.

Capítulo 16 > > > Estudo das conjunções > > >

331

Capítulo 17

Estudo das interjeições

GONSALES, Fernando. *Benedito Cujo*.
Disponível em: <http://www2.uol.com.br/niquel/benedito.shtml>.
Acesso em: 9 jun. 2008.

As interjeições são estruturas linguísticas que, em geral, retratam emoções ou reações de forma espontânea e eficaz. Nessa tirinha, a interjeição *oh!* traduz com perfeição o sentimento de alegria da mãe de Benedito.

Conceito

Interjeições são palavras invariáveis que exprimem emoções, sensações, estados de espírito, ou que procuram agir sobre o interlocutor, levando-o a adotar determinados comportamentos sem que se faça uso de estruturas linguísticas mais elaboradas. Observe:

Ah! – pode exprimir prazer, deslumbramento, decepção;

Psiu! – pode indicar que se está querendo atrair a atenção do interlocutor ou que se quer que ele faça silêncio.

Em alguns casos, há um conjunto de palavras que atuam como uma interjeição: são as **locuções interjectivas**, como *Valha-me Deus!* ou *Macacos me mordam!*

OUTRAS INTERJEIÇÕES E LOCUÇÕES INTERJECTIVAS

interjeições e locuções	expressam
oh!, ah!, oba!, viva!	alegria
ai!, ui!	dor
oh!, ah!, ih!, opa!, caramba!, upa!, céus!, puxa!, xi!, gente!, hem?!, meu Deus!, uai!	espanto, surpresa
olá!, alô!, ô!, oi!, psiu!, psit!, ó!	chamamento
uh!, credo!, cruzes!, Jesus!, ai!	medo
tomara!, oxalá!, queira Deus!, quem me dera!	desejo
psiu!, caluda!, quieto!, bico fechado!	pedido de silêncio
eia!, avante!, upa!, firme!, toca!	estímulo
xô!, fora!, rua!, toca!, passa!, arreda!	afugentamento
ufa!, uf!, safa!	alívio
ufa!	cansaço

Poderíamos estender indefinidamente essa lista. Mais importante, no entanto, é você perceber que são consideradas interjeições algumas estruturas linguísticas bastante diferenciadas entre si. *Ah!* e *ui!*, por exemplo, são sons que servem exclusivamente para a expressão de estados emotivos; já *quieto!* e *viva!* são formadas por palavras de outras classes gramaticais que, em determinados contextos, permitem a expressão de emoções súbitas. Em alguns casos, temos verdadeiros pedaços de frases, como acontece com *quem me dera!*.

As interjeições são, na realidade, verdadeiras frases. Pode-se perceber isso facilmente quando se atenta para seu funcionamento na linguagem. Além de serem capazes de transmitir conteúdos significativos que correspondem a frases, as interjeições têm sua significação profundamente vinculada ao momento efetivo de sua utilização: basta perceber como um *ah!* pode exprimir desde desapontamento até o mais profundo prazer, de acordo com a situação em que é proferido (a qual determinará a entonação de voz com que será produzido).

Outra evidência de que as interjeições pertencem ao campo das palavras em utilização efetiva e não ao das palavras tomadas isoladamente é sua forma de apresentação: elas são sempre seguidas de um ponto de exclamação (às vezes combinado com outros sinais de pontuação). Ora, o uso de sinais de pontuação faz sentido quando se lida com elementos linguísticos que integram a comunicação efetiva – que se verifica na organização de frases e textos. Seria mais coerente, portanto, não considerar as interjeições uma classe de palavras à parte, e sim mais um dos possíveis tipos de frases de que a língua portuguesa dispõe.

Atividades

1. Nos pequenos diálogos a seguir, substitua a fala do segundo interlocutor pela interjeição que julgar mais conveniente.

a) – Parece que todo mundo vem à festa hoje à noite!

 – Fico muito contente!

b) – Finalmente chegamos ao fim da escalada!

 – Estou bastante aliviado e satisfeito!

c) – Ele conseguiu bater dois recordes mundiais de natação apesar de ter ficado alguns meses sem treinar!

 – Como estou admirado!

d) – Para onde você estava olhando quando tropeçou?

 – Estou sentindo muita dor!

Capítulo 17 > > > Estudo das interjeições > > >

333

e) — Por que a gente não vai junto ao cinema domingo?
— Fico bastante feliz com o convite!

f) — Vamos ter de dividir o quarto do alojamento com o Zezão — aquele que não gosta muito de banho!
— Estou com muito nojo!

2. Que interjeição ou interjeições você usaria se:
a) abrisse a porta de seu quarto e nele encontrasse a *mountain bike* que estava querendo ganhar?
b) recebesse uma carta daquele(a) garoto(a) com quem "ficou" nas últimas férias e de quem sempre sentiu saudades?
c) recebesse um boletim repleto de boas notas?
d) recebesse um boletim repleto de más notas?
e) ganhasse um bom dinheiro num concurso de redação?
f) seu time fosse campeão de futebol depois de vinte anos de espera?
g) seu(sua) namorado(a) ligasse para dizer que está tudo terminado entre vocês?
h) recebesse a notícia de que os vestibulares foram definitivamente abolidos?
i) visse uma barata?

3. Nos diálogos dos textos narrativos, as interjeições permitem a expressão sintética de dados que demandariam falas mais longas; além disso, são muitas vezes sugestivas e bem-humoradas. Leia o trecho abaixo, extraído de uma crônica de Luis Fernando Verissimo, e comente o uso que nele se faz de uma curiosa interjeição.

O veraneio terminou mal. A ideia dos dois casais amigos, amigos de muitos anos, de alugarem uma casa juntos deu errado. Tudo por culpa do comentário que o Itaborá fez ao ver a Mirna, a comadre Mirna, de biquíni fio dental pela primeira vez. Nem tinha sido um comentário. Mais um som indefinido.

— Omnahnmon!

Textos para análise

1

QUINO. *Toda Mafalda*. São Paulo: Martins Fontes, 1995. p. 233.

Trabalhando o texto

1. Classifique a palavra *Yeah!* e comente seu significado.

2. Explique a importância da palavra *Yeah!* no humor dessa tirinha.

3. Localize nessa tirinha um pronome de tratamento, um demonstrativo, um relativo e um possessivo. Explique se eles estão empregados em função substantiva ou adjetiva.

4. Observe a expressão de Mafalda e explicite a crítica que está por trás dessa tirinha.

2

Canção de exílio facilitada

lá?
ah!

sabiá...
papá...
maná...
sofá...
sinhá...

cá?
bah!

PAES, José Paulo. *Um por todos: poesia reunida.*
São Paulo: Brasiliense, 1986. p. 67.

Trabalhando o texto

1. Indique o sentido das duas interjeições presentes no texto.

2. A segunda estrofe do texto relaciona os elementos que fazem o *lá* melhor do que o *cá*. Comente esses elementos, procurando identificar a que país se refere o advérbio *lá*.

3. Compare o texto acima com a "Canção do exílio", de Gonçalves Dias. A seguir, comente a importância das interjeições na obtenção da versão "facilitada".

Em livro

MENDES, Murilo. *Os melhores poemas de Murilo Mendes.* São Paulo: Global, 2007.

A "Canção do exílio", de Gonçalves Dias, é um dos poemas mais conhecidos e citados da literatura brasileira. Mário Quintana, Oswald de Andrade, José Paulo Paes, Tom Jobim e Chico Buarque já estabeleceram um diálogo intertextual com o poema do maior representante da primeira geração da poesia romântica brasileira. Murilo Mendes, poeta modernista brasileiro, também tem sua versão toda particular do famoso poema.

3

Disponível em: <www.oi.com.br/pre_home.html>. Acesso em: 9 jun. 2008.

Trabalhando o texto

1. No anúncio, a palavra *Oi* está sendo usada como se fosse uma interjeição? Explique.

2. Crie exemplos empregando a interjeição *Oi*.

3. Busque uma explicação para o fato de essa palavra ter sido escolhida para nomear a operadora de telefonia.

4

Bravo! São Paulo: Abril, n. 131, jul. 2008. Capa.

Trabalhando o texto

- Agora que encerramos a parte de morfologia deste livro, convidamos você a classificar a palavra *bravo!* que dá nome a essa revista.

Em *site*

<www.bravonline.abril.com.br>. Acesso em: 26 abr. 2008.

A revista *Bravo!* é uma publicação voltada para a divulgação da cultura em geral. Seu conteúdo abrange música, cinema, artes plásticas, teatro, dança, exposições etc. O *site* da revista, embora tenha área exclusiva para os assinantes, oferece boa opção de textos e vídeos sobre atualidades culturais, como resenhas de livros e críticas de peças teatrais e de filmes que são sensação no cenário nacional e internacional.

PARTE 3

Sintaxe

Capítulo 18

Introdução à sintaxe

Trecho da partitura da música "Espalhafatoso" (tango), de Ernesto Nazareth (1913).

Como na pauta musical, em nossa língua a combinação de elementos resulta em unidades de comunicação que podem ir de uma simples interjeição a um período longo e complexo. As entoações, as funções que as palavras exercem nas frases, as relações de dependência e de concordância entre as palavras e entre as frases é o que será estudado a seguir.

1. Frase, oração, período

A sintaxe se ocupa do estudo das relações que as palavras estabelecem entre si nas orações e das relações que se estabelecem entre as orações nos períodos. Quando se relacionam palavras e orações, criam-se discursos, ou seja, utiliza-se efetivamente a língua para que se satisfaçam todas as necessidades de comunicação e expressão. O conhecimento da sintaxe é, portanto, um instrumento essencial para o manuseio satisfatório das múltiplas possibilidades que existem para combinar palavras e orações.

Dispor as palavras em frases é o primeiro passo para a construção dos discursos. Isso significa que a **frase** se define por seu propósito de comunicação, isto é, por sua capacidade de, num diálogo, numa tese, enfim, em alguma forma de comunicação linguística, ser capaz de transmitir o conteúdo desejado para a situação em que é utilizada. Na fala, a frase apresenta uma entoação que indica com clareza seu início e seu fim; na escrita, esses limites são geralmente indicados pelas iniciais maiúsculas e pelo uso de ponto (final, de exclamação ou interrogação) ou reticências. O conceito de frase é, portanto, bastante abrangente, incluindo desde estruturas linguísticas muito simples, como:

> Ai!

que em determinada situação é suficiente para transmitir um conteúdo claro, até estruturas complexas como:

> Assim, a idolatria da máquina de matar, que corresponde a certas fantasias do telespectador, mas que nada tem a ver com a função de zelar pela segurança pública, acaba contribuindo para o surgimento dos valentões enlouquecidos dentro da tropa.

As frases de estrutura mais complexa geralmente se organizam com um ou mais verbos (ou locuções verbais). A frase, ou a parte de uma frase, que se organiza com um verbo ou locução verbal recebe o nome de **oração**. A frase estruturada em orações constitui o **período**, que pode ser **simples** (formado por apenas uma oração) ou **composto** (formado por duas ou mais orações). Observe os dois exemplos seguintes:

> A vida **vale** muito pouco neste país.

Trata-se de um período simples, formado por apenas uma oração – organizada a partir da forma verbal destacada.

> A vida neste país **vale** tão pouco que já não se **sabe** se **há** limite para o pior.

Trata-se de um período composto, formado por três orações organizadas a partir dos verbos destacados e conectadas pelas conjunções sublinhadas.

A sintaxe se ocupa do estudo do período simples e do período composto.

2. Tipos de frases

Muitas vezes, as frases assumem sentidos que só podem ser integralmente captados se atentarmos para o contexto em que são empregadas. É o caso, por exemplo, das situações em que se explora a ironia. Pense na frase "Que educação!", usada quando se vê alguém invadindo, com seu carro, a faixa de pedestres. Nesse caso, ela expressa exatamente o contrário do que aparentemente diz.

A entoação é um elemento muito importante da frase falada, pois nos dá uma ampla possibilidade de expressão. Dependendo de como é dita, uma frase simples como "É ele" pode indicar constatação, dúvida, surpresa, indignação, decepção etc. Na língua escrita, os sinais de pontuação podem agir como definidores do sentido das frases: "É ele."; "É ele?"; "É ele!"; "É ele?!"; "É ele..." etc.

Capítulo 18 > > > Introdução à sintaxe > > >

Existem, na língua portuguesa, alguns tipos de frases cuja entoação é mais ou menos previsível, de acordo com o sentido que transmitem. Observe:

a. **frases declarativas** – informam ou declaram alguma coisa. Podem ser afirmativas, como:

Começou a chover.

ou negativas, como:

Ainda não começou a chover.

b. **frases interrogativas** – ocorrem quando se quer obter alguma informação. A interrogação pode ser direta, como nas frases:

Começou a chover?

Quem quer um louco na presidência?

ou indireta, como nas frases:

Quero saber se começou a chover.

Não sei quem quer um louco na presidência.

c. **frases imperativas** – são empregadas quando se quer agir diretamente sobre o comportamento do interlocutor, o que ocorre quando se dão conselhos, ordens ou quando se fazem pedidos. Podem ser afirmativas, como:

Manifeste claramente o seu pensamento.

ou negativas, como:

Não seja inoportuno.

d. **frases exclamativas** – são empregadas quando o emissor deseja expressar um estado emotivo. É o caso de:

Começou a chover!

Vai começar tudo de novo!

e. **frases optativas** – são empregadas para exprimir desejo. São exemplos de frases optativas:

Deus te guie!

Bons ventos o levem!

Atividades

1. Leia atentamente as frases de cada um dos grupos seguintes. Em seguida, leia-as em voz alta, conferindo a cada uma a entoação adequada.

a) Ele já prestou depoimento.

Ele já prestou depoimento?

Ele já prestou depoimento!

Ele já prestou depoimento...

Ele já prestou depoimento!?

Ele? Já prestou depoimento...

b) Não quero que você saiba.

Não quero que você saiba!

Não quero que você saiba?

Não quero que você saiba...

Não! Quero que você saiba!

Não quero! Quê? Você saiba...

c) Já sei!

Já sei?

Já sei.

Já? Sei...

2. O *Manual de estilo* da Editora Abril afirma:

> Se você deseja ser compreendido, suas frases deverão atender a um requisito essencial: a clareza. É uma exigência para a qual não existe meio-termo. Se a frase for clara, você dirá o que quis dizer. Se a frase for obscura, você provocará confusão.

Levando em consideração essas colocações, comente as frases seguintes, retiradas da mesma página desse *Manual*.

> Enfim, toda vez que você sentar-se à máquina, postar-se diante do terminal ou pegar a caneta com o propósito de escrever, lembre-se que sentenças de breve extensão, amiúde logradas por intermédio da busca incessante da simplicidade no ato de redigir, da utilização frequente do ponto, do corte de palavras inúteis que não servem mesmo para nada e da eliminação sem dó nem piedade dos clichês, dos jargões tão presentes nas laudas das matérias dos setoristas, da retórica discursiva e da redundância repetitiva – sem aquelas intermináveis orações intercaladas e sem o abuso de partículas de subordinação, como por exemplo "que", "embora", "onde", "quando", capazes de encompridá-las desnecessariamente, tirando em consequência o fôlego do pobre leitor –, isso para não falar que não custa refazê-las, providência que pode aproximar o verbo e o complemento do sujeito, tais sentenças de breve extensão, insistimos antes que comecemos a chateá-lo, são melhores e mais claras.
>
> Ou seja, use frases curtas.

Em livro

SILVA, Deonísio da. *A língua nossa de cada dia*. São Paulo: Novo Século, 2007.

É notória a habilidade do brasileiro com a linguagem verbal. Conversa-se muito, sobre os mais diversos assuntos, mas quando se trata de escrever, as dificuldades logo aparecem. Raciocínios mal organizados e desrespeito à norma culta padrão não são raros, resultados da pouca prática da leitura e da escrita, habilidades tão caras em um mundo mergulhado em informação por todos os lados. Renunciando a fórmulas mirabolantes, e utilizando exemplos de mau uso da língua retirados da mídia impressa, de cartazes e de canções populares, o escritor Deonísio da Silva oferece um excelente manual a todos aqueles interessados em exercitar a arte de ler e escrever com qualidade e precisão os mais diversos tipos de texto sem desrespeitar as regras da língua portuguesa contemporânea.

---

3. As frases e a pontuação

Uma frase é um conjunto de elementos linguísticos estruturados para que se concretize a comunicação. Na língua oral, esses conjuntos se estruturam em sequências cuja ordenação em boa parte é feita por recursos vocais, como a entoação, as pausas, a melodia e até mesmo os silêncios. Para perceber a importância da participação desses elementos sonoros na organização da linguagem falada, basta observar alguém que esteja se comunicando em voz alta: você vai notar que essa pessoa controla os recursos vocais mencionados para que suas frases se articulem significativamente. Assim, as frases faladas e os recursos vocais que as organizam constroem os textos falados.

Na escrita, os elementos vocais da linguagem são substituídos por um sistema de sinais visuais que com eles mantêm alguma correspondência. Esses sinais são conhecidos como sinais de pontuação e seu papel na língua escrita é semelhante ao dos elementos vocais na língua falada: participam da estruturação das frases na construção dos textos escritos. O estudo do emprego dos sinais de pontuação está ligado à percepção de seu papel estruturador na língua escrita. Isso significa que não se aprende a usá-los partindo-se do pressuposto de que eles representam na escrita as pausas e melodias da língua falada: não é esse o papel desses sinais. Sua utilização baseia-se na organização sintática e significativa das frases escritas, não nas pausas e na melodia das frases faladas.

Levando em conta tudo isso, decidimos organizar o estudo da pontuação tomando como ponto de partida os estudos de sintaxe. Você perceberá, assim, que o conhecimento da organização sintática da língua portuguesa é um poderoso instrumento para que se alcance a pontuação correta e eficiente.

Neste primeiro capítulo, vamos falar dos sinais que delimitam graficamente as frases. Observe:

a. o **ponto final** (.) é utilizado fundamentalmente para indicar o fim de uma frase declarativa:

Não há país justo sem equilíbrio social.

Não é possível que ainda se pense que há pessoas que têm mais direitos do que outras.

"A vida é a arte do encontro, embora haja muito desencontro pela vida." (Vinicius de Moraes)

b. o **ponto de interrogação** (?) é o sinal que indica o fim de uma frase interrogativa direta:

O que você quer aqui?

Até quando os brasileiros vão se negar a entender que miséria e desenvolvimento são inconciliáveis?

Nas frases interrogativas indiretas, utiliza-se ponto final:

Quero saber por que você não colabora.

c. o **ponto de exclamação** (!) é o sinal que indica o fim de frases exclamativas ou optativas (as que expressam desejo):

Que bela companheira você é!

Que Deus te acompanhe!

Também pode ser usado para marcar o fim de frases imperativas:

Vá-se embora!

É comum como recurso de ênfase a repetição do ponto de exclamação ou sua combinação com o ponto de interrogação:

Quê?! De novo?! Não suporto mais isso!!!

Ele outra vez?! Não!!

BROWNE, Dik. *O melhor de Hagar, o Horrível*. Porto Alegre: L&PM, 1996. p. 24.

As duas falas de Hagar contêm somente pontos de interrogação e pontos de exclamação. Estes últimos indicam o fim de frases exclamativas, por meio das quais o emissor expressa um estado emotivo (no caso, a admiração pela própria "obra").

d. o **sinal de reticências** (...) indica uma interrupção da estrutura frasal. Essa interrupção pode decorrer de hesitação de quem tem sua fala representada ou pode indicar que se espera do leitor o complemento da frase (muitas vezes com finalidade irônica):

Veja bem, não sei... Quem sabe seja... É, na verdade eu não sei...

Bem, eu queria... Você sabe muito bem o que eu quero...

O árbitro é muito eficiente, mas os auxiliares...

Pelo jeito, ainda será preciso esperar muito tempo para que os brasileiros compreendam em que consiste a verdadeira modernidade social...

Também o sinal de reticências é constantemente combinado com pontos de interrogação ou exclamação, para acrescentar à frase particularidades de significado:

Você faria isso por mim?...

De novo!...

No último quadrinho desta tirinha, as reticências que seguem o ponto de interrogação reforçam a pergunta irônica de Snoopy.

e. na representação gráfica de diálogos, utilizam-se os **dois-pontos** (:) e os **travessões** (–):

Depois de um longo silêncio, ele disse:

— É melhor esquecer tudo.

— É melhor esquecer tudo — disse ele, depois de um longo silêncio.

— É melhor — concordei.

Também é possível empregar vírgulas no lugar dos travessões intermediários:

— Convém tentar esquecer tudo, disse ele, para que ninguém mais seja prejudicado.

A situação parece ter chegado a um impasse. "Muitos sem-terra atingiram os limites do desespero"; afirmou o sociólogo, "e parecem decididos a ir até o fim."

Atividades

1. Crie um diálogo em que você utiliza pontos de exclamação, pontos de interrogação, reticências e travessões.

2. Foram retirados os sinais de pontuação que indicam o final dos períodos que formam o parágrafo seguinte. Copie o texto no caderno e recoloque-os.

há efetivamente um conjunto de brasileiros que se comportam como se as leis não lhes dissessem respeito o convívio social não passa de uma forma de lhes satisfazer os desejos as obrigações inerentes a qualquer forma de sociedade pertencem exclusivamente aos outros seria importante saber o que efetivamente produzem esses indivíduos para o bem da comunidade são eles seres verdadeiramente sociais a resposta a essa pergunta pode dar início à redescoberta da noção de bem-comum

Textos para análise

1

Maluquice momentosa. Matriz mal-ajeitada. Mal-amada. Mulher-objeto. Manceba modelada, marota. Machão maduro, malcasado, meia-idade. Mané-modelo. Miolo mole. Maçanetas mal-viradas. Malícia. Maviosidade. Magnetismo. Mel. Maciez. Mais. Muito mais. Matrimônio mambembe. Mancada. Malogro. Martírio. Mortificação. Malmequer, malmequer. Mexericos.

Maquinações malfeitas. Megalomania. Mufunfa malcheirosa. Mãos molhadas. Mordidas milionárias. Mesadas, mordomias, malas, maletas. Maços. Marreteiros. Malversação. Malabarismo. Malandragem. Mal-entendido. Murici. Maceió. Muares malhados. Manada mágica. Milagre. Matemática maluca. Maquiagem malsã. Mugido maroto. Muuuuuuuuuuu...
(...)

SOUZA, Josias de. *Nos bastidores do poder.* Folha Online. Disponível em:
<http://josiasdesouza.folha.blog.uol.com.br/arch2007-06-24_2007-06-30.html>. Acesso em: 16 jun. 2008.

Trabalhando o texto

1. O fragmento lido faz parte de um texto publicado em um *blog* em 30 de junho de 2007. Observe a estrutura das frases e faça um comentário.

2. Comente também a pontuação do texto.

3. Aponte a mudança temática que ocorre do primeiro para o segundo parágrafo do texto.

4. Com base no sentido das palavras e da letra com que elas são iniciadas, é possível associar esse fragmento a um determinado episódio de nossa política recente. Descubra qual é esse episódio explicando como você chegou a sua resposta. Justifique também o fato de a letra M ter sido escolhida pelo jornalista para redigir seu texto.

2

Ai gramática. Ai, vida.

(...)

Ora, dirão os professores, vida é gramática. De acordo. Vou até mais longe: vida é pontuação. A vida de uma pessoa é balizada por sinais ortográficos. Podemos acompanhar a vida de uma criatura, do nascimento ao túmulo, marcando as diferentes etapas por sinais de pontuação.

Querem ver? Olhem esta biografia.

(*)

Nasceu! É um menino! Que grande! E como chora! Claro, quem não chora não mama!

Me dá! É meu!

Ovo! Uva! Ivo viu o ovo! Ivo viu a uva! O ovo viu a uva!

(...)

(*)

Papai, eu queria – não, não é que eu queria – bom, tu sabes eu precisava – bom, não é bem isto – bom, eu pensei – bom, deixa, agora não posso falar, amanhã quem sabe eu – bom –.

(...)

(*)

Mas quem é que eu sou afinal? E o que é que eu quero? E o que que vai ser de mim? E Deus, existe? E Deus cuida da gente? E o anjo da guarda, existe? E o diabo? E por que é que a gente se sente tão mal?

(...)

(*)

Estamos, meus colegas, todos nós, hoje, aqui, nesta festa de formatura, nesta festa, que, meus colegas, é não só nossa, colegas, mas também, colegas, de nossos pais, de nossos irmãos, de nossas noivas, enfim, de todos quantos, nas jornadas, penosas embora, mas confiantes sempre, nos acompanharam, estamos, colegas, cônscios de nosso dever, para com a família, para com a comunidade, para com esta Faculdade, tão jovem, tão batalhadora, mas ao mesmo tempo tão, colegas, tão.

(...)

(*)

(...)

Chiou, boto, prá rua. Não tem conversa. É pão pão queijo queijo. É lé com lé cré com cré. Cada macaco no seu galho. Na minha firma mando eu. No clube que presido mando eu. E na minha casa mando eu. E ponto final.

(*)

Sim, o tempo passou... E eu estou feliz... Foi uma vida bem vivida, esta... Aprendi tanta coisa... mas das coisas que aprendi... A que mais me dá alegria... É que hoje eu sei tudo... Sobre pontuação...

SCLIAR, Moacyr. In: CAMPOS, Carmen Lucia da Silva; SILVA, Nilson Joaquim (Orgs.).
Lições de gramática para quem gosta de literatura. São Paulo: Panda Books, 2007. p. 11-4.

Trabalhando o texto

1. Substitua o (*) por um subtítulo que você vai criar e que deverá estar relacionado à pontuação empregada em cada parte do texto.

2. Explique a relação existente entre os sinais de pontuação e as fases da vida das pessoas, segundo o autor do texto.

Em *site*

<www.releituras.com/index.asp>. **Acesso em: 4 jul. 2008.**
Inspirado pela frase de Nelson Rodrigues "Deve-se ler pouco e reler muito", o *site* releituras disponibiliza a leitores exigentes da rede uma série de textos relevantes e biografias de autores consagrados da literatura brasileira e mundial. Moacyr Scliar, autor da crônica que você acabou de ler, faz parte da lista dos escritores selecionados, que inclui mais de 500 nomes importantes.

Capítulo 19

Termos essenciais da oração

QUINO. *Toda Mafalda*. São Paulo: Martins Fontes, 1993. p. 219.

Neste capítulo, inicia-se o estudo da sintaxe do período simples. Esse estudo se baseia na investigação das várias funções que as palavras desempenham quando se organizam em orações. Essas funções são decorrentes da relação estabelecida entre os elementos que se articulam nas frases. Na tirinha acima, Miguelito atrapalha-se na análise sintática porque identifica um "sujeito" não expresso na oração, forma divertida encontrada pelo cartunista para expor sua crítica à administração pública da cidade.

Durante o estudo das diversas funções sintáticas, você poderá relacioná-las com as classes de palavras já estudadas nos capítulos dedicados à morfologia. A relação entre as classes de palavras e suas possíveis funções sintáticas recebe o nome de morfossintaxe.

1. Conceitos

Sujeito e predicado

Você já sabe que o período simples é aquele formado por apenas uma oração, que recebe o nome de absoluta. Também já sabe que a oração é a frase ou membro de frase estruturada a partir de um verbo ou de uma locução verbal. O período simples, então, sempre apresentará um único verbo ou locução verbal, que será o ponto de partida para nosso trabalho de análise. A frase:

Os agricultores participaram do protesto contra a política agrária do governo.

constitui um período simples, formado por uma oração que se organiza a partir da forma verbal *participaram*.

Se você observar mais atentamente essa forma verbal, vai perceber que ela está na terceira pessoa do plural, porque se relaciona com a expressão "os agricultores": é fácil perceber que o termo "os agricultores" equivale ao pronome de terceira pessoa do plural *eles* – e você sabe que a forma verbal exigida por esse pronome é justamente uma que esteja na terceira pessoa do plural. Se você modificar a flexão do substantivo (*agricultores*), colocando-o no singular (*agricultor*), vai perceber que o verbo também sofrerá flexão de número, passando a *participou*:

O agricultor participou do protesto contra a política agrária do governo.

Se você optar por modificar a pessoa gramatical do verbo (de terceira para segunda ou primeira), vai perceber que não se pode manter a expressão "os agricultores" nessa oração. No período seguinte, a forma verbal *participei* se relaciona com a primeira pessoa do singular (*eu*):

Participei do protesto contra a política agrária do governo.

Dessa forma, constata-se que existe entre o verbo e o termo "os agricultores" uma relação que os obriga a concordar em número e pessoa. Essa relação recebe o nome de **concordância verbal**, e o termo da oração com o qual o verbo concorda em número e pessoa é o **sujeito**.

Falar de sujeito pressupõe falar da relação de concordância entre um determinado termo de uma oração e o verbo dessa mesma oração. Sujeito é, portanto, o nome de uma função sintática – o que significa dizer que é o nome que se atribui a um dos papéis que as palavras podem desempenhar quando se relacionam umas com as outras.

Sob a ótica da morfossintaxe, pode-se afirmar que sujeito é uma função **substantiva**, porque são os substantivos e as palavras de valor substantivo (pronomes e numerais substantivos ou outras palavras substantivadas) que podem atuar como núcleos dessa função nas orações portuguesas. Observe a classe gramatical a que pertencem os núcleos dos sujeitos seguintes:

Os **alunos**
(substantivo)

Todos
(pronome substantivo)

Ambos
(numeral substantivo)

protestaram veementemente.

Os **pobres**
(adjetivo substantivado)

Quando se identifica o sujeito de uma oração, identifica-se também o predicado dessa oração. **Predicado** é aquilo que se declara a respeito do sujeito; em termos práticos, equivale a tudo o que resta na

Capítulo 19 > > > Termos essencias da oração > > >

347

oração, depois de eliminado o sujeito (e o vocativo, quando ocorrer). Observe, nas orações seguintes, a divisão entre sujeito e predicado:

Os alunos	protestaram veementemente.
Os jogadores	manifestaram sua insatisfação.
sujeito	predicado

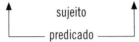

No verão, **a temperatura** aumenta.
sujeito
predicado

Verbos nocionais e não nocionais

No predicado existe, obrigatoriamente, um verbo ou locução verbal. Para a devida análise do papel do verbo no predicado, deve-se considerar em primeiro lugar a possibilidade de dividir os verbos em dois grupos: os nocionais e os não nocionais. **Verbos nocionais** são aqueles que exprimem processos; em outras palavras, indicam ação, acontecimento, fenômeno natural, desejo, atividade mental. Esses verbos são sempre núcleo dos predicados em que aparecem. Veja alguns exemplos:

lutar	fazer	ocorrer	suceder	nascer
trovejar	querer	desejar	pretender	pensar
raciocinar	considerar	julgar		

Verbos não nocionais são aqueles que exprimem caráter de estado; são mais conhecidos como **verbos de ligação**. Os verbos não nocionais fazem parte do predicado, mas não atuam como núcleo. Exemplos:

ser	estar	permanecer	ficar
continuar	tornar-se	virar	andar
achar-se	passar	acabar	persistir

Só é possível perceber se um verbo é nocional ou não nocional quando se considera o contexto em que é usado. Assim, na oração:

Ela anda cinco quilômetros por dia.

o verbo *andar* exprime uma ação, atuando como um verbo nocional. Já na oração:

Ela anda amargurada.

predomina a informação do estado do sujeito, dada pelo termo *amargurada*. O verbo indica que esse estado tem se mantido nos últimos dias ou semanas. Por isso se diz que, nesse caso, o verbo exprime o caráter do estado do sujeito, atuando como verbo não nocional.

Verbos transitivos e intransitivos

Os verbos nocionais podem ser acompanhados ou não de complementos, de acordo com sua **transitividade**. Um verbo que não é acompanhado de complemento é chamado de **intransitivo**. É o que ocorre na oração:

Criança sofre!

Nota-se que o verbo *sofrer* não apresenta nenhum complemento, já que o processo que expressa começa e acaba no próprio sujeito, ou seja, não transita, não passa do sujeito para um elemento que funcione como alvo ou objeto. É exatamente por isso que esse tipo de verbo é chamado de intransitivo, que, como diz o nome, não transita, não passa.

Um verbo acompanhado de complemento é chamado de **transitivo**. Quando se diz:

"Os ombros suportam o mundo." (Carlos Drummond de Andrade)

nota-se que o ato de suportar tem um alvo, um objeto. O processo expresso por suportar se inicia nos ombros e passa, ou seja, transita para o mundo, alvo ou objeto desse processo. É por isso que esse tipo de verbo é chamado de transitivo, que, como diz o nome, transita, passa.

Quando o complemento de um verbo transitivo não é introduzido por preposição obrigatória, o verbo é **transitivo direto**; quando o complemento é introduzido por preposição obrigatória, o verbo é **transitivo indireto**. Há verbos acompanhados de dois complementos, um deles introduzido por preposição obrigatória e outro, não. São os verbos **transitivos diretos e indiretos**. Observe os exemplos:

Levaram os livros.
(verbo transitivo direto: levar **algo**)

Duvida-se de verdades indiscutíveis.
(verbo transitivo indireto: duvidar **de algo**)

Enviei o convite a todos.
(verbo transitivo direto e indireto: enviar **algo a alguém**)

O verbo *assistir* liga-se a seus complementos (*à TV, ao micro-ondas*) com preposição obrigatória, porém na linguagem corrente do Brasil, esse verbo é usado sem preposição, fato que já é amplamente abonado. Já o verbo *jogar* (*a televisão*), não. Assistir, nesse contexto, é um verbo transitivo indireto, enquanto jogar é transitivo direto.

Trupe, de Adão Iturrusgarai. *Folha de S. Paulo*, São Paulo, 15 maio 2004. Folhinha, p. F-8.

OBSERVAÇÃO

Os termos essenciais da oração são o sujeito e o predicado. São essenciais porque constituem a estrutura básica das orações mais comuns da língua portuguesa. Entretanto em português há orações formadas apenas pelo predicado, como você verá mais adiante. O que caracteriza a existência de uma oração é a presença de um verbo ou locução verbal – e não a existência obrigatória de um sujeito ligado a um predicado.

Em *site*

<www2.uol.com.br/adaoonline/v2/>. Acesso em: 7 jul. 2008.
Site oficial do cartunista Adão Iturrusgarai. Gaúcho da cidade de Cachoeira do Sul, Adão é o autor das charges Aline e Rocky e Hudson, entre outras. Ele publica suas tiras em diversos jornais, entre eles a *Folha de S.Paulo*. No *site* há um *link* para o *blog* do cartunista.

Capítulo 19 >>> Termos essenciais da oração >>> 349

Atividades

1. Transforme cada uma das orações seguintes de acordo com o modelo proposto. A seguir, indique o sujeito de cada oração.

Nunca levanto cedo.

Nunca **levantas** cedo.

Nunca **levantamos** cedo.

Nunca **levantais** cedo.

a) Cumpri a palavra dada.

b) Fui surpreendido pela notícia.

2. Passe para o plural cada uma das orações seguintes. Depois, indique o sujeito e o predicado de cada uma delas.

a) Ocorreu um fato surpreendente.

b) Sobrou muito pão na festa.

c) Basta-me uma frase de incentivo.

d) Faltou um bom quadro naquela exposição.

e) Dói-me a perna.

f) Caiu um raio sobre aquela árvore.

g) Desabou um temporal muito forte ontem à noite.

h) Existe uma cultura muito rica no interior deste país.

i) Teu trabalho foi elogiado por todos.

3. Reescreva estas orações no plural, iniciando-as pelo sujeito.

a) Deve ter acontecido algum fato surpreendente.

b) Deve ocorrer um forte temporal esta tarde.

c) Poderia bastar-me uma frase de incentivo.

d) Poderá faltar o melhor quadro naquela exposição.

e) Poderia estar doendo-me a perna.

f) Parece ter caído um raio sobre aquela árvore.

g) Deve ter desabado um temporal muito forte ontem à noite.

h) Parece ter existido uma cultura muito rica no interior deste país.

i) Teu trabalho deve ter sido elogiado por todos.

4. Classifique os verbos das orações seguintes em nocionais e não nocionais:

a) Estou preocupado.

b) Estou em Roma.

c) Permaneceram calados durante o almoço.

d) Permaneceram exatamente no mesmo lugar.

e) O gato virou gata.

f) O furacão virou alguns carros.

g) Ficaria meses em Praga.

h) Ficaria extasiado se fosse a Praga.

i) Ela passou a chefe do departamento.

j) O pior já passou.

k) Persistimos em ser atendidos.

l) A desigualdade social persiste imutável.

m) Achei o livro.

n) Acho-me acamado.

2. Tipos de sujeito

O sujeito das orações da língua portuguesa pode ser determinado ou indeterminado. Há ainda orações formadas sem sujeito.

Sujeito determinado

É o sujeito que se pode identificar com precisão a partir da concordância verbal. Observe as orações:

Faltou-me **coragem** naquele momento.
    sujeito

Música e literatura fazem bem à alma.
    sujeito

Na primeira oração, o sujeito determinado apresenta um único núcleo: o substantivo *coragem*. É, por isso, um **sujeito determinado simples**. Já na segunda oração, o sujeito apresenta dois substantivos como

350   Parte 3 > > > SINTAXE > > >

núcleos: *música* e *literatura*. Os sujeitos determinados que apresentam dois ou mais núcleos são chamados **sujeitos determinados compostos**.

Chama-se **sujeito determinado oculto** ou **sujeito determinado elíptico** o núcleo do sujeito determinado que se encontra implícito na forma verbal ou no contexto. É o que ocorre quando a terminação verbal dispensa o uso do pronome pessoal correspondente, em orações como "Sinto muito a falta dela." (sujeito: *eu*) ou "Levamos os livros." (sujeito: *nós*). Em alguns casos, pode-se facilmente detectar o sujeito pelo contexto. Na sequência de orações abaixo, o sujeito da forma verbal *bloquearam* é o pronome *eles*, implícito na terminação verbal *-am*. Esse pronome se refere a "os agricultores", sujeito determinado simples do verbo da primeira oração, *participaram*:

> Os agricultores se manifestaram contra a política agrária do governo e **bloquearam** a rodovia com suas máquinas.

Sujeito indeterminado

Quando não se quer ou não se pode identificar claramente a quem o predicado da oração se refere, surge o chamado sujeito indeterminado. Em português, há duas maneiras diferentes de indeterminar o sujeito de uma oração:

a. O verbo é colocado na terceira pessoa do plural, sem que se refira a nenhum termo identificado anteriormente (nem em outra oração, como no caso do sujeito determinado elíptico visto há pouco):

Procuraram você ontem à noite.   **Estão pedindo** sua presença lá fora.

b. O verbo surge acompanhado do pronome *se*, que atua **como índice de indeterminação do sujeito**. Essa construção ocorre com verbos que não apresentam complemento direto (verbos intransitivos, transitivos indiretos e de ligação). O verbo obrigatoriamente fica na terceira pessoa do singular:

Vive-se melhor fora das cidades grandes.   **Trata-se** de casos delicadíssimos.
Precisa-se de professores de português.   **É-se** muito pretensioso na adolescência.

Caso de sujeito indeterminado: *precisar*, verbo transitivo indireto, seguido da partícula *se*.

ARIONAURO. *Cartuns do vampiro*. Edição do autor, 1999. p. 60.

Observe que, na primeira forma de indeterminar o sujeito, quem fala ou escreve não participa do processo verbal mencionado. Na segunda forma, não ocorre obrigatoriamente essa distância entre quem fala ou escreve e aquilo a que se refere. Compare as orações de sujeito indeterminado:

Falam sobre reforma agrária.

Fala-se sobre reforma agrária.

Na primeira, é evidente que quem produz a oração não se inclui no grupo dos que falam sobre a reforma agrária; na segunda oração, essa inclusão é perfeitamente possível, já que quem fala ou escreve pode estar se referindo a algo que lhe é próximo ou de que participa.

Orações sem sujeito

Nessas orações, formadas apenas pelo predicado, aparecem os chamados **verbos impessoais**. Os casos mais importantes de orações sem sujeito da língua portuguesa ocorrem com:

a. verbos que exprimem fenômenos da natureza:

Anoiteceu docemente sobre a cidadezinha.

Está **amanhecendo**.

Choveu pouco no último mês de março.

Quando usados de forma figurada, esses verbos podem ter sujeito determinado:

Choveram **pontapés** durante a partida.
           sujeito

b. os verbos *estar*, *fazer*, *haver* e *ser*, quando usados para indicar ideia de tempo ou fenômeno natural:

Está cedo.

É tarde.

Eram nove e quinze.

Faz muito frio na Europa.

Há meses não vejo sua prima.

Faz dois anos que não recebo mensagens dela.

Deve fazer alguns meses que não conversamos.

BROWNE, Dik. *O melhor de Hagar, o horrível.* Porto Alegre: L&PM, 2007. v. 5. p. 20.

Nessa tirinha, o verbo *estar*, na primeira e terceira ocorrências, aparece como verbo impessoal (*está frio*); na segunda ocorrência, a oração tem sujeito (*"eu" estou doente?*).

c. o verbo *haver*, quando exprime existência ou acontecimento:

Há boas razões para suspeitarmos dele.

Houve vários bate-bocas durante a assembleia.

Deve haver muitos interessados em livros antigos.

Com exceção do verbo *ser*, que, quando indica tempo, varia de acordo com a expressão numérica que o acompanha ("É **uma** hora." / "São **nove** horas."), os verbos impessoais devem ser usados **sempre na terceira pessoa do singular**. Tome cuidado principalmente com os verbos *fazer* e *haver* usados impessoalmente. Não é possível usá-los no plural em frases como:

Faz	muitos anos que	**Há**	
Deve fazer	conversamos.	**Houve**	
		Havia	muitas pessoas interessadas
		Haverá	em participar do projeto.
		Deve ter havido	
		Pode ter havido	

Atividades

1. Aponte e classifique o sujeito das orações abaixo.

a) Naquela hora, tocou o sino.

b) Veio-me à lembrança uma imagem poética.

c) Passou-me pela memória uma velha lembrança.

d) Explodiu nova crise no Oriente Médio.

e) Surgiu um novo medicamento contra a doença.

f) Teria ele condição de enfrentar a crise econômica?

g) São cada vez mais frequentes as denúncias de abuso de autoridade.

h) Industriais e industriários não se entenderam sobre salários e condiçoes de trabalho.

2. Reescreva cada uma das orações abaixo de acordo com o modelo proposto.

Alguém precisa de ajuda.

Precisa-se de ajuda.

a) Alguém acredita em dias mais felizes.

b) Alguém crê em tempos menos bicudos.

c) Alguém necessita de auxílio.

d) Alguém apelou para os mais poderosos.

e) Alguém assistiu a filmes de terror.

f) Alguém aspira ao bem-estar social.

g) Alguém obedece aos impulsos mais nobres.

h) Alguém tratou de assuntos sérios naquele debate.

3. Complete cada um dos pequenos diálogos seguintes com uma frase em que surja o sujeito indeterminado, com o verbo na terceira pessoa do plural.

a) – Existe alguma mensagem para mim?

– (*).

b) – De onde vieram estes pacotes?

– (*).

c) – Quem trouxe este recado?

– (*).

d) – Onde você achou esse livro?

– (*).

e) – Como você soube disso?

– (*).

f) – Essa história é verdadeira?

– (*).

4. Reescreva cada uma das frases seguintes de acordo com o modelo proposto.

Faz dois anos que não a encontro.

Deve fazer dois anos que não a encontro.

a) Fazia cinco anos que não nos encontrávamos.

b) Faz algumas semanas que não chove nesta cidade.

c) Faz três anos que não a procuro.

Capítulo 19 > > > Termos essencias da oração > > >

5. Reescreva cada uma das frases seguintes de acordo com o modelo proposto.

Há muitos livros sobre o assunto.

Havia muitos livros sobre o assunto.

Houve muitos livros sobre o assunto.

a) Há várias propostas em discussão.

b) Há vários cargos em disputa.

c) Há muitas maneiras de ajudar.

d) Há infindáveis modos de colaborar.

e) Há discussões intermináveis.

6. Reescreva cada uma das frases seguintes de acordo com o modelo proposto.

Deve haver várias razões para o cancelamento.

Deve ter havido várias razões para o cancelamento.

Pode ter havido várias razões para o cancelamento.

a) Deve haver provas mais contundentes contra ele.

b) Deve haver graves consequências.

c) Deve haver questões mais sérias.

d) Deve haver situações menos preocupantes.

e) Deve haver leis mais duras.

7. Monte orações a partir dos elementos oferecidos em cada um dos itens seguintes. Faça as necessárias relações de concordância verbal em cada caso.

a) Bater / os sinos da igreja / de hora em hora.

b) Surgir / várias ideias revolucionárias / durante a noite.

c) Faltar / vários alunos / na semana passada.

d) Ocorrer / faltas violentas / durante o jogo.

e) Desabar / dois prédios / no ano passado.

3. Tipos de predicado

Você já sabe que o predicado é a parte da oração que contém a informação, a declaração a respeito do sujeito. Quando se classifica o predicado, quer-se verificar o que é essencial na informação relativa ao sujeito. Basicamente, pode-se informar a respeito do sujeito uma ideia de ação, praticada ou sofrida, ou uma ideia de estado.

A partir disso, pode-se dizer que o núcleo informativo de um predicado pode ser um verbo ou um nome. Há também predicados que têm um verbo e um nome como núcleos ao mesmo tempo.

Predicado verbal

No predicado verbal, o núcleo é sempre um verbo. Para ser núcleo do predicado, é necessário que o verbo seja nocional. São verbais os predicados das seguintes orações:

Os agricultores participaram do protesto contra a política agrária do governo.

"Perdi o bonde e a esperança." (Carlos Drummond de Andrade)

"Eu faço samba e amor até mais tarde." (Chico Buarque)

Os alunos foram informados da alteração.

Predicado nominal

Nos predicados nominais, o núcleo é sempre um nome, que desempenha a função de predicativo do sujeito. O **predicativo do sujeito** é um termo que caracteriza o sujeito, tendo como intermediário um verbo. No predicado nominal, esse verbo intermediário é sempre de ligação. Os exemplos seguintes mostram como esses verbos exprimem diferentes circunstâncias relativas ao estado do sujeito, ao mesmo tempo que o ligam ao predicativo. Em todos os casos, o núcleo do predicado é o predicativo do sujeito, e o predicado é nominal:

Parte 3 > > > SINTAXE > > >

A vida é tênue.
Ele está exausto.
Permanecemos calados.
A taxa de mortalidade infantil continua elevada.

Um simples motorista virou celebridade nacional.
O professor parece tranquilo.
Ele se acha acamado.
O salvador da pátria acabou cassado.

A função de predicativo do sujeito pode ser exercida por termos que têm como núcleo um adjetivo, um substantivo ou uma palavra de valor substantivo:

A vida é **muito frágil**.
predicativo do sujeito
(núcleo: frágil, adjetivo)

A vida é **um eterno recomeçar**.
predicativo do sujeito
(núcleo: recomeçar, verbo substantivado)

A função de predicativo do sujeito é desempenhada por um adjetivo (*frio*) no segundo quadrinho e por um substantivo (*gata*) modificado por um adjetivo (*ornamental*) no terceiro.

LAERTE. *Gato e gata*. São Paulo: Ensaio, 1995. p. 5.

Predicado verbo-nominal

O predicado verbo-nominal apresenta dois núcleos: um verbo (que será sempre nocional) e um predicativo (que pode referir-se ao sujeito ou a um complemento verbal). Na oração:

Os alunos saíram da prova confiantes.

o predicado é verbo-nominal porque seus núcleos informativos são um verbo nocional (*saíram*, verbo intransitivo), que indica uma ação praticada pelo sujeito, e um predicativo do sujeito (*confiantes*), que indica o estado do sujeito no momento em que se desenvolve o processo verbal. Observe que o predicado dessa oração poderia ser desdobrado em dois outros, um verbal e um nominal:

Os alunos saíram da prova. Eles estavam confiantes.

A oração:

Considero inexequível o projeto exposto.

também tem predicado verbo-nominal: seus núcleos são o verbo nocional (*considero*) e o predicativo do objeto (*inexequível*). Nessa oração, "o projeto exposto" é objeto direto da forma verbal *considero*, pois é o termo que complementa o verbo sem preposição intermediária. *Inexequível* caracteriza esse objeto direto, atuando como predicativo do objeto. Se você tem dificuldade para perceber que o verbo *considerar* participa da relação entre o objeto direto e seu predicativo, passe a oração analisada para a voz passiva:

O projeto exposto é considerado inexequível por mim.

Nessa forma, fica evidente a intermediação verbal entre "o projeto exposto" e *inexequível*. Note que o objeto direto passou a sujeito, e o predicativo do objeto passou a predicativo do sujeito.

Outra forma de perceber o papel de predicativo do objeto do termo *inexequível* é substituir o objeto direto por um pronome oblíquo:

Considero-o inexequível.

Você percebe que o pronome *o* substitui todo o objeto direto ("o projeto exposto"), e o termo *inexequível* se refere justamente a esse *o*.

Atividades

1. Classifique os predicados das orações seguintes.
   a) Ocorreram alguns fatos desagradáveis durante o seminário.
   b) Houve alguns fatos desagradáveis durante o seminário.
   c) Mandaram arrancar os trilhos da ferrovia.
   d) Veio-me à lembrança sua doce imagem.
   e) Choveu muito.
   f) A chuva foi forte.
   g) Os trilhos de uma ferrovia são um monumento à civilização.
   h) O passeio deve ter sido fascinante.
   i) Julgo selvagem o comportamento do motorista brasileiro.
   j) O fracasso da equipe deixou boquiabertos os torcedores.

2. Aparentemente, os itens a) e b) não passam de duas formas diferentes de dizer a mesma coisa. Leia-os atentamente e responda: essa aparência é enganosa? Comente.
   a) Depois de uma curva na estrada, a cordilheira surgiu imensa à nossa frente.
   b) Depois de uma curva na estrada, a cordilheira surgiu à nossa frente. Era imensa.

3. Em cada um dos itens seguintes, você encontrará uma oração de predicado nominal. Leia atentamente cada uma delas e explique a diferença de sentido que apresenta em relação à oração: "Ela é muito rabugenta".
   a) Ela está muito rabugenta.
   b) Ela ficou muito rabugenta.
   c) Ela continua muito rabugenta.
   d) Ela anda muito rabugenta.
   e) Ela parece muito rabugenta.
   f) Ela se tornou muito rabugenta.
   g) Ela permanece muito rabugenta.

4. Os termos essenciais e a pontuação

a. sujeito e predicado – Você viu que o sujeito e o predicado são chamados termos essenciais porque constituem a estrutura básica das orações mais típicas da língua portuguesa. Por isso a ligação que mantêm entre si não pode ser interrompida por uma vírgula, mesmo quando o sujeito é muito longo ou vem depois do predicado:

Todas as tentativas de mudar a relação entre capital e trabalho resultaram em fracasso.

Foram feitas várias manifestações contra a política industrial do governo.

b. termos intercalados – A intercalação de termos entre o sujeito e o predicado pode ser marcada por vírgulas. É indispensável que, nesses casos, haja uma vírgula antes e outra depois do termo intercalado:

Os deputados, ontem à tarde, decidiram aceitar o projeto do presidente da república.

A vida, meus amigos, é um mergulho na bruma.

c. núcleos de um sujeito composto – Usa-se vírgula para separar os núcleos de um sujeito composto:

O presidente, o governador, o prefeito e os senadores, os deputados manifestaram seu repúdio ao comportamento dos policiais.

Quando o último desses núcleos é introduzido pelas conjunções e, ou ou nem, não será empregada a vírgula:

Ônibus, automóveis e caminhões deveriam participar do rodízio.

Um avião, um ônibus ou um automóvel não têm o mesmo charme de um trem.

Não ocorreram protestos veementes nem intervenções exaltadas durante a reunião.

Se cada um dos núcleos for introduzido por conjunção, deve-se empregar a vírgula:

Sofrem com essa política os professores, e os alunos, e os pais, e a sociedade, enfim.

Nem a música, nem o cinema, nem o teatro têm a magia do circo.

d. predicativo do sujeito invertido ou intercalado – Nas orações de predicado verbo-nominal em que o predicativo do sujeito é invertido ou intercalado, usam-se vírgulas para isolá-lo:

Decepcionado, o velho ídolo afastou-se lentamente.

O velho ídolo, decepcionado, afastou-se lentamente.

e. omissão de verbo – A vírgula pode também indicar a omissão de um verbo:

Eu trabalho com fatos; você, com boatos.

Atividades

1. Empregue as vírgulas necessárias à organização das frases seguintes. Há casos em que elas simplesmente não são necessárias.

   a) O irracional e exagerado investimento em rodovias ridiculamente planejadas virou poeira com algumas horas de chuva.

   b) Têm progredido muito os agricultores que investem nas culturas voltadas ao consumo interno.

   c) Foram deixados de lado os antigos ressentimentos as rusgas medíocres a estupidez mútua.

   d) Andam lado a lado nas calçadas e ruas trabalhadores e malandros e policiais e pessoas sem teto e vendedores ambulantes.

   e) Pedro ou Paulo será o novo líder do grupo.

   f) Seres humanos animais e vegetais sofrem com a poluição.

   g) Desiludido rasguei minha ficha de filiação.

2. Explique a diferença de sentido entre as frases de cada um dos pares seguintes.

   a) O policial neurótico sacou a arma.

   O policial, neurótico, sacou a arma.

   b) Muitos espíritos sem dúvida passarão a duvidar.

   Muitos espíritos, sem dúvida, passarão a duvidar.

   c) Os atletas desnutridos deixaram o clube.

   Os atletas, desnutridos, deixaram o clube.

Textos para análise

1

La vie em rose, de Adão Iturrusgarai. *Folha de S.Paulo*, São Paulo, 22 dez. 2002. Ilustrada, p. E-9.

Trabalhando o texto

Analise as formas verbais das orações do ponto de vista de sua transitividade.

2

> No Brasil, existem 1 200 municípios sem médico ou enfermeiro.

> Faça logo sua inscrição.

Veja. São Paulo: Abril, 14 mar. 2001.

Trabalhando o texto

1. Classifique o sujeito das seguintes frases do anúncio acima:

a) "Precisa-se de médicos e enfermeiros."

b) "Oferecemos casa, comida, transporte e uma boa remuneração."

c) "No Brasil, existem 1 200 municípios sem médico ou enfermeiro."

d) "Faça logo sua inscrição."

2. Reescreva a oração do item c) substituindo o verbo existir por haver e fazendo todas as modificações necessárias. Classifique o sujeito da oração obtida.

3

As manchetes foram recortadas.
Mas os elogios foram rasgados.

As manchetes foram recortadas. Mas os elogios foram rasgados.

Veja. São Paulo: Abril, 21 fev. 2001.

Trabalhando o texto

Classifique os predicados das orações "As manchetes foram recortadas. Mas os elogios foram rasgados."

4

Firmamento

O que é que eu vou fazer agora
Se o teu sol não brilhar por mim?
Num céu de estrelas multicoloridas
Existe uma que eu não colori

Forte, sorte na vida, filhos feitos de amor
Todo verbo que é forte
Se conjuga no tempo
Perto, longe, o que for

Você não sai da minha cabeça
E minha mente voa
Você não sai, não sai, não sai, não sai...

Entre o céu e o firmamento
Não há ressentimento
Cada um ocupando o seu lugar
Não sai não, não sai, não sai, não sai, não sai...

O que é que eu vou...

Entre o céu e o firmamento
Existem mais coisas do que julga
O nosso próprio pensar

Que vagam como o vento
E aquele sentimento de amor eterno

Entre o céu e o firmamento
Existem mais coisas do que julga
O nosso próprio entendimento
Que vagam pelo tempo
Com aquele juramento de amor eterno

CIDADE NEGRA. In: *O erê*. CD Sony, 1996. Faixa 6.

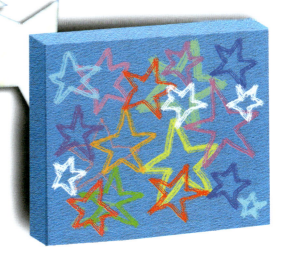

Capítulo 19 > > > Termos essenciais da oração > > >   359

Trabalhando o texto

1. Observe os verbos destacados em cada um dos trechos seguintes:

"Num céu de estrelas multicoloridas / **Existe** uma que eu não colori"

"Entre o céu e o firmamento / Não **há** ressentimento"

   a) Quanto ao significado, são equivalentes?
   b) Qual o sujeito de cada um deles?
   c) Reescreva os dois trechos, trocando uma por algumas e ressentimento por mágoas.
   d) Reescreva os dois trechos obtidos no item c) com os verbos no pretérito perfeito do indicativo.

2. "Existem mais coisas do que julga / O nosso próprio entendimento"

Por que a primeira forma verbal está no plural e a segunda, no singular?

3. Determine a função sintática do termo destacado no trecho:

"Existem mais coisas do que julga
O nosso próprio pensar
Que vagam como **o vento**"

Explique sua resposta.

4. Releia os versos seguintes:

"Entre o céu e o firmamento
Existem mais coisas do que julga
O nosso próprio pensar"

A que outros versos, famosos, nos remetem?

5. No dicionário de Caldas Aulete, **firmamento** é "base, fundamento, o que serve de apoio, de sustentáculo" e também é "a abóbada celeste, a região do ar". Na sua opinião, em qual desses sentidos a palavra é usada no texto? Comente.

5

Feliz aniversário, São Paulo!

(...)

São Paulo é medrosa. Prefere passear no *shopping*, uma cidade onde a cidade não entra. Uma cidade sem os problemas da cidade. E com seguranças na porta. São Paulo é contraditória. Mora na fartura. Mas seus janelões quatrocentões dão vista para a miséria. São Paulo é resignada. Não reage a coisa nenhuma. (...)

SOUZA, Josias de. *Nos bastidores do poder*. Folha Online. 25 jan. 2007. Disponível em: <http://josiasdesouza.folha.blog.uol.com.br/arch 2007-01-21_2007-01-27.html>. Acesso em: 18 jun. 2008.

Trabalhando o texto

Analise os predicados das orações do fragmento acima e comente o emprego dos verbos nocionais e não nocionais.

Questões de exames e concursos

1. (UFV-MG) Leia o texto abaixo e responda à questão:

A grande catástrofe

No princípio era o Verbo. O verbo Ser. Conjugava-se apenas no infinito. Ser, e nada mais. Intransitivo absoluto.

Isto foi no princípio. Depois transigiu, e muito. Em vários modos, tempos e pessoas. Ah, nem queiras saber o que são as pessoas: eu, tu, ele, nós, vós, eles...

Principalmente eles!

E, ante essa dispersão lamentável, essa verdadeira explosão do SER em seres, até hoje os anjos ingenuamente se interrogam por que motivo as referidas pessoas chamam a isso de CRIAÇÃO...

QUINTANA, Mário. Prosa e verso. Rio de Janeiro: Globo, 1983.

"Depois transigiu, e muito." (4.º verso)

Considerando a frase no contexto, assinale a alternativa que contém o sujeito do verbo "transigir":

a) o verbo Ser

b) a grande catástrofe

c) infinito

d) isto

e) princípio

2. (UFSC)

"É uma história muito triste,

a história **que** eu vou contar:

Um pai matou sua filha,

com a tenção de se vingar.

Foi lá na zona da **Serra**,

lá bem distante do mar,

onde a riqueza é o **pinheiro**,

que se transforma em dinheiro,

e no progresso do lugar.

É uma história muito triste,

vocês podem acreditar."

SASSI, Guido Wilmar. Amigo velho. Porto Alegre: Movimento, 1982. p. 31.

Levando-se em consideração o **texto** de Sassi, assinale a(s) proposição(ões) **correta(s)**.

01. Os pronomes **que** (verso 2), **onde** (verso 7) e **que** (verso 8) se referem, respectivamente, a **eu** (verso 2), **mar** (verso 6) e **pinheiro** (verso 7).

02. O poema narrativo menciona personagens, tempo e lugar que fizeram parte da história triste, contada pelo narrador, que confessa ser pai da menina.

04. O segundo verso do poema exerce a função de sujeito em relação ao primeiro, assim como o quarto verso indica finalidade em relação ao terceiro.

08. As palavras **Serra** (verso 5) e **pinheiro** (verso 7) são indicativas do local onde se passa a história.

16. Segundo o poema, o motivo do crime cometido pelo pai foi a ambição, o fato de querer vender mais pinheiros do que seus concorrentes e, assim, enriquecer mais rápido.

32. Os versos 8 e 9 constituem um exemplo da crítica à atitude gananciosa do homem em relação ao meio ambiente, desenvolvida na obra de Sassi.

3. (UFSCar-SP)

Monsenhor Caldas interrompeu a narração do desconhecido:

– Dá licença? é só um instante.

Levantou-se, foi ao interior da casa, chamou o preto velho que o servia, e disse-lhe em voz baixa:

– João, vai ali à estação de urbanos, fala da minha parte ao comandante, e pede-lhe que venha cá com um ou dois homens, para livrar-me de um sujeito doido. Anda, vai depressa.

E, voltando à sala:

– Pronto, disse ele; podemos continuar.

– Como ia dizendo a Vossa Reverendíssima, morri no dia vinte de março de 1860, às cinco horas e quarenta e três minutos da manhã. Tinha então sessenta e oito anos de idade. Minha alma voou pelo espaço, até perder a terra de vista, deixando muito abaixo a lua, as estrelas e o Sol; penetrou finalmente num espaço em que não havia mais nada, e era clareado tão somente por uma luz difusa. Continuei a subir, e comecei a ver um pontinho mais luminoso ao longe, muito longe. O ponto cresceu, fez-se sol. Fui por ali dentro, sem arder, porque as almas são incombustíveis. A sua pegou fogo alguma vez?

– Não, senhor.

– São incombustíveis. Fui subindo, subindo; na distância de quarenta mil léguas, ouvi uma deliciosa música, e logo que cheguei a cinco mil léguas, desceu um enxame de almas, que me levaram num palanquim feito de éter e plumas.

MACHADO de Assis. "A segunda vida". Obras completas, vol. II, p. 440-441.

A frase "desceu um enxame de almas", no último parágrafo, tem o sujeito posposto. Assinale a alternativa em que o sujeito também aparece posposto.

Capítulo 19 > > > Termos essencias da oração > > > 361

(A) De um atentado, um soldado consegue salvar seu companheiro.

(B) Segunda-feira faltou, de novo, um pouco de tinta de impressão.

(C) No salão de Paris, há um Audi com motor de 4,2 litros.

(D) Ler biografia de homens célebres é bastante útil.

(E) O mercado financeiro recebeu bem a inclusão das ações do Bradesco.

4. (UFMS)

O cientista virou um mito. E todo mito é perigoso, porque induz o comportamento e inibe o pensamento. Esse é um dos resultados engraçados (e trágicos) da ciência. Se existe uma classe especializada em pensar de maneira correta (os cientistas), os outros indivíduos são liberados da obrigação de pensar e podem simplesmente fazer o que os cientistas mandam.

In: *Filosofia da ciência. Introdução ao jogo e suas regras.*
São Paulo: Loyola, 2000.

Assinale a alternativa correta sobre o texto de Rubem Alves.

(A) O vocábulo *mito*, nas duas ocorrências do texto (linha 1), conserva o mesmo papel morfossintático.

(B) Tanto na linha 4 quanto na linha 6, o autor recorre ao uso de parênteses para introduzir uma manifestação emocional.

(C) Cada par de palavras é acentuado, graficamente, pela mesma regra:

- ciência – indivíduo
- é – são
- trágico – obrigação

(D) O pronome *esse* (linha 3) retoma o referente *pensamento* da frase anterior.

(E) Em "o cientista *virou* um mito" (linha 1), o verbo em destaque instaura o pressuposto de que, anteriormente, o cientista não era um mito.

5. (Ibmec) Assinale a alternativa correta considerando o período abaixo.

Saímos apressados daquela reunião.

a) Tem-se predicação verbal, já que o núcleo do predicado é saímos – verbo intransitivo.

b) Tem-se predicação nominal, já que o núcleo do predicado é apressados – predicativo do sujeito.

c) Tem-se predicação verbal, já que o núcleo é saímos e apressados é um complemento nominal.

d) Tem-se predicação verbo-nominal, já que saímos e apressados constituem núcleos do predicado.

e) Tem-se predicação verbo-nominal, já que apresenta dois núcleos: saímos e reunião.

6. (Memorial-SP/Empasial) Assinale a alternativa em que aparece predicado verbo-nominal:

a) "Nesse samba te proclamo majestade do universo."

b) O homem doou os agasalhos aos necessitados.

c) Após o toque permaneceram na sala os alunos.

d) "Brasil és no teu berço dourado o índio civilizado."

e) "Lutar com palavras é a luta mais vã."

7. (Pref. de Guarulhos-SP/FGV-SP) Assinale a alternativa em que "noite" tem a mesma função sintática que em "Caiu de repente a noite".

a) Chegou inesperadamente à noite.

b) A noite era bela na praia.

c) Amava a noite enluarada.

d) Andavam perdidos na noite.

8. (TJ-SP/Vunesp) O termo oração, entendido como uma construção com sujeito e predicado que formam um período simples, se aplica, adequadamente, apenas a:

a) Amanhã, tempo instável, sujeito a chuvas esparsas no litoral.

b) O vigia abandonou a guarita, assim que cumpriu seu período.

c) O passeio foi adiado para julho, por não ser época de chuvas.

d) Muito riso, pouco siso – provérbio apropriado à falta de juízo.

e) Os concorrentes à vaga de carteiro submeteram-se a exames.

9. (TJ-SC/TJ-SC) Leia com atenção o texto, extraído de *Superinteressante*, n. 181 (out. 2002, p. 45):

A neurociência vê o sonho como um mecanismo autorregulador do nosso cérebro. Ele faria a digestão dos acontecimentos do dia organizando quais informações devem ser guardadas nos arquivos da memória de longa duração e apagando as que não foram usadas.

Assinale a opção correta.

Em relação à primeira frase – A neurociência vê o sonho como um mecanismo autorregulador do nosso cérebro. –, podemos afirmar que:

a) *sonho* exerce a função de objeto indireto.

b) o verbo *ver* é intransitivo.

362 Parte 3 > > > SINTAXE > > >

c) temos um predicado verbal.

d) a frase está na voz passiva.

10. (Ceasa-MG/Fumarc/2004) Todos os verbos destacados abaixo possuem a mesma predicação, **exceto**:

a) Isso não mais interessa a mim.

b) Nunca perdoei aos assassinos de nossos amigos.

c) Os fatos obedeciam ao nosso comando.

d) Ele perturbava a nós com suas perguntas.

11. (Ufam) Assinale o item em que o substantivo destacado **não** exerce a função de sujeito:

a) Não se pode derrubar esta **palmeira**.

b) Havia um **mistério** no ar.

c) Sua **salvação** foram os desvelos da mulher.

d) Será que não existia outra **solução**?

e) Na discussão, o **parlamentar** houve-se com perfeito equilíbrio.

12. (FGV-SP) Observe a seguinte frase:

"Recorrendo a elas, arrisco-me a usar expressões técnicas, desconhecidas do público, e a ser tido por pedante."

Das alternativas abaixo, assinale aquela em que a palavra destacada exerça a mesma função sintática de *pedante*, dessa frase.

a) As estações tinham passado **rápido**, sem que tivesse sido possível vê-las direito.

b) Fui julgado **culpado**, embora não houvesse provas decisivas a respeito do crime.

c) Ele era **difícil** de convencer, mas concordou quando a quantia foi oferecida.

d) Caminhou **depressa** por entre os coqueiros.

e) Ele passeou **demasiado** ontem; hoje, doem-lhe as pernas. Vai ser obrigado a deitar-se mais cedo.

13. (FGV-SP) Leia o fragmento abaixo, do conto "A cartomante", de Machado de Assis. Depois, responda à pergunta.

"Separaram-se contentes, ele ainda mais que ela. Rita estava certa de ser amada; Camilo, não só o estava, mas via-a estremecer e arriscar-se por ele, correr às cartomantes, e, por mais que a repreendesse, não podia deixar de sentir-se lisonjeado. A casa do encontro era na antiga Rua dos Barbonos, onde morava uma comprovinciana de Rita. Esta desceu pela Rua das Mangueiras na direção de Botafogo, onde residia; Camilo desceu pela da Guarda Velha, olhando de passagem para a casa da cartomante."

Qual é o sujeito de *ser amada*, no texto? Explique.

14. (UEL-SP) ... as providências necessárias para o saneamento da cidade.

a) Haverá de ser tomado

b) Haverão de ser tomadas

c) Haverá de serem tomadas

d) Haverão de serem tomadas

e) Haverão de ser tomado

15. (UEL-SP) Até ontem, já ... duas mil pessoas desabrigadas em todo o estado, e muitas mais ... se ... as chuvas torrenciais.

a) existiam, haverá, continuar

b) existiam, haverão, continuarem

c) existia, haverá, continuar

d) existia, haverão, continuarem

e) existiam, haverá, continuarem

16. (PUC-SP)

a) Explique a diferença que existe entre o emprego do verbo haver nas orações "havia muitas estrelas" e "haviam contado muitas estrelas".

b) Observando essa diferença, empregue o verbo haver nas orações abaixo, mantendo o mesmo tempo em que foram construídas as orações indicadas em a).

b1. Quando pequenos, ... participado de muitos jogos.

b2. No lugar onde construíram aquele conjunto residencial, ... apenas casas comerciais.

17. (Fuvest/GV-SP) Assinale a alternativa que tem oração sem sujeito.

a) Existe um povo que a bandeira empresta.

b) Embora com atraso, haviam chegado.

c) Existem flores que devoram insetos.

d) Alguns de nós ainda tinham esperança de encontrá-lo.

e) Há de haver recurso desta sentença.

18. (Fuvest-SP) Observar a oração: "... e Fabiano saiu de costas...".

Assinalar a alternativa em que a oração também tenha verbo intransitivo.

a) "... Fabiano ajustou o gado..."

b) "... acreditara na sua velha..."

c) "... davam-lhe uma ninharia..."

d) "Atrevimento não tinha..."

e) "Depois que acontecera aquela miséria..."

19. (FEI-SP) "Toda a humanidade estaria condenada à morte se houvesse um tribunal para os crimes imaginários." (Paulo Bonfim)

a) Qual o sujeito da primeira oração?

b) Qual o sujeito da segunda oração?

20. (PUC-SP) O verbo ser, na oração:

"Eram cinco horas da manhã..."

é:

a) pessoal e concorda com o sujeito indeterminado.

b) impessoal e concorda com o objeto direto.

c) impessoal e concorda com o sujeito indeterminado.

d) impessoal e concorda com a expressão numérica.

e) pessoal e concorda com a expressão numérica.

21. (PUC-SP) Indique a alternativa correta no que se refere ao sujeito da oração "Da chaminé da usina subiam para o céu nuvens de fumaça".

a) simples, tendo por núcleo chaminé

b) simples, tendo por núcleo nuvens

c) composto, tendo por núcleo nuvens de fumaça

d) simples, tendo por núcleo fumaça

e) simples, tendo por núcleo usina

22. (PUC-SP) Nas orações:

"O pavão é um arco-íris de plumas."

e

"De água e luz ele faz seu esplendor."

temos, respectivamente:

a) dois predicados nominais, cujos predicativos dos sujeitos são arco-íris e esplendor.

b) um predicado nominal, cujo predicativo do sujeito é arco-íris, e um predicado verbo-nominal, cujo predicativo do objeto é esplendor.

c) um predicado nominal, cujo predicativo do sujeito é arco-íris, e um predicado verbal, cujo objeto direto é esplendor.

d) dois predicados verbais, cujos objetos diretos são arco-íris e esplendor.

e) um predicado nominal, cujo verbo é de ligação, e um predicado verbal, cujo verbo é intransitivo.

23. (PUC-SP) No período:

"As águias e os astros amam esta região azul, vivem nesta região azul, palpitam nesta região azul."

temos:

a) um predicado verbal e dois verbo-nominais, havendo, nos dois últimos, o complemento predicativo do objeto.

b) três predicados verbais, sendo que, no primeiro, o complemento é o objeto direto, e, nos dois últimos, o objeto indireto.

c) três predicados verbo-nominais, havendo, no último, o complemento predicativo do objeto.

d) três predicados verbais, havendo, em apenas um deles, o complemento objeto direto.

e) três predicados verbais formados por verbos intransitivos.

24. (PUCCamp-SP) Assinale a alternativa correspondente à frase em que a concordância verbal esteja correta.

a) Discutiu-se a semana toda os acordos que têm de ser assinados nos próximos dias.

b) Poderá haver novas reuniões, mas eles discutem agora sobre que produtos recairão, a partir de janeiro, a sobretaxa de exportação.

c) Entre os dois diretores deveria existir sérias divergências, pois a maior parte dos funcionários nunca os tinha visto juntos.

d) Faltava ainda dez votos, e já se comemoravam os resultados.

e) Eles hão de decidir ainda hoje, pois faz mais de dez horas que estão reunidos naquela sala.

25. (PUCCamp-SP) Se mais oportunidades ..., mais pessoas ... quanto ao novo regulamento.

a) houvessem – haveriam de se pronunciar

b) houvesse – haveria de se pronunciar

c) houvessem – haveria de se pronunciarem

d) houvessem – haveriam de se pronunciarem

e) houvesse – haveriam de se pronunciar

26. (PUCCamp-SP) Assinale a alternativa correspondente à frase em que a concordância verbal está correta.

a) As análises dos especialistas e do presidente prevê uma queda no setor, mas o boletim da empresa sobre as vendas efetuadas no último mês justificam que não se perca o otimismo.

b) Restava, no momento, poucas esperanças de acordo, mas ela, e principalmente eu, não deixava transparecer nenhum desânimo.

c) Podem existir, agora, poucas pessoas dispostas a enfrentar este pequeno problema, mas já houve muitas outras ocasiões em que sacrifícios bem maiores foram exigidos de nós.

Parte 3 > > > SINTAXE > > >

d) A vida e a dignidade das pessoas está posta em risco quando falta, por parte delas, recursos para atender às suas necessidades básicas.

e) Foi encontrado no meio dos escombros muitos esqueletos, e já se levantou, entre os cientistas, hipóteses de que seja de animais pré-históricos.

27. (PUC-SP) Em relação ao período:

"As águias e os astros abrem aqui, nesta doce, meiga e miraculosa claridade azul, um raro rumor de asas e uma rara resplandecência solenemente imortais.",

é **incorreto** afirmar que:

a) há dois núcleos de sujeito, ligados pela conjunção coordenativa e.

b) há dois núcleos de objeto direto, ligados pela conjunção coordenativa e.

c) há dois núcleos de predicativo do sujeito, ligados pela conjunção coordenativa aditiva e.

d) há apenas uma oração.

e) há mais de um adjunto adnominal.

28. (Fatea-SP) "Sonham com bife a cavalo, batata frita. E a sobremesa é goiabada cascão com muito queijo."

Os substantivos *sobremesa* e *goiabada cascão*, respectivamente, têm a função de núcleo:

a) do predicativo e do sujeito.

b) do objeto direto e do sujeito.

c) do sujeito e do objeto indireto.

d) do vocativo e do predicativo.

e) n.d.a.

29. (UniFMU-SP) Identifique a função sintática dos termos destacados.

"A cara parecia **uma perna**."

"Não vi mais **nada**."

a) objeto direto e aposto

b) predicativo do sujeito e aposto

c) objeto direto e predicativo do sujeito

d) predicativo do sujeito e objeto direto

e) aposto e predicativo do objeto

Questões 30 e 31: indique a alternativa em que **não há** erro de concordância.

30. (PUC-SP)

a) Devem haver poetas que pensam no desastre aéreo como sendo o arrebol.

b) Deve existir poetas que pensam no desastre aéreo como sendo o arrebol.

c) Pode existir poetas que pensam no desastre aéreo como sendo o arrebol.

d) Pode haver poetas que pensam no desastre aéreo como sendo o arrebol.

e) Podem haver poetas que pensam no desastre aéreo como sendo o arrebol.

31. (PUC-SP)

a) Fazia dois anos que não aconteciam desastres desse tipo.

b) Faz alguns anos que não acontece desastres desse tipo.

c) Deve fazer um ano que aconteceu vários desastres aéreos.

d) Fazia algum tempo que não acontecia desastres desse tipo.

e) Devem fazer dois anos que aconteceu um desastre desse tipo.

32. (PUC-SP) Em relação ao trecho:

"Pregada em larga tábua de pita, via-se formosa e grande borboleta, com asas meio abertas, como que disposta a tomar voo.",

podemos afirmar que o sujeito da oração principal é:

a) simples, tendo por núcleo implícito alguém.

b) composto, tendo por núcleos formosa e grande.

c) simples, tendo por núcleo asas.

d) indeterminado, tendo por índice de indeterminação do sujeito a partícula se.

e) simples, tendo por núcleo borboleta.

33. (FCMSC-SP) Examine as três frases abaixo:

I. As questões de física **são difíceis**.

II. O examinador **deu uma entrevista ao repórter do jornal**.

III. O candidato **saiu do exame cansadíssimo**.

Os predicados assinalados nas três frases são:

a) respectivamente, verbo-nominal, nominal, verbal.

b) respectivamente, nominal, verbal, verbo-nominal.

c) todos nominais.

d) todos verbais.

e) todos verbo-nominais.

34. (UFPR)

I. Durante o carnaval, **fico agitadíssimo**. (predicado verbal)

Capítulo 19 > > > Termos essenciais da oração > > >

365

II. Durante o carnaval, **fico em casa**. (predicado nominal)

III. Durante o carnaval, **fico vendo o movimento das ruas**. (predicado nominal)

Assinale a certa:

a) I e II

b) II e III

c) I e III

d) Todas as alternativas estão certas.

e) Todas as classificações estão erradas.

35. (UFSCar-SP) Indique a alternativa correta.

a) Mal se distinguia, através da cerração da manhã, as casas da rua.

b) Fazem muitos anos que estas obras foram publicadas.

c) Resolvi não terminar o trabalho por motivos que não interessa expor agora.

d) Se não haviam trabalhadores braçais suficientes, que os procurassem onde houvesse.

e) Ninguém achou que valesse a pena tantos sacrifícios.

36. (Unimep-SP) Existem muitas definições de sujeito. Uma delas é: "Sujeito é aquele que pratica a ação verbal". Das frases a seguir, qual contraria tal definição?

a) O rato foi comido pelo gato.

b) O rapaz leu o gibi.

c) A menina brinca com a boneca.

d) O menino entregou o jornal.

e) Viajo todos os domingos.

37. (UniFMU-SP) Assinale a alternativa em que aparece um predicado verbo-nominal.

a) Os viajantes chegaram cedo ao destino.

b) Demitiram o secretário da instituição.

c) Nomearam as novas ruas da cidade.

d) Compareceram todos atrasados à reunião.

e) Estava irritado com as brincadeiras.

38. (Vunesp-SP) "Amanhã faz um mês que a senhora está longe de casa."

Da oração destacada, na frase transcrita, é correto dizer:

a) Trata-se de uma oração em que o sujeito está elíptico, e o verbo é de ligação.

b) A oração tem por sujeito a palavra amanhã, e o verbo é transitivo direto.

c) A oração tem por sujeito um mês, e o verbo é intransitivo.

d) Trata-se de uma oração sem sujeito, e o verbo é transitivo direto.

e) A oração tem sujeito indeterminado, e o verbo é de ligação.

39. (UFMT) A propósito do trecho que segue, aponte o sujeito de supõe.

"O idealismo supõe a imaginação entusiasta que se adianta à realidade no encalço da perfeição."

a) a imaginação entusiasta

b) o idealismo

c) imaginação

d) entusiasta

40. (UniFMU-SP)

"Cheguei, chegaste. Vinhas **fatigada**

E triste, e triste e fatigado eu vinha." (Olavo Bilac)

Na passagem acima, os termos destacados exercem função sintática de:

a) predicativo do sujeito acompanhando um predicado verbo-nominal.

b) predicativo do sujeito acompanhando um predicado verbal.

c) predicativo do sujeito acompanhando um predicado nominal.

d) sujeito do verbo da oração principal.

e) adjunto adnominal do sujeito eu.

41. (FOC-SP) Assinale a alternativa correta em relação à classificação dos predicados das orações abaixo.

1. Todos nós consideramos a sua atitude infantil.

2. A multidão caminhava pela estrada poeirenta.

3. A criançada continua emocionada.

a) 1 – predicado verbal, 2 – predicado nominal, 3 – predicado verbo-nominal

b) 1 – predicado nominal, 2 – predicado verbal, 3 – predicado verbo-nominal

c) 1 – predicado verbo-nominal, 2 – predicado verbal, 3 – predicado nominal

d) 1 – predicado verbo-nominal, 2 – predicado nominal, 3 – predicado verbal

e) 1 – predicado nominal, 2 – predicado verbal, 3 – predicado verbo-nominal

42. (UniFMU-SP)

"Ouviram do Ipiranga as margens plácidas
De um povo heroico o brado retumbante..."

O sujeito desta afirmação com que se inicia o Hino Nacional é:

a) indeterminado.
b) "um povo heroico".
c) "as margens plácidas".
d) "do Ipiranga".
e) "o brado retumbante".

43. (Unisa-SP) Nas seguintes orações:

"Pede-se silêncio."

"A caverna anoitecia aos poucos."

"Fazia um calor tremendo naquela tarde."

o sujeito se classifica respectivamente como:

a) indeterminado, inexistente, simples.
b) oculto, simples, inexistente.
c) inexistente, inexistente, inexistente.
d) oculto, inexistente, simples.
e) simples, simples, inexistente.

44. (PUC-SP) "Que há entre a vida e a morte?"

a) O sujeito do verbo haver é o pronome interrogativo que.
b) Tem-se uma oração sem sujeito.
c) O sujeito está oculto.
d) O sujeito é indeterminado.
e) O sujeito é "uma curta ponte".

45. (UFG) Em uma das alternativas abaixo, o predicativo inicia o período. Assinale-a.

a) A dificílima viagem será realizada pelo homem.
b) Em suas próprias inexploradas entranhas descobrirá a alegria de conviver.
c) Humanizado tornou-se o sol com a presença humana.
d) Depois da dificílima viagem, o homem ficará satisfeito?
e) O homem procura a si mesmo nas viagens a outros mundos.

46. (UFMG) "Ele observou-a e achou aquele gesto **feio**, **grosseiro**, **masculinizado**." Os termos destacados são:

a) predicativos do objeto.
b) predicativos do sujeito.
c) adjuntos adnominais.
d) objetos diretos.
e) adjuntos adverbiais de modo.

47. (UFG) "O corpo, a alma do carpinteiro, não podem ser mais **brutos** do que a **madeira**." A função sintática dos termos em destaque é, pela ordem:

a) objeto direto, predicativo do sujeito.
b) sujeito, sujeito.
c) predicativo do sujeito, sujeito.
d) objeto direto, predicativo do sujeito.
e) predicativo do sujeito, predicativo do sujeito.

48. (FOC-SP) Duas das orações abaixo têm sujeito indeterminado. Assinale-as.

I. Projetavam-se avenidas largas.

II. Há alguém esperando você.

III. No meio das exclamações, ouviu-se um risinho de mofa.

IV. Falava-se muito sobre a possibilidade de escalar a montanha.

V. Até isso chegaram a dizer.

a) I e II
b) III e IV
c) IV e V
d) V e VI

49. (UEPG-PR) Só num caso a oração é sem sujeito. Assinale-o.

a) Faltavam três dias para o batismo.
b) Houve por improcedente a reclamação do aluno.
c) Só me resta uma esperança.
d) Havia tempo suficiente para as comemorações.
e) n.d.a.

50. (Fesp-SP) Em "Retira-te, criatura ávida de vingança.", o sujeito é:

a) te.
b) inexistente.
c) oculto determinado.
d) criatura.
e) n.d.a.

Capítulo 19 > > > Termos essencias da oração > > >

367

Capítulo 20

Termos integrantes da oração

BROWNE, Dik. *O melhor de Hagar, o Horrível.*
Porto Alegre: L&PM, 2007. v. 4, p. 73.

Entre o verbo e os termos que com ele constituem uma unidade de significado existe uma relação que recebe o nome de **transitividade**. Essa relação se baseia na significação das palavras – o processo expresso pelo verbo transita do sujeito para o complemento do verbo, como vemos na tira acima: *o seu coração* é complemento do verbo *seguir*; *atenção* é complemento do verbo *prestar*; *como realmente se sente* é complemento do verbo *descobrir*.

Essa relação de transitividade não é propriedade exclusiva dos verbos, pois também os nomes podem ser transitivos. Na tirinha, *a seus verdadeiros sentimentos* completa o substantivo *atenção*; *de um assunto* completa o substantivo *respeito*.

A importância dos complementos é tão grande quanto a dos termos complementados: na realidade, o que é essencial para o funcionamento apropriado da língua é a relação que se estabelece entre uns e outros.

1. Os complementos verbais

Como você viu no capítulo anterior, os verbos nocionais podem ou não ser acompanhados de complementos. Os verbos nocionais que não são acompanhados de complementos são chamados de intransitivos. Os que apresentam complemento são chamados de transitivos. Os transitivos, por sua vez, são subclassificados em transitivos diretos, transitivos indiretos e transitivos diretos e indiretos.

Há dois tipos de complementos verbais: o objeto direto e o objeto indireto. Chama-se **objeto direto** o complemento que se liga ao verbo sem preposição. Chama-se **objeto indireto** o complemento que se liga ao verbo por meio de uma preposição obrigatória. Para detectar esses complementos (depois de feita a identificação do sujeito da oração), pode-se transformar a oração num esquema em que surgem os pronomes indefinidos *algo* e *alguém*. Observe:

a. verbo *ocorrer*

Ocorreu um fato surpreendente ontem à noite.

O verbo *ocorrer* não requer complemento; seu processo se esgota no sujeito: o fato simplesmente ocorre. Esse verbo é, portanto, intransitivo.

b. verbo *soltar*

"Solto a voz nas estradas" ("Travessia", de Milton Nascimento e Fernando Brant)

Soltar algo: o verbo *soltar* faz-se acompanhar de um complemento, que se liga a ele sem preposição obrigatória; é, portanto, um verbo transitivo direto. "A voz" é objeto direto.

c. verbo *necessitar*

O país necessita de grandes investimentos em saúde e educação.

Necessitar de algo: o verbo *necessitar* faz-se acompanhar de um complemento introduzido por preposição obrigatória; é, portanto, um verbo transitivo indireto. "De grandes investimentos em saúde e educação" é objeto indireto.

d. verbo *informar*

Informei os preços dos produtos aos clientes interessados.

Informar algo a alguém: o verbo *informar* faz-se acompanhar de um complemento que se liga a ele sem preposição obrigatória e de outro introduzido por preposição obrigatória; é, portanto, um verbo transitivo direto e indireto. "Os preços dos produtos" é objeto direto; "aos clientes interessados" é objeto indireto.

RAN. *Central de tiras* 2003. São Paulo: Via Lettera, 2003. p. 80.

O verbo *apresentar*, transitivo direto e indireto, tem como objeto direto o pronome oblíquo *o* (segundo quadrinho) e, como objeto indireto, a expressão *ao seu primo da cidade* (terceiro quadrinho).

Sob a ótica da morfossintaxe, pode-se dizer que os complementos verbais são, assim como o sujeito, funções substantivas da oração: em todas as orações citadas, os núcleos dos objetos diretos e indiretos são substantivos (voz, investimentos, preços, clientes). Além dos substantivos, podem desempenhar essas funções os pronomes e numerais substantivos e qualquer palavra substantivada.

> ## OBSERVAÇÃO
>
> A transitividade de um verbo só pode ser efetivamente determinada num dado contexto. Observe nas orações seguintes como um mesmo verbo pode apresentar transitividade diferente de acordo com o contexto em que ocorre:
>
> O pior já **passou**. (intransitivo)
>
> Nos últimos anos, a Fiat **passou a Volkswagen e a GM** na preferência dos consumidores brasileiros. (transitivo direto)
>
> Você precisa **passar a novidade aos colegas**. (transitivo direto e indireto)

Pronomes oblíquos como complementos verbais

No caso dos pronomes pessoais do caso oblíquo, devemos relembrar que alguns deles desempenham funções específicas:

a. Quando complementos verbais, os pronomes *o*, *os*, *a*, *as* atuam exclusivamente como objetos diretos, enquanto *lhe* e *lhes* atuam exclusivamente como objetos indiretos. Observe, nos pares de orações seguintes, como esses pronomes desempenham suas funções:

Informei os preços dos produtos aos clientes interessados.

Informei-**os** aos clientes interessados. (objeto direto)

Informei os preços dos produtos aos clientes interessados.

Informei-**lhes** os preços dos produtos. (objeto indireto)

b. Os pronomes *me*, *te*, *se*, *nos* e *vos* podem atuar como objetos diretos ou indiretos, de acordo com a transitividade verbal. Observe, nos pares de orações seguintes, o uso do pronome *me*, extensivo a *te*, *se*, *nos* e *vos*:

Escolheram-**me** para representar a turma.

Escolher alguém: o verbo é transitivo direto; o pronome *me* é, portanto, objeto direto.

Não **me** pertencem os seus sonhos.

Pertencer a alguém: o verbo é transitivo indireto; o sujeito é "os seus sonhos"; o pronome *me* é objeto indireto.

Objeto direto preposicionado

Em alguns casos, o objeto direto pode ser introduzido por preposição: é o chamado objeto direto preposicionado. Nesses casos, o verbo é sempre transitivo direto, e seu complemento é, obviamente, um objeto direto. A preposição é empregada por necessidades expressivas ou por razões morfossintáticas, mas **nunca porque o verbo a exige** (se isso ocorresse, o verbo seria transitivo indireto). Observe alguns casos de objeto direto preposicionado, com os respectivos comentários:

a. exemplo 1

Cumpri **com a minha palavra**.

Cumprir algo: o verbo é transitivo direto. A preposição *com*, estruturalmente dispensável, surge como elemento enfático e não porque o verbo a exija.

b. exemplo 2

O novo horário incomoda **a todos**.

O novo horário incomoda **a mim**.

Incomodar alguém: o verbo é transitivo direto. A presença da preposição decorre do tipo de pronome que atua como objeto direto: um pronome indefinido relativo a pessoa (*todos*), que sempre admite a preposição, e um pronome pessoal oblíquo tônico (*mim*), que exige a preposição.

c. exemplo 3

Notadamente **aos mais desfavorecidos** atingem essas medidas.

Atingir alguém: o verbo é, novamente, transitivo direto. A preposição é fundamental, no caso, para evitar ambiguidade: os mais desfavorecidos são atingidos pelas medidas. Sem a preposição, a expressão "os mais desfavorecidos" passaria a sujeito, o que alteraria radicalmente o sentido da frase. Note o tom enfático da frase, típica de pronunciamentos mais exaltados.

Objetos pleonásticos

Por motivos expressivos, podem surgir os chamados **objetos pleonásticos**: tanto o objeto direto como o objeto indireto podem ser colocados em destaque, no início da oração, sendo depois repetidos por um pronome pessoal na posição onde deveriam naturalmente estar. Observe:

a. objeto direto pleonástico

Suas músicas, ouço-**as** sempre com emoção.

"Suas músicas" é objeto direto; *as* é objeto direto pleonástico.

b. objeto indireto pleonástico

Aos filhos, dá-**lhes** o melhor de si.

"Aos filhos" é objeto indireto; *lhes* é objeto indireto pleonástico.

Atividades

1. Em cada grupo de frases, um mesmo verbo é utilizado com transitividade diferente. Indique a transitividade verbal em cada oração.

a) Quem deve falar agora?

Não me falaste a verdade.

Sempre fala asneiras.

b) Só dois alunos faltaram ontem.

Faltou-me coragem naquele instante.

c) Alguns insetos transmitem doenças.

Transmita meus cumprimentos a seu irmão.

d) Ela vive a cantar.

É um poema que canta as glórias passadas do povo português.

Cantou suas mágoas a todos que o ouviam.

2. Classifique o termo destacado em cada uma das frases seguintes. Depois, substitua-o por um pronome oblíquo átono.

a) Falta seriedade **a muitos homens públicos**.

b) Diante da inevitável constatação, outra forma de entender a vida ocorreu **ao respeitável poeta**.

c) Muitos eleitores queriam demonstrar **sua indignação**.

d) Ouço **música popular brasileira**.

e) Comunico **a todos** meu pedido de demissão.

f) Comunico a todos **meu pedido de demissão**.

g) Paguei **todos os meus débitos**.

h) Paguei **a todos os meus credores**.

i) Apresentei **nossas reivindicações** ao presidente da comissão.

j) Apresentei nossas reivindicações **ao presidente da comissão**.

3. Compare cada par de frases e comente as diferenças de sentido existentes.

a) Comemos o pão.
Comemos do pão.

b) "Como beber dessa bebida amarga?" ("Cálice", de Gilberto Gil e Chico Buarque)
Como beber essa bebida amarga?

c) Sacou a arma.
Sacou da arma.

4. Forme orações a partir dos elementos fornecidos em cada um dos itens seguintes. Estabeleça as relações necessárias à obtenção de orações bem estruturadas.

a) Acontecer / fatos surpreendentes / lhe / durante a viagem à Europa.
b) Haver / poucos problemas / no seminário de ontem.
c) Comunicar / a imprensa / o novo preço dos combustíveis / ontem à noite.
d) Favorecer / as novas regras de exploração do solo / apenas alguns grupos empresariais.
e) Necessitar / projetos ambientais sustentáveis / a Amazônia.
f) Apresentar / propostas de alteração constitucional / vários deputados / na sessão de ontem / aos colegas.

2. O complemento nominal

A transitividade não é privilégio dos verbos: há também nomes (substantivos, adjetivos e advérbios) transitivos. Isso significa que determinados substantivos, adjetivos e advérbios se fazem acompanhar de complementos. Esses complementos são chamados **complementos nominais** e são sempre introduzidos por uma preposição. Observe:

a. complemento nominal do substantivo

Espero que você tenha feito uma boa leitura **do texto**.

Leitura é, nessa oração, núcleo do objeto direto da locução verbal "tenha feito". Note que, nessa oração, fez-se a leitura *de algo*. *Leitura* é, portanto, um substantivo transitivo, e "do texto" é seu complemento nominal.

b. complemento nominal do adjetivo

Você precisa ser fiel **aos princípios** do partido.

Fiel é, nessa oração, núcleo do predicativo do sujeito *você*. No caso, é preciso ser fiel *a algo*. "Aos princípios do partido" complementa o adjetivo *fiel*; é, portanto, um complemento nominal.

c. complemento nominal do advérbio

Ela mora perto **de uma grande área industrial**.

Perto é, nessa oração, o núcleo de um adjunto adverbial de lugar. Perceba que o advérbio *perto* precisa de um complemento: perto *de algo* ou *de alguém*. "De uma grande área industrial" é complemento nominal do advérbio *perto*.

ITURRUSGARAI, Adão. La vie en rose. *Folha de S.Paulo*, 15 fev. 2003. p. E11.

Em cada quadrinho, um complemento nominal diferente para o substantivo transitivo *medo*: de avião, de filme de vampiro, de tubarão em piscina.

Na oração, "a aprovação" é o sujeito e o paciente do processo verbal, enquanto "pelos alunos" é o agente da passiva.

Veja, agora, esta oração:

Um dos alunos cortou-se durante a brincadeira.

Nessa o verbo está na voz reflexiva, pois o sujeito "um dos alunos" pratica a ação verbal sobre si mesmo. O pronome *se* é, no caso, objeto direto da forma verbal *cortou*. É como se se dissesse que João cortou João, ou seja, João cortou-se, por isso o *se* é objeto direto.

Na voz reflexiva, os pronomes pessoais do caso oblíquo *me, te, se, nos* e *vos* podem atuar como objetos diretos ou como objetos indiretos, de acordo com a transitividade do verbo:

Não **me** julgo tão competente.

Me é objeto direto (julgar algo ou alguém).

Dou-**me** o direito de silenciar.

Me é objeto indireto (dar algo a alguém).

> ## Em CD
>
> Zeca Baleiro. Salão de beleza. In: *Perfil: Zeca Baleiro* (CD). Som Livre, 2003.
>
> A canção "Salão de beleza", fala sobre aspectos da beleza que são pouco valorizados ao mesmo tempo que critica a beleza superficial das plásticas e maquiagens. Ao ouvi-la, preste atenção em sua letra: além de criativa, ela contém uma passagem em que o verbo está na voz reflexiva.

Transformação de voz ativa em voz passiva

A transformação de uma oração que esteja na voz ativa em uma oração que esteja na voz passiva obedece a um esquema fixo: o sujeito da voz ativa passa a agente da passiva; o verbo da voz ativa é convertido numa locução em que surge o auxiliar *ser* (com menor frequência, *estar* e *ficar*):

Os alunos	obtiveram	a aprovação.
sujeito/agente		objeto direto/paciente

A aprovação	foi obtida	**pelos alunos**.
sujeito/paciente		agente da passiva

Na obtenção da forma passiva do verbo, o auxiliar assume o tempo e o modo do verbo ativo (no caso, pretérito perfeito do indicativo), enquanto este assume a forma do particípio (*obtiveram* passa a *obtida*).

Não pode haver voz passiva sem sujeito determinado e expresso. Por isso, é fácil perceber que **somente os verbos que possuem objeto direto na voz ativa formam a voz passiva**: afinal, é o objeto direto da voz ativa que dá origem ao sujeito da voz passiva. Em outras palavras: somente os verbos transitivos diretos e os transitivos diretos e indiretos podem formar a voz passiva.

Você já sabe que, na voz ativa, pode haver orações de sujeito indeterminado com verbo na terceira pessoa do plural. Um exemplo é:

Desviaram seu destino.

Nessa oração, o sujeito está indeterminado, mas é fácil perceber que esse sujeito é o agente do processo verbal – quem quer que tenha desviado seu destino praticou, e não sofreu, uma ação. Na voz passiva, teremos uma oração cujo agente da passiva estará indeterminado:

Seu destino foi desviado. (Por quem?)

Além da voz passiva analítica (formada com um verbo auxiliar), podemos formar uma outra, a voz passiva sintética, da qual participa o pronome *se*:

Desviou-se seu destino.

Capítulo 20 > > > Termos integrantes da oração > > > **375**

Nessa oração, "seu destino" é o sujeito da forma verbal *desviou-se*. No plural, essa oração seria:

Desviaram-se seus destinos.

A voz passiva sintética tem como ponto de partida uma oração na voz ativa cujo sujeito está indeterminado. Para formá-la, utilizamos o pronome *se*, que recebe o nome de **pronome apassivador** ou **partícula apassivadora**. Essa forma de voz passiva (assim como a forma analítica) só ocorre com verbos transitivos diretos e transitivos diretos e indiretos. Observe:

a. voz ativa

Invadiram aquela casa.

b. voz passiva analítica

Aquela casa foi invadida.

c. voz passiva sintética

Invadiu-se aquela casa.

O verbo na voz passiva sintética concorda em número e pessoa com o sujeito da oração:

Alugou-se o apartamento. / Alugaram-se os apartamentos.

Manipulou-se o resultado da eleição. / Manipularam-se os resultados da eleição.

Divulgou-se mais um boato. / Divulgaram-se mais alguns boatos.

Entregou-se o prêmio ao atleta. / Entregaram-se os prêmios ao atleta.

BROWNE, Dik. *O melhor de Hagar, o Horrível*. Porto Alegre: L&PM, 2007. v. 4. p. 16.

Nessa tirinha observa-se a ocorrência da voz passiva sintética: "não se fazem mais armaduras como antigamente".

Funções do pronome *se*

A voz passiva é exclusiva dos verbos transitivos diretos e transitivos diretos e indiretos: somente em casos excepcionais se forma a voz passiva de verbos com outra transitividade. Por isso, o pronome *se* surge como pronome apassivador ao lado desses tipos de verbos; ao lado de verbos de ligação, intransitivos ou transitivos indiretos, o pronome *se* surge como índice de indeterminação do sujeito. Observe:

a. pronome apassivador

Vende-se uma casa de campo.

Voz passiva sintética: *vender* é transitivo direto.

Informou-se o resultado aos interessados.

Voz passiva sintética: *informar* é transitivo direto e indireto.

b. índice de indeterminação do sujeito

Nunca se está livre de equívocos.

Oração com sujeito indeterminado: *estar* é verbo de ligação.

Mata-se impunemente neste país.

Oração com sujeito indeterminado: *matar* é verbo intransitivo.

Sonha-se com reformas de base.

Oração com sujeito indeterminado: *sonhar* é transitivo indireto.

Você não pode esquecer que a voz passiva sintética tem sempre um sujeito com o qual o verbo deve estabelecer concordância no singular ou no plural – o que não acontece com os casos de indeterminação de sujeito, em que o verbo deve estar obrigatoriamente no singular.

Observe que há uma semelhança entre as estruturas em que o *se* atua como pronome apassivador e as estruturas em que o *se* atua como índice de indeterminação do sujeito – em ambos os casos, o agente do processo verbal está indeterminado:

Imagina-se uma solução para o problema.

Voz passiva sintética: o sujeito da oração é "uma solução para o problema"; o *agente* do processo verbal está indeterminado (não se pode precisar *quem* imagina a solução).

Confia-se em teses suspeitíssimas.

Oração com sujeito indeterminado: o agente do processo verbal está indeterminado (não se pode precisar quem confia nas teses). "Em teses suspeitíssimas" é objeto indireto.

◦ OBSERVAÇÃO

É possível indeterminar o sujeito dos verbos transitivos diretos utilizando o pronome *se* (que nesse caso será índice de indeterminação do sujeito). Para isso, o verbo deve ser acompanhado de um objeto direto preposicionado. Observe:

Estima-se aos bons amigos.

Ama-se aos pais.

Nessas duas orações, temos verbos transitivos diretos acompanhados de objetos diretos preposicionados; trata-se, portanto, de casos de indeterminação do sujeito e não de voz passiva sintética. Essas construções evitam ambiguidades: observe que as formas "Estimam-se os bons amigos." e "Amam-se os pais." podem tanto indicar a voz passiva como a voz reflexiva.

Atividades

1. Em algumas das frases abaixo, ocorre o agente da passiva. Aponte-o.

a) Prometeu lutar pelas camadas mais pobres da população.

b) Faz muito tempo que esses animais vêm sendo caçados por gente inescrupulosa.

c) As melhores teses foram apresentadas pelos representantes dos países latino-americanos.

d) O Corinthians foi inapelavelmente derrotado pelo Juventus naquela rodada.

e) Deveria ser veiculada pelos meios de comunicação uma campanha que tornasse mais civilizado o selvagem trânsito brasileiro.

2. Fornecemos, a seguir, duas redações para uma mesma manchete de jornal. Compare-as e indique as diferenças de sentido que transmitem.

O técnico da Seleção não convocará jogadores dos times paulistas

Jogadores dos times paulistas não serão convocados pelo técnico da Seleção

3. Passe cada uma das orações seguintes para a voz passiva. A seguir, responda: a forma ativa e a forma passiva das orações são exatamente equivalentes? Comente.

a) Secretaria da Saúde vai divulgar novos dados sobre a dengue no interior de São Paulo.

b) Pelé, Tostão e Gérson comandaram o time brasileiro na Copa de 70 no México.

c) Várias emissoras de televisão haviam convidado os candidatos a prefeito para um debate.

d) Algumas decisões do técnico têm levado os torcedores ao desespero.

e) O principal sindicato da categoria havia convocado uma greve para a semana seguinte.

f) O movimento dos aposentados acaba de obter várias conquistas na Justiça.

4. Cada uma das orações seguintes deve ser passada para a voz passiva. Lembre-se de que, neste caso, há duas formas possíveis de voz passiva para cada oração.

a) Enviaram as cartas ontem à tarde.

b) Publicaram vários livros premiados.

c) Nomearam o novo diretor do colégio.

d) Adotaram um novo critério de seleção dos candidatos.

e) Salvaram uma criança durante o temporal.

f) Fizeram ameaças à testemunha de acusação.

g) Transformaram a cidade num caos.

5. Reescreva cada uma das orações seguintes passando para o plural o termo destacado e fazendo as demais modificações necessárias.

a) Elaborou-se **um projeto** para resolver a questão.

b) Estipulou-se **um novo prazo para a entrega da declaração**.

c) Aspira-se a **uma vida mais digna**.

d) Localizou-se **o principal foco de disseminação da doença**.

e) Não se conhece **a real causa do acidente**.

f) Não se dispõe de **um meio eficiente** para combater o mal.

g) É possível que se descubra **a origem de tudo isso**.

h) É recomendável que se parta de **um dado comprovável** para dar início aos trabalhos de manutenção.

i) É evidente que se trata de **um caso de superfaturamento**.

6. Forme orações com os elementos disponíveis em cada um dos itens seguintes empregando o pronome *se*. Esteja atento à concordância verbal apropriada a cada caso.

a) Procurar / alternativas para geração de energia.

b) Precisar / novas fontes de energia.

c) Liberar / as importações de produtos de informática / finalmente.

d) Ultrapassar / últimas barreiras ao livre comércio.

e) Pensar / soluções para a crise.

f) Encontrar / cura para várias doenças.

g) Atentar / índices de pobreza no país.

7. Explique as possíveis interpretações das orações abaixo e proponha formas de eliminar a ambiguidade.

a) Incentivam-se os alunos.

b) Desmascaram-se os culpados.

c) Acusam-se os responsáveis.

8. Identifique na fala de Hagar que está na abertura deste capítulo termos com função de agente da passiva.

Em livro

FOER, Franklin. *Como o futebol explica o mundo*. São Paulo: Jorge Zahar, 2004.

Nas atividades de números 2 e 3, você leu algumas frases sobre futebol. O esporte mais adorado do mundo ultrapassa os limites do simples entretenimento. O futebol pode ser considerado uma metáfora da globalização, pois espelha classes sociais e ideologias políticas que inspiram paixões não raro perigosas. Composto por dez capítulos que analisam o futebol jogado nos mais diversos lugares do planeta, *Como o futebol explica o mundo* é mais do que uma obra sobre futebol, é uma obra sobre o mundo onde vivemos pela ótica desse esporte.

4. Os termos integrantes e a pontuação

a. complementos verbais e complemento nominal – Os complementos verbais e o complemento nominal integram o sentido de verbos e nomes, estabelecendo com eles conjuntos significativos. Essa relação não deve ser interrompida por uma vírgula, mesmo que os complementos estejam antepostos ao termo que complementam:

É preciso saber reagir às palavras dos provocadores com lucidez.

Às palavras dos provocadores é preciso saber reagir com lucidez.

A todos os presentes informamos os novos valores dos produtos que vendemos.

Não há necessidade de tanta estupidez.

De tanta estupidez não há necessidade.

b. complementos verbais ou nominais com mais de um núcleo – Quando os complementos verbais ou nominais são formados por mais de um núcleo, são adotados os mesmos procedimentos aplicados aos sujeitos compostos:

Visitei Roma, Florença, Siena, Turim.

Ele ensina português, inglês ou matemática?

Comprou flores, discos, joias e roupas para a namorada.

Sempre pede atenção, e carinho, e dedicação, e devoção.

> Nestes anúncios classificados, o objeto direto dos verbos avaliar e comprar ("brilhantes, relógios, platina, pérolas, pratarias") possui vários núcleos, separados um do outro por vírgula.

COLONIAL JOIAS
Avaliamos e compramos brilhantes, relógios, platina, pérolas, pratarias e ouro. (11)3885.▪▪▪▪

O Estado de S. Paulo. São Paulo, 8 jun. 2008.
Negócios & Oportunidades, p. Co-7.

c. termos intercalados – Os termos intercalados entre um verbo ou um nome e seus complementos devem ser isolados por vírgulas (é indispensável que se coloque uma vírgula antes e outra depois do termo intercalado):

Note, senhor presidente, as vantagens de minha proposta.

d. objetos pleonásticos – Nas construções em que surge objeto direto ou indireto pleonástico, deve-se usar a vírgula:

Aquelas frutas, plantara-as na primavera.

Aos pais, disse-lhes apenas secas palavras de adeus.

e. agente da passiva – Ao agente da passiva são aplicados esses mesmos princípios de pontuação, ou seja, não se separa por vírgula o agente da passiva da locução verbal que o antecede:

O livro foi lido por todos os alunos.

Atividades

1. Empregue as vírgulas necessárias à organização das frases seguintes. Em alguns casos, não será necessária vírgula alguma.

   a) Enviei as saudações de meus colegas aos representantes das demais empresas da região.
   b) Várias versões foram apresentadas por rádios jornais e canais de TV.
   c) Aos que se sentem enganados cabe-lhes o direito de procurar a Justiça.
   d) Exijo mais dedicação mais interesse mais aplicação.
   e) Precisa-se de dois técnicos cinco operadores de retífica oito mecânicos de manutenção e dez ferramenteiros naquela fábrica de motores.
   f) A que tipo de código moral você diz que é fiel?
   g) A esse tipo de atitude conduzem as palavras insensatas daquele tresloucado?
   h) Não queria ver amigos nem parentes nem colegas do futebol ou das pescarias.
   i) A manutenção desses níveis de desemprego e de retração econômica poderá conduzir a já combalida sociedade brasileira a atitudes de total descrédito nas possibilidades de organização democrática do Estado.

2. Explique a diferença de sentido entre as frases seguintes.
   Do meu ponto de vista nada sabem os que me criticam.
   Do meu ponto de vista, nada sabem os que me criticam.

Textos para análise

1

Trabalhando o texto

Qual a função sintática dos termos "um país inteiro" e "por um mosquito"?

2

Aos nossos filhos

Perdoem a cara amarrada
Perdoem a falta de abraço
Perdoem a falta de espaço
Os dias eram assim
Perdoem por tantos perigos
Perdoem a falta de abrigo
Perdoem a falta de amigos
Os dias eram assim
Perdoem a falta de folhas
Perdoem a falta de ar
Perdoem a falta de escolha
Os dias eram assim

E quando passarem a limpo
E quando cortarem os laços
E quando soltarem os cintos
Façam a festa por mim
Quando lavarem a mágoa
Quando lavarem a alma
Quando lavarem a água
Lavem os olhos por mim
Quando brotarem as flores
Quando crescerem as matas
Quando colherem os frutos
Digam o gosto pra mim...

Ivan Lins e Vitor Martins. Disponível em:
<www.mpbnet.com.br/musicos/ivan.lins/letras/aos_nossos_filhos.htm>. Acesso em: 10 jun. 2008.

Trabalhando o texto

1. Os verbos *perdoar*, *passar*, *cortar*, *soltar*, *fazer* não apresentam sujeito declarado nas orações. Trata-se de sujeito indeterminado ou é possível inferir qual seja ele?

2. Em geral, o verbo *perdoar* apresenta um objeto direto de "coisa" e um indireto de "pessoa" (perdoar algo a alguém). Como se configura o emprego desse verbo na letra da canção? O que está implícito em todas as ocorrências?

3. Que função sintática exercem todos os termos que completam o substantivo *falta*? Qual a importância desses complementos para o texto?

4. O texto está organizado em duas estrofes. Observe o conjunto dos 12 versos iniciais, que compõem a primeira estrofe. O que ocorre a cada três versos? Analise a natureza dos verbos utilizados e comente os efeitos de sentido obtidos pelos autores.

5. A segunda estrofe do texto vai do verso 13 ao 24. No verso 13 ocorre uma mudança. Que palavra demarca essa mudança? A que classe pertence e que ideia ela introduz? O que se observa com relação ao modo verbal a partir desse verso?

6. A letra da canção apresenta estruturas frasais intencionalmente idênticas. Que objetivo pretendem atingir os autores com essa repetição?

7. Apesar da semelhança formal, sintaticamente falando as orações a seguir apresentam diferenças: "Quando crescerem as matas / Quando colherem os frutos". Aponte-as.

8. "Os dias eram assim" O tempo verbal empregado nesse verso remete a um processo contínuo no passado. Considerando o todo do texto, identifique a qual período de nossa história os autores estão se referindo. Explique como você chegou a essa conclusão.

9. A mudança estrutural que ocorre no texto a partir do 13.º verso pressupõe que os autores esperam por um novo tempo. Que tempo seria esse? Que sentido adquire o verso "E quando lavarem a água"?

10. Por que os autores do texto se excluem da "comemoração" esperada? Quem, na opinião deles, irá desfrutar desse novo tempo?

Questões de exames e concursos

1. (UEPB)

Brasil faz Unesco sambar

O samba de roda do Recôncavo Baiano foi reconhecido pela Unesco como Patrimônio Oral e Imaterial da Humanidade. Definido como uma expressão popular que mistura música, dança e poesia, foi escolhido por representar a forte herança africana no país e revelar aspectos das atividades econômicas, religiosas e lúdicas do Nordeste.

A roda de samba do Recôncavo foi considerada por representar a diversidade de sambas que existe no Brasil. (...)

Revista Língua Portuguesa. São Paulo: Segmento, fev. 2006. p. 8.

A respeito do texto acima, responda à questão.

Analise as proposições, em relação ao enunciado abaixo, e coloque **V** para verdadeira(s) e **F** para falsa(s), considerando-o em relação ao contexto.

"(...) foi escolhido por representar a forte herança africana no país (...)"

- O agente da ação está implícito, e não é possível identificá-lo.
- Há um referente discursivo-textual que preenche a "ausência" morfossintática do agente da ação.
- O agente da ação vem expresso por um termo já citado no texto.

Marque a alternativa correta.

a) F, V, V
b) V, V, F
c) F, F, V
d) V, F, V
e) F, V, F

2. (UPM-SP)

Ornemos nossas testas com as flores,
e façamos de feno um brando leito;
prendamo-nos, Marília, em laço estreito,
gozemos do prazer de sãos amores (...)
(...) aproveite-se o tempo, antes que faça
o estrago de roubar ao corpo as forças
e ao semblante a graça.

(Tomás Antônio Gonzaga)

No poema, roubar exigiu objeto direto e indireto. Assinale a alternativa que contém verbo empregado do mesmo modo.

a) Ele insistiu comigo sobre a questão da assinatura da revista.
b) Emendou as peças para formar o desenho de uma casa.
c) Encontrou ao fim do dia o endereço desejado.
d) Eles alinharam aos trancos a ferragem da bicicleta.
e) Só ontem avisou-me de sua viagem.

3. (UFSCar-SP) A oração "Vasculhou os bolsos o loiro sueco", extraída de *Gabriela, cravo e canela*, obra de Jorge Amado, com a substituição do complemento verbal por um pronome oblíquo, equivale a:

a) Vasculhou-o os bolsos.
b) Vasculhou-se o loiro sueco.
c) Vasculhou-lhe os bolsos.
d) Vasculhou-lhes o loiro sueco.
e) Vasculhou-os o loiro sueco.

4. (FGV-SP) Observe a palavra destacada na frase: A campanha de meus adversários interpõe-se **à** dos meus parceiros. Assinale a alternativa que **justifica** o uso do sinal de crase:

a) Interpor-se rege preposição a e subentende-se um objeto indireto feminino.
b) Interpor-se rege preposição a e dos meus parceiros é masculino.
c) Interpor-se rege preposição a e subentende-se um objeto direto feminino.
d) Interpor-se rege preposição a e o objeto direto explícito é masculino.
e) Interpor-se é verbo intransitivo e dos meus parceiros é adjunto masculino.

5. (UPM-SP)

01 Aurélia pousara a mão no ombro do marido
  [(...), colocou-se
02 diante de seu cavalheiro e entregou-lhe a
  [cintura mimosa.
03 Era a primeira vez, e já tinham mais de seis
  [meses de casados; era
04 a primeira vez que o braço de Seixas enlaçava
  [a cintura de Aurélia. Explica-
05 -se pois o estremecimento que ambos sofreram
  [ao mútuo contacto (...).
06 As senhoras não gostam da valsa, senão pelo
  [prazer de

382 Parte 3 > > > SINTAXE > > >

07 sentirem-se arrebatadas no turbilhão.(...)
    [Mas é justamente aí que o

08 está perigo. Esse enlevo inocente da dança
    [entrega a mulher

09 palpitante, inebriada, às tentações do
    [cavalheiro, delicado embora,

10 mas homem, que ela sem querer está
    [provocando com o casto requebro

11 de seu talhe e traspassando com as tépidas
    [emanações de seu corpo.

(José de Alencar)

"Esse enlevo inocente da dança entrega a mulher às tentações do cavalheiro".

Assinale a alternativa em que os complementos verbais são do mesmo tipo dos encontrados na frase acima.

a) Considerou irrecuperável aquele velho piso de madeira.

b) Essa moça sempre responde indelicadamente a qualquer pergunta.

c) Ditou a carta ao filho recém-alfabetizado.

d) O navio zarpou às primeiras horas de calmaria.

e) Bem no alto cintilam as estrelas mais atraentes.

6. (PUC-RJ) O enunciado a seguir é ambíguo por apresentar mais de uma possibilidade de leitura: "A indicação do neurocientista trouxe benefícios para a pesquisa.".

a) Explique quais são as leituras possíveis.

b) Desfaça a ambiguidade, deixando clara uma dessas leituras.

7. (Fuvest-SP) Transpondo-se corretamente para a voz **ativa** a oração "para serem instruídos por um astrônomo (...)", obtém-se:

a) para que sejam instruídos por um astrônomo (...).

b) para um astrônomo os instruírem (...).

c) para que um astrônomo lhes instruíssem (...).

d) para um astrônomo instruí-los (...)

e) para que fossem instruídos por um astrônomo (...).

8. (PUC-PR) Observe as frases que seguem:

1. **Encolhido** na poltrona, o **menino** assistiu silencioso ao filme.
2. A notícia **circulou rápido** pelo bairro.
3. **Assistimos** aos festejos **entusiasmados**.
4. Chegando em casa, **encontrou** o filho dormindo **sossegado**.

Não há correspondência entre os dois termos destacados:

a) na 1.ª e na 3.ª frases

b) apenas na 2.ª frase

c) apenas na 4.ª frase

d) na 2.ª e 3.ª frases

e) na 1.ª e na 4.ª frases

9. (PUC-PR) Assinale a alternativa em que o pronome colocado entre parênteses **não** preenche corretamente os pontilhados.

a) O mal-entendido ... aborreceu demais. (os)

b) Não fiquem preocupados: nós ... ajudaremos. (lhes)

c) Na verdade, em muito pouco ... ajudaríamos. (as)

d) Admiro ... a dedicação para com o irmão. (lhe)

e) Posso dizer que ainda não ... conheço bem. (a)

10. (Ufam) Assinale o item que a partícula **se** é pronome apassivador:

a) A recepcionista se riu discretamente do meu embaraço.

b) Aspira-se ardentemente a uma melhor distribuição de renda no Brasil.

c) "Tacapes e tangapemas entrechocam-se no ar". (Gonçalves Dias)

d) Há coisas que melhor se dizem em silêncio.

e) Ele se arrogou o direito de indeferir minha proposta de inscrição.

11. (UPM-SP) Considerado o contexto, a frase "Foram observados jovens de nove cidades" é uma construção equivalente a:

a) Observaram-se jovens de nove cidades.

b) Tendo sido observados jovens de nove cidades.

c) Observavam-se jovens de nove cidades.

d) Observa-se jovens de nove cidades.

e) Haviam sido observados jovens de nove cidades.

12. (FGV-SP) Observe a frase "Os ferroviários viam seus problemas organizacionais como diferentes de todas as demais classes". Nela, para que a mensagem os tivesse totalmente explícita, faltaria acrescentar uma palavra. Trata-se de:

a) no   d) ao

b) dos   e) do

c) pelos

13. (UFPI)

(...)
De tudo quanto foi meu passo caprichoso
na vida, restará, pois o resto se esfuma,
uma pedra que havia em meio do caminho.

"Legado", Carlos Drummond de Andrade

Capítulo 20 > > > Termos integrantes da oração > > >

Marque a opção que analisa corretamente a função sintática de *uma pedra*.

a) aposto

b) sujeito

c) objeto direto

d) objeto indireto

e) predicativo do sujeito

14. (UniFMU-SP) Assinale a alternativa que contenha, respectivamente, um pronome pessoal do caso reto funcionando como sujeito e um pronome pessoal do caso oblíquo funcionando como objeto direto.

a) Eu comecei a reforma da Natureza por este passarinho.

b) E mais uma vez me convenci da "tortura" destas coisas.

c) Todos a ensinavam a respeitar a Natureza.

d) Ela os ensina a fazer os ninhos nas árvores.

e) Ela não convencia ninguém disso.

15. (Unimar-SP) Classifique corretamente os termos integrantes destacados.

Mulher que **a dois** ama, **a ambos** engana.

a) objeto direto preposicionado e objeto direto preposicionado

b) objeto indireto e objeto direto

c) objeto indireto pleonástico e complemento nominal

d) objeto direto e objeto direto preposicionado

e) objeto direto preposicionado e objeto indireto

16. (UFV-MG) Na frase "Ela atribui-se uma culpa que não tem", o pronome se é classificado como:

a) pronome apassivador.

b) índice de indeterminação do sujeito.

c) objeto direto.

d) objeto indireto.

e) partícula expletiva ou de realce.

17. (Febasp) Assinale a alternativa que completa corretamente as lacunas:

Já ... muitos meses que não ... encontro e só daqui ... três anos é que irei reencontrá-... neste mesmo lugar.

a) faz, lhe, a, lhe

b) fazem, o, a, o

c) faz, o, a, lo

d) fazem, lhe, há, lo

18. (Febasp)

E agora, José?

A festa **acabou**

A luz **apagou**

O povo **sumiu**

A noite **esfriou**...

(Carlos Drummond de Andrade)

Em relação aos verbos destacados, pode-se afirmar que:

a) os verbos são todos transitivos diretos e estão no pretérito imperfeito.

b) os verbos são todos transitivos diretos, embora o objeto direto não esteja expresso; e os verbos estão no pretérito perfeito.

c) o primeiro e o segundo verbo são transitivos diretos e os dois últimos são transitivos indiretos e estão no pretérito mais-que-perfeito.

d) todos os verbos destacados são intransitivos e estão no pretérito perfeito.

19. (PUC-SP) No trecho:

... e no fim declarou-**me** que eu tinha **medo** de que você **me** esquecesse,

as palavras destacadas têm, respectivamente, funções sintáticas de:

a) objeto indireto, objeto direto, objeto direto.

b) objeto direto, objeto direto, objeto direto.

c) objeto direto, predicativo do sujeito, objeto direto.

d) objeto indireto, objeto indireto, objeto indireto.

e) objeto direto, adjunto adverbial, objeto direto.

20. (Unimep-SP)

I. Demos **a ele** todas as oportunidades.

II. Fizemos **o trabalho** como você orientou.

III. Acharam **os livros** muito interessantes.

Substituindo as palavras destacadas por um pronome oblíquo, temos:

a) I. Demos-lhe; II. Fizemo-lo; III. Acharam-los.

b) I. Demos-lhe; II. Fizemos-lo; III. Acharam-os.

c) I. Demos-lhe; II. Fizemo-lo; III. Acharam-nos.

d) I. Demo-lhe; II. Fizemos-o; III. Acharam-nos.

e) I. Demo-lhe; II. Fizemo-lhe; III. Acharam-nos.

21. (Vunesp-SP)

a) Por que **brilham** teus olhos ardentes.

b) **Sou** o sonho de tua esperança.

Classifique, quanto à predicação, os verbos destacados dos fragmentos acima.

22. (Vunesp-SP)

a) (...) e o Largo do Jardim está deserto na noite fria.

b) (...) não encontro nada.

c) (...) não pensei mais nem nela nem no altar, (...)

d) (...) vagou pelas ruas e becos (...)

Classifique, quanto à predicação, os verbos dos fragmentos acima.

23. (Vunesp-SP) "Mas para quem **vos** olha a uma distância de quinhentos metros, essas dimensões **que** levais convosco deixam de existir."

Dê a classe gramatical e a função sintática dos termos destacados.

24. (Vunesp-SP)

Vi ontem **um bicho**
Na imundície do pátio
Catando **comida** entre os detritos.

Faça o que é pedido:

a) Reescreva a estrofe acima, substituindo os termos destacados pelo pronome pessoal correspondente e elimine as expressões adverbiais.

b) Classifique os verbos do período reescrito, quanto à predicação.

25. (Vunesp-SP)

A pilha de jornais ali no chão, ninguém os guardou debaixo da escada.
Às suas violetas, na janela, não lhes poupei água.

Assinalar a alternativa que contiver a afirmação correta sobre as duas orações transcritas.

a) Nas duas orações há sujeito composto precedendo verbo transitivo direto e indireto.

b) Nas duas orações há sujeito indeterminado, e apenas o verbo da segunda oração é transitivo direto e indireto.

c) Nas duas orações há inversão da ordem das palavras e ocorrência de complemento verbal pleonástico.

d) Nas duas orações ocorre complemento verbal pleonástico, mas apenas na segunda há inversão da ordem das palavras.

e) Nas duas orações a ordem é direta e o sujeito é composto.

26. (Fatec-SP) Assinale a frase em que a palavra destacada indica o agente.

a) Por **mim** foram exarados estes documentos.

b) De **mim** conseguireis o que quiserdes.

c) Falou-se de **mim** na reunião?

d) Contra **mim** estavam todos eles.

e) n.d.a.

27. (ESPM-SP)

Quando percebi que o doente expirava, recuei aterrado, e dei um grito, mas ninguém me ouviu.

(Machado de Assis)

A função sintática das palavras *doente*, *grito*, *ninguém*, *me* é, respectivamente:

a) sujeito, objeto direto, objeto direto, objeto indireto.

b) objeto direto, sujeito, objeto direto, sujeito.

c) sujeito, objeto indireto, sujeito, objeto direto.

d) objeto indireto, objeto direto, sujeito, objeto direto.

e) sujeito, objeto direto, sujeito, objeto direto.

28. (Fefasp) Em que alternativa há objeto direto preposicionado?

a) Passou aos filhos a herança recebida dos pais.

b) Amou a seu pai com a mais plena grandeza da alma.

c) Naquele tempo era muito fácil viajar para os infernos.

d) Em dias ensolarados, gosto de ver nuvens flutuarem nos céus de agosto.

29. (PUC-SP) Em: "Porque eu continuarei a chamar **guerra a toda esta época embaralhada** de inéditos valores...", as expressões destacadas são, respectivamente:

a) objeto direto, objeto indireto.

b) predicativo, objeto indireto.

c) objeto direto, objeto direto preposicionado.

d) predicativo, objeto direto pleonástico.

e) objeto direto, objeto indireto.

30. (Cesesp-PE) Para classificar os verbos do trecho abaixo quanto a sua predicação, preencha os parênteses, obedecendo à seguinte instrução:

a) intransitivo

b) transitivo direto

c) transitivo indireto

d) transitivo direto e indireto

Viverás ( ) e para sempre, / na terra que aqui aforas ( ): e terás ( ) enfim tua roça.

A alternativa que contém a sequência correta é:

a) a, a, b.   d) b, d, c.

b) a, b, b.   e) b, b, b.

c) b, a, b.

Capítulo 20 > > > Termos integrantes da oração > > > **385**

31. (UFMG) Observe:

> 1. Queria muito aquele brinquedo.
> Queria muito ao amigo.
> 2. Dormi muito esta noite.
> Dormi um sono agradável.

A partir desses exemplos, explique a seguinte afirmativa: "A análise da transitividade verbal é feita de acordo com o texto e não isoladamente".

32. (Cesgranrio-RJ) Assinale a opção em que a substituição do pronome de primeira pessoa pelo de terceira está em desacordo com a norma da língua culta.

a) Vieram-me as rugas.
Vieram-lhe as rugas.

b) Obriguei a fortuna a ser-me favorável.
Obriguei a fortuna a ser-lhe favorável.

c) Azevedo Gomes chamou-me patriota.
Azevedo Gomes chamou-lhe patriota.

d) O município devia auxiliar-me.
O município devia auxiliar-lhe.

e) Padilha pediu-me em voz baixa cinquenta mil-réis.
Padilha pediu-lhe em voz baixa cinquenta mil-réis.

33. (Cesesp-PE) Indique a função do pronome relativo *que*, de acordo com o seguinte código:

a) sujeito

b) objeto direto

( ) Viverás e para sempre, / na terra que aqui aforas.
( ) Era um anjo entre nuvens d'alvorada. / Que em sonhos se banhava e se esquecia.
( ) ... afora rendimentos que vêm de outra e qualquer origem...
( ) Gastei uma hora pensando um verso / que a pena não quer escrever.

A sequência conseguida foi:

a) b, b, a, a

b) a, a, b, b

c) a, b, a, b

d) b, a, b, a

e) b, a, a, b

34. (Fuvest-SP) A transformação passiva da frase "A religião te inspirou esse anúncio." apresentará o seguinte resultado:

a) Tu te inspiraste na religião para esse anúncio.

b) Esse anúncio inspirou-se na tua religião.

c) Tu foste inspirado pela religião nesse anúncio.

d) Esse anúncio te foi inspirado pela religião.

e) Tua religião foi inspirada nesse anúncio.

35. (Fuvest-SP) "... como o vi em uma noite de luar..."

a) Reescreva, na voz passiva, a oração acima transcrita, sem desprezar nenhum dos componentes sintáticos que lhe dão forma.

b) Indique a função sintática do pronome de terceira pessoa na frase original e na transformada.

36. (PUC-SP) Indique a alternativa em que a partícula *se* **não** tem valor de pronome apassivador.

a) ... ouviam-se gargalhadas e pragas...

b) ... destacavam-se risos...

c) ... trocavam-se de janela para janela as primeiras palavras, os bons-dias...

d) ... já não se destacavam vozes dispersas...

e) ... pigarreava-se grosso por toda a parte...

37. (PUCCamp-SP) Assinale a alternativa em que se faz corretamente a transformação passiva da frase: "O chefe não te perdoará as falhas.".

a) Tu não serás perdoado pelo chefe por causa das falhas.

b) As falhas não te serão perdoadas pelo chefe.

c) Tuas falhas o chefe não perdoará.

d) Tu não terás o perdão do chefe para tuas falhas.

e) Não se perdoarão tuas falhas pelo chefe.

38. (Unimep-SP) "Eu tenho plantado o meu futuro." Passando-se a oração para a voz passiva, o verbo ficará assim:

a) tem sido plantado

b) tem estado sendo plantado

c) está sendo plantado

d) foi sendo plantado

e) esteve sendo plantado

39. (Unimep-SP) "O eleitor estava sendo convencido aos poucos pelo candidato." Passando-se a oração para a voz ativa, o verbo ficará assim:

a) convencera

b) estava convencendo

c) tinha estado convencido

d) tinha convencido

e) estivera convencendo

Parte 3 > > > SINTAXE > > >

40. (Efei-MG) Todas as frases estão na voz passiva, **exceto**:

a) Fazia-se a relação dos livros novos.

b) Estuda-se novo processo de irrigação.

c) Trata-se sempre do mesmo problema.

d) Projetava-se um grande frigorífico.

e) Arrisca-se a vida por tão pouca coisa.

41. (UPM-SP) Assinale a alternativa em que há agente da passiva.

a) Nós seremos julgados pelos nossos atos.

b) Olha esta terra toda que se habita dessa gente sem lei, quase infinita.

c) Agradeço-lhe pelo livro.

d) Ouvi a notícia pelo rádio.

e) Por mim, você pode ficar.

42. (PUC-SP) Em: "... o homem não fala simplesmente uma língua, não a usa como mero instrumento de comunicação, mas é quase como se a língua falasse através do homem, a língua o usasse para **se** expressar", a partícula *se* destacada refere-se a:

a) *homem* e é sujeito do verbo *expressar*.

b) *língua* e é objeto reflexivo de *expressar*.

c) *língua* e é partícula apassivadora da ação verbal.

d) *homem* e é objeto reflexivo de *expressar*.

e) *homem* e é partícula apassivadora da ação verbal.

43. (PUC-SP) Em: "A língua já é em si uma interpretação do mundo..., ficando-**se** sob o seu domínio", a partícula *se* destacada refere-se:

a) à palavra *interpretação* e portanto é sujeito.

b) à palavra *língua* e portanto é objeto reflexivo.

c) a um ser indeterminado e portanto é índice de indeterminação do sujeito.

d) à palavra *interpretação* e portanto é objeto direto reflexivo.

e) a um ser indeterminado e portanto não tem função sintática.

44. (UFV-MG) A passiva sintética está presente em todos os itens, **exceto**:

a) Fala-se, aqui, uma bela língua.

b) Assistiu-se o enfermo com desvelo.

c) Procedeu-se à verificação de aprendizagem.

d) Ouviu-se um barulho estranho.

e) Abriu-se uma clareira naquela mata.

45. (FEI-SP) Transforme a voz passiva analítica em passiva sintética, conservando o tempo e o modo.

Hoje não são mais feitos carros como antigamente.

46. (Efei-MG) Transforme segundo o modelo.

Foi socorrido por amigos. Amigos socorreram-no.

a) Foste ajudado por muitos.

b) Fomos aconselhados pelos mestres.

47. (Unisa-SP) Coloque na voz passiva as frases que a admitam, dando o motivo por que escolheu apenas duas.

a) Não a vi ontem.

b) Iremos a Santos.

c) O presidente assistirá ao desfile.

d) O enfermeiro assistiu o paciente dia e noite.

48. (FCMSC-SP) Transpondo para a voz ativa a frase "O processo deve ser revisto pelos dois funcionários", obtém-se a forma verbal:

a) deve-se rever.

b) será revisto.

c) devem rever.

d) reverão.

e) rever-se-á.

49. (Unisa-SP) Em: "... uns diziam isto; outros, aquilo...", colocando-se o verbo na voz passiva, temos:

a) tinham dito.

b) foi dito.

c) era dito.

d) seria dito.

e) haviam dito.

50. (FCC BA) Transpondo para a voz passiva a frase "O tempo aos poucos fora afastando da minha memória a sua imagem", obtém-se a forma verbal:

a) era afastada.

b) fora sendo afastada.

c) fora afastada.

d) ia-se afastando.

e) estava-se afastando.

51. (FCC-BA) Transpondo para a voz passiva a frase "Daqui a cinquenta anos já teremos avaliado os futurólogos de hoje.", obtém-se a forma verbal:

a) se avaliaram.

b) se avaliarão.

c) serão avaliados.

d) foram avaliados.

e) terão sido avaliados.

Capítulo 20 > > > Termos integrantes da oração > > >

387

52. (FCC-BA) Transpondo para a voz ativa a frase "A Guatemala foi, recentemente, arrasada por violentos terremotos.", obtém-se a forma verbal:

a) tinha sido arrasada.

b) tinham arrasado.

c) arrasaram.

d) estiveram arrasando.

e) fora arrasada.

53. (FCC-BA) Transpondo para a voz ativa a frase "Eles são obrigados a tarefas desagradáveis; e, além do mais, são criticados pelo público.", obtêm-se as formas verbais:

a) têm obrigado, criticou-os.

b) foram obrigados, têm sido criticados.

c) obrigaram-nos, criticaram-nos.

d) obrigam-nos, critica-os.

e) obrigam-se, criticam-se.

54. (Famerp-SP) Em que alternativa as frases não se equivalem?

a) Comprar-se-iam jornais.

Jornais serão comprados.

b) Devem-se consultar os superiores.

Os superiores devem ser consultados.

c) Alugam-se casas.

Casas são alugadas.

d) Façam-se novas provas.

Novas provas sejam feitas.

e) Ouvir-se-ão vozes.

Vozes serão ouvidas.

55. (Faap-SP) Dê nova redação à frase que segue, passando-a para a voz ativa, sem mudança de tempo e modo verbais: "Foi nomeada tutora".

56. (FCC-BA) Transpondo para a voz ativa a oração "O dissídio já havia sido homologado.", o verbo apresentará a forma:

a) homologara-se.

b) homologar-se-ia.

c) homologariam.

d) haviam homologado.

e) houvera sido homologado.

57. (FCC-BA) Transpondo para a voz passiva a oração "Estava terminando o bordado naquele momento.", o verbo apresentará a forma:

a) fora terminado.

b) estava sendo terminado.

c) estava para ser terminado.

d) estava a terminar.

e) tendo terminado.

58. (FEI-SP) Reescreva na voz passiva o trecho abaixo, conservando o verbo no mesmo tempo e modo.

Se os filhos dos pescadores ouvissem o ruído da vaga, eu escutaria o rangido longínquo dos carros de boi.

59. (Faap-SP) Dê nova redação à frase que segue, passando-a para a voz ativa sem mudança de tempo e modo verbais.

A volta de Greta Garbo ao cinema foi anunciada ontem em Genebra, Suíça, pelo jornalista britânico Frederick Sands, autor de uma biografia da atriz.

60. (Fuvest-SP) Altere a redação do período abaixo, empregando os verbos na voz passiva.

... e se às vezes me repreendia, à vista de gente, fazia-o por simples formalidade.

61. (UFV-MG) A concordância verbal está **correta** em todas as formas abaixo, **exceto**:

a) Assistiu-se à demonstração de força.

b) Exigiam-se todas as documentações para concorrer à vaga.

c) Precisam-se de professores de matemática.

d) Construir-se-á o edifício neste local, ainda este ano.

e) Incluíram-se no processo todas as dívidas existentes.

62. (Vunesp-SP) "Explicou que aprendera aquilo de ouvido." Transpondo a oração em destaque para a voz passiva, temos a seguinte forma verbal:

a) tinha sido aprendido.

b) era aprendido.

c) fora aprendido.

d) tinha aprendido.

e) aprenderia.

Capítulo 21

Termos acessórios da oração e vocativo

BROWNE, Dik. *O melhor de Hagar, o Horrível.*
Porto Alegre: L&PM, 2007. v. 4, p. 94.

Neste capítulo, você vai estudar os termos acessórios da oração – o adjunto adverbial, o adjunto adnominal e o aposto. Vai estudar também o vocativo. Observe, na tirinha, várias ocorrências de adjunto adverbial, função exercida por advérbio (*mais*, *cedo*, *aqui*, *talvez*) ou por locução adverbial (*todos os dias*). Em *mais cedo*, o advérbio *mais* está intensificando outro advérbio (*cedo*).

Quando se fala em termos acessórios da oração, pode-se ter a falsa impressão de que se está tratando de elementos dispensáveis das orações e períodos. Na prática, essa impressão não corresponde à verdade: esses termos são acessórios porque não fazem parte da estrutura básica da oração, organizada a partir de um verbo e dos nomes ligados a ele pela concordância ou pela transitividade. No entanto as informações que transmitem são fundamentais para que se alcance uma comunicação satisfatória.

1. Adjunto adverbial

Como o nome já diz, o adjunto adverbial é essencialmente um modificador do verbo. Seu papel básico é indicar as **circunstâncias** em que se desenvolve o processo verbal (ideia de tempo, lugar, modo, causa, finalidade, etc.) ou **intensificar** um verbo, um adjetivo ou um advérbio. A semelhança entre esse conceito e o de advérbio, que você estudou nos capítulos sobre morfologia, não é gratuita, já que o adjunto adverbial é uma função adverbial da oração, ou seja, é uma função desempenhada por advérbios e locuções adverbiais.

A classificação do adjunto adverbial depende basicamente da circunstância que expressa. Observe:

a. causa, tempo, lugar

No Brasil, muitas crianças ainda morrem de fome.

Há nessa oração três adjuntos adverbiais: *de fome* é adjunto adverbial de causa; *ainda* é adjunto adverbial de tempo; *no Brasil* é adjunto adverbial de lugar.

b. tempo, lugar, modo

Um grupo de policiais militares agrediu covardemente várias pessoas em Diadema na madrugada de ontem.

Na madrugada de ontem é adjunto adverbial de tempo; *em Diadema* é adjunto adverbial de lugar; *covardemente* é adjunto adverbial de modo.

c. intensidade

Eles se respeitaram **muito**.

Seu projeto é **muito** interessante.

O time jogou **muito** mal.

Nessas três orações, *muito* é adjunto adverbial de intensidade. No primeiro caso, intensifica uma forma verbal (*respeitaram*), que é núcleo de um predicado verbal. No segundo, intensifica um adjetivo (*interessante*), que é núcleo de um predicativo do sujeito. Na terceira oração, *muito* intensifica um advérbio (*mal*), que é núcleo de um adjunto adverbial de modo.

Às vezes não é possível apontar com precisão a circunstância expressa por um adjunto adverbial. Em alguns casos, as diferentes possibilidades de interpretação dão origem a orações sugestivas. Em:

Entreguei-me **calorosamente** àquela causa.

é difícil precisar se *calorosamente* é um adjunto adverbial de modo ou de intensidade: na verdade, parece ser uma forma de expressar ao mesmo tempo as duas circunstâncias. Por isso, é fundamental levar em conta o contexto em que surgem os adjuntos adverbiais. Isso é mais importante do que pura e simplesmente decorar classificações.

Algumas das circunstâncias expressas pelos adjuntos adverbiais

A seguir, você encontrará uma relação em que aparecem algumas circunstâncias expressas por adjuntos adverbiais. Essa relação deve servir para você perceber a riqueza expressiva desse termo sintático e não para que você se "descabele" tentando decorá-la.

a. afirmação

Sim, **efetivamente** participei da comissão.

b. dúvida

Talvez seja melhor sair do país.

c. fim, finalidade

Prepararam-se **para o exame**.

d. meio

Fui **de avião**.

e. companhia

Fui ao cinema **com sua prima**.

f. concessão
Apesar do estado precário do gramado, o jogo foi ótimo.

g. assunto
Conversamos **sobre literatura**.

h. condição
Sem minha autorização, você não irá.

i. instrumento
Fiz a prova **a lápis**.

j. causa
Com o calor, o poço secou.

k. intensidade
O remédio é **muito** caro.

l. lugar
Nasci **em Guaratinguetá**.
Morei **em Milão**.

m. tempo
O gol foi marcado **aos oito minutos**.
Sinto-me melhor **no inverno**.

n. modo
Beijei-a **com ternura**.
Receberam-me **friamente**.

o. negação
Não aceito sua renúncia.

Em *site*

<www.pensarenlouquece.com>.
Acesso em: 25 abr. 2008.

Aqui vai uma dica para que você relaxe um pouco e não se "descabele" tentando decorar conteúdos. Com a popularização da Internet, novas ferramentas de comunicação foram criadas e aperfeiçoadas. Começaram a proliferar *sites* de relacionamento, como o Orkut, e, mais timidamente, *blogs*, páginas da Internet cujo proprietário divulga ideias, comentários e discussões sobre diversos assuntos. No *blog* indicado você encontrará temas diversificados de cultura digital, como resenhas de filmes, vídeos engraçados e textos inusitados.

Os vários adjuntos adverbiais presentes na tira exprimem diferentes circunstâncias: "à noitinha", tempo; "da toca" e "por perto", lugar; "silenciosamente", modo; e "não", negação.

Fernando Gonsales

Importância da preposição nas locuções adverbiais

Como você já sabe, as locuções adverbiais são expressões normalmente introduzidas por uma preposição. Quando uma dessas locuções atua como adjunto adverbial numa oração, você deve prestar bastante atenção à preposição, pois, na expressão de circunstâncias adverbiais, essas palavras transmitem importantes conteúdos relacionais. Observe:

Estão voltando **de casa**.   Fui ao cinema **com eles**.

Estão voltando **para casa**.   Fui ao cinema **sem eles**.

Nesses dois pares de orações, a troca das preposições implica alteração total de significado na circunstância expressa pelo adjunto adverbial: no primeiro caso, passa-se de um adjunto adverbial de lugar que indica a origem para um que indica o destino; no segundo caso, passa-se de um adjunto adverbial de companhia para um adjunto adverbial que indica justamente a ausência dela (e que seria classificável como adjunto adverbial de modo).

Quando introduzem complementos verbais ou nominais, as preposições desempenham papel de mero conectivo, ligando um termo subordinante a um termo subordinado. Por isso, em muitos casos, são até mesmo omitidas sem prejuízo aparente de sentido. É o que ocorre, por exemplo, com a construção popular "Ela não obedece o pai.", em que se omite a preposição recomendada pela língua culta ("Ela não obedece *a*o pai."). No caso dos adjuntos adverbiais, a omissão da preposição acarreta modificações drásticas de sentido. Basta comparar, por exemplo, "Recomendaram-me sinceridade." a "Recomendaram-me com sinceridade.", em que a ausência do *com* modifica completamente a função sintática e o sentido de *sinceridade* (que passa de núcleo do objeto direto a núcleo do adjunto adverbial de modo).

É por isso que são considerados adjuntos adverbiais de lugar e não objetos indiretos os termos que se seguem aos verbos de movimento e permanência em construções como:

Estou **na mesma sala**.   Voltou **à terra natal**.

Chegaram **à cidade** sãos e salvos.   O avião procede **de Manaus**.

Ficamos **ao lado da igreja**.

Os verbos empregados são, nessas frases, intransitivos, mas seria questionável dizer que não necessitam de um termo que os complemente. Esses termos, no entanto, não são objetos indiretos, já que têm nítido valor adverbial – note como são significativas as preposições que os encabeçam em cada frase. Pela nomenclatura atualmente disponível nos estudos gramaticais, o mais recomendável é classificá-los como **adjuntos adverbiais de lugar**, considerando intransitivos os verbos a que se ligam. Alguns gramáticos propõem a denominação **complemento circunstancial de lugar** ou **complemento adverbial locativo** para esses termos. Mais importante do que classificá-los, no entanto, é perceber o seu significado e aprender a usá-los apropriadamente.

QUINO. *Toda Mafalda*. São Paulo: Martins Fontes, 1995. p. 256.

A preposição *a*, introduzindo o adjunto adverbial, no segundo quadrinho, faz toda a diferença. Observe que, no primeiro quadrinho, "a primavera" exerce função de sujeito da oração. Com função de adjunto adverbial, o termo à primavera adquire sentido diferente.

Atividades

1. Nas frases seguintes, aponte os adjuntos adverbiais e as circunstâncias que exprimem.

   a) "De repente, do riso fez-se o pranto."

   b) Entrou em casa em plena madrugada, silenciosamente.

   c) À noite é possível perceber com muita clareza os efeitos benéficos do silêncio.

   d) A rodovia foi entregue ao público sem plenas condições de tráfego.

   e) Viajei de trem por toda a Europa.

   f) Felizmente, todos se arrependeram.

   g) Meus sobrinhos moram muito longe daqui, no norte da Itália.

   h) Na próxima semana, não haverá expediente das sete às dez da manhã.

   i) O menino quase morreu de vergonha.

   j) Sem as chaves, ninguém poderá entrar.

   k) "Apesar de você, amanhã há de ser outro dia."

   l) Passei a vida à toa.

   m) Tenho o péssimo hábito de cortar barbantes e linhas com os dentes.

2. Complete as frases seguintes com adjuntos adverbiais que exprimam as circunstâncias solicitadas entre parênteses.

   a) (*) não seja possível consertar o carro. (*dúvida*)

   b) Não irei ao cinema (*). (*causa*)

   c) (*), foram feitos vários discursos contra o projeto (*). (*tempo/lugar*)

   d) O novo diretor executou (*) todas as suas obrigações. (*modo*)

   e) Ensaiei muito (*). (*fim*)

   f) Trabalhava (*) para as crianças carentes de sua cidade. (*intensidade*)

   g) Os retirantes não conseguem emprego (*). (*lugar*)

   h) Nada será feito (*). (*condição*)

   i) (*), as obras prosseguem. (*concessão*)

   j) Moldamos vários objetos de argila (*). (*instrumento*)

   k) Fui ao cinema (*) (*). (*tempo/companhia*)

   l) Julgo sua postura (*) radical. (*intensidade*)

   m) (*), conseguiremos chegar (*) (*). (*modo/lugar/tempo*)

3. Passe para o plural cada uma das frases seguintes.

   a) Ele pensou rápido.

   b) Ele pensou rapidamente.

   c) Ele foi rápido.

   d) Uma voz de protesto levantou-se inesperadamente.

   e) Uma voz de protesto levantou-se inesperada.

   f) O rapaz falava muito baixo.

   g) O rapaz era muito baixo.

   h) Fiquei calmo durante a discussão.

   i) Agi calmamente durante a discussão.

   j) Sua atitude ponderada súbito converteu-se em gesto irritado.

   k) Sua atitude ponderada subitamente converteu-se em gesto irritado.

   l) Seu gesto de irritação foi súbito e veemente.

4. O texto a seguir, publicado na revista *Dinheiro*, de 28 de maio de 2008, apresenta uma inadequação. Localize-a e reescreva o texto de forma adequada.

   > AS MELHORES DA *DINHEIRO*: O ÚNICO *RANKING* QUE AVALIA SUA EMPRESA SOBRE TODOS OS ÂNGULOS.

2. Adjunto adnominal

Adjunto adnominal é o termo que caracteriza um substantivo sem a intermediação de um verbo. Sob a ótica da morfossintaxe, pode-se dizer que é uma função adjetiva, sendo, portanto, desempenhada por adjetivos, locuções adjetivas, artigos, pronomes adjetivos e numerais adjetivos. Em qualquer função sintática que desempenhe, o substantivo pode ser caracterizado por um ou mais de um adjunto adnominal. Observe os dois exemplos seguintes:

a. substantivo com quatro adjuntos adnominais

As nossas primeiras experiências **científicas** fracassaram.

Nessa oração, "As nossas primeiras experiências científicas" é sujeito. O núcleo desse sujeito é o substantivo *experiências*. Relacionados a ele, caracterizando-o, estão os adjuntos adnominais *as*, *nossas*, *primeiras* e *científicas* (respectivamente, um artigo, um pronome adjetivo possessivo, um numeral adjetivo ordinal e um adjetivo).

b. substantivo com três adjuntos adnominais

Foi socorrido pel**os dois** médicos **do hospital**.

Nessa oração, "pelos dois médicos do hospital" é agente da passiva. O núcleo desse agente da passiva é o substantivo *médicos*, caracterizado pelos adjuntos adnominais *os* (artigo da contração *per + os*), *dois* (numeral adjetivo) e *do hospital* (locução adjetiva).

Tiramix. *Central de tiras*: 2003. São Paulo: Via Lettera, 2003. p. 70.

Em cada quadrinho, o substantivo *gafanhoto* está caracterizado por um numeral e dois adjetivos, que são seus adjuntos adnominais.

Como distinguir o adjunto adnominal do predicativo

Para perceber como o adjunto adnominal faz parte efetiva do mesmo termo sintático que tem o substantivo como núcleo, basta trocar esse termo por um pronome substantivo: como estão diretamente subordinados ao substantivo, sem qualquer intermediação verbal, os adjuntos adnominais desaparecem quando da substituição. Observe:

A nova política salarial prejudica os trabalhadores de menor poder aquisitivo.

Ela prejudica-os (ou Ela os prejudica).

"A nova política salarial" e "os trabalhadores de menor poder aquisitivo" são, respectivamente, sujeito e objeto direto da oração. Subordinados aos núcleos dessas funções – os substantivos *política* e *trabalhadores* –, os adjuntos adnominais desaparecem quando são substituídos pelos pronomes substantivos *ela* e *os*.

Essa percepção de que o adjunto adnominal é sempre parte de um outro termo sintático que tem como núcleo um substantivo é importante para diferenciá-lo do predicativo do objeto. Observe:

Noel Rosa deixou uma obra riquíssima.

Nessa oração, *riquíssima* é adjunto adnominal de *obra*, que é o núcleo do objeto direto. Se substituíssemos esse objeto direto por um pronome pessoal, obteríamos "Noel Rosa deixou-a".

Em CD

Noel Rosa. In: *Feitiço da Vila* (CD). Revivendo, 1989.
Responsável pela união entre o samba dos morros cariocas e o urbano, Noel operou uma verdadeira revolução na música popular brasileira. Apesar de ter morrido cedo, aos 26 anos, vítima de tuberculose, Noel produziu sambas e baladas que podem ser ouvidos até hoje, como a inesquecível canção "Com que roupa". O CD indicado é uma coletânea de seus melhores trabalhos interpretados por outros artistas.

Agora consideremos esta outra frase:

Sua atitude deixou perplexos seus amigos.

Nessa oração, *perplexos* é predicativo do objeto direto "seus amigos". Se substituíssemos esse objeto direto por um pronome pessoal, obteríamos: "Sua atitude deixou-os perplexos" (ou Sua atitude os deixou perplexos). Perceba que *perplexos* não é parte do objeto direto, e sim um termo relacionado (pelo verbo) a esse objeto direto.

Como distinguir o adjunto adnominal do complemento nominal

É comum confundir-se o adjunto adnominal na forma de locução adjetiva com o complemento nominal. Para evitar essa confusão, considere o seguinte:

a. somente os substantivos podem ser acompanhados de adjuntos adnominais; já os complementos nominais podem ligar-se a substantivos, adjetivos e advérbios. É óbvio, portanto, que o termo ligado por preposição a um adjetivo ou a um advérbio só pode ser complemento nominal;

b. os complementos nominais são exigidos pela transitividade do nome a que se ligam; indicam, portanto, o paciente ou o alvo da noção expressa pelo substantivo. Já os adjuntos adnominais indicam o agente ou o possuidor da noção expressa pelo substantivo. Observe:

Os investimentos da iniciativa privada em educação e saúde deveriam ser proporcionais aos lucros de cada empresa.

Nessa oração, o sujeito é "os investimentos da iniciativa privada em saúde e educação". O núcleo desse sujeito é o substantivo *investimentos*; presos a esse núcleo por meio de preposição há os termos "da iniciativa privada" e "em educação e saúde". Observe que o primeiro indica o agente ou possuidor dos investimentos (é a iniciativa privada que investe), enquanto o segundo indica o paciente ou alvo desses investimentos (saúde e educação recebem esses investimentos). "Da iniciativa privada" é adjunto adnominal, enquanto "em saúde e educação" é complemento nominal.

Atividades

1. Faça a análise sintática das frases seguintes. Indique quais são os núcleos das diferentes funções sintáticas e os adjuntos adnominais que se subordinam a eles.

a) Um novo comportamento empresarial deve ser incentivado.

b) Muitos candidatos despreparados pedem votos pouco críticos a eleitores desinteressados.

c) Os garimpeiros têm transmitido doenças graves aos índios da Amazônia.

d) Um redator eficiente deve comunicar informações claras e realmente importantes ao público interessado.

2. Explique por meio de seu conhecimento das funções sintáticas a ambiguidade da seguinte frase: "Não posso julgar aquela atitude inusitada".

3. Explique por meio de seu conhecimento das funções sintáticas a ambiguidade das frases seguintes.

a) Não serei mais um pichador desta cidade!

b) É absurdo que tenhamos medo de criança!

3. Aposto

Aposto é um termo que amplia, explica, desenvolve ou resume o conteúdo de outro termo. O termo a que o aposto se refere pode desempenhar qualquer função sintática. Sintaticamente, o aposto equivale ao termo com que se relaciona. Observe:

Nossa terra, o Brasil, carece de políticas sociais sérias e consequentes.

Nessa oração, "nossa terra" é o sujeito. "O Brasil" é aposto desse sujeito, pois amplia e especifica o conteúdo do termo a que se refere. Para perceber como o termo "o Brasil" amplia e/ou especifica o sujeito, basta eliminar "nossa terra". Observe:

O Brasil carece de políticas sociais sérias e consequentes.

"O Brasil" passa a exercer satisfatoriamente a função de sujeito, antes exercida pelo termo do qual era aposto.

O aposto é mais uma função substantiva da oração, tendo como núcleo um substantivo, um pronome ou numeral substantivo ou uma palavra substantivada.

Em livros

KIPLING, Rudyard. *As crônicas do Brasil*. São Paulo: Landmark, 2006.

Apesar dos graves problemas sociais que afligem o Brasil, nosso país ainda é visto com muita admiração pelos escritores estrangeiros. Um deles é o inglês Rudyard Kipling, romancista ganhador do prêmio Nobel que excursionou pelo Brasil na década de 1920, viagem que rendeu um livro chamado *As crônicas do Brasil*. Nele, o autor desenvolve suas intuitivas e apuradas noções sobre o Brasil e o povo daqui. Kipling nasceu em Bombaim, Índia, mas viveu boa parte de sua vida na Inglaterra. A experiência influenciou decisivamente sua extensa obra, cujo conteúdo faz referência à força do império britânico. Sua fama deve-se principalmente às histórias de aventuras para crianças: seu conto mais famoso é *Mogli, o menino-lobo*.

Revista *Bons Fluidos*, ed. 109, p. 29/Detalhe.

PARA MULHERES COM SÉTIMO SENTIDO: O PRÁTICO.

Nesse anúncio, cria-se uma expectativa sobre uma informação (o sétimo sentido) que só é revelada com o aposto.

Mulheres do Brasil. Edição Especial, parte integrante da revista *Bons Fluidos*. São Paulo: Abril, ed. 109, p. 29.

Classificação do aposto

De acordo com a relação que estabelece com o termo a que se refere, pode-se classificar o aposto em:

a. explicativo

A Ecologia, **ciência que investiga as relações dos seres vivos entre si e com o meio em que vivem**, adquiriu grande destaque no mundo atual.

b. enumerativo

Suas reivindicações incluíam muitas coisas: **melhor salário, melhores condições de trabalho, assistência médica extensiva a familiares**.

c. recapitulativo

Vida digna, cidadania plena, igualdade de oportunidades, **tudo isso** está na base de um país melhor.

d. comparativo

Seu senso crítico, **eterno indagador**, levou-o a questionar aqueles dados.

e. especificativo

Esse tipo de aposto não vem marcado por sinais de pontuação (dois-pontos ou vírgulas), por isso merece atenção especial. O aposto especificativo é normalmente um substantivo próprio que individualiza um substantivo comum, prendendo-se a ele diretamente ou por meio de preposição. Observe:

O compositor **Chico Buarque de Holanda** continua a produzir uma obra representativa.

O rio **Tietê** atravessa o Estado de **São Paulo**.

Nessas orações, os termos destacados – todos nomes próprios – são apostos especificativos dos substantivos comuns *compositor*, *rio* e *Estado*. *Compositor* e *rio* atuam como núcleos dos sujeitos, enquanto *estado* é núcleo do objeto direto.

4. Vocativo

O nome vocativo nos faz pensar em várias palavras ligadas à ideia de "chamar", "atrair a atenção": evocar, convocar, evocação, vocação. Vocativo é justamente o nome do termo sintático que serve para nomear um interlocutor ao qual se dirige a palavra. É um termo independente: não faz parte nem do sujeito nem do predicado. É mais uma função substantiva da oração, sendo desempenhada por substantivos, pronomes e numerais substantivos ou palavras substantivadas. Observe:

Amigo, venha visitar-me no próximo domingo.

Senhor presidente, pedimos que se comporte de forma condizente com a importância de seu cargo.

A vida, **amada minha**, é um constante retomar.

Não sei o que te dizer, **meu amor**.

Nessas orações, os termos destacados são vocativos: indicam e nomeiam o interlocutor a que se está dirigindo a palavra. Numa oração como a primeira, não se deve confundir o vocativo *amigo* com o sujeito da forma imperativa *venha*, que é *você*.

Capítulo 21 > > > Termos acessórios da oração e vocativo > > >

WATTERSON, Bill. *Felino, selvagem, psicopata, homicida*.
São Paulo: Best News, 1996. v. 1, p. 06.

Na interlocução, é comum o emprego do vocativo, como nessa tirinha, em que as palavras *Haroldo* e *rapaz* servem para designar a quem se dirigem Calvin e Haroldo. Vale lembrar que o vocativo, por ser um termo independente, não tem lugar fixo na frase.

Atividade

Nas frases seguintes, aponte os apostos e os vocativos.

a) Meu velho amigo, não há mais nada que se possa dizer.
b) Você, meu velho amigo, não tem nada para me dizer?
c) Ó meus sonhos, aonde fostes?
d) Uma casa na encosta da montanha, meu maior sonho, evaporou-se com o confisco da poupança.
e) Não há mais nada a fazer, minha querida.
f) Tu, que não sabes o que fazes, diz-me: há lei nesta terra?
g) Um dia, meu bem, não haverá miséria.
h) Ele não deseja muita coisa: um emprego, uma casinha, uns trocados para uma viagem de vez em quando.

5. Os termos acessórios, o vocativo e a pontuação

a. adjunto adnominal – Como vimos, os adjuntos adnominais fazem parte do termo sintático a que pertence o substantivo a que se ligam. Por isso, não devem ser separados por vírgula desse substantivo:

Os frequentes termos de baixo calão do deputado governista evidenciam seu pleno despreparo.

b. adjunto adverbial – Os adjuntos adverbiais podem ser separados por vírgula quando vêm após os verbos e seus complementos:

Encontrei alguns amigos, ontem à noite, na praça.   ou   Encontrei alguns amigos ontem à noite na praça.

c. adjunto adverbial anteposto ou intercalado – Quando são antepostos ou intercalados, os adjuntos adverbiais devem ser separados por vírgulas. As vírgulas são dispensáveis quando o adjunto é de pequena extensão:

Ontem à noite, encontrei alguns amigos na praça.   Amanhã virei ajudá-lo.

Encontrei, durante aqueles dias de férias, alguns velhos amigos.   Ali se vendem esses produtos.

> Em todos os balões de pensamento de Snoopy há adjuntos adverbiais antepostos, devidamente separados por vírgulas.

SCHULZ, Charles, M. *Snoopy, um estranho no ninho*. Rio de Janeiro: Record, 1986. p. 106.

d. aposto – O aposto é separado do termo a que refere por vírgulas ou dois-pontos. Somente o aposto especificativo não é marcado por sinais de pontuação:

Seus olhos, duas bolas de pânico, impressionavam quem o via.

É imprescindível que o país adote duas diretrizes: distribuição de renda e reconstrução do ensino público.

Caetano Veloso, compositor consagrado, não suporta quem desrespeita sinal vermelho.

O compositor Caetano Veloso não suporta quem desrespeita sinal vermelho.

e. vocativo – O vocativo deve ser sempre separado por vírgulas, qualquer que seja sua posição na frase:

Participem das decisões nacionais, cidadãos.

Cidadãos, participem das decisões nacionais.

Participação crítica, cidadãos, é o caminho para um país melhor.

BROWNE, Diks. *O melhor de Hagar, o Horrível*. Porto Alegre: L&PM, 2007. v. 5, p. 117.

> Na tirinha observa-se a ocorrência do vocativo (*filho*), separado por vírgula, e a ocorrência do aposto, que desenvolve a palavra disso, introduzido por dois pontos.

Atividade

Pontue adequadamente as frases seguintes. Em alguns casos, pontuar corretamente significa não usar qualquer sinal de pontuação.

a) O Brasil país que via seus jovens como garantia de um grande futuro parece ter optado por simplesmente eliminar boa parte desses jovens.
b) Acorde menino e vá ver a vida lá fora.
c) A cidadania essa ilustre desconhecida ainda passa ao largo de muitas mentes brasileiras.
d) Sob aquelas velhas árvores ali perto do poço repousam muitos dos meus sonhos.
e) Daqui a dois anos poderemos avaliar os efeitos dessas medidas.
f) Poderemos daqui a dois anos avaliar os efeitos dessas medidas.
g) Poderemos avaliar os efeitos dessas medidas daqui a dois anos.
h) Uma imensa nuvem de fumaça e poeira deverá atingir a capital filipina nas próximas horas.
i) Gostaria de saber o que está acontecendo Alfredo.
j) A reação mais sensata dos envolvidos teria sido escolher um advogado competente.
k) Tudo pode ser resumido numa única palavra incompetência.
l) Gilberto Gil músico e compositor continua criativo e iluminado.
m) O músico e compositor Gilberto Gil continua criativo e iluminado.

Textos para análise

1

Trabalhando o texto

Qual o termo sintático que tem evidente destaque no texto? É possível justificar esse destaque levando-se em conta a construção do texto? Comente.

Veja São Paulo. São Paulo: Abril, 30 abr. 2008. p. 119.

Trabalhando o texto

O anúncio do *Jornal da Tarde* que você vê parcialmente tem como *slogan* "Algumas coisas sobre São Paulo não dá pra explicar. Todo o resto está aqui". Faz parte de uma campanha que mostra fatos estranhos da cidade, como, neste caso, as pessoas tocarem o dedo de uma escultura ("Condor", Luiz Brizzolara) da Praça Ramos de Azevedo para terem sorte.

1. No *slogan* da propaganda, apresentado acima, a que se refere o adjunto adverbial *aqui*?

2. O que representam os vários balões que compõem o anúncio?

3. Em "Fala sério", qual é a função do adjetivo?

4. Localize nos balões alguns adjuntos adverbiais e explique que circunstâncias expressam. Explique também a farta ocorrência de advérbios nas frases.

Capítulo 21 > > > Termos acessórios da oração e vocativo > > >

401

3

"Menos de um em dez mil — na verdade cerca de um em 14 mil — apresenta esses efeitos colaterais. Dificilmente alguém tem esses efeitos. São extremamente raros. Você deveria estar muito orgulhoso."

HARRIS, Sidney. *A ciência ri: o melhor de Sidney Harris*. São Paulo: Unesp, 2007. p. 42.

Trabalhando o texto

1. Localize, nessa charge, os adjuntos adnominais do termo que exerce a função de objeto direto.

2. Identifique os adjuntos adverbiais e explique que circunstâncias expressam.

3. Relacione o emprego dos adjuntos adverbiais ao humor da charge.

4

O desenho foi atividade ininterrupta do artista plástico Di Cavalcanti. Em diferentes ocasiões, em cada lugar, sob variados momentos emocionais, sobre os mais diversos tipos de papel dele brotavam anotações gráficas e germinavam ideias plásticas, no registro de momentos ou personagens do cenário da vida cotidiana, de pessoas ou de seu relacionamento pessoal e de sua admiração.

GONÇALVES, Lisbeth Rebollo. Trecho do Catálogo da exposição *Di Cavalcanti: cronista de seu Tempo*. MAC (USP). [s. d.].

Trabalhando o texto

1. Em que os adjuntos adnominais do primeiro período colaboram para a construção do sentido do texto?

2. Indique as expressões adverbiais que, no segundo período, revelam circunstâncias de tempo e lugar.

3. Qual a função do termo *Di Cavalcanti*? Esse termo poderia ser omitido sem prejuízo para o sentido do texto?

4. Faça um comentário sobre a forma como esse parágrafo foi construído, considerando a presença dos termos acessórios.

5

Não vai: nem a lançamentos de livros nem de filmes nem de exposições. Não é moderno. Não está em dia com os acontecimentos. Nem depois (do "lançamento") se interessa. Não vê sentido nem significado. Faz questão de não ver o que todo mundo está vendo (era para ter visto *Tropa de Elite* – por quê? para quê?). Viu? Não viu? Havia todo um burburinho em volta, uma zoada, uma espécie de cobrança que doía no ouvido. Não vai ver? Não. Não vai ver.

FELINTO, Marilene. Do tipo que não assiste a lançamentos. In: *Caros amigos*. São Paulo: Casa Amarela, n. 132, mar. 2008. p. 13.

Trabalhando o texto

Comente o efeito estilístico dos adjuntos adverbiais no fragmento de texto lido.

Questões de exames e concursos

1. (UEL-PR)

Mar português

Ó mar salgado, quanto do teu sal
São lágrimas de Portugal!
Por te cruzarmos, quantas mães choraram,
Quantos filhos em vão rezaram!
Quantas noivas ficaram por casar
Para que fosses nosso, ó mar!
Valeu a pena? Tudo vale a pena
Se a alma não é pequena.
Quem quer passar além do Bojador
Tem que passar além da dor.
Deus ao mar o perigo e o abismo deu,
Mas nele é que espelhou o céu.

> PESSOA, Fernando. *Mensagem e outros poemas afins seguidos de Fernando Pessoa e ideia de Portugal*. Mem Martins: Europa-América [19-].

Em "Ó mar salgado, quanto do teu sal / São lágrimas de Portugal". A expressão *Ó mar salgado* classifica-se, sintaticamente, como:

a) Sujeito, pois expressa o ser de quem se diz algo.

b) Objeto, pois completa o sentido do verbo transitivo direto.

c) Vocativo, pois expressa o ser a quem se dirige a mensagem do narrador.

d) Complemento nominal, pois completa a ideia expressa por um nome.

e) Aposto, pois explica e identifica o termo a que se refere o narrador.

2. (UFC) Leia o que abaixo se afirma acerca do aposto.

Pode-se ampliar, explicar, desenvolver ou resumir a ideia contida num termo que exerça qualquer função sintática por meio de um termo acessório a ele equivalente: o aposto. O aposto pode ser classificado, de acordo com seu valor na oração, em: **explicativo**, **enumerativo**, **resumidor** ou **recapitulativo**, **comparativo** e **especificativo**.

> DE NICOLA, José; INFANTE, Ulisses. *Gramática contemporânea da língua portuguesa*. São Paulo: Scipione, 1997. p. 281.

I. Nos períodos a seguir, os trechos em negrito exercem a função de aposto. Classifique-os de acordo com seu valor na oração.

b.1. **Invisível como o vento e os encantos**, a Morte apossara-se do frágil sopro do menino pagão na noite em que a porta se abrira dando-lhe passagem.

b.2. Quando a Velha do Chapéu-Grande, **assim o empalhador de cangalhas para montarias chamava a fome**, empoleirou-se de vez, assistindo ao padecer dos viventes, há muito haviam se apartado as águas (...).

II. Construa uma frase em que **Bisneto** figure como **aposto especificativo**.

3. (UEPG)

À luz das sombras

Uma mancha negra gigantesca escureceu e apavorou Nova York. Era o ano de 1915 e acabara de ser erguido o primeiro arranha-céu da cidade, o Equitable Building, com 40 andares. A sombra projetada pelo prédio de 166 metros, na época o mais alto do mundo, engolia quatro quarteirões, escurecia edifícios que o cercavam e deixava sem luz até pequenas fazendas que ainda existiam na região. Os nova-iorquinos se enfureceram, temendo que a cidade fosse devorada pelas sombras caso os construtores de Manhattan decidissem seguir o modelo estabelecido pelo Equitable.

O protesto dos moradores resultou numa lei que regulamentou a altura das construções. A partir de 1916, com o surgimento de um plano diretor, edifícios passaram a ser projetados com um recuo à medida que os andares ficavam mais altos, levando-se em consideração as sombras que eles não poderiam fazer nos vizinhos – daí a origem da arquitetura característica da cidade, visível em construções como o Empire State Building, que afina quanto mais alto fica.

O episódio da metrópole apavorada pela penumbra descreve bem a má reputação que as sombras carregam. De um eclipse lunar a uma silhueta se esgueirando sobre uma parede, as sombras sempre foram consideradas entidades estranhas, cercadas de mistério, superstição e medo. Na Guerra do Peloponeso, por exemplo, o general ateniense Nícios permitiu que suas tropas fossem capturadas pelos espartanos após se recusar a bater em retirada durante um eclipse lunar. Para os nativos da ilha de Wetar, na Indonésia, se a silhueta de uma pessoa levar um golpe, ele certamente ficará doente nos dias seguintes. Na África subsaariana, o povo Songhay acredita que a sombra pode ser atacada, roubada e até devorada em algum macabro ritual de bruxaria.

Mas o que exatamente são as sombras? Essa é uma pergunta que nos fazemos desde crianças, quando ainda não somos capazes de respondê--la. Um experimento realizado pelo psicólogo

Capítulo 21 > > > Termos acessórios da oração e vocativo > > >

403

suíço Jean Piaget revelou que a maneira como as crianças percebem as sombras varia de acordo com a idade. A partir dos 5 anos, tendem a achar que são feitas do mesmo material que a noite – a escuridão. Depois, entre os 6 e 8 anos, acreditam que sejam objetos materiais. Só mais tarde, a partir dos 9 anos, é que elas percebem que as sombras são fruto da relação entre objetos e a luz. Já é algo muito próximo do que entendemos quando nos tornamos adultos: sombras são áreas escuras onde a luz foi bloqueada. E, apesar do costume de utilizarmos esse conceito apenas quando vemos uma borda entre o claro e o escuro, essa definição pode ser facilmente aplicada à noite, uma enorme sombra que ocupa o céu por cerca de 12 horas do dia.

Superinteressante. São Paulo: Abril, jun. 2004. p. 65-6.

No período "O episódio da metrópole apavorada pela penumbra descreve bem a má reputação que as sombras carregam", as funções morfossintáticas estão corretamente analisadas em:

01) Os termos "bem" e "má" têm ambos valor adverbial, uma vez que modificam palavras de idêntica função.

02) O substantivo "metrópole" é o nome central, o núcleo significativo, do sujeito de "descrever".

04) Sendo um modificador de verbo, o termo "bem" tem valor adverbial.

08) O relativo "que" tem função de sujeito na última oração.

16) O adjetivo "má" modifica um nome, sendo assim um adjunto do nome ou adjunto adnominal.

4. (UEPG)

Amor e outros males

(Rubem Braga)

Uma delicada leitora me escreve: não gostou de uma crônica minha de outro dia, sobre dois amantes que se mataram. Pouca gente ou ninguém gostou dessa crônica; paciência. Mas o que a leitora estranha é que o cronista "qualifique o amor, o principal sentimento da humanidade, de coisa tão incômoda". E diz mais: "Não é possível que o senhor não ame, e que, amando, julgue um sentimento de tal grandeza incômodo".

Não, minha senhora, não amo ninguém; o coração está velho e cansado. Mas a lembrança que tenho de meu último amor, anos atrás, foi exatamente isso que me inspirou esse vulgar adjetivo – "incômodo". Na época eu usaria talvez adjetivo mais bonito, pois o amor, ainda que

infeliz, era grande; mas é uma das tristes coisas desta vida sentir que um grande amor pode deixar apenas uma lembrança mesquinha; daquele ficou apenas esse adjetivo, que a aborreceu.

Não sei se vale a pena lhe contar que a minha amada era linda; não, não a descreverei, porque só de revê-la em pensamento alguma coisa dói dentro de mim. Era linda, inteligente, pura e sensível – e não me tinha, nem de longe, amor algum; apenas uma leve amizade, igual a muitas outras e inferior a várias.

A história acaba aqui; é, como vê, uma história terrivelmente sem graça, e que eu poderia ter contado em uma só frase. Mas o pior é que não foi curta. Durou, doeu e – perdoe, minha delicada leitora – incomodou.

Eu andava pela rua e sua lembrança era alguma coisa encostada em minha cara, travesseiro no ar; era um terceiro braço que me faltava, e doía um pouco; era uma gravata que me enforcava devagar, suspensa de uma nuvem. A senhora acharia exagerado se eu lhe dissesse que aquele amor era uma cruz que eu carregava o dia inteiro e à qual eu dormia pregado; então serei mais modesto e mais prosaico dizendo que era como um mau jeito no pescoço que de vez em quando doía como bursite. Eu já tive um mês de bursite, minha senhora; dói de se dar guinchos, de se ter vontade de saltar pela janela. Pois que venha outra bursite, mas não volte nunca um amor como aquele. Bursite é uma dor burra, que dói, dói, mesmo, e vai doendo; a dor do amor tem de repente uma doçura, um instante de sonho que mesmo sabendo que não se tem esperança alguma a gente fica sonhando, como um menino bobo que vai andando distraído e de repente dá uma topada numa pedra. E a angústia lenta de quem parece que está morrendo afogado no ar, e o humilde sentimento de ridículo e de impotência, e o desânimo que às vezes invade o corpo e a alma, e a "vontade de chorar e de morrer", de que fala o samba?

Por favor, minha delicada leitora; se, pelo que escrevo, me tem alguma estima, por favor: me deseje uma boa bursite.

Ainda quanto a funções sintáticas, estão **corretas** as afirmações:

01) Na frase "Eu já tive um mês de bursite, minha senhora", a vírgula separa um aposto.

02) A expressão "o principal sentimento da humanidade" (1.º parágrafo), empregada em referência ao amor, constitui um aposto.

04) Na oração "Pois que venha outra bursite", o sintagma "outra bursite" é um objeto direto, complemento do verbo "vir", sendo que o sujeito está indeterminado.

08) Em "se eu lhe <u>dissesse</u> que aquele amor era uma cruz que eu carregava o dia inteiro", o verbo sublinhado se contextualiza como transitivo direto e indireto.

16) Em "uma história terrivelmente <u>sem graça</u>", a locução sublinhada tem valor de adjetivo.

5. (BHTrans-MG/Fumarc) "Na televisão, o jornalismo transmite os acontecimentos como se fossem um *show*."

Todas as funções sintáticas a seguir são encontradas no enunciado dado, **exceto**:

a) aposto

b) adjunto adverbial

c) adjunto adnominal

d) predicativo do sujeito

6. (TJ-SP/Vunesp-SP) Felizmente, ninguém se machucou. Lentamente, o navio foi se afastando da costa.

Considere:

I. felizmente completa o sentido do verbo machucar;

II. felizmente e lentamente classificam-se como adjuntos adverbiais de modo;

III. felizmente se refere ao modo como o falante se coloca diante do fato;

IV. lentamente especifica a forma de o navio se afastar;

V. felizmente e lentamente são caracterizadores de substantivos.

Está correto o contido apenas em

a) I, II e III.

b) I, II e IV.

c) I, III e IV.

d) II, III e IV.

e) III, IV e V.

7. (UFC) Leia o trecho abaixo do conto "Os moradores do casarão", de Moreira Campos:

Consultando o relógio da parede, que bate as horas num gemer de ferros, ela chama uma das pretas, para que lhe traga a chaleira com água quente.

Numere a 2.ª coluna, identificando a função sintática do termo, de acordo com a 1.ª coluna.

(1) adjunto adnominal   ( ) num gemer de ferros

(2) adjunto adverbial   ( ) da parede

                            ( ) com água quente

A sequência correta, de cima para baixo, é:

a) 2 – 2 – 1

b) 2 – 1 – 1

c) 2 – 1 – 2

d) 1 – 2 – 2

e) 1 – 2 – 1

8. (PUC-SP) Nas estrofes:

Tu não verás, Marília, cem cativos
tirarem o cascalho e a rica terra,
ou dos cercos dos rios caudalosos,
ou da minada serra.

e

Não verás separar ao hábil negro
do pesado esmeril a grossa areia,
e já brilharem os granetes de oiro
no fundo da bateia.

há ideia de lugar em:

a) cascalho, terra, areia.

b) serra, granetes de oiro, areia.

c) rios, serra, bateia.

d) cascalho, serra, areia.

e) rios, cascalho, areia.

9. (Fuvest-SP) Nos enunciados abaixo, há adjuntos adnominais e apenas um complemento nominal. Assinale a alternativa que contém o complemento nominal.

a) faturamento das empresas

b) ciclo de graves crises

c) energia desta nação

d) história do mundo

e) distribuição de poderes e renda

10. (PUCCamp-SP) "Só pessoas **sem visão** não admitem que, neste setor, existe **oferta** considerada condizente **com a procura**."

Assinale a alternativa em que se apresenta corretamente a função sintática dos termos destacados, respeitando-se a ordem em que eles ocorrem no período.

a) adjunto adnominal, objeto direto, complemento nominal

b) adjunto adverbial, objeto direto, adjunto adnominal

c) adjunto adnominal, sujeito, complemento nominal

d) adjunto adverbial, sujeito, complemento nominal

e) adjunto adnominal, objeto direto, adjunto adnominal

11. (PUC-SP) Indique a alternativa que apresenta, respectivamente, as funções sintáticas das expressões destacadas nos versos:

Amo-te, **ó rude e doloroso idioma**
És, a um tempo, **esplendor e sepultura**

a) objeto direto, objeto direto

b) sujeito, vocativo

c) aposto, sujeito

d) vocativo, predicativo do sujeito

e) predicativo do objeto, predicativo do sujeito

12. (PUC-SP) Nos versos:

E em que Camões chorou no exílio amargo,
O gênio **sem ventura** e o amor **sem brilho**

as expressões destacadas têm, respectivamente, funções sintáticas de:

a) adjunto adverbial de modo, adjunto adverbial de modo.

b) predicativo do sujeito, predicativo do sujeito.

c) complemento nominal, complemento nominal.

d) adjunto adnominal, predicativo do sujeito.

e) adjunto adnominal, adjunto adnominal.

13. (PUC-SP) Nos trechos:

E fui eu que **o** descobri
Veja, murmurou **o** mineiro...

e

Vou-**lhe** mostrar...

as palavras destacadas têm, respectivamente, funções de:

a) objeto direto, adjunto adnominal, objeto indireto.

b) objeto direto, objeto direto, objeto indireto.

c) adjunto adnominal, adjunto adnominal, adjunto adverbial.

d) adjunto adnominal, adjunto adnominal, objeto direto.

e) objeto indireto, objeto direto, objeto indireto.

14. (PUC-SP) No trecho que a seguir transcrevemos, há vários pronomes:

Com esta história eu vou me sensibilizar, e bem sei que cada dia é um dia roubado da morte. Eu não sou um intelectual, escrevo com o corpo. E o que escrevo é uma névoa úmida.

a) Identifique, nele, dois pronomes demonstrativos, um pronome pessoal do caso reto e um pronome pessoal do caso oblíquo.

b) Dê suas respectivas funções sintáticas.

15. (Unimep-SP)

I. Ele é **muito** simpático.

II. Ela trabalhou **muito** pouco.

III. Há **muito** livro interessante.

Muito é:

a) adjunto adverbial em I e II e adjunto adnominal em III.

b) adjunto adverbial em I e adjunto adnominal em II e III.

c) adjunto adverbial em II e adjunto adnominal em I e III.

d) adjunto adverbial em I, II e III.

e) adjunto adnominal em I, II e III.

16. (Vunesp-SP) "Os colegas – o equilibrista, aqueles dois que conversavam em voz baixa, todos enfim – sabiam de sua história e não haviam preparado a mínima homenagem."

Na frase acima, o travessão é empregado para:

a) destacar o aposto e deixar claro o nexo entre o sujeito e o predicado.

b) indicar mudança de interlocutor.

c) indicar a coordenação entre os diferentes núcleos do sujeito composto.

d) assinalar uma retificação do que se disse anteriormente, no início da frase.

e) realçar ironicamente o valor significativo da palavra *colegas*.

17. (Vunesp-SP) "Não foi ausência **por uma semana**: o batom ainda no lenço, o prato na mesa **por engano**, a imagem de relance no espelho."

Os termos destacados analisam-se, respectivamente, como:

a) agente da passiva e objeto indireto.

b) adjunto adverbial de tempo e adjunto adnominal.

c) adjunto adverbial de tempo e adjunto adverbial de causa.

d) predicativo do sujeito e predicativo do objeto.

e) complemento nominal e agente da passiva.

18. (Fuvest-SP) Assinalar a oração que começa com um adjunto adverbial de tempo.

a) Com certeza havia um erro no papel do branco.

b) No dia seguinte Fabiano voltou à cidade.

c) Na porta, (...) enganchou as rosetas das esporas...

d) Não deviam tratá-lo assim.

e) O que havia era safadeza.

406   Parte 3 > > > SINTAXE > > >

19. (Unicamp-SP) A leitura literal do texto abaixo produz um efeito de humor:

> As videolocadoras de São Carlos estão escondendo suas fitas de sexo explícito. A decisão atende a uma portaria de dezembro de 91, do Juizado de Menores, que proíbe que as casas de vídeo aluguem, exponham e vendam fitas pornográficas a menores de 18 anos. A portaria proíbe ainda os menores de 18 anos de irem a motéis e rodeios sem a companhia ou autorização dos pais.
>
> *Folha Sudeste*, 5 jun. 1992.

a) Transcreva a passagem que produz efeito de humor.

b) Qual a situação engraçada que essa passagem permite imaginar?

c) Reescreva o trecho de forma a impedir tal interpretação.

20. (Unicamp-SP) O comentário seguinte faz parte de uma reportagem sobre o decreto assinado este ano pelo presidente José Sarney, tornando eliminatórios, no vestibular, os exames de língua portuguesa e de redação:

> Os estudantes que pretendem ingressar na Unicamp, no próximo vestibular, concordam com o decreto do governo. Estão reclamando, apenas, que a Universidade de Campinas está exigindo a leitura de um livro que entrará no exame inexistente no Brasil: *A confissão de Lúcio*, Mário de Sá-Carneiro.
>
> (Istoé Senhor/991,14 set. 1988.)

Conforme redigido, o texto contém uma passagem ambígua (que pode ter mais de uma interpretação). Identifique essa passagem, transcreva-a e explique por que ela é ambígua. Em seguida, reescreva-a de forma a tornar clara a interpretação pretendida pela revista.

21. (Vunesp-SP) Em "... **com as últimas chuvas**, **o verde** rebentou **verdíssimo**", identifique as funções sintáticas dos segmentos em destaque.

22. (Unimep-SP) Em: "... as empregadas das casas saem **apressadas**, de latas e garrafas na mão, para a pequena fila **de leite**", os termos destacados são, respectivamente:

a) adjunto adverbial de modo e adjunto adverbial de matéria.

b) predicativo do sujeito e adjunto adnominal.

c) adjunto adnominal e complemento nominal.

d) adjunto adverbial de modo e adjunto adnominal.

e) predicativo do sujeito e complemento nominal.

23. (Unimep-SP) "Três seres esquivos que compõem em torno à mesa a constituição tradicional da família, **célula da sociedade**." O termo destacado é:

a) complemento nominal.

b) vocativo.

c) agente da passiva.

d) objeto direto.

e) aposto.

24. (UFV-MG)

> Cessa **o estrondo das cachoeiras**, e com ele
> A memória **dos índios**, pulverizada,
> Já não desperta **o mínimo arrepio**.
>
> (Carlos Drummond de Andrade)

No texto acima, as expressões destacadas são, respectivamente:

a) sujeito, complemento nominal, objeto direto.

b) sujeito, adjunto adnominal, objeto direto.

c) objeto direto, adjunto adnominal, sujeito.

d) objeto direto, complemento nominal, objeto direto.

e) adjunto adverbial, objeto indireto, sujeito.

25. (UFSC) Observe os períodos abaixo e assinale a alternativa em que *lhe* é adjunto adnominal.

a) ... anunciou-lhe: Filho, amanhã vais comigo.

b) O peixe caiu-lhe na rede.

c) Ao traidor, não lhe perdoaremos jamais.

d) Comuniquei-lhe o fato ontem pela manhã.

e) Sim, alguém lhe propôs emprego.

26. (UPM-SP) Em "Aeromoça na burocracia me dá ideia de um pé de gerânio intimado a viver e florir dentro de um armário fechado."

as expressões "de um pé" e "de gerânio" são, respectivamente:

a) adjunto adnominal, complemento nominal.

b) complemento nominal, adjunto adnominal.

c) objeto indireto, complemento nominal.

d) adjunto adnominal, adjunto nominal.

e) complemento nominal, complemento nominal.

27. (FCMSC-SP) Examinar as três frases abaixo:

I. Comumente a ira se acende com sentimentos desumanos.

II. No campo reina a paz.

III. Ao sétimo dia, quando bateu, por volta da meia-noite, à porta da residência, ouviu rebuliço extraordinário.

Assinalar a alternativa correta quanto à existência de adjunto adverbial.

a) Não existe em nenhuma.

b) Existe nas três.

c) Existe apenas em I.

d) Existe em II e III.

e) Existe apenas em III.

28. (UFPel-RS) Preencha os parênteses da segunda coluna de acordo com o resultado da análise dos termos destacados na primeira.

a) Permanecemos todos **calados**.   ( ) complemento nominal

b) Diz-me, **meu filho**, que fizeste hoje.   ( ) aposto

c) **Este** vaso é o teu presente.   ( ) objeto direto

d) Dera-lhe tudo: **casa**, **roupa**, **comida**.   ( ) objeto indireto

e) Aquele desastre foi feito **por ele**.   ( ) predicativo do sujeito

f) Temos necessidade **de ajuda**.   ( ) predicativo do objeto direto

g) Ele chorou **de covarde**.   ( ) adjunto adnominal

h) Elegeram-no **governador**.   ( ) vocativo

i) Os pagãos **lhe** deram um tesouro.   ( ) agente da passiva

                            ( ) adjunto adverbial

29. (FEI-SP) Resolva as questões a seguir conforme o código que segue.

a) adjunto adverbial de lugar

b) adjunto adverbial de tempo

c) adjunto adverbial de modo

d) adjunto adverbial de causa

I. **Segunda-feira** haverá um jogo importante.

II. **Com o mau tempo** não podemos trabalhar ao relento.

III. O livro foi acolhido **com entusiasmo** pelos leitores.

IV. O automóvel parou **perto do rio**.

30. (Efei-MG) Em todas as orações o termo destacado está analisado corretamente, **exceto** em:

a) Existe, nesta cidade, **um carpinteiro**. (objeto direto)

b) É importante **o apoio dos operários**. (sujeito)

c) Já tínhamos certeza **da derrota**. (complemento nominal)

d) O estudante permaneceu **inalterável**. (predicativo)

e) Renato, **o engenheiro**, logo protestou. (aposto)

Capítulo 22

Orações subordinadas substantivas

O Pasquim 21, 8 abr. 2003. p. 27.

Neste capítulo, você começará a estudar a sintaxe do período composto. Poderá observar os processos sintáticos da subordinação e da coordenação, os tipos de orações subordinadas e, mais detalhadamente, as orações subordinadas substantivas. Na charge acima, "que o Iraque fosse só deserto" é uma oração subordinada substantiva. A charge refere-se ao bombardeio do Iraque realizado no início de 2003 pela coalizão anglo-americana.

O estudo do período composto consiste fundamentalmente em investigar as relações que se estabelecem entre orações que pertencem a um mesmo período. Neste capítulo, você verá que as orações que atuam sintaticamente como um substantivo são chamadas de orações subordinadas substantivas.

1. Conceitos básicos

Você já sabe que período é uma frase organizada em orações. Já sabe também que no período simples existe apenas uma oração, chamada absoluta, e que no período composto existem duas ou mais orações. Essas orações podem se relacionar por meio de dois processos sintáticos diferentes: a subordinação e a coordenação.

Período composto por subordinação

Na subordinação, um termo atua como determinante de um outro termo. Essa relação se verifica, por exemplo, entre um verbo e seus complementos: os complementos são determinantes do verbo, integrando sua significação. Consequentemente, o objeto direto e o objeto indireto são termos subordinados ao verbo, que é o termo subordinante. Outros termos subordinados da oração são os adjuntos adnominais (subordinados ao nome que caracterizam) e os adjuntos adverbiais (subordinados geralmente a um verbo).

No período composto, considera-se subordinada a oração que desempenha função de termo de outra oração, o que equivale a dizer que existem orações que atuam como determinantes de outras orações. Observe:

Percebeu que os homens se aproximavam.

Esse período composto é formado por duas orações: a primeira estruturada em torno da forma verbal *percebeu*; a segunda, em torno da forma verbal *aproximavam*. A análise da primeira oração permite constatar de imediato que seu verbo é transitivo direto (perceber algo). O complemento desse verbo é, no caso, a oração "que os homens se aproximavam". Nesse período, a segunda oração funciona como objeto direto do verbo da primeira. Na verdade, o objeto direto de *percebeu* é "que os homens se aproximavam".

A oração que cumpre papel de um termo sintático de outra é **subordinada**; a oração que tem um de seus termos na forma de oração subordinada é a **principal**. No caso do exemplo dado, a oração "Percebeu" é principal; "que os homens se aproximavam" é oração subordinada. Diz-se, então, que esse período é **composto por subordinação**.

Período composto por coordenação

Ocorre coordenação quando termos de mesma função sintática são relacionados entre si. Nesse caso, não se estabelece uma hierarquia entre esses termos, pois eles são sintaticamente equivalentes. Observe:

Brasileiros e portugueses deveriam agir como irmãos.

Nessa oração, o sujeito composto "brasileiros e portugueses", adjetivos substantivados, apresenta dois núcleos coordenados entre si: os dois substantivos desempenham um mesmo papel sintático na oração.

> **Em *site***
>
>
>
> <www.cultura.gov.br/site/?p=9905>. Acesso em: 28 abr. 2008.
> Um dos momentos mais decisivos da história entre portugueses e brasileiros foi a chegada da família real portuguesa a terras brasileiras. A expedição foi liderada pelo rei Dom João VI, que era a figura máxima da realeza portuguesa e foi um dos principais artífices da modernização do Brasil. Sua estada em terras brasileiras rendeu alguns boatos não só sobre seu comportamento, mas também sobre o de toda a coroa portuguesa. No *site* do Ministério da Cultura, entre outros conteúdos interessantes, há diversos textos que desmistificam alguns desses boatos a respeito da vida desse polêmico e decisivo personagem de nossa história.

No período composto, a coordenação ocorre quando orações sintaticamente equivalentes se relacionam. Observe:

Comprei o livro, li os poemas e fiz o trabalho.

Nesse período, há três orações, organizadas a partir das formas verbais *comprei*, *li* e *fiz*. A análise dessas orações permite perceber que cada uma delas é sintaticamente independente das demais: na primeira, ocorre um verbo transitivo direto (*comprar*) acompanhado de seu respectivo objeto direto ("o livro"); na segunda, o verbo *ler*, também transitivo direto, com o objeto direto "os poemas"; na terceira, outro verbo transitivo direto, *fazer*, com o objeto direto "o trabalho". Nenhuma das três orações desempenha papel de termo de outra. São orações sintaticamente independentes entre si e, por isso, coordenadas. Nesse caso, o período é **composto por coordenação**.

Veja Ecologia. São Paulo: Abril, n. 22, dez. 2002, p. 6-7. Edição especial.

Neste anúncio, ocorre um período composto por cordenação. Note que a ordem das três orações é fixada por uma questão semântica e não sintática (os fatos indicados pelas orações obedecem à ordem cronológica).

Uma solução transformadora nasce, cresce e ganha asas.

Período composto por subordinação e coordenação

Existem períodos compostos em que se verificam os dois processos de organização sintática, ou seja, a subordinação e a coordenação. Observe:

Percebi que os homens se aproximavam e saí em desabalada carreira.

Nesse período, há três orações, organizadas respectivamente a partir das formas verbais *percebi*, *aproximavam* e *saí*. A oração organizada em torno de *percebi* tem como objeto direto a oração "que os homens se aproximavam" (perceber algo); "que os homens se aproximavam", portanto, é oração subordinada a *percebi*. Entre as orações organizadas em torno de *percebi* e *saí*, a relação é de coordenação, já que uma não desempenha papel de termo da outra. O período é composto por coordenação e subordinação.

Atividades

1. Nas orações seguintes, indique se os termos destacados são subordinados ou coordenados e explique por quê.
   a) **O presidente e o governador** irão à Europa.
   b) **Hoje** não será possível circular **pelo centro da cidade**.
   c) Considero o filme **brilhante**, **profundo**, **revolucionário**.
   d) Queremos **o país civilizado e o povo mais feliz**.
   e) **Cinema**, **futebol**, **boa conversa**, **nada** o animava.

2. Observe os períodos compostos seguintes e indique os processos sintáticos pelos quais as orações se relacionam.

   a) Ninguém sabe se ela vai aceitar o convite.
   b) Informe aos presentes que a reunião será cancelada.
   c) Vá ao banco, pague as contas e traga os comprovantes.
   d) Vá ao banco, pague as contas e prove a todos que você é capaz de honrar seus compromissos.
   e) "A Mata Atlântica, considerada pela Constituição federal de 1988 como 'patrimônio nacional', é hoje um dos biomas mais ameaçados de extinção de todo o planeta e está reduzida a menos de 8% de sua vegetação original." (Folheto da Fundação SOS Mata Atlântica)

Em livros

IANNI, Octávio. *A sociedade global*. São Paulo: Civilização Brasileira, 2002.

O sociólogo brasileiro discute temas indispensáveis para o entendimento da globalização e de algumas de suas nefastas consequências: inviabilidade de uma guerra em tempos de armas nucleares, a desterritorialização, os métodos de poder global, a crise das ciências humanas, entre outros temas. O autor não deixa de dar atenção para a necessidade de se combaterem as catástrofes ecológicas, como a que vem acontecendo na Mata Atlântica há muito tempo.

2. Tipos de orações subordinadas

As orações subordinadas se dividem em três grupos, de acordo com a função sintática que desempenham e a classe de palavras a que equivalem. Podem ser substantivas, adjetivas ou adverbiais. Mais uma vez, valem os conceitos morfossintáticos, que, como você já sabe, combinam a morfologia e a sintaxe.

Subordinadas substantivas

Para analisar as diferenças que existem entre os três tipos de orações subordinadas, tomemos como base a análise de um período simples:

Só depois disso percebi a profundidade das palavras dele.

Nessa oração, o sujeito é *eu*, implícito na terminação verbal. "A profundidade das palavras dele" é objeto direto da forma verbal *percebi*. O núcleo do objeto direto é *profundidade*. Subordinam-se ao núcleo desse objeto os adjuntos adnominais *a* e "das palavras dele". No adjunto adnominal "das palavras dele", o núcleo é o substantivo *palavras*, ao qual se prendem os adjuntos adnominais *as* e *dele*. "Só depois disso" é adjunto adverbial de tempo.

É possível transformar a expressão "a profundidade das palavras dele", objeto direto, em oração. Observe:

Só depois disso percebi **quão profundas eram as palavras dele**.

Nesse período composto, o complemento da forma verbal *percebi* é a oração "quão profundas eram as palavras dele". Ocorre aqui um período composto por subordinação, em que uma oração desempenha a função de objeto direto do verbo da outra. O objeto direto é uma função substantiva da oração, ou seja, é função desempenhada por substantivos e palavras de valor substantivo. É natural, portanto, que a oração subordinada que desempenha esse papel seja chamada de **oração subordinada substantiva**.

Subordinadas adjetivas

Pode-se também modificar o período simples original transformando em oração o adjunto adnominal do núcleo do objeto direto, *profundidade*. Observe:

Só depois disso percebi a profundidade **que as palavras dele continham**.

Nesse período, o adjunto adnominal de *profundidade* passa a ser a oração "que as palavras dele continham". Você já sabe que o adjunto adnominal é uma função adjetiva, ou seja, é função exercida por adjetivos, locuções adjetivas e outras palavras de valor adjetivo. É por isso que são chamadas de **subordinadas adjetivas** as orações que, nos períodos compostos por subordinação, atuam como adjuntos adnominais de termos das orações principais.

Subordinadas adverbiais

Outra modificação que podemos fazer no período simples original é a transformação do adjunto adverbial de tempo em uma oração. Observe:

Só depois que caí em mim, percebi a profundidade das palavras dele.

Nesse período composto, "só depois que caí em mim" é uma oração que atua como adjunto adverbial de tempo do verbo da outra oração. O adjunto adverbial é uma função adverbial, ou seja, é função exercida por advérbios e locuções adverbiais. Portanto, são chamadas de **subordinadas adverbiais** as orações que, num período composto por subordinação, atuam como adjuntos adverbiais do verbo da oração principal.

É fácil perceber, assim, que a classificação das orações subordinadas decorre da combinação da função sintática que exercem com a classe de palavras que representam, ou seja, é a morfossintaxe que determina a classificação de cada oração subordinada. São subordinadas substantivas as que exercem funções substantivas (sujeito, objeto direto e indireto, complemento nominal, aposto, predicativo). São subordinadas adjetivas as que exercem funções adjetivas (atuam como adjuntos adnominais). São subordinadas adverbiais as que exercem funções adverbiais (atuam como adjuntos adverbiais, expressando as mais variadas circunstâncias).

Subordinadas desenvolvidas e reduzidas

Quanto à forma, as orações subordinadas podem ser desenvolvidas ou reduzidas. Observe:

Suponho que seja ela a mulher ideal.

Suponho ser ela a mulher ideal.

Nesses dois períodos compostos há orações subordinadas substantivas que atuam como objeto direto da forma verbal *suponho*. No primeiro período, a oração é "que seja ela a mulher ideal". Essa oração é introduzida por uma conjunção subordinativa (*que*) e apresenta uma forma verbal do presente do sub-

Capítulo 22 > > > Orações subordinadas substantivas > > >

413

juntivo (*seja*). Trata-se de uma oração subordinada **desenvolvida**. Assim são chamadas as orações subordinadas que se organizam a partir de uma forma verbal do modo indicativo ou do subjuntivo e que são introduzidas, na maior parte dos casos, por conjunção subordinativa ou pronome relativo.

No segundo período, a oração subordinada "ser ela a mulher ideal" apresenta o verbo numa de suas formas nominais (no caso, infinitivo) e não é introduzida por conjunção subordinativa ou pronome relativo. Justamente por apresentar uma peça a menos em sua estrutura, essa oração é chamada de **reduzida**. As orações reduzidas apresentam o verbo numa de suas formas nominais (infinitivo, gerúndio ou particípio) e não apresentam conjunção ou pronome relativo (em alguns casos, são encabeçadas por preposições).

"Pensando em você," é, quanto à forma, uma oração subordinada adverbial reduzida, pois apresenta o verbo numa forma nominal (o gerúndio) e não é introduzida por conjunção ou pronome relativo.

Carta Capital. São Paulo: Confiança, n. 500, 18 jun. 2008. p. 53. Edição especial.

Atividade

Transforme os períodos simples seguintes em períodos compostos por subordinação, substituindo os termos destacados por orações que desempenhem a mesma função sintática.

a) Sugeri ao prefeito **a suspensão da cobrança do imposto**.
b) Lembro com saudade os bons momentos **da infância**.
c) **Apesar da existência de provas incontestáveis**, o réu foi absolvido.
d) Ninguém quer que se chegue a uma crise **insuperável**.
e) Pedi **a liberação de mais recursos**.
f) **Durante o dia**, nada foi feito.

3. Estudo das orações subordinadas substantivas

Como você já viu, as orações subordinadas substantivas desempenham funções que no período simples normalmente são desempenhadas por substantivos. As orações substantivas podem atuar como sujeito, objeto direto, objeto indireto, complemento nominal, predicativo e aposto. Por isso são chamadas, respectivamente, de subjetivas, objetivas diretas, objetivas indiretas, completivas nominais, predicativas e apositivas. Essas orações podem ser desenvolvidas ou reduzidas. As desenvolvidas normalmente se ligam à oração principal por meio das conjunções subordinativas integrantes *que* e *se*. As reduzidas apresentam verbo no infinitivo e podem ou não ser encabeçadas por preposição.

Subjetivas

As orações subordinadas substantivas subjetivas atuam como sujeito do verbo da oração principal. Observe:

> É fundamental **o seu comparecimento à reunião**.
>
> É fundamental **que você compareça à reunião**.
>
> É fundamental **você comparecer à reunião**.

O primeiro período é simples. Nele, "o seu comparecimento à reunião" é sujeito da forma verbal *é*. Na ordem direta é mais fácil constatar isso: "O seu comparecimento à reunião é fundamental". Nos outros dois períodos, que são compostos, a expressão "o seu comparecimento à reunião" foi transformada em oração ("que você compareça à reunião" e "você comparecer à reunião"). Nesses períodos, as orações destacadas são subjetivas, já que desempenham a função de sujeito da forma verbal *é*. A oração "você comparecer à reunião", que não é introduzida por conjunção e tem o verbo no infinitivo, é reduzida.

Quando ocorre oração subordinada substantiva subjetiva, o verbo da oração principal sempre fica na terceira pessoa do singular. As estruturas típicas da oração principal nesse caso são:

a. verbo de ligação + predicativo

é bom...	é conveniente...	é melhor...	é claro...
está comprovado	parece certo	fica evidente	

Observe os exemplos:

É preciso que se adotem providências eficazes.

Parece estar provado que soluções mágicas não funcionam.

b. verbo na voz passiva sintética ou analítica

sabe-se...	soube-se...	comenta-se...
dir-se-ia...	foi anunciado...	foi dito...

Exemplos:

Sabe-se que o país carece de sistema de saúde digno.

Foi dito que tudo seria resolvido por ele.

c. verbos como *convir*, *cumprir*, *acontecer*, *importar*, *ocorrer*, *suceder*, *parecer*, *constar*, *urgir*, conjugados na terceira pessoa do singular. Exemplos:

Convém que você fique.

Consta que ninguém se interessou pelo cargo.

Parece ser ela a pessoa indicada.

Objetivas diretas

As orações subordinadas substantivas objetivas diretas atuam como objeto direto do verbo da oração principal:

> Todos querem **que você compareça**.
>
> Suponho **ser o Brasil o país de pior distribuição de renda no mundo**.

Nas frases interrogativas indiretas, as orações subordinadas substantivas objetivas diretas podem ser introduzidas pela conjunção subordinativa integrante *se* e por pronomes ou advérbios interrogativos. Observe:

Ninguém sabe | **se** ela aceitará a proposta.
| **como** a máquina funciona.
| **onde** fica o teatro.
| **quanto** custa o remédio.
| **quando** entra em vigor a nova lei.
| **qual** é o assunto da palestra.

Com os verbos *deixar, mandar, fazer* (chamados auxiliares causativos) e *ver, sentir, ouvir, perceber* (chamados auxiliares sensitivos) ocorre um tipo interessante de oração subordinada substantiva objetiva direta reduzida de infinitivo. Observe:

Deixe-me repousar.   **Mandei-os sair.**   **Ouvi-o gritar.**

BROWNE, Dik. *O melhor de Hagar, o Horrível*. Porto Alegre: L&PM, 2007. v. 5, p. 11.

São comuns as ocorrências de pronomes oblíquos no papel de sujeito, como exemplifica o primeiro quadrinho. Observe também a conjunção subordinativa integrante *se* encabeçando a oração subordinada substantiva objetiva direta: "se você pegou a garrafa certa".

Nesses casos, as orações destacadas são todas objetivas diretas reduzidas de infinitivo. E, o que é mais interessante, os pronomes oblíquos atuam todos como sujeitos dos infinitivos verbais. Essa é a única situação da língua portuguesa em que um pronome oblíquo pode atuar como sujeito. Para perceber melhor o que ocorre, convém transformar as orações reduzidas em orações desenvolvidas:

Deixe **que eu repouse.**   Mandei **que eles saíssem.**   Ouvi **que ele gritava.**

Nas orações desenvolvidas, os pronomes oblíquos foram substituídos pelas formas retas correspondentes. É fácil perceber agora que se trata, efetivamente, dos sujeitos das formas verbais das orações subordinadas.

Objetivas indiretas

As orações subordinadas substantivas objetivas indiretas atuam como objeto indireto do verbo da oração principal:

Duvido **de que esse prefeito dê prioridade às questões sociais.**

Lembre-se **de comprar todos os remédios.**

Completivas nominais

As orações subordinadas substantivas completivas nominais atuam como complemento de um nome da oração principal:

Levo a leve impressão **de que já vou tarde**.

Tenho a impressão **de estar sempre no mesmo lugar**.

Observe que as objetivas indiretas integram o sentido de um **verbo**, enquanto as completivas nominais integram o sentido de um **nome**. Para distinguir uma da outra, é necessário levar em conta o termo complementado. Essa é, aliás, a diferença entre o objeto indireto e o complemento nominal: o primeiro complementa um verbo; o segundo, um nome. Nos exemplos dados acima, as orações subordinadas complementam o nome *impressão*.

Predicativas

As orações subordinadas substantivas predicativas atuam como predicativo do sujeito da oração principal:

A verdade é **que ele não passava de um impostor**.

Nosso desejo era **encontrares o teu caminho**.

OBSERVAÇÃO

Num período composto, é normal que um conjunto de orações subordinadas substantivas crie uma unidade sintática e semântica. Verifique o que ocorre no seguinte período:

É fundamental que você demonstre que é favorável a que o contratem.

Qual o sujeito da primeira forma verbal *é*? Responder a essa pergunta equivale a dizer o que é fundamental para quem fez a afirmação contida na frase. E a resposta é longa: "que você demonstre que é favorável a que o contratem" – afinal, é isso que é fundamental para quem fez a afirmação. Como classificar o bloco? Na verdade, o bloco todo funciona como sujeito da primeira forma verbal *é*, mas não se pode dizer que tudo isso seja uma oração subordinada substantiva subjetiva, já que há no trecho três orações. Deve-se dizer que o núcleo do sujeito da forma verbal *é* é a oração "que você demonstre", cujo verbo (*demonstre*) é transitivo direto; seu objeto direto é "que é favorável a que o contratem", cujo núcleo é "que é favorável". O nome *favorável*, por sua vez, é complementado pela oração "a que o contratem", oração subordinada substantiva completiva nominal.

A VANTAGEM DE VIAJAR SEM UM DESTINO CERTO É QUE VOCÊ NUNCA FICA PERDIDO.

▶ A vantagem de viajar sem um destino certo é que você nunca fica perdido.

Revista *Carta Capital*, 18 jun. 2008. p. 42/Detalhe

No texto do anúncio, o predicativo do sujeito está representado pela oração "que você nunca fica perdido". Observe, ainda, a presença de uma oração subordinada substantiva completiva nominal, reduzida de infinitivo, completando o sentido da palavra *vantagem*.

Carta capital. São Paulo: Confiança, n. 500, 18 jun. 2008. p. 42-3. Edição especial.

Apositivas

As orações subordinadas substantivas apositivas atuam como aposto de um termo da oração principal:

De você espero apenas uma coisa: **que me deixe em paz**.

Só resta uma alternativa: **encontrar o remédio**.

Atividades

1. Transforme os termos destacados nos períodos seguintes em orações subordinadas substantivas. Depois, compare a frase original com a frase que você obteve, considerando dados como clareza, síntese, elegância.

   a) Pressenti **sua chegada**.
   b) O sucesso do projeto depende **do teu esforço**.
   c) Sou contrário **à condenação do réu**.
   d) O importante é **a sobrevivência da nossa emoção**.
   e) Não preciso **de sua ajuda**.
   f) Anunciaram **a tua saída**.
   g) Lamento **vosso pouco interesse pelo projeto**.

2. Classifique as orações subordinadas substantivas destacadas nos períodos seguintes.

   a) Ocorre **que o país necessita da reforma agrária**.
   b) Comenta-se **que o país necessita da reforma agrária**.
   c) Não negue **que o país necessita da reforma agrária**.
   d) É óbvio **que o país necessita da reforma agrária**.
   e) O fato é **que o país necessita da reforma agrária**.
   f) Tenho certeza **de que o país necessita da reforma agrária**.
   g) Não se pode duvidar **de que o país necessita da reforma agrária**.
   h) Faço uma afirmação: **que o país necessita da reforma agrária**.

3. Observe atentamente os dois períodos compostos seguintes e indique a diferença de sentido que há entre eles.

   Diga se você me quer.
   Diga que você me quer.

4. Pontuação das subordinadas substantivas

A pontuação dos períodos compostos em que surgem orações subordinadas substantivas segue os mesmos princípios que se adotam no período simples para as funções sintáticas a que essas orações equivalem:

a. A vírgula não deve separar da oração principal as orações subjetivas, objetivas diretas, objetivas indiretas, completivas nominais e predicativas – afinal, sujeitos, complementos verbais e nominais não são separados por vírgula dos termos a que se ligam. O mesmo critério se aplica para o predicativo nos predicados nominais.

A.C. *Jornal da Tarde*, São Paulo, 14 abr. 2003.

As orações subordinadas substantivas objetivas diretas não se separam da principal por vírgula, como se observa no primeiro balão desta tira (a oração objetiva direta é "como perder 15 quilos por semana").

b. A oração subordinada substantiva apositiva deve ser separada da oração principal por vírgula ou dois-pontos, exatamente como ocorre com o aposto:

O boato, de que o presidente renunciaria, espalhou-se rapidamente.
Imponho-lhe apenas uma tarefa: que administre bem o dinheiro público.

Atividade

Pontue adequadamente as frases seguintes. Leve em conta a possibilidade de não usar nenhum sinal de pontuação.

a) Sempre me pede que o auxilie que interceda em seu favor que faça as coisas por ele.
b) Não duvido de que tudo possa ser resolvido por um simples aperto de mão.
c) Em sua canção "Imagine" Lennon manifestava um sonho que a humanidade vivesse em paz.
d) Não surpreende constatar que muitos brasileiros ainda imaginam ser possível resolver os graves problemas do país com promessas demagógicas.
e) "Existirmos a que será que se destina?"
f) Quero apenas uma coisa que você faça o que lhe convier.
g) Não existe a menor possibilidade de que ele se interesse pelos problemas das classes menos favorecidas.
h) Informamos a todos os interessados que José Joaquim Xavier Sampaio de Andrade é funcionário da Empresa Brasileira de Correios e Telégrafos desde 1988.

Textos para análise

1

Poema da necessidade

É preciso casar João,
é preciso suportar Antônio,
é preciso odiar Melquíades,
é preciso substituir nós todos.

É preciso salvar o país,
é preciso crer em Deus,
é preciso pagar as dívidas,
é preciso comprar um rádio,
é preciso esquecer fulana.

É preciso estudar volapuque,
é preciso estar sempre bêbado,
é preciso ler Baudelaire,
é preciso colher as flores
de que rezam velhos autores.

É preciso viver com os homens,
é preciso não assassiná-los,
é preciso ter mãos pálidas
e anunciar O FIM DO MUNDO.

ANDRADE, Carlos Drummond de. *Reunião: 10 livros de poesia*. 8. ed. Rio de Janeiro: José Olympio, 1977. p. 47.

Trabalhando o texto

1. Com exceção de dois versos, todos os demais possuem estrutura semelhante. Por que o autor construiu assim o poema?

2. Do ponto de vista sintático, como se organizam os versos?

3. O último verso apresenta estrutura diferente. Comente-a explicando por que a mudança ocorre justamente nesse verso.

4. Do ponto de vista semântico, que relação existe entre os vários versos que compõem o poema e o último?

5. Em que medida a estrutura sintática das orações corrobora o sentido do poema?

2

Esteriotipagem

Jogadores de futebol podem ser vítimas de esteriotipagem. Por exemplo, você pode imaginar um jogador de futebol dizendo "estereotipagem"? E no entanto, por que não?

– Aí, campeão. Uma palavrinha pra galera.

– Minha saudação aos aficionados do clube e aos demais esportistas, aqui presentes ou no recesso de seus lares.

– Como é?

– Aí, galera.

– Quais são as instruções do técnico?

– Nosso treinador vaticinou que, com um trabalho de contenção coordenada, com energia otimizada, na zona de preparação, aumentam as probabilidades de, recuperado o esférico, concatenarmos um contragolpe agudo com parcimônia de meios e extrema objetividade, valendo-nos da desestruturação momentânea do sistema oposto, surpreendido pela reversão inesperada do fluxo da ação.

– Ahn?

– É pra dividir no meio e ir pra cima pra pegá eles sem calça.

– Certo. Você quer dizer mais alguma coisa?

– Posso dirigir uma mensagem de caráter sentimental, algo banal, talvez mesmo previsível e piegas, a uma pessoa à qual sou ligado por razões, inclusive, genéticas?

– Pode.

– Uma saudação para a minha progenitora.

– Como é?

– Alô mamãe!

– Estou vendo que você é um, um...

– Um jogador que confunde o entrevistador, pois não corresponde à expectativa de que o atleta seja um ser algo primitivo com dificuldade de expressão e assim sabota a estereotipagem?

– Estereoque?

– Um chato?

– Isso.

VERISSIMO, Luis Fernando. O Estado de S. Paulo,
São Paulo, 2 dez. 2007. Cultura, p. D18.

Trabalhando o texto

1. O jogador em questão, ao ser entrevistado, foi vítima da estereotipagem? Por quê?

2. Há inúmeras orações reduzidas nesse texto. Reescreva algumas, desenvolvendo-as.

3. Que funções exercem as orações destacadas?

a) (...) aumentam as probabilidades de, recuperado o esférico, **concatenarmos um contragolpe agudo com parcimônia de meios e extrema objetividade.**

b) Um jogador que confunde o entrevistador, pois não corresponde à expectativa **de que o atleta seja um ser algo primitivo com dificuldade de expressão** (...)

4. Identifique as orações principais das que estão em destaque; em seguida, classifique-as.

a) Nosso treinador vaticinou que, com um trabalho de contenção coordenada, com energia otimizada, na zona de preparação, **aumentam as probabilidades** de, recuperado o esférico, concatenarmos um contragolpe agudo com parcimônia de meios e extrema objetividade (...)

b) – Estou vendo **que você é um, um...**

5. Observe a diferença entre as falas do jogador quando ele responde pela primeira vez ao repórter e as falas que servem para "traduzir" o conteúdo das primeiras. Faça um comentário sobre a estrutura sintática de ambos os tipos.

420 Parte 3 > > > SINTAXE > > >

Questões de exames e concursos

1. (UPM-SP)

01 Curiosa palavra. Idoso. O que acumulou idade. Também tem o

02 sentido de quem se apega à idade. Ou que a esbanja (como gostoso

03 ou dengoso). Se é que não significa alguém que está indo, alguém

04 em processo de ida. Em contraste com os que ficam, os ficosos...

(Luis Fernando Verissimo)

Assinale a afirmativa correta a respeito do trecho citado.

a) O uso de termos sintaticamente relacionados em frases independentes sugere, pela fragmentação, a ideia de raciocínio em elaboração.

b) A separação de sujeitos e predicados ressalta a expressividade do trecho, ainda que demonstre desobediência aos padrões de emprego dos sinais (pontos, vírgulas).

c) O isolamento dos termos-chave do texto (*Idoso, os ficosos*) permite concluir que o autor está satirizando a dificuldade de manipular a linguagem característica dos que chegam à terceira idade.

d) A utilização de reticências na frase final comprova que ela ficou incompleta, destituída, pois, de sentido.

e) Entre *indo* e *alguém*, a vírgula é empregada para separar elementos de uma listagem ou enumeração.

2. (PUC-RJ)

A revolução do cérebro

O seu cérebro é capaz de quase qualquer coisa. Ele consegue parar o tempo, ficar vários dias numa boa sem dormir, ler pensamentos, mover objetos a distância e se reconstruir de acordo com a necessidade. Parecem superpoderes de histórias em quadrinhos, mas são apenas algumas das descobertas que os neurocientistas fizeram ao longo da última década.

Algumas dessas façanhas sempre fizeram parte do seu cérebro e só agora conseguimos perceber. Outras são fruto da ciência: ao decifrar alguns mecanismos da nossa mente, os pesquisadores estão encontrando maneiras de realizar coisas que antes pareciam impossíveis. O resultado é uma revolução como nenhuma outra, capaz de mudar não só a maneira como entendemos o cérebro, mas também a imagem que fazemos do mundo, da realidade e de quem somos nós. [...]

O seu corpo, ao que parece, é muito pequeno para conter uma máquina tão poderosa quanto o cérebro. Prova disso veio em julho, quando foram divulgadas as aventuras de Matthew Nagle, um americano que ficou paralítico em uma briga em 2001. Três anos depois, cientistas da Universidade Brown, EUA, e de quatro outras instituições implantaram eletrodos na parte do cérebro dele responsável pelos movimentos dos braços e registraram os disparos de mais de 100 neurônios.

Enviados a um computador, esses sinais permitiram que ele controlasse um cursor em uma tela, abrisse *e-mails*, jogasse videogames e comandasse um braço robótico. Somente com o pensamento, Nagle conseguiu mover objetos.

(...) Foi (...) uma prova de que o nosso cérebro é capaz de comandar objetos fora do corpo – uma ideia que pode mudar nossa relação com o mundo.

Extraído da Revista Superinteressante. São Paulo: Abril, ago. 2006. p.50-9.

a) Retire do texto uma expressão que tem um caráter excessivamente informal em relação ao restante do mesmo.

b) Fazendo todas as modificações necessárias, reescreva o período abaixo sem empregar a conjunção integrante "**que**".

"Enviados a um computador, esses sinais permitiram que ele controlasse um cursor em uma tela, abrisse *e-mails*, jogasse videogame e comandasse um braço robótico."

c) Reescreva o período abaixo, utilizando a conjunção "**embora**" para marcar a relação estabelecida entre as duas orações.

"Inventamos a maravilha do automóvel e aumentamos o tempo perdido para ir de casa ao trabalho."

3. (Fuvest-SP)

Muitos políticos olham com desconfiança os que se articulam com a mídia.

Não compreendem que não se faz política sem a mídia. Jacques Ellul, no século passado, afirmava que um fato só se torna político pela mediação da imprensa. Se 20 índios ianomâmis são assassinados e ninguém ouve falar, o crime não se torna um fato político. Caso apareça na televisão, o que era um mistério da floresta torna-se um problema mundial.

Adaptado de Fernando Gabeira, Folha de S.Paulo.

a) Explique a distinção, explorada no texto, entre dois tipos de fatos: um, relacionado a "mistério da floresta"; outro, relacionado a "problema mundial".

b) Reescreva os dois períodos finais do texto, começando com "Se 20 índios fossem assassinados..." e fazendo as adaptações necessárias.

4. (UEPG-PR) Sobre o período "Não é possível que o senhor não ame, e que, amando, julgue um sentimento de tal grandeza incômodo", estão corretas as afirmações:

01) As duas orações introduzidas pela palavra "que" exercem, em relação à principal, uma função substantiva de sujeito.

02) Dentre as duas orações reduzidas, uma tem valor causal.

04) A palavra "que", nas duas orações subordinadas que introduz, é pronome relativo.

08) As duas orações introduzidas pela palavra "que" relacionam-se entre si por meio do processo de coordenação.

16) Dentre as quatro orações constituintes, uma tem a forma reduzida.

5. (FGV-SP) Assinale a alternativa cuja oração em destaque tem a mesma classificação sintática que a oração destacada no período – Frederick Douglass ensinou **que a alfabetização é o caminho da escravidão para a liberdade.**

a) ... espero que não [as] tenhamos nestes [próximos] cem anos.

b) ... um tipo de máquina do fracasso perpétuo que esmigalha os sonhos de geração a geração.

c) ... os Estados Unidos se vangloriavam de ter um dos índices mais elevados de cidadãos alfabetizados no mundo.

d) Mas os colonizadores norte-americanos, compreendendo em que consiste a liberdade, não pensavam assim.

e) ... solucionar os dilemas que nos perseguem.

6. (TA-MG/Fundec) Assinale a alternativa em que esteja **incorreta** a classificação do período e da oração sublinhada.

a) Soube-se <u>que ela chega hoje</u>. (Período composto por subordinação; oração subordinada substantiva subjetiva.)

b) Carlos saiu cedo e <u>voltou de madrugada</u>. (Período composto por coordenação; oração coordenada sindética aditiva.)

c) Parece <u>que vai chover novamente</u>. (Período composto por subordinação; oração subordinada substantiva objetiva direta.)

d) O certo é <u>que a cidade cresceu muito</u>. (Período composto por subordinação; oração subordinada substantiva predicativa.)

7. (TJ-SP/Vunesp-SP) É importante que todos participem da reunião.

O segmento que todos participem da reunião, em relação a **É importante**, é uma oração subordinada:

a) adjetiva com valor restritivo.

b) substantiva com a função de sujeito.

c) substantiva com a função de objeto direto.

d) adverbial com valor condicional.

e) substantiva com a função de predicativo.

8. (PUC-SP) Em "Considerei, por fim, **que assim é o amor**...", a oração destacada tem, em relação à oração não destacada:

a) valor de adjetivo e função sintática de predicativo do sujeito.

b) valor de advérbio e função sintática de adjunto adverbial de modo.

c) valor de substantivo e função sintática de objeto direto.

d) valor de substantivo e função sintática de sujeito.

e) valor de adjetivo e função sintática de adjunto adnominal.

9. (Febasp) "Se para os clássicos a realidade era clássica, para os românticos, romântica, suprarreal para os surrealistas, econômica para os engajados – para Duras a realidade é subjetiva e fragmentada. Assim ela se liberta da necessidade de contar histórias e de uma certa concepção balzaquiana de romance, que é a concepção que vigora ainda em muitas praças e que, feliz ou infelizmente, tem mais livre curso."

(O Estado de S. Paulo)

Considere o seguinte trecho: "Se para os clássicos a realidade era clássica, para os românticos, romântica, suprarreal para os surrealistas, econômica para os engajados – para Duras a realidade é subjetiva...".

No período acima há:

a) um período composto de duas orações, pois há apenas dois verbos.

b) um período simples de duas orações, pois são orações independentes entre si.

c) um período composto de cinco orações, embora haja apenas dois verbos; os outros verbos, assim como os sujeitos, estão ocultos; ou seja, houve zeugma.

d) um período composto de duas orações: uma condicional e uma coordenada assindética.

10. (Vunesp-SP) "A conclusão é a de que mais vale um pássaro na mão do que nenhum."

a) Como se poderia analisar sintaticamente a oração em que ocorre o verbo *vale*?

b) Descomplique o período acima, alterando-o de modo a evitar o uso do pronome *a*.

11. (PUC-SP) Em relação ao trecho "... e no fim declarou-me **que eu tinha medo de que você me esquecesse**", as orações destacadas são, respectivamente:

a) subordinada substantiva objetiva indireta, subordinada substantiva objetiva direta.

b) subordinada substantiva predicativa, subordinada substantiva objetiva direta.

c) subordinada substantiva objetiva direta, subordinada substantiva completiva nominal.

d) subordinada substantiva objetiva direta, subordinada substantiva objetiva indireta.

e) subordinada substantiva subjetiva, subordinada substantiva predicativa.

12. (Febasp) "Seria temerário afirmar que a melhor arte de São Paulo está hoje nos muros – cheios de grafites – e não na Bienal de Arte do Ibirapuera. Seria discutível dizer que os artistas mais expressivos não estão nas galerias de arte da cidade – e sim exatamente nos mesmos muros enfeitados com os grafites... É bom, no entanto, não confundir grafite com pichação! Pichação, diriam todos, é tudo aquilo que emporcalha a cidade, do nome do político impresso na parede à piada de mau gosto ou à declaração de amor..." (Revista *Veja*)

Dos períodos retirados do texto, qual é aquele que não tem oração subordinada substantiva subjetiva?

a) "Seria temerário afirmar que a melhor arte de São Paulo está hoje nos muros cheios de grafite..."

b) "Pichação, diriam todos, é tudo aquilo que emporcalha a cidade, do nome do político impresso na parede à piada do mau gosto ou à declaração de amor..."

c) "Seria discutível dizer que os artistas mais expressivos não estão nas galerias de arte da cidade e sim exatamente nos muros enfeitados com grafite..."

d) "É bom, no entanto, não confundir grafite com pichação..."

13. (UFRGS) Substituir a oração destacada por um nome de sentido equivalente, efetuando as mudanças necessárias.

a) Não importou, na época, **que os inimigos de Nostradamus aprovassem ou não seus métodos**.

b) Notou-se perfeitamente **que a sua atitude foi audaz**.

14. (UEL-PR) "Ninguém mais acreditava que ainda houvesse meios de salvá-lo."

Há, no período acima:

a) três orações subordinadas.

b) uma oração principal e uma subordinada.

c) uma oração subordinada reduzida.

d) uma oração subordinada subjetiva.

e) uma oração subordinada objetiva indireta.

15. (UFV-MG) As orações subordinadas substantivas que aparecem nos períodos abaixo são todas subjetivas, **exceto**:

a) Decidiu-se que o petróleo subiria de preço.

b) É muito bom que o homem, vez por outra, reflita sobre sua vida.

c) Ignoras quanto custou meu relógio?

d) Perguntou-se ao diretor quando seríamos recebidos.

e) Convinha-nos que você estivesse presente à reunião.

16. (Unicamp-SP) Os computadores facilitam a reelaboração de textos, pois permitem, entre outras coisas, incluir e apagar trechos. A introdução dessa tecnologia na composição de jornais começou a produzir um tipo especial de erro, devido provavelmente ao fato de que o autor se esquece de eliminar partes de versões anteriores, após introduzir modificações. No trecho abaixo, por exemplo, há duas expressões de sentido equivalente, uma das quais deveria ter sido eliminada:

Isso porque não é necessário que nesse estágio o Planalto não precisa ainda apresentar sua defesa.

Folha de S.Paulo, 5 set. 1992.

a) Identifique as expressões de sentido equivalente que não podem, neste trecho, ser usadas simultaneamente.

b) Reescreva o trecho de duas maneiras, utilizando, a cada vez, apenas uma das expressões que você identificou.

17. (FCL-SP) Qual a classificação sintática da oração destacada?

É evidente **que ele não sabe**.

18. (FCMSC-SP) A palavra *se* é conjunção subordinativa integrante (introduzindo oração subordinada substantiva objetiva direta) em qual das frases seguintes?

a) Ele se morria de ciúmes pelo patrão.

b) A Federação arroga-se o direito de cancelar o jogo.

c) O aluno fez-se passar por doutor.

d) Precisa-se de pedreiros.

e) Não sei se o vinho está bom.

Capítulo 22 > > > Orações subordinadas substantivas > > >

423

19. (PUC-SP) Assinale a alternativa cuja oração subordinada é substantiva predicativa.

a) Espero que venhas hoje.

b) O aluno que trabalha é bom.

c) Meu desejo é que te formes logo.

d) És tão inteligente como teu pai.

e) n.d.a.

20. (PUC-SP) Nos trechos "... não é impossível que a notícia da morte me deixasse alguma tranquilidade, alívio, e um ou dois minutos de prazer" e "Digo-vos que as lágrimas eram verdadeiras", a palavra *que* está introduzindo, respectivamente, orações:

a) subordinada substantiva subjetiva, subordinada substantiva objetiva direta.

b) subordinada substantiva objetiva direta, subordinada substantiva objetiva direta.

c) subordinada substantiva subjetiva, subordinada substantiva subjetiva.

d) subordinada substantiva completiva nominal, subordinada adjetiva explicativa.

e) subordinada adjetiva explicativa, subordinada substantiva predicativa.

21. (PUC-SP) "Pode-se dizer **que a tarefa crítica é puramente formal**."

No texto acima, temos uma oração destacada que é ... e um *se* que é ... .

a) substantiva objetiva direta, partícula apassivadora

b) substantiva predicativa, índice de indeterminação do sujeito

c) relativa, pronome reflexivo

d) substantiva subjetiva, partícula apassivadora

e) adverbial consecutiva, índice de indeterminação do sujeito

22. (Faap-SP) Substitua por substantivos as orações destacadas, fazendo as adaptações necessárias.

Desejo **que vocês viajem bem e descansem bastante**.

23. (Faap-SP) "Assim nos encontrou nesta contemplação de Zé Brás, com o doce aviso **de que estava na mesa a ceiazinha**." A oração destacada é:

a) objetiva direta.

b) objetiva indireta.

c) completiva nominal.

d) subjetiva.

e) predicativa.

24. (Acafe-SC) No período: "Não me parece bonito **que o nosso Bentinho ande metido nos cantos com a filha do Tartaruga**...", a oração destacada é:

a) subordinada substantiva objetiva indireta.

b) subordinada substantiva objetiva direta.

c) subordinada substantiva subjetiva.

d) subordinada substantiva completiva nominal.

e) subordinada substantiva predicativa.

25. (PUC-SP) Assinale o período em que a oração destacada é substantiva apositiva.

a) Não me disseram **onde moravas**.

b) A rua **onde moras** é muito movimentada.

c) Só me interessa saber uma coisa: **onde moras**.

d) Morarei **onde moras**.

e) n.d.a.

26. (Fuvest-SP) Indique o objeto direto do verbo destacado.

... **fui dizer** à minha mãe que a escrava é que estragara o doce...

27. (Fuvest-SP) Dos termos destacados nas orações que seguem, diga qual deles tem função sintática idêntica a "Ser objeto do ódio daquele homem" em "Tornara-se doloroso para mim ser objeto do ódio daquele homem.".

a) "Não seria conveniente **tramar toda aquela história**."

b) "Dizia **ser ele homem de moral forte**."

c) "O pretexto era **sair daquele lugar incômodo**."

28. (Unimar-SP) A seguir estão exemplificadas três orações reduzidas de infinitivo:

I. Era preciso tirar a pressão da gestante.

II. Deus o livre de ser logrado, ainda mais pela sogra!

III. Por ser da minha terra é que sou nobre, por ser da minha gente é que sou rico.

Entre elas, também é substantiva:

a) a I apenas.

b) a II apenas.

c) a III apenas.

d) a I e a II.

e) a I e a III.

29. (UFMG) Dê a função sintática dos termos destacados.

a) O criado e a ama, diziam, estavam lá dentro **em interrogatório**.

b) Na hora de dormir foi que senti de verdade a ausência **de minha mãe**.

c) Pela minha cabeça passavam, às pressas e truncados, **os sucessos do dia**.

d) Sempre que estava comigo, era a me beijar, a **me** contar histórias.

e) Junto dela eu não sentia necessidade **dos meus brinquedos**.

f) Sempre que perguntava a minha mãe **por que não me levava para o engenho**, ela se desculpava com o emprego de meu pai.

Parte 3 > > > SINTAXE > > >

Capítulo 23

Orações subordinadas adjetivas

Em 10 pulinhos você conhece uma empresa que é Amiga da Criança.

Istoé. São Paulo: Três, 13 fev. 2002. p. 9.

Uma oração adjetiva nada mais é do que um adjunto adnominal em forma de oração. Assim como é possível dizer "empresa amiga da criança", em que o substantivo **empresa** é caracterizado pelo adjunto adnominal "amiga da criança", é possível dizer também "que é Amiga da Criança".

1. Estrutura das orações subordinadas adjetivas

Como você já viu, as orações subordinadas adjetivas têm esse nome porque equivalem a um adjetivo. Em termos sintáticos, essas orações exercem a função que normalmente cabe a um adjetivo, a de adjunto adnominal. Observe:

Não suporto gente mentirosa.

Não suporto gente que mente.

Comparando esses períodos, é fácil perceber que a oração "que mente" e a palavra *mentirosa* são morfossintaticamente equivalentes: têm papel morfológico de adjetivo e função sintática de adjunto adnominal do substantivo *gente*, que é núcleo do objeto direto da forma verbal *suporto*. "Que mente" é, portanto, uma oração subordinada adjetiva.

A conexão entre a oração subordinada adjetiva e o termo da oração principal que ela modifica é feita, no caso, pelo pronome relativo *que*. Vale relembrar um recurso didático largamente empregado – e já estudado neste livro, no capítulo destinado aos pronomes – para reconhecer o pronome relativo *que*: ele sempre pode ser substituído por *o/a qual, os/as quais*. "Gente que mente" equivale a "gente a qual mente"; "aluno que estuda" equivale a "aluno o qual estuda".

Convém lembrar também que é fundamental diferenciar o relativo *que* da conjunção integrante *que*, que introduz uma oração subordinada substantiva. Observe:

Diga às pessoas que me procurarem que estarei aqui depois do almoço.

O primeiro *que* é pronome relativo (que = as quais). A oração "que me procurarem", que caracteriza o substantivo *pessoas*, é adjetiva. O segundo *que*, que não pode ser substituído por nenhum outro termo, é conjunção integrante. A oração "que estarei aqui depois do almoço" é subordinada substantiva objetiva direta, já que funciona como complemento direto da forma verbal *diga*.

Duplo papel do pronome relativo

Além de conectar (ou relacionar, daí o nome *relativo*) duas orações, o pronome relativo desempenha uma função sintática na oração subordinada: ocupa o papel que seria exercido pelo termo que o antecede. Observe:

É preciso comer alimentos. **Esses alimentos** não devem fazer mal à saúde.

É preciso comer alimentos que não façam mal à saúde.

No primeiro caso, há dois períodos simples. No primeiro período, o substantivo *alimentos* exerce a função sintática de objeto direto de *comer*; no segundo, é núcleo do sujeito da locução verbal *devem fazer*. Quando os dois períodos simples são unidos num período composto, o substantivo *alimentos* deixa de ser repetido: em seu lugar, exercendo a função de sujeito da forma verbal *façam*, surge o pronome relativo *que*. Note que, para os dois períodos se unirem num período composto, foi preciso alterar o modo verbal da segunda oração.

Não é só o pronome relativo *que* que desempenha função sintática. Aos demais relativos (já estudados no capítulo destinado aos pronomes) também se aplica o mesmo raciocínio. Ainda neste capítulo, você verá as funções sintáticas desses relativos.

Adjetivas desenvolvidas e reduzidas

Quando são introduzidas por um pronome relativo e apresentam verbo no modo indicativo ou subjuntivo, as orações subordinadas adjetivas são chamadas **desenvolvidas**. Além delas, existem as orações subordinadas adjetivas **reduzidas**, que não são introduzidas por pronome relativo (podem ser introduzidas por preposição) e apresentam o verbo numa das formas nominais (infinitivo, gerúndio ou particípio). Observe:

Ele foi o primeiro aluno que se apresentou.

Ele foi o primeiro aluno a se apresentar.

No primeiro período, há uma oração subordinada adjetiva desenvolvida, já que é introduzida pelo pronome relativo *que* e apresenta verbo conjugado no pretérito perfeito do indicativo. No segundo, há uma oração subordinada adjetiva reduzida de infinitivo: não há pronome relativo e seu verbo está no infinitivo.

Atividade

Reescreva as frases seguintes, substituindo os termos destacados por orações subordinadas que exerçam as mesmas funções sintáticas. Depois, comente as diferenças entre as frases originais e as que você obtece, considerando dados como clareza, síntese, elegância.

a) Várias empresas tiveram prejuízos **incalculáveis**.

b) Em todas as discussões, sempre apresenta argumentos **indesmentíveis**.

c) Os italianos, **notáveis bebedores de vinho e comedores de pizza**, negam-se a permitir a descaracterização de seus hábitos alimentares.

d) O país, **grande exportador de matérias-primas**, enfrenta uma crise econômica interminável.

e) O país, grande exportador de matérias-primas, enfrenta uma crise econômica **interminável**.

2. Aspectos semânticos: orações restritivas e explicativas

Na relação que estabelecem com o termo que caracterizam, as orações subordinadas adjetivas podem atuar de duas maneiras diversas. Há aquelas que restringem o sentido do termo antecedente, individualizando-o – são as chamadas subordinadas adjetivas **restritivas** –, e aquelas que realçam um detalhe ou amplificam dados sobre o antecedente, que já se encontra suficientemente definido – são as subordinadas adjetivas **explicativas**. Observe:

Jamais teria chegado aqui, não fosse a gentileza de um homem **que passava naquele momento**.

O homem, **que se considera racional**, muitas vezes age animalescamente.

No primeiro período, a oração "que passava naquele momento" restringe e particulariza o sentido da palavra *homem*: trata-se de um homem específico, único, que se caracteriza, no caso, por estar passando por um determinado lugar num determinado momento. A oração, na verdade, limita o universo de homens, isto é, não se refere a todos os homens. É, portanto, uma oração subordinada adjetiva restritiva. No segundo período, a oração "que se considera racional" não tem sentido restritivo em relação à palavra *homem*: na verdade, essa oração apenas explicita uma ideia que já sabemos estar contida no conceito de homem. A oração não faz referência a um determinado homem, e sim ao conjunto de homens, a todos os homens, a qualquer homem. Trata-se, portanto, de uma oração subordinada adjetiva explicativa.

Se você ler atentamente em voz alta os dois períodos acima, vai perceber que a oração subordinada adjetiva explicativa é separada da oração principal por uma pausa, que, na escrita, é representada pela vírgula. É comum, por isso, que a pontuação seja indicada como forma de diferenciar as orações explicativas das restritivas: de fato, as explicativas vêm sempre isoladas por vírgulas; as restritivas, não. Essa

Capítulo 23 > > > Orações subordinadas adjetivas > > >

427

diferença é facilmente perceptível quando se está diante de um período escrito por outrem; no entanto, quando é preciso redigi-lo, é necessário levar em conta as diferenças de significado que as orações restritivas e as explicativas implicam (afinal, é quem está escrevendo que vai ter de colocar as vírgulas nesse caso!). Em muitos casos, a oração subordinada adjetiva será explicativa ou restritiva de acordo com o que se pretende dizer. Observe:

> Mandei um telegrama para meu irmão que mora em Roma.
>
> Mandei um telegrama para meu irmão, que mora em Roma.

No primeiro período, é possível afirmar com segurança que a pessoa que fala ou escreve tem, no mínimo, dois irmãos, um que mora em Roma e um que mora em outro lugar. A palavra *irmão*, no caso, precisa ter seu sentido limitado, ou seja, é preciso restringir seu universo. Para isso se usa uma oração subordinada adjetiva restritiva. No segundo período, é possível afirmar com segurança que a pessoa que fala ou escreve tem apenas um irmão, o qual mora em Roma. A informação de que o irmão mora em Roma não é uma particularidade, ou seja, não é um elemento identificador, diferenciador, e sim um detalhe que se quer realçar.

Observe as diferenças de sentido produzidas nos períodos seguintes pelo uso de orações subordinadas adjetivas restritivas e explicativas:

a. exemplo 1

> O país **que não trata a educação como prioridade** não pode fazer parte do rol das nações civilizadas.
>
> O país, **que não trata a educação como prioridade**, não pode fazer parte do rol das nações civilizadas.

No primeiro período, faz-se uma afirmação de caráter genérico, irrestrito, que se aplica a todo e qualquer país que não trata a educação como prioridade. Restringindo a palavra *país*, a oração subordinada adjetiva restritiva limita, particulariza seu sentido, tornando-a aplicável a determinado grupo de países. No segundo período, faz-se referência a um país cuja situação é bem conhecida por quem fala e por quem ouve. No caso, a informação de que ele não trata a educação como prioridade é considerada um fato notório, a que se quer dar destaque.

AT Revista, 27 jan. 2008. p. 11/Detalhe

Alta-tensão

Especialistas falam da banalização em torno do estresse, que pode causar doenças físicas e emocionais sérias. Saiba como prevenir e identificar uma situação de risco a tempo

AT Revista. Santos: A Tribuna de Santos Jornal e Editora, ano 4, n. 165, 27 jan. 2008. p. 11.

Exemplo de oração subordinada adjetiva explicativa: "que pode causar doenças físicas e emocionais sérias".

b. exemplo 2

> Os homens **cujos princípios não são sólidos** acabam se corrompendo.
>
> Os homens, **cujos princípios não são sólidos**, acabam se corrompendo.

No primeiro período, está-se afirmando que apenas alguns homens – aqueles que não têm princípios sólidos – são corruptíveis. O termo *homens* tem seu sentido particularizado, limitado pela oração subordinada adjetiva restritiva ("cujos princípios não são sólidos", introduzida pelo relativo *cujos*). No segundo período, faz-se uma afirmação de caráter genérico: todos os homens de um determinado universo (um clube, um partido político, uma escola, uma cidade, um país ou até mesmo o planeta todo) são corruptíveis, porque se considera a falta de solidez dos princípios uma característica comum a todo e qualquer homem de um determinado conjunto, que, como já foi dito, pode até ser o planeta todo. A oração subordinada adjetiva é, nesse caso, explicativa.

c. exemplo 3

> A empresa tem duzentos funcionários **que moram em Guaratinguetá**.
>
> A empresa tem duzentos funcionários, **que moram em Guaratinguetá**.

No primeiro período, afirma-se que a empresa tem mais de duzentos funcionários, dos quais duzentos moram em Guaratinguetá. A oração "que moram em Guaratinguetá" limita, restringe o sentido da palavra *funcionários*. É subordinada adjetiva restritiva. No segundo período, afirma-se que a empresa tem exatamente duzentos funcionários e que todos, absolutamente todos, moram em Guaratinguetá. A oração subordinada adjetiva é explicativa.

Atividade

Leia atentamente as frases de cada um dos pares seguintes e explique as diferenças de sentido existentes entre elas.

a) O time que não treina não consegue ganhar uma partida.
O time, que não treina, não consegue ganhar uma partida.

b) Está comprovada a participação dos policiais, cujos nomes tinham sido encontrados na agenda do traficante.
Está comprovada a participação dos policiais cujos nomes tinham sido encontrados na agenda do traficante.

c) Os jogadores, de quem se esperava no mínimo amor à camisa, simplesmente andaram em campo.
Os jogadores de quem se esperava no mínimo amor à camisa simplesmente andaram em campo.

d) A Cetesb enviará fiscais às cidades do litoral onde a poluição das praias é alarmante.
A Cetesb enviará fiscais às cidades do litoral, onde a poluição das praias é alarmante.

3. Pronomes relativos: usos e funções

Que

Você já viu neste livro, no capítulo destinado aos pronomes, que, por seu largo emprego, o relativo *que* é considerado relativo universal. Esse pronome pode ser usado para substituir pessoa ou coisa, que estejam no singular ou no plural. Sintaticamente, o relativo *que* pode desempenhar várias funções:

a. sujeito

> O **homem que pensa vale por dois**.

Capítulo 23 > > > Orações subordinadas adjetivas > > >

429

b. objeto direto

"Bebi o café que eu mesmo preparei". (Manuel Bandeira)

c. objeto indireto

"Alegria, alegria" é uma das músicas de que mais gosto.

d. complemento nominal

As teses a que me mantenho fiel são muito polêmicas.

e. predicativo

O pessimista que eu era deu lugar a um insuportável sonhador.

f. agente da passiva

As teses por que você foi seduzido são puro delírio.

g. adjunto adverbial (no caso, de lugar)

A cidade em que nasci fica no Vale do Paraíba.

Pelos exemplos acima, percebe-se que, em alguns casos, o pronome relativo deve ser precedido da preposição apropriada à função que exerce. É o caso do objeto indireto (gostar *de* algo), do complemento nominal (fiel *a* algo), do agente da passiva (ser seduzido *por* alguém ou algo) e do adjunto adverbial de lugar (nascer *em* algum lugar). Na língua escrita formal, a omissão da preposição nesses casos é considerada erro.

Em livro

BANDEIRA, Manuel. *50 poemas escolhidos pelo autor*. Rio de Janeiro: Cosac Naify, 2006.

Dos 350 poemas escritos por Manuel Bandeira, estão reunidos neste livro cinquenta deles, que sintetizam a obra do poeta modernista. A antologia é diversificada, já que apresenta temas bem diferentes entre si: os poemas selecionados, e entre eles está o poema "Os sapos" – que abriu a Semana de Arte Moderna de 1922 –, falam de religião, erotismo, infância, além da própria arte de fazer poesia.

Quem

Como você já sabe, o pronome *quem* refere-se a pessoa ou a coisa personificada, no singular ou no plural. É sempre precedido de preposição, podendo exercer diversas funções sintáticas:

a. objeto direto preposicionado

Drummond, a quem admiro muito, influenciou-me profundamente.

b. objeto indireto

Este é o jogador a quem me refiro sempre.

c. complemento nominal

Este é o jogador a quem sempre faço referência.

d. agente da passiva

O médico por quem fomos assistidos é um dos mais renomados especialistas.

e. adjunto adverbial (no caso, de companhia)

A mulher com quem ele mora é grega.

O qual, os quais, a qual, as quais

Esses pronomes são usados com referência a pessoa ou coisa. Desempenham as mesmas funções que o pronome *que*; seu uso, entretanto, é bem menos frequente. Observe dois exemplos:

a. sujeito

Conhecemos uma das irmãs de Pedro, a qual trabalha na Alemanha.

Neste caso, o relativo *a qual* evita ambiguidade. Se fosse usado o relativo *que*, não seria possível determinar quem trabalha na Alemanha (Pedro ou uma de suas irmãs?).

b. adjunto adverbial

Não deixo de cuidar da grama, sobre a qual às vezes gosto de um bom cochilo.

A preposição *sobre*, dissilábica, tende a exigir o relativo sob as formas *o/a qual*, *os/as quais*, rejeitando a forma *que*.

Cujo, cuja, cujos, cujas

Cujo e suas flexões equivalem a *de que*, *do qual* (ou suas flexões *da qual*, *dos quais*, *das quais*), *de quem*. Estabelecem normalmente relação de posse entre o antecedente e o termo que especificam, atuando na maior parte das vezes como adjunto adnominal e em algumas construções como complemento nominal.

a. adjunto adnominal

Não consigo conviver com pessoas cujas aspirações sejam essencialmente materiais. (Não consigo conviver com pessoas/ As aspirações dessas pessoas são essencialmente materiais.)

b. complemento nominal

O livro, cuja leitura agradou muito aos alunos, trata dos tristes anos da ditadura. (cuja leitura = a leitura do livro)

No português falado no Brasil, esse pronome tem uso restrito às situações formais. Mesmo as pessoas de maior grau de escolaridade não costumam empregá-lo, optando por construções como:

A mulher que a casa foi invadida quer ir embora do bairro.

ou

A mulher que a casa dela foi invadida quer ir embora do bairro.

Essas construções são normais na língua falada informal, mas devem ser evitadas no padrão culto da língua. Em seu lugar, deve-se usar:

A mulher cuja casa foi invadida quer ir embora do bairro.

Observe que é erro o emprego de artigo definido depois do pronome *cujo*. São erradas construções como "A mulher cuja a casa foi invadida..." ou "O garoto, cujo o tio é professor..."; basta dizer "cuja casa" ou "cujo tio".

Onde

Onde só é pronome relativo quando equivale a *em que*. Quando se diz "Onde você nasceu?", não é possível pensar em pronome relativo; afinal, o período é simples, e você sabe que o pronome relativo só aparece no período composto, para substituir numa oração subordinada um termo da oração principal. No caso, *onde* é advérbio interrogativo.

Quando pronome relativo, *onde* só pode ser usado na indicação de lugar, atuando sintaticamente como adjunto adverbial de lugar:

Quero uma cidade tranquila, **onde** possa passar alguns dias em paz.

A cidade **onde** nasci fica no Vale do Paraíba.

É muito comum o uso de *onde* como relativo universal, um verdadeiro cola-tudo. Nota-se essa tendência sobretudo em declarações dadas a jornais e emissoras de rádio e TV por pessoas públicas, em que surgem frases como:

> Vai ser um jogo muito difícil, muito disputado, onde nós vamos tentar conseguir mais um resultado positivo.
>
> Vivemos uma época muito difícil, onde a violência gratuita é dominante.
>
> Não me alimentei bem, dormi mal, onde hoje não consegui uma boa marca.
>
> A economia está em franco processo de recessão, os salários estão congelados, onde a classe média não pode mais comprar como antes.

Na língua culta, escrita ou falada, *onde* deve ser limitado aos casos em que há indicação de **lugar físico**, espacial. Quando não houver essa indicação, deve-se preferir *em que*, *no qual* (e suas flexões *na qual*, *nos quais*, *nas quais*) e, nos casos da ideia de causa/efeito ou de conclusão, *portanto*:

> Vivemos uma época muito difícil, **em que** (**na qual**) a violência gratuita impera.
>
> A economia está em franco processo de recessão, os salários estão congelados, **portanto** (**por isso**) a classe média não pode mais comprar como antes.

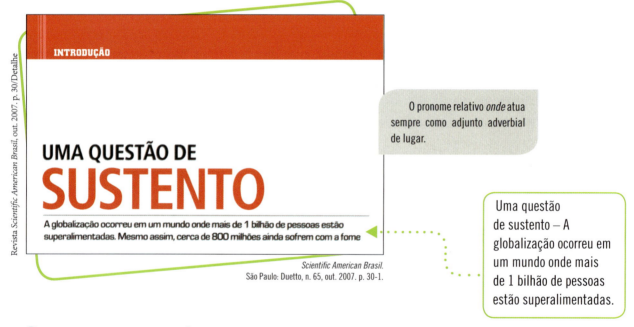

Scientific American Brasil. São Paulo: Duetto, n. 65, out. 2007. p. 30-1.

O pronome relativo *onde* atua sempre como adjunto adverbial de lugar.

Uma questão de sustento – A globalização ocorreu em um mundo onde mais de 1 bilhão de pessoas estão superalimentadas.

Quanto, como, quando

Quanto, *quantos* e *quantas* são pronomes relativos quando seguem os pronomes indefinidos *tudo*, *todos* ou *todas*. Atuam principalmente como sujeito e objeto direto.

a. sujeito

Tente interrogar **todos quantos** participaram da selvageria.

b. objeto direto

Comeu **tudo quanto** queria.

Como e *quando* exprimem noções de modo e tempo, respectivamente; atuam, portanto, como adjuntos adverbiais de modo e de tempo:

> É estranho o modo **como** ele me trata.
>
> É a hora **quando** o sol começa a deitar-se.

Atividades

1. Em cada item abaixo, você encontrará duas orações que deverão ser transformadas num único período composto. Para isso, você deverá usar o pronome relativo adequado e, em alguns casos, fazer outras modificações.

   a) Todas as crianças têm direito à escola. Muitas dessas crianças estão hoje nas ruas.

   b) Muitas crianças poderiam tornar-se profissionais competentes. A essas crianças não se dá nenhuma oportunidade de estudar.

   c) Boa parte da classe média brasileira tem comportamento extremamente violento. Tenho muito medo dessa boa parte da classe média brasileira.

   d) Muitas crianças brasileiras não têm direito à infância. A vida dessas crianças é, desde cedo, miséria e exploração.

   e) Não se pode sonhar com paz social no Brasil. No Brasil, existe a pior distribuição de renda do planeta.

2. Substitua os asteriscos pela preposição adequada para que as frases sejam consideradas apropriadas ao padrão culto da língua portuguesa. Pode haver casos em que nenhuma preposição seja necessária.

   a) Esses problemas, (*) cujas causas conhecemos muito bem, podem ser facilmente resolvidos.

   b) Algumas pessoas (*) quem sempre lhe falo participarão do seminário.

   c) Esses amigos, (*) os quais sempre envio cartões quando viajo, nunca retribuem a lembrança.

   d) São seres embrutecidos (*) os quais não é possível manter amizade.

   e) Faz muito tempo que não vou à cidade (*) onde costumava passar as férias.

   f) Ele perdeu a chave da porta (*) que costumamos entrar.

   g) É um candidato (*) cujas promessas não se pode confiar.

   h) É um candidato (*) cujo passado não se tem conhecimento.

   i) Leve aquela calça, (*) a qual você fica muito bem.

   j) O filme (*) que me refiro foi dirigido por Giuseppe Tornatore.

   k) Você vai conhecer os trens (*) que sempre aludo com tanta saudade.

   l) O transporte ferroviário é uma alternativa inteligente, (*) que sempre se esquecem os que fazem planejamento neste país.

   m) Ele perdeu a chave da porta (*) onde costumava entrar.

Em DVD

Cinema Paradiso. Direção de Giuseppe Tornatore. Itália: Versátil, 1989. (155 min).

Clássico italiano dirigido por Giuseppe Tornatore, é um tributo sensível à arte de fazer cinema. O filme conta a história do garoto Totó, morador de um vilarejo localizado no interior da Itália. Durante a Segunda Grande Guerra, sua diversão era fazer companhia a Alfredo, operador de projeção do Cinema Paradiso, a sala de cinema local. Alfredo ensina Totó a amar a sétima arte, e os dois têm suas vidas transformadas para sempre.

3. Os períodos seguintes são típicos da linguagem falada informal. Reescreva-os, adequando-os à linguagem formal escrita.

   a) É um grave problema que a solução não se consegue num passe de mágica.

   b) Conheci uma garota que o pai dela é vereador.

   c) O delegado suspeita de vários funcionários, que os nomes ele prefere manter em sigilo.

   d) É uma situação onde todos nos sentimos muito constrangidos.

   e) Estudei muito, dediquei-me de corpo e alma, onde acho que vou conseguir a vaga.

   f) Foi um gesto onde todos nos sentimos recompensados.

   g) É um remédio que os efeitos colaterais só aparecem depois de alguns anos.

Capítulo 23 >>> Orações subordinadas adjetivas >>>

4. As frases seguintes são ambíguas, truncadas, confusas ou não têm sentido. Proponha novas formas de redigi-las a fim de evitar os problemas verificados.

a) Expus minhas sugestões à comissão do desenvolvimento tecnológico, que permitirá novas perspectivas de trabalho.

b) O professor está interessado em defender todas as teses dos grupos ambientalistas, que, sem dúvida, apresentam problemas de interesse nacional.

c) Um médico abriu um consultório no bairro, que atende todas as tardes.

d) O time contratou um grande craque, que há muitos anos não ganha um título.

e) Estão procurando o assessor do governador em cujo carro o governador sofreu o acidente.

f) Viajou para o Rio de Janeiro Joana de França onde ficará hospedada no Palácio do Governo.

g) Está fazendo sucesso com sua nova escolinha o jogador Arturzinho, que fica no bairro da Lapa.

4. As orações subordinadas adjetivas e a pontuação

a. restritivas sem vírgula, explicativas com – Você já viu que existem dois tipos de oração subordinada adjetiva: as restritivas e as explicativas. Como agem de forma diferente na caracterização do termo a que se ligam, essas duas orações devem ser claramente diferenciadas na língua escrita. As orações restritivas ligam-se intimamente ao termo cujo sentido particularizam, portanto não podem ser separadas desse termo por vírgulas. As orações explicativas agem como uma espécie de detalhe ou comentário adicional ao termo a que se ligam; portanto devem ser isoladas por vírgulas. Convém lembrar que o papel restritivo ou explicativo da oração depende muitas vezes do significado que se quer dar ao que se afirma:

O país cuja distribuição de renda é indecente não tem perspectiva de civilizar-se.

O país, cuja distribuição de renda é indecente, não tem perspectiva de civilizar-se.

Na primeira frase, a oração adjetiva restritiva é empregada para delimitar o sentido da palavra *país*. A falta de perspectiva de civilizar-se aplica-se apenas àqueles países que têm renda concentrada e mal distribuída. Na segunda, a oração adjetiva explicativa torna explícito um dado já aceito como inerente a um país que já tinha sido citado.

> Volte às figuras deste capítulo e observe: apenas uma das orações adjetivas está separada por vírgula; as demais, não, pois são restritivas.

434 Parte 3 >>> SINTAXE >>>

b. restritivas muito longas – É muito comum o emprego de uma vírgula depois de orações subordinadas adjetivas restritivas muito longas, principalmente quando o verbo dessa oração subordinada e o verbo da oração principal são contíguos, ou seja, estão lado a lado:

Muitas das estradas com que generais megalomaníacos, tecnocratas alucinados e empreiteiros inescrupulosos se locupletaram, estão abandonadas.

Observe que a vírgula que aparece entre *locupletaram* e *estão* separa o sujeito do predicado. Seu emprego, consagrado como recurso de clareza, na verdade não condiz com o papel básico que cabe à pontuação, o de organizador das relações lógicas e dos significados. Estruturalmente, essa vírgula é inútil.

Atividades

1. Pontue adequadamente os períodos seguintes. Lembre-se de que, em alguns casos, não haverá necessidade de nenhuma vírgula.

a) A medicina que estuda a prevenção e a cura de doenças tem tido notável desenvolvimento nos últimos anos.

b) Entre 1955 e 1976, era muito comum fazer referências jocosas aos corintianos cujo time não sabia mais o que era ser campeão.

c) O policial que me atendeu foi surpreendentemente civilizado.

d) No país com que sonho não há lugar para esses bárbaros.

e) Revi minha cidade natal onde não punha os pés desde 1991.

f) Voltei à cidade onde nasci.

2. Explique a diferença de sentido entre as frases de cada um dos pares seguintes.

a) Os professores do departamento de Botânica que pediram demissão não poderão ser substituídos.

Os professores do departamento de Botânica, que pediram demissão, não poderão ser substituídos.

b) As construtoras que não concluíram as obras estão obrigadas a devolver o dinheiro aos clientes.

As construtoras, que não concluíram as obras, estão obrigadas a devolver o dinheiro aos clientes.

Textos para análise

1

As crianças trabalhadoras

Enxergar o trabalho infantil na TV com menos *glamour* atenuaria a mercantilização da infância

A mão de obra infantil na TV cresce a cada dia, o que, parece, não incomoda ninguém. Embora já existam na opinião pública sinais de recusa à exploração do trabalho de crianças nas olarias, nas carvoarias ou na agricultura, a participação de atores mirins em propagandas, assim como nas novelas e nos filmes, não é encarada como trabalho. É como se fosse uma premiação. Qualquer mãe ficaria orgulhosa de ter o seu filhinho fazendo papel de mamífero numa campanha de leite. Ela dificilmente entenderia a coisa como um tipo de exploração injusta. Para o senso comum, estar na televisão é participar do estrelato, e no estrelato, acredita-se, não há relações trabalhistas.

O fato é que o público aceita e aplaude os programas e as propagandas estrelados por crianças. Como essa que acaba de entrar no ar, de um automóvel. Um grupo de garotos em idade de frequentar o jardim de infância troca suas impressões sobre os carros dos pais. O do meu pai é alemão, anuncia um, o do meu pai é japonês, emenda outro, e cada um vai contando sua vantagem. No final, um deles garante que o carro do pai reúne todas as nacionalidades, pois é um modelo mundial e, portanto, melhor que todos os outros. O automóvel surge na cena e todos os coleguinhas ficam embasbacados.

Mas então quer dizer que alunos de jardim de infância funcionam para vender até produtos para consumidores adultos? Sim, os publicitários já sabem disso há tempos: crianças pesam, e muito, na decisão de compra dos adultos. Pais compram carros e outras mercadorias na esperança de comprar junto a admiração do filho. Quanto aos filhos, motivados pela TV, repercutem a propaganda dentro de casa: "Compra, paiê!".

É muito gracioso, espontâneo e bem dirigido o elenco da campanha do tal carro. Da mesma forma, são encantadores os protagonistas mirins dos comerciais de margarina, de sabão em pó, até de brinquedo. E provavelmente a aparição episódica em propagandas como essas não seja prejudicial à criança. Proibi-la seria uma violência absurda. Mas o telespectador e a sociedade não devem esquecer que se trata de um trabalho, que deve ser tratado e regulado enquanto tal. Enxergar esse tipo de trabalho com um pouco menos de glamour contribuiria bastante para atenuar essa consentida mercantilização da infância.

O maior poeta brasileiro sonhou com uma canção que pudesse acordar os homens e adormecer as crianças. Atualmente, o uso de meninos e meninas na TV faz o contrário: desperta (e instrumentaliza) o consumismo nas crianças para inebriar os adultos.

BUCCI, Eugênio. *Veja*. São Paulo: Abril, 26 mar. 1997.

2

Canção amiga

Eu preparo uma canção
em que minha mãe se reconheça,
todas as mães se reconheçam,
e que fale como dois olhos.

Caminho por uma rua
que passa em muitos países.
Se não me veem, eu vejo
e saúdo velhos amigos.

Eu distribuo um segredo
como quem ama ou sorri.
No jeito mais natural
dois carinhos se procuram.

Minha vida, nossas vidas
formam um só diamante.
Aprendi novas palavras
e tornei outras mais belas.

Eu preparo uma canção
que faça acordar os homens
e adormecer as crianças.

ANDRADE, Carlos Drummond de. *Poesia completa e prosa*. Rio de Janeiro: Aguilar, 1973.

Trabalhando os textos

1. Reescreva o título do primeiro texto, substituindo o adjetivo pela oração adjetiva equivalente.

2. No último parágrafo do primeiro texto, há uma oração subordinada adjetiva.
   a) Transcreva-a.
   b) Classifique-a.
   c) Que termo antecedente ela está modificando?
   d) Qual a classe gramatical da palavra *que* que a introduz?
   e) Qual a função sintática desse *que*?

3. Classifique a oração "em que minha mãe se reconheça", do texto de Drummond.

4. Classifique a oração "que passa em muitos países", do texto de Drummond.

5. As três orações destacadas nas questões 2, 3 e 4 têm a mesma classificação. O que isso significa nos dois textos?

6. De acordo com o texto de Eugênio Bucci, o sonho do "maior poeta brasileiro" está se concretizando? Comente.

Abra as cortinas da sua casa e chame os amigos para um sarau

Seu primo toca violão, você escreve poesia, a namorada do seu irmão faz teatro? Ótimo, você já tem uma parte do elenco para promover um sarau na sua casa e experimentar um programa bem diferente do costumeiro cinema-restaurante ou cerveja-boteco até o amanhecer. Essa reunião de pessoas que se encontram para ouvir música ou ler poesias e trechos de livros, que animava a nobreza nos tempos de reis e rainhas, é uma alternativa para o final de semana em pleno século 21 – e não tem nada de careta. Ao contrário, é uma boa oportunidade para juntar as pessoas em torno de atividades que transpiram cultura: dança, performance, música, teatro, literatura e qualquer outra expressão artística. "Procure entre seus amigos e conhecidos quem tem algum talento para mostrar, convide uma plateia, abra espaço na sala para as apresentações e sirva comes e bebes", diz a empreendedora social Laís Fleury, que há dois anos comanda o Sarau da Santos, que acontece duas vezes por semestre na Vila Madalena, em São Paulo. O resto corre por conta da criatividade de cada artista na seleção do que vai ser mostrado. "Para não ficar chato, peça para os convidados lerem textos curtos, de no máximo uma página, e fazerem performances rápidas. Assim a atenção do público não dispersa", afirma o poeta Sérgio Vaz, um mestre no riscado do sarau. Segundo ele, o segredo é dar liberdade para cada um expressar o que deseja.

LUCCA, Roberta De. *Vida simples*.
São Paulo: Abril, ed. 44, ago. 2006. p. 21.

Trabalhando o texto

1. Aponte as orações adjetivas do terceiro e do quinto período e indique os antecedentes dos pronomes relativos que as introduzem.

2. "Para não ficar chato, peça para os convidados lerem textos curtos, de no máximo uma página, e fazerem performances rápidas." Reescreva essa passagem atendendo ao seguinte:
a) Substitua a segunda ocorrência de *para* por *que*.
b) Transforme o termo "de no máximo uma página" em oração adjetiva.

3. Como você classifica a oração obtida no item *a* do exercício anterior?

4. Reescreva as passagens a seguir, substituindo os trechos em destaque por orações adjetivas.
a) "(...) diz a empreendedora social Laís Fleury, *sob o seu comando está o Sarau da Santos*.

b) "(...) diz a empreendedora social Laís Fleury, da Vila Madalena, *na Vila Madalena o Sarau da Santos acontece duas vezes por semestre*.

5. Destaque do texto orações reduzidas de infinitivo que exprimam finalidade.

6. Releia as duas frases a seguir:
"O resto corre por conta da criatividade de cada artista na seleção d**o** que vai ser mostrado".
"Segundo ele, o segredo é dar liberdade para cada um expressar **o** que deseja".
a) Substitua o *o* nessas duas frases, sem alterar-lhes o significado. A que classe de palavras ele pertence?
b) Classifique as orações "que vai ser mostrado" e "que deseja".
c) Qual é a função sintática do *que* nas duas orações?

Capítulo 23 >>> Orações subordinadas adjetivas >>>   437

4

Nesta e nas páginas seguintes, desenhos de Carybé extraídos dos originais em preto e branco que ilustram os livros do escritor baiano

Revista *Bravo*, ago. 2006. p. 29/Detalhe

Bravo! São Paulo: Abril, ano 9, n. 108, ago. 2006. p. 28-9.

"Nesta e nas páginas seguintes, desenhos de Carybé extraídos dos originais em preto e branco que ilustram os livros do escritor baiano"

5

BROWNE, Dik. *O melhor de Hagar, o Horrível*. Porto Alegre: L&PM, 2007. v. 4, p. 77.

Trabalhando os textos

1. Na tirinha de Hagar, o pronome relativo *que* deveria ser antecedido de preposição. Qual é ela?

2. Indique a função sintática dos pronomes relativos presentes nos textos 4 e 5.

Questões de exames e concursos

1. (FGV-SP) Leia os sete versos abaixo e responda às questões a eles pertinentes.

(1) Metafísica? Que metafísica têm aquelas árvores?

(2) A de serem verdes e copadas e de terem ramos

(3) E a de dar fruto na sua hora, o que não nos faz pensar,

(4) A nós, que não sabemos dar por elas.

(5) Mas que melhor metafísica que a delas,

(6) Que é a de não saber por que vivem

(7) Nem que o não sabem?

(Alberto Caeiro)

Nos quatro últimos versos, há várias ocorrências da palavra **que**. Sobre essa palavra, pode-se dizer:

a) No quinto verso, tem-se um pronome definido e uma conjunção comparativa.

b) No sétimo verso, tem-se um pronome relativo.

c) No quarto verso, tem-se um pronome relativo.

d) No sexto verso, tem-se uma conjunção comparativa e um pronome interrogativo.

e) No sexto verso, tem-se uma conjunção integrante e um advérbio.

2. (UEPG-PR)

Por que os nobres usavam cabelo comprido?

No Egito antigo, madeixas longas eram exclusividade dos de posição social superior. Quando não tinham cabeleiras, faraós e guerreiros simulavam o visual com mantos ou perucas, o que ajudava a distingui-los dos sacerdotes, que usavam corpo e cabeças raspados. "Um nobre não permitia que cortassem seu cabelo, mas um pobre não tinha como resistir a isto", diz Francisco Marshall, do Núcleo de História Antiga da UFRGS.

Foi Alexandre Magno, quem rompeu com a tradição, exigindo dos guerreiros pelos tosados: a ideia era evitar que o inimigo os prendessem pelo cabelo.

FEIJÓ, Bruno Vieira. Superinteressante. São Paulo: Abril, out. 2005.

Com referência aos elementos de coesão destacados nos períodos, assinale o que for correto.

01) Foi Alexandre Magno, **quem** rompeu com a tradição, ... – Conjunção integrante

02) ... a ideia era evitar **que** o inimigo os prendessem pelo cabelo. – Pronome relativo.

04) Um nobre não permitia **que** cortassem seu cabelo, ... – Conjunção integrante.

08) **Quando** não tinham cabeleiras, ... – Conjunção adverbial temporal.

16) ... **que** usavam corpo e cabeça raspados. – Pronome relativo.

3. (Pref. de Ilha Comprida-SP/Moura Melo)Todos já descobriram a chata que ela é.

A função sintática do pronome relativo nesta oração é:

a) Adjunto adverbial.   c) Objeto indireto.

b) Objeto direto.   d) Predicativo do sujeito.

4. (MPE-MG/Fumarc) A oração adjetiva foi construída segundo o padrão culto escrito em:

a) O telefone o qual adquiri pela internet será enviado pelo correio.

b) A revista da qual os professores falavam parece ter saído de circulação.

c) Trata-se de uma bela cachoeira onde quase ninguém sabe como chegar lá.

d) É um filme caro e sofisticado onde os detalhes da produção fazem a diferença.

5. (MPE-MG/Fumarc) A oração adjetiva foi construída segundo o padrão culto escrito em:

a) Ao final do dia, chegamos à igreja aonde se dirigia a maior parte dos peregrinos.

b) Ao ouvir o relato, a mãe, cuja a filha não via desde os dezoito anos, pôs-se a chorar.

c) Não consigo lembrar o nome do autor que o professor se referiu na palestra de ontem.

d) O equipamento é campeão de vendas por ser uma marca muito conhecida e que todo o público confia.

6. (PUC-SP)

Os cinco sentidos

(...)

As informações, baseadas em diferentes fenômenos físicos e químicos, apresentam-se na natureza de formas muito diversas. Os sentidos são sensores cujo desígnio é perceber, de modo preciso, cada tipo distinto de informação. A luz é parte da radiação magnética de que estamos rodeados. Essa radiação é percebida através dos olhos. O tato e o ouvido baseiam-se em fenômenos que dependem de deformações mecânicas. O ouvido registra ondas sonoras que se formam por variações na densidade do ar, variações que podem ser captadas pelas deformações que produzem em certas membranas. Ouvido e tato são sentidos mecânicos. Outro tipo de informação nos chega por meio de moléculas químicas distintas que se desprendem das substâncias. Elas são captadas por meio dos sentidos químicos, o paladar e o olfato. Esses se constituem nos tradicionais cinco sentidos que foram estabelecidos já por Aristóteles.

SANTAELLA, Lucia. Matrizes da linguagem e pensamento.
São Paulo: Iluminuras, 2001.

O parágrafo do texto, tendo em vista sua organização sintática, constitui-se basicamente de orações complexas, isto é, principais, seguidas por orações:

a) substantivas e adverbiais.

b) adjetivas e adverbiais.

c) adverbiais.

d) adjetivas.

e) substantivas.

7. (PUC-SP)

Os cinco sentidos

Os sentidos são dispositivos para a interação com o mundo externo que têm por função receber informação necessária à sobrevivência. É necessário ver o que há em volta para poder evitar perigos. O tato ajuda a obter conhecimentos sobre como são os objetos. O olfato e o paladar ajudam a catalogar elementos que podem servir ou não como alimento. O movimento dos objetos gera ondas na atmosfera que são sentidas como sons. (...)

SANTAELLA, Lucia. Matrizes da linguagem e pensamento.
São Paulo: Iluminuras, 2001.

Capítulo 23 > > > Orações subordinadas adjetivas > > >   **439**

A palavra relacional *que* aparece quatro vezes no parágrafo exercendo, pela ordem, as seguintes funções:

a) sujeito, objeto direto, sujeito, sujeito.

b) sujeito, sujeito, sujeito, sujeito.

c) sujeito, sujeito, sujeito, objeto direto.

d) objeto direto, objeto direto, sujeito, sujeito.

e) objeto direto, sujeito, objeto direto, sujeito.

8. (Fuvest-SP)

Conheci que (1) Madalena era boa em demasia...
A culpa foi desta vida agreste que (2) me deu uma alma agreste.
Procuro recordar o que (3) dizíamos.
Terá realmente piado a coruja? Será a mesma que (4) piava há dois anos?
Esqueço que (5) eles me deixaram e que (6) esta casa está quase deserta.

Nas frases acima, o *que* aparece seis vezes; em três delas é pronome relativo. Quais?

a) 1 – 2 – 4

b) 2 – 4 – 6

c) 3 – 4 – 5

d) 2 – 3 – 4

e) 2 – 3 – 5

9. (Fuvest-SP) Leia as frases abaixo e assinale a que está correta.

a) A jovem que eu lhe falei à pouco vai ser entrevistada.

b) A jovem que a pouco foi entrevistada é aquela que eu lhe falei.

c) A jovem de cuja eu lhe falei há pouco é aquela que foi entrevistada.

d) A jovem que há pouco foi entrevistada é aquela de que eu lhe falei.

e) A jovem que há pouco foi entrevistada é aquela que eu lhe falei.

10. (Fuvest-SP)

É da história do mundo que (1) as elites nunca introduziram mudanças que (2) favorecessem a sociedade como um todo. Estaríamos nos enganando se achássemos que (3) estas lideranças empresariais aqui reunidas teriam a motivação para fazer a distribuição de poderes e rendas que (4) uma nação equilibrada precisa ter.

O vocábulo *que* está numerado em suas quatro ocorrências, nas quais se classifica como conjunção integrante e como pronome relativo. Assinalar a alternativa que registra a classificação correta em cada caso, pela ordem.

a) 1. pronome relativo, 2. conjunção integrante, 3. pronome relativo, 4. conjunção integrante

b) 1. conjunção integrante, 2. pronome relativo, 3. pronome relativo, 4. conjunção integrante

c) 1. pronome relativo, 2. pronome relativo, 3. conjunção integrante, 4. conjunção integrante

d) 1. conjunção integrante, 2. pronome relativo, 3. conjunção integrante, 4. pronome relativo

e) 1. pronome relativo, 2. conjunção integrante, 3. conjunção integrante, 4. pronome relativo

11. (Fuvest/FGV-SP) "E como sempre tive a intenção de possuir as terras de S. Bernardo, considerei legítimas as ações que me levaram a obtê-las."

a) Este período está em primeira pessoa. Como ficaria em terceira pessoa?

b) A quem se referem os pronomes: *que*, *me* e *las*?

12. (PUC-SP) Sobre o trecho:

A questão era conseguir o Engenho Vertente, com o seu riacho que poderia descer em nível para irrigação das terras que dariam flor-de-cuba para uma Catunda,

é **correto** afirmar que:

a) há duas orações subordinadas adjetivas, introduzidas pelo pronome relativo *que*.

b) há, respectivamente, uma oração subordinada substantiva, introduzida pela conjunção integrante *que*, e uma oração subordinada adjetiva, introduzida pelo pronome relativo *que*.

c) a primeira oração é subordinada adverbial final.

d) a última oração é subordinada adverbial final.

e) o verbo *descer* marca o início de uma oração subordinada adverbial reduzida de infinitivo.

13. (PUCCamp-SP) Observe as frases seguintes:

I. O autor destes versos é Manuel Bandeira.
II. Estes versos fazem parte do soneto "Renúncia".

Transformando-se estes dois períodos simples num período composto por subordinação, a alternativa que satisfaz essa exigência é:

a) Estes versos cujos são de Manuel Bandeira, fazem parte do soneto "Renúncia".

b) Estes versos de Manuel Bandeira fazem parte do soneto "Renúncia".

c) Estes versos, cujo autor é Manuel Bandeira, fazem parte do soneto "Renúncia".

d) Estes versos, que o autor é Manuel Bandeira, fazem parte do soneto "Renúncia".

e) Estes versos de quem o autor é Manuel Bandeira, fazem parte do soneto "Renúncia".

14. (PUCCamp-SP) "Não revelou **o que** descobrira a ninguém."

Assinale a alternativa em que se analise corretamente a classe gramatical e a função sintática das palavras destacadas, respeitando a ordem em que elas ocorrem.

a) artigo; adjunto adnominal
conjunção integrante; conectivo

b) pronome demonstrativo; sujeito
conjunção integrante; conectivo

c) artigo; adjunto adnominal
pronome relativo; sujeito

d) pronome demonstrativo; objeto direto
pronome relativo; objeto direto

e) artigo; adjunto adnominal
pronome relativo; objeto direto

15. (PUCCamp-SP)

I. Contou seu segredo a duas pessoas.

II. As duas pessoas eram de confiança.

Observe as duas frases acima. Assinale a alternativa em que elas estão em correta relação lógica e sintática.

a) Contou seu segredo para duas pessoas, por causa que elas eram pessoas de confiança.

b) Pois as duas pessoas eram de confiança, então ele contou seu segredo para elas.

c) As duas pessoas a quem contou seu segredo eram de confiança.

d) Contou seu segredo a duas pessoas, conquanto fossem de confiança.

e) Contou seu segredo a duas pessoas, conforme eram de confiança.

16. (PUC-SP) No período:

E há poetas míopes **que** pensam **que** é o arrebol,

a partícula *que* introduz, respectivamente, orações:

a) subordinada substantiva completiva nominal e subordinada substantiva objetiva direta.

b) subordinada substantiva objetiva direta e subordinada substantiva predicativa.

c) subordinada adjetiva restritiva e subordinada adjetiva explicativa.

d) subordinada substantiva predicativa e subordinada substantiva objetiva direta.

e) subordinada adjetiva restritiva e subordinada substantiva objetiva direta.

17. (PUC-SP) Sob o ponto de vista morfológico, a partícula *que*, assinalada nas duas orações da questão anterior, classifica-se, respectivamente, como:

a) pronome indefinido, pronome relativo.

b) pronome relativo, conjunção integrante.

c) pronome indefinido, conjunção integrante.

d) conjunção integrante, conjunção integrante.

e) conjunção consecutiva, conjunção comparativa.

18. (PUC-SP) Nos versos:

Amo-te, ó rude e doloroso idioma,
Em que da voz materna ouvi: "meu filho!"
E **em que** Camões chorou no exílio amargo.

a expressão *em que*, neles destacada, refere-se, respectivamente, a:

a) idioma, voz.   d) eu, eu.

b) idioma, idioma.   e) voz, Camões.

c) rude e doloroso, Camões.

19. (PUC-SP) Em relação ao período:

E, entrando na sala, voltou sem demora com uma caixinha quadrada de folha de flandres, que trazia com toda a reverência e cujo tampo abriu cuidadosamente,

é **incorreto** afirmar que:

a) há duas orações subordinadas adjetivas.

b) há uma oração subordinada adverbial.

c) a partícula *que* introduz uma oração subordinada substantiva.

d) uma das orações é reduzida de gerúndio.

e) a última oração é subordinada adjetiva.

20. (Unicamp-SP) Observe que, nos trechos abaixo, a ordem que foi dada às palavras, nos enunciados, provoca efeitos semânticos (= de significado) "estranhos":

Fazendo sucesso com a sua nova clínica, a psicóloga Iracema Leite Ferreira Duarte, localizada na rua Campo Grande, 159.

Embarcou para São Paulo Maria Helena Arruda, onde ficará hospedada no luxuoso hotel Maksoud Plaza.

Notícias da Coluna Social do Correio de Mato Grosso,
28 ago. 1988.

Escolha um dos trechos, diga qual é a interpretação "estranha" que ele pode ter e reescreva-o de forma a evitar o problema.

21. (Unimep-SP)

I. Este é Renato.
II. Eu posso contar com a ajuda de Renato.

Se juntarmos as duas orações num só período, usando um pronome relativo, teremos:

Capítulo 23 > > > Orações subordinadas adjetivas > > >   441

a) Este é Renato, com quem eu posso contar com a ajuda dele.

b) Este é Renato, que eu posso contar com a ajuda dele.

c) Este é Renato, o qual eu posso contar com sua ajuda.

d) Este é Renato, com cuja ajuda eu posso contar.

e) Este é Renato, cuja ajuda eu posso contar.

22. (UFV-MG) Dados os conjuntos constituídos por orações absolutas:

a) O menino aprende. O menino é estudioso.

b) O menino é feliz. O pai do menino o ama.

c) A cidade fica longe. O menino nasceu nessa cidade.

Reescreva cada conjunto formado por duas orações absolutas em um único período composto por subordinação, em que a segunda oração seja introduzida por pronome relativo.

23. (Vunesp-SP) Observar as orações destacadas nas transcrições abaixo.

I. Ergueu a cabeça e contemplou o lugar **onde tantas vezes se aprestara para os seus breves triunfos no trapézio.**

II. Em algum ponto do corpo ou da alma, doía-lhe ver o lugar **do qual se despedia** (...).

III. (...) semelhança esta que seria maior, não fosse a indiferença quase rancorosa **que o rodeava.**

IV. (...) esforçando-se para dar a entender **que sua ausência não seria sentida.**

V. Teriam inveja, talvez. Ou desprezo. **Que lhe importava, porém?**

A respeito delas, é correto dizer:

a) Todas são subordinadas adjetivas.

b) Com exceção de V, que é uma oração absoluta, todas as outras são adjetivas.

c) Com exceção de I, que é subordinada adverbial de lugar, todas as restantes são adjetivas.

d) Somente a II e a III são adjetivas.

e) Com exceção de IV e de V, as demais são adjetivas.

24. (Vunesp-SP)

Sentara-se então num banco, apanhara aquela velha revista **e** começara a folheá-la, sem interesse, **para** fugir ao contato dessas pessoas **que** já o haviam excluído de seu mundo e que, desde alguns dias, raramente lhe dirigiam a palavra – com uma simplicidade afetada, esforçando-se **para** dar a entender **que** sua ausência não seria sentida.

Dos conectivos destacados no fragmento acima, somente um acumula em si os papéis de ligar orações e ser núcleo de uma função sintática na estrutura da oração introduzida. Assinale a alternativa que o contiver:

a) *e*

b) o primeiro *para*

c) o primeiro *que*

d) o segundo *para*

e) o segundo *que*

25. (Vunesp-SP) "Mas para quem **vos** olha a uma distância de quinhentos metros, essas dimensões **que** levais convosco deixam de existir."

Dê a classe gramatical e a função sintática dos termos destacados.

26. (Vunesp-SP) Observe o período:

Agora sei que outro dia eu disse uma palavra que fez bem a alguém.

a) Substitua a segunda oração por um substantivo ou pronome substantivo.

b) Substitua a terceira oração por um adjetivo.

27. (Vunesp-SP) Classifique as orações do período transcrito na questão anterior.

28. (Unicamp-SP) A organização sintática dada a certos trechos exige do leitor um esforço desnecessário de interpretação. Abaixo você tem um exemplo disso.

Ao chegar ao ancoradouro, recebeu Alzira Alves Filha um colar indígena feito de escamas de pirarucu e frutos do mar, que estava acompanhada de um grupo de adeptos do Movimento Evangélico Unido.

Folha de S.Paulo, São Paulo, 12 fev. 1992.

a) Reescreva o trecho, apenas alterando a ordem, de forma a tornar a leitura mais simples.

b) Com base na solução que você propôs, explique por que, do ponto de vista da estrutura sintática do português, o trecho acima oferece dificuldade desnecessária para a compreensão.

29. (PUC-SP) Observe o emprego da partícula *que* em:

1. ... esperou que a água marejasse...

2. ... olhando as estrelas, que vinham nascendo.

a) Indique, respectivamente, o valor morfológico da referida partícula em 1 e em 2.

b) Que tipo de oração introduz em 1?

30. (UEL-PR) "O homem, ... méritos você se referiu, mostrou-se agradecido."

a) cujos

b) a cujos

c) cujos os

d) para cujos

e) de cujos

442   Parte 3 > > > SINTAXE > > >

31. (UEL-PR) "Foram **inócuas** as medidas tomadas pela direção da escola."

A expressão equivalente à palavra *inócuas* na frase acima é:

a) que não agradaram.

b) que não levaram a nenhum resultado.

c) que não foram divulgadas.

d) que não foram acatadas.

e) que não foram oportunas.

32. (Fuvest-SP) Explique as diferenças de sentido entre estes dois enunciados:

a) Os homens, que têm o seu preço, são fáceis de corromper.

b) Os homens que têm o seu preço são fáceis de corromper.

33. (Cesesp-PE) "... trepado numa rede afavelada cujas varandas serviam-lhe de divisórias do casebre." Em qual das alternativas o uso de *cujo* não está conforme à norma culta?

a) Tenho um amigo cujos filhos vivem na Europa.

b) Rico é o livro cujas páginas há lições de vida.

c) Naquela sociedade, havia um mito cuja memória não se apagava.

d) Eis o poeta cujo valor exaltamos.

e) Afirmam-se muitos fatos de cuja veracidade se deve desconfiar.

34. (PUC-SP) Assinale o período em que há uma oração adjetiva restritiva.

a) A casa onde estou é ótima.

b) Brasília, que é a capital do Brasil, é linda.

c) Penso que você é de bom coração.

d) Vê-se que você é de bom coração.

e) Nada obsta a que você se empregue.

35. (Cesgranrio-RJ) Assinale a opção que completa corretamente as lacunas da frase seguinte.

O controle biológico de pragas, ... o texto faz referência, é certamente o mais eficiente e adequado recurso ... os lavradores dispõem para proteger a lavoura sem prejudicar o solo.

a) do qual, com que   d) ao qual, cujos

b) de que, que   e) a que, de que

c) que, o qual

36. (Cesgranrio-RJ) "A linguagem especial, ... emprego se opõe o uso da comunidade, constitui um meio ... os indivíduos de determinado grupo dispõem para satisfazer o desejo de autoafirmação."

a) a cujo, de que   d) o qual, a que

b) do qual, ao qual   e) de cujo, do qual

c) cujo, que

37. (PUC-PR) Combinando os conjuntos:

1. O advogado que é pintor ficará uns dias aqui.
2. O advogado, que é pintor, ficará uns dias aqui.

(*) Refere-se a mais de um advogado.

(*) Os outros advogados não são pintores.

(*) Refere-se a um advogado apenas.

(*) Há um advogado e ele é pintor.

(*) Refere-se a mais de um pintor.

A sequência correta é:

a) 2, 2, 1, 1, nada   d) 1, 1, 2, 2, nada

b) 1, 2, 1, 1, nada   e) nada, 1, 1, 2, 2

c) nada, 1, 2, 2, 1

38. (Fatec-SP) Há orações reduzidas que podem ser desenvolvidas em oração adjetiva. Exemplo: "Vi um rapaz **pedindo esmola a sua irmã**." se desenvolve em "Vi um rapaz **que pedia esmola a sua irmã**." Aponte a alternativa em que isso também ocorre:

a) Eram cadáveres a se erguerem dos túmulos.

b) Volte aqui, chegando a hora.

c) A solução era esperarmos.

d) Estaríamos prontos, chegada a hora.

e) n.d.a.

Capítulo 24

Orações subordinadas adverbiais

GONSALES, Fernando. Níquel Náusea. *Folha de S.Paulo*. 17 mar. 2003. p. E7.

Neste capítulo, você vai estudar a última parte do período composto por subordinação, com as orações subordinadas adverbiais, isto é, aquelas que exercem a função de adjunto adverbial do verbo da oração principal. Nos dois balões da tira acima, as orações adverbiais são "Quanto menos banho eu tomo," e "Quanto mais ensebado [*estou*]", que expressam circunstância de proporção.

1. Introdução

Você já sabe que uma oração subordinada adverbial exerce a função de adjunto adverbial do verbo da oração principal. Observe:

Naquele momento, senti uma das maiores emoções de minha vida.

Quando vi a Pietá, senti uma das maiores emoções de minha vida.

No primeiro período, "naquele momento" é um adjunto adverbial de tempo, que modifica a forma verbal *senti*. No segundo período, esse papel é exercido pela oração "Quando vi a Pietá", que é, portanto, uma oração subordinada adverbial temporal. Essa oração é desenvolvida, já que é introduzida por uma conjunção subordinativa (*quando*) e apresenta uma forma verbal do modo indicativo (*vi*, do pretérito perfeito do indicativo). Seria possível reduzi-la, obtendo algo como:

Ao ver a Pietá, senti uma das maiores emoções de minha vida.

"Ao ver a Pietá" é uma oração reduzida porque apresenta uma das formas nominais do verbo (*ver* é infinitivo) e não é introduzida por conjunção subordinativa, mas sim por uma preposição (*a*, combinada com o artigo *o*).

> **Em livro**
>
>
>
> SPENCE, David. *Michelangelo: a Renascença*. São Paulo: Melhoramentos, 1998.
> *Pietá*, "piedade" em português, representa Jesus morto nos braços da Virgem Maria, sua mãe. A escultura de mármore é umas das mais famosas obras de Michelangelo Buonarotti, pintor e escultor renascentista. A obra indicada explica a vida e a obra do artista italiano por meio de textos e imagens.

Atividade

Substitua os termos destacados nas frases seguintes por orações subordinadas. A seguir, compare os períodos originais aos que você obteve, levando em consideração itens como clareza, síntese, elegância.

a) Nas tardes de domingo, diante da TV, morre-se **de tédio**.
b) **À noite**, todos os gatos são pardos.
c) **Apesar de sua dedicação ao estudo**, avançava muito pouco.
d) **Sem investimento em educação e cultura**, o Brasil não chegará à civilização.
e) Muita gente ainda morre **de fome**.
f) **Durante as férias**, viajei pelo mundo.

2. Aspectos semânticos: as circunstâncias

Ao estudar os adjuntos adverbiais, você viu que sua classificação é feita com base nas circunstâncias que exprimem. Com as orações subordinadas adverbiais ocorre a mesma coisa. A diferença fica por conta da quantidade: há apenas nove tipos de orações subordinadas adverbiais, enquanto os adjuntos adverbiais são pelo menos quinze. As orações adverbiais adquirem grande importância para a articulação adequada de ideias e fatos e por isso são fundamentais num texto dissertativo.

Você fará agora um estudo pormenorizado das circunstâncias expressas pelas orações subordinadas adverbiais. É importante compreender bem essas circunstâncias e observar atentamente as conjunções e locuções conjuntivas utilizadas em cada caso.

Causa

A ideia de causa está diretamente ligada àquilo que provoca um determinado fato. As orações subordinadas adverbiais que exprimem causa são chamadas **causais**. A conjunção subordinativa mais utilizada para a expressão dessa circunstância é *porque*. Outras conjunções e locuções conjuntivas muito utilizadas são *como* (sempre introduzindo oração adverbial causal anteposta à principal), *pois*, *já que*, *uma vez que*, *visto que*. Observe:

> As ruas ficaram alagadas **porque a chuva foi muito forte**.
> **Como ninguém se interessou pelo projeto**, a única opção foi cancelá-lo.
> **Já que você não vai**, eu não vou.
> **Por ter muito conhecimento**, é sempre consultado. (reduzida de infinitivo)
> (= **Porque/como tem muito conhecimento**, ...)

Consequência

A ideia de consequência está ligada àquilo que é provocado por um determinado fato. As orações subordinadas adverbiais **consecutivas** exprimem o efeito, a consequência daquilo que se declara na oração principal. Essa circunstância é normalmente introduzida pela conjunção *que*, quase sempre precedida, na oração principal, de termos intensivos, como *tão*, *tal*, *tanto*, *tamanho*. Observe:

A chuva foi tão forte **que em poucos minutos as ruas ficaram alagadas**.

Tal era sua indignação **que imediatamente se uniu aos manifestantes**.

Sua fome era tanta **que comeu com casca e tudo**.

É comum que o termo intensivo da oração principal fique subentendido, como na popular estrutura "Ele é feio que dói". A intensidade, no caso, é dada pela entonação, pelo modo de pronunciar a palavra *feio*: "Ele é ffffeio que dói", ou seja, "Ele é tão feio que sua feiura chega a doer".

Condição

Condição é aquilo que se impõe como necessário para a realização ou não de um fato. As orações subordinadas adverbiais **condicionais** exprimem o que deve ou não ocorrer para que se realize ou deixe de se realizar o fato expresso na oração principal. A conjunção mais utilizada para introduzir essas orações é *se*; além dela, podem-se utilizar *caso*, *contanto que*, *desde que*, *salvo se*, *exceto se*, *a menos que*, *sem que*, *uma vez que* (seguida de verbo no subjuntivo). Observe:

Uma vez que você aceite a proposta, assinaremos o contrato.

Caso você se case, convide-me para a festa.

Não saia **sem que eu permita**.

Se o regulamento do campeonato for bem elaborado, certamente o melhor time será o campeão.

Conhecendo os alunos, o professor não os teria punido. (reduzida de gerúndio)

(= **Se conhecesse os alunos**)

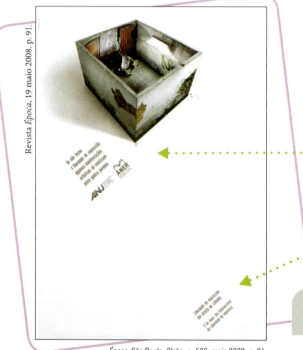

Revista *Época*, 19 maio 2008. p. 91.

"Se não fosse a liberdade de expressão, algumas manifestações artísticas só existiriam entre quatro paredes."

"Liberdade de expressão. Um direito do cidadão.
3 de maio. Dia Internacional da Liberdade de Imprensa".

Exemplo de oração adverbial condicional: "Se não fosse a liberdade de expressão".

Época. São Paulo: Globo, n. 522, maio 2008. p. 91.

Concessão

A ideia de concessão está diretamente ligada à ideia de contraste, de quebra de expectativa. De fato, quando se faz uma concessão, não se faz o que é esperado, o que é normal. As orações adverbiais que exprimem concessão são chamadas **concessivas**. A conjunção mais empregada para expressar essa relação é *embora*; além dela, podem ser usadas a conjunção *conquanto* e as locuções *ainda que*, *ainda quando*, *mesmo que*, *se bem que*, *apesar de que*. Observe:

Embora fizesse calor, levei agasalho.

Conquanto a economia tenha crescido, pelo menos metade da população continua à margem do mercado de consumo.

Foi aprovado **sem estudar** (reduzida de infinitivo)

(= **sem que estudasse / embora não estudasse**).

A locução *posto que* é dada nos dicionários como equivalente a *embora*, ou seja, é indicada como concessiva:

Foi aprovado posto que não estudasse.

Na linguagem corrente, no Brasil, esse emprego não se verifica. Tem-se difundido o uso dessa locução para ideia de explicação ou causa, como em um poema de Vinicius de Moraes, "Soneto de fidelidade", em que há uma célebre passagem que diz:

"Que não seja imortal, posto que é chama, mas que seja infinito enquanto dure".

É evidente que o poeta não usou a locução *posto que* com o sentido que está nos dicionários.

"Um boi vê os homens"

No registro clássico, as formas "posto", "posto que", "suposto" e "suposto que" equivalem a "embora"

"DE TUDO ao meu amor serei atento / Antes, e com tal zelo, e sempre, e tanto / Que mesmo em face do maior encanto / Dele se encante mais meu pensamento..." O leitor certamente identificou o poema de que se extraiu o excerto, não? Trata-se do conhecido e delicado "Soneto de Fidelidade", de Vinicius de Moraes.

[...]

Você se lembra dos últimos versos do poema de Vinicius? Vamos lá: "Que não seja imortal, posto que é chama / Mas que seja infinito enquanto dure". Que valor tem a locução "posto que" no poema? Parece claro que ela equivale a "visto que", "uma vez que", "já que", "porque".

No *Houaiss*, esse valor da locução "posto que" aparece como pertencente ao registro informal brasileiro. No registro clássico, as formas "posto", "posto que", "suposto" e "suposto que" têm valor concessivo, ou seja, equivalem a "embora". Já comentei aqui esta passagem, do início de "Memórias Póstumas de Brás Cubas", de Machado de Assis: "Suposto o uso vulgar seja começar pelo nascimento, duas considerações me levaram a adotar...".

Nesse excerto machadiano, "suposto" significa "embora". [...]

Antes que alguém imagine que esse uso tenha morrido com os escritores do século 19, é bom lembrar esta passagem do monumental poema "Um boi vê os homens", de Drummond: "Tão delicados (mais que um arbusto) e correm / e correm de um para outro lado, sempre esquecidos / de alguma coisa. Certamente, falta-lhes / não sei que atributo essencial, posto se apresentem nobres / e graves, por vezes. Ah, espantosamente graves, / até sinistros [...]".

Pois bem, caro leitor. [...]

Em "Um boi...", [Drummond] usa "posto" com o mesmo valor que lhe dá Machado ("posto se apresentem nobres" = "embora se apresentem nobres"). Não resisto à tentação de lembrar que o ensino do idioma não pode privar o estudante do contato com determinadas variedades da língua, especialmente as cultas. É isso.

CIPRO NETO, Pasquale. "Um boi vê os homens". *Folha de S.Paulo*, São Paulo, 16 nov. 2006. Cotidiano, [s.p.]. Disponível em: <www1.folha.uol.com.br/fsp/cotidian/ff1611200603.htm>. Acesso em: 24 jul. 2008.

Atividades

1. Leia atentamente cada uma das frases seguintes. Depois, indique a relação existente entre a oração subordinada e a principal.

   a) O treinador decidiu ficar calado porque seus argumentos eram inconsistentes.

   b) Os argumentos do treinador eram tão inconsistentes que ele decidiu ficar calado.

   c) Se os argumentos do treinador fossem consistentes, ele os teria defendido com veemência.

   d) Embora dispusesse de argumentos consistentes, o treinador decidiu ficar calado.

2. Reescreva a frase seguinte utilizando as conjunções e locuções conjuntivas apresentadas em cada alternativa. Faça todas as modificações necessárias para a obtenção de frases bem estruturadas.

   Muitos brasileiros não possuem casa própria porque recebem salários baixos.

   a) como

   b) já que

   c) visto que

   d) tão... que...

3. Este exercício é semelhante ao anterior.

   O quadro da educação no país é tão preocupante que até empresários tradicionalmente omissos estão interessados em participar de projetos que minimizem o problema.

   a) como

   b) porque

   c) de modo que

   d) uma vez que

4. Este exercício é semelhante aos anteriores.

   Se eliminar o Grêmio, o Corinthians disputará a final do campeonato com o Cruzeiro.

   a) caso

   b) desde que

   c) contanto que

5. Este exercício é semelhante aos anteriores.

   Apesar de existirem claros indícios de sua participação nas fraudes, o prefeito se diz inocente.

   a) embora

   b) conquanto

   c) ainda que

6. Leia atentamente os dois períodos seguintes e responda à questão proposta.

   Se você não se dedicar, não obterá sucesso.

   Embora você se dedique, não obterá sucesso.

   Explique a relação entre dedicação e sucesso em cada um dos casos acima.

7. Leia atentamente os dois períodos seguintes e responda à questão proposta.

   O treinador não será demitido, uma vez que o time se classifique para a semifinal.

   O treinador não será demitido, uma vez que o time se classificou para a semifinal.

   Explique as relações estabelecidas pela locução conjuntiva *uma vez que* em cada caso acima.

8. Uma campanha publicitária de uma famosa marca de biscoitos explorava um círculo vicioso:

   Vende mais porque é fresquinho ou é fresquinho porque vende mais?

   Qual relação entre fatos é explorada? Que tipos de oração são utilizados para expressar essa relação?

Comparação

As orações subordinadas adverbiais **comparativas** contêm fato ou ser comparado a fato ou ser mencionado na oração principal. A conjunção mais empregada para expressar comparação é *como*; além dela, utilizam-se com muita frequência as estruturas que formam o grau comparativo dos adjetivos e dos advérbios: *tão... como* (*quanto*), *mais* (*do*) *que*, *menos* (*do*) *que*. Observe:

Ele dorme **como um urso** (dorme).

Sua sensibilidade é **tão** afinada **quanto sua inteligência** (é).

Como se pode perceber nos exemplos acima, é comum a omissão do verbo nas orações subordinadas adverbiais comparativas. Isso só não ocorre quando se comparam ações diferentes ("Ela fala mais do que faz." – nesse caso, compara-se o falar e o fazer).

No último quadrinho, o verbo da oração subordinada adverbial comparativa está subentendido: "Em compensação, eu saí mais bonito que ele (saiu)".

BROWNE, Dik. *O melhor de Hagar, o Horrível*. Porto Alegre: L&PM, 2006. v. 1, p. 63.

Conformidade

As orações subordinadas adverbiais **conformativas** indicam ideia de conformidade, ou seja, exprimem uma regra, um caminho, um modelo adotado para a execução do que se declara na oração principal. A conjunção típica para exprimir essa circunstância é *conforme*; além dela, utilizam-se *como*, *consoante* e *segundo* (todas com o mesmo valor de *conforme*). Observe:

Fiz o bolo **conforme ensina a receita**.

Consoante reza a Constituição, todos os cidadãos têm direitos iguais.

Segundo atesta recente relatório do Banco Central, a economia brasileira é viável.

Finalidade

As orações subordinadas adverbiais **finais** exprimem a intenção, a finalidade do que se declara na oração principal. Essa circunstância é normalmente expressa pela locução conjuntiva *a fim de que*; além dela, utilizam-se a locução *para que* e, mais raramente, as conjunções *que* e *porque* (= *para que*). Observe:

Vim aqui **a fim de que você me explicasse as questões**.

Fez tudo **porque eu não obtivesse bons resultados**.

(= **para que eu não obtivesse...**)

Suportou todo tipo de humilhação **para obter o visto americano**. (reduzida de infinitivo)

(= **para que obtivesse...**)

"Já que é difícil expressá-las com palavras, alguns cientistas usam gráficos e desenhos para explicar os sentimentos que dão cor à vida."

Na frase em destaque, podemos observar as circunstâncias de *causa*, expressa pela oração subordinada adverbial causal "Já que é difícil expressá-las com palavras", e de *finalidade*, expressa pela oração adverbial final "para explicar os sentimentos".

Superinteressante. São Paulo: Abril, ed. 250, mar. 2008. p. 34.

Proporção

As orações subordinadas adverbiais **proporcionais** estabelecem relação de proporção ou proporcionalidade entre o processo verbal nelas expresso e aquele declarado na oração principal. Essa circunstância normalmente é indicada pela locução conjuntiva *à proporção que*; além dela, utilizam-se *à medida que* e expressões como *quanto mais, quanto menos, tanto mais, tanto menos*. Observe:

Quanto mais se aproxima o fim do mês, mais os bolsos ficam vazios.

Quanto mais te vejo, mais te desejo.

À medida que se aproxima o fim do campeonato, aumenta o interesse da torcida pela competição.

À proporção que se acumulam as dívidas, diminuem as possibilidades de que a empresa sobreviva.

Tempo

As orações subordinadas adverbiais **temporais** indicam basicamente ideia de tempo. Exprimem fatos simultâneos, anteriores ou posteriores ao fato expresso na oração principal, marcando o tempo em que se realizam. As conjunções e locuções conjuntivas mais utilizadas são *quando, enquanto, assim que, logo que, mal, sempre que, antes que, depois que, desde que*. Observe:

"**Quando você foi embora**, fez-se noite em meu viver." (Milton Nascimento e Fernando Brant)

"**Enquanto os homens exercem seus podres poderes**, motos e fuscas avançam os sinais vermelhos e perdem os verdes: somos uns boçais." (Caetano Veloso)

Mal você saiu, ela chegou.

Terminada a festa, todos se retiraram. (reduzida de particípio)

(= Quando terminou a festa...)

3. Classificar sem decorar

Mais importante do que aprender a classificar as orações subordinadas adverbiais é interpretá-las adequadamente e utilizar as conjunções e locuções conjuntivas de maneira eficiente. Por isso, é desaconselhável que você faça o que muita gente costuma indicar como forma de "aprender as orações subordinadas adverbiais": "descabelar-se" para decorar listas de conjunções e, com isso, conseguir dar um rótulo às orações. Essa prática, além de fazer com que você se preocupe mais com nomenclaturas do que com o uso efetivo das estruturas linguísticas, é inútil quando se consideram casos mais sutis de construção de frases. Observe, nas frases seguintes, o emprego da conjunção *como* em diversos contextos: em cada um deles, ocorre uma oração subordinada adverbial diferente. Como seria possível reconhecê-las se se partisse de uma lista de conjunções "decoradas"? É melhor procurar compreender o que efetivamente está sendo declarado.

Como dizia o poeta, "a vida é a arte do encontro".
(valor de conformidade)

Como não tenho dinheiro, não poderei participar da viagem.
(valor de causa)

"E cai **como uma lágrima de amor**." (Antônio Carlos Jobim e Vinicius de Moraes)
(valor de comparação)

Há até casos em que a classificação depende do contexto:

Como o jornal noticiou, o teatro ficou lotado.

A oração subordinada adverbial pode ser causal ou conformativa, dependendo do contexto.

Em DVD

Tom Jobim.

Tom Jobim: chega de saudade. **Direção de Roberto de Oliveira. Brasil: Biscoito Fino, 2007. (120 min).**

O DVD aborda a carreira de Tom Jobim desde seu início, quando ainda era pianista da noite e começava a compor as primeiras canções da Bossa Nova. Destaque para os comentários sobre a primeira composição de Tom, "Valsa Sentimental", e sobre a primeira parceria, "Incerteza", com Newton Mendonça. Participam dessa celebração dos anos do poeta artistas como Caetano Veloso, Toquinho, Gilberto Gil, entre outros.

Atividades

1. Explique a relação estabelecida entre os fatos ou seres mencionados em cada um dos períodos seguintes.

a) Saíram sem que ninguém notasse.
b) Ela se comportou como criança mimada.
c) Ela se comportou como prometera.
d) Alguns córregos foram canalizados para que não haja inundações durante o verão.
e) Sua cútis é tão suave quanto a de um nenê.
f) Desde que ela se foi, ele tem tido crises de depressão.
g) Desde que você estude, nenhuma surpresa ocorrerá.
h) À medida que se aproxima a data do exame, cresce a ansiedade.
i) Na medida em que o país não consegue diminuir os contrastes sociais, aumentam as tensões e os riscos.
j) "Não permita Deus que eu morra sem que volte para lá."

2. Construa períodos compostos relacionando as orações colocadas em cada item. Utilize a conjunção subordinativa que julgar mais apropriada a cada caso.

a) As várias partes interessadas chegaram a um acordo. Tudo foi feito obedecendo aos termos desse acordo.

b) Este técnico tem trabalhado muito. Os outros técnicos não têm trabalhado tanto.

c) Ele tem aprendido muito. Curiosamente, ele quer aprender sempre mais.

d) Estamos mais próximos do fundo do vale. Podemos ouvir cada vez mais distintamente o som do riacho.

e) Vou dar-lhe um presente. Não quero que ela saiba disso antecipadamente.

f) Precisamos formar um time. Assim, poderemos participar dos vários campeonatos estudantis.

g) Deve-se investir em saúde e educação. Dessa forma, começarão a surgir perspectivas para o país.

3. Este exercício é semelhante ao anterior.

a) Caminhávamos à beira do rio. Ele me falava de sua vida na Europa.

b) O ministro tomou posse ontem. Fez um discurso vazio e comovente sobre a miséria nordestina.

c) Conseguimos sobreviver às vicissitudes do cotidiano. Muitos tecnocratas elaboram planos mirabolantes.

d) Ela viajou para a Argentina. Sua mãe chegou ao aeroporto três horas depois.

e) Abri a porta. Percebi que alguma coisa estranha acontecera naquela casa.

f) Caminhamos várias horas. Lembramos, então, que as janelas da casa haviam ficado abertas.

4. Transformar orações desenvolvidas em orações reduzidas é uma forma bastante produtiva de evitar períodos sobrecarregados de conjunções e pronomes relativos. Procure fazer isso com os períodos seguintes.

a) Creio que tenhamos que suportar as exigências que ela faz.

b) Sinto que estão acontecendo fatos que poderiam ser evitados.

c) Quando terminou a sessão, percebi que se tinha desperdiçado uma oportunidade que há muito procurávamos.

d) As promessas que se faziam ali indicavam que o novo governo tinha nítido perfil populista.

e) A expressão que mantinha em seu rosto indicava que ele não se corrigira ainda.

f) Se fossem executadas as obras que o candidato prometera, o município assumiria dívidas que várias gerações não conseguiriam saldar.

g) É importante que você tenha visto tudo a fim de que possa opinar mais tarde.

4. As orações subordinadas adverbiais e a pontuação

A pontuação dos períodos em que há orações subordinadas adverbiais obedece aos mesmos princípios observados em relação aos adjuntos adverbiais. Isso significa que a oração subordinada adverbial sempre pode ser separada por vírgulas da oração principal. Essa separação é optativa quando a oração subordinada está posposta à principal e é obrigatória quando a oração subordinada está intercalada ou anteposta:

Tudo continuará como está se você não intervier.

ou

Tudo continuará como está, se você não intervier.

Disse que, quando chegar, tomará todas as providências.

Quando chegar, tomará todas as providências.

BROWNE, Dik. *O melhor de Hagar, o Horrível*.
Porto Alegre: L&PM, 2006. v. 1. p. 6.

No primeiro quadrinho, vemos uma oração subordinada adverbial temporal ("Quando olho para trás") anteposta à principal. Nesse caso, a vírgula é obrigatória. No último quadrinho, a oração subordinada adverbial ("Quando você se aproxima") está posposta à principal, motivo pelo qual não foi utilizada a vírgula.

Atividade

Faça a pontuação correta dos períodos seguintes.

a) Se você tivesse cumprido o que prometera não teria sido punido.
b) Logo estaríamos em casa se tudo desse certo.
c) Como choveu muito o jogo foi transferido.
d) Os rios e as cidades são sujos porque o povo é sujo.
e) À medida que avança o cólera expõe a miséria social do país.
f) Os jogadores como se esperava atuaram sem disposição.
g) Notamos quando ainda seria possível modificar o rumo das discussões a falta de interesse em aprimorar o debate.

Textos para análise

1

Janela sobre a utopia

Ela está no horizonte – diz Fernando Birri. – Me aproximo dois passos, ela se afasta dois passos. Caminho dez passos e o horizonte corre dez passos. Por mais que eu caminhe, jamais a alcançarei. Para que serve a utopia? Serve para isso: para caminhar.

GALEANO, Eduardo. *As palavras andantes*.
2.ed. Porto Alegre: L&PM, 1994. p. 310.

2

Janela sobre a memória (II)

Um refúgio?

Uma barriga?

Um abrigo onde se esconder quando estiver se afogando na chuva, ou sendo quebrado pelo frio, ou sendo revirado pelo vento?

Temos um esplêndido passado pela frente?

Para os navegantes com desejo de vento, a memória é um ponto de partida.

GALEANO, Eduardo. *As palavras andantes.*
2.ed. Porto Alegre: L&PM, 1994. p. 96.

3

"Quando os produtos da Amazônia forem explorados haverá um impacto tão grande quanto no período das grandes navegações, da descoberta das Américas"

Bravo! São Paulo: Abril, ano 9, ago. 2006. p. 65.

Trabalhando os textos

Aponte e classifique as orações subordinadas adverbiais presentes nos textos 1, 2 e 3.

4

A tempestade

A tempestade me assusta como sua ausência
Você, raio humano, despencou na minha cabeça
E desde então
Grita esse trovão no meu peito
A chuva lá fora chove de fato
Enquanto sua ausência inunda meu quarto
E transborda na cama: agora eu entendo...
Meus sonhos são outros...

Enquanto não durmo, enquanto te espero
E chove no mundo, eu não me acostumo
Com a falta de rumo brasileiro
E esse tom de desespero
Que atingiu o nosso amor

Penso no homem
Que dorme nas ruas do Rio
E agora flutua nos rios da rua
E os barracos na beira do abismo

Deslizam no cinismo da Vieira Souto

Meus sonhos são outros...

Enquanto não durmo...

Por dentro dos túneis, no fundo do poço

Ninguém fica imune crescendo no esgoto

E nosso amor, sem risco e sem glória,

Se escora na história do país do desgosto

Meus sonhos são outros...

Meus sonhos são outros...

OYENS, Christian; DUNCAN, Zélia. Disponível em:
<www2.uol.com.br/zeliaduncan>. Acesso em: 11 jul. 2008.

Trabalhando o texto

1. "A tempestade me assusta como sua ausência"
Indique as orações presentes no período e classifique-as.

2. Há uma circunstância expressa por oração subordinada adverbial que se repete ao longo do texto e constitui um dos seus elementos estruturadores. Que circunstância é essa e quais as orações subordinadas adverbiais que a exprimem?

3. Observe o termo *brasileiro*, no terceiro verso da segunda estrofe, e responda: com qual palavra esse termo concorda? Comente essa concordância.

4. "E esse tom de desespero / **que** atingiu o nosso amor"
Classifique a palavra destacada morfológica e sintaticamente.

5. "E os barracos na beira do abismo / Deslizam no cinismo da Vieira Souto"
Como você interpreta esses versos?

6. "Ninguém fica imune **crescendo no esgoto**"
Classifique a oração destacada e justifique sua classificação.

7. Há uniformidade de tratamento no texto? Explique.

8. Onde está desabando a tempestade de que fala o texto? Explique.

9. A partir de elementos do próprio texto, justifique por que é coerente que o sujeito lírico considere o Brasil "o país do desgosto".

Questões de exames e concursos

1. (Fuvest)

Muitos políticos olham com desconfiança os que se articulam com a mídia.

Nao compreendem que não se faz política sem a mídia. Jacques Ellul, no século passado, afirmava que um fato só se torna político pela mediação da imprensa. Se 20 índios ianomâmis são assassinados e ninguém ouve falar, o crime não se torna um fato político. Caso apareça na televisão, o que era um mistério da floresta torna-se um problema mundial.

Adaptado de Fernando Gabeira, *Folha de S.Paulo.*

a) Explique a distinção, explorada no texto, entre dois tipos de fatos: um, relacionado a "mistério da floresta"; outro, relacionado a "problema mundial".

b) Reescreva os dois períodos finais do texto, começando com "Se 20 índios fossem assassinados..." e fazendo as adaptações necessárias.

2. (UFRN)

01 "As obras que a República manda editar
    para a propaganda de suas

02 riquezas e excelências, logo que são impressas completamente, distribuem-se a

03 mancheias(1) por quem as queira. Todos
    as aceitam e logo passam adiante,

04 por meio de venda. Não julgue o meu correspondente que os "sebos" as aceitem.

05 São tão mofinas, tão escandalosamente
    mentirosas, tão infladas de um

06 otimismo de encomenda que ninguém as
    compra, por sabê-las falsas e

07 destituídas de toda e qualquer honestidade informativa, de forma a não oferecer

08 nenhum lucro aos revendedores de livros,
    por falta de compradores.

09 Onde o meu leitor poderá encontrá-las, se
    quer ter informações mais ou

Capítulo 24 > > > Orações subordinadas adverbiais > > >

455

10 menos transbordantes de entusiasmo pago, é
nas lojas de merceeiros(2), nos

11 açougues, nas quitandas, assim mesmo em
fragmentos, pois todos as pedem

12 nas repartições públicas para vendê-las a
peso aos retalhistas de carne verde,

13 aos vendeiros e aos vendedores de couves.

14 Contudo, a fim de que o meu delicado missivista não fique fazendo mau

15 juízo a meu respeito, vou dar-lhe algumas
informações sobre o poderoso e

16 rico país da Bruzundanga."

LIMA BARRETO, Afonso Henriques de. *Os Bruzundangas*.
Rio/São Paulo/Fortaleza: ABC Editora, 2005. p.33.

(1) em abundância (2) donos de mercearia

Ocorre uma relação semântica de causa-consequência entre as orações que compõem o seguinte período:

a) "Não julgue o meu correspondente que os "sebos" as aceitem."

b) "Onde o meu leitor poderá encontrá-las, se quer ter informações mais ou menos transbordantes de entusiasmo pago, é nas lojas de merceeiros [...]."

c) "Todos as aceitam e logo passam adiante, por meio de venda."

d) "São tão mofinas, tão escandalosamente mentirosas, tão infladas de um otimismo de encomenda que ninguém as compra [...]."

3. (UEPB)

"(...) Há dois assuntos preliminares que precisamos resolver de início para que possamos nos dedicar ao que importa. O primeiro deles é a presença. Todos vocês já têm 100% de presença. E o segundo são as provas e as notas. Resolvidas essas questões irrelevantes que perturbam o prazer de aprender, podemos agora nos dedicar ao que interessa: literatura..." (...)

ALVES, Rubem. *Revista Educação*. São Paulo:
Segmento, ano 9, n. 107, 2006. p. 66.

O enunciado "... para que possamos nos dedicar ao que importa.", expressa uma

a) concordância com uma ideia introduzida anteriormente.

b) concessão que faz referência a algo citado anteriormente.

c) consequência, tendo em vista o efeito do que foi dito antes.

d) circunstância temporal, pois faz alusão a uma ação acontecida.

e) finalidade, em relação a um fato já mencionado.

4. (UEPB) Na revista *Ciência Hoje*, da SBPC, n. 223, lemos, na seção "Carta ao leitor":

01 "Se o sonho da vida eterna se concretizasse, com certeza viria

02 acompanhado de um pesadelo: câncer. É que o envelhecimento

03 do organismo está inevitavelmente associado ao

04 desenvolvimento de doenças. Mesmo que conseguíssemos

05 prolongar nossa permanência na Terra por até 130 anos,

06 mantendo os hábitos atuais, seríamos obrigados a conviver com

07 algum tipo de câncer. A boa notícia é que a letalidade da doença

08 deve ser cada vez mais controlada. As pesquisas atuais apontam

09 nessa direção, apresentando novos alvos para o tratamento

10 desse temido inimigo."

Assinale o item em que a expressão em destaque **não** encerra um sentido circunstancial:

a) "**Se** o sonho da vida eterna se concretizasse..." (*l.* 01)

b) "A boa notícia **é que** a letalidade da doença" (*l.* 07)

c) "**É que** o envelhecimento do organismo..." (*l.* 02 e 03)

d) "**Mesmo que** conseguíssemos prolongar..." (*l.* 04 e 05)

e) "nossa permanência na Terra **por até** 130 anos" (*l. 05*)

5. (PUC-SP) Em uma peça publicitária recentemente veiculada em jornais impressos, pode-se ler o seguinte: "Se a prática leva à perfeição, então imagine o sabor de pratos elaborados bilhões e bilhões de vezes". Acerca da primeira oração desse trecho, é linguisticamente adequado afirmar que, em relação à segunda oração, ela expressa uma circunstância de:

a) comparação   d) consequência

b) condição   e) proporção

c) conformidade

6. (UPM-SP)

01 Fabiano curou no rasto a bicheira da novilha raposa. Levava no

02 aió um frasco de creolina, e, se houvesse achado o animal, teria feito

03 o curativo ordinário. Não o encontrou, mas supôs distinguir as

04 pisadas dele na areia, baixou-se, cruzou dois gravetos no chão e

05 rezou. Se o bicho não estivesse morto, voltaria para o curral, que a

06 oração era forte.

Parte 3 > > > SINTAXE > > >

07 Cumprida a obrigação, Fabiano levantou-se com a consciência

08 tranquila e marchou para casa.

Graciliano Ramos, Vidas secas.

Obs.: **rasto** = rastro

aió = bolsa de caça trançada com fibras de uma planta (caroá ou gravatá)

Se o bicho não estivesse morto, voltaria para o curral, que a oração era forte.

Assinale a redação que preserva o sentido original da frase acima.

a) Quando a oração é forte e o bicho não está morto, ele volta para o curral.

b) A oração era forte e a hipótese é a de que o bicho não estivesse morto, por isso voltaria para o curral.

c) Supondo que o bicho não tivesse morrido porque a oração era forte, o animal voltaria para o curral.

d) Caso o bicho, porque não estivesse morto, voltasse para o curral, a oração seria forte.

e) Como a oração era forte, o bicho só não voltaria para o curral se estivesse morto.

7. (Fuvest-SP)

Das vãs sutilezas

Os homens recorrem por vezes a sutilezas fúteis e vãs para atrair nossa atenção. (...) Aprovo a atitude daquele personagem a quem apresentaram um homem que com tamanha habilidade atirava um grão de alpiste que o fazia passar pelo buraco de uma agulha sem jamais errar o golpe. Tendo pedido ao outro que lhe desse uma recompensa por essa habilidade excepcional, atendeu o solicitado, de maneira prazenteira e justa a meu ver, mandando entregar-lhe três medidas de alpiste a fim de que pudesse continuar a exercer tão nobre arte. É prova irrefutável da fraqueza de nosso julgamento apaixonarmo-nos pelas coisas só porque são raras e inéditas, ou ainda porque apresentam alguma dificuldade, <u>muito embora</u> nao sejam nem boas nem úteis em si.

Montaigne, Ensaios.

A expressão sublinhada no trecho "...ou ainda porque apresentam alguma dificuldade, <u>muito embora</u> não sejam nem boas nem úteis em si" pode ser substituída, sem prejuízo para o sentido, por

a) desde que.

b) contanto que.

c) uma vez que.

d) a não ser que.

e) se bem que.

8. (UFF-RJ) Reescreva a frase:

Nós, os escritores nacionais, **se** quisermos ser entendidos de nosso povo, havemos de falar-lhe em sua língua

substituindo o conectivo destacado por outro com valor de **causalidade**, fazendo os ajustes necessários.

9. (UERJ)

Sou um bom escutador e um vedor melhor. Mas só trancado e sozinho é que consigo me expressar.

Reescreva o trecho acima em um único período constituído de uma oração subordinada concessiva e uma oração principal.

As questões 10 e 11 referem-se ao texto a seguir.

A universidade de Taubaté (Unitau) conta, no total, com 720 universitários [no curso de Comunicação Social], sendo 130 formandos. Com tantos universitários saindo para o mercado de trabalho, o coordenador do curso de Comunicação Social da Unitau (...) mencionou que o Vale do Paraíba é inexplorado e tem potencial de absorver os formandos.

Jornal ComunicAção, n.1, mar. 2002, p. 3.

10. (ITA-SP) Um leitor pode relacionar o conteúdo da construção "com tantos universitários saindo para o mercado de trabalho..." com o que é mencionado pelo coordenador do curso de Comunicação Social da Unitau. No entanto, essa leitura torna-se problemática, pois o leitor poderia esperar, a partir daquela construção, uma:

a) consequência.

b) causa.

c) finalidade.

d) condição.

e) proporção.

11. (ITA-SP) Considerando ainda o período abordado na questão anterior, assinale a alternativa que, completando a oração abaixo, apresenta a relação mais coerente entre as ideias.

O coordenador do curso de Comunicação Social mencionou que,

a) à medida que muitos universitários saem para o mercado de trabalho, o Vale do Paraíba tem potencial de absorver os formandos, pois ainda é um mercado inexplorado.

b) como muitos universitários saem para o mercado de trabalho, o Vale do Paraíba tem potencial de absorver os formandos, pois ainda é um mercado inexplorado.

c) há muitos universitários saindo para o mercado de trabalho, de modo que o Vale do Paraíba tem potencial de absorver os formandos, pois ainda é um mercado inexplorado.

d) muitos universitários saem para o mercado de trabalho; portanto, o Vale do Paraíba tem potencial de absorver os formandos, pois ainda é um mercado inexplorado.

e) embora muitos universitários estejam saindo para o mercado de trabalho, o Vale do Paraíba tem potencial de absorver os formandos, pois ainda é um mercado inexplorado.

Capítulo 24 > > > Orações subordinadas adverbiais > > >   **457**

12. (Ufam) Assinale o item em que a subordinada encerra a ideia de consequência:

a) Muito distraído devia estar para não vê-la na festa.

b) É difícil distinguir um do outro, tão parecidos são.

c) Mesmo sitiada, a cidade não se rendeu.

d) Assoberbado de serviço, nem pude comparecer à cerimônia.

e) Quase morro de tanto rir.

13. (Ufam) Leia a frase seguinte:

Bem cuidados como são, muitos de meus livros ficaram mofados devido à umidade de Manaus.

Se refizermos a frase, começando com "Muitos de meus livros ficaram mofados devido à umidade de Manaus", o sentido não será alterado se continuarmos com:

a) contanto que bem cuidados.

b) desde que bem cuidados.

c) porque eram bem cuidados.

d) ainda que bem cuidados.

e) à medida que eram bem cuidados.

14. (UFC) Leia a oração abaixo, observando-lhe a numeração.

1. Expugnado palmo a palmo,

2. Canudos caiu,

3. ao entardecer,

4. quando caíram os seus últimos defensores,

5. pois todos morreram.

a) A ordenação da oração fornecida é 1, 2, 3, 4, 5. Outras ordenações são aceitáveis.

a1) Dentre as sequências abaixo, identifique a única ordenação aceitável.

3 – 5 – 2 – 4 – 1

5 – 2 – 4 – 1 – 3

4 – 5 – 2 – 3 – 1

a2) Escolha uma das duas ordenações que você considerou **inaceitáveis**, indique-a e apresente a razão desta inaceitabilidade.

Sequência:

Justificativa:

b) Reescreva a oração fornecida, iniciando-a pela oração 4 e transformando a oração adverbial temporal numa temporal reduzida de infinitivo.

c) Agora, componha uma oração sobre Canudos, seguindo as orientações estruturais abaixo.

sujeito composto + verbo intransitivo + predicativo do sujeito

15. (Fuvest-SP) "Maria das Dores entra e vai abrir o comutador. Detenho-a: não quero luz."

Os dois-pontos (:) usados estabelecem uma relação de subordinação entre as orações. Que tipo de subordinação?

a) temporal

b) final

c) causal

d) concessiva

e) conclusiva

16. (Fuvest/FGV-SP) "Ninguém imaginará que, **topando** os obstáculos mencionados, eu haja procedido invariavelmente com segurança e percorrido, sem me **deter**, caminhos certos."

Desenvolva as orações reduzidas cujos verbos estão destacados.

Instruções para as questões 17 e 18.

Para que os enunciados soltos, apresentados nas questões 17 e 18, se reduzam a um só período, algumas adaptações são necessárias. Escolha a alternativa em que encontramos a estrutura que estilística e gramaticalmente expressa, com a necessária clareza, ênfase e correção, a relação desse sentido sugerida pelos parênteses.

17. (ITA-SP)

I. Conheço um florentino esguio e rijo. (oração principal)

II. Um punhal é esguio e rijo. (indicação de uma comparação)

III. Ele condena a guerra com o espírito (atributo do objeto direto de I = oração subordinada adjetiva)

IV. Ele a ama desesperadamente com a alma. (oposição à ideia do predicado de III)

a) O florentino que conheço, esguio e rijo como um punhal, condena a guerra com o espírito, embora a ame com a alma.

b) Conheço um florentino que, esguio e rijo como um punhal, condena a guerra com o espírito, mas a ama com a alma.

c) Conheço um florentino que é esguio e rijo como um punhal, e ele, condenando a guerra com o espírito, a ama com a alma.

d) Conheço um florentino esguio e rijo como um punhal que condena a guerra com o espírito e a ama com a alma.

e) Um florentino, que é esguio e rijo como um punhal, e que é conhecido por mim, condena a guerra com o espírito, mas a ama desesperadamente com a alma.

18. (ITA-SP)

I. Houve certa vez uma festa no céu. (atributo de adjunto adverbial de III, sugerido pelo verbo *ir*)

II. Todos os animais compareceram a ela. (atributo do objeto direto de I, oração subordinada adjetiva)

458   Parte 3 > > > SINTAXE > > >

III. O cágado não pôde ir. (oração principal)

IV. O cágado anda muito devagar. (causa de III)

a) Na festa que houve certa vez, no céu, todos os animais compareceram, exceto o cágado que, por andar muito devagar, não pôde se fazer presente.

b) Houve, certa vez, uma festa no céu em que compareceram todos os bichos, menos o cágado, que anda muito devagar e por isso não pôde ir nela.

c) Certa vez houve uma festa no céu; todos os bichos lá foram; com exceção do cágado, o qual não pôde ir porque andava muito devagar.

d) Com exceção do cágado que, como andava muito devagar, não pôde ir na festa, todos os bichos compareceram na mesma.

e) Por andar muito devagar, o cágado não pôde ir à festa que certa vez houve no céu, à qual compareceram todos os bichos.

19. (ITA-SP) Em qual dos períodos abaixo há uma oração subordinada adverbial que expressa ideia de concessão?

a) Diz-se que a obra de arte é aberta; possibilita, portanto, várias leituras.

b) Pode criticar, desde que fundamente sua crítica em argumentos.

c) Tamanhas são as exigências da pesquisa científica, que muitos desistem de realizá-la.

d) Os animais devem ser adestrados, ao passo que os seres humanos devem ser educados, visto que possuem a faculdade de inteligência.

e) Não obstante haja concluído dois cursos superiores, é incapaz de redigir uma carta.

20. (PUCCamp-SP) Esta questão apresenta cinco propostas diferentes de redação. Assinale a alternativa em que a redação apresenta falhas na estruturação das frases ou na relação entre elas.

a) Como o senhor não queria perder nenhum de seus trabalhadores, havia regras estipulando que os servos ou seus filhos não poderiam casar-se fora dos domínios, exceto com permissão especial.

b) O senhor não queria perder nenhum de seus trabalhadores; por isso havia regras que lhe garantiam que os servos – ou seus filhos – não poderiam casar-se fora dos domínios, exceto com permissão especial.

c) Para garantir ao senhor que os servos, ou seus filhos, não se afastassem – o que resultaria em perda de trabalhadores – havia regras estipulando que não poderiam casar-se fora dos domínios, exceto com permissão especial.

d) Salvo em alguns casos, e com permissão especial, não se permitia aos servos ou seus filhos casarem-se fora dos domínios, o que garantia ao senhor conservar seus trabalhadores.

e) Para não perder-se nenhum dos próprios trabalhadores, é que o senhor estipulava regras para os servos e seus filhos, que então não podiam casar fora dos seus domínios, mas com permissão especial em certos casos, sim.

21. (PUCCamp-SP)

O homem age de forma predatória sobre a [natureza.

A natureza resiste à atuação predatória do [homem.

A natureza mantém vivas algumas de suas [espécies.

A natureza responde ao homem sob a forma de intempéries imprevisíveis.

Observe as frases acima. Assinale a alternativa em que elas estão em correta relação lógica e sintática.

a) A natureza resiste ao homem para manter vivas algumas de suas espécies, e também lhe responde com intempéries imprevisíveis, conquanto o homem aja de maneira predatória sobre ela.

b) Pois o homem age de forma predatória sobre a natureza, então ela lhe resiste mantendo vivas algumas de suas espécies, como também lhe responde, com intempéries imprevisíveis.

c) Segundo o homem aja de maneira predatória sobre a natureza, ela lhe resiste, por manter vivas algumas de suas espécies, ou também lhe responde, sob a forma de intempéries imprevisíveis.

d) A natureza resiste ao homem mantendo vivas algumas de suas espécies ou respondendo-lhe com intempéries imprevisíveis, a menos que ele aja de forma predatória sobre ela.

e) Apesar de o homem agir de maneira predatória sobre a natureza, ela resiste, mantendo vivas algumas de suas espécies, e até lhe responde, sob a forma de intempéries imprevisíveis.

22. (PUC-SP) No período "Da própria garganta saiu um grito de admiração, que Cirino acompanhou, **embora** com menos entusiasmo,", a palavra destacada expressa uma ideia de:

a) explicação.

b) concessão.

c) comparação.

d) modo.

e) consequência.

23. (Unicamp-SP) No texto abaixo, substitua *embora* por outra palavra ou expressão, de forma que o texto resultante dessa substituição, com as mínimas alterações necessárias, mantenha o sentido original.

(...) ergueu-se rapidamente, passou para o outro lado da sala e deu alguns passos, entre a janela da rua e a porta do gabinete do marido. Assim, com o desalinho honesto que trazia, dava-me

Capítulo 24 > > > Orações subordinadas adverbiais > > >

uma impressão singular. Magra **embora**, tinha não sei que balanço no andar, como quem lhe custa levar o corpo; essa feição nunca me pareceu tão distinta como naquela noite.

Machado de Assis, "Missa do galo".

24. (Unicamp-SP) Escreva uma paráfrase da passagem destacada a seguir, mantendo as mesmas relações que o texto original estabelece entre o salário dos funcionários públicos e a qualidade dos vários serviços por eles prestados à população.

No que diz respeito às universidades paulistas, a situação é de novo calamitosa. Um professor assistente doutor ganha a metade do que recebe seu congênere nas universidades federais. (...) Que fazer diante desse descalabro? Durante a ditadura essa mesma página se enchia de análises refinadas de nossos melhores economistas (alguns deles hoje no parlamento) execrando a predação do funcionalismo através de salários de fome. Hoje a situação está ainda mais agravada e um silêncio de morte se abate sobre os salários. **Cansativo lembrar que manter à míngua os funcionários do Estado é punir os cidadãos que se servem dos hospitais, das escolas, das delegacias, das faculdades.** (...) Não se entende bem por que pretender criar mais universidades (o que teoricamente seria ótimo) se se insiste em negar condições adequadas de remuneração para os funcionários e professores da USP, da Unicamp e da Unesp.

PINHEIRO, Paulo Sérgio. Folha de S.Paulo, São Paulo, 20 nov. 1987.

25. (Unicamp-SP) Substitua a palavra destacada no trecho transcrito abaixo por outra que garanta o mesmo sentido ao texto (você poderá ainda fazer outras modificações, se as julgar **indispensáveis**).

Se não chegam a configurar um processo de radicalização verbal e de alarmismo deliberado, ainda assim são preocupantes e lamentáveis as declarações do ministro da Indústria e Comércio, Roberto Cardoso Alves, de que partidos como o PT e os PCs não deveriam ter existência legal, por não possuírem, na opinião do ministro, compromisso com a democracia.

Folha de S.Paulo, São Paulo, 8 dez. 1988.

26. (Unimep-SP) Assinale a alternativa que, embora tenha valor causa-consequência, não contém oração adverbial causal.
a) Cheguei tarde, porque choveu muito.
b) Como estava doente, não fui à escola.
c) Estava tanto frio, que não saí de casa.
d) Fiquei chateado, pois fui despedido.
e) Devo ir mal na prova, já que não estudei.

27. (UFV-MG) Dadas as frases:

a) A prova de português está fácil; logo, muitos alunos passarão.
b) A prova de português está fácil, mas muitos alunos a acham difícil.

Tendo sempre em vista o uso das palavras e a eficiência da linguagem, reelabore-as, nos itens a.1 e b.1, em períodos formados por subordinação,
– usando logicamente outras conjunções em outras posições;
– usando, se necessário, outro modo verbal;
– atentando para a observação entre parênteses.
a.1) A informação contida em "A prova de português está fácil" é **causa.**
b.1) A informação contida em "A prova de português está fácil" é **concessão.**

28. (Vunesp-SP) "Anda a espreitar meus olhos **para roê-los**, (...)"

Transcreva o período acima, desenvolvendo a oração reduzida destacada. A seguir, classifique-a.

29. (Vunesp-SP) Das alternativas abaixo, apenas em uma não se considera um fato natural as violetas murcharem, por receberem muita água. Assinale-a.
a) Como as violetas foram muito molhadas, murcharam.
b) Desde que as violetas sejam muito molhadas, murcham.
c) As violetas foram muito molhadas, de modo que murcharam.
d) Embora as violetas tivessem sido muito molhadas, murcharam.
e) As violetas foram tão molhadas, que murcharam.

30. (Unicamp-SP) O autor do texto abaixo conhece um tipo de raciocínio cuja estrutura lembra propriedades de um círculo e tenta reproduzi-lo. No entanto, não é bem-sucedido.

(...) Gera-se, assim, o círculo vicioso do pessimismo. As coisas não andam porque ninguém confia no governo. E porque ninguém confia no governo as coisas não andam.

DIMENSTEIN, Gilberto. Folha de S.Paulo, São Paulo, 22 nov. 1990.

a) Reescreva o trecho de maneira que ele passe a ter a estrutura de um verdadeiro círculo vicioso.
b) Comparando o que você fez e o que fez o autor, explique em que ele se equivocou.

31. (UFV-MG) "Um dia, **como lhe dissessem** que iam dar o passarinho, **caso continuasse a comportar-se mal**, correu para a área e abriu a porta da gaiola." (Paulo Mendes Campos)

As orações destacadas são, respectivamente, subordinadas adverbiais:
a) causal e condicional.

460   Parte 3 > > > SINTAXE > > >

b) comparativa e causal.

c) conformativa e consecutiva.

d) condicional e concessiva.

e) comparativa e conformativa.

32. (Esan-SP) Na frase "**Como anoitecesse**, recolhi-me pouco depois e deitei-me." (Monteiro Lobato), a oração destacada é:

a) coordenada sindética explicativa.

b) subordinada adverbial causal.

c) subordinada adverbial conformativa.

d) subordinada adjetiva explicativa.

e) subordinada adverbial final.

33. (PUC-MG) A classificação da oração destacada está correta em todas as opções, exceto em:

a) Ela sabia **que ele estava fazendo o certo**. (subordinada substantiva objetiva indireta)

b) Era a primeira vez **que ficava assim tão perto de uma mulher**. (subordinada substantiva subjetiva)

c) Mas não estava neles modificar um namoro **que nascera difícil**, **cercado**, **travado**. (subordinada adjetiva)

d) O momento foi tão intenso **que ela teve medo**. (subordinada adverbial consecutiva)

e) Solta **que você está me machucando**. (coordenada sindética explicativa)

34. (PUCCamp-SP) "Nunca chegará ao fim, **por mais depressa que ande**." A oração destacada é:

a) subordinada adverbial causal.

b) subordinada adverbial concessiva.

c) subordinada adverbial condicional.

d) subordinada adverbial consecutiva.

e) subordinada adverbial comparativa.

35. (Fuvest-SP) Classifique as orações em destaque no período a seguir.

Ao analisar o desempenho da economia brasileira, os empresários afirmaram **que os resultados eram bastante razoáveis**, uma vez que a produção não aumentou, mas também não caiu.

a) principal, subordinada adverbial final

b) subordinada adverbial temporal, subordinada adjetiva restritiva

c) subordinada adverbial temporal, subordinada substantiva objetiva direta

d) subordinada adverbial temporal, subordinada substantiva subjetiva

e) principal, subordinada substantiva objetiva direta

36. (Fuvest-SP)

Sei que esperavas desde o início

que eu te dissesse hoje o meu canto solene.

Sei que a única alma **que eu possuo**

é mais numerosa **que os cardumes do mar.**

(Jorge de Lima)

As orações destacadas são orações subordinadas, respectivamente:

a) substantiva subjetiva, adjetiva, adverbial consecutiva

b) adjetiva, substantiva objetiva direta, adverbial comparativa.

c) substantiva objetiva direta, adjetiva, adverbial comparativa.

d) adjetiva, substantiva subjetiva, adverbial correlativa.

e) substantiva predicativa, adjetiva, adverbial consecutiva.

37. (PUC-MG) Em "Orai porque não entreis em tentação.", o valor da conjunção do período é de:

a) causa.

b) condição.

c) conformidade.

d) explicação.

e) finalidade.

38. (Efei-MG) Em que período a oração subordinada é adverbial concessiva?

a) Peço-lhe permissão para voltar ao trabalho.

b) Mesmo que faça calor, não poderemos nadar.

c) É possível que o rapaz tenha oportunidades.

d) Se tudo correr bem, levar-te-ei a Europa.

e) Ela era tão medrosa, que não saía de casa.

39. (FEI-SP) Complete, segundo o modelo:

Maria entrou na estufa, porque não topou com um desconhecido.

Se Maria topasse com o desconhecido, não entraria na estufa.

O velho Leite raciocinou assim, porque havia muita cinza de cigarro no chão.

Capítulo 25

Orações coordenadas

BROWNE, Dik. *O melhor de Hagar, o Horrível*. Porto Alegre: L&PM, 1996. p. 18.

As orações coordenadas são sintaticamente independentes; uma não exerce função sintática em relação à outra. Note que na palavra *coordenação* existe o prefixo *co-*, que indica "nivelamento, igualdade, companhia"; é o mesmo prefixo de *cooperar*, *colíder*, *copiloto*. Na palavra *subordinação* existe o prefixo *sub-*, que indica posição inferior: a oração subordinada é sintaticamente dependente da principal.

Na tira acima, as orações coordenadas se sucedem na fala de Helga, no primeiro quadrinho. As orações são sintaticamente completas (não lhes falta nenhum termo), e a conexão entre elas é feita por pausas, representada na escrita por reticências, com exceção da última, "e o teu cachorro teve filhotes", que vem ligada à anterior pela conjunção *e*.

1. Orações sindéticas e assindéticas

Você já sabe que num período composto por coordenação as orações são independentes e sintaticamente equivalentes. Isso significa que as orações coordenadas não agem como se fossem termos de outra oração, nem têm um de seus termos na forma de oração. Observe:

"Apita o árbitro, abrem-se as cortinas e começa o espetáculo." (Fiori Gigliotti, consagrado locutor esportivo, falecido em 2006)

Há três orações nesse período, organizadas a partir das formas verbais *apita*, *abrem-se* e *começa*. Essas orações são sintaticamente equivalentes, já que nenhuma delas atua como termo sintático de outra. As orações são completas, não lhes falta nenhum termo. Não é difícil para você, que já conhece as orações subordinadas, perceber claramente isso. Trata-se, portanto, de um período composto por coordenação – e as três orações que o formam são **coordenadas**.

A conexão entre as duas primeiras orações é feita exclusivamente por uma pausa, representada na escrita por uma vírgula. Entre a segunda e a terceira, é feita pela conjunção *e*. As orações coordenadas que se ligam umas às outras apenas por uma pausa, sem conjunção, são chamadas **assindéticas**. É o caso de "Apita o árbitro" e "abrem-se as cortinas". As orações coordenadas introduzidas por uma conjunção são chamadas **sindéticas**. *Sindéticas* e *assindéticas* são palavras de origem grega; a raiz é *syndeton*, que significa "união". No exemplo da página anterior, a oração "e começa o espetáculo" é coordenada sindética, porque é introduzida pela conjunção *e*. Costuma-se chamar de **coordenada inicial** a primeira oração de um período composto por coordenação.

A classificação de uma oração coordenada leva em conta fundamentalmente o aspecto lógico-semântico da relação que se estabelece entre as orações. Você começa a perceber isso já nos nomes das cinco coordenadas sindéticas, que podem ser subclassificadas em aditivas, adversativas, alternativas, conclusivas e explicativas.

2. Classificação das orações coordenadas sindéticas

Aditivas

As coordenadas sindéticas aditivas normalmente indicam fatos ou acontecimentos dispostos em sequência. A palavra *aditiva* é da mesma família da palavra *adição*, que, como você sabe, significa "soma". Portanto as coordenadas aditivas normalmente têm o papel de somar, sem acrescentar outro matiz de significação. As conjunções coordenativas aditivas típicas são *e* e *nem* (= *e* + *não*):

Caetano Veloso canta **e compõe muito bem**.

Ela não trabalha **nem estuda**.

Como a conjunção *nem* tem o valor da expressão "e não", condena-se na língua culta a forma *e nem* para introduzir orações aditivas ("Ele não estuda e nem trabalha").

A língua portuguesa dispõe também de estruturas correlativas para coordenar orações. Essas estruturas, conhecidas como séries aditivas enfáticas, costumam ser usadas quando se pretende enfatizar o conteúdo da segunda oração:

Caetano Veloso não só canta, **mas também** (ou **como também**) compõe muito bem.

Ele não só foi o melhor do time, **mas também** (ou **como também**) fez o gol da vitória.

Capítulo 25 > > > Orações coordenadas > > >

Adversativas

As orações coordenadas sindéticas adversativas exprimem fatos ou conceitos que se opõem ao que se declara na oração coordenada anterior, estabelecendo contraste ou compensação. A palavra *adversativa* é da mesma família da palavra *adversário*, que, como você sabe, significa "opositor". A conjunção coordenativa adversativa típica é *mas*; além dela, empregam-se *porém, contudo, todavia, entretanto* e as locuções *no entanto, não obstante*. Observe:

"Eu queria querer-te e amar o amor, construir-nos dulcíssima prisão, encontrar a mais justa adequação, tudo métrica, rima, nunca dor, **mas a vida é real e de viés**." (Caetano Veloso)

O Brasil tem potencial inesgotável; **sua má administração, porém, tem produzido apenas a sociedade mais injusta do planeta**.

O time jogou muito bem, **entretanto não conseguiu a vitória**.

Em textos clássicos, é possível encontrar a conjunção *entanto*, que hoje só é empregada na locução *no entanto*. Quanto a essa locução, convém não imitar uma construção cada vez mais comum, tanto na língua falada quanto na escrita:

Lutamos muito, mas, no entanto, não conseguimos o que queríamos.

Mas e *no entanto* se equivalem; portanto basta usar uma das duas.

GONSALES, Fernando.
Níquel Náusea: tédio no chiqueiro.
São Paulo: Devir, 2006. p. 48.

Observa-se, na tirinha, a ocorrência da conjunção *mas*, introduzindo um fato que se opõe à afirmação do narrador. O Danilo é folgado em relação aos demais caranguejos. Observe-se, também, a ocorrência da conjunção *e* acrescentando uma ideia à outra: *aproveita e me enterra*.

Alternativas

A palavra *alternativa* é da mesma família das palavras *alternância, alternar*. É óbvio, pois, que as orações coordenadas sindéticas alternativas exprimem fatos ou conceitos que se alternam ou que se excluem mutuamente. Essa relação é normalmente expressa pela conjunção *ou* (que pode surgir isolada ou em pares); além dela, empregam-se os pares *ora... ora..., já... já..., quer... quer...* Observe:

Fale agora, **ou cale-se para sempre**.

Ora age com calma, ora trata a todos com muita aspereza.

Estarei lá, **quer você permita, quer você não permita**.

Nesse último caso, o par *quer... quer...* está coordenando entre si duas orações que, na verdade, expressam concessão em relação a "Estarei lá". É como se se dissesse "Embora você não permita, estarei lá".

Na língua culta, não ocorrem construções como "Estarei lá, quer chova ou faça sol" ou "Está sempre alegre, seja dia de trabalho ou de festa". É necessário manter o paralelismo, repetindo a conjunção: "quer chova, quer faça sol"; "seja dia de festa, seja dia de trabalho".

***A Noiva cadáver.* Direção de Tim Burton. Estados Unidos: Warner Home Video, 2006. (77 min).**
A passagem "Fale agora, ou cale-se para sempre." (em que há uma oração coordenada sindética alternativa) é uma sentença conhecida por aqueles que se unem em matrimônio. A frase aparece até em casamentos envolvendo o além-túmulo, como o do conto desse obscuro e fantástico filme de Tim Burton. Victor, o noivo, é subitamente levado para o submundo, onde se envolve com a noiva cadáver, que exige fidelidade do rapaz, enquanto sua verdadeira noiva o espera no mundo dos vivos. Embora Victor acabe percebendo que o mundo dos mortos é muito mais divertido que o dos vivos, ele descobrirá que não pode se separar de seu verdadeiro amor.

Conclusivas

A palavra *conclusiva* é da mesma família das palavras *concluir, conclusão*. Evidentemente, as orações coordenadas sindéticas conclusivas expressam uma conclusão lógica que se obtém a partir dos fatos ou conceitos expressos na oração anterior. A conjunção mais empregada na língua falada é *por isso*. Na língua escrita, aparecem outras, como *logo, portanto* e *pois*, esta obrigatoriamente posposta ao verbo. Também se usam *então, assim* e as locuções *por conseguinte, de modo que, em vista disso*. Observe:

Não tenho dinheiro, **portanto não posso pagar**.

Penso, **logo existo**.

Ela é paulista; **é, pois, brasileira**.

O time venceu, **por isso está classificado**.

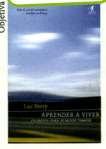

FERRY, Luc. *Aprender a viver*. Rio de Janeiro: Objetiva, 2007.
A máxima "Penso, logo existo." é de autoria de René Descartes, filósofo e matemático francês que buscou questionar todo o conhecimento considerado correto e verdadeiro. Descartes faz parte de um dos cinco maiores momentos da história da filosofia, segundo Luc Ferry, ex-ministro da educação da França. Seu livro *Aprender a viver* propõe-se a contar esses cinco maiores momentos, ao mesmo tempo em que tenta provar ao leitor que a filosofia pode nos ajudar a viver com mais qualidade e sabedoria.

Explicativas

As orações coordenadas explicativas normalmente expressam a justificativa de uma ordem, sugestão ou suposição. As conjunções mais usadas são *que, porque* e *pois*, esta obrigatoriamente anteposta ao verbo. Observe:

"Deixe em paz meu coração, **que ele é um pote até aqui de mágoa**." (Chico Buarque)

Choveu durante a noite, **porque as ruas estão molhadas**.

Cumprimente-o, **pois hoje é seu aniversário**.

É preciso tomar cuidado para não confundir **explicação** com **causa**, ou seja, não se devem confundir as orações coordenadas explicativas com as subordinadas adverbiais causais. Uma explicação é sempre posterior ao fato que a gerou; uma causa é sempre anterior à consequência resultante dela. Nas frases acima, é fácil perceber que não se estão indicando causas, e sim se apresentando explicações: no primeiro caso, alguém pede que o deixem em paz e explica por que está fazendo o pedido; no segundo caso, alguém supõe que tenha chovido durante a noite e baseia sua suposição no fato de as ruas estarem molhadas. Note, nesse segundo caso, que seria absurdo pensar que as ruas molhadas são a causa da chuva – o que ocorre é exatamente o inverso. Se o fato de as ruas estarem molhadas fosse a causa da chuva, estaria resolvido o problema da seca no Brasil: bastaria molhar as ruas das cidades do sertão.

3. Classificação baseada nas relações de sentido

No caso das coordenadas, é preciso levar em conta que a classificação depende fundamentalmente da relação de sentido que se estabelece entre as orações. A conjunção *e*, por exemplo, é sempre vista como aditiva. Num período como "Deus cura, e o médico manda a conta.", é evidente que seu valor não é aditivo. O período, na verdade, equivale a algo como "Deus cura, mas é o médico quem manda a conta.". Em "Você me quer forte, e eu não sou forte mais.", ocorre o mesmo. A conjunção *e* equivale a *mas*, portanto tem valor adversativo e assim poderia ser classificada. Para a Nomenclatura Gramatical Brasileira, no entanto, vale a forma. A conjunção *e* é aditiva e fim. Nos vestibulares mais elaborados, felizmente, essa visão limitada já está fora de moda. A classificação leva em conta o sentido efetivo.

O mesmo raciocínio se aplica às orações coordenadas assindéticas que possuem claramente valor de sindéticas, porque apresentam um conectivo subentendido. Veja:

Fiz o possível para prevenir-lhes o perigo; **ninguém quis ouvir-me**.

Fale baixo: **não sou surdo!**

A terceira oração do primeiro período ("ninguém quis ouvir-me") e a segunda do segundo ("não sou surdo"), apesar de formalmente assindéticas, já que não apresentam conjunção, têm sentidos bem marcados: a primeira tem valor adversativo (equivale a "**mas** ninguém quis ouvir-me"); a segunda, explicativo (equivale a "**pois** não sou surdo").

Por isso convém insistir em que você se preocupe mais com o uso efetivo das estruturas linguísticas do que com discussões às vezes intermináveis sobre questões de mera nomenclatura.

Parte 3 > > > SINTAXE > > >

LAERTE. *Classificados: livro 2.* São Paulo: Devir, 2002. p. 60.

No texto da tirinha, há duas orações, tendo a segunda nítido valor explicativo em relação à primeira. Embora formalmente ausente, a conjunção explicativa está subentendida no período: *Esqueça piano, pois todo o seu talento é pra massagista.*

Atividades

1. Explique as relações existentes entre os fatos expressos nos períodos compostos seguintes.

a) Ela já deve ter mudado, porque sua casa está vazia.

b) Mantenha a calma, que tudo dará certo.

c) É milionário e vive pedindo fiado.

d) Vários parlamentares ausentaram-se intencionalmente da votação; essa ausência deve ser vista, pois, como uma tomada de posição.

e) Venha amanhã, pois temos de tomar decisões importantes.

f) Faça direito ou será obrigado a refazer.

2. A partir dos períodos dados, construa períodos compostos por coordenação, unindo as orações na ordem conveniente. Utilize a conjunção coordenativa apropriada e faça as alterações necessárias.

a) Aquele verão foi quente e ensolarado. Só pudemos sair de casa poucas vezes.

b) Nesta terra de fartura, existem muitos pobres. Alguma coisa está errada.

c) Visite-me. Quero estar com você mais tempo.

d) A safra de grãos será a maior da história. Muita gente passará fome.

e) Não fomos capazes de resolver nossos problemas. Foi preciso procurar novas alternativas.

f) Invista em seu futuro agora. Você poderá enfrentar dificuldades mais tarde.

g) Chove torrencialmente. A seca castiga a tudo e a todos.

3. Utilizando uma das conjunções indicadas entre parênteses, junte as orações, formando períodos compostos.

a) Estou enganado. Escrevi um texto desnecessário. (*e/ou ... ou/porém*)

b) Não participei da reunião. Não posso opinar sobre o assunto. (*mas/logo/pois*)

c) Irei à Europa nas férias. Não estarei em São Paulo. (*logo/porque/contudo*)

d) Vocês podem ir. Devem voltar cedo. (*que/portanto/mas também*)

e) Esperei um pouco, telefonei para ela. Marquei um encontro para a noite. (*então/e/por isso*)

f) Venha logo para dentro. Está fazendo frio. (*mas/quele*)

g) Ela não para de sorrir. Deve ser feliz. (*logo/entretanto/pois*)

h) Tome cuidado na estrada. Está cheia de buracos. (*portanto/e/pois*)

i) Há anos estudo espanhol. Estou começando a estudar francês. (*porém/e/ora ... ora*)

j) Vou dar o recado a ela. A reunião não pode ser adiada. (*nem/logo/mas*)

k) Caiu violentamente. Não sofreu um arranhão. (*portanto/porque/e*)

4. Ordene os fatos expressos nas orações de cada item e forme períodos compostos por coordenação. Utilize as conjunções ou sinais de pontuação apropriados a cada caso.

a) Acendeu a fogueira. Juntou galhos e gravetos.

b) Armou a barraca cuidadosamente. Escolheu um local plano e aberto. Limpou o terreno.

c) A luz invadiu o quarto. Levantou-se da cama. Chegou até a janela. Caminhou cuidadosamente no escuro. Abriu-a.

d) Não posso discutir o assunto. Nada sei sobre ele.

e) Muitas pessoas já estão dormindo. Não faça barulho.

f) Não se feriu com gravidade. Sofreu um acidente terrível.

g) Não obterá sucesso. Faça tudo cuidadosamente.

5. Em cada item seguinte, há um período composto por subordinação. Estude bem a relação estabelecida entre os fatos; depois, proponha um período composto por coordenação cujo sentido se aproxime do expresso pelo período original.

a) Embora a acusação seja grave, o candidato nega-se a discuti-la.

b) Se você não se dedicar seriamente, os resultados não serão satisfatórios.

c) Concluí que não há ninguém na casa porque janelas e portas estão trancadas.

4. As orações coordenadas e a pontuação

a. regra geral – Separam-se por vírgula as orações coordenadas assindéticas e as orações coordenadas sindéticas, com exceção das introduzidas pela conjunção *e* que não tenham sujeito diferente do da oração anterior:

Alguns reclamam, um ou outro protesta, ninguém reivindica.

A exploração racional dos recursos naturais pode ser lucrativa, logo deve ser incentivada num país pobre e subdesenvolvido.

A queimada de florestas nativas representa grande desperdício, mas continua a ser praticada neste país.

b. orações introduzidas pela conjunção *e* – Devem-se adotar os mesmos procedimentos aplicados aos termos coordenados de um período simples, ou seja:

▶ quando a conjunção surge apenas entre a penúltima e a última oração de uma sequência, não se emprega vírgula:

Apresentei meus argumentos e fiz minhas exigências.

Participei da reunião, levei meu relatório, apresentei meus pontos de vista e fiz minhas exigências.

▶ quando a conjunção *e* é repetida, introduzindo várias orações de uma sequência, deve ser sempre precedida de vírgula:

O menino girava em volta da mãe, e vinha, e tornava a ir, e ainda uma vez voltava, e se afastava, e ameaçava dizer o que queria, e fazia meia-volta...

▶ a vírgula também deve ser usada quando a conjunção une orações que possuem sujeitos diferentes:

O presidente convocou os ministros, e o Congresso começou a trabalhar.

468 Parte 3 > > > SINTAXE > > >

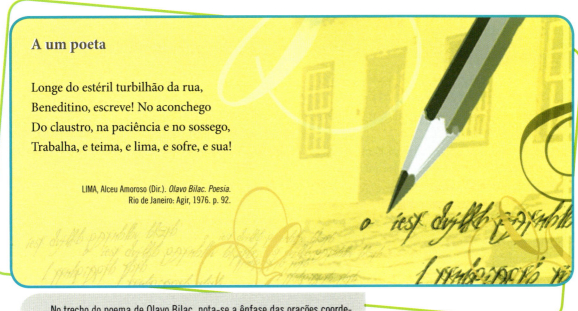

A um poeta

Longe do estéril turbilhão da rua,
Beneditino, escreve! No aconchego
Do claustro, na paciência e no sossego,
Trabalha, e teima, e lima, e sofre, e sua!

LIMA, Alceu Amoroso (Dir.). *Olavo Bilac. Poesia.*
Rio de Janeiro: Agir, 1976. p. 92.

No trecho do poema de Olavo Bilac, nota-se a ênfase das orações coordenadas aditivas, separadas por vírgulas. Note-se que as quatro últimas orações constituem uma sequência simétrica uma vez que são todas introduzidas pela conjunção *e* e apresentam formas verbais dissílabas e paroxítonas.

c. uso do ponto e vírgula – Também o ponto e vírgula pode ser utilizado na pontuação das orações coordenadas, especialmente com as orações adversativas e com as conclusivas:

Aja como quiser; mas não me impeça de pensar.

Os problemas se avolumam num ritmo alucinante; portanto é preciso adotar providências eficientes com rapidez.

▶ O uso do ponto e vírgula pode ocorrer também entre orações assindéticas que tenham nítido valor adversativo ou conclusivo:

Fiz o possível para demovê-los daquela ideia; não consegui absolutamente nada.

Os livros são raros; é preciso conservá-los com todo o cuidado.

▶ O ponto e vírgula é obrigatório para separar coordenadas sindéticas adversativas ou conclusivas que não sejam iniciadas pela conjunção. Note que, nesses casos, as conjunções deslocadas devem ser isoladas por vírgulas.

Uns lutam, criam; outros, porém, só sabem explorar.

O país investe pouco em educação; não há, portanto, perspectiva de eliminar o atraso.

▶ O ponto e vírgula permite organizar blocos de orações coordenadas que estabelecem contraste:

Uns avançam os sinais vermelhos, oprimem os pedestres nas faixas de segurança, estacionam em fila dupla e ostentam pose de bons cidadãos; outros nascem na miséria, crescem nas ruas, vendem goma de mascar nas esquinas e acabam recebendo destaque nas reportagens policiais.

▶ O ponto e vírgula deve ser usado para separar os membros de uma enumeração:

Numa eleição, é preciso levar em conta:

a) o perfil ideológico e o programa de cada partido;

b) a atuação dos membros do partido em gestões anteriores;

c) a qualidade individual dos candidatos do partido.

Atividade

Pontue adequadamente os períodos seguintes.

a) O jogador queria participar da partida mas o médico do clube não permitiu.
b) O álcool combustível é uma fonte renovável de energia portanto deveria ter seu uso ampliado e estimulado.
c) O álcool combustível é uma fonte renovável de energia deveria ter seu uso ampliado e estimulado portanto.
d) Insistiu muito e conseguiu o que queria.
e) Tentou uma vez e insistiu e tornou a tentar e conseguiu o que queria.
f) Examinei notei a falta de estrutura do grupo e achei melhor interferir.
g) Vários projetos têm sido apresentados para amenizar as tensões sociais do país nenhum deles contudo estabelece uma distribuição de renda menos indecente.
h) Apresentei vários projetos nenhum foi sequer analisado.
i) Chamava-se Pedro o amigo Paulo.

Textos para análise

1

É pra rir ou pra chorar?

O Brasil proclamou sua independência, mas o filho do rei é que assumiu a gerência.

O povo sem estudo não dá muito palpite, e a nossa república é só pra elite. (E quem faz greve o patrão ainda demite). É pra rir ou pra chorar?

O Brasil aboliu a escravidão, mas o negro da senzala foi direto pra favela. Virou um homem livre e foi pra prisão. Só que a tal da liberdade não entrou lá na cela. (E a discriminação ainda é verde e amarela). É pra rir ou pra chorar?

O Brasil foi parar na mão dos militares, que calaram o povo no tempo da ditadura.

Torturaram e prenderam e mataram milhares, mas ninguém foi condenado pelos crimes de tortura. (E tem até torturador lançando candidatura). É pra rir ou pra chorar?

O Brasil conseguiu as eleições diretas, mas a gente que vota ainda é semianalfabeta.

O Collor foi eleito e roubou até cansar. O povo deu um jeito de cassar o marajá. Mas ele não foi preso e falou que vai voltar! É pra rir ou pra chorar?

O Brasil tem mais terra do que a China tem chinês, mas a terra tá na mão dos grandes latifundiários. A reforma agrária ninguém ainda fez. Ainda bem que os sem-terra não são otários. (E tudo que eles querem é direito a ter trabalho). É pra rir ou pra chorar?

O Brasil tem miséria, mas tem muito dinheiro, na mão de meia dúzia, no banco suíço.

O rico sobe na vida feito estrangeiro, e o pobre só sobe no elevador de serviço. (E você aí fingindo que não tem nada com isso?) É pra rir ou pra chorar?

O Brasil tem um povo gigante por natureza que ainda não percebe o tamanho dessa grandeza. Sempre solidário no azar ou na sorte, um povo generoso, criativo e risonho.

Poderoso, e tem um coração batendo forte que põe fé no futuro do mesmo jeito que eu ponho. E vai ter que ser independência ou morte. Um por todos, e todos por um sonho.

É pra rir ou pra chorar? É pra ir ou pra voltar? Pra seguir ou pra parar? Pra cair ou levantar? É pra rir ou pra chorar? Pra sair ou pra ficar? Pra ouvir ou pra falar? Pra dormir ou pra sonhar? É pra ver ou pra mostrar? Aplaudir ou protestar? Construir ou derrubar? Repetir ou transformar? É pra rir ou pra chorar? Pra se unir ou separar? Agredir ou agradar? Pra torcer ou pra jogar? Pra fazer ou pra comprar? Pra vender ou pra alugar? Pra jogar pra perder ou pra ganhar? Dividir ou endividar? Dividir ou individualizar? É pra rir ou pra chorar?!

Gabriel O Pensador e Liminha.
Disponível em: <www.gabrielopensador.com.br>.
Acesso em: 16 jun. 2008.

Trabalhando o texto

1. O primeiro período apresenta uma estrutura sintática que se repete várias vezes ao longo do texto. Qual é essa estrutura? Que efeito de sentido ela instala no texto?

2. "Virou um homem livre **e** foi pra prisão."
Qual o valor da conjunção destacada no período? Comente.

3. Como você interpreta a frase "E a discriminação ainda é verde e amarela"?

4. "Torturaram e prenderam e mataram milhares, mas ninguém foi condenado pelos crimes de tortura."
Indique as orações presentes no período e classifique-as.

5. "O Brasil conseguiu as eleições diretas, mas a gente que vota ainda é semianalfabeta. O Collor foi eleito e roubou até cansar."
Qual a relação de sentido que se estabelece entre os dois períodos do trecho transcrito? Explique.

6. "O Brasil tem um povo gigante por natureza que ainda não percebe o tamanho dessa grandeza."
Aponte e classifique as orações presentes no período transcrito.

7. Que relação de sentido estabelece a conjunção coordenativa *ou*? Explique a partir de elementos retirados do próprio texto.

8. Comente os recursos linguísticos presentes no título do álbum do qual foi retirada a canção: *Seja você mesmo mas não seja sempre o mesmo*.

9. "Um por todos, e todos por um sonho."
É pra concordar ou discordar?

Em *site*

<www.gabrielopensador.com.br>. Acesso em: 15 jul. 2008.
Site oficial do cantor e compositor Gabriel O Pensador. A página oferece links sobre sua biografia, discografia com letras das canções, cenas de *shows*, trechos de livros lançados pelo músico, textos de opinião e sua agenda.

PENSO, LOGO ASSISTO:

ALBERTO DINES, JOSÉ CARLOS CATALDI, RONALDO ROSAS, LEILA RICHERS, CLÁUDIO BOJUNGA, CLÁUDIO LINS, LÚCIA LEME, SARGENTELLI, LEDA NAGLE, LULA VIEIRA, SÉRGIO BRITTO, LÉO E CIA., MÁRCIO GUEDES, VERA BARROSO, ANCELMO GÓIS, CARLA BRAGA, SÔNIA RACY, WILSON FIGUEIREDO, CARLA RAMOS, CÍCERO SANDRONI, RODOLFO BOTTINO, PAULA SALDANHA, MAESTRO SCHILLER, JOSÉ MAURÍCIO MACHLINE, HUMBERTO MOTTA, ARISTÓTELES DRUMMOND, MILTON CUNHA, MARIA DO ROSÁRIO, PAULO MARKUN, ANTÔNIO ABUJAMRA, ROBERTO D'ÁVILLA.

A partir de agora a TVE e suas 133 afiliadas formam a Rede Brasil. A primeira cobertura nacional em credibilidade, que chega com uma nova antena, novos transmissores, uma nova imagem e uma nova programação. Tudo para oferecer o que há de melhor em cultura, informação e entretenimento. Só uma coisa continua antiga, o compromisso com um conteúdo de qualidade, a verdade e o respeito à sua inteligência.

Veja. São Paulo: Abril, 30 mai. 2001. p. 140-1.

Trabalhando o texto

Classifique as orações presentes no período acima. A seguir, comente a relação de sentido que estabelecem entre si, considerando o produto que está sendo anunciado e a célebre frase a que o texto do anúncio se refere.

Questões de exames e concursos

1. (Ibmec) Assinale a alternativa **incorreta** com relação a este fragmento da letra da música "Verdade chinesa" (texto de Carlos Colla e Gilson).

"Senta, se acomoda, à vontade, tá em casa

Toma um copo, dá um tempo, que a tristeza vai passar

Deixa, pra amanhã tem muito tempo

O que vale é o sentimento

E o amor que a gente tem no coração".

http://emilio-santiago.letras.terra.com.br/letras/45703.

a) Os dois primeiros versos são compostos exclusivamente por orações coordenadas assindéticas.

b) A palavra "que" aparece três vezes no texto. No segundo verso é uma conjunção coordenativa; já no quinto verso é um pronome relativo.

c) A primeira oração do segundo verso consiste numa metonímia.

d) Aparecendo duas vezes no texto, a palavra "tempo" tem a função de objeto direto.

e) Os verbos sentar, tomar, dar e deixar aparecem flexionados na segunda pessoa do singular, no modo imperativo afirmativo e configuram, deste modo, o uso da função apelativa da linguagem.

2. (UEL-PR)

Solar

Minha mãe cozinhava exatamente: arroz, feijão-roxinho, molho de batatinhas.

Mas cantava.

PRADO, Adélia. *O coração disparado*. 3. ed. Rio de Janeiro: Salamandra, 1984. p. 28.

Sobre o texto, considere as afirmativas a seguir.

I. O verbo "cantar" remete a uma prática que contrasta com o prosaico pouco expressivo do cotidiano.

II. Os ingredientes enumerados – arroz, feijão-roxinho e molho de batatinhas – representam o descaso da mãe com a família.

III. O último verso é introduzido por uma conjunção que expressa o sentido de oposição.

IV. O texto é narrativo porque os atos de cozinhar e cantar são mostrados em uma sequência cronológica.

Estão corretas apenas as afirmativas:

a) I e II.

b) I e III.

c) III e IV.

d) I, II e IV.

e) II, III e IV.

3. (UEPG) Quanto à constituição sintática da sequência "Durou, doeu e incomodou", é correto afirmar:

01. Trata-se de um período composto por coordenação.

02. Os três verbos se relacionam a um mesmo sujeito.

04. É um período que contém orações independentes.

08. Trata-se de um período misto, em que se observa não só coordenação como também subordinação.

4. (UEPG) Quanto às funções sintáticas no período "Uma mancha negra gigantesca escureceu e apavorou Nova York", estão corretas as afirmações:

01. Trata-se de um período composto por orações independentes, por isso ditas coordenadas.

02. O termo "Nova York" complementa o sentido de ambos os verbos.

04. O verbo "escureceu" é intransitivo.

08. O sujeito é simples na primeira oração ("uma mancha negra gigantesca") e indeterminado na segunda.

16. No sintagma "uma mancha negra gigantesca", observa-se um núcleo nominal, "mancha", cujo significado se modifica por força dos atributos "negra" e "gigantesca".

5. (PGJ-MG/PUC-MG) Leia com atenção os períodos a seguir.

I. "Não sei se o capitão suspeitou alguma coisa do meu fúnebre projeto."

II. "Pegou-me na mão e apontou para a lua, perguntando-me por que não fazia uma poesia à noite."

III. "Não alcancei a celebridade do emplasto, não fui ministro, não fui califa, não conheci o casamento."

O período é composto por coordenação e subordinação em:

a) I apenas

b) II apenas

c) III apenas

d) I, II e III

6. (Uniube-MG) Em: "Agora não se vira mais cidadão do mundo: você já nasce sendo um", a relação entre as orações pode ser estabelecida por meio de:

a) logo.

b) mas.

c) desde que.

d) pois.

7. (UFF-RJ) Assinale a **única** alternativa em que ocorre oposição entre as ideias estabelecidas nos períodos.

a) Os contratos não vêm mais com a chancela do Estado, mas com carimbos de advogados...

b) A mistura é irreversível. É uma exigência do mundo.

c) Eu, um italiano, não torci pela Itália nesta Copa, virei um seguidor apaixonado do Senegal.

d) ...essa lógica não diz respeito só a equipes de futebol. Ela serve como condição para nossa experiência...

8. (UFSCar-SP) Entre os versos do poema épico *Os Lusíadas*, de Luís Vaz de Camões, "Chamam-te ilustre, chamam-te subida, / Sendo digna de infames vitupérios", a relação que se estabelece é de:

a) oposição.

b) explicação.

c) causa.

d) modo.

e) conclusão.

9. (UFF-RJ) A pontuação pode ser substituída, muitas vezes, por conectivos, para estabelecer variados tipos de relações sintático-semânticas. Na frase extraída do cap.1 de *Esaú e Jacó*:

A noite é clara e quente; podia ser escura e fria, e o efeito seria o mesmo.

o conectivo que pode ser usado em substituição ao ponto e vírgula tem valor:

a) explicativo.

b) conclusivo.

c) proporcional.

d) final.

e) adversativo.

10. (PUC-SP) No período: "A roupa lavada, que ficara de véspera nos coradouros, umedecia o ar e punha-lhe

Capítulo 25 > > > Orações coordenadas > > >

473

um fartum acre de sabão ordinário", temos, respecti-vamente, as seguintes orações:

a) principal, subordinada adjetiva explicativa, coor-denada sindética aditiva.

b) inicial, subordinada adjetiva explicativa, coorde-nada sindética aditiva.

c) principal, subordinada substantiva completiva nominal, coordenada sindética aditiva.

d) inicial, coordenada sindética explicativa, coorde-nada sindética aditiva.

e) principal, subordinada adjetiva explicativa, su-bordinada adverbial causal.

11. (Fuvest-SP) Dentre os períodos transcritos abaixo, um é composto por coordenação e contém uma oração coordenada sindética adversativa. Assinalar a alter-nativa correspondente a esse período.

a) A frustração cresce e a desesperança não cede.

b) O que dizer sem resvalar para o pessimismo, a crítica pungente ou a autoabsolvição?

c) É também ocioso pensar que nós, da tal elite, te-mos riqueza suficiente para distribuir.

d) Sejamos francos.

e) Em termos mundiais somos irrelevantes como potência econômica, mas ao mesmo tempo extre-mamente representativos como população.

12. (Fuvest-SP) "Anteontem aconteceu o que era inevitá-vel, mas nos encantou como se fosse inesperado: meu pé de milho pendoou." (Rubem Braga)

A oração a que pertence o verbo *encantar* é introdu-zida pela conjunção *mas*, o que a torna coordenada; por outro lado, o pronome relativo *que* faz dela uma subordinada.

Como você pode explicar essa dualidade?

13. (PUC-SP) Assinale a alternativa correspondente à fra-se em que ocorre uso **incorreto** de conjunção.

a) O homem criou a máquina para facilitar sua vida, e contudo ela correspondeu a essa expectativa.

b) Diga-lhe que abra logo a porta, que eu estou com pressa.

c) Ele tinha todas as condições para representar bem os colegas; nem todos lhe reconheciam os méritos, porém.

d) O problema é que ainda não se sabe se ele agiu conforme as normas da empresa.

e) Ao perceber o que tinham feito com seus livros, gritou que parecia um louco.

14. (PUC-SP) No período "Meyer, que estava sentado na soleira da porta com as compridas pernas encolhidas, ergueu-se precipitadamente ao avistar Cirino e correu ao seu encontro", temos, respectivamente, as seguin-tes orações:

a) principal, subordinada adjetiva explicativa, su-bordinada adverbial reduzida, coordenada sindé-tica aditiva.

b) inicial, subordinada adjetiva restritiva, principal, coordenada sindética aditiva.

c) principal, subordinada substantiva completiva nominal, subordinada adverbial temporal, coor-denada sindética aditiva.

d) inicial, coordenada sindética explicativa, coorde-nada assindética, coordenada sindética aditiva.

e) principal, subordinada adjetiva explicativa, coor-denada assindética, coordenada sindética aditiva.

15. (PUC-SP) Na organização do período composto, po-dem ocorrer dois processos: a coordenação e a su-bordinação.

a) Explique esses dois processos.

b) Analise o período composto que transcrevemos, dividindo suas orações e classificando-as.

> Dentro dele um desejo abre-se em flor e cresce e ele pensa, ao sentir esses sonhos ignotos, que a alma é como uma planta...

16. (Unimep-SP) "Mauro não estudou nada **e foi apro-vado**." Apesar do *e*, normalmente aditivo, a oração destacada é:

a) adversativa.

b) conclusiva.

c) explicativa.

d) alternativa.

e) causal.

17. (Unimep-SP)

I. Fui às Olimpíadas, mas perdi o ano na es-cola.

II. Perdeu o emprego, mas passou três meses na Europa.

III. Todos ficaram apreensivos, mas a responsa-bilidade era grande.

A conjunção *mas* introduz orações coordenadas ad-versativas que podem apresentar, no entanto, ideias ou valores diferentes. Em I, II e III há, respectivamen-te, ideia ou valor de:

a) compensação, justificativa, contraste.

b) compensação, compensação, justificativa.

Parte 3 > > > SINTAXE > > >

c) não compensação, não compensação, objeção.

d) não compensação, compensação, justificativa.

e) comparação, objeção, compensação.

18. (FCMSC-SP) Chamando de:

1. o período composto por coordenação sindética,

2. o período composto por coordenação assindética,

assinale a alternativa correta.

a) Colhemos frutos, jogamos bola. (1)

b) Bem depressa chegou o trem: despedimo-nos sem demora. (1)

c) Os dois anos de serviço acabaram em 1855, e o escravo ficou livre, mas continuou o ofício. (1)

d) Dormi tarde, mas acordei cedo. (2)

e) Fui bem em Física, mas não acertei nada de Química. (2)

19. (FEI-SP) "Sem dúvida as árvores se despojaram e enegreceram, **o açude estancou**, as porteiras dos currais se abriram, inúteis." (Graciliano Ramos)

Classifique sintaticamente a oração destacada.

a) coordenada sindética aditiva

b) coordenada sindética adversativa

c) coordenada sindética conclusiva

d) coordenada assindética

20. (UFV-MG) No seguinte período:

Choveu durante a noite, **porque as ruas estão molhadas**.

a oração destacada é:

a) subordinada adverbial consecutiva.

b) coordenada sindética explicativa.

c) subordinada adverbial causal.

d) coordenada sindética conclusiva.

e) subordinada adverbial concessiva.

21. (FCMSC-SP) Por definição, "oração coordenada que se prende à anterior por conectivo é denominada **sindética** e é classificada pelo nome da conjunção que a encabeça". Assinale a alternativa em que aparece uma coordenada sindética explicativa, conforme a definição.

a) A casaca dele estava remendada mas estava limpa.

b) Ambos se amavam, contudo não se falavam.

c) Todo mundo trabalhando: ou varrendo o chão ou lavando as vidraças.

d) Chora, que lágrimas lavam a dor.

e) O time ora atacava, ora defendia e no placar aparecia o resultado favorável.

22. (UFJF-MG) Só há orações coordenadas em:

a) Faltou vinho em um casamento, e deu à água que corre a cor e o gosto do vinho.

b) As ondas aplacavam-se a um gesto seu; os peixes, que se recusavam a Pedro, enchiam a rede que Jesus mandara lançar.

c) Uma noite, perante os discípulos turbados, caminhou lisamente sobre o mar, como nós outros pisamos o chão.

d) Acalmou possessos. Fez andar paralíticos. A leprosos secava as feridas.

e) Todas essas respostas seriam impressionantes, e os evangelistas as consignariam respeitosamente em suas crônicas.

23. (Imes-SP) Classifique as orações destacadas, de acordo com o código abaixo:

a) coordenada sindética aditiva

b) coordenada sindética adversativa

c) coordenada sindética explicativa

d) coordenada sindética conclusiva

e) coordenada assindética

I. ( ) "De outras ovelhas cuidarei, **que não de vós**." (Garrett)

II. ( ) José entendeu os testes, **portanto pode fazer as provas**.

III. ( ) Você não pode desanimar, **pois, afinal de contas, tudo anda muito bem**.

24. (FCC-BA) "Não chegue tarde, pois muita gente virá procurá-lo."

Comece com: Muita gente virá...

a) porquanto

b) entretanto

c) por conseguinte

d) dado que

e) visto como

Texto para as questões 25 e 26.

João amava Teresa que amava Raimundo / que amava Maria que amava Joaquim que amava Lili / que não amava ninguém. /João foi para os Estados Unidos, Teresa para o convento, / Raimundo morreu de desastre, Maria ficou para tia, / Joaquim suicidou-se e Lili casou com J. Pinto Fernandes / que não tinha entrado na história.

(Carlos Drummond de Andrade)

25. (PUC-SP) A primeira parte do poema (três primeiros versos) é marcada, sintaticamente, pela presença de orações, cujos termos introdutórios atuam como:

a) subordinadas adjetivas restritivas, conectivo--sujeito.

b) coordenadas sindéticas explicativas, simples conectivo.

c) subordinadas adverbiais comparativas, simples conectivo.

d) subordinadas adjetivas explicativas, conectivo--sujeito.

e) coordenadas sindéticas aditivas, simples conectivo.

26. (PUC-SP) A segunda parte do poema (quatro últimos versos) tem um ritmo diferente da primeira. Isso se deve, entre outras características, à estrutura sintática das orações, assim organizadas:

a) coordenadas aditivas e subordinada adverbial conclusiva.

b) coordenadas explicativas e subordinada adjetiva restritiva.

c) coordenadas aditivas e subordinada adjetiva explicativa.

d) coordenadas aditivas e subordinada adjetiva restritiva.

e) coordenadas explicativas e subordinada adjetiva explicativa.

27. (FCMSC-SP) "Apesar de ter uma inteligência notável, não conseguia entender as razões alheias."

Comece com: Tinha uma inteligência...

a) portanto

b) sendo que

c) a fim de que

d) no entanto

e) desde que

28. (FCMSC-SP) "Seja racional, pois aqui não cabem critérios subjetivos."

Comece com: Aqui não cabem...

a) portanto

b) visto que

c) para isso

d) posto que

e) não obstante

29. (Cesgranrio-RJ) Assinale a opção em que a conjunção *e* está empregada com valor adversativo.

a) Deixou viúva e órfãos miúdos.

b) Para diminuir a mortalidade e aumentar a produção proibi a aguardente.

c) Tenho visto criaturas que trabalham demais e não progridem.

d) Iniciei a pomicultura e a avicultura.

e) Perdi dois caboclos e levei um tiro de emboscada.

30. (UFMG) Nos itens abaixo apresentamos alguns períodos e considerações sobre eles. Em que alternativa essas considerações são **erradas**?

a) 1. Isso aconteceu **porque você não me ouviu**.

2. Alguma coisa aconteceu, **porque você está muito assustado**.

No período 1, a oração destacada expressa a causa do que se informa na oração principal. No período 2, a oração destacada não expressa a causa do que se informa na principal.

b) 1. A casa de Mário, **que foi construída em 1945**, conserva, até hoje, sua pintura primitiva.

2. A casa de Mário **que foi construída em 1945** conserva, até hoje, sua pintura primitiva.

Os dois períodos têm sentidos diferentes. No período 1 podemos concluir que Mário tem uma casa apenas. No período 2 indica-se que Mário tem mais de uma casa.

c) 1. **Como tivesse terminado a apuração das eleições**, os políticos vencedores festejaram, euforicamente, sua vitória.

2. **Mal terminou a apuração das eleições**, os políticos vencedores festejaram, euforicamente, sua vitória.

Nos dois períodos observa-se entre a oração subordinada (destacada) e a principal uma relação de concessão.

d) 1. **Mesmo não tendo obtido um bom resultado**, conseguimos a aprovação.

2. **Apesar de não ter obtido um bom resultado**, conseguimos a aprovação.

Nos dois períodos observa-se entre a oração subordinada (destacada) e a principal uma relação de concessão.

e) 1. **A menos que sejam tomadas providências imediatas**, toda a riqueza florestal da Amazônia será devastada.

2. **Caso não sejam tomadas providências imediatas**, toda a riqueza florestal da Amazônia será devastada.

Nos dois períodos observa-se entre a oração subordinada (destacada) e a principal uma relação de condição.

Capítulo 26

Concordância verbal e nominal

BROWNE, Dik. *O melhor de Hagar, o Horrível*. Porto Alegre: L&PM, 1996. p. 35.

O verbo e o sujeito estão sempre ligados pelo mecanismo da concordância: sujeito no singular, verbo no singular, sujeito no plural, verbo no plural. Observe essa relação em cada um dos balões de fala da tira acima, em que os sujeitos são, respectivamente: "Surpresas", "A emoção", "Todos os dias" e "Eu" (elíptico, nos dois últimos balões).

1. Concordância verbal

Neste capítulo, você vai estudar um dos aspectos mais ricos da sintaxe portuguesa: a concordância.

Você já aprendeu nos capítulos destinados à análise dos termos essenciais da oração que o verbo e o sujeito estão sempre ligados pelo mecanismo de concordância. De acordo com essa relação, verbo e sujeito concordam em número e pessoa:

Assumo meus inúmeros erros.
sujeito da primeira pessoa do singular (eu)

Assumimos nossos inúmeros erros.
sujeito da primeira pessoa do plural (nós)

Toda pessoa sensata assume os próprios erros.
sujeito da terceira pessoa do singular

Pessoas sensatas assumem os próprios erros.
sujeito da terceira pessoa do plural

Regras básicas: sujeito composto

a. anteposto ao verbo – Quando o sujeito é composto e anteposto ao verbo, a concordância se faz no plural:

Pai e filho conversaram longamente.

Pais e filhos devem conversar com frequência.

b. pessoas gramaticais diferentes – Nos sujeitos compostos formados por pessoas gramaticais diferentes, a concordância no plural obedece ao seguinte esquema: a primeira pessoa prevalece sobre a segunda pessoa, que, por sua vez, prevalece sobre a terceira. Veja:

Teus irmãos, tu e eu	tomaremos a decisão. primeira pessoa do plural
Tu e teus irmãos	tomareis a decisão. segunda pessoa do plural
Pais e filhos	precisam respeitar-se. terceira pessoa do plural

Quando o sujeito composto é formado por um elemento da segunda pessoa e um da terceira, é possível empregar o verbo na terceira pessoa do plural, como se vê em muitos de nossos bons escritores. É possível, pois, aceitar a frase: "Tu e teus irmãos tomarão a decisão.", já legitimada por grande parte dos gramáticos.

c. posposto ao verbo – Você percebeu que, até agora, todos os exemplos trouxeram o sujeito anteposto ao verbo. No caso do sujeito composto posposto ao verbo, passa a existir uma nova possibilidade de concordância: em vez de concordar no plural com a totalidade do sujeito, o verbo pode estabelecer concordância com o núcleo do sujeito mais próximo. Convém insistir em que isso é uma opção, e não uma obrigação. Essa dupla possibilidade se estende aos demais casos de concordância entre verbo e sujeito composto que você estudará mais adiante.

Faltaram coragem e competência.

Pouco falaram o presidente e os ministros.

Faltou coragem e competência.

Pouco falou o presidente e os ministros.

Cabe observar que, com a opção pela concordância com o núcleo mais próximo, pode haver ênfase sobre esse elemento. Em "Chorou o pai e os filhos", por exemplo, pode haver mais ênfase sobre o choro do pai; em "Choraram o pai e os filhos", esse processo não ocorre.

Quando ocorre ideia de reciprocidade, no entanto, a concordância é feita obrigatoriamente no plural:

Abraçaram-se vencedor e vencido.

Ofenderam-se o jogador e o árbitro.

LAERTE. *Classificados: livro 2.* São Paulo: Devir, 2002. p. 59.

Observe, no primeiro quadrinho, que, no caso de pessoas gramaticais diferentes (*eu e você*), prevalece a primeira pessoa (*estivemos*).

Atividades

1. Substitua os asteriscos das frases seguintes pela forma apropriada do verbo entre parênteses, no tempo que você julgar adequado.

a) (*) vários fatos inesperados ontem à noite. (*ocorrer*)
b) (*)-nos alguns momentos de paz. (*restar*)
c) (*) apenas alguns amigos fiéis no fim do debate. (*ficar*)
d) (*) vinte reais. (*sobrar*)
e) (*) alguns bons amigos para o alegrar. (*bastar*)
f) Certamente (*) bons motivos para que continuemos juntos. (*dever existir*)
g) Ainda (*) muitas surpresas neste campeonato. (*poder ocorrer*)
h) É possível que ainda (*) lembranças daqueles momentos. (*sobreviver*)
i) Ainda (*) vinte litros de combustível no tanque do carro. (*caber*)

2. Este exercício é semelhante ao anterior. Em alguns casos você poderá flexionar o verbo em mais de uma pessoa gramatical.

a) Jogadores e torcedores (*) depois do jogo. (*discutir*)
b) (*) jogadores e torcedores depois do jogo. (*discutir*)
c) Meus filhos e eu (*) a Portugal nas próximas férias. (*ir*)
d) (*) a Portugal meus filhos e eu nas próximas férias. (*ir*)
e) (*) a Portugal eu e meus filhos nas próximas férias. (*ir*)
f) Tu e teus amigos (*) das assembleias. (*dever participar*)
g) Tu e eu (*) das assembleias. (*dever participar*)
h) Por que (*) tu e teus amigos às reuniões do grupo? (*falar*)
i) (*) minha irmã e teu primo para o concurso. (*inscrever-se*)
j) (*) minha irmã e teu primo quando se encontraram. (*abraçar-se*)

3. Leia atentamente as duas frases seguintes e responda: que diferença estilística existe entre elas? Explique.

Diante da crise insuperável, renunciaram o presidente e os ministros.
Diante da crise insuperável, renunciou o presidente e os ministros.

4. Leia atentamente a frase seguinte e indique formas de evitar as possíveis ambiguidades.

Feriram-se a mãe e o filho.

Em CD

Paulinho da Viola. Quando bate uma saudade. In: Maxximum: Paulinho da Viola. (CD). Sony e BMG, 2006.

Na linguagem do dia a dia, é comum verificar a não concordância do verbo quando ele está anteposto ao sujeito no plural. Não é raro ouvirmos frases como "Acabou as fichas" ou "Sobrou dez". Ainda bem que também não são raras as músicas que realizam a adequada concordância verbal ao lidar com casos como esse. A bela canção de Paulinho da Viola, "Quando bate uma saudade", é um bom exemplo.

Casos de sujeito simples que merecem destaque

Há muitos casos em que o sujeito simples é constituído de formas que fazem o falante hesitar no momento de estabelecer a concordância com o verbo. Em alguns desses casos, a concordância puramente gramatical é contaminada pelo significado de expressões que nos transmitem noção de plural apesar de terem forma de singular ou vice-versa. Por isso, convém analisar com cuidado algumas delas.

a. **expressões partitivas** – Quando o sujeito é formado por uma expressão partitiva (parte de, uma porção de, o grosso de, metade de, a maioria de, a maior parte de, grande parte de) seguida de um substantivo ou pronome no plural, o verbo pode ficar no singular ou no plural:

A maioria dos jornalistas **aprovou / aprovaram** a ideia.

Metade dos candidatos não **apresentou / apresentaram** nenhuma proposta interessante.

Esse mesmo procedimento se aplica aos casos dos coletivos, quando especificados:

Um bando de vândalos **destruiu / destruíram** o monumento.

Nesses casos, o uso do verbo no singular enfatiza a unidade do conjunto; já a forma plural confere destaque aos elementos que formam esse conjunto.

b. **quantidade aproximada** – Quando o sujeito é formado por expressão que indica quantidade aproximada (cerca de, mais de, menos de, perto de) seguida de numeral e substantivo, o verbo concorda com o substantivo. Observe:

Cerca de mil pessoas **participaram** da manifestação.

Perto de quinhentos alunos **compareceram** à solenidade.

Mais de um atleta **estabeleceu** novo recorde nas últimas Olimpíadas.

c. **mais de um** – Quando a expressão *mais de um* se associar a verbos que exprimem reciprocidade, o plural é obrigatório:

Mais de um deputado **se ofenderam** na tumultuada sessão de ontem.

d. **nomes próprios** – Quando se trata de nomes próprios, a concordância deve ser feita levando-se em conta a ausência ou presença de artigo. Sem artigo, o verbo deve ficar no singular. Quando há artigo no plural, o verbo deve ficar no plural. Observe:

Os Estados Unidos ainda **determinam** o fluxo da atividade econômica no mundo.

Minas Gerais **produz** queijo e poesia de primeira.

As Minas Gerais **são** inesquecíveis.

Os *sertões* **imortalizaram** Euclides da Cunha.

Com nome de obra e artigo no plural, o verbo *ser* pode ficar no singular, desde que o predicativo do sujeito esteja no singular:

Os sertões é a obra máxima de Euclides da Cunha.

e. **pronome interrogativo ou indefinido plural** – Quando o sujeito é um pronome interrogativo ou indefinido plural (quais, quantos, alguns, poucos, muitos, quaisquer, vários) seguido de *de nós* ou *de vós*, o verbo pode concordar com o primeiro pronome (na terceira pessoa do plural) ou com o pronome pessoal. Observe:

Quais de nós **são / somos** capazes?

Alguns de vós **sabiam / sabíeis** do caso?

Vários de nós **propuseram / propusemos** sugestões inovadoras.

Observe que a opção por uma ou outra forma indica a inclusão ou a exclusão do emissor. Quando alguém diz ou escreve "Alguns de nós sabíamos de tudo e nada fizemos.", está-se incluindo no grupo de omissos. Isso não ocorre quando alguém diz ou escreve "Alguns de nós sabiam de tudo e nada fizeram.", frase que soa como uma denúncia.

Nos casos em que o interrogativo ou indefinido estiver no singular, o verbo ficará no singular:

Qual de nós **é** capaz ?   Algum de vós **fez** isso.

f. **porcentagens** – Quando o sujeito é formado por uma expressão que indica porcentagem seguida de substantivo, o verbo costuma concordar com o substantivo. Observe:

25% do **orçamento** do país **deve** destinar-se à Educação.

85% dos **entrevistados** não **aprovam** a administração do prefeito.

1% **do eleitorado aceita** a mudança.

1% **dos alunos faltaram** à prova.

Há quem faça a concordância do verbo com o percentual, mas esse procedimento pode gerar frases um tanto "estranhas", como estas: "Apenas 2% das mulheres ficaram grávidos"; "A pesquisa constatou que 23% das jovens entrevistadas foram afetados pela dieta". Que lhe parece?

Quando a expressão que indica porcentagem não é seguida de substantivo, o verbo deve concordar com o número. Veja:

25% **querem** a mudança.   1% **conhece** o assunto.

g. **pronome relativo *que*** – Quando o sujeito é o pronome relativo *que*, a concordância em número e pessoa é feita com o antecedente desse pronome. Observe:

Fui **eu** que **paguei** a conta.

Fomos **nós** que **pintamos** o muro.

És **tu** que me **fazes ver** o sentido da vida.

h. **um dos que** – Com a expressão *um dos que*, o verbo costuma assumir o plural, quando se trata de linguagem formal:

Ademir da Guia foi **um dos** jogadores de futebol **que** mais **encantaram** os poetas.

Sean Connery foi **um dos** atores **que interpretaram** James Bond no cinema.

A tendência, na linguagem corrente e mesmo em textos literários, é a concordância no singular. O que se ouve/lê efetivamente é algo como "Sean Connery foi um dos atores que interpretou James Bond no cinema" ou "Paulo Autran era um dos atores que mais encantava as plateias". O que se costuma dizer nesses casos é que o emissor da frase acaba optando pelo verbo no singular porque com isso enfatiza o ser ao qual o processo é atribuído (*Sean Connery* e *Paulo Autran*, nos exemplos vistos). Em se tratando de linguagem jornalística, informativa, técnica, em que se busca a neutralidade, parece aconselhável optar pela concordância que mais aproxime a frase do que efetivamente se informa. Como não se informa que Sean Connery foi o único ator que interpretou James Bond no cinema, mas, sim, que ele foi um dos vários que interpretaram o famoso agente, é aconselhável, nesse tipo de mensagem, o emprego do plural.

Capítulo 26 > > > Concordância verbal e nominal > > >   481

i. pronome relativo *quem* – Quando o sujeito é o pronome relativo *quem*, pode-se utilizar o verbo na terceira pessoa do singular ou em concordância com o antecedente do pronome. Observe:

Fui eu **quem pagou** a conta.
ou
Fui **eu** quem **paguei** a conta.

Fomos nós **quem pintou** o muro.
ou
Fomos **nós** quem **pintamos** o muro.

Atividades

1. Complete as frases seguintes com a forma apropriada dos verbos entre parênteses.

   a) Os preparativos para a conferência internacional sobre o meio ambiente (*) ontem. (*terminar*)
   b) As acusações ao antigo presidente do partido (*) a polícia a abrir investigações. (*levar*)
   c) O valor das mensalidades do curso preparatório para a carreira jurídica (*) muito no último semestre. (*subir*)
   d) Uma pesquisa feita pelo Ministério da Saúde revelou que a grande maioria dos adolescentes não se (*) contra a AIDS. (*prevenir*)
   e) A maior parte dos acidentes de trânsito (*) pela imprudência dos envolvidos. (*ser provocado*)
   f) Cerca de dez mil pessoas (*) das manifestações contra a corrupção. (*participar*)
   g) Mais de um sonhador (*) seu dinheiro em loterias. (*gastou*)

2. Explique as diferenças de significado que se podem perceber entre as frases de cada um dos pares seguintes.

   a) A maior parte dos brasileiros age animalescamente ao volante de um automóvel.
      A maior parte dos brasileiros agem animalescamente ao volante de um automóvel.
   b) Muitos de nós são omissos.
      Muitos de nós somos omissos.
   c) Mais de um jogador feriu-se durante a partida.
      Mais de um jogador feriram-se durante a partida.

3. Complete as frases seguintes com a forma apropriada dos verbos entre parênteses.

   a) Quantos de vós (*) conhecimento do fato e (*) calar-se? (*ter / preferir*)
   b) Alguns de nós (*) merecedores dos privilégios de que (*). (*ser / gozar*)
   c) Qual de nós (*) fazer isso? (*poder*)
   d) Algum de nós (*) participar dessa negociata? (*aceitar*)
   e) Andradas (*) no sul de Minas. (*ficar*)
   f) Os Estados Unidos (*) parte da América do Norte. (*fazer*)
   g) Alguns americanófilos entendem que os Estados Unidos (*) o máximo que a humanidade pode produzir em termos de civilização. (*representar*)
   h) Alagoas (*) praias belíssimas. (*ter*)
   i) Os cadernos de Turismo sempre afirmam que as Alagoas (*) praias belíssimas. (*ter*)
   j) *Os sertões* (*) jornalismo, história e literatura. (*reunir*)
   k) As *Memórias do cárcere* (*) fundamentais para quem tem fé na dignidade humana. (*ser*)

Em livro

RAMOS, Graciliano. *Memórias do cárcere*. Rio de Janeiro: Record, 2008.

Graciliano Ramos, autor de *Vidas secas* e *Angústia*, foi preso em 1936 durante o regime ditatorial implantado por Getúlio Vargas. O escritor fora acusado de envolvimento político na Intentona Comunista, movimento considerado ilegal pelas autoridades da época. O livro *Memórias do cárcere*, publicado postumamente, é o registro de suas experiências na prisão, onde Graciliano manteve contato com presos políticos importantes, como a judia Olga Benário, militante comunista deportada à Alemanha nazista pela ditadura de Vargas.

4. Complete as frases seguintes com a forma apropriada dos verbos entre parênteses.

a) 60% dos inscritos jamais (*) de um concurso. (*haver participado*)

b) 1% dos entrevistados (*) seu voto. (*negar-se a declarar*)

c) 29% da verba (*) nos labirintos da burocracia. (*desaparecer*)

d) 10% do dinheiro necessário (*) doado por mim. (*ser*)

e) Fui eu que (*) aquelas prateleiras. (*montar*)

f) Fui eu quem (*) aquelas prateleiras. (*montar*)

g) Somos sempre nós que (*) cedo. (*acordar*)

h) Foste tu que (*) o disco? (*comprar*)

i) Não fui eu quem (*) isso. (*falar*)

j) Ele é um dos que (*) que a lei só deve existir para os pobres. (*pensar*)

k) Ela é uma das candidatas que (*) a pena de morte. (*repudiar*)

Casos de sujeito composto que merecem destaque

Há casos de sujeito composto que merecem estudo particular.

a. **núcleos sinônimos** – Quando o sujeito composto é formado por núcleos sinônimos ou quase sinônimos, o verbo pode ficar no plural ou no singular:

Descaso e desprezo **marcam** / **marca** seu comportamento.

b. **núcleos dispostos em gradação** – Quando o sujeito composto é formado por núcleos dispostos em gradação, o verbo pode ficar no plural ou concordar com o último núcleo do sujeito:

Com você, meu amor, uma hora, um minuto, um segundo me **satisfazem** / **satisfaz**.

No caso *a*, o verbo no singular enfatiza a unidade de sentido que há na combinação descaso/desprezo. No caso *b*, o verbo no singular enfatiza o último elemento da série gradativa.

c. **núcleos unidos por *ou* / *nem*** – Quando os núcleos do sujeito composto são unidos por *ou* ou *nem*, o verbo deverá ficar no plural se a declaração contida no predicado puder ser atribuída a todos os núcleos:

Drummond ou Bandeira **representam** a essência da poesia brasileira.

Nem o professor nem o aluno **acertaram** a resposta.

Se a declaração contida no predicado só puder ser atribuída a um dos núcleos do sujeito, ou seja, se os núcleos forem excludentes, o verbo deverá ficar no singular. Observe:

Roma ou Buenos Aires **será** a sede da próxima Olimpíada.

Você ou ele **será** escolhido.

Em DVD

Divulgação

Carruagens de fogo. Direção de Hugh Hudson. Estados Unidos: Fox Home Entertainment, 1981. (123 min).

2008 é ano olímpico. Por isso, vale a pena lembrar um dos maiores filmes dedicados aos jogos. Vencedor do Oscar de 1981, *Carruagens de fogo* conta a história de dois atletas britânicos durante os jogos olímpicos de verão de 1924. Os dois competem entre si visando objetivos diferentes: um é missionário dedicado, e corre para agradar a Deus; o outro é um estudante judeu que busca a fama para poder escapar dos preconceitos.

Capítulo 26 > > > Concordância verbal e nominal > > >

d. **um ou outro / nem um nem outro** – Com as expressões *um ou outro* e *nem um nem outro*, a concordância costuma ser feita no singular, embora o plural também seja praticado. Com a locução *um e outro*, o plural é mais frequente, embora também se use o singular. Não há uniformidade no tratamento dado a essas expressões por gramáticos e escritores.

e. **núcleos unidos por *com*** – Quando os núcleos do sujeito são unidos por *com*, o verbo pode ficar no plural. Nesse caso, os núcleos recebem um mesmo grau de importância e a palavra *com* tem sentido muito próximo ao de *e*:

O pai com o filho **montaram** o brinquedo.

O governador com o secretariado **traçaram** os planos para o próximo semestre.

Nesse mesmo caso, o verbo pode ficar no singular, se a ideia é enfatizar o primeiro elemento:

O pai com o filho **montou** o brinquedo.

O governador com o secretariado **traçou** os planos para o próximo semestre.

Com o verbo no singular, não se pode falar em sujeito composto. O sujeito é simples. As expressões "com o filho" e "com o secretariado" são adjuntos adverbiais de companhia. Na verdade, é como se houvesse uma inversão da ordem: "O pai montou o brinquedo com o filho." / "O governador traçou os planos para o próximo semestre com o secretariado.".

f. **núcleos unidos por expressões correlativas** – Quando os núcleos do sujeito são unidos por expressões correlativas como *não só... mas também*; *não só... como também*; *não só... mas ainda*; *não somente... mas ainda*; *não apenas... mas também*; *tanto... quanto*, o verbo concorda de preferência no plural:

Não só a seca mas também o pouco-caso **castigam** o Nordeste.

Tanto a mãe quanto o filho **ficaram** surpresos com a notícia.

g. **aposto recapitulativo** – Quando os elementos de um sujeito composto são resumidos por um aposto recapitulativo, a concordância é feita com esse termo resumidor:

Pontes, viadutos, túneis, **nada disso é** prioritário em uma cidade como São Paulo.

Filmes, novelas, boas conversas, **nada** o **tirava** da apatia.

Atividade

Complete as frases seguintes com a forma apropriada do verbo entre parênteses.

a) O amor e a paixão (*) aquele pobre coração. (*incendiar*)

b) Uma foto, uma imagem, uma lembrança (*) para fazê-lo chorar. (*bastar*)

c) A dignidade ou a cidadania certamente (*) fazer este país melhorar. (*poder*)

d) Nem a omissão da maioria, nem a corrupção impune (*) sinais de nação civilizada. (*ser*)

e) Tenho absoluta convicção de que você ou seu irmão (*) a eleição para a presidência do clube dos calvos. (*ganhar*)

f) Nem um nem outro deputado (*) a presidência da câmara. (*ocupar*)

g) Nem um nem outro (*) falta ao time. (*fazer*)

h) Um e outro nada (*) para o bem-estar da coletividade. (*produzir*)

i) O presidente, com sua comitiva, (*) ontem de manhã. (*desembarcar*)

j) O treinador da seleção brasileira com seus auxiliares (*) entrevista à noite. (*conceder*)

k) Não apenas o menor abandonado mas também o menor carente (*) direito à educação. (*ter*)

l) Bombons, balas, pastéis, tudo (*) devorado pelas crianças. (*ser*)

O verbo e a palavra *se*

Merece destaque a concordância das estruturas verbais formadas com a participação do pronome *se*. Entre as várias funções que esse pronome exerce, há duas de particular interesse para a concordância verbal: quando é índice de indeterminação do sujeito e quando é partícula apassivadora.

Quando é **índice de indeterminação do sujeito**, o *se* acompanha verbos intransitivos, transitivos indiretos e de ligação, que obrigatoriamente são conjugados na terceira pessoa do singular:

> Aos domingos, assiste-se a programas medonhos na televisão.
>
> Aos sábados, costumava-se ir a bailes.
>
> Confia-se em teses absurdas.
>
> Era-se mais feliz no passado.
>
> Quando se é consciente, luta-se pelo bem-estar social.
>
> Precisa-se de governantes interessados em civilizar o país.

Quando é **pronome apassivador**, o *se* acompanha verbos transitivos diretos e transitivos diretos e indiretos na formação da voz passiva sintética. Nesse caso, o verbo deve concordar com o sujeito da oração:

> Destruiu-se a base de uma sociedade igualitária.
>
> Destruíram-se as bases de uma sociedade igualitária.
>
> Construiu-se um posto de saúde.
>
> Construíram-se novos postos de saúde.
>
> Não se pouparam esforços para despoluir o rio.
>
> Não se devem poupar esforços para despoluir o rio.

Concordância com verbos de particular interesse

Haver e fazer

O verbo *haver*, quando indica existência ou acontecimento, é impessoal, devendo permanecer sempre na terceira pessoa do singular:

> Há graves problemas sociais no país.
>
> Havia graves problemas sociais no país.
>
> Sempre houve graves problemas sociais no país.
>
> Parece haver graves problemas sociais no país.
>
> Deve ter havido graves problemas sociais no país.

Haver e *fazer* são impessoais quando indicam ideia de tempo (cronológico ou meteorológico). Nesse caso, devem permanecer na terceira pessoa do singular:

> Há anos não o procuro.
>
> Faz anos que não o procuro.
>
> Havia anos que não nos encontrávamos.
>
> Fazia anos que não nos encontrávamos.
>
> Deve fazer vinte anos que ela foi embora.

Ser

A concordância do verbo *ser* é absolutamente particular, rica em detalhes. Em várias situações, esse verbo deixa de concordar com o sujeito para concordar com o predicativo. Em outras, pode concordar com um ou com outro, de acordo com o termo que se queira enfatizar.

a. dois substantivos comuns – Quando colocado entre um substantivo comum no singular e outro no plural, o verbo *ser* tende a ir para o plural, independentemente da ordem dos substantivos. Poderá ficar no singular por motivo de ênfase:

No meio da chuva, o coração do seu carro **são** as palhetas e os limpadores do para-brisa.

A cama **são** algumas tábuas retorcidas.

b. um nome próprio e um comum – Quando colocado entre um nome próprio e um comum, o verbo *ser* tende a concordar com o nome próprio. Entre um pronome pessoal e um substantivo comum ou próprio, o verbo concorda com o pronome:

Garrincha **foi** as mais incríveis diabruras com a bola.

O professor **sou** eu.

Eu **sou** Pedro das Neves.

Pedro das Neves **sou** eu.

c. um substantivo e um pronome – Quando colocado entre um substantivo e um pronome que não seja pessoal, o verbo *ser* tende a concordar com o substantivo:

Tudo **eram** sorrisos naquele ambiente hipócrita.

Isso **são** manias de quem não tem o que fazer.

Quem **são** os escolhidos?

Dos dois primeiros casos, encontram-se, sobretudo em textos literários, exemplos em que se opta pela concordância com o pronome.

WALKER, Mort. Recruta Zero. *O Estado de S. Paulo*. São Paulo, 26 abr. 2003. p. D2.

Colocado entre um substantivo e um pronome, o verbo *ser* geralmente concorda com o substantivo, como se observa no último quadrinho.

d. quantidade – Nas expressões que indicam quantidade (medida, peso, preço, valor), o verbo *ser* é invariável:

Cinco quilos **é** muito.

Mil reais **é** pouco para uma família viver em São Paulo.

Dez minutos **é** muito tempo.

Com você, duas horas **é** pouco.

e. tempo – Nas indicações de tempo, o verbo *ser* concorda com a expressão numérica mais próxima:

É uma hora.

São duas horas.

Eram quatro e vinte.

Já **é** meio-dia.

Já **é** uma e cinquenta e cinco.

São cinco para o meio-dia.

Hoje **são** trinta e um de dezembro.

(Mas, cuidado: Hoje **é dia** trinta e um de dezembro.)

Atividades

1. Passe para o plural os termos destacados em cada uma das frases seguintes. Faça as mudanças necessárias em cada caso.

   a) Anunciou-se **a reforma administrativa**.

   b) Amanhã se fará **o último exame**.

   c) Trata-se de **uma questão polêmica**.

   d) Revogar-se-á **a lei**.

   e) Apelou-se para **o médico mais experiente do hospital**.

   f) Obteve-se um **microprocessador mais veloz**.

   g) Definiu-se **o objetivo da reforma fiscal**.

   h) Ele prefere não opinar quando se fala em **eleição**.

   i) O ministro comunicou a todos que se estava preparando **um novo conjunto de medidas econômicas**.

2. Passe os termos destacados para o plural, flexionando os verbos apenas quando necessário.

   a) Houve **um problema** durante a viagem.

   b) Ocorreu **um problema** durante a viagem.

   c) Não havia **motivo** para tanto.

   d) Existia **algum motivo** para tanto?

   e) Parece ter havido **uma dúvida** durante a realização da prova.

   f) Parece ter surgido **uma dúvida** durante a realização da prova.

   g) Ele acredita que deve ter havido **algum transtorno** durante a viagem.

   h) Ele acredita que deve ter ocorrido **algum transtorno** durante a viagem.

   i) Faz **um ano** que ele viajou.

   j) Faz **mais de uma hora** que ela saiu.

   k) Deve fazer **uma década** que o país está nessa situação.

3. Complete as frases seguintes com a forma apropriada do verbo *ser*.

   a) Clarice (*) as alegrias do pai.

   b) Tudo (*) lamentações depois da derrota.

   c) Hoje (*) dia dez de abril.

   d) Hoje (*) dez de abril.

   e) Vinte milhões (*) muito!

   f) (*) quinze para as quatro.

   g) Seu problema (*) nós?

   h) — Quem (*)? (*) eu.

   i) Tu (*) o técnico da equipe.

   j) O país (*) nós. Nós (*) a nação brasileira.

   k) A vida (*) momentos.

   l) Isso (*) manias de um chato.

   m) Aquilo (*) atitudes típicas de adolescente.

   n) Vinte metros (*) pouco: preciso de pelo menos trinta.

Emprego do infinitivo

O infinitivo expressa um processo verbal sem indicação de tempo. Em português, o infinitivo pode ser **impessoal**, quando o que se considera é apenas o processo verbal, e **pessoal**, quando se atribui a esse processo verbal um agente. Observe:

> É proibido conversar com o motorista. (impessoal)

> É bom sairmos já. (pessoal, sujeito/agente *nós*)

O infinitivo constitui um dos casos mais discutidos da língua portuguesa. Estabelecer regras para o uso de sua forma flexionada, por exemplo, é tarefa difícil. Em muitos casos, a opção é meramente estilística, como você verá adiante. Algumas recomendações, no entanto, podem ser feitas.

Infinitivo impessoal

A forma não flexionada deve ser usada:

a. quando o verbo é usado indeterminadamente, assumindo valor substantivo:

Dormir é fundamental para repor as energias.

Viajar é a melhor alternativa de lazer.

b. quando o infinitivo tem valor imperativo:

Direita, volver!

Honrar pai e mãe.

c. quando o infinitivo, regido de preposição *de*, complementa um adjetivo e assume valor passivo:

Suas constantes manifestações de desagrado são ossos duros de roer. (= de serem roídos)

Vivi situações difíceis de esquecer. (= de serem esquecidas)

d. quando o infinitivo é regido de preposição e funciona como complemento de um substantivo, adjetivo ou verbo da oração anterior:

Foram obrigados a ficar.

Acusaram-nos de praticar atos suspeitos.

Eu os convenci a aceitar.

Estão dispostos a colaborar.

e. quando o infinitivo surge como verbo principal de uma locução verbal:

Queiram, por gentileza, comparecer ao estacionamento.

Precisamos lutar para podermos vencer os jogos que vamos disputar.

Estão a dizer que fui eu?

f. quando o infinitivo é empregado numa oração reduzida que complementa um verbo auxiliar causativo (deixar, mandar, fazer) ou sensitivo (ver, sentir, ouvir, perceber) e tem como sujeito um pronome oblíquo:

Faça-os ficar.

Não os vi entrar.

Deixaram-nos sair.

Infinitivo pessoal

a. obrigatório – A forma flexionada deve ser usada obrigatoriamente quando tem sujeito diferente do sujeito da oração anterior:

Suponho serem eles os responsáveis.

Lembrei-me da recomendação médica de tomares sol todas as manhãs. (Pense no que aconteceria se não se flexionasse o infinitivo neste caso.)

É hora de vocês passarem à ação.

Ouvi gritarem meu nome.

b. optativo – A flexão do infinitivo é optativa quando a oração reduzida que complementa um auxiliar causativo ou sensitivo apresentar como sujeito um substantivo. Observe:

Mande os meninos entrarem. (ou *entrar*)

Ouvi os pássaros cantarem. (ou *cantar*)

Deixe os torcedores assistirem (ou *assistir*) ao treino.

BROWNE, Dik. *O melhor de Hagar, o Horrível.*
Porto Alegre: L&PM, 2007. v. 5, p. 110.

> Neste caso, o infinitivo aparece flexionado: "... e ela disse para **irmos** vestidos casualmente", pois o sujeito da oração reduzida (*nós*) é diferente do sujeito da oração anterior (*ela*).

c. **desnecessário** – Quando o sujeito da oração reduzida de infinitivo for o mesmo da oração anterior, a flexão do infinitivo é desnecessária. Observe:

Eles irão a Brasília para apresentar sua proposta ao presidente.

Fizemos o possível e o impossível para aceitar sua indicação.

Nesse caso, a flexão do infinitivo se justifica se existir a clara intenção e a necessidade de enfatizar o agente do processo expresso pelo infinitivo:

Eles irão a Brasília para apresentarem sua proposta ao presidente.

Fizemos o possível e o impossível para aceitarmos sua indicação.

d. **com o verbo *parecer*** – O verbo *parecer* pode relacionar-se de duas maneiras distintas com o infinitivo. Observe:

Elas parecem querer.

Elas parece quererem.

Na primeira frase, *parecer* é verbo auxiliar de *querer*. Na segunda, ocorre na verdade um período composto. *Parece* é o verbo de uma oração principal cujo sujeito é a oração subordinada substantiva subjetiva reduzida de infinitivo "elas quererem". O desdobramento dessa reduzida gera algo como "Parece que elas querem."

Atividade

Complete as frases seguintes com a forma flexionada ou não flexionada do infinitivo entre parênteses. Indique os casos em que o uso é optativo.

a) Pediram-me permissão para (*). (*ficar*)

b) Eles devem (*) no assunto seriamente. (*pensar*)

c) Admitiram (*) relatado o caso a outras pessoas. (*ter*)

d) Acabaram de (*) o início das vendas do novo disco de Gilberto Gil. (*anunciar*)

e) Não nos deixaram (*) na reunião. (*falar*)
f) Temos visto (*) mais alunos interessados no assunto. (*surgir*)
g) Eu os fiz (*). (*entrar*)
h) Fiz as crianças (*). (*sair*)
i) Fizeste o possível para eles (*) apresentar os documentos necessários? (*poder*)
j) Disse-lhe claramente que muitas de suas atitudes são difíceis de (*). (*aturar*)
k) As chuvas de verão já começaram a (*). (*cair*)
l) Estamos aqui para (*) nossa tese. (*expor*)
m) Seus olhos pareciam (*) que eu me aproximasse. (*pedir*)
n) Seus olhos parecia (*) que eu me aproximasse. (*pedir*)

2. Concordância nominal

Regras básicas

A concordância nominal se ocupa da relação entre os nomes, ou seja, entre as classes de palavras que compõem o chamado grupo nominal (substantivos, adjetivos, pronomes, artigos e numerais). Para estudar como essa relação se estabelece, é necessário lembrar que adjetivos e palavras de valor adjetivo podem atuar como adjuntos adnominais ou predicativos dos substantivos a que se referem. No estudo que você fará a partir de agora, considere que o comportamento dos adjetivos é extensivo às outras palavras de emprego adjetivo.

a. adjuntos adnominais de um só substantivo – Quando atuam como adjuntos adnominais de um único substantivo, os adjetivos concordam em gênero e número com esse substantivo:

Suas mãos **frias** denunciavam o que sentia naquele momento.

b. adjunto adnominal de dois substantivos – Quando atuam como adjuntos adnominais de dois ou mais substantivos, os adjetivos antepostos devem concordar com o substantivo mais próximo. Quando estão pospostos aos substantivos, os adjetivos podem concordar com o substantivo mais próximo ou com todos eles. Observe:

A empresa oferece **perfeita** localização e atendimento.
A empresa oferece **perfeito** atendimento e localização.
A empresa oferece localização e atendimento **perfeitos**.
A empresa oferece localização e atendimento **perfeito**.
A empresa oferece atendimento e localização **perfeita**.
A empresa oferece atendimento e localização **perfeitos**.

As formas adotadas no terceiro e no sexto exemplo são as mais claras, pois indicam que o adjetivo efetivamente se refere aos dois substantivos. Você notou que, nesses casos, o adjetivo foi flexionado no plural masculino, que é o gênero predominante quando há substantivos de gêneros diferentes.

O adjetivo anteposto a nomes próprios deve sempre concordar no plural:

O disco Tropicália 2 é uma obra-prima dos **brilhantes** Caetano Veloso e Gilberto Gil.

Em *site*

<http://tropicalia.uol.com.br/site/internas/movimento.php>. Acesso em: 17 jul. 2008.

O Tropicalismo foi um movimento que deu novos rumos à música popular brasileira. Capitaneados por Gil e Caetano, durante os anos de 1967 e 1968, os tropicalistas inovaram ao incorporar à música da época elementos da cultura jovem mundial, como a guitarra elétrica. Cada detalhe dessa revolução musical está no *site* oficial do movimento: contexto histórico, reportagens, discografia e muito mais.

c. predicativo de sujeito ou objeto composto – Quando um adjetivo atua como predicativo de um sujeito ou de um objeto compostos, concorda com todos os núcleos desses termos. Se o predicativo do sujeito estiver anteposto ao sujeito, pode concordar apenas com o núcleo mais próximo (coisa que acontece também com o verbo da oração):

Mãe e filho são **talentosos**.

Marido e mulher são **bem-educados**.

Considero **inteligentes** a professora e a aluna.

Julguei **desconexas** sua atitude e suas palavras.

São **vergonhosos** a pobreza e o desamparo.

É **vergonhosa** a pobreza e o desamparo.

d. substantivo modificado por dois adjetivos – Quando um único substantivo é modificado por dois ou mais adjetivos no singular, podem ser usadas as construções:

Admiro **a cultura** italiana e **a** francesa.

Admiro **as culturas** italiana e francesa.

A construção:

Estudo a cultura italiana e francesa.

provocaria incerteza (trata-se de duas culturas distintas ou de uma única, ítalo-francesa?). Por isso, deve ser evitada.

e. numerais ordinais antepostos – No caso de numerais ordinais antepostos a um único substantivo, podem ser usadas as construções:

Convoquei os alunos da primeira e segunda série.

ou

Convoquei os alunos da primeira e segunda séries.

Atividades

1. Complete as frases seguintes com a forma apropriada do determinante colocado entre parênteses. Indique os casos em que mais de uma concordância é possível.

a) Ele adora usar óculos (*). (*escuro*)

b) Já estive em todos os países (*). (*latino-americano*)

c) Dedica-se ao estudo das culturas (*). (*latino-americano*)

d) (*) atitude e comportamento são (*). (*seu / deplorável*)

e) (*) comportamento e atitude são (*). (*seu / deplorável*)

f) (*) foi (*) (*) viagem. (*aquele / um / melancólico*)

g) Divisavam-se (*) mangueiras e abacateiros. (*robusto*)

h) Divisavam-se (*) abacateiros e mangueiras. (*robusto*)

i) É profundo conhecedor de plantas e animais (*). (*marinho*)

j) É profundo conhecedor de animais e plantas (*). (*marinho*)

k) Ela se exibe na praia, desfilando com seu corpo e cabelo (*). (*dourado*)

l) Estou à procura de uma casa com portões e janelas (*). (*branco*)

m) Estou à procura de uma casa com janelas e portões (*). (*branco*)

2. Comente a clareza obtida em cada uma das frases seguintes.

a) Age sempre com calma e rigor britânico.

b) Age sempre com calma e rigor britânicos.

3. Complete as frases seguintes com a forma apropriada do determinante entre parênteses.

a) Estuda a língua e a literatura (*). (*francês*)
b) Estuda o idioma e a literatura (*). (*sueco*)
c) Sempre deixa (*) livros e revistas sobre a mesa. (*muito*)
d) Sempre deixa (*) revistas e livros sobre a mesa. (*muito*)
e) Considero (*) os trabalhos da comissão. (*inútil*)
f) Considero os trabalhos da comissão (*). (*inútil*)
g) São (*) a altura e o peso do lutador. (*excessivo*)
h) É (*) a altura e o peso do lutador. (*excessivo*)
i) Considero (*) a altura e o peso do lutador. (*excessivo*)
j) O talento e a habilidade desse músico são (*). (*famoso*)
k) É (*) o talento e a habilidade desse músico. (*famoso*)
l) São (*) o talento e a habilidade desse músico. (*famoso*)
m) O time principal e o time de juniores terminaram (*) o campeonato. (*vitorioso*)
n) Terminaram (*) o time principal e o time de juniores. (*vitorioso*)
o) Terminou (*) o time principal e o time de juniores. (*vitorioso*)

4. Una as orações de cada item seguinte numa única oração. Atente para a concordância nominal.

a) Estudo a cultura grega. Estudo também a cultura alemã.
b) É um especialista na língua francesa. É também especialista na língua russa.
c) Entregarei o pacote aos moradores do quinto andar. Entregarei o pacote também aos moradores do oitavo andar.
d) Os alunos da sétima série organizaram a cerimônia. Os alunos da oitava série também organizaram a cerimônia.
e) O presidente queria o poder político. O presidente queria também o poder econômico.

Expressões e palavras que merecem estudo particular

Próprio, *mesmo*, *anexo*, *incluso*, *quite* e *obrigado* concordam em gênero e número com o substantivo ou pronome a que se referem. Observe:

BROWNE, Dik. *O melhor de Hagar, o Horrível*. Porto Alegre: L&PM, 1996. v. 1, p. 39.

A palavra *obrigada*, dita por Helga, está flexionada no feminino, assim como todas as demais que se referem a ela: esposa, dona de casa, maravilhosa, dedicada, adversária.

Seguem **anexas** as faturas requeridas.

Seguem **inclusos** os comprovantes solicitados.

Já lhe paguei a dívida: estamos **quites**.

Meio e *bastante* podem atuar como adjetivos ou como advérbios. No primeiro caso, referem-se a substantivos e são variáveis. No segundo, referem-se a verbos, adjetivos ou advérbios e são invariáveis:

Pedi **meia** cerveja e **meia** porção de batatas fritas.

Meia classe terá de permanecer após o sinal de **meio**-dia e **meia**.

Ela ficou **meio** nervosa quando soube que precisaria esperar na fila até meio-dia e **meia**.

A aluna foi mal na prova porque estava **meio** tensa.

Ficamos **meio** chateados.

O país não dispõe de recursos **bastantes** para a obra.

Há **bastantes** pessoas insatisfeitas com o que ganham.

O time perdeu **bastantes** oportunidades para marcar.

Os jogadores ainda acreditavam **bastante** em si mesmos, apesar de estarem **bastante** cansados.

Eles se amam **bastante**. E são **bastante** loucos a ponto de se casarem.

O advérbio *meio* é invariável; no caso, modifica o adjetivo *chateada*, que, por sua vez, modifica *samambaia*. Ocorre o mesmo processo em frases como "Estamos meio cansados", "Elas estão meio desanimadas".

BROWNE, Dik. *O melhor de Hagar, o Horrível*. Porto Alegre: L&PM, 2007. v. 4, p. 121.

Substantivos desacompanhados de determinantes (artigos, pronomes e numerais adjetivos) podem ser tomados em sentido amplo, genérico. Nesse caso, expressões como *é proibido*, *é bom*, *é necessário*, *é preciso*, *é permitido* e similares não variam:

Em certas situações, **é necessário** paciência.

Não **é permitido** entrada.

Liberdade **é necessário**.

É preciso cidadania.

No inverno, sopa **é bom**.

A paciência é **necessária** nessa situação.

Esta sopa é **ótima**.

É **proibida a** entrada de estranhos.

A liberdade é **necessária**.

São **precisas várias** medidas de urgência.

Atividades

1. Complete as frases seguintes com a forma apropriada do termo entre parênteses.

a) Elas (*) disseram à diretora que ela (*) teria de resolver o problema. (*mesmo / mesmo*)

b) Os professores garantiram que eles (*) iriam controlar a entrega das fichas de inscrição, às quais seguiriam (*) os documentos necessários. (*mesmo / anexo*)

c) A foto pedida segue (*) à ficha de cadastro. (*incluso*)

d) Envie (*) os comprovantes solicitados. (*anexo*)

e) – Muito (*)! – disse a moça. – Estou (*) agora! (*agradecido / quite*)

f) – Muito (*) – agradeceu a moça, com um sorriso sem graça nos lábios. – Acho que é hora de eu (*) tomar uma atitude. (*obrigado / próprio*)

g) Ela (*) fará isso. (*próprio*)

h) Seguem (*) às fotocópias os documentos requeridos. (*anexo*)

2. Complete as frases a seguir com os termos indicados entre parênteses, flexionando-os ou não.

a) A verdura que nos serviram estava (*) murcha. (*meio*)

b) Faz duas horas e (*) que ela chegou. (*meio*)

c) No campo, o país vive uma situação (*) preocupante: (*) famílias tiveram de vender suas terras e migrar para os centros urbanos. (*bastante / bastante*)

d) Faça tudo com (*) rapidez e esteja aqui antes de (*)-dia e (*). (*bastante / meio / meio*)

e) Já passava de (*)-noite e (*) quando ela chegou. Estava (*) chateada e (*) preocupada. (*meio / meio / bastante / meio*)

f) (*) pessoas acham estranho este plural. É que estavam (*) desinformadas sobre as peculiaridades da língua portuguesa. (*bastante / meio*)

g) As professoras deste país estão (*) desgastadas com a dupla jornada de trabalho que têm de cumprir. (*meio*)

3. Explique por que as frases de cada par seguinte têm comportamento diferente quanto à concordância.

a) Fé é necessário.

A fé consciente, sem fanatismos e aberrações, é necessária.

b) Não é permitido entrada.

Só é permitida a entrada de funcionários.

c) Água é bom.

A água que muitos brasileiros bebem não é boa.

3. Concordância ideológica

Você pôde ler neste capítulo que muitas vezes os mecanismos de concordância podem ser contaminados pela significação de palavras e expressões. Essa contaminação às vezes faz a concordância formal e lógica ser substituída pela concordância ideológica e psicológica. Em outras palavras: o falante às vezes é levado a colocar um verbo ou adjetivo no plural ou no singular não porque o sujeito ou substantivo tenha essa forma, mas sim porque **significa** isso. Às vezes, a alteração diz respeito à pessoa gramatical ou ao gênero gramatical.

A concordância ideológica é chamada de **silepse**. Ocorrem silepses de número, gênero e pessoa.

A **silepse de número** ocorre particularmente quando o sujeito é um coletivo e o verbo passa a concordar no plural:

O público chegou muito cedo. Como o sol era forte e o calor intenso, começaram a pedir aos bombeiros que jogassem água.

Você notou que o sujeito da primeira oração é *o público*, singular com ideia de plural. A forma verbal *chegou* está no singular. No período seguinte, o verbo passou para o plural (*começaram*). Isso se explica pelo distanciamento e pela consequente perda da força da forma da palavra *público*. Passa a prevalecer o seu significado, plural (as pessoas, ou algo equivalente).

494 Parte 3 > > > SINTAXE > > >

Outra forma de silepse de número ocorre quando se utiliza o chamado **plural de modéstia**, em que a pessoa que fala ou escreve refere-se a si mesma como *nós*. Os adjetivos referentes ao falante surgem no singular:

Nossas músicas fazem muito sucesso lá, o que nos deixa satisfeito e comovido.

A **silepse de gênero** ocorre quando se troca o masculino pelo feminino ou vice-versa:

Vossa Excelência está frustrado?   Alguém está com saudades e quer que você vá vê-la.

Sua Santidade ficou impressionado com a acolhida.   São Paulo continua caótica, bárbara e violenta.

A **silepse de pessoa** é bastante comum quando quem fala ou escreve se inclui num sujeito de terceira pessoa:

Os brasileiros decentes queremos que acabem a impunidade e os privilégios.

Todos sabemos quais as soluções de que o Brasil precisa.

Na língua coloquial, é comum a silepse de pessoa com a forma *a gente*:

"A gente queremos melhorar."

No padrão culto, essa construção não ocorre.

Atividade

Comente a concordância em cada uma das frases seguintes.

a) A beleza de Maria e Teresa provocaram ciúmes e disputas.
b) Queria saber como estava a família Gonçalves. Fiquei sabendo que estão bem.
c) O grupo que comandava o clube, depois da crise, da pressão, das acusações e da revolta, renunciaram.
d) Sugiro a Vossa Senhoria que não participe da reunião, porque está exausto.
e) Decidimos participar desta reunião porque nos julgamos apto a contribuir de alguma forma.
f) Vi alguém caminhando em minha direção e corri a abraçá-la.
g) Durante a madrugada, Santos é calma e inspiradora.
h) Os professores esperamos condições dignas de trabalho.

Textos para análise

1

LAERTE. *Classificados: livro 2*. São Paulo: Devir, 2002. p. 50.

Trabalhando o texto

Comente a concordância em "...Tu que é analbafeto.".

2

1.500 BOLSAS DE ESTUDO. PORQUE, NA INDÚSTRIA DO PETRÓLEO, TÃO IMPORTANTE QUANTO OS RECURSOS NATURAIS, SÃO OS RECURSOS HUMANOS.

PROGRAMA DE RECURSOS HUMANOS DA ANP PARA O SETOR DO PETRÓLEO E GÁS.

São 1.500 bolsas de estudo nos níveis técnicos, de graduação, mestrado e doutorado. E milhões de reais investidos nas mais importantes instituições de ensino de 16 estados brasileiros. É a Agência Nacional do Petróleo apoiando a formação de pessoal qualificado na área de petróleo e gás.

MAIS INFORMAÇÕES NO SITE DA ANP • www.anp.gov.br • SEÇÃO DESENVOLVIMENTO TECNOLÓGICO.

Ciência Hoje, jan./fev. 2003. Terceira capa.

Trabalhando o texto

Aponte um problema de concordância nominal no texto acima.

3

Saúde lança campanha de vacinação de idosos 2008

Com o *slogan* "Não deixe a gripe derrubar você! Vacine-se!" a Campanha Nacional de Vacinação do Idoso 2008 acontecerá de 26 de abril a 09 de maio, com ações que mobilizam as secretarias de saúde municipais, estaduais e o Ministério da Saúde para a vacinação contra a *influenza* na população acima de 60 anos. A campanha tem como principal objetivo reduzir, na população de 60 anos e mais, a morbi-mortalidade e as internações causadas pela *influenza*. Haverão 776 profissionais envolvidos, 364 postos fixos e móveis, carros, motos, barcos e outros transportes totalizarão 109.

Disponível em:
<www2.uol.com.br/pagina20/16042008/pol1316042008.htm>.
Acesso em: 18 jul. 2008.

Trabalhando o texto

Localize, no texto jornalístico transcrito acima, uma inadequação na concordância verbal.

4

Sem sombra de dúvida, Sombra foi o melhor jogador da cidade de Sombrio, Santa Catarina, na década de trinta. Essa era uma verdade clara e translúcida. Mas Sombra não era claro e translúcido. Era negro. Para entrar em campo, os dirigentes o obrigavam a cobrir-se com uma grossa camada de talco, maisena e outras substâncias embranquecedoras. Tudo ia bem e o time vinha ganhando todas as partidas, até que um dia os céus conspiraram. No meio do jogo desabou uma chuva inclemente. O talco, a maisena e outras substâncias embranquecedoras escorreram pelo corpo de Sombra e pôde-se ver que ele era negro. Os dirigentes disseram que nada sabiam, que haviam sido enganados, que tinham sido traídos. Com os torcedores foi diferente. Na partida seguinte, vieram todos pintados de negro.

TORERO, José Roberto. *Os cabeças-de-bagre também merecem o paraíso*.
Rio de janeiro: Objetiva, 2001. p. 105.

Trabalhando o texto

1. No início do texto, a palavra Sombra, que dá nome ao jogador em questão, destaca-se em função da proximidade com outras palavras. Quais? Por que são utilizadas?

2. Observe a concordância dos adjetivos com os substantivos *verdade* e *Sombra* e faça um comentário sobre o emprego desses caracterizadores assim flexionados.

3. Comente a relação que ocorre entre o segundo e o terceiro períodos do texto, tendo em vista a organização sintática e o valor semântico das orações.

4. "Era negro": esta oração, que aparece estrategicamente no texto, é composta de apenas duas palavras. Qual terá sido a intenção do autor ao criá-la assim?

5. No início do texto, ao descrever o jogador, predominam orações coordenadas. Para que são utilizadas, no final, as orações subordinadas?

6. Os termos "outras substâncias embranquecedoras" opõem-se a quais termos do texto?

7. Por que o autor fez questão de descrever a reação da torcida?

5

Eloquência singular

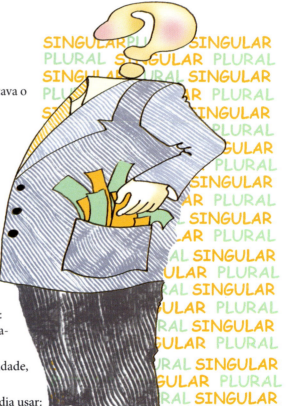

Mal iniciara seu discurso, o deputado embatucou:

— Senhor presidente: não sou daqueles que...

O verbo ia para o singular ou para o plural? Tudo indicava o plural. No entanto, podia perfeitamente ser o singular:

— Não sou daqueles que...

Não sou daqueles que recusam... No plural soava melhor. Mas era preciso precaver-se contra essas armadilhas da linguagem – que recusa? – ele que tão facilmente caía nelas, e era logo massacrado com um aparte. Não sou daqueles que... Resolveu ganhar tempo:

— ... embora perfeitamente cônscio das minhas altas responsabilidades, como representante do povo nesta Casa, não sou...

Daqueles que recusa, evidentemente. Como é que podia ter pensado em plural? Era um desses casos que os gramáticos registram nas suas questiúnculas de português: ia para o singular, não tinha dúvida. Idiotismo de linguagem, devia ser.

— ... daqueles que, em momentos de extrema gravidade, como este que o Brasil atravessa...

Safara-se porque nem se lembrava do verbo que pretendia usar:

— Não sou daqueles que...

SABINO, Fernando. *Para gostar de ler.* São Paulo: Ática, 1979. v. 4, p. 35-6.

Trabalhando o texto

1. Conclua finalmente a frase iniciada pelo deputado.

2. Que fato gramatical levou o deputado a hesitar no momento de estabelecer a concordância verbal?

3. Depois de intercalar inúmeras frases à inicial, tendo seu tempo se esgotado, o deputado concluiu assim seu discurso: "— Em suma: não sou daqueles. Tenho dito.". E ainda foi vivamente aplaudido por seus pares. Que crítica está implícita nessa crônica?

6

Um futuro singular

Senhor diretor, estou escrevendo esta carta porque temo pela minha saúde mental, e se algo acontecer comigo quero que todos saibam o motivo, principalmente o senhor, do qual eu esperava toda a compreensão, já que partilha comigo a crença de que só com um profundo respeito à gramática da língua portuguesa construiremos uma nação desenvolvida. O caso, senhor, é que o Grande Pajé está me perseguindo, e tenho certeza de que neste exato momento ele está ali, do outro lado da janela, escondido entre as folhas de amendoeira... e não resistirei a mais um ataque... Minhas força... forças!... estão se esgotando!

Sempre fui um dedicado professor de português, o senhor me conhece bem, tantas vezes me elogiou...Trabalho no ensino fundamental de sua escola há mais de vinte anos! Desde quando ainda se dizia "1.º grau"! Sempre tive devoção pela língua portuguesa! É uma verdadeira religião para mim! Luto contra as gírias, os estrangeirismos e os erros gramaticais como um cristão contra os hereges! Minha luta pelo emprego do português correto é uma verdadeira cruzada! Uma guerra santa! E agora, quando mais preciso de apoio, quando descubro o verdadeiro inimigo por trás da falência a que o nosso idioma pátrio está condenado, quando passo a sofrer ameaças diretas do Grande Pajé, o senhor me abandona e, em vez de se aliar a mim numa batalha sem trégua pelo resgate de nossa língua, em vez de acreditar em mim, francamente... me manda procurar um psiquiatra!

Mas não entregarei os ponto! Os pontoS! Minha mente morrerá lutando! Se o Grande Pajé afinal conseguir seu intento, e plantar à força a semente da língua Tupi dentro da minha cabeça, através desta carta o povo brasileiro saberá que lutei até o fim!

Tudo começou naquela tarde de sábado, quando fui lavar meu carro e o rapaz me cobrou "dez real". Depois deixei o carro numa vaga, e me custou "dois real". O camelô me ofereceu "três cueca", minha empregada tinha pedido "quatro quilo de batata", o feirante me ofereceu "seis limão", outro gritou "os peixe tão fresco!"; depois, meu porteiro se prontificou a levar "as sacola" até o elevador e deu o recado de que "meus filho" ainda não tinham chegado "das compra". Desesperado, me dei conta de que os plurais estavam sumindo!

É claro que eu já havia percebido isso antes! Sou muito sensível aos erro...erroS de português! Mas só naquele sábado entendi o motivo. A coisa me veio assim, num estalo: a língua tupi está se infiltrando na mente do povo brasileiro!

Devia ter pensado nisso antes. Era evidente!

(...)

É a vingança dos tupis! Minhas força já me faltam! Do meu salário desse mês, depositei quinhentos real na conta da mãe dos meus filho. As folha da amendoeira já nem balançam! O *an* Grande Pajé entrou na minha cabeça. Já vejo seu *tobá*. Ele me *tará*. Vou *sesaráîa* o português. *Mamõ-pe nde rera*? O senhor é meu novo *Túba. Pá! Pá!*

an = fantasma	*túba* = pai
tobá = rosto	*pá* = sim
tará = apanhar	*sesaráîa* = esquecer
mamõ-pe nde rera = qual é o seu nome	

JAF, Ivan. *Lições de gramática para quem gosta de literatura.* CAMPOS, Carmem Lúcia; SILVA, Nilson Joaquim da (Org.). São Paulo: Panda Books, 2007. p. 86-7; 90.

Trabalhando o texto

1. No primeiro parágrafo da carta que o professor escreve ao diretor há algumas orações subordinadas adverbiais. Localize-as e explique que circunstâncias expressam.

2. O narrador do texto, um dedicado professor de português, alega que luta numa cruzada, numa verdadeira guerra santa, contra os erros gramaticais, contra gírias e estrangeirismos. Lance uma hipótese sobre o resultado dessa luta.

3. No segundo parágrafo, ocorrem orações subordinadas adverbiais temporais. Destaque-as e explique por que foram utilizadas.

4. O que, afinal, deixou o professor em tal estado de desespero? O que teria evitado isso?

5. Cite trechos do texto que comprovem que o professor realmente se deixou influenciar pelas mudanças.

6. Segundo o professor, por influência do tupi, que não possui plural, os falantes da língua portuguesa estão deixando de fazer a concordância nominal entre as palavras. Elabore você uma teoria que explique esse fenômeno.

Questões de exames e concursos

1. (FGV-SP) Assinale a alternativa correta quanto à concordância verbal.

a) Agora, trata-se de casos mais sérios, mais difíceis de resolver.

b) Vão haver tumultos na praça.

c) Não se discute mais as causas da erosão dessas terras.

d) À falta de medicamentos modernos, tratara-se com remédios caseiros os ferimentos provocados pelo mato.

e) Devem fazer dois anos que eles se mudaram daqui.

2. (Fuvest-SP) Quanto à concordância verbal, a frase inteiramente correta é:

a) Cada um dos participantes, ao inscrever-se, deverão receber as orientações necessárias.

b) Os que prometem ser justos, em geral, não conseguem sê-lo sem que se prejudiquem.

c) Já deu dez horas e a entrega das medalhas ainda não foram feitas.

d) O que se viam era apenas destroços, cadáveres e ruas completamente destruídas.

e) Devem ter havido acordos espúrios entre prefeitos e vereadores daqueles municípios.

3. (UEPB)

Brasil faz Unesco sambar

O samba de roda do Recôncavo Baiano foi reconhecido pela Unesco como Patrimônio Oral e Imaterial da Humanidade. Definido como uma expressão popular que mistura música, dança e poesia, foi escolhido por representar a forte herança africana no país e revelar aspectos das atividades econômicas, religiosas e lúdicas do Nordeste.

A roda de samba do Recôncavo foi considerada por representar a diversidade de sambas que existe no Brasil. (...)

Revista Língua Portuguesa. São Paulo: Segmento, fev. 2006. p. 8.

Analise as proposições e marque a alternativa correta em relação ao enunciado, a seguir: "A roda de samba do Recôncavo foi considerada por representar a diversidade de sambas que existe no Brasil."

Levando em consideração as normas da linguagem padrão, pode-se afirmar que:

I. há uma inadequação no uso do verbo "existe", tendo em vista não concordar com o termo "sambas".

II. o verbo "existe" pode ser substituído por "há" sem prejuízo semântico.

III. a substituição de "existe" por "existem" seria justificável, tendo em vista o processo da concordância atrativa.

a) Apenas II é verdadeira.

b) Apenas I e II são verdadeiras.

c) Apenas I e III são verdadeiras.

d) Apenas I é verdadeira.

e) Apenas II e III são verdadeiras.

4. (UFG)

Em uma entrevista, Ferreira Gullar, ao ser perguntado: "Você começou estudando gramática. É preciso isso para escrever bem?", responde: "Não (com ironia). E nem é preciso saber português. É ler os jornais e ver a TV para perceber. Outro dia ouvi '*as quinhentas milhões de pessoas*'. Eles não sabem que '*quinhentos*' é palavra masculina. Confundem '*este*' com '*esse*'. '*Esse programa que estão vendo...*'. Para eles é tudo a mesma coisa. Ignoram que as palavras têm sentido preciso e, para escrever bem, é preciso saber o significado, as relações entre elas, quais se combinam, como convivem. Para isso é preciso ter lido algo".

Revista Língua Portuguesa. São Paulo: Segmento, ano 1, n. 5, 2006.

Considerando-se o trecho transcrito da entrevista de Ferreira Gullar, explique:

a) a alteração ocorrida na resposta do entrevistado com o acréscimo da expressão, entre parênteses, "com ironia";

b) a regra que os falantes utilizam quando dizem "as quinhentas milhões de pessoas".

5. (UFMS) Assinale, entre as substituições propostas, a(s) que corrige(m) adequadamente a palavra a expressão em destaque, de acordo com o texto.

Se houvessem ainda suspeitas que a situação socioeconômica dos professores municipais passa pelo pior momento de sua luta salarial, elas acabaram no mês passado, com o aumento concedido pelo prefeito.

(001) *que* (linha 1) - substituir por *de que*;

(002) *passa* (linha 2) - substituir por *passam*;

(004) *elas acabaram* (linhas 3 e 4) - substituir por *ela acabou*;

(008) *houvessem* (linha 1) - substituir por *houvesse*;

(016) *no mês passado* (linha 4) - substituir por *no mês anterior*.

6. (Ibmec) Assinale a alternativa que preenche de forma adequada e correta as lacunas nas frases abaixo, *respectivamente*.

I - Seguem ... às cartas minhas poesias para você.

II - Polvo e lula ... serão servidos no jantar.

III - Para a matrícula, é ... a documentação pedida.

a) anexa – frescos – necessária.

b) anexas – fresca – necessária.

c) anexos – frescos – necessários.

d) anexas – frescas – necessária.

e) anexas – fresco – necessária.

7. (UPM-SP)

Digitações

A poética é uma máquina

Há um código central

Em que se digita ANULA

É a máquina do nada

Que anda ao contrário

Da sua meta

A repetição é a morte

Noutro código lateral

Digita-se ENTRA

E os cupins invadem o quarto

(Sebastião Uchoa Leite)

No segmento *Há um código central / Em que se digita ANULA*, a concordância verbal está de acordo com a norma culta, assim como em:

a) Devem haver códigos / Em que se digitam teclas.

b) Deve haver código / Em que se digita teclas.

c) Existem códigos / Em que se digita teclas.

d) Deve existir códigos / Em que se digitam teclas.

e) Há códigos / Em que se digitam teclas.

8. (UERJ)

Do que eu poderia dizer, resta sempre um déficit de oitenta por cento. E os vinte por cento que consigo falar não correspondem senão ao que eu não gostaria de ter dito – o que me deixa um saldo mortal de angústia.

No trecho acima há dois verbos cujos sujeitos expressam quantidade.

Transcreva esses verbos e, com base nas regras de concordância gramatical, indique por que um está no singular e o outro no plural.

9. (Fuvest-SP) Responda ao que se pede:

a) Noticiando o lançamento de um dicionário de filmes brasileiros, um jornal fez o seguinte comentário a propósito do filme "Aluga-se moças", de 1981: O título traz um dos maiores erros ortográficos já vistos no cinema brasileiro. O título correto do longa seria "Alugam-se moças".
O comentário e a correção feitos pelo jornal são justificáveis do ponto de vista gramatical? Por quê?

b) Ao lado de um caixa eletrônico de um grande banco, pode ser lido o seguinte aviso: "Em caso de dúvida, **somente** aceite ajuda de funcionário do banco.". Reescreva a frase, posicionando adequadamente o termo destacado, de modo a eliminar a ambiguidade nela existente.

As questões 10 e 11 estão relacionadas ao seguinte anúncio de jornal:

LOJA DE CALÇADOS FEMININO

Vende-se 3 lojas bem montadas tradicionais, nos melhores Pontos da Cidade. Ótima Oportunidade! F: (__) xxx-xxxxxx

O Estado de S. Paulo, São Paulo, 15 ago. 2002.

10. (Unifesp) De acordo com as normas gramaticais, particularmente no que se refere às regras de concordância, o título deste anúncio deveria ser:

a) LOJAS DE CALÇADOS FEMININO, porque, na sequência, o texto fala em "3 lojas".

b) LOJAS DE CALÇADOS FEMININOS, porque, na sequência, o texto fala em "3 lojas".

c) LOJA DE CALÇADOS FEMININOS, porque o título não especifica as outras duas lojas "bem montadas" de calçados, implicitamente, masculinos.

d) LOJA FEMININA DE CALÇADOS, porque o título não se relaciona com o restante do anúncio.

e) LOJA DE CALÇADOS FEMININO, tal como aparece no anúncio, porque o vocábulo "FEMININO" apenas especifica o tipo de calçado comercializado pelas lojas à venda.

11. (Unifesp) No corpo do anúncio, a expressão "Vende-se 3 lojas bem montadas":

a) apresenta problema de concordância verbal. Deveria ocorrer na forma *Vendem-se* porque *se* é índice de indeterminação do sujeito, e *lojas* é o sujeito paciente.

b) não apresenta problema de concordância verbal porque *se* é índice de indeterminação do sujeito, e *lojas* é o objeto direto.

c) apresenta problema de concordância verbal. Deveria ocorrer na forma *Vendem-se* porque *se* é partícula apassivadora, e *lojas* é o sujeito paciente.

d) não apresenta problema de concordância verbal, porque *se* é partícula apassivadora, e *lojas* é o sujeito paciente.

e) apresenta problema de concordância verbal. Deveria ocorrer na forma *Vendem-se* porque *se* é pronome reflexivo com função sintática de objeto indireto, e *lojas* é o objeto direto.

12. (PUCCamp-SP) O trecho "... os dois permanecemos trancados durante toda a viagem que realizamos juntos,...", extraído do capítulo 23 de *Lavoura arcaica*, apresenta, quanto à concordância verbal:

a) respectivamente, silepse ou concordância ideológica e indicação do sujeito pela flexão verbal.

b) em ambos os casos, indicação do sujeito apenas pela flexão verbal.

c) em ambos os casos, concordância ideológica ou silepse.

d) respectivamente, concordância ideológica e silepse.

e) respectivamente, indicação do sujeito pela flexão verbal e silepse ou concordância ideológica.

13. (FGV-SP) Assinale a alternativa em que ocorra erro de concordância.

a) Entre um copo de cerveja e outro, foi considerado, por algum tempo, a possibilidade de eclodir uma revolução.

b) A maioria dos alunos chegou às 13 horas.

c) Não se sabem os motivos que levaram Chico Leitão a essas diatribes.

d) A entrada dos bois nos currais atrapalhou a contagem.

e) Chegaram de Brasília os ajudantes para fazer a faxina no consultório.

14. (Fatec-SP) Assinale a alternativa na qual a modificação da frase entre parênteses resulta em concordância verbal que atende à norma culta.

a) (O resultado daqueles embates serviu para fortalecer a cultura.) Os resultados daqueles embates serviu para fortalecerem a cultura.

b) (Pode-se dizer que houve alguma melhora.) Pode-se dizer que houveram algumas melhoras.

c) (O assunto pode despertar celeuma.) Os assuntos podem despertarem celeuma.

d) (Houve alguma confusão acerca do que estava errado.) Devem ter havido algumas confusões a respeito do que estava errado.

e) (Essa foi a falta que motivou a reação das autoridades.) Essas foram as faltas que motivaram a reação das autoridades.

15. (Acafe-SC) Assinale a alternativa que preenche **corretamente** os espaços na frase:

> Hoje, quem ... , porque, ontem ... tu que ... .

a) paga sou eu – foste – pagaste

b) paga sou eu – foi – pagou

c) paga sou eu – foste – pagou

d) paga é eu – foi – pagaste

e) paga sou eu – fostes – pagastes

16. (Fuvest-SP) "Eu não sou o homem que tu **procuras**, mas desejava **ver-te**, ou, quando menos, possuir o **teu** retrato."

Se o pronome *tu* fosse substituído por *Vossa Excelência*, em lugar das palavras destacadas no trecho acima transcrito, teríamos, respectivamente, as seguintes formas:

a) procurais, ver-vos, vosso.

b) procura, vê-la, seu.

c) procura, vê-lo, vosso.

d) procurais, vê-la, vosso.

e) procurais, ver-vos, seu.

17. (Fuvest-SP) "Mas aquele pendão firme, vertical, beijado pelo vento do mar, veio enriquecer nosso canteirinho vulgar com uma força e uma alegria que fazem bem." (Rubem Braga)

Suponha que o início desse período seja: "Mas aqueles...". Reescreva o período, fazendo apenas as alterações que se tornarem gramaticalmente necessárias.

18. (PUCCamp-SP) Assinale a alternativa correspondente à frase em que a concordância verbal esteja correta.

a) Discutiu-se a semana toda os acordos que têm de ser assinados nos próximos dias.

b) Poderá haver novas reuniões, mas eles discutem agora sobre que produtos recairão, a partir de janeiro, a sobretaxa de exportação.

Capítulo 26 > > > Concordância verbal e nominal > > >

501

c) Entre os dois diretores deveria existir sérias divergências, pois a maior parte dos funcionários nunca os tinha visto juntos.

d) Faltava ainda dez votos, e já se comemoravam os resultados.

e) Eles hão de decidir ainda hoje, pois faz mais de dez horas que estão reunidos naquela sala.

19. (PUCCamp-SP) Assinale a alternativa correspondente à frase em que a concordância verbal está correta.

a) As análises dos especialistas e do presidente prevê uma queda no setor, mas o boletim da empresa sobre as vendas efetuadas no último mês justificam que não se perca o otimismo.

b) Restava, no momento, poucas esperanças de acordo, mas ela, e principalmente eu, não deixava transparecer nenhum desânimo.

c) Podem existir, agora, poucas pessoas dispostas a enfrentar este pequeno problema, mas já houve muitas outras ocasiões em que sacrifícios bem maiores foram exigidos de nós.

d) A vida e a dignidade das pessoas está posta em risco quando falta, por parte delas, recursos para atender às suas necessidades básicas.

e) Foi encontrado no meio dos escombros muitos esqueletos, e já se levantou, entre os cientistas, hipóteses de que seja de animais pré-históricos.

20. (UFG) No conhecido verso de um *rock* – "a gente somos inútil" –, ocorre uma concordância que, apesar de ser condenada pelos padrões gramaticais da língua culta, é comum na fala popular. Como se explica esta possibilidade de construção na língua portuguesa?

21. (Unicamp-SP) No diálogo transcrito a seguir, um dos interlocutores é falante de uma variedade de português que apresenta uma série de diferenças com relação ao português culto.

Identifique, na fala desse interlocutor, as marcas formais dessas diferenças e transcreva-as. Faça, a seguir, uma hipótese sobre quem poderia ser essa pessoa (sua classe social e seu grau de escolaridade).

Interlocutor 1: Por que o senhor acha que o pessoal não está mais querendo tocar?
Interlocutor 2: É... a rapaziada nova agora não são mais como era quando nós ia, não senhora. Quando nós saía com o Congo nós levava aquele respeito com o mestre que saía com nós, né? Então nós ficava ali, se fosse tomar arguma bebida só tomava na hora que nós vinhese embora.

22. (Unicamp-SP) As declarações que seguem são atribuídas a uma alta autoridade do governo. Identifique e comente os trechos em que a transcrição sugere um falante que não foi capaz de expressar-se em português culto, de forma adequada ao seu papel social.

Alta autoridade do governo paulista garantiu ontem que as investigações para apurar os responsáveis pelo sequestro do ex-vice-presidente do Bradesco, Antônio Beltran Martinez, terão prosseguimento, mesmo que fique comprovada a participação de "pessoas influentes e importantes". "Tudo aquilo que a polícia necessitar de meios para chegar a esse objetivo, ela terá a responsabilidade de apurar até o fim, doa a quem doer esses fatos."

(*Diário do Povo*, 9 out. 1987.)

23. (Unicamp-SP) O jornal *Folha de S.Paulo* introduz com o seguinte comentário uma entrevista recente (8 dez. 1988) com o professor Paulo Freire:

"A gente cheguemos" não será uma construção gramatical errada na gestão do Partido dos Trabalhadores em São Paulo.

Os trechos da entrevista nos quais a *Folha* se baseou para fazer tal comentário foram os seguintes:

A criança terá uma escola na qual a sua linguagem seja respeitada (...) Uma escola em que a criança aprenda a sintaxe dominante, mas sem desprezo pela sua.
Esses oito milhões de meninos vêm da periferia do Brasil (...) Precisamos respeitar a [sua] sintaxe mostrando que sua linguagem é bonita e gostosa, às vezes é mais bonita que a minha. E, mostrando tudo isso, dizer a ele: "Mas para tua própria vida tu precisas dizer *a gente chegou* [em vez de *a gente cheguemos*]. Isso é diferente, [a abordagem] é diferente. É assim que queremos trabalhar, com abertura, mas dizendo a verdade."

Responda de forma sucinta:

a) Qual é a posição defendida pelo professor Paulo Freire em relação à correção de erros gramaticais na escola?

b) O comentário do jornal faz justiça ao pensamento do educador? Justifique a sua resposta.

24. (UFV-MG) Dadas duas frases consideradas corretas:

a) Fulano ou Beltrano será eleito em 15 de novembro Presidente da República.

b) Calor intenso ou frio excessivo me fazem mal.

Explique a razão de o verbo estar no singular em a) e no plural em b).

Parte 3 > > > SINTAXE > > >

25. (Unicamp-SP)

Sem comentários

Do delegado regional do Ministério da Educação do Rio, Antônio Carlos Reborado, ao ler ontem um discurso de agradecimento ao seu chefe, o ministro Eraldo Tinoco: "Os convênios assinados traduz (sic)* os esforços...".

Painel, Folha de S.Paulo, 12 set. 1992.

*sic: palavra latina que significa "assim"; no caso, é usada pelo jornal com o sentido de "exatamente desta forma".

O título da nota, "Sem comentários", é, na verdade, um comentário que expressa o ponto de vista do jornal, motivado por um problema gramatical no discurso lido por A. C. Reborado.

a) Que problema gramatical provocou o comentário do jornal?

b) Explicite o comentário que está sugerido, neste caso específico, pela expressão "Sem comentários".

26. (Unicamp-SP) Apesar de consideradas erradas, construções como "No segundo turno nós conversa", "A gente fomos", "Subiu os preços" obedecem a regras de concordância sistemáticas, características principalmente de dialetos de pouco prestígio social. O trecho abaixo, extraído de um editorial de jornal (portanto, representativo da modalidade culta) contém uma construção que é de fato um erro de concordância.

Pode-se argumentar, é certo, que eram previsíveis os percalços que enfrentariam qualquer programa de estabilização (...) necessário no Brasil.

Folha de S.Paulo, 7 nov. 1990.

a) Transcreva o trecho em que ocorre um erro de concordância.

b) Lendo atentamente o texto, você descobrirá que existe uma explicação para esse erro. Qual é?

c) Reescreva o trecho de forma a adequá-lo à modalidade escrita culta.

27. (UFV-MG) Assinale a alternativa cuja sequência enumera **corretamente** as frases:

(1) concordância verbal **correta**
(2) concordância verbal **incorreta**

( ) Ireis de carro tu, vossos primos e eu.
( ) O pai ou o filho assumirá a direção do colégio.
( ) Mais de um dos candidatos se insultaram.
( ) Os meninos parece gostarem dos brinquedos.
( ) Faz dez anos todos esses fatos.

a) 1, 2, 2, 2, 1
b) 2, 2, 2, 1, 2
c) 1, 1, 2, 1, 1
d) 1, 2, 1, 1, 2
e) 2, 1, 1, 1, 2

28. (UFV-MG) Em todas as frases abaixo a concordância verbal está **incorreta**, **exceto**:

a) Qual de nós chegamos primeiro ao topo da montanha?

b) Os Estados Unidos representa uma segurança para todo o Ocidente.

c) Recebei, Vossa Excelência, os protestos de nossa estima.

d) Sem a educação, não podem haver cidadãos conscientes.

e) Sobrou-me uma folha de papel, uma caneta e uma borracha.

29. (Fatec-SP) Assinale a alternativa em que o período 2 não corresponde à correta pluralização do período 1.

a) 1. Mantenha-se calmo: não vai haver mais assalto.
   2. Mantenham-se calmos: não vai haver mais assaltos.

b) 1. A notícia parece que correu muito rapidamente.
   2. As notícias parece que correram muito rapidamente.

c) 1. Haja vista a ocorrência policial...
   2. Haja vista as ocorrências policiais...

d) 1. É essa a objeção que se costuma fazer?
   2. São essas as objeções que se costuma fazer?

e) 1. Haverá de existir solução menos traumática.
   2. Haverão de existir soluções menos traumáticas.

30. (Faap-SP) Nas frases abaixo, explique a concordância dos verbos destacados.

a) **Costumava haver**, na cama do finado Padre João da Mata, lençóis de linho, dum luxo raro naquelas alturas.

b) Padre Antônio de Morais foi um dos que mais **sentiram** atração por Clarinha.

31. (Fuvest-SP) Reescreva as frases abaixo, substituindo *existir* por *haver* e vice-versa.

a) **Existiam** jardins e manhãs naquele tempo: **havia** paz em toda parte.

b) Se **existissem** mais homens honestos, não **haveria** tantas brigas por justiça.

Capítulo 26 > > > Concordância verbal e nominal > > >   503

32. (FEI-SP) Passe para o plural:

Houve uma conversa meio longa.

33. (Fuvest-SP) Em "**Há em nosso país duas constantes** que nos induzem a sustentar que o Brasil é o único país brasileiro de todo o mundo", reescreva o segmento destacado, substituindo o verbo *haver* por *existir*.

34. (ITA-SP) Assinale a alternativa correta.

a) Fazem anos que não te vejo.

b) Devem haver pessoas honestas lá.

c) Alvimar ou Caetano será escolhido para o cargo.

d) Aspiramos um aumento salarial melhor.

e) Custou-o a entender o que eu dizia.

35. (FCC-BA) "A ocorrência de interferências ...-nos a concluir que ... uma relação profunda entre homem e sociedade que os ... mutuamente dependentes."

a) leva, existe, torna

b) levam, existe, tornam

c) levam, existem, tornam

d) levam, existem, torna

e) leva, existem, tornam

36. (Fuvest-SP) Indique a alternativa correta.

a) Filmes, novelas, boas conversas, nada o tiravam da apatia.

b) A pátria não é ninguém: são todos.

c) Se não vier as chuvas, como faremos?

d) É precaríssima as condições do prédio.

e) Vossa Senhoria vos preocupais demasiadamente com a vossa imagem.

37. (UPM-SP) "Não ... razões para acreditarmos nele, pois ... provas suficientes e ... anotações memoráveis a seu favor."

a) faltava, haviam, existiam

b) faltavam, havia, existiam

c) faltavam, haviam, existiam

d) faltava, havia, existia

e) faltavam, havia, existia

38. (Fuvest-SP) Num dos provérbios abaixo não se observa a concordância prescrita pela gramática. Indique-o.

a) Não se apanham moscas com vinagre.

b) Casamento e mortalha no céu se talha.

c) Quem ama o feio, bonito lhe parece.

d) De boas ceias, as sepulturas estão cheias.

e) Quem cabras não tem e cabritos vende, de algum lugar lhe vêm.

39. (FCMSC-SP) "Por falta de verba, ... as experiências e os estudos que se ... ."

a) foi suspenso, planejava fazer

b) foram suspensos, planejava fazer

c) foram suspensos, planejavam fazer

d) foram suspensas, planejavam fazer

e) foi suspenso, planejavam fazer

40. (FCC-BA) Assinale:

a) se todos forem corretos.

b) se forem corretos somente os textos 1 e 2.

c) se forem corretos somente os textos 1 e 3.

d) se forem corretos somente os textos 2 e 3.

e) se nenhum deles for correto.

1. Vossa Excelência sois um ótimo professor.
2. Tu e eles ireis à conferência.
3. Passará o céu e a terra, mas não passarão minhas palavras.

41. (Fuvest-SP) Indique a alternativa correta.

a) Tratavam-se de questões fundamentais.

b) Comprou-se terrenos no subúrbio.

c) Precisam-se de datilógrafas.

d) Reformam-se ternos.

e) Obedeceram-se aos severos regulamentos.

42. (FCMSC-SP) "Suponho que ... meios para que se ... os cálculos de modo mais simples."

a) devem haver, realize

b) devem haver, realizem

c) deve haverem, realize

d) deve haver, realizem

e) deve haver, realize

43. (Cesgranrio-RJ) Assinale a opção em que a lacuna pode ser preenchida por qualquer das duas formas verbais indicadas entre parênteses.

a) Um dos seus sonhos ... morrer na terra natal. (era, eram)

b) Aqui não ... os sítios onde eu brincava. (existe, existem)

c) Uma porção de sabiás ... na laranjeira. (cantava, cantavam)

d) Não ... em minha terra belezas naturais. (falta, faltam)

e) Sou eu que ... morrer ouvindo o canto do sabiá. (quero, quer)

44. (UFC) Complete as seguintes frases observando a concordância verbal e, depois, assinale a opção certa.

1. Como ... haver pessoas tão generosas. (poder – imp. ind.)
2. ...-se, muito longe, os sinos da igreja. (ouvir – imp. ind.)
3. ... muitos anos que ela não vai a festas. (fazer – pres. ind.)
4. Eles sempre se ... com dignidade. (haver – perf. ind.)
5. ...-se muitas pessoas dirigindo-se à matriz. (ver – pres. ind.)

a) podia, ouviam, faz, houveram, veem
b) podiam, ouvem, fazem, houveram, vêm
c) podia, ouvia, faz, havia, veem
d) pôde, ouve, fazem, houveram, veem
e) n.d.a.

45. (UFC) Assinale a opção correta.

a) Mais de um retirante se afastou do serviço.
b) Qual de vós sabeis o destino do retirante?
c) Podem haver, no campo, dias horríveis.
d) Espera-se dias mais propícios.

46. (Fuvest-SP) "... dez horas que se ... iniciado os trabalhos de apuração dos votos sem que se ... quais seriam os candidatos vitoriosos."

a) fazia, haviam, previsse
b) faziam, haviam, prevesse
c) fazia, havia, previsse
d) faziam, havia, previssem
e) fazia, haviam, previssem

47. (Acafe-SC) Corrija a frase. Depois, justifique.

Ela está meia nervosa.

48. (Acafe-SC) Assinale a alternativa que completa **corretamente** os espaços.

A entrada para o cinema foi ..., mas o filme e o desenho ... compensaram, pois saímos todos ... .

a) caro – apresentado – alegre
b) cara – apresentado – alegre
c) caro – apresentados – alegres
d) cara – apresentados – alegres
e) cara – apresentados – alegre

49. (UEM-PR) Aponte a(s) frase(s) em que a palavra dos parênteses deve ir exclusivamente no plural.

01. Tu, eu e teu pai ... de ônibus. (ir)
02. Os Estados Unidos, durante a noite, ... a Líbia. (atacar)
04. ... você e seu colega. (passar)
08. ... muitos discursos; porém pouca argumentação. (haver)
16. Parece inteligente e tem ... argumentos para se defender. (bastante)
32. ... ao processo encontram-se as fotos. (incluso)

50. (PUCCamp-SP) Assinale a alternativa correspondente à frase em que a concordância verbal e nominal esteja correta.

a) Qualquer que tivessem sido as decisões da chefia, a reação dos funcionários seria a mesma, pois discórdias é que não faltava lá.
b) Eles são tão pouco esclarecidos, que com meias palavras não entendem nada; é necessário, sempre, as explicações mais detalhadas.
c) Quando já passava das dez horas, atribuiu-se o atraso do juiz a problemas de saúde e dispensaram-se as testemunhas.
d) Vai ser avaliado, no mês que vem, os danos da última seca e serão anunciados os prejuízos correspondente.
e) Eles parecem, cada vez mais, serem os únicos responsáveis pelo ocorrido, por mais inacreditável que possa ser os fatos.

51. (PUCCamp-SP) "Não foi ... a pesada suspensão que lhe deram, porque você foi o que ... falhas apresentou; podiam ter pensado em outras penalidades mais ... ."

a) justo – menas – cabível
b) justa – menos – cabível
c) justa – menos – cabíveis
d) justo – menos – cabível
e) justo – menas – cabíveis

52. (PUCCamp-SP) "Tenha certeza, meu caro amigo, de que suas colegas queriam elas ... terminar o trabalho, mas não conseguiram falar ...; por esse motivo é que ficou tudo para ... resolver."

a) mesmo – consigo – mim
b) mesmas – com você – eu
c) mesmo – com você – mim
d) mesmas – consigo – mim
e) mesmas – contigo – eu

53. (PUCCamp-SP) Assinale a alternativa correspondente à frase em que a concordância verbal e nominal está correta.

a) Era oito horas e até aquela hora tinha sido evitado, graças à presença de correspondentes estrangeiros, uma série de assuntos sobre política econômica.

Capítulo 26 > > > Concordância verbal e nominal > > > **505**

b) Avaliou-se com muita calma, no encontro que se deu fazem uns quinze dias, as mais diferentes versões sobre o manifesto a favor da Ecologia, que havia sido publicada pela imprensa.

c) Os estudos para a fusão das duas companhias dura mais de dois meses, mas o concurso para a escolha dos nomes dos novos produtos já tem sido amplamente divulgados.

d) Seja quais forem as críticas que possam ser feitas, a verdade é que eles pretendiam, cada uma seu modo, defenderem seus pontos de vista, mesmo sabendo que nem todos eram igualmente defensável.

e) Novas taxas, em virtude dos últimos aumentos, parecem inevitáveis; indicam-se os motivos do reajuste em documentos que encaminho anexos a este.

54. (UFV-MG) Todas as alternativas abaixo estão **corretas** quanto à concordância nominal, **exceto**:

a) Foi acusado de crime de lesa-justiça.

b) As declarações devem seguir anexas ao processo.

c) Eram rapazes os mais elegantes possível.

d) É necessário cautela com os pseudolíderes.

e) Seguiram automóveis, cereais e geladeiras exportados.

55. (FCC-BA) "Elas ... providenciaram os atestados, que enviaram ... às procurações, como instrumentos ... para os fins colimados."

a) mesmas, anexos, bastantes

b) mesmo, anexo, bastante

c) mesmas, anexo, bastante

d) mesmo, anexos, bastante

e) mesmas, anexos, bastante

56. (FCMSC-SP) "... habilidade e ... empenho ... pelos participantes, a comissão julgadora teve dificuldade em apontar o vencedor."

a) Dado a, o, demonstrado

b) Dada à, do, demonstrados

c) Dados a, o, demonstrados

d) Dados a, ao, demonstrado

e) Dados à, do, demonstrados

57. (Faap-SP) Observando as regras de concordância verbal e nominal, reescreva a frase que segue:

Ao meio-dia e meio, depois de penosa escalada, durante a qual houveram perigos o mais surpreendentes possíveis, o grupo de alpinistas franceses atingiu o ponto mais elevado da cordilheira.

58. (PUC-RJ) Preencha as lacunas com a forma adequada das palavras entre parênteses, fazendo a flexão de gênero e número quando necessário.

a) Por ... que sejam as consequências, esta é a única tentativa possível. (pior)

b) Seus propósitos estão ... claros. (bastante)

c) As informações prometidas seguem ... a esta carta. (anexo)

59. (UFSCar-SP) Reescreva o período abaixo. Corrija-o, se necessário, quanto à concordância. Justifique, porém, sempre a sua resposta.

É proibido a entrada de pessoas estranhas no recinto.

60. (FCC-BA) Assinale a alternativa em que a concordância verbal e nominal está correta.

a) Já é meio-dia e meia; faltam poucos minutos para começar a reunião.

b) Comprei um óculos escuro nesta loja. Consegue-se bons descontos aqui.

c) Vão fazer dez anos que trabalho aqui e ainda é proibido a minha entrada na sala da Diretoria!

d) Duzentas gramas de queijo são demais para fazer a torta.

e) A gente fomos ao cinema no domingo, e lá haviam amigos nossos na fila.

61. (UEL-PR) "Ao esforço e à seriedade ... ao estudo é que ... os louvores que ele tem recebido ultimamente."

a) consagrado, devem ser atribuídos

b) consagrada, deve ser atribuído

c) consagrados, devem ser atribuídos

d) consagradas, deve ser atribuído

e) consagrados, deve ser atribuído

62. (FCC-BA) "Os Estados Unidos ... grandes universidades de ... fama e mérito."

a) possuem, reputada

b) possui, reputado

c) possui, reputados

d) possuem, reputado

e) possui, reputada

63. (FCC-BA) "Informo a Vossas Senhorias que, ..., seguem a carta, o relatório e a cópia que nos solicitaram, e que estão inteiramente à ... disposição para exame."

a) incluso, vossa

b) inclusos, sua

c) incluso, sua

d) inclusa, vossa

e) inclusos, vossa

64. (UFSC) Aponte a alternativa em que a concordância nominal não é adequada.

a) Obrigava sua corpulência a exercício e evolução forçada.

b) Obrigava sua corpulência a exercício e evolução forçados.

c) Obrigava sua corpulência a exercício e evolução forçadas.

d) Obrigava sua corpulência a forçado exercício e evolução.

e) Obrigava sua corpulência a forçada evolução e exercício.

65. (UPM-SP) Indique a alternativa que preenche corretamente as lacunas na frase.

..., na verdade, de tarefas árduas que um e outro ... com esforço e capacidade ... .

a) Tratam-se, executou, sobre-humana

b) Tratam-se, executaram, sobre-humanas

c) Trata-se, executou, sobre-humanas

d) Trata-se, executaram, sobre-humanos

e) Tratam-se, executou, sobre-humanos

66. (FCC-BA) "Ainda ... furiosa, mas com ... violência, proferia injúrias ... para escandalizar os mais arrojados."

a) meia, menas, bastantes

b) meia, menos, bastante

c) meio, menos, bastante

d) meio, menos, bastantes

e) meio, menas, bastantes

67. (PUCCamp-SP) Assinale a concordância **errada**.

a) Ali se vendia pão e outras provisões.

b) Era meio-dia e meia.

c) Na exposição vendeu-se oito cavalos árabes.

d) Crime de leso-patriotismo.

e) Os soldados ficaram alerta.

68. (Efei-MG) Em todas as frases a concordância se fez corretamente, exceto:

a) Os soldados, agora, estão todos alerta.

b) Ela possuía bastante recursos para viajar.

c) As roupas das moças eram as mais belas possíveis.

d) Rosa recebeu o livro e disse: "Muito obrigada".

e) Sairei de São Paulo hoje, ao meio-dia e meia.

69. (PUCCamp-SP) Assinale a alternativa em que *meio* funciona como advérbio.

a) Fica no meio do quarto.

b) Quero meio quilo.

c) Está meio triste.

d) Achei o meio de encontrar-te.

e) n.d.a.

70. (UnB-DF) Em todas as alternativas a concordância nominal fez-se corretamente, **exceto** em:

a) Eu observava no velho guerreiro o destemor e a força quase lendários.

b) Estavam emudecidos, para sempre, as almas, as vozes e os risos dos homens.

c) Aquelas mesmas figuras pareceram a nós meio estranhas.

d) O presidente quer o decreto o mais breve e incisivo possíveis.

71. (UPM-SP) Assinale a alternativa **incorreta**.

a) O narrador pulou longos páginas e capítulos.

b) Ele pulou longos capítulos e páginas.

c) Ele escreveu capítulos e páginas compactas.

d) Ele escreveu capítulos e páginas compactos.

e) Ele escreveu páginas e capítulos compactos.

72. (FCC-BA) "Água às refeições é ... para a saúde. Essa é uma das muitas precauções que ... tomar, se se quer conservar a silhueta."

a) mau, é preciso

b) mau, são precisas

c) mal, é precisa

d) má, são precisas

e) má, é preciso

Capítulo 26 > > > Concordância verbal e nominal > > >

507

Capítulo 27

Regência verbal e nominal

LAERTE. *Classificados: livro 1*. São Paulo: Devir, 2001. p. 9.

Neste capítulo, estudaremos, entre outros tópicos, alguns verbos cuja mudança de regência implica também uma mudança de significado. Exemplo disso é o verbo apontar, na tira acima: no segundo quadrinho, ele é transitivo direto e significa "fazer a ponta de"; no terceiro quadrinho, mudam sua regência e seu significado: ele passa a transitivo indireto e tem o sentido de "indicar a direção de", "estar voltado para".

1. Introdução

Há algum tempo, um famoso cantor americano foi acusado de assediar sexualmente menores de idade. Ao noticiar o fato, muitas emissoras de televisão falavam das "denúncias de abuso sexual contra Fulano". Você percebe o que ocorre nessa construção? A frase é, no mínimo, ambígua. De réu, Fulano pode passar a vítima. Colocada depois de dois nomes (*denúncias* e *abuso*), a preposição *contra* pode relacionar-se a qualquer dos dois termos. Na verdade, por estar mais próxima de *abuso*, é a esse termo que a preposição parece ligar-se. Isso faz Fulano passar a ser vítima do abuso.

Para que a frase fosse clara e fiel ao sentido pretendido, seria necessário aproximar a preposição *contra* do termo que efetivamente a rege – *denúncia*. Surgiria a construção "as denúncias contra Fulano de abuso sexual". Outra solução seria "as denúncias de abuso sexual feitas contra Fulano". O termo regente da preposição *contra* passaria a ser *feitas*.

É disso que se ocupa a regência, ou seja, como estabelecer relações entre palavras ou orações, para criar frases que não sejam ambíguas, que expressem efetivamente o sentido desejado, que sejam corretas e claras.

2. Regência verbal

A *regência verbal* se ocupa do estudo da relação que se estabelece entre os verbos e os termos que os complementam (objetos diretos e objetos indiretos) ou caracterizam (adjuntos adverbiais). Você sabe que o verbo *gostar* rege a preposição *de* (gostar de alguém ou de algo), que o verbo *concordar* rege *com* (concordar com alguém ou com algo), que o verbo *confiar* rege *em* (confiar em alguém ou em algo). E o verbo *ir*? No Brasil, no dia a dia, na língua literária, nas letras de músicas, é muito comum "ir em algum lugar" ("Fui no cinema", "Fui na praia"). Na linguagem culta formal, porém, o verbo *ir* rege as preposições *a* e *para*:

Fui **ao** cinema.

Ele foi **para a** Grécia.

A diferença entre o uso formal culto e o coloquial é um dos objetivos do estudo da regência.

Outro aspecto que deve ser considerado é a mudança de significado que pode resultar das diferentes relações que se estabelecem entre um mesmo verbo e seus complementos: "agradar alguém" pode ser diferente de "agradar a alguém". No primeiro caso ("A mãe agrada o filho"), *agradar* pode significar "acariciar", "contentar". No segundo ("A mãe agrada ao filho"), significa "fazer algo que cause agrado ou prazer", "satisfazer".

Para estudar a regência verbal, os verbos serão agrupados de acordo com sua transitividade. Lembre-se de que a transitividade não é um fato absoluto: um mesmo verbo pode atuar de diferentes formas em diferentes frases. Você verá a transitividade mais frequente ou mais problemática dos vários verbos estudados. Num último grupo, foram reunidos os verbos cujas mudanças de transitividade estão relacionadas com mudanças de significado.

Verbos intransitivos

Os verbos intransitivos não possuem complementos. É importante, no entanto, destacar alguns dota lhes relativos aos adjuntos adverbiais que costumam acompanhá-los.

Chegar e *ir* são normalmente acompanhados de adjuntos adverbiais de lugar. Na linguagem formal culta, as preposições usadas para indicar direção ou destino são *a* e *para*:

Cheguei **a** Roma num domingo de Carnaval.

Fomos **a** Siena.

Ele deve chegar **a** Brasília no próximo sábado.

Ronaldo foi **para** a Espanha.

Verbos transitivos diretos

Os verbos transitivos diretos são complementados por objetos diretos. Isso significa que não exigem preposição para o estabelecimento da relação de regência. Os pronomes pessoais do caso oblíquo da terceira pessoa que atuam como objetos diretos são *o*, *os*, *a*, *as*. Esses pronomes podem assumir as formas *lo*, *los*, *la*, *las* (após formas verbais terminadas em *-r*, *-s* ou *-z*) ou *no*, *nos*, *na*, *as* (após formas verbais terminadas em sons nasais). Não se devem usar como complemento desses verbos os pronomes *lhe*, *lhes*.

São transitivos diretos, entre outros:

abandonar	adorar	condenar	humilhar	socorrer
abençoar	alegrar	conhecer	namorar	suportar
aborrecer	ameaçar	conservar	ouvir	ver
abraçar	amolar	convidar	prejudicar	visitar
acompanhar	amparar	defender	prezar	
acusar	auxiliar	eleger	proteger	
admirar	castigar	estimar	respeitar	

Na língua culta, esses verbos funcionam exatamente como o verbo *amar*:

Amo aquele rapaz. / Amo-o.

Amo aquela moça. / Amo-a.

Amam aquele rapaz. / Amam-no.

Ele deve amar aquela mulher. / Ele deve amá-la.

Os pronomes *lhe* e *lhes* só acompanham esses verbos para indicar posse (caso em que atuam como adjuntos adnominais):

Quero beijar-**lhe** o rosto. (= beijar **seu** rosto)

Prejudicaram-**lhe** a carreira. (= prejudicaram **sua** carreira)

Verbos transitivos indiretos

Os verbos transitivos indiretos são complementados por objetos indiretos. Isso significa que esses verbos exigem uma preposição para o estabelecimento da relação de regência. Os pronomes pessoais do caso oblíquo de terceira pessoa que podem atuar como objetos indiretos são *lhe* e *lhes*, que geralmente substituem pessoas. Não se devem usar os pronomes *o*, *os*, *a*, *as* como complementos de verbos transitivos indiretos. Com os objetos indiretos que não representam pessoas, normalmente se usam os pronomes oblíquos tônicos de terceira pessoa (*ele*, *ela*) em lugar dos pronomes átonos *lhe* e *lhes*. Lembre-se de que os verbos transitivos indiretos não admitem voz passiva – as poucas exceções serão apontadas a seguir.

São verbos transitivos indiretos, entre outros:

a. *antipatizar* e *simpatizar*, que têm complemento introduzido pela preposição *com*:

Antipatizo **com** aquela apresentadora.

Simpatizo **com** os que condenam os políticos que governam para uma minoria privilegiada.

Esses verbos não são pronominais, portanto, não ocorrem construções como "antipatizei-me com ela" ou "simpatizei-me com ela".

b. *consistir*, que tem complemento introduzido pela preposição *em*:

A modernidade verdadeira consiste **em** diretos iguais para todos.

c. *obedecer* e *desobedecer*, que têm complemento introduzido pela preposição *a*:

Obedeço **ao** código de trânsito.

Os brasileiros desobedecem **aos** sinais de trânsito.

Apesar de transitivos indiretos, admitem a voz passiva analítica:

Leis devem ser obedecidas.

Regras básicas de civilidade não podem ser desobedecidas.

510 Parte 3 > > > SINTAXE > > >

Para substituir o que não for pessoa, só se pode usar *a ele / a ela*:

Obedeço ao código. / Obedeço a ele.

d. *dignar-se*, pronominal, que no padrão culto rege a preposição *de*:

Ele não se dignou **de** olhar-me nos olhos.

Ela ao menos se dignou **de** responder-me.

É comum, em textos formais, encontrar esse verbo com a preposição *de* elíptica:

O reitor se dignou ouvir minhas palavras até o fim.

Convém lembrar que esse verbo, na linguagem corrente, é usado com a preposição *a*, o que não é abonado por gramáticos e dicionaristas.

e. *responder*, que tem complemento introduzido pela preposição *a*:

Respondi **a** todos os alunos interessados.

O acusado responderá **a** inquérito.

Também admite voz passiva analítica, desde que o sujeito seja aquilo (e não aquele) a que se responde:

Todas as perguntas foram respondidas satisfatoriamente.

Atividades

1. Faça a substituição dos termos destacados nas frases seguintes pelos pronomes oblíquos átonos apropriados.

a) Não desejo incomodar **aqueles rapazes**.

b) É preciso ajudar **as crianças de rua**.

c) Você não deve prejudicar **os alunos**.

d) Vamos enviar **estes pacotes de arroz** aos flagelados.

e) Vamos enviar estes pacotes de arroz **aos flagelados**.

f) Ele gostaria de namorar **Sílvia**.

g) Espero poder alegrar **os amigos**.

h) Prezo muito **aquele escritor**.

i) Por que você não obedece **a seus pais**?

j) A comissão não respondeu **aos inscritos no concurso**.

2. Em cada item você encontrará uma frase típica da linguagem coloquial de várias regiões do Brasil. Adapte cada uma dessas frases à regência verbal da língua culta.

a) Fique tranquila, querida: eu lhe amo muito.

b) Desde que lhe vi, minha vida não é mais a mesma.

c) Não me simpatizo muito com essa tese.

d) O marginal urbano não obedece sinal vermelho.

e) Não pude responder o bilhete que você me mandou.

f) Que Deus lhe proteja!

g) Se Deus lhe amparar, tudo vai dar certo.

h) Ela já parou de lhe amolar?

i) Faço questão de lhe abraçar.

3. Comente a regência verbal da frase seguinte:

Essas medidas consistem basicamente de novas regras para o sistema financeiro e de um novo sistema de controle de entrada de divisas externas.

Verbos indiferentemente transitivos diretos ou indiretos

Alguns verbos podem ser usados como transitivos diretos ou transitivos indiretos, sem que isso implique alteração de sentido. Alguns deles são:

abdicar (de)	atender (a)	desdenhar (de)	presidir (a)
acreditar (em)	atentar (em, para)	gozar (de)	renunciar (a)
almejar (por)	cogitar (de, em)	necessitar (de)	satisfazer (a)
ansiar (por)	consentir (em)	preceder (a)	versar (sobre)
anteceder (a)	deparar (com)	precisar (de)	

Capítulo 27 > > > Regência verbal e nominal > > >

511

Também podem ser usados como transitivos diretos ou transitivos indiretos os verbos *esquecer* e *lembrar*. Nesse caso, porém, há um detalhe importante: na tradição da língua, quando transitivos indiretos, esses verbos são pronominais. Observe estes exemplos:

Esqueci **o** livro. / Esqueci-**me do** livro.

Não esqueça **os** amigos. / Não **se** esqueça **dos** amigos.

Não esquecemos suas palavras. / Não **nos** esquecemos **de** suas palavras.

Não lembro nada. / Não **me** lembro **de** nada.

No português do Brasil (na oralidade e em textos literários), surgiu um cruzamento dessas duas construções "Não lembrei de você" e "Esqueci do aniversário dela". Note que os verbos são usados com a preposição "de" e sem o pronome oblíquo relativo ao sujeito. Essas construções ainda não ganharam abrigo nas variedades formais da língua.

Lembre que nada acontece por acaso. / Lembre-**se de** que nada acontece por acaso.

Os verbos *esquecer* e *lembrar* também apresentam uma outra possibilidade de construção, hoje restrita à língua literária:

Não me esquecem aqueles beijos que trocamos. (= não me saem da memória, não me caem no esquecimento)

Desculpe-me, mas não me lembra a data de seu aniversário. (= não me vem à lembrança)

Lembrar, no sentido de "advertir, notar, fazer recordar", é usado com objeto indireto de pessoa e objeto direto que indica a coisa a ser lembrada. Observe:

Lembrei **a** todos **que** tudo ainda estava por fazer.

> Na tirinha, observa-se a ocorrência do verbo *lembrar* como transitivo indireto, caso em que é pronominal, e como transitivo direto (lembrar seu nome).

BROWNE, Dik. *O melhor de Hagar, o Horrível.* Porto Alegre: L&PM, 1996. v. 1. p. 35.

Verbos transitivos diretos e indiretos

Os verbos transitivos diretos e indiretos são acompanhados de um objeto direto e um objeto indireto. Merecem destaque, nesse grupo:

a. *agradecer*, *perdoar* e *pagar*, que apresentam objeto direto de coisa e objeto indireto de pessoa:

Agradeço **aos** ouvintes **a** audiência.

Cristo ensina que é preciso perdoar **o** pecado **ao** pecador.

Paguei **o** débito **ao** cobrador.

O uso dos pronomes oblíquos átonos deve ser feito com particular cuidado. Observe:

Agradeci o presente. / Agradeci-o.

Agradeço a você. / Agradeço-lhe.

Perdoei a ofensa. / Perdoei-a.

Perdoei ao agressor / Perdoei-lhe.
Paguei minhas contas. / Paguei-as.
Paguei aos meus credores. / Paguei-lhes.

É importante notar que, com esses verbos, a pessoa costuma aparecer como objeto indireto, mesmo que na frase não haja objeto direto. Observe:

A empresa não paga **aos** funcionários desde setembro.

Já perdoei **aos** que me acusaram.

Agradeço **aos** eleitores que confiaram em mim.

Em relação ao que foi citado acima, cabe informar que, na língua viva do Brasil (oral e escrita), é cada vez mais comum o emprego do verbo *pagar* sem a preposição *a* ("A empresa não paga os funcionários desde setembro"), o que já abonado em importantes dicionários de regência e de sinônimos.

b. *informar*, que apresenta objeto direto de coisa e objeto indireto de pessoa, ou vice-versa:
Informe **os** novos preços **aos** clientes.
Informe **os** clientes **dos** novos preços. (ou: sobre os novos preços)

Quando se utilizam pronomes como complementos, podem-se obter as construções:
Informe-os aos clientes. / Informe-lhes os novos preços.
Informe-os dos novos preços. / Informe-os deles. (ou: sobre eles)

No período composto, quando um dos complementos desse verbo é oracional, valem as mesmas orientações:
Informe aos clientes que os preços não são mais os mesmos. / Informe-lhes que os preços não são mais os mesmos.
Informe os clientes de que os preços não são mais os mesmos. / Informe-os de que os preços não são mais os mesmos.
A mesma regência de *informar* cabe a *avisar, certificar, notificar, cientificar, prevenir*.

c. *preferir*, que na língua culta deve apresentar objeto indireto introduzido pela preposição *a*:
Prefiro trem a ônibus.
Povo civilizado prefere democracia a ditadura.
"Prefiro um asno que me carregue a um cavalo que me derrube." (Gil Vicente)

Na língua culta, esse verbo é usado sem termos intensificadores como *muito, antes, mil vezes, um milhão de vezes*. Isso é explicado pela etimologia de *preferir* (em que há o prefixo *pre-*, que denota "posição anterior").

Em *site*

<www.citi.pt/gilvicenteonline/index.html>. Acesso em: 15 jul. 2008.

Gil Vicente foi o fundador do teatro português. O escritor viveu durante a transição da Idade Média ao Renascimento, período marcado pelas grandes navegações e pela crise do Feudalismo e da Igreja. O *site* indicado apresenta versões integrais das peças de Gil Vicente encenadas em português de Portugal. Não deixe de conhecer as obras desse importante personagem da história do Humanismo Português.

Neste anúncio, o verbo *assistir* está empregado no sentido de ver, estar presente. O objeto indireto, introduzido pela preposição *a*, é *ao maior desafio de iatismo do mundo*.

02. São Paulo: Esfera BR Mídia, n. 47, mar. 2007. p. 65.

Atividades

1. Substitua os termos destacados pelo pronome pessoal oblíquo átono apropriado.

a) Não deixe de pagar **as contas**.
b) O banco não paga **aos empregados** desde maio.
c) Sempre se encontra um jeito de perdoar **aos empresários inadimplentes**.
d) Não perdoarei **essa atitude grosseira**.
e) Agradeço **todas as gentilezas**.
f) Agradeço **aos colegas que aqui estiveram**.

2. Observe a regência verbal empregada nas frases seguintes. Faça as alterações necessárias para torná-las adequadas ao padrão culto da língua portuguesa.

a) Lembro sempre de você.
b) Nunca esqueci do que passamos juntos.
c) Ele se antipatizou comigo depois que lhe neguei apoio.
d) Prefiro mil vezes ficar aqui do que sair e enfrentar filas.
e) "Prefiro ser essa metamorfose ambulante do que ter aquela velha opinião formada sobre tudo." (Raul Seixas)
f) Antes prefiro química à física.
g) Preferimos dormir que trabalhar.
h) Informo-lhe de que deve sair agora.
i) Informo-a que o empréstimo não será concedido.

Verbos cuja mudança de transitividade pode implicar mudança de significado

Há vários verbos cujas modificações de transitividade produzem mudanças de significado. Veja a seguir os principais.

a. *agradar*, no sentido de "fazer carinho", "acariciar", é transitivo direto:

Sempre agrada **o** filho quando o revê. / Sempre o agrada quando o revê.

Cláudia não perde oportunidade de agradar **o** gato. / Cláudia não perde oportunidade de agradá-lo.

No sentido de "causar agrado a", "satisfazer", "ser agradável a", costuma ocorrer como transitivo indireto, regendo complemento introduzido pela preposição *a*:

O cantor não agradou **aos** presentes.

O cantor não **lhes** agradou.

Os dicionários também abonam a forma direta com esse sentido:

Agradava os filhos.

b. *aspirar*, no sentido de "sorver", "inspirar", "inalar", é transitivo direto:

Quem não fuma muitas vezes é obrigado a aspirar **a** fumaça dos cigarros de quem se acha dono do mundo.

Quem não fuma muitas vezes é obrigado a aspirá-**la**.

No sentido de "desejar", "almejar", "pretender", é transitivo indireto e rege a preposição *a*. Não se deve usar *lhe* ou *lhes* como objeto indireto desse verbo:

Os brasileiros sensíveis aspiramos **a** um país mais justo.

Os brasileiros sensíveis aspiramos **a** ele.

c. *assistir*, no sentido de "ajudar", "prestar assistência a", é transitivo direto:

As empresas de saúde negam-se a assistir **os** idosos.

As empresas de saúde negam-se a assisti-**los**.

No sentido de "ver", "presenciar", "estar presente a" ou "caber", "pertencer", costuma ocorrer como transitivo indireto. Nos dois casos, rege complemento introduzido pela preposição *a*; no primeiro, apresenta objeto indireto de coisa; no segundo, de pessoa. Observe:

Assisti **a** um ótimo filme. / Assisti **a** ele.

Não assisti **às** últimas sessões. / Não assisti **a** elas.

Exigir qualidade é um direito que assiste **ao** consumidor. / Exigir qualidade é um direito que **lhe** assiste.

Na linguagem corrente do Brasil, esse verbo é usado como transitivo direto, no sentido de "ver", "presenciar": "Não assisti o jogo", o que já é abonado por dicionários de regência de sinônimos.

Alguns autores registram o uso desse verbo como transitivo indireto com o sentido de "ajudar", "prestar assistência":

O médico se negou a assistir **aos** idosos.

O médico se negou a assistir-**lhes**.

Em textos literários, pode aparecer com o sentido de "morar", "residir". Nesse caso, é intransitivo e normalmente vem acompanhado de adjunto adverbial de lugar introduzido pela preposição *em*:

Qualquer pessoa sensível gostaria de assistir **em** Siena, Bruges ou Toledo.

d. *chamar*, no sentido de "convocar", "solicitar a atenção ou a presença de, dizendo o nome em voz alta", é transitivo direto:

Por gentileza, vá chamar sua prima. / Por favor, vá chamá-la.

Chamei você várias vezes, mas você não ouviu. / Chamei-o várias vezes, mas você não ouviu.

No sentido de "denominar", "tachar", "apelidar", pode ser transitivo direto ou transitivo indireto. É normalmente usado com predicativo do objeto, que pode ser introduzido pela preposição *de*. Observe as diferentes possibilidades de construção:

A torcida chamou o jogador mercenário. / A torcida chamou-o mercenário.

A torcida chamou ao jogador mercenário. / A torcida chamou-lhe mercenário.

A torcida chamou o jogador de mercenário. / A torcida chamou-o de mercenário.

A torcida chamou ao jogador de mercenário. / A torcida chamou-lhe de mercenário.

e. *confraternizar* não é pronominal, o que equivale a dizer que não ocorrem construções como "Os atletas se confraternizaram" ou "Os professores se confraternizaram com os alunos". As construções que ocorrem no padrão formal são "Os atletas confraternizaram"; "Os professores confraternizaram com os alunos".

f. *custar*, no sentido de "ser custoso", "ser penoso", "ser difícil", tem como sujeito uma oração subordinada substantiva reduzida. Observe:

Ainda me custa aceitar sua ausência.

Custou-nos encontrar sua casa.

Custou-lhe entender a regência do verbo custar.

No Brasil, na linguagem cotidiana e em textos literários, são comuns construções como "Ele custou a chutar", "Custei para entender o problema" ou "E hoje na solidão ainda custo a entender como o amor foi tão injusto..." (de Tom Jobim e Chico Buarque), em que o verbo *custar* pode significar "demorar" ou "ter dificuldade" e apresenta como sujeito uma pessoa. Na linguagem formal culta, essas construções em que *custar* apresenta sujeito indicativo de pessoa não ocorrem. Em seu lugar, surgem construções em que há objeto indireto de pessoa: "Custou-lhe aceitar a situação" e "Ainda nos custa entender o que ocorreu". Note que, em orações interrogativas, são comuns construções como "O que te custa acordar mais cedo?" (e não "Quanto tu custas para acordar mais cedo?"), em que o sujeito de *custar* não é a pessoa, e sim a coisa, o fato (não és tu que custas para acordar mais cedo; é acordar mais cedo que te custa, custa para ti).

g. *implicar*, no sentido de "ter como consequência", "trazer como consequência", "acarretar", "provocar", é transitivo direto:

Sua decisão implicou **o** cancelamento do projeto.

Sua decisão implicou cancelar o projeto.

Recessão implica desemprego.

No Brasil, esse verbo é frequentemente usado com a preposição *em* ("Sua decisão implica em cancelar o projeto"). Os dicionários de sinônimos mais conhecidos ainda não registram essa construção.

No sentido de "embirrar", "ter implicância", é transitivo indireto e rege a preposição *com*:

Sua sogra implica muito **com** você?

No sentido de "envolver", "comprometer", é transitivo direto e indireto:

Acabaram implicando **o** ex-ministro **em** atividades criminosas.

h. *proceder*, no sentido de "ter cabimento", "ter fundamento", "fazer sentido" ou "portar-se", "comportar-se", "agir", é intransitivo. Nessa segunda acepção, vem sempre acompanhado de adjunto adverbial de modo:

Seus argumentos não procedem.

Você procede muito mal.

No sentido de "provir", "originar-se", "ter origem", é transitivo indireto e rege a preposição *de*:

Seu comportamento vil procede **da** ganância desmesurada que assola sua alma.

Quando usado para indicar lugar de origem da ação de deslocamento, ponto de partida, é considerado intransitivo:

O avião procede **de** Manaus.

No sentido de "dar início", "realizar", é transitivo indireto e rege a preposição *a*:

O delegado procederá **ao** inquérito.

O fiscal procedeu **ao** exame na hora marcada.

i. *querer*, no sentido de "desejar", "ter vontade de", "cobiçar", é transitivo direto:

Queremos um país melhor.

Quero muitos beijos, meu amor.

No sentido de "ter afeição", "estimar", "amar", é transitivo indireto e rege a preposição *a*:

Quero muito **aos** meus amigos.

Despede-se o filho que muito **lhe** quer.

j. *visar*, no sentido de "mirar", "apontar" ou "pôr visto", "rubricar", é transitivo direto:

O caçador visou **o** corpo do animal.

O gerente não quis visar **o** cheque.

No sentido de "ter em vista", "ter como objetivo", "ter como meta", a tradição da língua o dá como transitivo indireto, regendo a preposição *a*, mas não faltam registros (e abonos) de seu uso como transitivo direto:

O ensino deve sempre visar **ao** progresso social.

Só um projeto que vise **à** eliminação dos vergonhosos contrastes sociais pode levar o Brasil à verdadeira modernidade.

Estas providências visam solucionar o problema. ("Houaiss")

Os pais visam o bem dos filhos. ("Houaiss")

Dois casos críticos

Na linguagem culta formal falada e escrita, **verbos de regências diferentes** costumam receber complementos distintos. Por isso, no lugar de construções como "Ao toque da campainha, não entre, nem saia do trem." ou "Li e gostei do livro.", costumam ocorrer estruturas como:

Ao toque da campainha, não entre **no** trem, nem saia **dele**.

Li **o** livro e gostei **dele**.

Na língua do dia a dia e em textos literários, no entanto, a atribuição de um mesmo complemento a verbos de regências distintas é mais do que comum. Esse procedimento, sem dúvida, confere mais agilidade ao enunciado (compare-se "Entrei e saí da sala" com "Entrei na sala e saí dela").

Na linguagem culta formal, é preciso manter a regência determinada pelo verbo quando seu complemento ou modificador é um **pronome relativo**. Assim, não ocorrem construções como: "A rua que eu moro é esburacada", "Os países que eu fui são ricos", "É o único amortecedor que eu confio", "O filme que assisti é italiano", "O cargo que eu aspiro é muito disputado", "O restaurante que eu comia no tempo de faculdade foi fechado". Essas frases se transformam em:

A rua **em que** moro é esburacada.
Os países **a que** fui são ricos.
É o único amortecedor **em que** confio.
O filme **a que** assisti é italiano.
O cargo **a que** aspiro é muito disputado.
O restaurante **em que** eu comia no tempo da faculdade foi fechado.

Note o que acontece particularmente nas duas últimas frases, quando empregadas no padrão coloquial (se levadas ao pé da letra): "O cargo que aspiro..." pode indicar que, no máximo, o emissor sentirá o cheiro do cargo; "O restaurante que eu comia..." indica que o emissor gosta de comer tijolos, mesas, toalhas...

No texto desta charge, foi mantida a regência determinada pelo verbo: a preposição *com* (preocupar-se com) precede a oração adjetiva.

"Sinto falta dos velhos tempos, quando tudo com que tínhamos de nos preocupar eram substantivos e verbos."

HARRIS, Sidney. *A ciência ri: o melhor de Sidney Harris.* São Paulo: Unesp, 2007. p. 186.

OBSERVAÇÃO

Neste capítulo, foram analisados os verbos cuja regência costuma suscitar dúvidas. Caso você tenha de lidar com algum verbo que não foi mencionado aqui, pode consultar dicionários especializados em regência verbal (o *Dicionário de verbos e regimes*, de Francisco Fernandes, e o *Dicionário prático de regência verbal*, de Celso Pedro Luft), manuais de redação e estilo de jornais e revistas ou simplesmente um bom dicionário, como o *Houaiss*, o *Caldas Aulete* (recentemente relançado, em versão míni), o *Dicionário de usos do português do Brasil* (coordenado por Francisco S. Borba, da Unesp) ou obras mais tradicionais como o dicionário de Antenor Nascentes, de Laudelino Freire ou o antigo Caldas Aulete.

Atividades

1. Substitua as palavras destacadas pela forma adequada ao padrão formal culto do verbo entre parênteses. Faça todas as modificações necessárias.

a) Nunca **sorvi** perfume tão agradável! (*aspirar*)

b) **Almejo** um futuro melhor para o povo do meu país. (*aspirar*)

c) Não é recomendável **acariciar** cães violentos. (*agradar*)

d) Ele fez tudo para **satisfazer** o inexorável sogro que Deus lhe deu. (*agradar*)

e) Os melhores médicos foram convocados para **cuidar** do paciente. (*assistir*)

f) Não deixo de **ver** os filmes de Giuseppe Tornatore, diretor do memorável *Cinema Paradiso*. (*assistir*)

g) Esse é um direito que **pertence** a todos nós. (*assistir*)

h) Você deve **rubricar** todas as vias do contrato. (*visar*)

i) O plano do governador **tem como objetivo** o saneamento das finanças estaduais, arruinadas pelo antecessor. (*visar*)

j) **Tenho grande afeição por** ela. (*querer*)

k) Sempre **cobicei** um exemplar da primeira edição da *História do Brasil*, de Murilo Mendes. (*querer*)

2. Observe a regência verbal das frases seguintes e faça as modificações necessárias para que se tornem adequadas ao padrão culto da língua portuguesa.

a) Ele custou para perceber o que estava acontecendo.

b) Custamos para enxergar o óbvio.

c) Custei para notar a encrenca que eu me meti.

d) Cidadania implica em direitos e deveres.

e) As atuais condições do sistema escolar público implicarão em maior evasão de alunos a curto e médio prazo.

f) O juiz procedeu o exame dos documentos entregues pela testemunha.

3. Aponte as diferenças de sentido existentes entre as frases dos pares seguintes.

a) O estagiário disse que assistira a várias cirurgias enquanto estivera no hospital.

O estagiário disse que assistira várias cirurgias enquanto estivera no hospital.

b) Quero-a muito.

Quero-lhe muito.

4. É preciso acrescentar uma preposição a cada uma das frases seguintes para que se tornem adequadas ao padrão culto da língua portuguesa. Faça esse acréscimo.

a) Não se esqueça que ele deve colaborar com os colegas.

b) O filme que assisti ontem me deixou comovido.

c) É uma ótima professora, que todos querem muito.

d) O futuro que aspiramos ainda está um pouco longe.

e) Os princípios que ele se nega a obedecer são elementares para uma pessoa civilizada.

f) Federico Fellini, cujos filmes assisti sempre com prazer, dirigiu muitas vezes o genial Marcello Mastroianni.

g) A estabilidade que se visa com as novas regras econômicas parece ainda distante.

5. Forme frases organizando as palavras e expressões oferecidas em cada item.

a) Muitos brasileiros / não obedecer / sinalização de trânsito.
b) Sonhadores / aspiram / mundo melhor.
c) Quem / nunca aspirar / perfume de uma rosa?
d) Tipos estranhos / assistir / filmes do Rambo.
e) Protestar / direito / assistir / todo ser pensante.
f) Equipe médica / assistir / os doentes de AIDS.
g) Eu / preferir / futebol / vôlei.
h) Ninguém / simpatizar / pessoas pernósticas.
i) Sucesso / implicar / planejamento eficiente.
j) Medidas econômicas / visar / distribuição de renda.
K) Custar / qualquer pessoa decente / conviver com tanta miséria.

6. Quando perguntaram ao escritor Latino Coelho o que a mulher representava para ele, o mestre não teve dúvida: "– A mulher? Ora, quero-a e quero-lhe", respondeu. Explique a resposta do escritor.

Em DVD

A doce vida. Direção de Frederico Fellini. Itália e França: 2003. (174 min).
Palma de ouro em Cannes, *A doce vida* é a obra-prima de Frederico Fellini, cultuado diretor italiano, mestre na arte de conjugar cinema e poesia. O filme, estrelado por Marcello Mastroianni, conta a história de um insatisfeito jornalista que vive de boatos e fofocas, até que se vê consumido por uma rede de intrigas. A película é uma crítica à falta de honestidade que marca os meios de comunicação de massa.

Marcello Mastroianni e Anita Ekberg em cena do filme *A doce vida*.

3. Regência nominal

Regência nominal é o nome da relação existente entre um nome (substantivo, adjetivo ou advérbio) e os termos regidos por esse nome. Essa relação é sempre intermediada por uma preposição.

No estudo da regência nominal, é preciso levar em conta que vários nomes apresentam exatamente o mesmo regime dos verbos de que derivam. Conhecer o regime de um verbo significa, nesses casos, conhecer o regime dos nomes cognatos. É o que ocorre, por exemplo, com *obedecer* e os nomes correspondentes: todos regem complementos introduzidos pela preposição *a*: obedecer a algo/a alguém, obediência a algo/a alguém, obediente a algo/a alguém; obedientemente a algo/a alguém.

Você vai encontrar, a seguir, vários nomes acompanhados da preposição ou preposições que regem. Observe-os atentamente e compare o uso indicado com o uso que você tem feito. Além disso, procure associar esses nomes entre si ou aos verbos cognatos.

SUBSTANTIVOS

admiração **a**, **por**	devoção **a**, **para com**, **por**	medo **a**, **de**
aversão **a**, **para**, **por**	doutor **em**	obediência **a**
atentado **a**, **contra**	dúvida **acerca de**, **em**, **sobre**	ojeriza **a**, **por**
bacharel **em**	horror **a**	proeminência **sobre**
capacidade **de**, **para**	impaciência **com**	respeito **a**, **com**, **para com**, **por**

ADJETIVOS

acessível **a**	contíguo **a**	generoso **com**
acostumado **a**, **com**	contrário **a**	grato **a**, **por**
afável **com**, **para com**	curioso **de**, **por**	hábil **em**
agradável **a**	descontente **com**	habituado **a**
alheio **a**, **de**	desejoso **de**	idêntico **a**
análogo **a**	diferente **de**	impróprio **para**
ansioso **de**, **para**, **por**	entendido **em**	indeciso **em**
apto **a**, **para**	equivalente **a**	insensível **a**
ávido **de**	escasso **de**	liberal **com**
benéfico **a**	essencial **a**, **para**	natural **de**
capaz **de**, **para**	fácil **de**	necessário **a**
compatível **com**	fanático **por**	nocivo **a**
contemporâneo **a**, **de**	favorável **a**	paralelo **a**
parco **em**, **de**	propício **a**	semelhante **a**
passível **de**	próximo **a**, **de**	sensível **a**
preferível **a**	relacionado **com**	sito **em**
prejudicial **a**	relativo **a**	suspeito **de**
prestes **a**	satisfeito **com**, **de**, **em**, **por**	vazio **de**

ADVÉRBIOS

longe **de**
perto **de**

Os advérbios terminados em *-mente* tendem a seguir o regime dos adjetivos de que são formados: paralela a, paralelamente a; relativa a, relativamente a.

WATTERSON, Bill. *Felino, selvagem, psicopata, homicida*. São Paulo: Best News, 1996. v. 1. p. 85.

Na fala de Calvin, no segundo quadrinho, ocorrem vários exemplos de nomes que precisam ser complementados por outros, precedidos de preposições. É o caso de: *destinados* (à verdadeira grandeza), *registro* (dos meus pensamentos), *visão* (da minha genialidade).

520 Parte 3 > > > SINTAXE > > >

Complemento sob a forma de oração reduzida de infinitivo

Quando o complemento de um nome ou verbo tiver a forma de oração reduzida de infinitivo, pode-se não fazer a contração da preposição com o eventual sujeito desse infinitivo – já que a preposição introduz toda a oração, e não apenas o sujeito dela. Observe:

Existe a possibilidade de eles participarem.

É hora de as noções de civilização contaminarem as mentes e gestos dos brasileiros.

A questão consiste em os brasileiros adotarem posturas mais críticas e menos individualistas em relação ao Estado.

Na linguagem oral e em textos literários, a fusão da preposição com o artigo é mais do que frequente, o que se explica pela quase inevitável fusão de termos tão próximos como a preposição *de* e o artigo *o*, por exemplo. Isso explica por que frases como "É hora de a onça beber água" e "É hora da onça beber água" são igualmente legítimas em nossa língua.

Atividades

1. Complete adequadamente as frases seguintes.

a)   Não é possível viver em sociedade sem respeito (*) direitos dos outros.

b)   Tenho profunda aversão (*) ególatras.

c)   Ainda hoje minha ojeriza (*) certas atitudes preconceituosas causa frenesi.

d)   Aquele moleque mimado, eleito pelo povo, não teve capacidade (*) governar o país satisfatoriamente.

e)   Existem muitos novos-ricos que ainda têm dúvidas (*) a utilidade dos estudos linguísticos.

f)   Não tenho devoção (*) futebol.

g)   Seu medo (*) opressão é maior que sua obediência (*) velhos dogmas.

h)   A ditadura é um verdadeiro atentado (*) dignidade humana.

i)   Tenho admiração (*) todos os que defendem os seus direitos.

2. Faça a mesma coisa com as frases seguintes.

a)   A aprovação dessa lei é fundamental (*) a proteção dos mananciais.

b)   Não se deve nunca ficar acostumado (*) falta de liberdade.

c)   É um assunto pouco acessível (*) leigos.

d)   As medidas adotadas não foram agradáveis (*) bancários.

e)   Você deve dormir no quarto contíguo (*) este.

f)   Este problema é análogo (*) que foi apresentado ontem.

g)   É uma substância necessária (*) vida.

h)   Ando meio escasso (*) ideias.

i)   Este escritor foi contemporâneo (*) outro?

j)   Há gente insensível (*) miséria.

k)   É preferível fechar a boca (*) falar asneiras.

l)   Pretendo comprar o imóvel sito (*) Socorro.

m)   É um homem vazio (*) emoções.

n)   Tente ser mais afável (*) seus companheiros.

3. É preciso acrescentar uma preposição a cada uma das frases seguintes para que se tornem adequadas ao padrão culto da língua portuguesa. Faça esse acréscimo.

a)   Não há oposição que ele entre no grupo.

b)   Está acostumado que eu lhe telefone todos os domingos.

c)   Estou ansioso que esse problema seja resolvido logo.

d)   Fui contrário que incluíssem meu nome num manifesto de apoio ao atual prefeito.

e)   O povo está desejoso que se encontre uma saída para a crise.

f)   Era um pequeno cão, cuja presença estávamos habituados.

g)   São crianças cujo futuro muita gente é insensível.

4. Observe a frase seguinte, típica do padrão formal culto da língua, e explique a particularidade de regência que apresenta.

O que me faz crer no futuro é o fato de ela ter aceitado candidatar-se.

Capítulo 27 > > > Regência verbal e nominal > > >

521

4. Complemento: o uso do acento indicador de crase

Crase é palavra de origem grega e significa "mistura", "fusão". Nos estudos de língua portuguesa, é o nome que se dá à fusão de duas vogais idênticas. Tem particular importância a crase da preposição *a* com o artigo feminino *a(s)*, com o pronome demonstrativo *a(s)*, com o *a* inicial dos pronomes *aquele(s)*, *aquela(s)*, *aquilo* e com o *a* do relativo *a qual* (*as quais*). Em todos esses casos, a fusão das vogais idênticas é assinalada na escrita por um acento grave. O uso apropriado do acento grave, ou acento indicador de crase, depende essencialmente da compreensão desse fenômeno. Aprender a colocar o acento consiste em aprender a verificar a ocorrência simultânea de uma preposição e um artigo ou pronome.

Verificar a existência de uma preposição é, antes de mais nada, aplicar os conhecimentos de regência verbal e nominal que você acaba de obter. Observe:

Conheço **a** diretora.

Refiro-me **à** diretora.

No primeiro caso, o verbo é transitivo direto (conhecer algo ou alguém), portanto não existe preposição e não pode ocorrer crase. No segundo caso, o verbo é transitivo indireto (referir-se a algo ou a alguém) e rege a preposição *a*, portanto a crase é possível, desde que o termo seguinte seja feminino e admita o artigo feminino *a* ou um dos pronomes já especificados.

Para verificar a existência de um artigo feminino ou de um pronome demonstrativo após uma preposição *a*, podem-se utilizar dois expedientes práticos. O primeiro deles consiste em colocar um termo masculino de mesma natureza no lugar do termo feminino empregado. Se surgir a forma *ao*, ocorrerá crase antes do termo feminino. Observe:

Conheço **o** diretor.	Conheço **a** diretora.
Refiro-me **ao** diretor.	Refiro-me **à** diretora.
Prefiro **o** quadro da direita **ao** da esquerda.	Prefiro **a** tela da direita **à** da esquerda.

O outro recurso prático é substituir o termo regente da preposição *a* por um que reja outra preposição (de, em, por). Se essas preposições não se contraírem com o artigo, ou seja, se não surgirem as formas *da(s)*, *na(s)* ou *pela(s)*, não haverá crase. Observe:

Refiro-me **a** você.	Gosto **de** você.
	Penso **em** você.
	Apaixonei-me **por** você.
Começou **a** gritar.	Gosta **de** gritar.
	Insiste **em** gritar.
	Optou **por** gritar.

Tome muito cuidado com esses "macetes". Não se esqueça de que é preciso olhar para os dois lados. Não basta provar que existe a preposição *a*, ou que existe o artigo *a*. É preciso provar que existem os dois.

Você vai ver agora alguns casos em que são comuns as dúvidas relativas ao emprego do acento indicador de crase. Note que o que vem a seguir consiste na aplicação prática dos conceitos e dos expedientes estudados.

Não ocorre crase

A crase obviamente não ocorre diante de palavras que não podem ser precedidas de artigo feminino. É o caso:

a. dos substantivos masculinos:

Tenho um fogão **a** gás.

Fui **a** pé.

Não compro **a** prazo.

Assisti **a** jogos memoráveis.

b. dos verbos:

Disponho-me **a** colaborar.

Começou **a** chorar.

Cheguei **a** insistir.

Pôs-se **a** gritar.

c. da maioria dos pronomes:

Mostre **a** ela.

Disse **a** mim.

Parabéns **a** você.

Refiro-me **a** Vossa Excelência.

Isso não interessa   **a** ninguém.

                            a nenhuma pessoa aqui presente.

                            a qualquer um de nós.

Quero falar   **a** todos.

                            a poucas pessoas.

                            a alguns amigos.

                            a essas poucas pessoas.

                            a qualquer pessoa.

Os poucos casos de pronomes que admitem artigo podem ser facilmente detectados pela aplicação dos métodos descritos há pouco:

Estou-me referindo   **à** mesma pessoa. (**ao** mesmo homem)

                                 à própria Luísa. (**ao** próprio Luís)

Informe o preço **à** senhora Sílvia. (**ao** senhor Sílvio)

d. de palavras femininas no plural precedidas de um *a*:

A pesquisa não se refere **a** mulheres casadas.

O prêmio só foi concedido **a** cantoras estrangeiras.

É um assunto relativo **a** jornalistas especializadas.

Nesses casos, o *a* é preposição, e os substantivos estão sendo usados em sentido genérico. Quando são usados em sentido específico, passam a ser precedidos do artigo *as*; ocorrerá, então, a crase, desde que o termo antecedente reja a preposição *a*. Compare as frases seguintes:

O estudo não se aplica **a** pessoas de índole nervosa.

O estudo não se aplica **às** pessoas de que estávamos falando.

Você está se referindo **a** secretárias?

Você está se referindo **às** secretárias desta empresa?

e. das expressões formadas por palavras femininas repetidas:

cara **a** cara   gota **a** gota

face **a** face   frente **a** frente

É fácil perceber por quê. Basta usar expressões formadas por palavras masculinas:

corpo **a** corpo   lado **a** lado

passo **a** passo   dia **a** dia

Ocorre crase

O acento indicador de crase é usado nas **expressões adverbiais** e nas **locuções prepositivas e conjuntivas** de que participam palavras femininas:

à tarde	à chave	à beira de
à noite	à escuta	à sombra de
à direita	à deriva	à exceção de
às claras	às avessas	à força de
às escondidas	às moscas	à frente de
à toa	à revelia	à imitação de
à beça	à luz	à procura de
à esquerda	à larga	à semelhança de
às vezes	às ordens	à proporção que
às ocultas	às turras	à medida que

Incluem-se nessas expressões as indicações de horas especificadas:

à meia-noite   às duas horas

à uma hora   às três e quarenta

Não confunda com as indicações não especificadas:

Isso acontece **a** qualquer hora.

Estarei lá daqui **a** uma hora.

Merece destaque a expressão "à moda de", que pode estar subentendida:

Pedimos uma pizza **à moda da** casa.

Atrevia-se a escrever **à** (moda de) Drummond.

Pedimos arroz **à** (moda) grega.

Triângulo à brasileira

Alves & Cia., texto póstumo de Eça de Queiroz, ganha adaptação para o cinema em filme dirigido por Helvécio Ratton, que transformou um triângulo amoroso vivido em Portugal em uma saborosa comédia de costumes passada no Brasil.

Cult: revista brasileira de literatura. São Paulo: Lemos, n. 17, dez. 1998. p. 40-1.

> **Em livro**
>
>
>
> **QUEIRÓS, Eça de.** *Os melhores contos de Eça de Queirós.* São Paulo: Global, 2003.
> Destacado representante do realismo português, Eça de Queirós tornou-se conhecido principalmente por seus romances que fazem crítica aos costumes burgueses de sua época. *O primo Basílio* e *O crime do Padre Amaro* são dois deles. Embora não tenham recebido o mesmo reconhecimento e reverência, seus contos guardam quase as mesmas características de seus romances: aguçada crítica social e profunda sensibilidade poética.

A crase é facultativa

a. nomes próprios femininos e preposição *até* – A crase é facultativa diante dos nomes próprios femininos e após a preposição *até* que antecede substantivos femininos, desde que o termo antecedente reja a preposição *a*:

Enviei as flores **a** Sílvia.   Enviei as flores **a** Pedro.
          à Sílvia.   **ao** Pedro.

Vou até **a** escola.   Vou até **o** colégio.
        à escola.   **ao** colégio.

Fui até **as** últimas consequências.   Fui até **os** últimos motivos.
     às últimas consequências.   **aos** últimos motivos.

A crase não ocorrerá se o nome de pessoa for usado em situação formal, ou se se tratar de personalidade pública, porque, nesses casos, não se usa artigo:

Envie a proposta **a** Sílvia de Araújo.   Envie a proposta **a** Sílvio de Araújo.
Fez referências elogiosas **a** Clarice Lispector.   Fez referências elogiosas **a** Machado de Assis.

b. pronomes possessivos – Como você já viu no capítulo destinado aos pronomes, antes dos possessivos o artigo definido é optativo. Portanto, se o termo antecedente reger a preposição *a*, o acento grave será optativo:

Refiro-me **a** minha velha amiga.   Refiro-me **a** meu velho amigo.
Refiro-me **à** minha velha amiga.   Refiro-me **ao** meu velho amigo.

Casos sujeitos a verificação

a. expressões adverbiais de lugar – Com as expressões adverbiais de lugar formadas por nomes de cidades, países, estados, deve-se fazer a verificação da ocorrência da crase por meio da troca do termo regente:

Vou **à** Bahia.   Vim **da** Bahia.   Estou **na** Bahia.
Vou **à** Itália.   Vim **da** Itália.   Estou **na** Itália.
Vou **a** Florença.   Vim **de** Florença.   Estou **em** Florença.
Vou **à** deslumbrante Florença. Vim **da** deslumbrante Florença. Estou **na** deslumbrante Florença.

Tome cuidado! Não se esqueça de verificar os dois lados. Não basta constatar que surge *da* ou *na* antes de *Itália*, por exemplo. Isso não é garantia de acento indicador de crase; é garantia apenas de que existe artigo antes de *Itália*. Para que ocorra crase, é preciso que o termo anterior peça a preposição *a*. No caso de "Visitei a Itália", por exemplo, não há crase, já que *visitar* é verbo transitivo direto.

b. **palavras *casa* e *terra*** – Observe com atenção o comportamento das palavras *casa* e *terra* nestas expressões:

Adoro voltar **a** casa.   Venho **de** casa.   Estou **em** casa.
(*casa* designa a residência de quem fala ou escreve)

Cheguei **à** casa do diretor.   Venho **da** casa do diretor.   Estou **na** casa do diretor.

A tripulação do cargueiro desceu **a** terra.   A tripulação do cargueiro está **em** terra.
(*terra* se opõe à noção de "estar em alto-mar")

A aeromoça chegou **à** terra de seus pais.   A aeromoça está **na** terra de seus pais.

c. **pronomes *aquele*, *aquela*, *aquilo*** – A ocorrência da crase com os pronomes *aquele(s)*, *aquela(s)* e *aquilo* depende da regência do tempo que antecede esses pronomes:

Veja   **a**quele monumento.   Refiro-me   **à**quele jardim.
         aquela praça.   **à**quela praça.
         aquilo.   **à**quilo.
(*ver* é transitivo direto: não há preposição)   (*referir-se* é transitivo indireto e rege a preposição *a*)

> O adjetivo *igual* (aqui, na sua forma diminutiva) rege a preposição *a* (igual a), e esta se funde com a letra *a* inicial do pronome demonstrativo *aquela*. Assim se explica a ocorrência do acento indicador de crase em àquela.

Lycra é marca registrada. Igualzinha àquela que tem na ponta do seu dedo.

Veja. São Paulo: Abril, 19 mar. 2003. p. 18-9.

d. **pronome *a*** – A crase com o demonstrativo *a(s)* é detectável pelo expediente da substituição do termo regido feminino por um termo regido masculino:

Perguntarei **à** que chegar primeiro.   Sua proposta é semelhante **à** dele.
Perguntarei **ao** que chegar primeiro.   Seu projeto é semelhante **ao** dele.

e. **pronome *a qual*** – O mesmo expediente empregado no item d deve ser usado para detectar a crase com os pronomes *a qual* e *as quais*:

A professora   **à qual** devo meu aprendizado já se aposentou.
O professor   **ao qual** devo meu aprendizado já se aposentou.

Muitas das alunas **às quais** ele dedicou seus estudos estiveram presentes à homenagem de ontem.
Muitos dos alunos **aos quais** ele dedicou seus estudos estiveram presentes à homenagem de ontem.

526   Parte 3 > > > SINTAXE > > >

Atividades

1. Coloque o acento indicador de crase quando for necessário.

a) Comunique nossos preços as empresas interessadas.

b) Envie dinheiro a estas instituições beneficentes.

c) Nunca disse nada a respeito disso.

d) Sempre evitei comprar a crédito.

e) O governador nada pode fazer a curto prazo.

f) Não nego minha contribuição a cultura brasileira.

g) O atendimento a pacientes conveniados está suspenso.

h) Não há mais nada a fazer.

i) Direi a vocês o que sei.

j) Diga a Sua Excelência que não tenho nada a acrescentar as palavras que já disse.

k) Transmita a cada um dos presentes as instruções necessárias a continuidade da sessão.

l) Não vou a festas, não assisto a novelas e não aspiro a grandes posses. Estou fora de moda.

m) Diga as pessoas que me procurarem que tive de sair.

2. Use o acento grave indicador da crase nas expressões adverbiais de lugar que o exigirem.

a) Dirigimo-nos a todas as praias indicadas pelo guia.

b) Não costumamos comparecer a festas promovidas por políticos.

c) Nunca chegaríamos a vila nenhuma naquele ritmo.

d) Vamos a sua casa ou a minha?

e) Vamos a Bahia ou a Santa Catarina nas próximas férias?

f) Fui a Europa e depois a Ásia.

g) Fui a Teresina e depois a Fortaleza.

h) Fui a Natal das praias Inesquecíveis.

i) Finalmente, chegamos a Florianópolis das quarenta e duas praias.

j) Cheguei a casa tarde da noite ontem.

k) Os pescadores queriam chegar a terra antes do entardecer.

l) Fui a velha casa onde passei minha infância.

m) Preciso ir a terra dos meus antepassados.

3. Acrescente o acento grave às expressões em que há existência da crase.

a) Por que trazer a baila sempre as mesmas desavenças?

b) Dizem a boca pequena que ele recusou a proposta.

c) Vivo a cata de inspiração.

d) A noite, é preciso ficar a espreita.

e) Vire a esquerda depois da praça.

f) A vítima levara vários tiros a queima-roupa.

g) Tente se manter a tona.

h) Vários policiais a paisana observavam a manifestação a procura dos líderes do movimento.

i) A loja estava as moscas quando chegamos, as quatro horas.

j) Em Roma, Londres ou Lisboa, é possível sair a rua a meia-noite.

k) A proporção que se aproxima o fim do mês, a situação se agrava.

l) Fique a vontade. Terá tudo de que precisa a mão.

m) Traga um belo filé a *parmiggiana*.

n) Não é fácil jogar a moda da seleção holandesa de 1974.

4. Use o acento grave no **a**, quando necessário.

a) Prefiro isto aquilo.

b) Entregue tudo aquele homem.

c) Transmita aquelas pessoas os meus cumprimentos.

d) A mulher a que fiz referência não esteve presente a reunião.

e) A mulher a qual fiz referência não esteve presente a cerimônia.

f) A cantora a cuja voz sempre me refiro estará entre nós neste ano.

g) Disse a candidata da direita que estava aprovada; a da esquerda disse que terá nova oportunidade no próximo concurso.

h) Esta camisa é idêntica a que ganhei ontem.

5. Explique a diferença de sentido entre as frases seguintes.

a) Chegou à noite.   f) Fez seu trabalho à máquina.
   Chegou a noite.   Fez seu trabalho a máquina.

b) Saiu à francesa.   g) Permanece à distância.
   Saiu a francesa.   Permanece a distância.

c) Parecia agradável à primeira vista.
   Parecia agradável a primeira vista.

d) Às vencedoras enviaram felicitações.
   As vencedoras enviaram felicitações.

e) À indústria nacional prejudicou o acordo.
   A indústria nacional prejudicou o acordo.

Textos para análise

1

Prece diária para porteiros, seguranças e vigias

Dai-me forças para que o tempo,
me seja leve – as horas passem sem vagar
e o frio não fustigue minha carne em demasia;

Enviai-me pensamentos viciosos
na medida em que minha sensatez e meu humor
possam resistir à insanidade;

Impedi que a sensação de desconforto e desacordo
causada por este terno e gravata
me abata além da conta;

Fazei com que não perca a serenidade em caso de perturbação –
conservando, assim,
sem uso as armas de fogo que me forem confiadas;

Mantende minha crença de que ainda não perdemos
o interesse recíproco por nossas vidas tão desiguais –
mesmo que os olhos dos homens a mim não se dirijam
ou sejam vazios o "bom-dia" e o "bom descanso" diários;

Afastai-me da tentação de atentar contra aqueles que me contrataram,
pois não sabem o que fazem –
ainda que seu alheamento alimente em mim
uma hesitante mas crescente revolta;

Mas,
sobretudo,
livrai-me
e nos livrai
da ideia avassaladora
de que não me resta
e não nos resta
outra escolha.

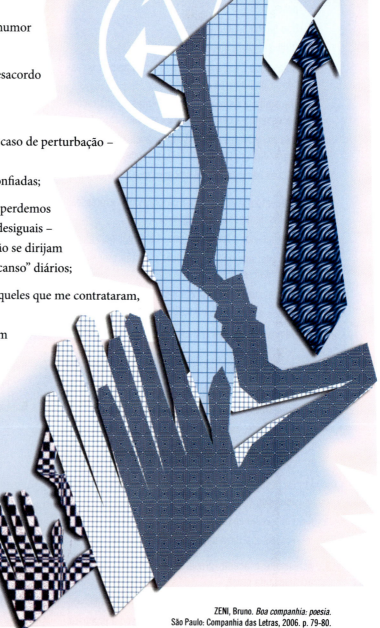

ZENI, Bruno. *Boa companhia: poesia.*
São Paulo: Companhia das Letras, 2006. p. 79-80.

Trabalhando o texto

1. Que elementos do texto permitem classificá-lo como uma "prece"?

2. Os primeiros versos da primeira e segunda estrofes apresentam verbos cuja regência é semelhante. Quais são? O que têm em comum? Que efeito criam no texto?

3. Sobre a forma verbal *possam resistir*:
   a) Qual é seu sujeito? Qual seu complemento?
   b) Justifique a presença do acento grave em *à insanidade*.

4. Há no texto vários nomes que são complementados por outros.
   a) Localize três exemplos em que o complemento não é um termo, mas uma oração, justificando o emprego dessa forma de construção do período. Atente para a preposição que acompanha os complementos.
   b) Localize o termo que completa a palavra *interesse*. Explique por que ele é de fundamental importância para o poema.

5. Classifique estas duas orações, explicando o que representa a circunstância que expressam em relação ao sentido do texto como um todo:

   " mesmo que os olhos dos homens a mim não se dirijam"

   "ainda que seu alheamento alimente em mim / uma hesitante mas crescente revolta"

6. Existe no texto uma frase de cunho religioso. Cite-a e explique o sentido que adquire nesse novo contexto.

2

Explique por que o acento indicador de crase deve ser usado em apenas uma das placas mostradas no anúncio.

3

Veja. São Paulo: Abril, 7 maio 2003. p. 65-6.

4

IstoÉ. São Paulo: Três, 16 jan. 2002. p. 18.

5

Folha de S.Paulo. São Paulo, 24 abr. 2003. p. C3.

Trabalhando os textos

1. Classifique os verbos *chegar*, *assistir* e *dizer* dos três textos quanto à regência.

2. Esses três verbos foram usados corretamente? Comente e corrija, se for necessário.

Questões de exames e concursos

1. (FGV-SP) Assinale a alternativa em que, **incorretamente**, usou-se ou deixou-se de usar uma preposição antes do pronome relativo.

a) A rua que eu moro não é asfaltada.

b) Ernesto, de cujos olhos parecia saírem raios de fogo, manifestou-se violentamente.

c) Soçobrou o navio que se dirigia a Barcelona.

d) O cachorro a que você deveria dar isso pertence ao vizinho do 43.

e) Era o repouso por que esperávamos quando regressamos de Roma.

2. (FGV-SP) Assinale a alternativa **que não é abonada pela norma culta**, quanto à regência.

a) Tratou-o com fidalguia, como a um padre.

b) Não lhe perguntou nada, apenas concordou com o que ele dizia.

c) É claro que Jesus a ama!

d) José agradeceu o homem que lhe trouxera o presente e retirou-se.

e) O chefe não lhe permitiu atender o cliente.

3. (MPE-MG/Fumarc) A regência está correta em:

a) Escreveu uma breve carta a seus desafetos para, nas entrelinhas, chamar-lhes incompetentes.

b) O computador e o telefone celular são coisas que, infelizmente, já não podemos prescindir.

c) O secretário procedeu a leitura da ata da reunião anterior, texto que consistia de dez páginas.

d) Em vez de obedecer critérios rígidos de investigação, a CPI se move por pressões políticas.

4. (Ufam) Assinale o item em que há **erro** quanto à regência:

a) São essas as atitudes de que discordo.

b) Há muito já lhe perdoei.

c) Informo-lhe de que paguei o colégio.

d) Costumo obedecer a preceitos éticos.

e) A enfermeira assistiu irrepreensivelmente ao doente.

5. (Ufam) Assinale o item em que o *a* **não** deve ser acentuado:

a) O secretário procedeu à leitura do termo.

b) Não costumo ir à missa das oito, mas à das dez.

c) À qual menina travessa pertence esta bela travessa?

d) Assiste-se com tristeza à poluição de nossos igarapés.

e) Entregou-se à uma em ponto a encomenda.

6. (FGV-SP) Assinale a alternativa correta quanto à ocorrência ou não da crase.

a) Juliana enviou os papéis **à** Secretaria, que os encaminhou **à** Gerência.

b) Devido **a** morte do pai, deixou de comparecer **à** solenidade.

c) Passaram-se três meses até que Lucas atendesse **à** qualquer cliente.

d) O médico costumava atender de segunda **à** sexta-feira, das 14 as 18h.

e) Trouxera **a** mão várias armas, que lançou **as** costas dos inimigos.

7. (UFPR) Assinale a alternativa que substitui corretamente as palavras destacadas.

1. Assistimos *à inauguração da piscina.*
2. O governo assiste *os flagelados.*
3. Ele aspirava *a uma posição de maior destaque.*
4. Ele aspira *o aroma das flores.*
5. O aluno obedece *aos mestres.*

a) lhe, os, a ela, a ele, lhes

b) a ela, os, a ela, o, lhes

c) a ela, os, a, a ele, os

d) a ela; a eles, lhe, lhe, lhes

e) lhe, a eles, a ela, o, lhes

8. (PUCCamp-SP) As sentenças abaixo, exceto uma, apresentam desvios relativos à regência verbal vigente na língua culta. Assinale a que não apresenta esses desvios.

a) Vi e gostei muito do filme apresentado na Sessão de Gala de ontem.

b) Eu me proponho a dar uma nova chance, se for o caso.

c) Deve haver professores que preferem negociar do que trabalhar, devido os vencimentos serem irrisórios.

d) Com o empréstimo compulsório, não se pode dar o luxo de ficar trocando de carro.

e) A importância que eu preciso é vultosa.

9. (Unimep-SP) Quando *implicar* tem sentido de "acarretar", "produzir como consequência", constrói-se a oração com objeto direto, como se vê em:

Capítulo 27 > > > Regência verbal e nominal > > >

531

a) Quando era pequeno, todos sempre implicavam comigo.

b) Muitas patroas costumam implicar com as empregadas domésticas.

c) Pelo que diz o assessor, isso implica em gastar mais dinheiro.

d) O banqueiro implicou-se em negócios escusos.

e) Um novo congelamento de salários implicará uma reação dos trabalhadores.

10. (Unimep-SP) "A exposição ... inauguração assisti mostrou os lindos quadros ... me referi na nossa conversa do outro dia. Amanhã, haverá um leilão na mesma sala ... estão expostos."

A alternativa que preenche corretamente as lacunas é:

a) a cuja, aos quais, em que.

b) a cuja, os quais, na qual.

c) cuja, a que, em que.

d) a qual, aos quais, na qual.

e) à qual, que, que.

11. (Fatec-SP) Indique a alternativa em que há erro quanto à regência.

a) Eu o agradei, Antônio?

b) Eu não lhe agradei, Antônio?

c) Muito lhe ama, saiba disto.

d) Você não é uma pessoa de que eu goste.

e) Sua explanação, contra cuja oportunidade me volto, é bem agradável mas falha.

12. (Fatec-SP) A regência verbal está conforme à gramática normativa na alternativa:

a) Quero-lhe muito bem e vou assistir a seu casamento.

b) Logo que lhe encontrar, aviso-lhe do ocorrido.

c) Juliano desobedecia seus pais, mas obedecia ao professor.

d) João namora com Maria mas prefere mais seus amigos de bar do que ela.

e) Ele esqueceu do compromisso e não pagou ao médico.

13. (UEL-PR) "Importa ... com mais assiduidade."

a) obrigá-lo trabalhar

b) obrigar-lhe trabalhar

c) obrigá-lo à trabalhar

d) obrigar-lhe a trabalhar

e) obrigá-lo a trabalhar

14. (UEL-PR) "Cônscio ... sua grande responsabilidade, desempenhou-se muito bem ... tarefas ... foi incumbido."

a) em, nas, que

b) de, nas, que

c) com, das, a que

d) em, às, de que

e) de, das, de que

15. (UFV-MG) Assinale a alternativa que preenche **corretamente** as lacunas abaixo.

A enfermeira procede ... exame do paciente.
O gerente visa ... cheque do cliente.
A equipe visa... primeiro lugar no campeonato.
O conferencista aludiu ... fato.
Não podendo lutar, preferiu morrer ... viver.

a) ao, o, ao, ao, a

b) ao, ao, o, a, do que

c) ao, a, o, o, que

d) o, a, ao, ao, à

e) a, ao, o, ao, que

16. (UFV-MG) Substituindo a expressão destacada, em cada uma das frases abaixo, pelo pronome oblíquo átono devidamente empregado, assinale a alternativa cuja substituição esteja **incorreta**.

Enviaram o relatório *ao diretor*.
Dirão *ao juiz* o que souberem.
Eis a história que narraram *a meu avô*.
Teremos iniciado *os debates* amanhã.
Quem houver concluído *a prova* poderá sair.

a) Dir-lhe-ão o que souberem.

b) Eis a história que lhe narraram.

c) Enviaram-no o relatório.

d) Tê-los-emos iniciado amanhã.

e) Quem a houver concluído poderá sair.

17. (UPM-SP) Assinale a alternativa que apresente um desvio no domínio da regência nominal.

a) Estava ansiosa para saber se podia gerar filhos.

b) Ela precisava domar os caprichos, dirigir suas forças para se sentir apta àquela situação conjugal.

c) Bernardo moera com alegria o punhado de milho no salão contíguo à fazenda.

d) Ávido de esperanças, abandonou seu abrigo e lançou-se entre os perseguidores.

e) Com o espírito ambicioso com verdades, aplacou a ira daquele momento.

Parte 3 > > > SINTAXE > > >

18. (UPM-SP) Aponte a alternativa em que a regência do verbo *pagar* contraria a norma culta.

a) Aliviando-se de um verdadeiro pesadelo, o filho pagava ao pai a promessa feita no início do ano.

b) O empregado pagou-lhe as polias e tachas roídas pela ferrugem para amaciar-lhe a raiva.

c) Pagou-lhe a dívida, querendo oferecer-lhe uma espécie de consolo.

d) O alto preço dessa doença, paguei-o com as moedas de meu hábil esforço.

e) Paguei-o, com ouro, todo o prejuízo que sofrera com a destruição da seca.

19. (Fuvest-SP) Indique a alternativa correta.

a) Preferia brincar do que trabalhar.

b) Preferia mais brincar a trabalhar.

c) Preferia brincar a trabalhar.

d) Preferia brincar à trabalhar.

e) Preferia mais brincar que trabalhar.

20. (FCMSC-SP) Quando *chamar* tem sentido de qualificar, pode-se construir o período, por exemplo, com objeto direto mais predicativo. Tudo isso se observa na alternativa:

a) João é alto, mas treinador nenhum chamou-o para jogar.

b) Era a viúva a chamar pelo falecido.

c) Os inimigos chamam-lhe de traidor do povo.

d) Chamei pelo colega em voz alta.

e) Alguns chamam-no de fiscal.

21. (UPM-SP) Assinale a alternativa incorreta quanto à regência verbal.

a) Ele custará muito para me entender.

b) Hei de querer-lhe como se fosse minha filha.

c) Em todos os recantos do sítio, as crianças sentem-se felizes, porque aspiram o ar puro.

d) O presidente assiste em Brasília há quatro anos.

e) Chamei-lhe sábio, pois sempre soube decifrar os enigmas da vida.

22. (UFMG) Em todas as alternativas, a regência verbal está correta, **exceto** em:

a) Preferia-me às outras sobrinhas, pelo menos nessa época.

b) Você chama isso de molecagem, Zé Lins.

c) Eu lhe acordo antes que meu marido se levante.

d) De Barbacena, lembro-me do frio e da praça.

e) Um implica o outro que, por sua vez, implica um terceiro.

23. (FCC-BA) "A mãe não ... bem, nem ... bem; isso talvez explique seu ... humor."

a) o queria, lhe tratava, mau

b) o queria, o tratava, mau

c) lhe queria, lhe tratava, mau

d) lhe queria, o tratava, mau

e) lhe queria, o tratava, mal

24. (Uniube-MG) Nas frases seguintes, há uma apenas em que a regência verbal está correta. Assinale-a.

a) Nós fomos no cinema ontem.

b) Ele aspirava uma posição mais elevada.

c) Não os deixei sair.

d) Forçai ele a devolver o que lhe pagaram demais.

e) Eu o quero muito bem.

25. (UFF-RJ) Assinale a frase que apresenta um erro de regência verbal.

a) Esse autor tem ideias com que todos simpatizamos.

b) Eis a ordem de que nos insurgimos.

c) Aludiram a incidentes de que já ninguém se lembrava.

d) Qual o cargo a que aspiras?

e) Há fatos que nunca esquecemos.

26. (ITA-SP) Assinale a frase correta.

a) Prefiro mais um asno que me leve que um cavalo que me derrube.

b) O cargo que aspiras, se conquista, não se ganha.

c) Sua afirmação de agora redunda com o que antes disse.

d) As do Nordeste são as frutas que mais gosto.

e) O bom do amigo carregou-o, como a uma criança

27. (UFF-RJ) Assinale a alternativa em que está usado indevidamente um dos pronomes *o* ou *lhe*.

a) Não lhe agrada semelhante providência?

b) A resposta do professor não o satisfez.

c) Ajudá-lo-ei a preparar as aulas.

d) O poeta assistiu-a nas horas amargas, com extrema dedicação.

e) Vou visitar-lhe na próxima semana.

28. (UFF-RJ) Assinale a frase em que o pronome *que* está empregado indevidamente.

a) É este o quadro que eu te falei sobre ele ontem.

b) Eis o homem que nos vem trazer uma palavra de estímulo.

c) As dificuldades com que tive de lutar foram imensas.

d) A casa em que eu morava há vinte anos foi vendida.

e) Venceu o partido a que dei meu voto.

29. (Aman-RJ) Escolha, abaixo, a exata regência do verbo *chamar*.

a) Chamamo-lo inteligente.

b) Chamamo-lo de inteligente.

c) Chamamos-lhe inteligente.

d) Chamamos-lhe de inteligente.

e) Todas as regências acima estão corretas.

30. (UPM-SP) A regência verbal está errada em:

a) Esqueceu-se do endereço.

b) Não simpatizei com ele.

c) O filme a que assistimos foi ótimo.

d) Faltou-me completar aquela página.

e) Aspiro um alto cargo político.

31. (Cesgranrio-RJ) Assinale a alternativa que está **de acordo** com a norma culta.

a) Visei a um passaporte e fui viajar.

b) Aspirei ao perfume e achei-o delicioso.

c) Perdoo aos teus erros, pois acho-os bem humanos.

d) Ensino a você as regras do bem viver.

e) Eu lhe vi e você não me viu.

32. (PUCCamp-SP) Assinale a alternativa incorreta.

a) Nunca me esqueceram aquelas cenas da praia.

b) Chamei-lhe de covarde.

c) Prefiro mais cinema do que teatro.

d) Não me lembra quanto tempo lá ficaste.

e) n.d.a.

33. (UFG) Indicar a alternativa correta.

a) Sempre pago pontualmente minha secretária.

b) Você não lhe viu ontem.

c) A sessão fora assistida por todos os críticos.

d) Custei dois anos para chegar a doutor.

e) O ideal a que visavam os parnasianos era a perfeição estética.

34. (Fuvest-SP) Assinale a alternativa que preencha corretamente os espaços:

Posso informar ... senhores ... ninguém, na reunião, ousou aludir ... tão delicado assunto.

a) aos, de que, o d) os, que, à

b) aos, de que, ao e) os, de que, a

c) aos, que, à

35. (FEI-SP) Reescreva a frase "E o rio deu pra falar grosso", substituindo *deu* por:

a) cismou; b) passou; c) deliberou.

36. (PUC-SP) Assinale a alternativa que preencha, pela ordem, corretamente as lacunas.

... seis horas da manhã, já estávamos ... esperar o trem que nos levaria ... cidadezinha, de onde iríamos, ... cavalo, ... fazenda do Sr. Juca.

a) As, à, a, à, à d) Às, a, à, a, à

b) Às, a, à, à, a e) As, à, à, a, a

c) As, a, à, a, à

37. (Acafe-SC) Assinale a alternativa que completa a frase.

Trouxe ... mensagem ... Vossa Senhoria e aguardo ... resposta, ... fim de levar ... pessoa que me enviou.

a) a, a, à, a, a d) a, a, a, a, à

b) a, à, a, à, a e) à, a, a, a, a

c) à, à, à, à, a

38. (UFSCar-SP) Leia as frases abaixo.

A conclusão do inquérito foi prejudicial ... toda categoria.

Mostrou-se insensível ... qualquer argumentação.

Este prêmio foi atribuído ... melhor aluna do curso.

Faço restrições ... ter mais elementos no grupo.

Indique a alternativa que, na sequência, preenche as lacunas acima corretamente.

a) a, a, à, a d) à, à, a, à

b) à, à, à, à e) a, a, à, à

c) à, à, a, à

39. (Unimep-SP) "... dois meses que não vejo Paulo. Soube que ele esteve ... beira de uma crise nervosa ... menos de cinco dias do vestibular."

A alternativa que preenche corretamente as lacunas é:

a) Há, a, a c) Há, à, à e) A, à, a

b) Há, à, a d) A, a, à

40. (UEL-PR) "Quanto ... mim, nada mais direi ... favor ou contra uma decisão sobre a qual já opinei ... muito tempo."

a) a, a, há c) a, à, há e) à, à, há

b) à, à, à d) a, a, à

41. (UFV-MG) Indique a alternativa em que o sinal indicativo de crase é **facultativo**.

a) Voltou à casa do juiz.

b) Chegou às três horas.

c) Voltou à minha casa.

d) Devolveu as provas àquela aluna.

e) Voltou às pressas.

42. (FGV-SP) Leia a frase abaixo.

Mostrou-se submisso as decisões do chefe.

Nessa frase, uma falha de acentuação gráfica denuncia um erro de:

a) colocação pronominal.

b) pontuação.

c) regência nominal.

d) regência verbal.

e) concordância verbal.

43. (Fuvest-SP) "De ... muito, ele se desinteressou de chegar a ocupar cargo tão importante, ... coisas mais simples na vida e que valem mais que a posse momentânea de certos postos de relevo ... que tantos ambicionam por amor ... ostentação."

a) a, há, à, à

d) a, hão, a, à

b) há, as, a, a

e) há, a, a, a

c) há, há, a, à

44. (Fuvest-SP) "O progresso chegou inesperadamente ... subúrbio. Daqui ... poucos anos, nenhum de seus moradores se lembrará mais das casinhas que, ... tão pouco tempo, marcavam a paisagem familiar."

a) aquele, a, a

d) àquele, a, há

b) àquele, à, há

e) aquele, à, há

c) àquele, à, à

45. (UEL-PR) "... contragosto, a comissão entregou ... imprensa ... listas dos aprovados."

a) À, a, as

d) À, a, às

b) A, à, às

e) À, à, às

c) A, à, as

46. (PUC-RS) "Foi ... mais de um século que, numa reunião de escritores, se propôs a maldição do cientista que reduzira o arco-íris ... simples matéria: era uma ameaça ... poesia."

a) a, a, à

c) há, à, à

e) há, a, à

b) há, à, a

d) a, a, a,

47. (FCMSC-SP) "Dê ciência ... todos de que não mais se atenderá ... pedidos que não forem dirigidos ... diretoria."

a) a, a, a

c) a, a, à

e) à, a, à

b) a, à, a

d) à, à, a

48. (FCMSC-SP) "Estamos ... poucas horas da cidade ... que vieram ter, ... tempos, nossos avós."

a) a, a, há

c) há, à, há

e) a, à, há

b) há, a, a

d) à, a, a

49. (Fuvest-SP) No texto abaixo, apenas um *a* deve receber acento de crase. Transcreva o segmento em que ele aparece e justifique a crase.

Dirigiu-se a ela a passos lentos e disse: estou disposto a contar tudo a senhora; não tenho coragem de falar a Mário sobre o ocorrido.

50. (Faap-SP) Assinale a alternativa que completa corretamente as lacunas da seguinte frase:

Ficaram frente ... frente, ... se olharem, pensando no que dizer uma ... outra.

a) à, à, a

c) a, a, à

e) à, a, à

b) a, à, a

d) à, a, a

51. (Fuvest-SP) Assinale a alternativa que preenche corretamente as lacunas.

... noite, todos os operários voltaram ... fábrica e só deixaram o serviço ... uma hora da manhã.

a) Há, à, à

c) À, à, à

e) A, à, a

b) A, a, a

d) À, a, há

52. (Fuvest-SP) Indique a forma que não será utilizada para completar a frase seguinte.

Maria pediu ... psicóloga que ... ajudasse ... resolver o problema que ... muito ... afligia.

a) preposição *a*

b) pronome pessoal feminino *a*

c) contração da preposição *a* e do artigo feminino *a (à)*

d) verbo *haver* indicando tempo *(há)*

e) artigo feminino *a*

53. (Faap-SP) Explique o emprego do acento grave nas expressões destacadas.

a) Eu a compro **à vista** aos donos do mundo.

b) Digo adeus **à ilusão**.

54. (FCC-BA) "O fenômeno ... que aludi é visível ... noite e ... olho nu."

a) a, a, a

c) a, à, a

e) à, à, a

b) a, à, à

d) à, a, à

55. (FCC-BA) "Já estavam ... poucos metros da clareira, ... qual foram ter por um atalho aberto ... foice."

a) à, à, a   c) a, a, à   e) à, à, à

b) a, à, a   d) à, a, à

56. (ITA-SP) Analisando as sentenças:

I. A vista disso, devemos tomar sérias medidas.

II. Não fale tal coisa as outras.

III. Dia a dia a empresa foi crescendo.

IV. Não digo aquilo que me disse.

deduzimos que:

a) apenas a sentença III não tem crase.

b) as sentenças III e IV não têm crase.

c) todas as sentenças têm crase.

d) nenhuma sentença tem crase.

e) apenas a sentença IV não tem crase.

57. (PUCCamp-SP) "... hora, ... chegasse primeiro se entregaria ... condecoração ... fizera jus."

a) Àquela, à que, a, a qual

b) Àquela, a que, à, a qual

c) Aquela, à que, a, à qual

d) Àquela, à que, a, à qual

e) n.d.a.

58. (FCMSC-SP) Em qual alternativa a crase foi empregada corretamente?

a) Não se esqueça de chegar à casa cedo.

b) Prefira isto aquilo, já que ao se fazer o bem não se olha à quem.

c) Já que pagaste àquelas dívidas à que situação aspiras?

d) Chegaram até à região marcada e daí avançaram até à praia.

e) Suas previsões não deixaram de ter razão, pois a uma hora da madrugada é um perigo andar a pé, sozinho.

59. (UPM-SP) "Agradeço ... Vossa Senhoria ... oportunidade para manifestar minha opinião ... respeito."

a) à, a, à   c) a, a, à   e) à, à, a

b) à, a, a   d) a, a, a

60. (Fuvest-SP) "Daqui ... vinte quilômetros, o viajante encontrará, logo ... entrada do grande bosque, uma estátua que ... séculos foi erigida em homenagem ... deusa da floresta."

a) a, à, há, à   c) à, há, à, à

b) há, a, à, a   d) a, à, à, à   e) há, a, há, a

61. (PUC-PR) Assinale a alternativa que preenche corretamente as lacunas.

I. Viu-se frente ... frente com o inimigo.

II. Observava, ... distância, o que estava acontecendo.

III. Não se referira ... nenhuma das presentes.

IV. Desandou ... correr ladeira abaixo.

V. Chegou ... uma hora da madrugada.

a) à, à, à, à, à   d) a, a, a, à, a

b) à, à, a, a, à   e) a, a, a, a, à

c) à, à, à, a, à

62. (UPM-SP) Dados os períodos:

I. À força de tanto emagrecer, acabou morrendo.

II. A assistente social prestou assistência as mais necessitadas pessoas.

III. Com a eloquência habitual, falava a qualquer pessoa, sempre disposta a aumentar o prestígio.

deduz-se que o sinal indicativo da crase está corretamente empregado:

a) apenas no primeiro período.

b) nos períodos I e II.

c) nos períodos II e III.

d) em todos os períodos.

e) nos períodos I e III.

63. (FCMSC-SP) Assinale a letra correspondente ao segmento destacado incorreto. Se não houver erro, assinale a alternativa (E).

A íris dos olhos é *suscetível de* reagir *à*

(A)   (B)   (C)   (D)

intensidade da luz. *Sem erro*.

(E)

64. (FCMSC-SP) "... certa altura, cansou-o ... demora, e pôs-se ... reclamar."

a) A, a, a   c) A, à, à   e) À, à, à

b) À, a, a   d) À, a, à

65. (FCMSC-SP) "... cerca de quinhentos metros ... leste do farol, encontrou-se, ... poucos dias, um navio antigo."

a) Há, à, à   c) À, à, à   e) A, a, há

b) A, à, há   d) Há, a, há

PARTE 4

Apêndice

Capítulo 28

Problemas gerais da língua culta

Por que Jorge é amado.

"Em Jorge, a arte de fazer-se amar era espontânea, nunca premeditada."
José Saramago

Detalhe.

Revista da Folha. Folha de S.Paulo. São Paulo, 30 mar. 2008. Encarte publicitário, p. 4.

Neste capítulo, estudaremos, entre outros tópicos, o uso de *porque* e *por que*. No anúncio acima, a forma *por que* equivale a *por qual razão*.

1. Introdução

Este capítulo pretende oferecer a você orientações sobre aspectos gerais das variedades formais da língua. Consiste, portanto, numa oportunidade de aperfeiçoar seu desempenho no que diz respeito à grafia e ao emprego apropriado de formas e expressões que costumeiramente causam problemas a quem pretende falar ou redigir português culto.

Acreditamos que muitas coisas que veremos a seguir já foram estudadas em sua vida escolar anterior. Nesses casos, aproveite o que vamos dizer para avaliar seu conhecimento. É importante que você definitivamente incorpore tais detalhes ao seu manuseio escrito (e falado, nas situações apropriadas) da língua portuguesa.

2. Forma e grafia de algumas palavras e expressões

Que / quê

Que é pronome, conjunção, advérbio ou partícula expletiva. Por se tratar de monossílabo átono, não é acentuado:

> (O) **Que** você pretende?
>
> Você me pergunta (o) **que** vou fazer. (O) **Que** posso fazer?
>
> **Que** beleza! **Que** bela atitude!
>
> Convém **que** o assunto seja discutido seriamente.
>
> Quase **que** me esqueço de avisá-lo.

Quê representa um monossílabo tônico. Isso ocorre quando encontramos um pronome em final de frase, imediatamente antes de um ponto (final, de interrogação ou exclamação) ou de reticências, ou quando *quê* é um substantivo (com o sentido de "alguma coisa", "certa coisa") ou uma interjeição (indicando surpresa, espanto):

> Afinal, você veio aqui fazer o **quê**?
>
> Você precisa de **quê**?
>
> Há um **quê** inexplicável em sua atitude.
>
> **Quê**! Conseguiu chegar a tempo?!

Por que / por quê / porque / porquê

A forma *por que* pode ser a sequência de uma preposição (*por*) e um pronome interrogativo (*que*). Em termos práticos, é uma expressão equivalente a "por qual razão", "por qual motivo". Veja alguns casos em que ela ocorre:

> **Por que** você agiu daquela maneira?
>
> Não se sabe **por que** tomaram tal decisão.
>
> Não é fácil saber **por que** a situação persiste em não melhorar.
>
> Leia a matéria intitulada: "**Por que** os corruptos não vão para a cadeia". É impressionante!

Caso surja no final de uma frase, imediatamente antes de um ponto (final, de interrogação, de exclamação) ou de reticências, a sequência deve ser grafada *por quê*, pois, devido à posição na frase, o monossílabo *que* passa a ser tônico, devendo ser acentuado:

– Ainda não terminou? **Por quê**?

– Você tem coragem de perguntar **por quê**?!

– Claro. **Por quê**?

– Não sei **por quê**!

Há casos em que *por que* representa a sequência preposição + pronome relativo, equivalendo a "pelo qual" (ou alguma de suas flexões: "pela qual", "pelos quais", "pelas quais"). Observe:

Estas são as reivindicações **por que** estamos lutando.

O túnel **por que** deveríamos passar desabou ontem.

Já a forma *porque* é uma conjunção, equivalendo a "pois", "já que", "uma vez que", "como". Observe seu emprego em outros exemplos:

A situação agravou-se **porque** muita gente se omitiu.

Sei que há algo errado **porque** ninguém apareceu até agora.

Você continua implicando comigo! É **porque** eu não abro mão de minhas ideias?

Porque também pode indicar finalidade, equivalendo a "para que", "a fim de". Trata-se de um uso pouco frequente na língua atual:

Não julgues **porque** não te julguem.

A forma *porquê* representa um substantivo. Significa "causa", "razão", "motivo" e normalmente surge acompanhada de palavra determinante (artigo, por exemplo). Como é um substantivo, pode ser pluralizado sem qualquer problema:

Dê-me ao menos um **porquê** para sua atitude.

Não é fácil encontrar o **porquê** de toda essa confusão.

Creio que os verdadeiros **porquês** mais uma vez não vieram à luz.

Mas / mais

Mas é uma conjunção adversativa, equivalendo a "porém", "contudo", "entretanto":

Tentou, **mas** não conseguiu.

O país parece ser viável, **mas** não consegue sair do subdesenvolvimento.

Mais é pronome ou advérbio de intensidade, opondo-se normalmente a *menos*:

Ele foi quem **mais** tentou; ainda assim, não conseguiu.

É um dos países **mais** miseráveis do planeta.

Em DVD

O triste fim de Policarpo Quaresma. Direção de Paulo Thiago. Brasil: Vitória Produções Cinematográficas, 1988. (120 min).

Lima Barreto foi um crítico incansável do regime da República Velha e privilegiou em sua obra a temática social. Uma de suas obras mais importantes é *O triste fim de Policarpo Quaresma*. O livro conta a história do major Policarpo Quaresma, ufanista convicto que luta por um Brasil tão grandioso e forte quanto ele acredita que o país possa ser. O filme homônimo é estrelado por Paulo José, no papel de Policarpo, e por Giulia Gam, afilhada do major. O destaque fica por conta da cena em que Policarpo apresenta ao Congresso um projeto que defende a adoção do tupi-guarani como nosso idioma oficial.

Mal / mau

Mal pode ser advérbio, substantivo ou conjunção. Como advérbio, significa "irregularmente", "erradamente", "de forma inconveniente ou desagradável". Opõe-se a *bem*:

Era previsível que ele se comportaria **mal**.

Era evidente que ele estava **mal**-intencionado porque suas opiniões haviam repercutido **mal** na reunião anterior.

A seleção brasileira jogou **mal**, mas conseguiu vencer a partida.

Mal, como substantivo, pode significar "doença", "moléstia"; em alguns casos, significa "aquilo que é prejudicial ou nocivo":

A febre amarela é um **mal** de que já nos havíamos livrado e que, devido ao descaso, voltou a atormentar as populações pobres.

O **mal** é que não se toma nenhuma atitude definitiva.

O substantivo *mal* também pode designar um conceito moral, ligado à ideia de maldade; nesse sentido, a palavra também se opõe a **bem**:

Há uma frase de que a visão da realidade nos faz muitas vezes duvidar:

"O **mal** não compensa".

Quando conjunção, *mal* indica tempo:

Mal você chegou, ele saiu.

Mau é adjetivo. Significa "ruim", "de má índole", "de má qualidade". Opõe-se a *bom* e apresenta a forma feminina *má*:

Trata-se de um **mau** administrador.

Tem um coração **mau**.

> Nesta tirinha, o advérbio *mal* modifica o verbo *estar*.

LAERTE. *Classificados: livro 2.* São Paulo: Devir, 2002. p. 43.

Onde / aonde

Aonde indica ideia de movimento ou aproximação. Opõe-se a *donde*, que exprime afastamento. Veja nos exemplos que a forma *aonde* costuma referir-se a verbos de movimento:

Aonde você vai?

Aonde querem chegar com essas atitudes?

Aonde devo dirigir-me para obter esclarecimentos?

Não sei **aonde** ir.

Onde indica o lugar em que se está ou em que se passa algum fato. Normalmente, refere-se a verbos que exprimem estado ou permanência. Observe:

Onde você está?

Onde você vai ficar nas próximas férias?

Discrimine os locais **onde** as tropas permanecem estacionadas.

Não sei **onde** começar a procurar.

O estabelecimento dessa diferença de significado tem sido uma tendência do português moderno. Na língua clássica, ela não existia; ainda hoje, é comum encontrar-se o emprego indiferente de uma ou outra forma. Para satisfazer os padrões da língua culta, procure observar essa diferença.

A par / ao par

A par tem o sentido de "bem informado", "ciente":

Mantenha-me **a par** de tudo o que acontecer.

É importante manter-se **a par** das decisões parlamentares.

Ao par é uma expressão usada para indicar relação de equivalência ou igualdade entre valores financeiros (geralmente em operações cambiais):

As moedas fortes mantêm o câmbio praticamente **ao par**.

Ao encontro de / de encontro a

Ao encontro de indica "ser favorável a", "aproximar-se de". Observe os exemplos:

Ainda bem que sua opinião vem **ao encontro da** minha. Poderemos, assim, unir nossas reivindicações.

Quando a viu, foi rapidamente **ao seu encontro** e a abraçou afetuosamente.

De encontro a indica oposição, choque, colisão. Veja:

Como você queria que eu o ajudasse se suas opiniões sempre vieram **de encontro às** minhas? Nós pertencemos a mundos diferentes.

O caminhão foi **de encontro ao** muro. Ninguém se machucou, mas os prejuízos foram grandes.

A / há na expressão de tempo

O verbo *haver* é usado em expressões que indicam tempo já transcorrido:

Tais fatos aconteceram **há dez anos**.

Nesse sentido, é equivalente ao verbo *fazer*:

> Note, no último balão, o emprego da preposição *a* para indicar tempo futuro. Nesse contexto, ela não poderia ser substituída pelo verbo *haver*, pois este indica tempo já transcorrido.

WALKER, Mort. Recruta Zero. *O Estado de S. Paulo*. São Paulo, 27 abr. 2003. p. D10.

Tudo aconteceu **faz dez anos**.

A preposição *a* surge em expressões em que a substituição pelo verbo *fazer* é impossível:

O lançamento do satélite ocorrerá daqui **a duas semanas**.

Partiriam dali **a duas horas**.

Acerca de / há cerca de

Acerca de significa "sobre", "a respeito de":

Haverá uma palestra **acerca das** consequências das queimadas sobre a temperatura ambiente.

Há cerca de indica um período aproximado de tempo já transcorrido:

Os primeiros colonizadores surgiram **há cerca de** quinhentos anos.

Essa expressão também pode ser utilizada em frases como esta: "Há cerca de 2 milhões de desempregados no país". Nesse caso, "há cerca de" equivale a "Existem aproximadamente".

Afim / a fim

Afim é um adjetivo que significa "igual", "semelhante". Relaciona-se com a ideia de afinidade:

Tiveram comportamentos **afins** durante os trabalhos de discussão.

São espíritos **afins**.

A fim surge na locução *a fim de*, que significa "para" e indica ideia de finalidade:

Tentou mostrar-se capaz de inúmeras tarefas **a fim de** nos enganar.

Demais / de mais

Demais pode ser advérbio de intensidade, com o sentido de "muito"; aparece intensificando verbos, adjetivos ou outros advérbios:

Aborreceram-nos **demais**: isso nos deixou indignados **demais**.

Estou até bem **demais**!

Demais também pode ser pronome indefinido, equivalendo a "os outros", "os restantes":

Apesar de ter chegado até lá como integrante de um grupo, resolvi partir sozinho, deixando aos **demais** a liberdade de escolher. Fiquei sabendo posteriormente que os **demais** membros da comissão também acabaram abandonando os projetos.

De mais opõe-se a *de menos*. Refere-se sempre a um substantivo ou pronome:

Não vejo nada **de mais** em sua atitude!

Decidiu-se suspender o concurso público porque surgiram candidatos **de mais**.

Senão / se não

Senão equivale a "caso contrário" ou "a não ser":

É bom que ele chegue a tempo, **senão** não haverá como ajudá-lo.

Não fazia coisa alguma **senão** criticar.

Se não surge em orações condicionais. Equivale a "caso não":

Se não houver (= "Caso não haja") seriedade, o país não sairá da situação melancólica em que se encontra.

Em livro

BUENO, Eduardo. *Brasil: terra à vista*. Porto Alegre: L&PM, 2003. (L&PM Pocket).

Com linguagem acessível e cativante, Eduardo Bueno conta a história das aventuras de nossos colonizadores durante o descobrimento do Brasil. O maior mérito do livro está no fato de que o autor analisa as duas visões do processo de colonização: a dos portugueses e a dos indígenas.

Na medida em que / à medida que

Na medida em que exprime relação de causa e equivale a "porque", "já que", "uma vez que":

O país não alcançou índices de desenvolvimento humano satisfatórios **na medida em que** não investiu adequadamente em saúde e educação.

Na medida em que os projetos foram abandonados, a população carente ficou entregue à própria sorte.

À medida que indica proporção, desenvolvimento simultâneo e gradual. Equivale a "à proporção que":

Os verdadeiros motivos da renúncia foram ficando claros **à medida que** as investigações iam obtendo resultados.

A ansiedade aumentava **à medida que** o prazo fixado ia chegando ao fim.

Atividades

1. Complete as frases utilizando a forma apropriada dentre as fornecidas pelos parênteses.

a) Tenho muito o (*) fazer. (*que / quê*)

b) É preciso um (*) de louco para poder fazer isso. (*que / quê*)

c) Estamos rindo sem ter de (*). (*que / quê*)

d) (*) você quer saber? É (*) sua curiosidade é maior que sua inteligência? (*por que / porque / por quê / porquê*)

e) Você quer saber (*)? Não lhe direi (*). (*por que / porque / por quê / porquê*)

f) Resta ainda descobrir o (*) dessas declarações. É difícil entender (*) ele teria dito tudo aquilo. (*por que / porque / por quê / porquê*)

g) (*) está seu orgulho? (*onde / aonde*)

h) Irei (*) você quiser que eu vá. (*onde / aonde*)

i) Não gosto muito dela, (*) tenho de admitir que é (*) inteligente do que eu supunha. (*mas / mais*)

j) Comportou-se (*) durante a reunião. Não creio que seja um (*) sujeito, porém. (*mal / mau*)

k) Às vezes, penso que o (*) anda vencendo o bem de goleada neste nosso mundo. Isso é tão (*)! (*mal / mau*)

l) (*)-humorados de todo o mundo, uni-vos! (*mal / mau*)

m) Deixe-me (*) de tudo o que estiver acontecendo. (*a par / ao par*)

n) Várias pessoas expuseram opiniões que vieram (*) minhas durante o debate, o que muito me animou. (*ao encontro de / de encontro a*)

o) Muitas pessoas têm opiniões que vêm (*) minhas, o que não chega a me desanimar. (*ao encontro de / de encontro a*)

p) (*) anos não nos vemos. E só poderei reencontrá-lo daqui (*) dois meses! (*há / a*)

q) Dali (*) três meses, eu mudaria de vida. (*há / a*)

r) Nada sei (*) das manifestações que ocorreram no país (*) de dois anos. (*acerca / há cerca*)

s) Já que temos ideias (*), deveríamos trabalhar juntos (*) de conseguir melhores resultados. (*afim / a fim*)

t) Não há nada (*) em gostar (*) de doces. (*de mais / demais*)

u) (*) se fizer alguma coisa, o país escorregará para o caos. E ainda há quem não faça nada (*) perseguir privilégios. (*se não / senão*)

v) (*) que caminhávamos, podíamos perceber a mudança da paisagem. (*à medida que / na medida em que*)

w) A distribuição de renda melhorará (*) forem feitos investimentos voltados para o mercado interno. (*à medida que / na medida em que*)

2. Esta oração faz parte de um anúncio da *Velocita Sports*, publicado na revista *O2* de outubro de 2006: "Onde você quer estar daqui a dez anos?". Altere a forma verbal da oração conforme indicado a seguir, realizando as adaptações necessárias:

a) quer ir

b) quis estar

544 Parte 4 > > > APÊNDICE > > >

3. O uso do hífen

Já vimos um dos empregos do hífen quando estudamos as regras para separação silábica e para translineação de palavras. Além desse emprego, o hífen também é usado para ligar pronomes oblíquos a formas verbais e para relacionar elementos formadores de palavras.

Usa-se o hífen para unir os pronomes oblíquos que seguem as formas verbais com que se relacionam:

| amam-se | escutaram-nos | disseram-me | resumi-lo |
| estruturá-la | mostramos-lhe | conceder-vos | |

O hífen também é empregado quando o pronome vem colocado no interior da forma verbal, numa construção conhecida como mesóclise:

encontrar-te-ei   mostrar-nos-ão   dir-nos-ia   recolher-se-á

Há casos em que ao verbo se ajuntam dois pronomes:

dê-se-lhe   mostre-se-lhe

Palavras compostas

Deve-se usar hífen na grafia de palavras como:

arco-íris	luso-brasileiro	amor-perfeito (a flor)
bom-senso	bem-estar	boa-fé
lugar-comum	guarda-roupa	dedo-duro
mau-caráter	má-criação	dois-pontos
guarda-chuva	pão-duro	louva-a-deus (o inseto)
pé-de-meia ("economias")	para-raios	matéria-prima
para-brisa		

Em *guarda-chuva*, palavra composta por justaposição, elementos de natureza verbal e nominal se unem por meio do hífen.

Disponível em:
<http://josiasdesouza.folha.blog.uol.com.br/arch2007-06-24_2007-06-30.html>.
Acesso em: 18. jul. 2008.

Nomes de lugares iniciados pelos adjetivos *grã*, *grão* ou por forma verbal ou que estejam ligados por artigos também são unidos por hífen:

Grã-Bretanha   Passa-Quatro   Entre-os-Rios

Prefixos e elementos de composição

O Acordo Ortográfico da Língua Portuguesa (1990), que passou a vigorar nos países lusófonos em 2008, estabeleceu alguns critérios para o emprego do hífen nas palavras formadas por prefixos e elementos de composição. Apontaremos algumas orientações gerais, a partir das determinações desse acordo.

Regra geral

Os prefixos *ante-*, *anti-*, *auto-*, *circum-*, *co-*, *contra-*, *entre-*, *extra-*, *hiper-*, *infra-*, *intra-*, *pan-*, *sobre-*, *sub-*, *super-*, *supra-* e *ultra* ligam-se por hífen ao segundo elemento em dois casos:

a. quando o segundo elemento é iniciado por *h*:

anti-**h**erói   extra-**h**umano
super-**h**omem   infra-**h**epático

b. quando o segundo elemento é iniciado pela mesma vogal com que termina o prefixo:

extra-atmosférico   anti-inflamatório
infra-assinado   auto-observação

> ### OBSERVAÇÕES
>
> Seguem as mesmas regras os chamados "falsos prefixos" (elementos não autônomos de origem grega e latina), como *aero-*, *agro-*, *arqui-*, *eletro-*, *hidro-*, *macro-*, *maxi-*, *micro-*, *pluri-*, *pseudo-*, *semi-* e outros:
> pseudo-humanista   micro-onda   arqui-inimigo   semi-hospitalar
> O prefixo *co-* junta-se ao segundo elemento sem hífen, mesmo que iniciado por *o*:
> coobrigação   cooperação

Casos especiais em que também se usa o hífen

a. Com prefixos terminados em *-r* (*hiper-*, *inter-*, *super-*), quando se ligam a palavras iniciadas por *r* (além do *h*):

hiper-rancoroso   inter-relacionar   super-realidade

b. Com prefixos tônicos acentuados graficamente (*pós-*, *pré-*, *pró-*), quando se ligam a segundo elemento autônomo:

pós-graduação   pré-operatório   pró-africano

c. Com prefixos terminados em *m* ou *n* (*circum-* e *pan-*), quando se ligam a segundo elemento iniciado por vogal, *m* ou *n* (além do *h*):

circum-navegação   circum-adjacente   pan-americanização

d. Com os prefixos *ex-*, *vice-*, qualquer que seja a letra inicial do segundo elemento:

ex-presidente   vice-diretor   vice-reitor

Casos em que não se usará o hífen

a. Com prefixo terminado em vogal e o segundo elemento iniciado por *r* ou *s* (tais consoantes devem ser duplicadas):

minissaia   microssistema   infrassom   contrarregra

b. Com prefixo terminado em vogal e o segundo elemento iniciado por uma vogal diferente:

autoavaliação   antiaéreo

agroindustrial   aeroespacial

> **OBSERVAÇÃO**
>
> Emprega-se hífen nos vocábulos terminados por sufixos de origem tupi-guarani:
> capim-açu tamanduá-mirim

Atividades

1. Una os elementos de cada item seguinte.

a) arqui / milionário

b) arqui / secular

c) anti / escraviso

d) anti / didático

e) anti / hemorráico

f) anti / social

g) anti / tetânico

h) ante / sala

i) ante / datar

j) contra / ofensiva

k) contra / ponto

l) contra / senso

m) auto / biografia

n) auto / educação

o) auto / suficiente

p) extra / regulamentar

q) extra / oficial

r) infra / vermelho

t) intra / muscular

s) intra / venoso

u) neo / latino

2. A partir dos adjetivos a seguir, forme palavras, utilizando alguns prefixos ou elementos de composição.

a) extensivo

b) aberto

c) científico

d) histórico

e) escolar

f) americano

g) selvagem

h) estadual

i) revolucionário

j) humano

---

4. Colocação dos pronomes pessoais oblíquos átonos

Os pronomes pessoais oblíquos átonos (*me, te, se, o, a, lhe, nos, vos, se, os, as, lhes*) atuam basicamente como complementos verbais. Em relação aos verbos, podem assumir três posições:

a. próclise – O pronome surge antes do verbo:

Não **nos** mostraram nada.   Nada **me** disseram.

Capítulo 28 > > > Problemas gerais da língua culta > > >

547

b. ênclise – O pronome surge depois do verbo:

Apresento-**lhe** meus cumprimentos.

Contaram-**te** tudo?

c. mesóclise – O pronome é intercalado ao verbo, que deve estar no futuro do presente ou no futuro do pretérito do indicativo:

Mostrar-**lhe**-ei meus escritos.

Falar-**vos**-iam a verdade?

Por muito tempo, perseguiram-se regras para orientar a colocação desses pronomes, normalmente criadas a partir de modelos da fala lusitana. Felizmente, nos últimos tempos, a discussão sobre as regras de colocação pronominal tem sido substituída por procedimentos norteados pelo bom-senso. Apresentamos a seguir algumas orientações básicas a esse respeito e salientamos que não se deve perder tempo com uma questão tão pouco relevante para o uso eficiente da língua.

Ênclise

A ênclise pode ser considerada a colocação básica do pronome, pois obedece à sequência verbo-
-complemento. Na língua culta, deve ser observada no início das frases:

Apresentaram-**se** vários projetos durante a sessão.

Contaram-**me** casos estranhíssimos.

Parece-**nos** que o mais acertado seria retomar os programas de incentivo agrícola.

A ênclise não ocorre com as formas dos futuros do indicativo e do particípio. Com os futuros, quando não é possível fazer a próclise, deve-se optar pela mesóclise, forma em desuso no português do Brasil:

Dir-**nos**-ão o que fazer?

Entender-**me**-ia o estrangeiro?

Próclise

A próclise tende a ocorrer após pronomes relativos, interrogativos e conjunções subordinativas. Também tende a ocorrer nas negações:

É a pessoa que **nos** orientou.

Quem **te** disse isso?

Gostaria de saber por que **nos** fizeram vir aqui.

Nada foi feito, embora **se** conhecessem as consequências da omissão.

Não **me** falaram nada a respeito disso.

Nunca **nos** encontraremos novamente.

Jamais **se** cumprimentam.

Em início de frase, a próclise é típica da língua coloquial brasileira e é usada na escrita quando se pretende reproduzir a língua falada:

Me faça um favor.

Nos falaram que era tudo mentira.

Com as locuções verbais e tempos compostos, a tendência brasileira é colocar o pronome antes do verbo principal:

Vou **lhe** mostrar meus trabalhos.

Quero **lhe** mostrar meus trabalhos.

O pronome também pode surgir em outras posições. Observe:

Eu **lhes** estou mostrando meus trabalhos./Estou mostrando-**lhes** meus trabalhos.

Eu **lhes** quero mostrar meus trabalhos./Quero mostrar-**lhes** meus trabalhos.

O uso do hífen nos casos em que o pronome aparece em posição intermediária é considerado optativo:

Eu estou-**lhes** mostrando.

Eu estou **lhes** mostrando.

Na verdade, a primeira forma tende a representar a fala lusitana, que "encosta" o pronome no verbo auxiliar ("Eu estou-lhes..."), enquanto a segunda forma tende a representar a fala brasileira, que "encosta" o pronome no verbo principal ("... lhes mostrando.").

Textos para análise

1

Pix. São Paulo: Six Pix. [s.p.]. Publicação oferecida pela Livraria Cultura.

Trabalhando o texto

Observe o texto acima e justifique o emprego da forma *aonde*.

2

Trabalhando o texto

Comente o emprego da mesóclise no anúncio ao lado.

Results ON. São Paulo: Six Pix. [s.p.]. Publicação oferecida pela Livraria Cultura.

3

Leia este trecho da canção *O que tinha de ser* de Tom Jobim e Vinicius de Moraes, que foi eternizada na voz de Elis Regina:

"Porque foste na vida
A última esperança
Encontrar-te me fez criança".

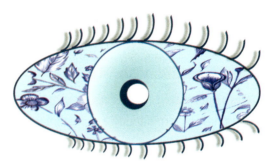

Disponível em: <www.mpbnet.com.br/musicos/elis.regina/letras/o_que_tinha_de_ser.htm>. Acesso em: 18 jul. 2008.

Trabalhando o texto

O *porque*, iniciando a letra da canção, está empregado adequadamente?

Em CD

Elis Regina. *Fascinação* (CD). Universal Music, 1999.
Dona de um talento musical ímpar, Elis Regina enobrecia a bossa nova com suas canções e interpretações. Esse CD apresenta uma coletânea de sucessos da carreira da cantora gaúcha, incluindo canções gravadas entre 1965 e 1978, período em que Elis tinha contrato com a gravadora Polygram.

4

O livro dos porquês

– Por que é que o Ministério da Saúde adverte que o fumo é prejudicial à saúde e vários médicos continuam fumando?

– Por que é que quando alguém liga um número errado do outro lado a pessoa fica meio irritada?

– Por que é que quando se pergunta "Que número é aí?" do outro lado sempre dizem "Que número ligou?"

– Por que é que mesmo quando a operação é um sucesso dizem que o paciente "sofreu" uma cirurgia, apesar de ele estar anestesiado?

– Por que é que usam a frase "Eu alguma vez já menti para você?" A mentira só é mentira quando descoberta.

– Por que é que fabricam automóveis que atingem 200 quilômetros por hora se no trânsito não se consegue ir a mais de 20?

– Por que é que quando a gente encontra uma pessoa de quem não se lembra ela sempre diz "Está lembrado de mim?"

– E quando você diz, disfarçando, "É claro que sim" ela insiste: "De onde?"

– Por que é que apesar da enorme onda de desemprego você nunca consegue arrumar uma empregada?

– Por que é que todo mundo só quer um táxi na mesma hora em que você precisa de um?

– Por que é que no trânsito a fila que você escolhe é sempre a mais lenta?

– Por que é que quando você diz para alguém "Bonito sapato" a resposta é sempre "Ah, é velho..."?

– Por que é que dentro do elevador todo mundo fica fingindo que não está olhando para ninguém?

SOARES, Jô. In: *Veja*. São Paulo: Abril, [s.d.]

Trabalhando o texto

1. Justifique a grafia *porquês*, no título do texto.

2. Justifique a grafia *por que*, que surge em quase todos os itens do texto.

3. Justifique o uso da forma *meio*, no segundo item do texto.

4. "Por que é que quando a gente encontra uma pessoa **de** quem não se lembra ela sempre...". Justifique o uso da preposição destacada.

5. Há algo comum a todas as perguntas propostas pelo autor? Comente-as.

Questões de exames e concursos

1. (UFMS)

A casualidade

(Carlos Herculano Lopes)

Em uma madrugada, quase de manhã, um rapaz ainda jovem, entrando nos seus vinte e cinco anos, pegou um táxi. Resultou que ele, calado por índole ou costume, estava voltando de uma festa na qual, entre amigos, havia tomado umas cervejas. Talvez só isto, a sensação de estar alegre, o tenha feito puxar conversa. Era muito reservado com estranhos. Por sua vez o motorista, acostumado a ouvir, deixou que ele falasse. Aquele diálogo, provavelmente, não passaria de um a mais dos tantos que se travam noite adentro, se de repente o rapaz – sabe-se lá por que – não houvesse confessado que era de Santa Marta, onde, quando criança, um tal de Jardel havia matado seu pai. O motorista, que até então ouvia em silêncio, sem prestar muita atenção, sentiu um calafrio, um leve tremor nos lábios, e o volante vacilou, enquanto voltavam na sua memória cenas de um crime que ele tentava esquecer.

Prosa: para ler no ônibus, em casa, no trabalho, na escola, quando for dormir... Belo Horizonte: Programa de Ensino, Pesquisa e Extensão A tela e o texto, jun. 2005.

Considerando a oração "sabe-se lá **por que**" (linha 12), assinale a(s) alternativa(s) correta(s).

(001) Dependendo do sentido em que é empregada, a palavra **porque** apresenta diferentes grafias: por que (como na oração citada), porque, porquê, por quê.

(002) A palavra em destaque acima equivale a "**por qual razão**", "**por qual motivo**".

(004) Na construção de uma frase interrogativa que encontre resposta na oração do texto, grafa-se **porque**.

(008) Preserva-se a mesma equivalência significativa ao se substituir **por que** por "**o porquê**".

(016) Por sua significação na frase, a palavra **por que** pode ser pluralizada.

2. (Fuvest-SP) A televisão tem de ser vista .... um prisma crítico, principalmente as telenovelas, ... audiência é significativa. Temos de procurar saber ... elas prendem tanto os telespectadores.

Preenchem de modo correto as lacunas acima, respectivamente,

a) a nível de / as quais a / por que

b) sobre / que / porquê

c) sob / cuja / por que

d) em nível de / cuja a / porque

e) sob / cuja a / porque

3. (UFSC) Dentre as proposições abaixo, algumas ferem a norma padrão. Assinale aquelas que **não apresentam desvio** gramatical.

01. Se todos houvessem seguido as normas, não haveria tantas reclamações.

02. O desrespeito à natureza é tanto que, naquele lugar, já não existem animais daquela espécie.

04. Havia apenas uma saída para o problema, mas outras poderiam haver caso analisássemos o problema com mais calma.

08. O desafio que me refiro implica em fazer escolhas.

Capítulo 28 > > > Problemas gerais da língua culta > > > 551

16. Restabelecer-se-iam, de imediato, as ligações, se houvessem técnicos de plantão.

32. Hão de trazer o que me prometeram! Ora, se hão!

4. (FGV-SP) Assinale a alternativa em que as formas **mal** ou **mau** estão utilizadas de acordo com a norma culta.

a) Mau-agradecidas, as juízas se postaram diante do procurador, a exigir recompensas.

b) Seu mal humor ultrapassava os limites do suportável.

c) Mal chegou a dizer isso, e tomou um sopapo que o lançou longe.

d) As respostas estavam mau dispostas sobre a mesa, de forma que ninguém sabia a sequência correta.

e) Então, mau ajeitada, desceu triste para o salão, sem perceber que alguém a observava.

5. (Ibmec) Assinale a alternativa que preenche **corretamente** as lacunas do texto abaixo.

"___ anos que não ___ via, parecia que jamais falariam de novo. No entanto, quando ___ mágoa passa, fica aquela vontade de desdizer as ofensas, de reelaborar os pensamentos, de pedir perdão... ___ vezes, não é bom voltar ___ que já se fez, é melhor tocar a vida adiante e pensar que dali ___ algum tempo nada mais fará sentido".

a) Há, a, a, Às, aquilo, à.

b) A, a, à, As, àquilo, a.

c) Há, a, a, Às, àquilo, à.

d) Há, a, a, Às, àquilo, a.

e) A, há, à, As, aquilo, à.

6. (ESPM-SP) Embora de uso recorrente, uma das frases abaixo apresenta **forma verbal não** prevista pela norma culta. Assinale-a:

a) Inspeção ambiental veicular se adequa às medidas para reduzir a poluição na Grande São Paulo.

b) É importante que os paulistanos adiram às recomendações da Cetesb para minimizar a poluição do ar.

c) Mesmo que os postos de combustíveis mantivessem controle das emissões por evaporação, não resolveria a questão por completo.

d) Quando o Conselho Nacional de Meio Ambiente revir as emissões de gases e ruídos dos veículos, haverá provavelmente uma melhora na qualidade do ar.

e) Se manter o veículo bem regulado é fundamental para o meio ambiente, então a inspeção deve ser obrigatória.

7. (FGV-SP) Assinale a alternativa que preenche corretamente o espaço da frase: Descubra ... os bons sofrem.

a) Porquê.

b) O porquê.

c) Por quê.

d) Porque.

e) Por que.

8. (ITA-SP) Das opções abaixo, cujos textos foram extraídos do Manual do Proprietário de um carro, a única alternativa que **não** apresenta inadequação quanto à construção ou ao emprego de palavra é

a) Se o veículo costuma permanecer imobilizado por mais de duas semanas ou se é utilizado em pequenos percursos, com frequência não diária (...) adicione um frasco de aditivo.

b) Algumas [instruções], todavia, merecem atenção especial, em virtude das graves consequências que sua não observância pode representar para a integridade física dos ocupantes e para o funcionamento do veículo.

c) Ao calibrar os pneus, não se esqueça de examinar também o de reserva. Veja instruções na Seção 7, sob Pneus.

d) Somente se a utilização do veículo ocorrer essencialmente nas rodovias asfaltadas na maior parte do tempo é que se pode proceder à troca de óleo a cada 6 meses ou 10 000 km, o que primeiro ocorrer.

e) O uso dos cintos de segurança deve também ser rigorosamente observado em veículos equipados com sistema "Air bag", que atua como complemento a este sistema.

9. (PUC-PR) Indique a frase em que o **se** está empregado adequadamente.

a) O acusado se reserva-se o direito de não dar entrevistas.

b) Até que ponto a vida no campo se difere da vida urbana?

c) O lixo se prolifera cada vez mais nos grandes centros.

d) Estima-se em mais de 4.000 o número de voos ilegais no espaço aéreo brasileiro, anualmente.

e) Não esqueça-se dos seus remédios, na hora certa!

10. (Ufes) Frequentemente, nas redações escolares, usa-se inadequadamente *onde* em lugar de *em que*. Considere os fragmentos de redações escolares abaixo e assinale a alternativa que contém o emprego **adequado**:

Parte 4 > > >APÊNDICE > > >

a) O Brasil é um país **onde** ainda se registra a existência de milhões de pessoas na condição de iletrados.

b) Este milênio vem em boa hora, num momento **onde** todos os povos fortalecem sentimentos de esperança por dias melhores.

c) Em nossos dias, é difícil ter um amor verdadeiro **onde** a pessoa possa apoiar-se e se dar bem na vida.

d) A preservação do emprego tornou-se a maior preocupação do trabalhador neste início de século, **onde** a baixa qualificação profissional aumenta a exclusão social.

e) A criança começa a frequentar a escola com seis ou sete anos. É uma idade maravilhosa **onde** ela ainda está descobrindo a vida e necessita de uma orientação.

11. (UEM-PR) Assinale todo período em que o termo em destaque está registrado **incorretamente**.

01. Não meta o nariz **aonde** não deve.

02. Vestibulandos, **benvindos** à UEM!

04. Foi fruto de um **mal**-entendido ou de **mau**-olhado?

08. Nesta **cessão** trabalham somente moças. Isso é **descriminação**.

16. Ignoro **porque** meu colega ainda não chegou.

32. Os **cidadãos**, **guardiães** da Pátria, tornaram-se os fiscais do Sarney.

12. (PUCCamp-SP) Das cinco alternativas apresentadas nesta questão, apenas uma completa adequadamente as sentenças abaixo. Aponte-a.

I. Afinal, chegou o presente ... tanto esperávamos.

II. ... você vai com tanta pressa?

III. ... de dois meses, mudamos para este bairro.

a) por que, aonde, há cerca

b) porque, onde, acerca

c) por que, onde, a cerca

d) porque, onde, há cerca

e) porque, aonde, a cerca

13. (PUC-SP) Texto:

Senhor Deus dos desgraçados!

Dizei-me vós, Senhor Deus!

Se é loucura... se é verdade

Tanto horror perante os céus...

Ó mar! por que não apagas

Coa esponja de tuas vagas

De teu manto este borrão?...

Astros! noites! tempestades!

Rolai das imensidades!

Varrei os mares, tufão!

(Castro Alves)

A palavra *porque* tem diferentes grafias, dependendo do sentido em que é empregada. No texto em questão, ela aparece assim grafada: *por que*.

a) Explique esse emprego.

b) Preencha os espaços abaixo, grafando corretamente a referida palavra em cada um dos seguintes períodos.

I. Não sei o ... deste horror.

II. Ó mar! Não apagas este borrão, ... ?

III. O poeta sente-se indignado ... a situação a que se refere é aviltante para o ser humano.

14. (UFV-MG) Assinale a única alternativa em que a expressão *porque* deve vir separada.

a) Em breve compreenderás porque tanta luta por um motivo tão simples.

b) Não compareci à reunião porque estava viajando.

c) Se o Brasil precisa do trabalho de todos é porque precisamos de um nacionalismo produtivo.

d) Ainda não se descobriu o porquê de tantos desentendimentos.

e) Choveu durante a noite, porque as ruas estão molhadas.

15. (Cesgranrio-RJ) Assinale a opção que completa corretamente as lacunas da frase abaixo:

As transformações ... tem passado a sociedade parecem condenar o homem ... existência num mundo dominado pela máquina.

a) porque, à

b) porquê, à

c) por que, a

d) porque, a

e) por que, à

16. (UPM-SP) Assinale a alternativa que apresenta erro quanto ao emprego do *porquê*.

a) Não sei por que as cousas ocultam tanto mistério.

b) Os poetas traduzem o sentido das cousas sem dizer por quê.

c) Eis o motivo porque os meus sentidos aprenderam sozinhos: as cousas têm existência.

Capítulo 28 > > > Problemas gerais da língua culta > > > 553

d) Por que os filósofos pensam que as coisas sejam o que parecem ser?

e) Os homens indagam o porquê das estranhezas das cousas.

17. (ITA-SP) Assinale a alternativa que preenche corretamente as lacunas.

Quando ... dois dias disse ... ela que ia ... Itália para concluir meus estudos, pôs-se ... chorar.

a) a, a, a, a

b) há, à, à, a

c) a, à, a, à

d) há, a, à, a

e) há, a, a, à

18. (Fuvest-SP) Assinale a frase gramaticalmente correta.

a) Não sei por que discutimos.

b) Ele não veio por que estava doente.

c) Mas porque não veio ontem?

d) Não respondi porquê não sabia.

e) Eis o porque da minha viagem.

19. (ESPM-SP) Use *a fim* ou *afim*, conforme a solicitação dos enunciados abaixo.

a) A ideia dela era ... à minha.

b) Ele não está ... de sair comigo.

20. (UEL-PR) "Ainda ... pouco, fez-se referência ... possíveis mudanças para daqui ... algumas semanas."

a) a, à, a

b) há, a, a

c) a, a, há

d) há, à, à

e) a, à, há

21. (UniFMU-SP) Assinale a alternativa correta.

a) Porque se formam as ilhas de calor, com a redução de áreas verdes?

b) Por quê se forma as ilhas de calor com a redução de áreas verdes?

c) Por que formam-se as ilhas de calor, com a redução de áreas verdes?

d) Por quê forma-se as ilhas de calor, com a redução de áreas verdes?

e) Por que se formam as ilhas de calor, com a redução de áreas verdes?

22. (UPM-SP) Assinale a alternativa que completa corretamente as lacunas do período.

Não sei a razão ... as pessoas daquela ... espírita ficaram debatendo sobre a ... dos mortos.

a) por que, secção, reçurreição

b) por que, sessão, ressurreição

c) porque, seção, reçurreição

d) porquê, cessão, ressurreição

e) por que, sessão, ressureissão

23. (UPM-SP) Assinale a alternativa que completa adequadamente as lacunas do seguinte período.

Algumas pessoas não determinam ... provém sua insatisfação, porque não sabem ... vão os sentimentos, nem ... mora a consideração pelo próximo.

a) donde, onde, onde

b) donde, aonde, onde

c) aonde, onde, aonde

d) aonde, aonde, aonde

e) donde, aonde, aonde

24. (Fuvest-SP) "Diga ... elas que estejam daqui ... pouco ... porta da biblioteca."

a) à, há, a

b) a, há, à

c) a, a, à

d) à, a, a

e) a, a, a

25. (FCC-BA) "Age com ..., ... queres fazer ... à curiosidade alheia."

a) discreção, senão, conseções

b) discrição, se não, concessões

c) discrição, senão, conseções

d) discreção, se não, concessões

e) discreção, senão, concessões

26. (ITA-SP) Preencha os claros das sentenças.

Gastaram somas ... (vultosas, vultuosas) para evitar o perigo.

Ela tem o grave ... (se não, senão) de ser invejosa.

A cidade de que ... (há, a) pouco você falou não mais existe.

Ainda vou descobrir o ... (porquê, porque, por quê, por que) dessa polêmica.

Temos, respectivamente:

a) vultosas, senão, a, por quê

b) vultuosas, senão, a, porquê

c) vultuosas, senão, a, por que

d) vultosas, senão, há, porquê

e) vultosas, se não, há, porquê

27. (ITA-SP) Assinalar a alternativa correta.

a) Sinto-me contente quando minha bem amada não está mal humorada.

b) Sinto-me contente quando minha bem-amada não está mal-humorada.

c) Sinto-me contente quando minha bemamada não está mal humorada.

d) Sinto-me contente quando minha bem-amada não está mau humorada.

e) Sinto-me contente quando minha bem-amada não está mau-humorada.

28. (FCMSC-SP) Assinale a alternativa em que a palavra *que* está grafada erradamente.

a) Quê! Você ainda não tomou banho este mês!

b) Depois de tomar banho, ficou com um quê irresistível.

c) Você vive de quê? De brisa?

d) Quê beleza! Estou acertando tudo.

e) Poderiam ajudar em quê? Se nada entendiam...

29. (FCC-BA) "Pense nos ideais ... batalhamos há tanto tempo e diga-me ... fracassamos. Será ... fomos incapazes ou descuidados em algum ponto?"

a) por que, por que, por que

b) por que, por que, porque

c) porque, porque, por que

d) porque, por que, porque

e) por que, porque, por que

30. (FCC-BA) "Minha ... está ... por culpa não sei do ... ."

a) pesquisa, atrazada, quê

b) pesquiza, atrasada, quê

c) pesquisa, atrazada, que

d) pesquiza, atrasada, que

e) pesquisa, atrasada, quê

31. (FCMSC-SP) Observar as orações seguintes.

I. Por que não apontas a vendedora por que foste ludibriado?

II. A secretária não informa por que linha de ônibus chega-se ao exame.

III. Por que será que o governo não sabe o porquê da inflação?

Há erro na grafia:

a) em I apenas.

b) em duas apenas.

c) em II apenas.

d) em III apenas.

e) em nenhuma.

32. (UFPR) Complete as lacunas, usando adequadamente *mas, mais, mal, mau.*

Pedro e João, ... entraram em casa, perceberam que as coisas não estavam bem, pois sua irmã caçula escolhera um ... momento para comunicar aos pais que iria viajar nas férias; ... seus dois irmãos deixaram os pais ... sossegados quando disseram que a jovem iria com as primas e a tia.

a) mau, mal, mais, mas

b) mal, mal, mais, mais

c) mal, mau, mas, mais

d) mal, mau, mas, mas

e) mau, mau, mas, mais

33. (Fuvest-SP) Reescreva, preenchendo as lacunas com *por que, porque, porquê, por quê.*

– ... é que você disse isso?

– Não sei bem ... .

– Não será ... tem inveja dele?

– Acho que não. Vou dizer-lhe a razão ... o disse.

Capítulo 29

Significação das palavras

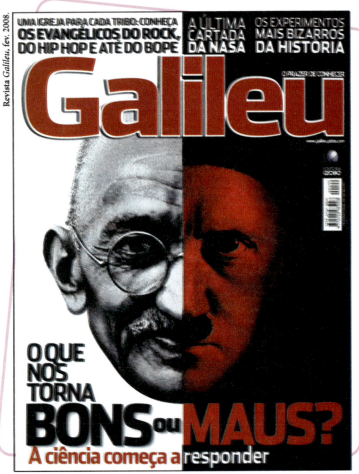

Galileu. São Paulo: Globo, n. 199, fev. 2008. Capa.

Nesta capa de revista, os antônimos *bons* ou *maus* vêm reforçar a ideia transmitida pela imagem simetricamente dividida e criteriosamente colorida: o que determina a bondade ou a maldade no homem? É o que a matéria vai tentar explicar.

Relações de significado entre as palavras

BROWNE, Dik. *O melhor de Hagar, o Horrível*.
Porto Alegre: L&PM, 2007. v. 4, p. 41.

Nesta tirinha, *grande* e *imenso* tornam-se antônimos de *pequenas coisas*.

Palavras de significados opostos como *ausência* e *presença* ou *sim* e *não* são chamadas **antônimos**.

Palavras de significados próximos são chamadas **sinônimos**. É o que ocorre, por exemplo, com palavras como *agradável, ameno, aprazível, deleitável, deleitoso, delicioso, grato, gostoso, saboroso*. Observe que os sentidos dessas palavras são próximos, mas não são exatamente equivalentes.

O uso de palavras sinônimas pode ser de grande utilidade nos processos de retomada de elementos que inter-relacionam as partes dos textos. Observe:

Alguns segundos depois, apareceu **um menino**. Era **um garoto** magro, de pernas compridas e finas. Um típico **moleque**.

Apesar de cada uma dessas palavras ter seus matizes próprios de significação, são usadas no texto para designar um mesmo ser. Perceba, assim, que a relação de sinonímia não depende exclusivamente do significado das palavras isoladas, mas resulta também do emprego que têm nos textos.

Uma relação de significado muito importante para a construção de textos é a que se estabelece entre hiperônimos e hipônimos. **Hiperônimo** é uma palavra cujo significado é mais abrangente do que o do seu **hipônimo**: é o que acontece, por exemplo, com as palavras *veículo* e *carro* – *veículo* é hiperônimo de *carro* porque em seu significado está contido o significado de **carro**, ao lado do significado de outras palavras como *carroça, trem, caminhão. Carro* é um hipônimo de *veículo*. A relação entre hipônimos e hiperônimos é muito útil para a retomada de elementos textuais:

Há muito tempo planejam derrubar aquele **ipê**. A velha **árvore** parece perturbar os administradores municipais.

Proteja o **lobo-guará**. É um **animal** que corre risco de extinção.

São hiperônimos muito importantes palavras de sentido genérico como *coisa, fato, acontecimento, fenômeno, pessoa, ser*. Essas palavras são muito frequentes nos mecanismos de retomada de elementos textuais. Seu uso, entretanto, deve ser limitado a essa função, pois elas carecem da precisão característica dos hipônimos:

A **ampliação da pobreza** compromete a estabilidade social do país e é um **fato** que não pode ser omitido em qualquer proposta séria de planejamento governamental.

A **troca de insultos e sopapos** entre os deputados ganhou destaque nos jornais. O **acontecimento** foi recriminado em vários editoriais.

> **OBSERVAÇÃO**
>
> As relações de significado que envolvem a semelhança ou igualdade de sons e grafias de palavras – a **paronímia** e **homonímia** – já foram exaustivamente estudadas na seção deste livro dedicada à fonologia.

Recordando: parônimos são palavras que apresentam grafias ou pronúncias semelhantes. Nesta tira, são parônimos as palavras *infração* (delito) e *inflação* (elevação dos preços).

Central de tiras: 2003.
São Paulo: Via Lettera, 2003. p. 55.

Em livro

BOTTON, Alain de. *As consolações da filosofia.* Rio de Janeiro: Rocco, 2001.

Filosofia é uma palavra que vem do grego, e quer dizer "amor à sabedoria". Ela se ocupa em buscar explicações racionais para o mundo e para a própria natureza humana. Questões sobre as origens da bondade e da maldade, por exemplo, fazem parte de seu objeto de estudo. E a Filosofia também pode nos ensinar a viver melhor. A partir das ideias de seis grandes filósofos, entre eles Sócrates e Schopenhauer, Alain de Botton coloca a filosofia em prática, e mostra que viver com sabedoria é mais fácil do que muitos imaginam.

Atividades

1. Complete as frases seguintes com um hiperônimo ou com uma palavra de sentido genérico.

a) O dono da fábrica negava-se a indenizar as famílias dos operários mortos com a explosão de uma caldeira. Esse (*) revoltou a população da cidade.

b) Vários automóveis foram arrastados pela correnteza. Alguns (*) foram encontrados muito longe do local onde haviam sido deixados por seus donos.

c) Cuidado com as bactérias com que você está lidando no laboratório. São (*) muitas vezes perigosos.

d) Grupos de refugiados chegam diariamente do sertão castigado pela seca. São (*) famintas, maltrapilhas, destruídas.

2. Substitua a forma do verbo *dar* pela forma apropriada de um dos sinônimos relacionados a seguir. Observe que as frases se tornam mais precisas com a substituição.

　　demonstrar　doar　oferecer　produzir
　　　dedicar　atinar　bater　bastar

a) Dei vários livros à biblioteca da escola.
b) O time dava sinais evidentes de cansaço.
c) Não escovar os dentes dá mau hálito.
d) Este lugar não nos dá nenhum conforto.
e) Dá o que tem de melhor aos filhos.
f) Tive de dar garantias.
g) Dava nos outros por qualquer coisa.
h) Até que enfim deram com a resposta certa.
i) Deram seis horas no relógio da pracinha.
j) O salário não dá para viver nesta cidade.

3. Este exercício é semelhante ao anterior; o verbo a ser substituído agora é *fazer*.

　　produzir　fingir-se　conceber　formar
　　gravar　causar　construir　montar
　　gerar　induzir　forçar　juntar

a) Sou capaz de fazer uma mesa em poucas horas.
b) Faz um disco por ano.
c) O medo faz mais admiradores que a paixão.
d) Faz pena vê-lo assim.
e) O trânsito brasileiro faz muitas vítimas.
f) Ele se fez de desentendido.
g) Fiz que tomasse uma atitude.
h) Não se pode fazer uma ideia do sofrimento daquelas pessoas.
i) A esposa fez uma bela poupança nesses anos.
j) Os investigadores fizeram o rapaz confessar o crime.

Textos para análise

1

Você lava e os vizinhos secam.

IstoÉ Dinheiro. São Paulo: Três, 25 ago. 1999. p. 12-3.

Trabalhando o texto

O que há de particularmente interessante em relação ao significado das palavras no texto acima? Comente.

2

BROWNE, Dik. *O melhor de Hagar, o Horrível*. Porto Alegre: L&PM, 2007. v. 5, p. 111.

Trabalhando o texto

O que provoca o humor na tirinha?

3

Vida Simples. São Paulo: Abril, ed. 44, ago. 2006. Capa.

Trabalhando o texto

1. Nesta capa de revista, considere os efeitos de sentido obtidos com o emprego dos antônimos.

2. Um sinônimo do verbo *ganhar* poderia ter sido utilizado no texto, tornando-o ainda mais harmônico. Qual?

4

O quereres

Onde queres revólver sou coqueiro
E onde queres dinheiro sou paixão
Onde queres descanso sou desejo
E onde sou só desejo queres não
E onde não queres nada nada falta
E onde voas bem alta eu sou o chão
E onde pisas o chão minha alma salta
E ganha liberdade na amplidão

Onde queres família sou maluco
E onde queres romântico, burguês
Onde queres Leblon sou Pernambuco
E onde queres eunuco, garanhão
E onde queres o sim e o não, talvez
Onde vês eu não vislumbro razão
Onde queres o lobo eu sou o irmão
E onde queres *cowboy* eu sou chinês

Ah! bruta flor do querer
Ah! bruta flor bruta flor

Onde queres o ato eu sou espírito
E onde queres ternura eu sou tesão
Onde queres o livre, decassílabo
E onde buscas o anjo sou mulher
Onde queres prazer sou o que dói
E onde queres tortura, mansidão
Onde queres um lar, revolução
E onde queres bandido sou herói

Eu queria querer-te e amar o amor
Construir-te dulcíssima prisão
E encontrar a mais justa adequação
Tudo métrica e rima e nunca dor
Mas a vida é real e de viés
E vê só que cilada o amor me armou
Eu te quero (e não queres) como sou
Não te quero (e não queres) como és

Ah! bruta flor do querer
Ah! bruta flor bruta flor

Onde queres comício, *flipper*-vídeo
E onde queres romance, *rock'n'roll*
Onde queres a lua eu sou o sol
Onde a pura natura, o inseticídio
E onde queres mistério eu sou a luz
Onde queres um canto, o mundo inteiro
Onde queres quaresma, fevereiro
E onde queres coqueiro sou obus
O quereres e o estares sempre a fim
Do que em mim é de mim tão desigual
Faz-me querer-te bem, querer-te mal
Bem a ti, mal ao quereres assim
Infinitivamente pessoal
E eu querendo querer-te sem ter fim
E, querendo-te, aprender o total
Do querer que há e do que não há em mim.

VELOSO, Caetano. Disponível em: <www.caetanoveloso.com.br>.
Acesso em 21 jul. 2008.

Trabalhando o texto

1. Explique a expressão "infinitivamente pessoal" (última estrofe).

2. Indique o que, a seu ver, significam as oposições entre:

a) família/maluco

b) romântico/burguês

c) Leblon/Pernambuco

d) lobo/irmão

e) *cowboy*/chinês

f) livre/decassílabo

g) anjo/mulher

h) comício/*flipper*-vídeo

i) romance/*rock'n'roll*

3. Explique e comente a imagem "dulcíssima prisão".

4. Qual a importância da aproximação de antônimos para a construção do texto?

5. A relação de antonímia é absoluta ou depende de contextos? Explique com base em elementos do texto.

Em DVD

Romeu e Julieta. Direção de Franco Zeffirelli. Itália/França: Paramount Pictures, 2003. (138 min).

A música de Caetano Veloso canta o tema do amor, mas problematiza as discordâncias que marcam um relacionamento amoroso. A obra máxima que tematiza o amor e que, ao contrário da música, enfatiza a paixão incondicional entre os amantes é *Romeu e Julieta*, de William Shakespeare. A história é sublime, poética e sensível, e mostra que o amor não conhece limites. O filme homônimo, dirigido por Franco Zeffirelli, recria com detalhes a história de amor mais famosa da literatura ocidental.

Questões de exames e concursos

1. (Fuvest-SP)

É impossível colocar em série exata os fatos da infância porque há aqueles que já acontecem permanentes, que vêm para ficar e doer, que nunca mais são esquecidos, que são sempre trazidos tempo afora, como se fossem dagora. É a carga. Há os outros, miúdos fatos, incolores e quase sem som – que mal se deram, a memória os atira nos abismos do esquecimento. Mesmo próximos eles viram logo passado remoto. Surgem às vezes, na lembrança, como se fossem uma incongruência. Só aparentemente sem razão, porque não há associação de ideias que seja ilógica. O que assim parece, em verdade, liga-se e harmoniza-se no subconsciente pelas raízes subterrâneas – raízes lógicas! – de que emergem os pequenos caules isolados – aparentemente ilógicos! só aparentemente! – às vezes chegados à memória vindos do esquecimento, que é outra função ativa dessa mesma memória.

Pedro Nava, *Baú de ossos*.

O que Pedro Nava afirma no final do texto ajuda a compreender o título do livro *Esquecer para lembrar*, de Carlos Drummond de Andrade, título que contém:

a) um paradoxo apenas aparente, já que designa uma das operações próprias da memória.
b) uma contradição insuperável, justificada apenas pelo valor poético que alcança.
c) uma explicação para a dificuldade de se organizar de modo sistemático os fatos lembrados.
d) uma fina ironia, pois a antítese entre os dois verbos dá a entender o inverso do que nele se afirma.
e) uma metáfora, já que o tempo do esquecimento e o tempo da lembrança não podem ser simultâneos.

2. (UFRJ)

Na contramão dos carros ela vem pela calçada, solar e musical, para diante de um pequeno jardim, uma folhagem, na entrada de um prédio, colhe uma flor inesperada, inspira e ri, é a própria felicidade – passando a cem por hora pela janela. Ainda tento vê-la no espelho mas é tarde, o eterno relance. Sua imagem quase embriaga, chego no trabalho e hesito, por que não posso conhecer aquilo? – a plenitude, o perfume inusitado no meio do asfalto, oculto e óbvio. Sempre minha cena favorita.

Ela chegaria trazendo esquecimentos, a flor no cabelo. Eu estaria à espera, no jardim.

E haveria tempo.

CASTRO, Jorge Viveiros de. *De todas as únicas maneiras & outras*. Rio de Janeiro: 7Letras, 2002. p. 113.

A expressão "eterno relance" compõe-se de dois vocábulos que implicam noções diferentes acerca do tempo. Explique o uso dos vocábulos combinados na expressão acima, em sua relação com a ideia central do texto.

3. (Unesp) Instrução: A questão toma por base um trecho do romance *Vidas Secas*, do escritor modernista Graciliano Ramos (1892-1953).

Vidas secas

A vida na fazenda se tornara difícil. Sinhá Vitória benzia-se tremendo, manejava o rosário, mexia os beiços rezando rezas desesperadas. Encolhido no banco do copiar, Fabiano espiava a catinga amarela, onde as folhas secas se pulverizavam, trituradas pelos redemoinhos, e os garranchos se torciam, negros, torrados. No céu azul as últimas arribações tinham desaparecido. Pouco a pouco os bichos se finavam, devorados pelo carrapato. E Fabiano resistia, pedindo a Deus um milagre.

Mas quando a fazenda se despovoou, viu que tudo estava perdido, combinou a viagem com a mulher, matou o bezerro morrinhento que possuíam, salgou a carne, largou-se com a família, sem se despedir do amo. Não poderia nunca liquidar aquela dívida exagerada. Só lhe restava jogar-se ao mundo, como negro fugido.

Saíram de madrugada. (...)

Desceram a ladeira, atravessaram o rio seco, tomaram rumo para o Sul. Com a fresca da madrugada, andaram bastante, em silêncio, quatro sombras no caminho estreito coberto de seixos miúdos – os meninos à frente, conduzindo trouxas de roupas, Sinhá Vitória sob o baú de folha pintada e a cabaça de água, Fabiano atrás de facão de rasto e faca de ponta, a cuia pendurada por uma correia amarrada ao cinturão, o aió a tiracolo, a espingarda de pederneira num ombro, o saco da matalotagem no outro. Caminharam bem três léguas antes que a barra do nascente aparecesse.

Fizeram alto. E Fabiano depôs no chão parte da carga, olhou o céu, as mãos em pala na testa. Arrastara-se até ali na incerteza de que aquilo fosse realmente mudança. Retardara-se e reprendera os meninos, que se adiantavam, aconselhara-os a poupar forças. A verdade é que não queria afastar-se da fazenda. A viagem parecia-lhe sem jeito, nem acreditava nela. Preparara-a lentamente, adiara-a, tornara a prepará-la, e só se resolvera a partir quando tudo estava definitivamente perdido. Podia continuar a viver num cemitério? Nada o prendia àquela terra dura, acharia um lugar menos seco para enterrar-se.

Graciliano Ramos. Vidas secas, 1.ª edição: 1938.

Certas expressões ganham sentidos diferentes, dependendo do contexto ou da situação em que ocorrem. Assim, os adjetivos *secas* ou *torrados*, de *Vidas Secas*, estão impregnados de uma conotação negativa, diferentemente de *secas* ou *torrados* em contextos como *ameixas secas* ou *amendoins torrados*, onde são positivos. Pensando nessas possibilidades,

a) explique que sentido tem a expressão *céu azul*, para Fabiano, na frase "No céu azul as últimas arribações tinham desaparecido";

b) construa uma frase em que o contexto atribua a essa mesma expressão uma conotação positiva.

4. (UPM-SP)

01 Pois ia me esquecendo: o Vupes! (...) Esse um era

02 estranja, alemão, o senhor sabe: clareado, constituído

03 forte, com os olhos azuis, esporte de alto, leandrado,

04 rosalgar – indivíduo mesmo. Pessoa boa. Homem

05 sistemático, salutar na alegria séria. Hê, hê, com

06 toda a confusão de política e brigas, por aí, e ele

07 não somava com nenhuma coisa: viajava sensato,

08 e ia desempenhando seu negócio dele no sertão –

09 que era de trazer e vender de tudo para os fazendeiros:

10 arados, enxadas, debulhadora, facão de aço, ferramentas

11 rógers e roscofes (...). Diz-se que vive até hoje, mas

12 abastado na capital – e que é dono de venda grande,

13 loja, conforme prosperou.

João Guimarães Rosa, Grande sertão: veredas.

Obs.: roscofe = marca de relógios muito difundida antigamente no interior por serem os mais baratos, embora de qualidade inferior.

Assinale a alternativa correta.

a) A expressão *indivíduo mesmo* denota que o alemão era considerado um tipo comum, que não chamava a atenção por sua singularidade.

b) Os termos que estão depois dos dois-pontos em *de tudo para os fazendeiros: arados, enxadas, debulhadora, facão do aço, ferramentas rógers e roscofes* exercem a mesma função sintática dos destacados em "Ela pediu: *café, açúcar* e *biscoitos*".

c) Em *com toda a confusão de política e brigas, por aí, e ele não somava com nenhuma coisa*, a correlação entre *por aí* e *e ele* expressa a ideia de que o alemão se comporta como o esperado.

d) Em *seu negócio dele no sertão*, a repetição do pronome é obrigatória, porque o emprego só de *seu* – "desempenhando o seu negócio" – ou só de *dele* – "desempenhando o negócio dele" – originaria ambiguidade.

e) A expressão *alegria séria* traduz a coexistência pacífica, no alemão, de características que logicamente seriam excludentes.

5. (UFRJ)

Viver

Vovô ganhou mais um dia. Sentado na copa, de pijama e chinelas, enrola o primeiro cigarro e espera o gostoso café com leite.

Lili, matinal como um passarinho, também espera o café com leite.

Tal e qual vovô.

Pois só as crianças e os velhos conhecem a volúpia de viver dia a dia, hora a hora, e suas esperas e desejos nunca se estendem além de cinco minutos...

QUINTANA, Mário. *Sapato florido*. 1.ª reimpr. Porto Alegre: Globo, 2005.

Explique a semelhança entre a caracterização da vida na infância e na velhice, expressa no texto *Viver*, e identifique um recurso linguístico que traduza essa semelhança.

6. (UFPel-RS)

Charge de Vago publicada no *Correio da Manhã*, em 1968.

A charge expressa a conjuntura política na qual:

a) foi imposto o *Ato Institucional n.º 5*, no Brasil, e a fala é uma ironia, recurso linguístico utilizado para burlar a censura. Naquele momento, também ocorreram massivas contestações políticas na França e nos EUA.

b) ocorreu a Campanha da Legalidade, para que João Goulart assumisse a presidência da República; e a ironia da fala remete ao fato de que, nesse período, todos os avisos eram dados à população através de metáforas.

c) foi instituído o parlamentarismo, que teve Tancredo Neves como primeiro-ministro; e a referência aos estudantes na fala é irônica, visto que o "diálogo" significava espancamento e prisões dos estudantes.

d) ocorreu o processo de abertura política após a explosão na festa no Rio-Centro, o que faz a ironia da palavra *diálogo,* utilizada na notícia, apropriada, considerando a situação vivida no período.

e) o autoritarismo militar vigorou após o golpe que depôs João Goulart, sendo que, nesse período, os setores artísticos e culturais – que se opunham ao governo – manifestavam-se, de forma uníssona, através de discursos irônicos.

7. (UFPI) Um jornal de Teresina publicou uma notícia sobre um incêndio. Preencha a manchete abaixo de forma a organizá-la partindo do **geral** para o **específico**.

ESPETÁCULO GRATUITO PROMOVIDO PELO FOGO DESTRÓI ..., QUEIMA ... E DEITA POR TERRA ... NA CIDADE DE TERESINA.

Assinale a alternativa que completa corretamente a manchete.

a) casas – construções – dormitórios
b) casas – dormitórios – construções
c) dormitórios – construções – casas
d) construções – casas – dormitórios
e) construções – dormitórios – casas

8. (UEL-PR) "A ... com que agia, mascarava suas atitudes ... contra os mestiços."

a) descrição, discriminatórias
b) discreção, descriminatórias
c) discrição, descriminatórias
d) descrição, descriminatórias
e) discrição, discriminatórias

9. (Fuvest-SP) "A ... científica do povo levou-o a ... de feiticeiros os ... em astronomia."

a) insipiência, tachar, expertos
b) insipiência, taxar, expertos
c) incipiência, taxar, espertos
d) incipiência, tachar, expertos
e) insipiência, taxar, espertos

10. (Unifeb-SP) Considerando a significação das palavras apresentadas abaixo, escolher a opção que relaciona seus sinônimos, atentando para a grafia deles.

> notável   conceder   principiante
> confirmar   desterrar

a) iminente, diferir, insipiente, retificar, proscrever

b) eminente, deferir, insipiente, ratificar, prescrever

c) iminente, diferir, incipiente, ratificar, prescrever

d) eminente, deferir, incipiente, ratificar, proscrever

e) eminente, diferir, insipiente, retificar, proscrever

11. (Efei-MG) Em que item os significados dos parônimos estão trocados?

a) **feroz** = bravio, perverso; **feraz** = fértil, fecundo

b) **sortir** = prover, abastecer; **surtir** = originar, produzir

c) **prescrever** = abolir, extinguir; **proscrever** = ordenar, determinar

d) **ratificar** = validar, comprovar; **retificar** = corrigir, emendar

e) **destratar** = insultar, descompor; **distratar** = anular, desfazer

12. (Fuvest-SP) "No último ... da orquestra sinfônica, houve ... entre os convidados, apesar de ser uma festa ... ."

a) conserto – flagrantes descriminações – beneficente

b) concerto – fragrantes discriminações – beneficiente

c) conserto – flagrantes discriminações – beneficiente

d) concerto – fragrantes discriminações – beneficente

e) concerto – flagrantes discriminações – beneficente

13. (UFMG) Assinale a alternativa em que o significado não corresponde à palavra dada.

a) expiar = pagar (a culpa), remir

b) secção = corte, divisão

c) sela = arreio

d) hera = planta trepadeira

e) concertar = remendar, tornar certo

14. (FMPA-MG) Assinale o item em que a palavra destacada está incorretamente aplicada.

a) Trouxeram-me um ramalhete de flores **fragrantes**.

b) A justiça **infligiu** a pena merecida aos desordeiros.

c) Promoveram uma festa **beneficiente** para a creche.

d) Devemos ser fiéis ao **cumprimento** do dever.

e) A **cessão** de terras compete ao Estado.

15. (FCC-BA) "Como os gastos foram..., solicitamos que os preços sejam ... ."

a) escessivos, discriminados

b) excescivos, discriminados

c) excessivos, descriminados

d) excessivos, discriminados

e) escessivos, descriminados

16. (FCC-BA) "O ... do deputado foi ... ."

a) mandado, caçado

b) mandado, cassado

c) mandato, cassado

d) mandato, caçado

e) mandato, casçado

17. (PUCCamp-SP) Escolha, entre as alternativas, a que propõe a substituição dos termos ou expressões em destaque, sem que haja alteração do sentido da sentença apresentada abaixo.

Parecia **estar prestes a acontecer** a desclassificação, pois os jogadores demonstraram usar métodos **pouco sábios** na **realização** dos preparativos finais para a partida decisiva.

a) eminente, incípidos, concecussão

b) eminente, insipientes, consequência

c) iminente, insipientes, consecução

d) eminente, insípidos, concecussão

e) iminente, incipientes, consequência

18. (Fuvest-SP) Explique a diferença de sentido entre:

a) Ele invocou o argumento precedente.

b) Ele invocou o argumento procedente.

19. (Fuvest-SP) Indique a alternativa correta.

a) O ladrão foi apanhado em flagrante.

b) Ponto é a intercessão de duas linhas.

c) As despesas de mudança serão vultuosas.

d) Assistimos a uma violenta coalizão de caminhões.

e) O artigo incerto na Revista de Ciências foi lido por todos nós.

20. (UFG) Leia as frases seguintes.

1. Assisti a um ... da máquina.
2. Os ... não são ignorantes.
3. Ele fez ao filho a ... de uma parte das terras.
4. De tempo em tempo se faz um novo ... da população.

Escolha a alternativa que oferece a sequência certa de vocábulos para a sequência das lacunas.

a) conserto, incipientes, sessão, censo
b) concerto, insipientes, seção, senso
c) conserto, insipientes, secção, censo
d) conserto, incipientes, cessão, censo
e) concerto, incipientes, cessão, senso

21. (Fuvest-SP) Assinale a alternativa em que a frase esteja gramaticalmente correta.

a) Foi graças a interseção do diretor que consegui renovar a matrícula.
b) Entre os índios, a pior ofensa era ser tachado de covarde.
c) Li, na sessão policial do matutino, que "o criminoso cozera o desafeto a faca".
d) Apresentadas aquelas provas concludentes, o réu foi absorto.
e) A falsificação da minha rúbrica não convenceu a ninguém.

22. (Fatec-SP) Indique a frase em que as palavras destacadas apresentam a mesma relação semântica que *estranho* e *conhecido*.

a) A participação em nosso grupo provoca sentimentos de **segurança** e **bem-estar**.
b) No outro extremo, o estrangeiro provoca a nossa **desconfiança**, às vezes, o nosso **medo**.
c) Sentimos que aqueles que mais nos **conhecem** são também capazes de **ignorar** o que de melhor trazemos conosco.
d) As situações novas, além disso, são **atraentes** e **provocantes**.
e) Frequentemente sonhamos com **o país distante**, **a terra prometida** onde possamos realizar nossos desejos.

Capítulo 30

Noções elementares de estilística

BROWNE, Dik. *O melhor de Hagar, o Horrível*.
Porto Alegre: L&PM, 2007. v. 4, p. 91.

Na frase "O homem não vive só de pão" as palavras *homem* e *pão* são empregadas de maneira figurada: *homem*, substantivo no singular, na verdade, está no lugar de *homens* ou *gênero humano*; *pão*, no lugar de *alimento*. Assim utilizadas, tais palavras constituem metonímias.

Foi assim que Hagar entendeu, e assim nós entendemos no primeiro quadrinho da tira. No segundo, porém, percebemos que o cartunista joga com o sentido desses termos, pois Eddie Sortudo utiliza pão no sentido próprio e não como palavra que simboliza alimento. E com esse jogo cria o humor da tira.

1. Introdução

A estilística estuda a utilização da linguagem como meio de exteriorização de dados emotivos e estéticos. Seu objeto de estudo são os processos de manipulação da linguagem que permitem a quem fala ou escreve mais do que simplesmente informar — interessam principalmente as possibilidades de sugerir conteúdos emotivos e intuitivos por meio das palavras e da sua organização.

Neste capítulo, vamos fazer um estudo bastante breve dessas possibilidades, que fogem ao âmbito dos estudos gramaticais.

2. Recursos fonológicos

Os sons da língua podem ser organizados de forma a transmitir sugestões e conteúdos intuitivos. Uma das formas de se conseguir isso é a **aliteração**, ou seja, a repetição de uma mesma consoante numa sequência linguística, como ocorre com /v/ e /l/ no trecho seguinte:

> "Vozes veladas, veludosas vozes,
> Volúpias dos violões, vozes veladas,
> Vagam nos velhos vórtices velozes
> Dos ventos, vivas, vãs, vulcanizadas."
>
> (Cruz e Sousa)

A repetição de uma mesma vogal numa sequência linguística recebe o nome de **assonância**. É o que ocorre com /ã/ e /õ/ em:

> "E bamboleando em ronda
> dançam bandos tontos e bambos
> de pirilampos."
>
> (Guilherme de Almeida)

A tentativa de reproduzir linguisticamente sons e ruídos do mundo natural constitui a **onomatopeia**:

> "Lá vem o vaqueiro pelos atalhos,
> tangendo as reses para os currais.
> Blem... blem... blem... cantam os chocalhos
> dos tristes bodes patriarcais.
> E os guizos finos das ovelhinhas ternas
> dlin... dlin... dlin...
> E o sino da igreja velha:
> bão... bão... bão..."
>
> (Ascenso Ferreira)

A poesia, principalmente, explora esses e outros recursos sonoros da linguagem. O estudo dos ritmos e dos padrões métricos da linguagem poética foge ao âmbito dos estudos gramaticais. Para conhecê-los, devem-se procurar as obras especializadas e principalmente os bons poemas da língua portuguesa.

3. Recursos morfológicos

Os casos mais comuns de exploração expressiva de recursos morfológicos estão relacionados com o uso de determinados sufixos. É muito frequente o emprego dos sufixos aumentativos e diminutivos para exprimir conteúdos afetivos nem sempre relacionados com a dimensão física dos seres. É o caso de palavras como *mulherão* ou *coitadinho*, que fazem referência respectivamente à beleza e às características psicológicas dos seres designados. Tratamos desses e de outros casos quando estudamos a estrutura e a formação das palavras.

4. Recursos sintáticos

A sintaxe é uma fonte inesgotável de recursos expressivos. Algumas formas de obter efeitos sutis de significação:

a. assíndeto, ou coordenação de termos ou orações sem utilização de conectivo. Esse recurso costuma imprimir lentidão ao ritmo narrativo:

"Foi apanhar gravetos, trouxe do chiqueiro das cabras uma braçada de madeira meio roída pelo cupim, arrancou touceiras de macambira, arrumou tudo para a fogueira."

(Graciliano Ramos)

b. polissíndeto, ou repetição do conectivo na coordenação de termos ou orações. Esse recurso costuma acelerar o ritmo narrativo:

"O amor que a exalta e a pede e a chama e a implora."

(Machado de Assis)

Em livro

GLEDSON, John (Org.). *50 contos de Machado de Assis*. São Paulo: Companhia das Letras, 2007.

Machado de Assis, o bruxo de Cosme Velho, é mais conhecido por seus romances, verdadeiros pilares da nossa literatura. Ninguém se atreve a dizer que nunca ouviu falar de *Dom Casmurro* ou *Memórias póstumas de Brás Cubas*. Mas Machado também emprestou seu talento literário para a produção de contos, dos quais cinquenta foram reunidos por John Gledson, crítico especialista em Machado de Assis. Nessa coletânea há histórias conhecidas, como "A cartomante" e "Missa do Galo", e outras que, embora menos famosas, merecem ser lidas.

---

c. inversão da ordem normal dos termos da oração ou da frase. O termo deslocado de sua posição normal recebe forte ênfase. A inversão não é privilégio da linguagem literária, ocorrendo também no uso cotidiano da linguagem:
Das minhas coisas cuido eu!   Professor já não sou.

d. repetição de termos ou de estruturas sintáticas (chamada de anáfora quando ocorre no início de duas ou mais frases sucessivas). É um recurso de ênfase e coesão, de que falamos em vários momentos de nossos estudos.

e. anacoluto, ou ruptura da ordem lógica da frase. É um recurso muito utilizado nos diálogos, que procuram reproduzir na escrita a língua falada: "Quem ama o feio, bonito lhe parece" (dita de acordo com a "lógica", essa frase se transformaria em "O feio parece bonito a quem o ama").

f. silepse ou concordância ideológica, estudada no capítulo dedicado à concordância verbal e nominal.

5. Recursos semânticos

A exploração dos significados das palavras gera duas figuras principais: a metáfora e a metonímia.

A **metáfora** ocorre quando uma palavra passa a designar alguma coisa com a qual não mantém relação objetiva. Na base de toda metáfora está um processo comparativo. Observe:

Senti a seda do seu rosto em meus dedos.

Seda, na frase acima, é uma metáfora. Por trás do uso dessa palavra para indicar uma pele extremamente agradável ao tato, há várias operações de comparação: a pele descrita é tão agradável ao tato quanto a seda; a pele descrita é uma verdadeira seda; a pele descrita pode ser chamada seda.

Em CD

Chico Buarque. Gota d'água. In: *Chico 50 anos: o político* (CD). Universal Music, 1989.
O CD reúne a maioria das canções que Chico dedicou à crítica da política de seu tempo. Censuradas em sua época, músicas como "Cálice" e "Construção" fazem parte do repertório selecionado. Destaque também para a música "Gota d'água", em que Chico constrói metáforas bem expressivas.

A **metonímia** ocorre quando uma palavra é usada para designar alguma coisa com a qual mantém uma relação de proximidade, contiguidade etc. Observe:

Meus olhos estão tristes porque você decidiu partir.

Olhos, na frase acima, é uma metonímia. Na verdade, essa palavra, que indica uma parte do ser humano, está sendo usada para designar o ser humano completo.

Outras formas de explorar significados de maneira expressiva são:

a. antítese, ou aproximação de antônimos. Releia o texto "O quereres", do capítulo anterior, para observar como esse recurso pode ser explorado à exaustão.

b. eufemismo, ou atenuamento intencional da expressão em certas situações:
Falta-lhe inteligência para compreender isso.

c. hipérbole, ou exagero intencional da expressão:
Faria isso mil vezes se fosse preciso.

d. ironia, que consiste em, aproveitando-se do contexto, utilizar palavras que devem ser compreendidas no sentido oposto do que aparentam transmitir. É um poderoso instrumento para o sarcasmo:
Muito competente aquele candidato! Construiu viadutos que ligam nenhum lugar a lugar algum.

Disponível em <portal.rpc.com.br/gazetadopovo/charges/index.phtml?foffset=24&offset=&ch=Pancho>. Acesso em: 21 jul. 2008.

O humor desta charge baseia-se na ironia. Como poderiam duas pessoas que nada têm interessar-se por um assunto cujo foco é "envelhecer com qualidade de vida"? O sarcasmo do chargista fica evidente pela própria situação – dois homens maltrapilhos em torno de uma fogueira leem sobre qualidade de vida – e pelo paradoxo contido nas últimas palavras da frase: como seria possível "morrer saudável"?

e. gradação, que consiste em encadear palavras cujos significados têm efeito cumulativo:

Os grandes projetos de colonização resultaram em pilhas de papéis velhos, restos de obras inacabadas, hectares de floresta devastada, milhares de famílias abandonadas à própria sorte.

f. prosopopeia ou **personificação**, que consiste em atribuir características de seres animados a seres inanimados ou características humanas a seres não humanos:

A floresta gesticulava nervosamente diante do fogo que a devorava.

O ipê acenava-lhe brandamente, chamando-o para casa.

Textos para análise

1

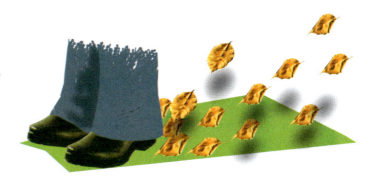

Nunca sei ao certo
Se sou um menino de dúvidas
Ou um homem de fé

Certezas o vento leva
Só dúvidas continuam de pé

LEMINSKI, Paulo. *O ex-estranho.* Curitiba: Fundação Cultural de Curitiba/São Paulo: Iluminuras, 1996. p. 38.

2

NÃO TEM VISTA PRO MAR.
NÃO TEM SACADA.
NÃO TEM LUZ.
E ELES NÃO QUEREM SAIR
DE LÁ DE JEITO NENHUM.

Superinteressante. São Paulo: Abril, ed. 237, mar. 2007. p. 19.

3

FÉRIAS ENTRE FERAS

Revista *Os caminhos da Terra*, fev. 2008. p. 76/Detalhe

Os caminhos da Terra. São Paulo: Peixes, ano 15, n. 190, fev. 2008. p. 76-7.

4

Laerte

LAERTE. *Classificados: livro 3*. São Paulo: Devir, 2004. p. 63.

5

Um universo de encontros, de desencontros, de achados, de perdidos. Clique, acesse, descubra, mostre quem você é, quem você quer ser. Alguém pode estar esperando você do outro lado da tela. Ou não. Só existe um jeito de saber.

Revista *Superinteressante*, mar. 2007. p. 35/Detalhe

Superinteressante. São Paulo: Abril, ed. 237, mar. 2007. p. 35.

6

BROWNE, Dik. *O melhor de Hagar, o Horrível.* Porto Alegre: L&PM, 2007. v. 4, p. 126.

7

Janela sobre a história universal

Houve uma vez que foi a primeira vez, e então o bicho humano ergueu-se e suas quatro patas se transformaram em dois braços e duas pernas, e graças às pernas os braços ficaram livres e puderam fazer casa melhor que a copa das árvores ou a caverna do caminho. E tendo-se erguido, a mulher e o homem descobriram que é possível fazer amor cara a cara e boca a boca, e conheceram a alegria de olhar nos olhos durante o abraço de seus braços e o nó de suas pernas.

GALEANO, Eduardo. *As palavras andantes.* Porto Alegre: L&PM, 1994. p. 238.

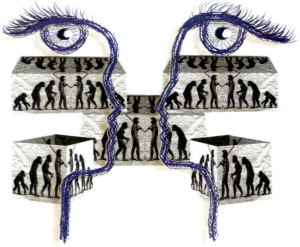

8

tutano no osso
miolo no crânio
berro no bolso
bala no cano
carne no aço
sangue no pano
planta o caroço
humano
no mano

ANTUNES, Arnaldo. *Boa companhia: poesia.* São Paulo: Companhia das Letras, 2003. p. 50.

Trabalhando os textos

Indique a(s) figura(s) de linguagem presente(s) em cada um dos textos apresentados.

9

Metáfora

Uma lata existe para conter algo
Mas quando o poeta diz: "Lata"
Pode estar querendo dizer o incontível

Uma meta existe para ser um alvo
Mas quando o poeta diz: "Meta"
Pode estar querendo dizer o inatingível

Por isso não se meta a exigir do poeta
Que determine o conteúdo em sua lata
Na lata do poeta tudonada cabe
Pois ao poeta cabe fazer
Com que na lata venha a caber
O incabível

Deixe a meta do poeta, não discuta,
Deixe a sua meta fora da disputa
Meta dentro e fora, lata absoluta
Deixe-a simplesmente metáfora

GIL, Gilberto. Disponível em: <gilbertogil.com.br>. Acesso em: 21 jul. 2008.

Trabalhando o texto

1. Observe as palavras destacadas nos versos transcritos e explique que relação mantêm entre si:

"Uma **meta** existe para ser um alvo" / "Por isso não se **meta** a exigir do poeta"

2. De que forma relações entre palavras como a apontada na questão 1 participam do trabalho do poeta? Explique.

3. Qual o processo de formação e o significado da palavra *tudonada*? Qual a relação dessa palavra com a sequência "dentro e fora"?

4. O que nos informam sobre a atividade do poeta as relações de significado entre as palavras *lata/incontível* e *meta/inatingível*?

5. "Deixe a sua meta fora da disputa"
Quais as relações entre esse verso e o título do texto?

6. Baseado na leitura do texto, explique em que consiste a "lata absoluta". Que relação há entre ela e a metáfora?

Questões de exames e concursos

1. (Fuvest-SP)

o Kramer apaixonou-se por uma corista que se chamava Olga. por algum motivo nunca conseguiam encontrar-se. ele gritava passando pela casa de Olga, manhãzinha (ela dormia): Olga, Olga, hoje estou de folga! mas nunca se viam e penso que ele sabia que se efetivamente se deitasse com ela o sonho terminaria. sábio Kramer. nunca mais o vi. há sonhos que devem permanecer nas gavetas, nos cofres, trancados até o nosso fim. e por isso passíveis de serem sonhados a vida inteira.

Hilda Hilst. *Estar sendo. Ter sido.*

Observações:

O emprego sistemático de minúscula na abertura de período é opção estilística da autora.

Corista = atriz/bailarina que figura em espetáculo de teatro musicado.

No trecho "há sonhos que devem permanecer nas gavetas, nos cofres, trancados até o nosso fim.", o recurso de estilo que **não** ocorre é a:

a) redundância.
b) inversão.
c) gradação.
d) metáfora.
e) enumeração.

2. (Fuvest-SP)

(...)
Num tempo
Página infeliz da nossa história
Passagem desbotada na memória
Das nossas novas gerações
Dormia
A nossa pátria mãe tão distraída
Sem perceber que era subtraída
Em tenebrosas transações
(...).

"Vai passar", Chico Buarque e Francis Hime.

a) É correto afirmar que o verbo "*dormia*" tem uma conotação positiva, tendo em vista o contexto em que ele ocorre? Justifique sua resposta.

b) Identifique, nos três últimos versos, um recurso expressivo sonoro e indique o efeito de sentido que ele produz. (Não considere a rima "distraída"/"subtraída".)

574   Parte 4 > > > APÊNDICE > > >

3. (Unicamp-SP) Os quadrinhos a seguir fazem parte de um material publicado na *Folha de S.Paulo* em 17 de agosto de 2005, relativo à crise política brasileira, que teve início em maio do mesmo ano.

GALHARDO, Caco. *Folha de S.Paulo*, 17 ago. 2005.

No quadrinho de Caco Galhardo, outras associações com a crise política podem ser observadas.

a) "Vossa Excelência me permite um aparte" é uma expressão típica de um espaço institucional. Qual é esse espaço e quais as palavras que permitem essa identificação?

b) A expressão "um aparte" pode ser segmentada de outra maneira. Qual a expressão resultante dessa segmentação? Explique o sentido de cada uma das expressões.

c) Levando em consideração as relações entre as imagens e as palavras, explique como se constrói a interpretação do quadrinho.

4. (PUC-SP)

Oração no saco de Mangaratiba

Nossa Senhora me dê paciência
Para estes mares para esta vida!
Me dê paciência pra que eu não caia
Pra que eu não pare nesta existência
Tão mal cumprida tão mais comprida
Do que a restinga de Marambaia!...

No poema apresentado, há uma seleção vocabular que imprime um jogo semântico com sabor de trocadilho e que intensifica, na relação binária das semelhanças sonoras, a força poética do texto. Trata-se de

a) Para estes mares para esta vida!
b) Nossa Senhora me dê paciência.
c) ...que eu não caia... que eu não pare...
d) Tão mal cumprida tão mais comprida.
e) Saco de Mangaratiba / restinga de Marambaia.

5. (UPM-SP)

1 Esta história poderia chamar-se "As Estátuas".
2 Outro nome possível é "O Assassinato". E
3 também "Como Matar Baratas". Farei então pelo
4 menos três histórias, verdadeiras porque nenhuma
5 delas mente a outra. Embora uma única, seriam mil
6 e uma, se mil e uma noites me dessem.
7 A primeira, "Como Matar Baratas", começa

8 assim: queixei-me de baratas. Uma senhora
ouviu-me

9 a queixa. Deu-me a receita de como matá-las.

10 (...) Assim fiz. Morreram.

11 A outra história é a primeira mesmo e chama-se

12 "O Assassinato". Começa assim: queixei-me de

13 baratas. Uma senhora ouviu-me. Segue-se a

14 receita. E então entra o assassinato.

(Clarice Lispector)

Uma das marcas do estilo de Clarice Lispector é a construção de metáforas pouco comuns, como está exem-
plificado em:

a) Essas grandes sombras das árvores que se estendem pela planície...

b) O que explicava esse grande valor dado por ele a
um tão simples convite era o regime caseiro que D.
Lauriana havia estabelecido em sua habitação.

c) Tudo daí em diante foi burburinho, que depressa
passou à gritaria, e ainda mais depressa à alga-
zarra ...

d) ...sábado era seu, mas ele queria que sua mulher e
seu filho estivessem em casa enquanto ele tomava
o seu sábado.

e) O nosso primeiro Natal de família, depois da
morte de meu pai acontecida cinco meses antes,
foi de consequências decisivas para a felicidade
familiar.

6. (FGV-SP) Considere o texto seguinte para responder à
questão.

Não existe liberdade sem independência financeira. Ter um currículo turbinado ou uma
rede de relacionamentos em dia pode perder o
valor se você não tiver também uma reserva financeira para sobreviver num momento de transição de emprego.

Você S/A, set. 2005.

A palavra *turbinado* está empregada, no contexto, em
sentido figurado. Reescreva o trecho — *Ter um currículo turbinado* — substituindo a palavra em questão por
termo ou expressão de sentido não figurado.

7. (ESPM-SP) O escritor Paulo Lins em seu romance *Cidade de Deus* expressa o avanço da violência no Brasil,
nas últimas décadas, com a frase: "Falha a fala. Fala
a bala.". Nas duas frases só **não** se pode identificar a
seguinte figura de linguagem:

a) paronomásia, pelo trocadilho ou jogo de palavras
com apelo sonoro.

b) aliteração, pela repetição de fonemas consonantais.

c) assonância, pela repetição da vogal "a".

d) perífrase, pela substituição de "violência" por um
dos elementos que a compõe (bala).

e) personificação, pela característica humana atribuída à "bala".

8. (PUC-SP) "... a fazenda dormia num silêncio recluso, a
casa estava de luto...". A figura de linguagem empregada pelo autor de *Lavoura arcaica* nesse trecho é:

a) a metonímia.

b) a antítese.

c) a hipérbole.

d) a metáfora.

e) a prosopopeia ou a personificação.

9. (ITA-SP)

Canção

Pus o meu sonho num navio
e o navio em cima do mar;
– depois, abri o mar com as mãos
para o meu sonho naufragar

Minhas mãos ainda estão molhadas
do azul das ondas entreabertas
e a cor que escorre dos meus dedos
colore as areias desertas.

O vento vem vindo de longe,
a noite se curva de frio;
debaixo da água vai morrendo
meu sonho, dentro de um navio...

Chorarei quanto for preciso,
para fazer com que o mar cresça,
e o meu navio chegue ao fundo
e o meu sonho desapareça.

Depois, tudo estará perfeito;
praia lisa, águas ordenadas,
meus olhos secos como pedras
e as minhas duas mãos quebradas

Neste poema, há algumas figuras de linguagem. Abaixo, você tem, de um lado, os versos e, do outro, o nome
de uma dessas figuras. Observe:

I. Minhas mãos ainda estão molhadas /
do azul das ondas entreaberta   sinestesia

576   Parte 4 > > > APÊNDICE > > >

II. e a cor que escorre dos
meus dedos   metonímia
III. o vento vem vindo de longe   aliteração
IV. a noite se curva de frio   personificação
 V. e o meu navio chegue ao fundo /
e o meu sonho desapareça   polissíndeto

Considerando-se a relação verso/figura de linguagem, pode-se afirmar que:

a) apenas I, II e III estão corretas.

b) apenas I, III e IV estão corretas.

c) apenas II está incorreta.

d) apenas I, IV e V estão corretas.

e) todas estão corretas.

10. (Ufam) Assinale o item em que ocorre silepse de pessoa:

a) Vossa Excelência é realmente dinâmico e honrado.

b) "Sobre a triste Ouro Preto o ouro dos astros chove". (Olavo Bilac)

c) Quando a gente é novo, tudo são alegrias.

d) A massa enfurecida incendiaram os veículos da empresa.

e) Todos temos o dever de exprimir-nos com suficiente clareza e correção.

Textos para as questões 11 e 12.

Auto da Lusitânia

(Gil Vicente – 1465?–1536?)

Estão em cena os personagens *Todo o Mundo* (um rico mercador) e *Ninguém* (um homem vestido como pobre). Além deles, participam da cena dois diabos, *Berzebu* e *Dinato*, que escutam os diálogos dos primeiros, comentando-os, e anotando-os.

Ninguém para *Todo o Mundo*: E agora que buscas lá?

Todo o Mundo: Busco honra muito grande.

Ninguém: E eu virtude, que Deus mande que tope co ela já.

Berzebu para *Dinato*: Outra adição nos acude: Escreve aí, a fundo, que busca honra *Todo o Mundo*, e *Ninguém* busca virtude.

Ninguém para *Todo o Mundo*: Buscas outro mor bem qu'esse?

Todo o Mundo: Busco mais quem me louvasse tudo quanto eu fizesse.

Ninguém: E eu quem me repreendesse em cada cousa que errasse.

Berzebu para *Dinato*: Escreve mais.

Dinato: Que tens sabido?

Berzebu: Que quer em extremo grado *Todo o Mundo* ser louvado, e *Ninguém* ser repreendido.

Ninguém para *Todo o Mundo*: Buscas mais, amigo meu?

Todo o Mundo: Busco a vida e quem ma dê.

Ninguém: A vida não sei que é, a morte conheço eu.

Berzebu para *Dinato*: Escreve lá outra sorte.

Dinato: Que sorte?

Berzebu: Muito garrida: *Todo o Mundo* busca a vida, e *Ninguém* conhece a morte.

Ode triunfal

Álvaro de Campos (heterônimo de Fernando Pessoa – 1888–1935)

À dolorosa luz das grandes lâmpadas elétricas da fábrica

Tenho febre e escrevo.

Escrevo rangendo os dentes, fera para a beleza disto,

Para a beleza disto totalmente desconhecida dos antigos.

Ó rodas, ó engrenagens, r-r-r-r-r-r eterno!

Forte espasmo retido dos maquinismos em fúria!

Em fúria fora e dentro de mim,

Por todos os meus nervos dissecados fora,

Por todas as papilas fora de tudo com que eu sinto!

Tenho os lábios secos, ó grandes ruídos modernos,

De vos ouvir demasiadamente de perto,

E arde-me a cabeça de vos querer cantar com um excesso

De expressão de todas as minhas sensações,

Com um excesso contemporâneo de vós, ó máquinas!

Em febre e olhando os motores como a uma Natureza tropical –

Grandes trópicos humanos de ferro e fogo e força –

Canto, e canto o presente, e também o passado e o futuro,

Porque o presente é todo o passado e todo o futuro

E há Platão e Virgílio dentro das máquinas e das luzes elétricas

Só porque houve outrora e foram humanos Virgílio e Platão,

E pedaços do Alexandre Magno do século talvez cinquenta,

Átomos que hão de ir ter febre para o cérebro do Ésquilo do século cem,

Andam por estas correias de transmissão e por estes êmbolos e por estes volantes,

Rugindo, rangendo, ciciando, estrugindo, ferreando,

Fazendo-me um excesso de carícias ao corpo numa só carícia à alma.

11. (Unifesp) A **ironia**, ou uma expressão irônica, consiste em, intencionalmente, dizer o contrário do que as palavras significam, no sentido literal, denotativo. Lendo-se o fragmento de Gil Vicente, percebe-se que o autor ironiza a sociedade:

a) no nome dado a *Berzebu* que, no Novo Testamento, significa o "príncipe dos demônios".

b) no comportamento humilde do personagem *Todo o Mundo.*

c) na dissimulação contida nos nomes dos personagens e suas caracterizações: *Todo o Mundo* (=um rico mercador) e *Ninguém* (=um homem vestido como pobre).

d) no pedido que *Berzebu* faz a *Dinato:* "Escreve lá outra sorte.".

e) no comportamento obstinado do personagem *Ninguém.*

12. (Unifesp) No fragmento do *Auto da Lusitânia,* o autor utiliza um recurso estilístico que consiste no emprego de vocábulos antônimos, estabelecendo contrastes, como *vida/morte, louvado/repreendido,* e outros. No fragmento de "Ode triunfal", ocorre um outro recurso de estilo que consiste na invocação de seres reais ou imaginários, animados ou inanimados, vivos ou mortos, presentes ou ausentes, como *ó roda*s, *ó grandes ruídos modernos* e outros. Esses recursos estilísticos são conhecidos, respectivamente, como

a) eufemismo e onomatopeia.

b) eufemismo e apóstrofe.

c) antítese e apóstrofe.

d) antítese e eufemismo.

e) antítese e onomatopeia.

13. (PUCCamp-SP)

Verdes mares bravios de minha terra natal, onde canta a jandaia nas frondes da carnaúba;

Verdes mares que brilhais como líquida esmeralda aos raios do sol nascente, perlongando as alvas praias ensombradas de coqueiros;

Serenai, verdes mares, e alisai docemente a vaga impetuosa para que o barco aventureiro manso resvale à flor das águas.

Esse trecho é o início do romance *Iracema*, de José de Alencar. O uso repetitivo da expressão *verdes mares* e os verbos *serenai* e *alisai*, indicadores de ação do agente natural, imprimem ao trecho um tom poético apoiado em duas figuras de linguagem:

a) anáfora e prosopopeia.

b) pleonasmo e metáfora.

c) antítese e inversão.

d) apóstrofe e metonímia.

e) metáfora e hipérbole.

14. (UFSCar-SP) Assinale a alternativa que contém um trecho extraído de *Gabriela, cravo e canela*, obra de Jorge Amado, em que o autor apresenta as informações numa linguagem altamente conotativa.

a) ... soltou um bafo pesado de álcool na cara de Nacib...

b) Os olhos do árabe fitavam Gabriela a dobrar a esquina ...

c) Já cumprira Nacib, na véspera, seu dever de cidadão...

d) Mas descobriu um broche engraçado, uma sereia dourada.

e) Parecia feita de canto e dança, de sol e luar, era de cravo e canela.

15. (PUC- SP) Nos trechos "... nem um dos autores nacionais ou nacionalizados de oitenta pra lá faltava nas estantes do major." e "... o essencial é achar-se as palavras que o violão pede e deseja", encontramos, respectivamente, as seguintes figuras de linguagem:

a) prosopopeia e hipérbole.

b) hipérbole e metonímia.

c) perífrase e hipérbole.

d) metonímia e eufemismo.

e) metonímia e prosopopeia.

16. (PUC-SP) Nos trechos "O pavão é um arco-íris de plumas." e "... de tudo que ele suscita e esplende e estremece e delira...", enquanto procedimento estilístico, temos, respectivamente:

a) metáfora e polissíndeto.

b) comparação e repetição.

c) metonímia e aliteração.

Parte 4 > > > APÊNDICE > > >

d) hipérbole e anacoluto.

e) anáfora e metáfora.

17. (Acafe-SC) Relacione as colunas. Depois assinale a alternativa construída.

(1) Morrer de medo.   ( ) eufemismo

(2) Baticum! O TL amarelo   ( ) hipérbole
    mergulhou na lagoa.

(3) Você faltou com a verdade.   ( ) prosopopeia

a) 3–1–2   c) 1–2–3   e) 2–3–1

b) 2–1–3   d) 3–2–1

18. (Febasp)

Se você gritasse,

se você gemesse,

se você tocasse

a valsa vienense,

se você dormisse,

se você cansasse,

se você morresse...

Mas você não morre,

você é duro, José...

(Carlos Drummond de Andrade)

Considerando a repetição da expressão "se você" no início dos versos; a repetição dos sons *cê* (*se, cê, sse*) e a expressão "você é duro", estilisticamente ocorrem:

a) anáfora, aliteração, metáfora.

b) pleonasmo, assonância, prosopopeia.

c) anadiplose, polissíndeto, personificação.

d) metáfora, silepse, anáfora.

19. (PUC-SP) Nos versos:

Última flor do Lácio, inculta e bela,
És, a um tempo, esplendor e sepultura,

temos, respectivamente:

a) metonímia e metáfora.

b) metáfora e antítese.

c) hipérbole e prosopopeia.

d) pleonasmo e antítese.

e) paronomásia e onomatopeia.

20. (Unicamp-SP) A conhecida ironia de Machado de Assis fica evidente na seguinte passagem do romance *Memórias póstumas de Brás Cubas*:

... Marcela amou-me durante quinze meses e onze contos de réis...

Nesse, como em muitos outros trechos de seus romances, o escritor usa com maestria as palavras, obtendo, através de sua combinação, o efeito cômico desejado.

Diga qual é a ironia presente na passagem citada e explique de que maneira Machado consegue obter o efeito cômico através das relações de significação que se estabelecem entre as palavras que ele escolheu.

21. (UFV-MG)

Lua cheia

Boião de leite

que a Noite leva

com mãos de treva

pra não sei quem beber.

E que, embora levado

muito devagarzinho,

vai derramando pingos brancos

pelo caminho.

(Cassiano Ricardo)

No texto acima, *boião de leite* é uma:

a) metáfora.   d) prosopopeia.

b) hipérbole.   e) repetição.

c) metonímia.

22. (UEL-PR)

Senhor, nada valho.

Sou a planta humilde dos quintais pequenos e das lavouras pobres.

Meu grão, perdido por acaso,

Nasce e cresce na terra descuidada.

(...)

O Justo não me consagrou Pão da Vida, nem lugar me foi dado nos altares.

(Cora Coralina)

Nos versos transcritos acima, Cora Coralina, através de uma figura de linguagem, contrapõe dois cereais. Responda:

a) Qual a figura empregada?

b) Quais os cereais contrapostos?

c) O que eles simbolizam?

23. (FOC-SP) Observe a oração:

O **tique-taque** do relógio nos perturbava.

Qual a figura de linguagem da expressão destacada?

24. (FOC-SP) "Sois Anjo, que me tenta, e não me guarda." Temos aqui a seguinte figura de linguagem, típica do Barroco:

a) antítese   c) elipse

b) pleonasmo   d) hipérbole

Capítulo 30 > > > Noções elementares de estilística > > >

25. (UniFMU-SP) Nos versos:

O vento voa

a noite toda se atordoa.

aparece a mesma figura:

a) metáfora
d) personificação

b) metonímia
e) antítese

c) hipérbole

26. (UPM-SP) Aponte a alternativa em que não haja uma comparação.

a) Rio como um regato que soa fresco numa pedra.

b) É mais estranho do que todas as estranhezas que as cousas sejam realmente o que parecem ser.

c) Qual um filósofo, o poeta vive a procurar o mistério oculto das cousas.

d) Os pensamentos das árvores a respeito do mistério das cousas são tão estranhos quanto os dos rios.

e) Os meus sentidos estavam tão aguçados, que aprenderam sozinhos o mistério das cousas.

27. (UPM-SP) "Fitei-a longamente, fixando meu olhar na menina dos olhos dela."

No período acima, ocorre uma figura de palavra conhecida como:

a) metáfora.
d) metonímia.

b) catacrese.
e) sinédoque.

c) antonomásia.

28. (UPM-SP) Aponte a alternativa que contenha a mesma figura de pensamento existente no período:

Acenando para a fonte, o riacho despediu-se triste e partiu para a longa viagem de volta.

a) O médico visualizou, por alguns segundos, a cara magra do doente, antes que a última paixão se calasse.

b) Os arbustos dançavam abraçados com os pinheiros a suave valsa do crepúsculo.

c) Contemplando aquela terna fisionomia, afastou-se com um sorriso pálido e irônico.

d) Só o silêncio tem sido meu companheiro neste período amargo de intensa solidão.

e) A mesquinhez de tua atitude é poço profundo, cavado no íntimo de teu espírito.

29. (Fesp-SP) Assinale a figura presente na estrofe abaixo.

Vi uma estrela tão alta,

Vi uma estrela tão fria!

Vi uma estrela luzindo,

Na minha vida vazia.

(Manuel Bandeira)

a) assíndeto
d) anáfora

b) pleonasmo
e) silepse

c) anacoluto

30. (Fuvest-SP)

No tempo de meu Pai, sob estes galhos,

Como uma vela fúnebre de cera,

Chorei bilhões de vezes com a canseira

De inexorabilíssimos trabalhos!

Identifique a figura empregada nos versos destacados:

a) antítese
d) litotes

b) anacoluto
e) paragoge

c) hipérbole

31. (Fuvest-SP) Identifique a figura de linguagem presente no verso em destaque.

Quando a indesejada das gentes chegar

(Não sei se dura ou caroável),

Talvez eu tenha medo,

Talvez sorria e diga:

— Alô, iniludível!

a) clímax
d) catacrese

b) eufemismo
e) pleonasmo

c) sínquise

32. (UniFMU-SP) Em "Dizem que os cariocas somos pouco dados aos jardins públicos.", há:

a) pleonasmo.

b) hipérbato de pessoa.

c) silepse de gênero.

d) silepse de pessoa.

e) silepse de número.

33. (Unimep-SP) Todas as frases a seguir são corretas. Assinale a única que encerra anacoluto.

a) Aos homens parece não existir a verdade.

b) Os homens parece-lhes não existir a verdade.

c) Os homens parece que ignoram a verdade.

d) Os homens parece ignorarem a verdade.

e) Os homens parecem ignorar a verdade.

34. (UFMG) "Meu pai e o proprietário sumiram-se, foram cuidar de negócios, numa daquelas conversas cheias de gritos. Minha mãe e eu ficamos cercados de saias."

Considerando essa passagem, de *Infância*, de Graciliano Ramos, responda:

a) Que figura de estilo ocorre no último período?

b) Reescreva-o em linguagem denotativa.

Lista de instituições promotoras de exames e concursos

Acafe-SC – Associação Catarinense das Fundações Educacionais

ACP-SP – Secretaria de Concursos Públicos da Academia de Polícia Civil de São Paulo

Aman-RJ – Academia Militar das Agulhas Negras

Cefet – Centro Federal de Educação Tecnológica

Cesesp-PE – Centro de Seleção ao Ensino Superior de Pernambuco

Cesgranrio-RJ – Fundação Centro de Seleção de Candidatos ao Ensino Superior do Grande Rio

Conesul – Fundação Conesul de Desenvolvimento

CTA-SP – Comissão de Trabalho, de Administração e Serviço Público

ECT – Empresa Brasileira de Correios e Telégrafos

EEM-SP – Escola de Engenharia de Mauá

Efei-MG – Escola Federal de Engenharia de Itajubá

Efoa-MG – Escola de Farmácia e Odontologia de Alfenas

Empasial – Empasial Empreendimentos e Participações Ltda.

Enem – Exame Nacional do Ensino Médio

EPM-SP – Escola Paulista da Magistratura

Esalq-SP – Escolar Superior de Agricultura Luiz de Queiroz

Esan-SP – Escolar Superior de Administração de Negócios de São Paulo

ESPM-SP – Escola Superior de Propaganda e Marketing de São Paulo

ESPP – Empresa de Seleção Pública e Privada

Faap-SP – Fundação Armando Álvares Penteado

Famerp-SP – Faculdade de Medicina de São José do Rio Preto

Fasp-SP – Faculdades Associadas de São Paulo

Fatea-SP – Faculdades Integradas Teresa D'ávila (Lorena)

Fatec-SP – Faculdade de Tecnologia de São Paulo

FCC – Fundação Carlos Chagas

FCL-SP – Faculdade Cásper Líbero

FCMSC-SP – Faculdade de Ciências Médicas da Santa Casa de São Paulo

Febasp – Faculdade de Belas Artes de São Paulo

Fecap-SP – Fundação Escola de Comércio Álvares Penteado

Fefasp – Faculdade de Economia, Finanças e Administração de São Paulo

FEI-SP – Faculdade de Engenharia Industrial

Fepese – Fundação de Estudos e Pesquisas sócioeconomicos

Fesp-SP – Faculdade de Engenharia de São Paulo

FGV-SP – Fundação Getúlio Vargas de São Paulo

FMPA-MG – Faculdade de Medicina de Pouso Alegre

FOC-SP – Faculdades Oswaldo Cruz

FSA-SP – Centro Universitário Fundação Santo André

Fumarc – Fundação Mariana Resende Costa

Fundec – Fundação Euclides da Cunha

Fuvest-SP – Fundação Universitária para o Vestibular

Ibmec – Faculdades do Instituto Brasileiro de Mercado de Capitais

ITA-SP – Instituto Tecnológico de Aeronáutica

Moura Melo – Moura Melo Concursos

PUC – Pontifícia Universidade Católica

PUCCamp-SP – Pontifícia Univesidade Católica de Campinas

TJ-SP – Poder Judiciário de São Paulo

TRF-RJ – Tribunal Regional Federal do Rio de Janeiro

UCS-RS – Universidade de Caxias do Sul

Udesc – Universidade do Estado de Santa Catarina

UEL-PR – Universidade Estadual de Londrina

UEM-PR – Universidade Estadual de Maringá

UEPB – Universidade Estadual da Paraíba

UEPG-PR – Universidade Estadual de Ponta Grossa

Uerj – Universidade do Estado do Rio de Janeiro

Ufam – Universidade Federal do Amazonas

UFC – Universidade Federal do Ceará

Ufes – Universidade Federal do Espírito Santo

UFF-RJ – Universidade Federal Fluminense

UFG – Universidade Federal de Goiás

UFJF-MG – Universidade Federal de Juiz de Fora

UFMG – Universidade Federal de Minas Gerais

UFMS – Universidade Federal do Mato Grosso do Sul

UFMT – Universidade Federal do Mato Grosso

UFPA – Universidade Federal do Pará

UFPE – Universidade Federal de Pernambuco

UFPel-RS – Universidade Federal de Pelotas

UFPI – Universidade Federal do Piauí

UFPR – Universidade Federal do Paraná

UFRGS – Universidade Federal do Rio Grande do Sul

UFRJ – Universidade Federal do Rio de Janeiro

UFRN – Universidade Federal do Rio Grande do Norte

UFRPE – Universidade Federal Rural de Pernambuco

UFRRJ – Universidade Federal Rural do Rio de Janeiro

UFSC – Universidade Federal de Santa Catarina

UFSCar-SP – Universidade Federal de São Carlos

UFU-MG – Universidade Federal de Uberlândia

UFV-MG – Universidade Federal de Viçosa

UMC- SP – Universidade de Mogi das Cruzes

UnB-DF – Universidade de Brasília

Unesp-SP – Universidade Estadual Paulista

Unicamp-SP – Universidade Estadual de Campinas

Unifal-MG – Universidade Federal de Alfenas

Unifeb-SP – Centro Universitário da Fundação Educacional de Barretos

Unifenas-MG – Universidade José do Rosário Vellano

Unifesp – Universidade Federal de São Paulo

UniFMU-SP – Centro Universitário das Faculdades Metropolitanas Unidas

Unilus-SP – Centro Universitário Lusíada

Unimar-SP – Universidade de Marília

Unimep-SP – Universidade Metodista de Piracicaba

Unisa-SP – Universidade de Santo Amaro

Uniube-MG – Universidade de Uberaba

UPM-SP – Universidade Presbiteriana Mackenzie

USCS-SP – Universidade Municipal de São Caetano do Sul

Vunesp-SP – Fundação para o Vestibular da Universidade Estadual Paulista

Bibliografia

ALI, M. SAID. *Gramática histórica da língua portuguesa*. 2. ed. São Paulo: Melhoramentos, 1931.

_____. *Dificuldades da língua portuguesa*. 6. ed. Rio de Janeiro: Acadêmica, 1966.

_____. *Meios de expressão e alterações semânticas*. 2. ed. Rio de Janeiro: Simões, 1951.

BAKHTIN, MIKHAIL. *Estética da criação verbal*. 3. ed. São Paulo: Martins Fontes, 2000.

_____. *Marxismo e filosofia da linguagem*. 5. ed. São Paulo: Hucitec, 1990.

BARRETO, MÁRIO. *De gramática e de linguagem*. 3. ed. Rio de Janeiro: Presença/INL, 1982.

_____. *Fatos da língua portuguesa*. 3. ed. Rio de Janeiro: Presença/INL, 1982.

_____. *Novíssimos estudos da língua portuguesa*. 3. ed. Rio de Janeiro: Presença/INL, 1980.

_____. *Novos estudos da língua portuguesa*. 3. ed. Rio de Janeiro: Presença/INL, 1980.

BLIKSTEIN, ISIDORO. *Técnicas de comunicação escrita*. 6. ed. São Paulo: Ática, 1988.

BORBA, FRANCISCO DA SILVA. *Introdução aos estudos linguísticos*. 4. ed. São Paulo: Nacional, 1975.

CÂMARA JÚNIOR, JOAQUIM MATTOSO. *Manual de comunicação oral e escrita*. 6. ed. Petrópolis: Vozes, 1981.

_____. *Princípios de linguística geral*. 4. ed. Rio de Janeiro: Livraria Acadêmica, 1974.

CASTRO, ADRIANE BELLUCI BELÓRIO de et al. *Os degraus da leitura*. Bauru: Edusc, 2000.

_____. *Os degraus da produção textual*. Bauru: Edusc, 2003.

CITELLI, ADILSON. *Linguagem e persuasão*. São Paulo: Ática, 1985.

COSTE, DANIEL et al. *O texto: leitura e escrita*. Campinas: Pontes, 1988.

CUNHA, CELSO; CINTRA, LINDLEY. *Nova gramática do português contemporâneo*. Rio de Janeiro: Nova Fronteira, 1985.

FÁVERO, LEONOR LOPES. *Linguística textual: uma introdução*. São Paulo: Cortez, 1983.

FIORIN, JOSÉ LUIZ. *Elementos de análise do discurso*. São Paulo: Contexto/Edusp, 1989.

FRANCHI, EGLÊ. *A redação na escola*. 2. ed. São Paulo: Martins Fontes, 1985.

FREIRE, PAULO. *A importância do ato de ler*. 12. ed. São Paulo: Cortez, 1986.

GARCIA, OTHON MOACIR. *Comunicação em prosa moderna*. 8. ed. Rio de Janeiro: FGV, 1980.

GENOUVRIER, EMILE; PEYTARD, JEAN. *Linguística e ensino do português*. Coimbra: Almedina, 1974.

GERALDI, JOÃO WANDERLEY. *O texto na sala de aula*. Cascavel: Assoeste, 1984.

GUIMARÃES, EDUARDO. *Texto e argumentação*. Campinas: Pontes, 1987.

HAYAKAWA, S. I. *A linguagem no pensamento e na ação*. 2. ed. São Paulo: Pioneira, 1972.

ILARI, RODOLFO. *A linguística e o ensino da língua portuguesa*. São Paulo: Martins Fontes, 1986.

_____; GERALDI, JOÃO WANDERLEY. *Semântica*. 2. ed. São Paulo: Ática, 1986.

JAKOBSON, ROMAN. *Linguística e comunicação*. São Paulo: Cultrix, 1969.

KAISER, WOLFGANG. *Análise e interpretação da obra literária*. 6. ed. Armênio Amado, 1976.

KOCH, INGEDORE GRUNFELD VILLAÇA. *Argumentação e linguagem*. 2. ed. São Paulo: Cortez, 1987.

_____. *Desvendando os segredos do texto*. São Paulo: Cortez, 2002.

KURY, Adriano da Gama. *Gramática fundamental da língua portuguesa*. São Paulo: Lisa, 1972.

_____. *Lições de análise sintática*. 3. ed. Rio de Janeiro: Fundo de Cultura, 1964.

_____. *Novas lições de análise sintática*. 2. ed. São Paulo: Ática, 1985.

_____; OLIVEIRA, Ubaldo L. de. *Gramática objetiva da língua portuguesa*. 5. ed. Rio de Janeiro: 1983. 2 v.

LAGE, Nilson. *Linguagem jornalística*. 2. ed. São Paulo: Ática, 1986.

LAPA, Manuel Rodrigues. *Estilística da língua portuguesa*. São Paulo: Martins Fontes, 1982.

LOPES, Edward. *Fundamentos da linguística contemporânea*. 4. ed. São Paulo, Cultrix, 1980.

LUFT, Celso Pedro. *Língua e liberdade: por uma nova concepção da língua materna e seu ensino*. Porto Alegre: L&PM, 1985.

MAIA, Eleonora Motta. *No reino da fala: a linguagem e seus sons*. São Paulo: Ática, 1985.

MARTINET, André. *Elementos de linguística geral*. 2. ed. Lisboa: Sá da Costa, 1970.

NEVES, Maria Helena de Moura. *A gramática: história, teoria e análise, ensino*. São Paulo: Unesp, 2002.

_____. *Gramática de usos do português*. São Paulo: Unesp, 2000.

ORLANDI, Eni Pulcinelli. *A linguagem e seu funcionamento: as formas do discurso*. São Paulo: Brasiliense, 1983.

PÉCORA, Alcir. *Problemas de redação*. São Paulo: Martins Fontes, 1983.

PENTEADO, José Roberto Whitaker. *A técnica da comunicação humana*. 4. ed. São Paulo: Pioneira, 1974.

PEREIRA, Maria Luísa Álvares. *Escrever em português: didácticas e práticas*. Porto: ASA, 2000.

PIGNATARI, Décio. *Informação linguagem comunicação*. 12. ed. São Paulo: Cultrix, 1986.

PINTO, Edith Pimentel. *A língua escrita no Brasil*. São Paulo: Ática, 1986.

PINTO, Virgílio Nova. *Comunicação e cultura brasileira*. São Paulo: Ática, 1986.

SAUSSURE, Ferdinand de. *Curso de linguística geral*. 7. ed. São Paulo: Cultrix, 1975.

SILVA, Ezequiel Teodoro da. *O ato de ler: fundamentos psicológicos para uma nova pedagogia da leitura*. São Paulo: Cortez/Autores Associados, 1981.

SOUZA E SILVA, M. Cecília P. de; KOCH, Ingedore Villaça. *Linguística aplicada ao português: morfologia*. São Paulo: Cortez, 1983.

_____. *Linguística aplicada ao português: sintaxe*. São Paulo: Cortez, 1983.

TRAVAGLIA, Luiz Carlos et al. *Metodologia e prática de ensino da língua portuguesa*. Porto Alegre: Mercado Aberto, 1984.

VANOYE, Francis. *Usos da linguagem: problemas e técnicas na produção oral e escrita*. 2. ed. São Paulo: Martins Fontes, 1981.

VIEIRA, Maria Divanete. *Metodologia da redação*. São Paulo: Cortez, 1988.